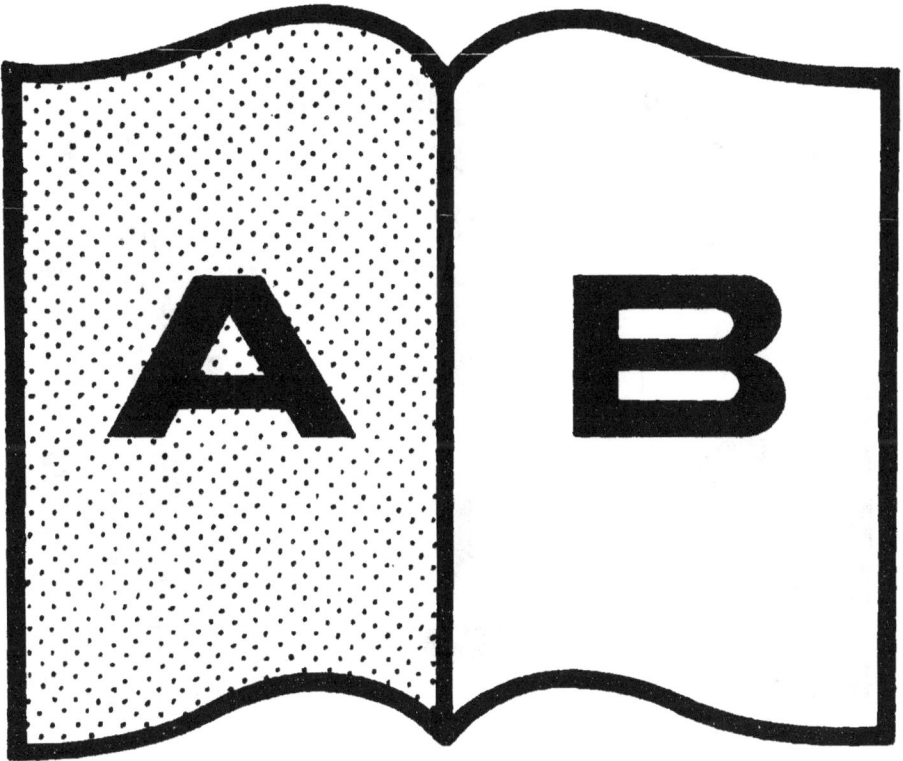

Contraste insuffisant

NF Z 43-120-14

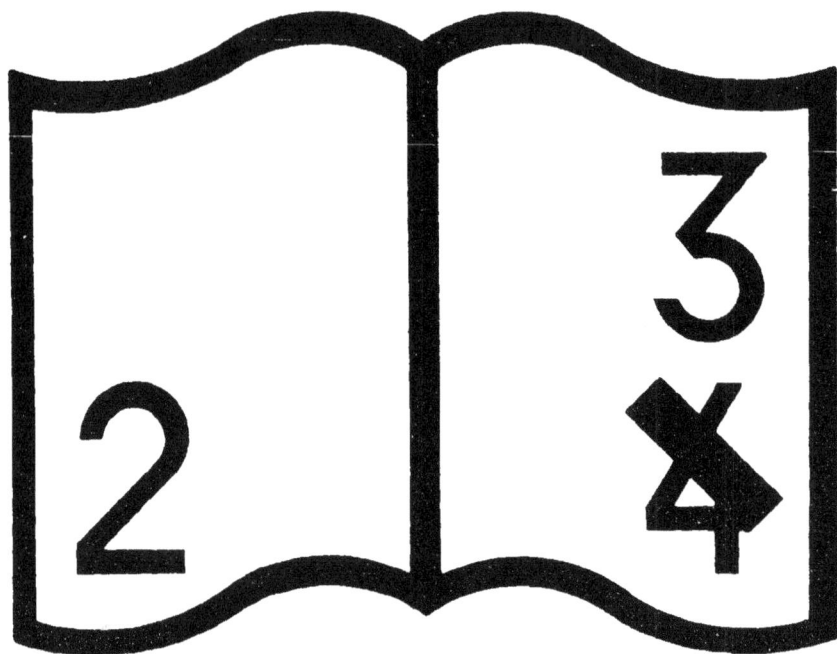

Pagination incorrecte — date incorrecte

NF Z 43-120-12

BIBLIOTHÈQUE MÉRIDIONALE

PUBLIÉE SOUS LES AUSPICES DE LA FACULTÉ DES LETTRES DE TOULOUSE

2e SÉRIE — TOME IV

LES

INSTITUTIONS POLITIQUES

ET ADMINISTRATIVES

DU

PAYS DE LANGUEDOC

DU XIIIe SIÈCLE AUX GUERRES DE RELIGION

PAR

Paul DOGNON

ANCIEN ÉLÈVE DE L'ÉCOLE NORMALE SUPÉRIEURE
MAÎTRE DE CONFÉRENCES A LA FACULTÉ DES LETTRES DE TOULOUSE

TOULOUSE

IMPRIMERIE ET LIBRAIRIE ÉDOUARD PRIVAT

RUE DES TOURNEURS, 45

PARIS. — ALPHONSE PICARD ET FILS, RUE BONAPARTE, 82

LES INSTITUTIONS POLITIQUES

ET ADMINISTRATIVES

DU PAYS DE LANGUEDOC

DU XIIIᵉ SIÈCLE AUX GUERRES DE RELIGION   448

LES

INSTITUTIONS POLITIQUES

ET ADMINISTRATIVES

DU

PAYS DE LANGUEDOC

DU XIIIe SIÈCLE AUX GUERRES DE RELIGION

PAR

Paul DOGNON

ANCIEN ÉLÈVE DE L'ÉCOLE NORMALE SUPÉRIEURE
MAÎTRE DE CONFÉRENCES A LA FACULTÉ DES LETTRES DE TOULOUSE

TOULOUSE

IMPRIMERIE ET LIBRAIRIE ÉDOUARD PRIVAT
RUE DES TOURNEURS, 45

PARIS. — ALPHONSE PICARD ET FILS, RUE BONAPARTE, 82

A MON MAITRE

M. E. LAVISSE

DE L'ACADÉMIE FRANÇAISE

Témoignage de respect et de reconnaissance.

P. DOGNON.

PRÉFACE

———

La façon dont on a écrit notre histoire nationale se ressent du cours qu'elle a pris. Tout, en France, durant de longs siècles, est allé vers l'unité. La vie de la nation s'est concentrée autour du gouvernement royal qui lui avait donné naissance. Il est naturel que la royauté, sa capitale, la région où d'ordinaire elle se mouvait, aient attiré et retenu, au point de l'accaparer, l'attention des historiens.

Ceux qui composaient des histoires générales se sont placés avec raison au centre même du pays, au point où ils sentaient battre son cœur, où ils voyaient naître sa pensée et se dessiner les linéaments de sa structure politique. De nos jours on veut entrer plus avant dans le détail; on restreint le cadre afin de le mieux remplir. Chaque règne trouve son historien : Histoires de saint Louis, de Philippe le Hardi, de Philippe le Bel, de Charles VII, de Henri IV, etc. Ces titres disent assez que l'on continue d'examiner de préférence l'organisme central, ses progrès, son œuvre, et que l'on ne s'écarte pas du point de vue habituel.

Or, ce point de vue, à qui s'occupe des siècles
antérieurs au XVII⁰, ne permet d'atteindre qu'une part
de la vérité, la plus grande assurément, la plus
digne d'intérêt, mais non la vérité entière. Si légitime qu'il soit, il fausse l'histoire, parce qu'il est
incomplet et insuffisant. Le royaume, jusqu'aux
Valois-Angoulême, fut essentiellement une vaste
seigneurie. On pourrait le comparer à ces animaux
pourvus de plusieurs centres nerveux, dont l'un est
plus développé que les autres et les prime, mais
leur laisse cependant une certaine autonomie. S'attacher exclusivement à décrire le ganglion principal,
ce n'est pas faire connaître le système nerveux entier ;
c'est même, qu'on le veuille ou non, engendrer l'illusion que celui-là seul existe.

J'ai voulu considérer les choses sous un autre
angle, étudier, non le royaume pendant un règne,
mais le pays de Languedoc sous une longue suite de
rois, de ses origines à son déclin, c'est-à-dire durant
trois siècles. L'histoire, qui est un enchaînement de
faits, ne peut que gagner à n'être pas découpée en
tranches trop minces.

Il s'agit d'une région que la monarchie française
a conquise de bonne heure, dans le courant du
XIII⁰ siècle, qu'elle n'a jamais perdue et qu'elle a
unie à ses possessions du Nord par des liens beaucoup plus solides que ceux qui rattachaient au
royaume des fiefs tels que la Guyenne, la Bretagne,
la Bourgogne, en réalité fort indépendants. Et pourtant cette contrée, ce Midi royal a formé bientôt un
« pays » distinct : pour reprendre la comparaison ou

plutôt l'analogie précédemment invoquée, dans l'organisation de l'État français elle est devenue en quelque sorte un centre nerveux demi-autonome, — fait considérable, dont les traces ont persisté jusqu'à la fin de la France des Bourbons, et même se voient encore, car les conséquences d'un fait historique se prolongent à l'infini.

L'histoire des institutions du pays de Languedoc, telle que je l'ai conçue, présente donc, semble-t-il, un double intérêt. L'intérêt général résulte de l'observation minutieuse, étendue à plusieurs siècles, de l'action du pouvoir royal dans une seule région, de l'exacte description des reculs ou des progrès de la centralisation monarchique, des conditions et moyens grâce auxquels elle a triomphé. — Cette tentative n'avait jamais été faite. — Un intérêt d'un autre genre, plus restreint, mais plus vif en un certain sens, est celui qui s'attache aux institutions politiques du pays, si curieuses, si différentes de celles du Nord, seigneuries, communautés, États, diocèses, etc. Aucun travail d'ensemble ne leur a encore été consacré, si l'on excepte quelques livres ou mémoires dont le contenu, faits et conclusions, n'était pas de nature à me détourner de l'entreprendre de nouveau. Citons entre autres le Mémoire de Léon Clos sur les communes du Midi, d'ailleurs estimable si l'on tient compte de l'époque où il a paru[1], celui de M. de Laferrière sur les États provinciaux, rem-

1. Léon Clos, *Recherches sur le régime municipal dans le Midi de la France au moyen-âge*, dans les Mémoires présentés par divers savants à l'Académie des inscriptions et belles-lettres, t. III, 2e série.

pli d'erreurs en ce qui concerne les États de Languedoc[1]. Un livre récent, de haute valeur, celui de
M. Gachon[2], a fait connaître les États, mais seulement à l'époque de leur décadence. On ne sait rien
de leurs origines ni de leur développement.

Pourtant peu de régions en France sont aussi
riches que celle de Languedoc en matériaux historiques élaborés et, pour ainsi dire, mis à pied d'œuvre
par l'impression. Documents et monographies s'accumulent depuis deux siècles.

L'*Histoire de Languedoc* que dom Vaissete et
dom Vic ont composée, recueil immense de faits et
de textes dûment critiqués, chronologiquement établis, l'emporte à tous égards sur les Histoires similaires de Guyenne, de Bretagne, de Lorraine, etc. La
valeur en a doublé par la réédition que la maison
Privat vient d'avoir l'honneur de mener à bonne fin,
et dans laquelle elle a eu pour collaborateur éminent
M. Auguste Molinier. Cette nouvelle édition est ma
source principale. Peut-être, sans les secours de tous
genres qu'elle m'offrait, n'aurais-je pas eu l'idée
d'entreprendre mon travail. Mais sur aucun point il
ne fait avec elle double emploi; il peut en être, au
contraire, regardé comme un complément. Les renseignements qu'il y puise sont justement ceux dont

1. De Laferrière, *Mémoire sur l'histoire et l'organisation comparée des États provinciaux aux diverses époques de la monarchie
jusqu'à 1789*, dans les Mémoires de l'Académie des sciences morales
et politiques, t. XI. Voy. surtout p. 439.
2. Gachon, *Les États de Languedoc et l'édit de Béziers (1632)*,
1887, in-8°.

les éditeurs n'ont pas profité pour leurs notes additionnelles.

Les villes méridionales ont été mêlées si intimement à la vie générale du pays, que leur histoire est
inséparable de la sienne. Les documents qui les concernent ont pour la plupart une portée très supérieure à celle des pièces que fournirait la section
moderne de nos Archives municipales. Par ordre
d'importance, après l'histoire du pays vient celle des
communautés, en première ligne l'*Histoire de Nimes*, de Léon Ménard, l'*Histoire de Montpellier* et
celle du *Commerce de Montpellier*, de Germain.
Toulouse, moins favorisée, attend encore un historien, car ce serait abuser du nom que de l'appliquer
à d'Aldéguier ou au chevalier Dumège[1]. Mais le
savant conservateur des Archives de cette ville,
M. Roschach, a publié récemment la première partie
d'un Inventaire où chaque pièce est l'objet d'une
analyse si exacte, qu'il devient presque inutile de
recourir à l'original[2]. Narbonne, à défaut d'une
histoire, a elle aussi son Inventaire, rédigé par
Mouynès, et d'autant plus précieux que les pièces
importantes ont été, à titre d'Annexes, publiées
in-extenso.

Il est impossible d'énumérer ici tous les imprimés
dont j'ai fait usage : on en trouverait de très bonnes

---

1. D'Aldéguier, *Histoire de la ville de Toulouse depuis la conquête des Romains jusqu'à nos jours*, 1833, 4 vol. in-8º. — Dumège,
*Histoire des institutions religieuses, politiques, etc., de la ville de
Toulouse*, 1844, 4 vol. in-8º.
2. Roschach, *Inventaire des Archives communales antérieures à
1790*, t. I, sér. AA, nᵒˢ 1 à 60 (1891, in-4º).

et longues listes à la fin des tomes V, VIII, X et XII
de l'*Histoire de Languedoc*. Je me suis contenté de
faire suivre le titre de chaque ouvrage, la première
fois que je le citais, des indications bibliographiques
usuelles. Quelques-uns de ceux que j'allègue ne
figurent pas dans la Bibliographie de l'*Histoire de
Languedoc*, soit qu'elle les ait omis, soit qu'ils
aient paru après qu'elle avait été rédigée. Enfin elle
a dû négliger presque entièrement un ordre de publications dont j'ai tiré le plus grand profit, à savoir la
multitude d'articles et de documents qui ont vu le
jour dans les Périodiques, surtout dans ceux de la
région. Il faut avoir fait le dépouillement de tous
ces recueils pour se rendre compte de la somme
de labeur qui s'y amasse, en travaux parfois
excellents, utiles presque toujours, on pourrait
ajouter touchants par le sentiment de piété qui les
inspire, par l'effort réel qu'ils exigent et par le dé-
sintéressement qu'ils marquent chez leurs auteurs.
C'est ainsi que, pour étudier les communes méridionales, je n'ai pas eu besoin de chercher des Coutumes inédites : le nombre de celles qui sont imprimées est si grand qu'il eût été de ma part imprudent
d'aller au delà. En me tenant, ou peu s'en faut, aux
chartes déjà publiées, j'ai souvent atteint la limite où
la mémoire suffit à peine à présenter à l'esprit les
multiples renseignements que l'on rencontre, si
confusément disposés, dans les monuments de ce
genre.

Malgré tous mes soins, quelques publications
m'ont échappé, par exemple celle de M. Druilhet

sur Lectoure[1]. Il y en a d'autres que je n'ai pas
réussi à me procurer[2], ou qui me sont parvenues
trop tard, ou qui ont paru après le tirage des feuilles
où j'aurais eu occasion de les employer[3]. J'espère
pourtant que les omissions n'auront pas été trop
considérables.

Quant aux sources manuscrites, l'étendue de mon
sujet ne me permettait d'en aborder que la moindre
part.

La Bibliothèque Nationale contient trois collections
qui m'intéressaient de façon particulière : 1° la *Collection de Languedoc*, formée par les Bénédictins
qui en ont tiré leur *Histoire;* — ils n'ont pas laissé
grand'chose à y prendre ; — 2° la *Collection de
Doat*, recueil de copies relatives à la Guyenne, au
Béarn, au pays de Foix et à la partie occidentale
du pays de Languedoc, environ jusqu'à Béziers ;
3° celle de dom Pacotte, qui complète la précédente,
car les copies dont elle est formée sont extraites uniquement des Archives du Bas-Languedoc. Elle a
pris place au fonds latin, n°s 9173 à 9184.

---

1. Druilhet, *Archives de la ville de Lectoure, coutumes, statuts et
records du XIII° au XVI° siècle*, 1885, in-8°. (Fascic. IX des Archives
historiques de la Gascogne.)

2. Je citerai en particulier le *Cartulaire de Remoulins*, publié par
Gratien Charvet, vers 1870 (Alais, 2 fasc. in-8°).

3. Il s'agit de quelques chartes, comme celle de Privas, de 1281
(*Bullet. hist. et philolog. du comité des travaux historiques et
scientifiques*, 1883, p. 522) et d'articles de Revues : ainsi celui de
M. Jacqueton, *Le Trésor de l'Épargne sous François I*[er] (*1523-15 17*),
dans la Revue historique, ann. 1894, t. LV, LVI. Mes conclusions et
celles de M. Jacqueton sont d'ailleurs en complet accord. (Voir plus
bas, IV° partie, chap. III.)

On sait combien, dans l'état des catalogues, il est encore malaisé d'explorer complétement les 20,000 volumes du fonds latin, les 30,000 volumes du fonds français et les fonds particuliers. Pour les personnes qui habitent loin de Paris, la difficulté s'aggrave au point de devenir insurmontable. J'ai trouvé, souvent au hasard de la découverte, dispersés dans les manuscrits, une foule de documents ; il est probable que j'en ai omis davantage.

Aux Archives Nationales, je me suis borné à dépouiller les cartons des rois (sér. K) relatifs au xv⁵ siècle, K 691 (Les États de Languedoc), et le registre X¹ᵃ 9808 (Appointements donnés au Parlement de Toulouse en 1423).

Si nombreux que soient les registres et autres textes que la centralisation administrative a entassés à Paris, c'est de préférence au Midi qu'il faut demander son histoire.

J'ai eu à ma disposition, grâce à l'insigne bienveillance de MM. les archivistes Baudouin et Roschach, les Archives de la Haute-Garonne et celles de la ville de Toulouse.

Les premières m'ont fourni, notamment, les procès-verbaux des États de Languedoc à partir de 1497 et 1501 (C 2276 et suiv.), les registres des assiettes du diocèse de Toulouse depuis 1486 (C 992 et suiv.), dans lesquels abondent des pièces d'un intérêt plus général que les assiettes elles-mêmes : lettres royales, frais et cahiers des États, privilèges obtenus, etc. La série B, composée des Archives du Parlement, comprend deux parties : les registres d'*Édits* royaux et

ceux des *Arrêts* de la Cour, commençant les uns et
les autres en 1444. Avec l'obligeant concours de
M. Roques, sous-archiviste, je crois avoir retiré de
ces énormes volumes tout ce qu'ils pouvaient me donner. Il y faut joindre les *Arrêts*, complétant sur plusieurs points les originaux, que Puget et Malenfant
ont copiés au xviie siècle, et deux registres d'appointements, très curieux, de 1424-25 et 1426-27.

Des Archives de Toulouse, si bien classées maintenant, j'ai tiré une telle quantité de documents de
toutes sortes que je ne puis les énumérer. Il convient
pourtant d'insister sur les *Comptes* des trésoriers de
la ville et sur les *Délibérations* du conseil, les uns
peu nombreux, mais anciens, — 13 registres pour
un siècle (1330-1434), — les autres s'étendant, malgré des lacunes, sur de longues périodes, de 1374 à
1380, de 1414 à 1439 et de 1524 à 1559 (BB 1 à 11).
Les monuments de cette catégorie, représentée largement dans plusieurs autres dépôts, sont parmi les
plus précieux que nous possédions pour l'histoire de
Languedoc. Ils permettent d'y introduire une précision absolue. Ils en atténuent la nudité et la séche-
resse : défauts inhérents à l'histoire d'une contrée où
les chroniques sont très rares, d'une excessive pauvreté, et dont la poésie originale s'est éteinte après la
croisade. Faute de littérature, c'est dans les délibérations des conseils de ville que l'on discerne le plus
clairement les modifications de l'esprit des hommes,
les états d'âme successifs par lesquels la société méridionale s'est pliée aux formes nouvelles qu'elle
créait ou recevait. Par elles nous pénétrons profon-

dément dans la vie municipale, qui fut jusqu'au
milieu du xv⁰ siècle la principale, la plus active
que présentât le Midi.

Je dois à la libéralité éclairée de M. Savary, autrefois maire d'Albi, d'avoir pu utiliser les Archives de
cette ville aussi aisément et complètement que celles
même de Toulouse. On y trouve entre autres 4 volumes de *Délibérations,* allant, mais non sans lacunes,
de 1372 à 1421 (BB 16 à 19), et des registres de
Comptes dont j'ai poussé le dépouillement jusqu'à
l'époque où ils cessent d'inspirer de l'intérêt, soit
42 volumes, compris, à raison d'un par année, entre
1359 et 1443.

L'Inventaire, déjà cité, de Mouynès ne me dispen-
sait pas tout à fait de recourir aux Archives de Narbonne ; car il s'y trouve une belle collection de
Comptes que Mouynès n'a pas abordée. Les volumes
postérieurs à 1442 n'ont pas de valeur pour l'histoire
générale ; mais de 1352 jusqu'à cette date il y a 42
registres. Comme on ne me permettait de les consulter que sur place, à Narbonne même, je n'en aurais
pris qu'une connaissance partielle et insuffisante,
sans l'aide de M. Tissier, archiviste de la ville.
M. Tissier a bien voulu dépouiller à mon intention
29 registres de *Comptes :* travail long, difficile et
fastidieux, pour lequel je tiens à lui exprimer ici mes
plus vifs sentiments de gratitude.

Les dépôts d'archives de Montpellier n'ont de
rivaux dans le Midi que ceux de Toulouse. Je n'ai pu
malheureusement leur consacrer tout le temps qu'il
aurait fallu. Pourtant, grâce à l'amitié de M. Gachon,

professeur à la Faculté des lettres, à l'obligeance de
MM. Grand et Berthelé, archivistes, j'ai eu le plaisir
d'analyser ou de copier beaucoup de pièces curieuses, dont quelques-unes de premier ordre.

Aux Archives municipales, mes recherches ont
porté spécialement sur la période qui correspond à
la guerre de Cent ans. Je me suis adressé au registre dit *Grand thalamus*, aux armoires et caisses
inventoriées par Joffre, à la série AA, qui se constitue actuellement, aux liasses de *Pièces extraites des
minutes des notaires de la ville*, aux *Délibérations*
(entre 1411 et 1441), aux *Comptes* municipaux (1403
et 1432).

Les Archives de l'Hérault m'ont fourni notamment
plusieurs volumes de *Cahiers de doléances*, adressés
par les États du pays au roi, aux commissaires
royaux, au gouverneur du pays, pourvus ou non de
réponses. La valeur administrative et politique de
semblables documents n'a pas besoin d'être démon-
trée. Au cours de mes pérégrinations dans les
diverses Archives, je n'ai pas réuni moins de
77 cahiers, pour la plupart inédits, datés de 1422 à
1559. Ensuite la série devient complète aux Archives de l'Hérault.

Je ne parle que pour mémoire d'un certain nombre de pièces, de liasses et de registres empruntés
aux Archives de l'Ariège, de l'Aude, du Tarn et à celles de Cahors, de Castres, de Cordes.

Les notes — explications, références et citations
textuelles — n'ont pas été ménagées dans cet
ouvrage ; mais elles seraient plus abondantes encore

qu'elles ne suffiraient pas. Dans une certaine mesure
il faut qu'en histoire on ajoute foi à l'auteur, non
sur tel ou tel détail, sur tel point de fait isolé, mais
quant aux conclusions qu'il tire de tout un ensemble
de textes, qu'il a lus d'un bout à l'autre et longuement étudiés. La vérité historique est trop subtile,
trop compliquée, pour que l'on puisse la prouver
complètement. On ne parvient pas davantage à la
saisir tout entière, encore moins à l'exprimer. Elle
est faite de nuances infinies, dont les plus apparentes seules arrivent aux yeux du lecteur.

Toulouse. juillet 1895.

INTRODUCTION

LA RÉGION DE LANGUE D'OC

Les montagnes et les plateaux infertiles du Massif central s'étendent de la Charente au Rhône, d'Angoulême à Lyon, occupant environ les deux-tiers de la largeur du territoire. Cette contrée âpre et peu hospitalière forme une sorte d'obstacle au milieu de la France qu'elle partage en deux régions. Le Midi ne communique aisément avec le Nord que par les routes obliques qui contournent les flancs du Massif. L'une, la voie orientale, suit la fente où coule le Rhône, entre les talus des Cévennes et les derniers soulèvements des Alpes; L'autre, plus détournée, gagne le nord-ouest et s'engage dans l'isthme de terres basses, que traverse la Charente et que barre à demi le large et long estuaire de la Gironde.

Ainsi les deux parties qui composent notre pays sont à la fois séparées et unies : séparées au point d'avoir notablement différé entre elles de langues, de mœurs et de lois, assez unies pour qu'un grand corps politique, un État puissant établi dans l'une d'elles se soit bientôt étendu sur l'autre.

La nature les a faites distinctes et dissemblables. Du haut de quelque cîme d'Auvergne, on pourrait suivre par la pensée, se déroulant à perte de vue dans la direction du nord, de vastes plaines, le Berry, puis l'Orléanais, l'Ile-de

France après la Beauce, et la Touraine, et la Champagne, et d'autres encore, toutes d'un seul tenant, étalées autour de Paris, leur centre et leur commune capitale. On embrasserait comme d'un coup d'œil la vieille France, celle où se parle la langue d'oïl, où la royauté capétienne est née, a grandi, et où elle a puisé assez de force pour conquérir presque entièrement l'ancienne Gaule, — des deux régions la mieux dotée, la plus peuplée et la plus riche, celle qu'une évidente supériorité matérielle appelait à la prépondérance politique.

Tout autre au sud serait le spectacle : de hautes terres, la plupart hérissées de montagnes, le Massif central s'avançant à la rencontre des Alpes et des Pyrénées, de grands soulèvements voisins les uns des autres, resserrant entre eux les vallées, une seule plaine qui par la superficie soit comparable à celles du Nord, les landes de Gascogne, dont le sol sablonneux, marécageux, inculte est livré aux bruyères et aux pins. Loin de là, sur le versant de la Méditerranée, s'allonge des Pyrénées aux Alpes une belle bande de terre, amincie entre les Cévennes et les étangs du littoral, plus large aux deux extrémités, auprès de l'Aude et du Rhône. Les autres plaines ne sont que de simples élargissements des vallées fluviales : plaines éparses dont la fécondité ne compense point la petitesse. Beaucoup sont réduites aux sillons que les rivières tracent dans les plateaux.

Entre elles peu de cohésion. Il a dans le Midi des villes importantes, et point de véritable capitale. Toulouse qui s'élève au milieu d'une dépression assez ample, entourée de coteaux bas et cultivables, qui commande en aval la vallée de la Garonne, en amont la lisière fertile des Pyrénées, à l'est le seuil aplani par lequel le versant de la Méditerranée entre en contact avec celui de l'Océan, Toulouse est devenue à plusieurs reprises le centre d'un État, mais sans jamais obtenir une entière prééminence. Bordeaux et Lyon, situées aux confins de la Languedoil, devaient être aussi populeuses qu'elle. Parmi les ports qui bordent le golfe du Lion, quelques-uns ont exercé une influence plus décisive sur le développement des sociétés méridionales.

Par cette côte et par les deux voies naturelles qui du nord et de l'ouest y convergent, le Midi s'ouvre tout entier vers la Méditerranée. Il doit au monde méditerranéen sa civilisation première, si fortement empreinte, et pendant de longs siècles il en a tiré les idées et les denrées qu'il échangeait ensuite avec les pays du Nord. Au temps où l'Océan inexploré, infranchissable faisait obstacle au grand commerce, les gens de Narbonne, de Marseille et de Montpellier pouvaient trafiquer avec la côte africaine; ils se rendaient au Levant pour y chercher les produits des Indes. Plus près d'eux, les villes florissantes de Catalogne et d'Italie leur offraient un champ d'opérations lucratives et des exemples de liberté. L'Italie animée d'une vie politique ardente, douée d'une remarquable activité scientifique était au moyen âge un foyer de chaleur et de lumière. La principale puissance de la chrétienté, le Saint-Siège, y tenait la place des empereurs romains. Bref, le mouvement historique qui avait commencé plusieurs siècles avant notre ère ne s'arrêtait pas encore; la civilisation, sous ses diverses formes, continuait de venir du sud.

De rapports si étroits, tant de fois séculaires provient l'espèce d'unité que le Midi possède. On y découvre certains traits, communs à toutes les parties, qui le distinguent du Nord de la France, des usages particuliers auxquels l'abri des montagnes a permis de naître, de prendre racine et de survivre aux conquêtes.

Les habitants parlaient et parlent encore des idiomes de physionomie toute latine, apparentés à ceux d'Italie et d'Espagne, le provençal des Alpes à la Garonne, à l'ouest du fleuve le gascon. La langue d'oïl y confine le long des pentes

septentrionales des monts d'Auvergne et de Limousin, tandis
que des deux côtés, en plaine, elle s'avance vers le sud d'une
part au delà de Vienne et de l'Isère, de l'autre entre Dordogne et Dronne et jusqu'à la Gironde.

Ils ont conservé la loi romaine après que l'autorité impériale avait disparu. Ce droit s'est modifié sur place, ainsi
que la langue, en raison des changements profonds qui, du
vie siècle au xiie, ont eu lieu dans la structure de la société;
mais il n'a point cessé d'être chez eux le droit commun, soit
qu'il subsistât obscurément, à l'état anonyme, dans les cou
tumes locales, soit qu'il fût directement invoqué dans les
actes et les procès. C'est également là que le droit de Justinien, importé de Bologne à Montpellier, puis à Toulouse.
s'est tout d'abord introduit, implanté (xiie-xiiie siècles). Nulle
part on ne devait plus aisément l'admettre à suppléer aux
lacunes de la législation coutumière, puis à la redresser.
Les contrées où la loi romaine, ancienne ou nouvelle, a été
le plus en vigueur se sont par la suite appelées pays de
droit écrit, par opposition au droit coutumier que les pays
du Nord suivaient de préférence. L'aire qu'elle occupait
coïncide suffisamment avec celle du parler méridional[1].

Ces différences essentielles en supposent une foule d'autres. Mais le Midi ne présente point d'institutions ni de
coutumes qui lui soient si particulières, ou qu'il ait si généralement adoptées qu'elles puissent servir à le caractériser
d'ensemble. Ici le morcellement du sol a favorisé la division, les dissemblances. Un État vise naturellement à devenir
homogène; il se constitue selon des règles uniformes. Or le

1. Sauf à la frontière. Une partie de la Saintonge où la langue d'oc ne pénètre
point, et des territoires tels que Lyonnais, Mâconnais et Bresse où elle se mélange
au français étaient de droit écrit. Les Marches et l'Auvergne presque tout entière
suivaient le droit coutumier, quoiqu'elles fussent de langue mixte ou purement
provençale. Voir la carte de Klimrath, dans ses *Travaux sur l'histoire du droit
français*, 1843, 2 vol. in-8o, et cf. le travail de Suchier, dans Grœber, *Grundriss
der romanischen Philologie*, t. I, pp. 593 et suiv.

Midi par lui-même n'a jamais formé d'État. Il n'a connu l'unité politique qu'imposée par les conquêtes qui venaient du dehors, d'Italie dans l'antiquité, de la France aux temps modernes.

A la fin de l'époque romaine, il se partage entre Wisigoths et Burgondes. Depuis le traité de Verdun les contrées que les Goths avaient occupées, unies au royaume occidental, passent dans la mouvance française; la Burgondie devient pays d'Empire. La frontière entre les deux lots n'était pas le cours du Rhône, mais la ligne, tracée sur la rive droite du fleuve, qui jadis, au IVᵉ siècle, avait séparé la Viennoise de la première Narbonnaise et de l'Aquitaine.

La distinction est d'importance capitale : à l'ouest de la ligne indiquée, on reconnaissait au XIᵉ siècle la suzeraineté du roi capétien, à l'est celle de l'Empereur.

Des deux côtés, grâce à l'affaiblissement de l'autorité publique, s'étaient multipliées les seigneuries. Dans la mouvance française deux fiefs ont continuellement grandi, absorbant les seigneuries voisines ou se les subordonnant par le lien vassalique. Au début du XIIIᵉ siècle, le vaste duché d'Aquitaine s'étendait de l'Océan aux frontières d'Auvergne; on y pénétrait à dix lieues au sud de la Loire et l'on y pouvait cheminer jusqu'aux Pyrénées. Moins grand, mais plus compacte, entièrement méridional, le comté de Toulouse touchait au Rhône, à l'Adour, à la Dordogne et à la Méditerranée [1]. Les deux États se jalousaient, se combattaient, sans que l'un vînt à bout de s'annexer l'autre.

Le Midi féodal a vécu dans une complète indépendance à l'égard des pays du Nord. Le dernier acte des Carlovingiens qui s'y rapporte date de l'an 955, le premier diplôme capétien de 1134. Les rois de France, malgré leur titre de suze-

---

1. *Histoire de Languedoc*, édition Privat, t. XII, note XVIII, *Sur la géographie de la province de Languedoc au moyen âge*, par Aug. Molinier, pp. 265 et suiv. — Longnon, *Atlas historique de la France*, pl. XII.

rains, n'eurent jusqu'aux dernières années du règne de
Louis VI aucune autorité dans ces parages. A leur cour on
voyait parfois le duc d'Aquitaine, jamais le comte de Toulouse. Les Français connaissaient à peine ces peuples étrangers, de langue incompréhensible, dont ils jugeaient les
mœurs efféminées, la foi douteuse, et dont la civilisation
supérieure leur paraissait inspirée par l'esprit du mal. Ils
ne les aimaient point et n'en étaient pas aimés.

Louis VII acquit le duché d'Aquitaine par son mariage
avec Éléonore; il le perdit par un divorce. Aussitôt il eut
pour adversaire le nouveau duc, Henri Plantagenet, second
époux d'Éléonore, pour allié le comte de Toulouse dont il fit
son beau-frère. Il fut conduit à entretenir avec ses vassaux
du Midi des relations plus fréquentes qu'aucun de ses prédécesseurs, et prit sur eux une certaine autorité morale.

Dans les pays situés au sud de l'Auvergne et de la Dordogne il avait déjà assez de prestige pour que, spontanément, bon nombre d'évêques et d'abbés lui rendissent hommage[1]. Plus tard son fils reçut les serments de quelques
barons laïques[2]. Mais c'était principalement en Normandie,
en Anjou, sur les bords de la Loire qu'ils avaient l'un et

---

1. Luchaire, *Catalogue des Actes de Louis VII*, 1885, in-4°. Sur 798 actes que
renferme le Catalogue, 27 seulement sont relatifs au Midi, dont 5 à l'Aquitaine,
19 au comté de Toulouse, 3 à d'autres pays. Il n'y en a que deux (n°ˢ 495, 613) qui
traitent d'affaires purement laïques. En général, Louis VII renouvelle des concessions antérieures; mais parfois il y joint quelque nouveau privilège. (*H. L.*,
t. V, pr. n° 610; ann. 1161 : « Preterea concedimus, etc. » Cf. n° 650.) Il lui arrive
aussi de confirmer des pouvoirs qui ne reposaient sur aucune charte, par exemple
le droit de haute justice que l'évêque de Mende avait en Gévaudan. La « Bulle
d'or » accordée à l'évêque s'exprime comme il suit : « Longe est a memoria
hominum mortalium nostri temporis quod aliquis episcopus Gaballitanorum ad
curiam antecessorum nostrorum, regum Francie, venerit et eorum subditionem
sive fidelitatem eis fecerit ». (*Ibid.*, n° 642; ann. 1161.)

2. Delisle, *Catalogue des Actes de Philippe-Auguste*, 1856, in-8°. Sur 2236 actes,
21 montrent Philippe-Auguste intervenant dans le Midi : 4 se rapportent au
duché d'Aquitaine, 8 au comté de Toulouse, 9 à d'autres pays. Le roi reçoit les
hommages des sires de Tournon (1188), de Gourdon (1211), de Montlaur (1219),
de l'évêque de Cahors (1211).

l'autre à combattre. Ils devaient avant tout briser dans leur
voisinage la chaîne continue des domaines dont les Planta-
genets, rois d'Angleterre, enserraient le duché de France.
Même après la conquête de la Normandie et du Poitou, après
la victoire décisive de Bouvines, Philippe-Auguste refusait
obstinément de s'engager dans la croisade que le pape dirigeait contre les Albigeois hérétiques. Mais le domaine de la
couronne et la mouvance directe s'étendirent pendant son
règne au delà des limites de la langue d'oil : des pays qui
appartenaient à l'autre langue y furent incorporés, tels que
l'Auvergne et le Velay, les vicomtés de Limoges, de Venta-
dour et de Turenne, le comté de Périgord.

Le duché d'Aquitaine avait seul fourni la matière de ces
accroissements. Réduit à la région méridionale, il n'en subsista pas moins deux siècles et davantage, à cause des ressources que ses possesseurs tiraient d'Angleterre. Au contraire, le comté de Toulouse, privé de secours étrangers,
perdit en très peu de temps l'indépendance.

La catastrophe soudaine à laquelle il succomba avait été
déchaînée par l'Église. D'elle-même, la royauté n'y prit
aucune part, se bornant à favoriser ou à surveiller les Montforts et leur armée. Quand elle parut dans le Midi, l'œuvre
de destruction était accomplie. Après une guerre atroce,
l'hérésie était à peu près vaincue et toute cohésion politique
avait disparu. Jamais les diverses parties de l'État toulousain n'avaient été attachées entre elles autrement que par
un faible lien féodal et par une civilisation commune. Il s'y
trouvait les éléments d'une nationalité, mais non tous ceux
qui font une patrie. Il avait fallu des années de violences
pour que les croisés soulevassent contre eux l'espèce de
résistance nationale qui finit par avoir raison de leur petit
nombre. Louis VIII n'en rencontra pour ainsi dire aucune.

Montfort et ses soldats étaient des aventuriers, venus en
exterminateurs, en conquérants. Ils avaient massacré ou

chassé les propriétaires du sol afin de prendre leurs domaines. Le roi de France était un suzerain puissant dont les
comtes de Toulouse, ainsi que leurs sujets, avaient constamment imploré l'appui. Les conditions du traité de Meaux,
qu'il conclut en 1229 avec Raimond le Jeune, parurent aux
contemporains d'une rigueur excessive. Elles étaient dures
en effet pour le malheureux comte, par qui le roi se faisait
céder la partie du comté comprise entre le Rhône, l'Ariège
et le coude du Tarn, tandis que pour l'avenir il assurait à
la maison de France l'héritage de tout le reste ; plus dures
encore pour certains vassaux, tels que le vicomte de Béziers
et autres, qui furent entièrement dépouillés de leurs biens.
Mais le traité contenait aussi des mesures réparatrices. Il y
avait peu de barons, de chevaliers, de bourgeois des villes
auxquels il n'apportât quelque soulagement. La plupart des
confiscations accomplies depuis l'arrivée des croisés furent
annulées, peu à peu dans les États du roi, tout d'un coup
dans ceux que gardait Raimond VII. Là même où la resti-
tution était et resta toujours incomplète, la tranquillité put
renaître[1].

Les révoltes de 1240 et de 1242 ont été principalement
l'œuvre personnelle des victimes du traité de Meaux, de
Trencavel et de Raimond VII. L'une et l'autre étaient partielles. La seconde ne fut qu'une échauffourée[2].

Vers 1247, après la soumission de Trencavel, l'apaisement
se fait. Par équité naturelle et par intérêt bien entendu
saint Louis s'efforce de réparer les abus que ses officiers
ont commis aux premiers temps de la conquête. En 1249, le
frère du roi, Alfonse de Poitiers, entre en possession des
titres et des États de son beau-père, Raimond VII. Les deux

1. *H. L.*, t. VIII, pr. n° 271. Texte du traité de Meaux. — Cf. t. XII, note XVIII,
p. 278.

2. *Ibid.*, t. VII, note LVIII, *Sur l'expédition de Trencavel et le siège de Carcassonne en 1240*, par Aug. Molinier, t. VI, pp. 736 et suiv.

parties de l'ancien comté, soumises à des princes de même maison, sont administrées selon des règles à peu près semblables[1].

Philippe le Hardi, héritier d'Alfonse, les a réunies de nouveau l'une à l'autre en 1271. Cette succession, préparée de longue main, était un fait accepté autant que prévu par les peuples du Midi. Quoiqu'elle eût une spoliation pour origine, elle était conforme aux règles féodales. L'annexion du comté de Toulouse fut consommée sans difficulté, sans secousse, sans aucune protestation qui décelât quelque rancune de la part des sujets contre leur nouveau maître. L'autorité royale, sur le champ reconnue de tous, ne s'établit pas chez eux moins solidement qu'en France.

Ces acquisitions ont changé la face du royaume. Autrefois il ne comptait guère que des pays de langue d'oil. Les pays méridionaux y furent désormais en nombre suffisant pour former une masse compacte et considérable, pour rivaliser en quelque mesure avec ceux du Nord d'importance économique et politique.

Le groupe tout entier s'est de bonne heure appelé Languedoc. Ce mot date de la croisade, de l'époque où les hommes du Nord et du Midi, se rencontrant les armes à la main, ne trouvaient, pour se distinguer les uns des autres, de signe général que la langue qu'ils employaient[2]. Il a longtemps été d'usage vulgaire avant de figurer (vers 1290) dans les documents émanés du roi. Il avait alors le sens le plus vague. L'idée qu'il éveillait ne s'est précisée qu'à la longue, on verra plus loin comment et dans quelles circonstances. Pendant la première moitié du XIVe siècle, la chan-

---

1. *Ibid.*, t. VII, note LIX, *Étude sur l'administration de Louis IX et d'Alfonse de Poitiers*, par Aug. Molinier. — Boutaric, *Saint Louis et Alfonse de Poitiers*, 1870, in-8°.

2. Arch. de Toulouse, AA 1, n° 94; juin-septembre 1220. Déclaration de Raimond VI et de son fils contre les « homines nostre ydiome, videlicet de hac lingua nostra », qui ont suivi le parti d'Amaury de Montfort.

cellerie royale l'appliqua de façon générale aux domaines
royaux où se parlait l'idiome d'oc, mais en particulier à la
plus importante fraction de ces domaines, au comté de Toulouse[1]. La région de langue d'oc, *partes Occitane*, fit
pendant à la Languedoil.

Elle était à l'est nettement limitée. Les comtes de Toulouse avaient eux-mêmes porté jusqu'au Rhône leur territoire et l'avaient constamment accru sur la rive droite du
fleuve. Les rois y joignirent le domaine qu'ils possédaient
déjà dans le Velay, le Gévaudan et celui qu'ils se procurè-
rent au début du xive siècle dans le Vivarais, détaché par
Philippe le Bel de la mouvance impériale. Le Rhône servit
de limite à la sénéchaussée royale de Beaucaire depuis son
embouchure occidentale jusqu'à Limony, c'est-à-dire à huit
lieues en aval de Lyon[2].

A la vérité le royaume, comme autrefois le comté de Toulouse, ne tarda pas à passer l'eau. Le comté de Valentinois
entra dans sa mouvance, le Dauphiné de Viennois dans son
domaine direct (1316, 1349). Mais ce groupe domanial,
beaucoup moindre que l'autre, ne s'agrandit point ensuite;

1. *H. L.*, t. X, note VI, *Sur l'origine du nom de Languedoc*, par dom Vaissete;
t. XII, note XVIII, p. 131. — Paul Meyer, *La langue romane du midi de la
France et ses différents noms*, dans les Annales du Midi, 1889, p. 1.
2. Il convient d'indiquer brièvement comment l'ancienne Lotharingie ou terre
d'Empire a reculé derrière le Rhône. Entre 928 et 943 l'un des héritiers de Bozon
a porté l'Uzège dans la mouvance de France. Vers 1037 le comte de Toulouse
était possesseur du territoire d'Argence, dépendance du diocèse d'Arles, où se
trouvait Beaucaire. En 1226 le roi de France entrait en pariage avec l'abbé de
Saint-André-lès-Avignon, et la partie occidentale du diocèse d'Avignon passait
au royaume. Philippe III, héritier des comtes de Toulouse, a cédé au pape en
1274 le Venaissin, renonçant ainsi aux domaines que les comtes avaient acquis à
l'est du fleuve. En 1306 Philippe le Bel établit sa suzeraineté sur l'évêché de
Viviers. Mais le Vivarais, en tant que circonscription administrative, a dépassé
les limites du diocèse ecclésiastique. Il a englobé une partie du diocèse de Valence
(Tournon, Privas, Saint-Andéol, etc.), une partie du diocèse de Vienne (Annonay), l'une et l'autre à l'ouest du Rhône. La première avait été acquise par le
comte de Toulouse en 1239. La seconde entra dans la mouvance française soit
avec le Lyonnais (1310), soit avec le Dauphiné (1349), car le seigneur d'Annonay
était arrière-vassal de l'évêque de Lyon et vassal du comte dauphin.

il resta plus de cent trente ans stationnaire, presque isolé parmi des pays d'Empire. Le Dauphiné, cédé sous chaque règne à l'héritier présomptif de la couronne, souvent administré par lui, traité en État distinct, ne se confondit nullement avec les contrées de langue d'oc dont le Rhône le séparait.

Vers l'ouest et le nord-ouest les conditions étaient bien différentes. Ici le roi de France avait pour voisin le duc de Guyenne, dont il continua de recevoir l'hommage jusqu'au traité de Brétigny; mais ce vassal était roi d'Angleterre et son plus redoutable ennemi. Entre eux la guerre éclata fréquemment; la ligne de frontière ne cessa de se déplacer: ainsi le long de la Garonne. En 1259 elle passait en aval d'Agen et de Marmande, en 1328 par Langon. En 1360 elle remonta très loin, au confluent du Tarn, pour descendre de nouveau sous Charles V au-delà d'Agen, etc.

Entre Guyenne et comté de Toulouse, de l'Auvergne aux Pyrénées, il y avait de grandes seigneuries, une douzaine environ, parmi lesquelles les comtés de Périgord, d'Armagnac et de Foix tenaient le premier rang. Avant la croisade, elles relevaient de l'un ou de l'autre État; ensuite elles oscillèrent entre les deux selon les chances de la guerre, passant d'une mouvance à l'autre, inclinant où bon leur semblait, d'ordinaire vers le roi de France dont elles avaient davantage à craindre ou à espérer.

Les comtes de Foix, vicomtes de Béarn, les comtes d'Armagnac, maîtres de la plus grande partie du Rouergue, sont devenus très puissants au XIVᵉ siècle. La guerre de Cent ans les a mis en mesure de vendre leur concours. Jusqu'au milieu du siècle suivant, ils s'intitulent « comtes par la grâce de Dieu »; la justice royale n'a pas toujours libre accès sur leurs terres; l'impôt royal n'y pénètre point. Les sujets des deux comtes s'assemblent en États particuliers et ne se rendent pas à ceux de Languedoc.

Ces principautés féodales, placées à la frontière, ont joui d'une indépendance que ne connaissaient point les autres seigneuries, enclavées dans la terre du roi. Quoique appartenant à la « région de langue d'oc », elles n'ont point vécu tout-à-fait de la même vie. Elles restent à demi étrangères au développement de ses institutions, à son histoire intérieure. Elles sont séparées du faisceau politique, qu'à la faveur de la domination royale celle-ci a formé.

PREMIÈRE PARTIE

LES INSTITUTIONS POLITIQUES

CHAPITRE PREMIER.

LA SOCIÉTÉ MÉRIDIONALE. — LES SEIGNEURIES.

Soumis aux rois de France, les peuples méridionaux ont conservé leurs lois particulières aussi bien que leur langue.

Simon de Montfort avait introduit la coutume de Paris dans les terres qu'il distribuait à ses compagnons d'armes, parce qu'elle garantissait la valeur et l'intégrité des fiefs, par suite la perpétuité des services dont ils étaient grevés. Elle stipulait aussi du vassal au suzerain des obligations très étroites, notamment des obligations militaires[1]. Il la fit donc servir à son dessein, qui était d'implanter de force en pays conquis une féodalité nouvelle.

Saint Louis ni son fils ne se proposaient rien de semblable. Ils ne touchèrent pas aux usages de leurs nouveaux sujets. Le droit écrit resta en vigueur : telle fut la loi selon laquelle la Cour du roi eut à juger les procès des gens de Languedoc. La coutume de Paris ne se maintint qu'aux environs de Béziers et de Carcassonne, dans quelques fiefs

---

1. *H L.*, t. VIII, pr. n° 165; statuts de Pamiers, 1er déc. 1212.

isolés dont le nombre décrut peu à peu, à cause de la gêne que causaient à leurs possesseurs des lois différentes de celles qui régissaient les seigneuries d'alentour[1].

Ainsi la croisade et la conquête n'ont pas également atteint et détruit dans toutes ses parties la civilisation du Midi. Du coup elle a été découronnée : les idées religieuses qu'elle alimentait ont péri sans retour; elle a perdu sa fleur littéraire, son originalité poétique. Quant aux usages qui réglaient les intérêts et les relations des hommes, formant en quelque sorte la trame de leur existence, ils sont demeurés intacts. Nous avons une multitude de textes, tels que transactions, sentences arbitrales et chartes de coutumes, qui éclairent à merveille cet ordre de faits. Pour une charte datée d'avant la croisade, dix sont postérieures; plus de la moitié se rapportent à la fin du xiiie siècle. Or, entre la première et la seconde série, il n'y a d'autres différences que celles qui résultent du développement normal de la société, et presque rien dans la seconde qui trahisse les grands événements dont le Midi venait d'être le théâtre. La plupart consacrent des coutumes anciennes. Elles résument une série de progrès lents. Elles révèlent un mouvement continu qui s'est poursuivi durant plusieurs siècles, sans que la croisade et ses conséquences l'aient arrêté ni dévié; car il s'est opéré dans ces couches profondes où les plus violentes agitations de la surface restent insensibles.

---

1. *Ordonnances des rois de France*, t. VI, p. 648, et *H. L.*, t. X, nº 277. Actes relatifs aux seigneuries de Capendu et de Mirepoix. — D'ailleurs les coutumes du Nord n'ont pas eu d'influence durable sur les rapports que les seigneurs des « terres de conquête » entretenaient avec leurs sujets. Ils y renoncèrent en leur faveur pour se conformer de préférence aux usages du pays. Ainsi les seigneurs de Limoux en 1296. (Buzairies, *Libertés et coutumes de la ville de Limoux*, 1851, in-8º, nº 6.) Elles ne se sont maintenues qu'en matière de transmission des fiefs par succession, donation, etc. Encore n'était-ce pas sans contestations fréquentes sur le point de savoir s'il fallait appliquer le droit coutumier ou le droit écrit. (*H. L.*, t. X, pr. nº 268. — Defos, *Traité du comté de Castres*, 1633, in-4º, p. 32. — Arch. de la Haute-Garonne, sér. B, *Reg. d'appointements*, 1426-27, fºs 322, 362 vº.)

A cette époque, le royaume est une collection de seigneuries dont un grand nombre, placées sous des maîtres particuliers, échappent à l'action du roi. Les autres, celles qu'il possède, sont administrées par lui selon des règles très diverses, à peu près comme si chacune avait un seigneur distinct. La politique des rois est encore celle du propriétaire qui arrondit son héritage. Ils y travaillent avec prudence. Quand ils parviennent à se substituer à quelque dynastie féodale, ils confirment d'ordinaire les coutumes et privilèges des habitants du domaine; parfois ils y ajoutent. Leur intérêt est que la substitution soit aisément acceptée, et, s'il se peut, avec plaisir. D'ailleurs la main royale ne s'étend pas sans peine à de grandes distances. Dans le Midi ce sont les baillis et les sénéchaux qui préparent et concluent les transactions, les achats, les échanges, qui veillent aux intérêts de leur maître. Ils agissent chacun selon les conditions et les usages des régions où ils se trouvent, des domaines qu'ils administrent, autrement en Agenais qu'en Rouergue, en Gascogne qu'en Vivarais, à Toulouse qu'à Carcassonne. La nature seigneuriale de la royauté donne à sa politique une singulière souplesse. Le gouvernement ne songe pas à changer les rapports des sujets avec leurs seigneurs, quels qu'ils soient. Il laisse la grande masse des hommes vivre et s'organiser d'après les principes qui déjà résidaient en elle, et qui incessamment la modifiaient. Lui-même se prête à cet état de choses. Il se modèle sur la société à laquelle il s'est imposé, se forme à son image.

Il n'a pas moins fortement réagi sur elle.

Les rois de France étaient d'autres seigneurs que les vicomtes de Béziers ou que les comtes de Toulouse. A leur Cour on s'inspirait en matière féodale des idées et des traditions qui dans le Nord étaient en vigueur, — traditions favorables à la force du lien vassalique, et par suite aux droits du roi, premier des seigneurs, placé au sommet de la hiérarchie. Aussi furent-ils portés à s'en prévaloir partout, en Languedoc comme en France. Ils ne se conduisaient pas volontiers par maximes générales. Pourtant la tendance contraire grandit avec leur pouvoir.

Ils étaient les plus riches propriétaires du royaume, bien mieux pourvus d'hommes et de terres qu'avant eux aucun suzerain méridional ne l'avait jamais été. Ils tiraient de leur domaine une force incomparable, telle que nul baron ne pouvait la braver sans péril.

Ils la mirent au service de certains droits et prérogatives dont le Midi depuis plusieurs siècles avait presque oublié l'existence. Ils ne vinrent pas seulement en suzerains plus puissants que d'autres, mais à titre de rois, c'est-à-dire de successeurs des Carlovingiens, de dépositaires de l'universelle autorité publique que ceux-ci jadis avaient possédée.

Voilà le fait nouveau qui sort de la conquête.

Cette puissance énorme, introduite subitement chez les Méridionaux, change aussitôt la condition des seigneurs : pour la première fois ils trouvent tous un maître. C'est seulement plus tard qu'elle est descendue à l'intérieur de chaque seigneurie, et s'est fait sentir aux sujets eux-mêmes. Alors la société tout entière, peu à peu gagnée, entraînée dans l'orbite de la royauté, évolue et se transforme avec elle, sous son influence.

1º LES SEIGNEURIES ET LE DOMAINE ROYAL.

A l'époque de la croisade, la région du Midi que l'on a vue plus haut délimitée contenait quelques grandes maisons, dont une seule très puissante, et une foule de familles seigneuriales relativement pauvres, vivant à l'égard des premières dans un état de plus ou moins complète indépendance.

De la vieille loi romaine que les rois wisigoths avaient

rédigée les seigneurs tenaient l'habitude et le droit de tester
librement. Ils pouvaient favoriser un de leurs héritiers,
l'aîné par exemple, au détriment des autres. Les Guilhems
de Montpellier et les seigneurs d'Uzès inclinaient si fort en
ce sens, qu'ils étaient presque arrivés à supprimer la « légitime », ou part de l'héritage de laquelle, en droit écrit, le
testateur ne disposait point[1]. Mais aucun n'admettait le
véritable droit d'aînesse, qui n'est pas compatible avec la
liberté de testament. La règle était le partage des biens,
égal ou presque égal : ainsi dans les maisons de Carcassonne, de Béziers, de l'Isle-Jourdain, de Lautrec[2], ainsi
dans les petites seigneuries.

1. Voir dans Germain, *Liber instrumentorum memorialium*, 1886, in-4°, pp. 172
et suiv., les testaments des Guilhems. — Cf. *H. L.*, t. V, n° 424 ; VIII, n° 440. —
La coutume de Montpellier, de 1204, art. 55, porte que « parens potest quidquid
voluerit relinquere liberis; et si modicum sit relictum, non possunt liberi con-
queri. » (Teulet et Delaborde, *Layettes du Trésor des chartes*, n° 721.) — A Montpellier et dans beaucoup de seigneuries les filles ne reçoivent que de l'argent,
point de terres. (Castillon, *Histoire des populations pyrénéennes*, 1842, 2 vol.
in-8°, t. II, pr. p. 467.)

2. Castillon, *Op. cit.*, t. I, pr. p. 419. — *H. L.*, t. V, n°s 504, 580; VIII, n° 102. —
Annales du Midi, 1892, p. 198. — M. Aug. Molinier dans son *Étude sur l'administration féodale en Languedoc* (*H. L.*, t. VIII, note XLVI, p. 150), dit qu'à la fin
du XIIe siècle « le droit d'aînesse est devenu la règle générale dans tous les
grands fiefs », tandis que dans les petites seigneuries on pratiquait les partages
égaux. La première partie de cette proposition renferme une inexactitude et une
exagération notables. 1° Le droit d'aînesse qui a prévalu dans le nord et dans le
centre de la France était le droit du sang, supérieur à la volonté des parents,
s'exerçant indépendamment d'eux sur leur héritage. La coutume d'Anjou, par
exemple, ordonne que l'aîné ait les deux tiers des immeubles, les puînés mâles
l'autre tiers à titre de bienfait et leur vie durant. (Art. 222, 277, 278, et cout. de
Paris, art. 9 et 10, dans Bourdot de Richebourg, *Nouveau Coutumier général*, 1724,
4 vol. in-f°, t. III, pp. 1. 529.) Aussi, pendant longtemps, en pays de droit coutumier, ne fit-on pas de testaments véritables. (Tardif, *Le droit privé au XIIIe siècle*, 1886, in-8°, p. 60.) Au contraire dans le Midi, s'il arrivait qu'un « augmen-
tum » fût constitué au profit de l'aîné, le fait procédait uniquement de la volonté
du légataire. Dans toutes les seigneuries, grandes ou petites, c'est elle qui faisait
loi. En 1304 le comte de Rodez, n'ayant pas d'héritiers mâles, légua la principale
portion de ses biens à la plus jeune de ses filles, femme du comte d'Armagnac.
Ainsi, chez les Méridionaux, surtout à cette époque, le droit d'aînesse n'existait
pas. 2° Il est vrai que certains grands seigneurs ont voulu perpétuer la puissance
de leurs maisons en assurant au fils aîné la presque totalité de l'héritage. Mais

D'ordinaire le possesseur d'un seul domaine ne le démem-
brait pas. Il le transmettait par indivis à ses héritiers. Chacun d'eux jouissait d'une part des droits et revenus : une
moitié, un tiers, un quart... Après quelques générations il
était inévitable que chaque fraction devînt très petite. Elle
pouvait aussi changer de mains, passer à une autre famille.
Une terre faisait vivre cinq ou six « coseigneurs » et jusqu'à trente ou davantage, liés entre eux par des accords[1],
la plupart du temps « pariers ». Comme « on néglige d'ordinaire ce que l'on possède en commun », ils contractaient
ensemble un pariage, afin d'avoir une cour commune qui
pût administrer toute la seigneurie, en percevoir les revenus
et les répartir entre les propriétaires selon le tant pour cent
qui leur revenait[2]. Les familles nobles ont été s'appauvris-
sant de la sorte, sans que chaque domaine perdit son unité.

Aux xe et xie siècles le domaine s'appelle *alodium*, propriété, et ce mot est presque exclusivement en usage. Le
régime sous lequel vivent les hommes n'est pas féodal
encore, mais plutôt seigneurial. Le lien vassalique existe;
mais le serment par lequel il se forme n'implique de la
part du vassal que des devoirs de fidélité, le respect des
biens du seigneur, de ses droits et de sa personne. Puis
apparaissent deux obligations positives. Le vassal jure au

---

les dernières volontés ont varié selon les testateurs. Dans une même maison,
l'aîné est avantagé tantôt plus, tantôt moins, ou ne l'est pas du tout. La politique
testamentaire des Guilhems au xiie siècle n'était guère de tradition que chez
eux. Elle a gagné quelque terrain dans le siècle suivant, si l'on peut en juger par
deux coutumes en tout, celles de Lectoure (Lomagne) et de Fezenzaguet, de
nov. 1291 et d'avr. 1295. Cette dernière porte « ad supplicationem et postulatio-
nem nobilium et ut status corum in melius reformetur », que « corum filius pri-
mogenitus masculus succedat in hereditate paterna... » (Monlezun, *Histoire de
la Gascogne*, 1849, 6 vol. in-8°, t. VI, pp. 44, 80.)

1. Accords relatifs à Caubiac en Gimoès, de 1191 (*Revue de Gascogne*, 1881,
p. 423), à Sénarens et le Fousseret, de 1226 (*Layettes*, n° 1739), etc.

2. Ce mode de pariage est le plus fréquent (Ménard, *Histoire civile, etc., de
Nismes*, 1758, 7 vol. in-4°, t. I, pr. n° 69; cf. n° 72); mais il y en a beaucoup d'autres (*H. L.*, t. VII, note xlvi, p. 152.)

suzerain et de l'« aider », de le suivre en ses chevauchées, de lui donner « conseil », d'assister à ses plaids. Enfin la formule d'hommage, se modifiant de nouveau, n'engage plus seulement la personne qui l'a souscrite, mais aussi, nommément, la terre qui devient un fief, la terre dont le « domaine éminent » est réservé au suzerain[1]. Les fiefs remplacent les alleux. Ils s'étendent de proche en proche, soit par inféodations à l'intérieur des seigneuries, soit par dons que les uns font aux autres de leurs alleux pour en recouvrer ensuite « la possession réelle et le domaine utile ».

Pourtant la transformation reste fort incomplète. A la fin du XIIe siècle une quantité de terres, et la moitié peut-être, sont des alleux comme autrefois. Ailleurs le vasselage, plus ou moins fidèlement, garde le caractère que lui ont imposé les contrats primitifs. L'hommage oblige peu les vassaux qui le rendent. Certains ont plusieurs suzerains, les prennent et les quittent. La puissance d'un comte de Toulouse repose bien plutôt sur le nombre de ses alleux que sur celui de ses vassaux.

Les événements du XIIIe siècle ont bouleversé les seigneuries méridionales.

Beaucoup ont été données aux abbés, aux évêques. Il semblait naturel que les biens pris aux ennemis de l'Église fussent employés à la fortifier. Les abbayes étaient déjà riches, et seize prélats possédaient en partie ou entièrement le chef-lieu de leur diocèse, outre de nombreuses terres : c'étaient les archevêques de Narbonne et d'Auch, les évêques de

---

1. M. Flach a parfaitement montré que le lien vassalique a d'abord été plus personnel que réel. (*Les origines de l'ancienne France*, t. II, pp. 427, 518 et suiv.). Les trois formes énumérées du vasselage se présentent successivement, la première vers 1020 (*H. L.*, t. V, pr. n° 179), la seconde vers 1036 (*ibid.*, n°s 209, 210), la troisième à la fin du XIe siècle, et très nettement en 1109, 1110. (*Ibid.*, n°s 432, I, et 435.) L'obligation relative au conseil ou plaid n'apparaît pas dans les hommages avant le XIIIe siècle (*ibid.*, t. VIII, pr. n° 115, III; ann. 1205); mais elle est fort antérieure. (*Ibid.*, t. VII, note XLVI, p. 144.)

Saint-Lizier, de Saint-Bertrand-de-Comminges, d'Agen, de Rodez, de Cahors, d'Albi, d'Agde, de Lodève, de Béziers, de Maguelonne, d'Uzès, du Puy, de Viviers, de Mende. D'autres avaient fort peu de temporel, comme l'évêque de Nîmes; celui de Toulouse n'en possédait point. La plupart avaient eu à souffrir des usurpations violentes de la part des barons laïques. Tous ont gagné à la croisade, l'évêque de Toulouse un temporel, l'évêque d'Uzès la possession de presque tout le diocèse, etc. Mais la sécurité de l'Église augmentait moins que son domaine. C'est le roi qui, par une série d'accords, l'a confirmée dans ses acquisitions. Ainsi, dès le début, il l'attachait à sa fortune. Envers ce pouvoir qui seul le garantissait contre le retour offensif des propriétaires anciens, le clergé du Midi s'est trouvé dans une situation plus dépendante que n'était le clergé du Nord.

Quelques fiefs ont été taillés au profit des laïques en pays de conquête. Les plus considérables étaient ceux de Mirepoix et de Castres, l'un créé en faveur de Guy de Lévis, maréchal de l'armée catholique, l'autre pour le neveu de Simon de Montfort[1].

Enfin s'est constitué un domaine royal beaucoup plus étendu que les autres, hors de toute proportion avec eux. En 1229 saint Louis avait acquis dans les sénéchaussées de Beaucaire et de Carcassonne les biens du comte de Toulouse, ceux des Trencavels et d'un certain nombre de seigneurs. Philippe III en 1271 a plus que doublé ce domaine; car la portion du comté qui lui échut alors était celle où le patrimoine des comtes avait eu tout le temps de devenir compacte. Raymond VII et son gendre, Alfonse de Poitiers, s'étaient appliqués constamment à l'améliorer et à l'arrondir[2].

1. Sur tout ce qui précède, voir *H. L.*, t. XII, note XVIII, pp. 281, 292 et suiv.
2. Voir dans Boutaric, *Saint Louis*, etc., pp. 175 et suiv., la liste des baylies d'Alfonse; dans Lafaille, *Annales de la ville de Toulouse*, 1687-1701, 2 vol. in-f°,

Maîtresse de l'héritage, la royauté pour l'augmenter encore n'a eu besoin que de mettre en pratique les procédés habituels aux grands seigneurs méridionaux. Elle l'a fait avec plus de succès parce qu'elle était plus forte. Sa puissance domaniale a continué de grandir sans effort apparent et comme d'elle-même, par achats, par échanges, par confiscations, au moyen de pariages, par la fondation de bastides. L'œuvre personnelle des rois ne tient ici qu'une place restreinte. Le premier rôle revient à leurs officiers. Bayles, juges, viguiers, procureurs, sénéchaux sont moins des administrateurs que des intendants. Leur tâche essentielle consiste à rechercher les terres où le roi pourrait le mieux « s'accroistre », à profiter des occasions qui s'offrent, à les susciter au besoin.

Des déshérences se produisent, et des procès consécutifs, dont le roi profite. C'est ainsi qu'en 1292 Philippe le Bel met sous séquestre, c'est-à-dire annexe en fait le comté de Bigorre.

Nul vassal ne peut vendre son fief sans l'autorisation du suzerain direct, et la coutume féodale veut que celui-ci use, si bon lui semble, du droit de « prélation », autrement dit de préemption. Le royal suzerain en use volontiers, d'autant qu'il n'a pas toujours à délier sa bourse. Beaucoup d'acquisitions sont faites aux frais des habitants, à leur propre requête.

Dès la fin du xiiie siècle se dessine le mouvement qui portera vers la royauté la population méridionale. Les habitants d'une terre qui passait aux mains d'un grand seigneur avaient fréquemment stipulé qu'elle ne serait point aliénée[1]. Plus le

---

t. I, pr. p. I, le « Saisimentum comitatus Tolosani », pièce qui ne se rapporte en réalité qu'à la sénéchaussée de Toulouse. — Cf. Tholin, *Ville libre et barons*, 1886, in-8°, préf., pp. I-X. En Agenais les juridictions comtales sont plus étendues que celles des seigneurs.

1. Devals, *Histoire de Montauban*, 1855, in-8°, pr. n° 15 ; 9 oct. 1144. Coutume de Montauban. — *Ord.*, t. XV, p. 420 ; 12 août 1241. Cout. de Buzet, art. 18.

seigneur était puissant, mieux ils étaient eux-mêmes traités
et défendus. Le roi ayant pris pied en Languedoc, nul n'ins-
pira autant de confiance que ce seigneur, le plus puissant
de tous. On avait tout avantage à vivre sous sa domination :
ses sujets immédiats jouissaient d'une sécurité alors inconnue; ils étaient régulièrement administrés, jugés en vertu
d'ordonnances générales. Ils payaient de faibles redevances,
qui ne furent jamais accrues. Leur sort excitait l'envie des
hommes qui avaient à subir les exigences vexatoires des seigneurs, leur justice arbitraire et souvent odieuse. Aussi
voit-on les habitants d'un domaine l'acheter en tout ou partie
pour devenir sujets du roi. En 1318 ceux de la terre d'Ouveillan avertissent le sénéchal de Carcassonne que leur seigneur va vendre un des lieux qui la composaient. Ils offrent
de payer le prix convenu, 350 livres, si le roi consent à
réunir perpétuellement ce lieu à la couronne. La proposition
est acceptée. Cinq ans plus tard le domaine entier est
acquis de la même façon, moyennant 5.000 livres que les
gens d'Ouveillan promettent de fournir[1]. Les chartes qui
consacrent ces marchés, ainsi qu'une foule d'autres, contiennent la clause d'inaliénabilité. Si le roi vient à la violer, les
sujets qu'il abandonne font opposition par tous les moyens
légaux et parfois de force[2]. Même au XVIe siècle, à l'époque
des grandes aliénations domaniales, ils rachètent au profit
du roi les terres ou droits qu'il a vendus.

Le domaine royal ressemblait complètement, sauf par
l'étendue, aux seigneuries qui restaient en dehors de lui,
puisqu'il avait été formé de seigneuries toutes pareilles. Le

1. H. L., t. X, pr. n° 204. — Mouynès, Inventaire des archives de Narbonne,
1871-1879, 5 vol. in-4°, t. I, sér. AA. p. 435. — Cf. Arch. Nat., Xia, f° 116, Compeyre (Rouergue) ; H. L., t. X, pr. n° 176, Abeilhan ; Ord., t. VIII, p. 475, Saint-
Rome-sur-Tarn (Rouergue); t. VI, p. 544, et VII, p. 289, Lespignan ; t, XII, p. 571,
Azillan ; t. IX, p. 81, Clouzac, etc.
2. Voir entre autres l'affaire de Millau et Compeyre (Ord., t. XVIII, p. 181)
en 1476, celle de Fleurance, au comté de Gaure (Luchaire, Alain le Grand, sire
d'Albret, 1877, in-8°, pp. 138-158) à la fin du XVe siècle.

roi se trouva parier, coseigneur dans bon nombre de villes
et de terres, à Béziers, Alais, Uzès, Montauban, Gaillac, etc.
Il l'est ensuite devenu dans d'autres. Les seigneuries de
Languedoc étaient très vulnérables. Elles ont offert à la
royauté autant de points d'attaque qu'elles comprenaient de
parts. Ici, le roi prend place dans un pariage par achat d'une
moitié, d'un huitième, d'un douzième[1]. Là, il se rend acquéreur d'une portion de baronnie, et prépare ainsi l'annexion
du reste : l'une des principales, celle de Montpellier, a été
achetée en deux fois, la part de l'évêque en 1293, celle du
roi de Majorque, successeur des Guilhems, en 1349. Ailleurs,
gratuitement, un seigneur l'associe à la possession de ses
droits par moitié et par indivis.

Ce genre de pariage était usité de longue date. Laïques
et gens d'Église obtenaient ainsi, même contre leur gré,
l'appui de quelque haut baron. Par exemple, l'abbé de Saint-
Antonin, ceux de Lézat et du Mas-d'Azil étaient entrés en
pariage avec le comte de Foix. La protection du roi a été
recherchée avec ardeur, surtout par les évêques et les monastères, et dans plusieurs cas imposée. Une lettre de Philippe V,
du 8 avril 1317, montre qu'à cette date le sénéchal de Toulouse avait reçu cinq propositions de pariage[2]. A peu près
dans le courant d'une seule année (1307), Philippe le Bel en
conclut cinq, très importants, avec l'abbé de Candeil pour
Labessière, avec l'évêque de Pamiers pour toutes ses possessions, moins la ville, avec les évêques de Cahors et du Puy
pour leurs cités épiscopales, avec celui de Mende pour tout
le diocèse[3]. On pourrait en énumérer beaucoup d'autres,

1. Rossignol, *Des seigneurs et des consuls de Saint-Paul-de-Capdejoux*, dans la
Revue du Tarn, 1884, p. 37. — *Ord.*, t. II, p. 426; Montesquieu (dioc. de Toulouse). — Bibl. Nat., *Doat*, 116, fos 185, 221; Gaillac.

2. *H. L.*, t. X, pr. no 198.

3. Rossignol, *Monographies communales du ... Tarn*, 1866, 4 vol. in-8o, t. I, p. 237.
— *Appendices*, no 1. — Lacroix, *Series et acta episcoporum Cadurcensium*, 1617,
in-4o, p. 162. — *Ord.*, t. VI, p. 341. — Baldit, *Sur la souveraineté temporelle des
évêques de Mende*, dans le Bulletin de la Société ... de la Lozère, t. X, pp. 72-124.

antérieurs ou postérieurs[1]. Les seigneurs laïques eux-mêmes,
y compris les plus grands, partagent avec le roi tantôt l'ensemble de leurs droits, comme les coseigneurs des Vans
en 1273 et le sire de Mirepoix en 1390[2], tantôt leurs justices :
ainsi le vicomte de Narbonne pour Narbonne avant 1289[3], le
comte d'Armagnac pour Auch sous Philippe VI, le seigneur
de Navès, ceux de Miremont (1345, 1346)[4]... Sur mille points
du territoire pénètre et s'affermit aussitôt un pouvoir des-
tructeur de l'autorité seigneuriale.

En qualité de parier le roi ne perçoit que sa part de revenu. Mais il n'est pas rare que son juge soit désigné dès
le début par tous les coseigneurs pour chef de la cour commune. De plus, dans aucun pariage il n'entre à titre de
vassal, comme avaient fait certains barons. Il garde le « ressort et la souveraineté ». Cela suffit pour qu'il agisse en
maître. Vers 1301 Philippe le Bel est invité à faire un pariage avec le prieuré de Saint-Orens pour la part de la ville
d'Auch que celui-ci possédait : le seigneur roi, dit-on, tien-
drait cette portion « presque comme la sienne », et par elle
« il aurait la cité presque entière à sa disposition[5] ». Peu

1. Pariages de Vabres (1285), de Simorre et de Saint-Sever-de-Rustan (1297),
de Sarlat (avant 1299), de Pont-Saint-Esprit (1301), de Saint-Thibéry (1315), de
Saint-Affrique (1320), de Montolieu (1321) avec des abbés ou des prieurs, d'Auch
avec l'archevêque (1331), etc.

2. Ménard, *Hist. de Nimes*, t. I, pr n° 72. — *H. L.*, t. IX, p. 953, n. 7.

3. Arch. de Narbonne, AA 15; déc. 1289. Il y a cinq cours à Narbonne, dont
celle du roi et du vicomte, commune « ratione pariagii ». Le pariage de 1309,
analysé par dom Vaissete (*H. L.*, t. IX, p. 313), n'aurait donc fait que confirmer
et étendre un acte antérieur.

4. Caneto, *Prieuré de Saint-Orens d'Auch*, dans la Rev. de Gascogne, 1868,
p. 158; cf. p. 153. — Barrière-Flavy, *La seigneurie de Navès*, dans la Rev. du
Tarn, 1892, p. 281. — *Ord.*, t. XV, p. 617. — Les actes de cette nature sont
innombrables. Très souvent les seigneurs en concluent à cause des difficultés que
leur suscitent les officiers royaux. Ils y voient un moyen d'avoir la paix. — Chaque sénéchaussée avait son « liber pariatgiorum ». Sur celui de la sénéchaussée
de Nimes, où figurait entre autres nobles le marquis de Canillac, voir Bibl. Nat.,
Fontanieu 117-118; 14 juin 1433.

5. Giry, *Documents sur les relations de la royauté avec les villes en France de
1180 à 1314*, 1885, in-8°, p. 150.

importe que la part du roi soit la plus petite. Elle « seigneurie et surmonte » celles de ses vassaux. Il doit dans un
pariage « dominer du tout, tellement que le lieu se peut
et doit dire être et appartenir à lui[1]... ». En effet, le lieu lui
appartient, non qu'il en soit propriétaire, mais en ce sens
qu'il y exerce l'autorité publique.

Les pariages ont eu souvent pour objet ou pour consé
quence la fondation de bastides ou villes neuves. Depuis
plusieurs siècles les seigneurs méridionaux en construisaient
tantôt sur leurs propres terres, tantôt sur celles d'autrui.
Abbés, prieurs, barons, évêques avaient rivalisé, créant des
sauvetés, des forces, des villes franches, des bastides, en
somme formant tout d'un coup des centres habités, des
« populations » nouvelles. C'était entre eux un sujet de discussions et de guerres incessantes; car il arrivait que des
terres fussent occupées, exploitées de la sorte sans la permission des propriétaires, et le fondateur ne manquait pas
d'attirer par des privilèges les hommes de ses voisins afin
d'en peupler ses bastides. Aussi ne les élevait-on pas au
milieu du domaine, mais de préférence sur le pourtour, à
proximité des autres seigneuries. Après la croisade, les
nobles et même les bourgeois[2] continuèrent de créer des
bastides, en nombre d'autant plus grand qu'ils étaient plus
riches. Alfonse de Poitiers en édifia trente-six, dont vingt-
deux au moyen de dons ou de pariages[3].

En cela comme en toutes choses la royauté n'a fait que
suivre les usages des divers pays. Du côté du Rhône où les
bastides étaient rares, elle en a fondé quatre, mais environ

---

1. Luchaire, *Alain le Grand*, p. 190.
2. Coutume d'Agen de 1221, art. 32, dans le *Recueil de la Société d'Agen*,
1re sér., t. V. — Cout. de Limoux du 6 juill. 1292, art. 14, dans Buzairies, *Op. cit.*,
n° 4.
3. *H. L.*, t. VIII, pr. n° 543. — Cf. t. VII, note LIX, p. 566, et Curie Seimbres,
*Essai sur les villes fondées dans le Sud-Ouest de la France aux XIII° et XIV° siè-
cles sous le nom générique de bastides*, 1880, in-8°, p. 375.

quinze fois plus à l'ouest du Rouergue et du Narbonnais. Elle a reçu de toutes mains, des laïques et des gens d'Église; car les uns et les autres avaient un égal intérêt à partager avec elle les revenus et la propriété de la ville future. Ils réalisaient un double bénéfice. Placer ainsi leur terre sous l'autorité du roi, c'était les garantir contre leurs ennemis; puis c'était les mettre en valeur[1]. Sous Philippe le Hardi naissent quinze bastides[2], vingt et une au moins sous Philippe le Bel[3], davantage sous les fils de Philippe le Bel et

1. M. Curie Seimbres a grand tort d'affirmer que les seigneurs laïques n'entraient que rarement en pariage avec le roi pour créer des bastides. Il ne trouve d'autre exemple à citer que celui de Pierrecise, en Albigeois. (*Op. cit.*, pp. 68, 404.) C'est oublier Miélan, Cologne, Beaumarchais, Boucieu-le-Roi, Tournay, Lunas, Marciac, Nailloux, la Bastide-d'Arthès, etc. D'ailleurs le roi bâtit également sur ses propres terres : ainsi Réalmont, Viterbe, Revel (1341) et plusieurs autres villes neuves, pour ne parler que du Castrais et de l'Albigeois.

2. Voir dans Langlois, *Le règne de Philippe III le Hardi*, 1887, in-8°, p. 173, une liste de treize bastides. Il en faut retrancher Gimont, fondée en 1266 (Monlezun, *Op. cit.*, t. VI, p. 205), et y joindre Tauriac, fondée vers 1279 dans la sénéchaussée de Périgord (Boutaric, *Actes du parlement de Paris*, 1863-1867, 2 vol. in-4°, nos 2248, 3156), Cologne, du 26 mars 1284 (Cabié, *Chartes de coutumes inédites de la Gascogne toulousaine*, 1884, in-8°, p. 149), enfin Villeneuve-de-Berg, en Vivarais, de nov. 1284. (*Gallia christiana*, t. XVI, instr., col. 262. — Cf. Mollier, *Recherches historiques sur Villeneuve-de-Berg*, 1866, in-8°, pr. A.) Remarquons aussi que le pariage de Miélan a été conclu en 1284 avec le sire de la Roche, et non avec le comte de Pardiac, comme le suppose M. Langlois. (*Rev. de Gascogne*, 1876, p. 410.)

3. Ce sont Valentine, Aurimont (Curie Seimbres, pp. 259, 361) en 1287, Mirande et Pavie en Gascogne, de 1288 (Monlezun, *Op. cit.*, t. VI, p. 209), Briatexte vers 1290 (Compayré, *Études historiques et documents inédits sur l'Albigeois*, etc., 1841, in-4°, p. 461), la bastide de Beaumarchais, de 1290 (Monlezun, p. 218), Grenade (*Ord.*, t. IV, p. 16) et Boucieu-le-Roi, en Vivarais, de 1291 (Poncer, *Mémoires historiques sur le Vivarais*, 1873, in-8°, p. 58. — Cf. *Ord.*, t. XIX, p. 518), Lamontjoye-Saint-Louis en Agenais (Voir la *Revue historique de droit français et étranger*, 1860, p. 434, Viterbe en Albigeois (*Rev. du Tarn*, 1888-89, p. 293), Marciac, en Gascogne, de 1298 (Monlezun, *Op. cit.*, pp. 241, 251, et *Ord.*, t. XII, p. 311), La-Bastide-Saint-Louis en Razès (Buzairies, *Recherches sur l'élection consulaire dans le comté de Razès*, dans les Mémoires de la Société... de Carcassonne, t. I, p. 85), et la Bastide-Clermont, de 1300 (Curie Seimbres, p. 351), Rabasteins en Bigorre, de 1306 (Curie Seimbres, p. 322. — Boutaric, *Actes du parl. de Paris*, n° 3365), Tournay, de 1307 (*Ord.*, t. XII, p 372), Montchabrier et Peyrouse, de 1308 (*ibid.*, pp. 362, 376), La-Bastide-Saint-Louis en Périgord, de 1309 (*ibid.*, p. 496), Gardemont ou Réalville en Quercy, de 1311 (*ibid.*, p. 382), Lunas et Malast, de 1312. (*Ibid.*, p. 397, et t. VII, p. 494.)

sous les premiers Valois, jusqu'au moment où les guerres anglaises mettent le royaume en péril. Les sénéchaux et les lieutenants du roi ont alors d'autres soucis en tête que celui de fonder des bastides[1]. D'ailleurs cette forme particulière de la politique domaniale avait trouvé faveur en un temps où la possession de la terre procurait au roi le meilleur de ses revenus et de sa puissance. Elle était liée à un certain état social, et dut disparaître avec lui.

Les bastides royales n'ont sans doute pas égalé en nombre celles des seigneurs de Languedoc; mais en général elles ont été plus prospères. Les habitants y venaient en foule, se pressant à l'envi « sous les ailes du roi ». Elles ont aussi représenté entre ses mains quelque chose de plus que des acquisitions de terre et de sujets. Au territoire immédiat de la bastide où le bayle royal rendait la justice était joint un ressort étendu, composé de plusieurs juridictions seigneuriales dont il recevait les appels. Dans le ressort de Lamontjoie-Saint-Louis, en Agenais, furent ainsi placés vingt-sept lieux avec leurs dépendances et toute la portion du domaine d'Astafort qui était à l'ouest du Gers[2]. A Boucieu-le-Roi s'établirent les officiers royaux de Vivarais. Chaque bastide fut au pouvoir royal un point d'appui dont il profita pour peser sur les seigneuries voisines.

Ces accroissements, la plupart obscurs, du domaine de la couronne ont duré environ deux siècles. Ils ont affecté toutes les seigneuries, les unes directement, celles dont le roi occupait une fraction quelconque, les autres par une sorte de rayonnement de son influence. Les nobles sentaient bien le danger qui les menaçait : ils suppliaient le roi de ne plus

1. Curie Seimbres, Op. cit., p. 394. La Bastide d'Anjou, fondée en Lauragais par le duc d'Anjou, vient la dernière à long intervalle (1372).
2. Revue historique de droit fr. et étranger, 1860, p. 436. — De même, la Bastide d'Arthès, créée en mars 1328, a dans son ressort cinq seigneuries, dont deux bastides. (Compayré, Op. cit., p. 298.)

faire d'acquisitions dans l'intérieur de leurs terres[1]. Il y
renonce peu à peu dans le courant du xve siècle, parce qu'il
cesse d'en avoir besoin. Mais c'est justement alors, après la
guerre de Cent ans, que prennent place des confiscations,
des déshérences, des procès retentissants et des annexions
considérables, sortes de conquêtes du roi dans son royaume.
Alors tombent en son pouvoir les comtés de Comminges, de
Castres, de Gaure, la vicomté de Narbonne, etc. (1453 1540).
Au milieu du xvie siècle, lorsque la « pacification » se fait,
il ne reste en Languedoc, hormis les biens d'Église, que trois
grandes seigneuries : à l'ouest celle de Mirepoix pour qui la
décadence a déjà commencé, à l'est celle d'Uzès dont la fortune, moins ancienne, grandit rapidement par la faveur des
rois[2], et la vicomté de Polignac, la seule qui depuis le haut
moyen âge, parmi tant de causes de destruction, ait conservé sa puissance territoriale en Velay, Vivarais, Auvergne
et Gévaudan[3].

Francois Ier, Henri II tiennent dans le pays une multitude
de villes, et les principales. Pourtant le domaine royal, tout
en s'élargissant, a subi des pertes notables. Force parts et
parcelles ont été données, vendues, inféodées, perdues par
la négligence des officiers et l'usurpation des sujets. Sa
valeur a diminué d'une autre manière. Grâce à la décroissance du prix de l'argent, les revenus domaniaux, modestes
dès l'origine et de leur nature immuables, ont été réduits à
très peu de chose. Louis XI ne tirait pas 25,000 livres par an
du domaine de quatre sénéchaussées[4]. En comparaison des

---

1. *Ord.*, t. II, p. 128, ann. 1338, art. 33 ; t. IX, p. 360, ann. 1408, art. 2 à 5 et 17.
— Une clause spéciale est insérée à cette fin dans certains accords et hommages.
(*Ord.*, t. VII, p. 7, art. 8, et Montezun, *Op. cit.*, t. VI, p. 346.)
2. Charvet, *Étude généalogique sur la première maison d'Uzès*, dans le Bulletin
de la Société... d'Alais, 1870, pp. 33-159. La baronnie d'Uzès, érigée en vicomté
en 1328, devint comté en 1556, duché en 1565 et duché-pairie en 1572.
3. Truchard du Molin, *Baronnies du Velay. Vicomté de Polignac*, 1892, in-4°.
4. Bibl. Nat., fr. 20430, f° 68 ; cf. 23915, f° 53. Exactement 24329 l. 13 s. 7 d.,

ressources dont la royauté disposait alors, celles-là sont insignifiantes. Bientôt elles seront employées à gager des emprunts. Aux yeux des contemporains de saint Louis le domaine était principalement un groupe de biens-fonds portant avec eux « seigneurie ». Les Valois-Angoulême y voient plutôt un ensemble de titres qu'ils se réservent, et de minimes droits utiles qu'ils aliènent sans trop de remords. Au service des anciens rois le domaine avait été l'instrument nécessaire de la prépondérance politique. Il n'a sous François Ier qu'une médiocre importance, parce que l'autorité du roi a pénétré dans tous les fiefs.

En effet, à côté du domaine utile, il en est un autre, constitué par les hommages, le domaine éminent que le roi possède en qualité de suzerain. Celui-là, comme le premier, date du XIIIe siècle, non tout entier pourtant. Même après cette époque, où la féodalité triomphe, il reste à la suzeraineté royale des progrès à accomplir.

La conquête a promptement ruiné dans le Midi l'ancienne forme de vasselage. Déjà les serments d'hommage que recevaient les Montforts, Raimond VI, Raimond VII, étaient rédigés selon les plus strictes formules que le siècle précédent eût léguées. Presque tous contenaient la clause qui permettait au suzerain de reprendre à chaque instant les fiefs qu'il avait donnés[1]. La royauté, sitôt introduite, a resserré et renforcé le lien lâche et sans vertu dont maint seigneur se réclamait encore. Quand les évêques de la Narbonnaise refusent d'envoyer des troupes à son armée, Philippe III fait saisir leurs terres; l'immunité qu'ils alléguaient est méconnue, et le Parlement les met à l'amende (1272)[2]. Désor-

les charges ordinaires déduites, pour les sénéchaussées de Beaucaire, Carcassonne, Toulouse et Rouergue.

1. Les fiefs non soumis à la reprise s'appelaient « honorabilia », « franca et honorata ». (*H. L.*, t. VIII, pr. nᵒˢ 26, 69. — *Gallia christ.*, t. I, instrum., p. 186.)

2. *H. L.*, t. X, pr. nᵒˢ 10, 11. — Boutaric, *Saint Louis*, p. 495. — Langlois, *Philippe III*, p. 364.

mais, en Languedoc comme en France, les vassaux directs
de la couronne doivent les services de cour et d'ost. Dans
tous les fiefs appartient au roi le domaine éminent, et par
suite « le ressort et la souveraineté », la justice d'appel, le
droit de haute surveillance. On verra le parti qu'il en a su
tirer, et comment les sujets de chaque vassal sont devenus
aussi les siens.

En même temps, beaucoup de seigneuries allodiales ont
été converties en fiefs. Les belligérants ne se disputaient pas
seulement des hommes, mais des terres. Aussi les vassaux
ont-ils dû « reconnaître » tantôt à l'un, tantôt à l'autre, des
domaines qu'ils estimaient avoir possédés jusqu'alors en
pleine propriété.

En 1215 le comte d'Armagnac, faisant hommage à Simon
de Montfort, déclare qu'il reçoit de lui à titre de fiefs les
comtés de Fézenzac, d'Armagnac, la vicomté de Fezenzaguet, etc., mais non ses alleux d'Auch, de Jegun, de Vic et
de Noguerol[1]. Son voisin, le comte de Comminges, ancien
vassal de la maison de Toulouse, ne fait point de réserves :
en 1244 il prête serment à Raimond VII pour tous les biens
qu'il a dans les diocèses de Comminges et de Couserans,
« biens que ni lui ni ses ancêtres n'avaient jamais tenus en
fief de personne, qui formaient leur alleu, leur propriété[2] ».
D'autres seigneurs laïques qui, de temps immémorial,
vivaient sur leurs terres, en état de plus ou moins complète
indépendance, par crainte et par besoin de protection sont
conduits à les changer en fiefs[3].

Ce n'est pas que les seigneurs alleutiers soient rares au
xive siècle. Les ordonnances relatives aux francs-fiefs et
nouveaux acquêts ne manquent pas de mentionner « les

1. *H. L.*, t. VIII, pr. nᵒ 188.

2. *Ibid.*, nᵒ 378. Cf. nᵒˢ 323 et 66, 461, etc.

3. *Ibid.*, nᵒˢ 152, 318 II, 377, 423. — *Layettes du Trésor*, nᵒˢ 1658, 2077, 2145,
2994, 3040, etc. — *Gallia christ.*, t. I, instr., p. 186 ; t. VI, instr., col. 338.

grands alleux, pourvus de juridiction », ceux qu'il est interdit aux roturiers d'acquérir sans la permission du roi et sans payer finances[1]. Mais leur condition est singulière, anormale, et particulièrement délicate à l'égard de la royauté. Si l'on considère le roi seulement comme suzerain, les possesseurs d'alleux ne lui doivent ni l'hommage, ni aucun service ; mais, étant dans le royaume, ils sont soumis à l'autorité royale. Or les deux puissances, royale et seigneuriale, sont alors unies et confondues en une même dignité qui surpasse toutes les autres. Elles semblent inséparables. La vraie nature de l'alleu noble ne se distingue plus, ni le genre de souveraineté que le roi peut y prétendre. De curieux dialogues s'engagent entre le procureur général au Parlement de Languedoc et des plaideurs malencontreux, les sieurs de Terride et d'Espagne, qui avaient argué de leurs alleux au cours d'un procès : Des alleux, s'écrie le procureur ! Mais « le roi, notre seigneur, est suzerain universel en son royaume. Aucune personne ne s'y trouve qui ne lui soit sujette, aucune terre qui ne soit tenue de lui sous hommage et serment de fidélité ». — « Nous ne nions pas, répliquent-ils, que dans nos terres le roi ne soit seigneur suzerain et qu'il n'ait le ressort ; mais ce sont des biens pour lesquels nous ne lui devons pas l'hommage », — assertion que le procureur juge tellement audacieuse, qu'il requiert aussitôt confiscation des prétendus alleux[2].

De telles contestations sont fréquentes, et les seigneurs en sortent presque toujours vaincus. Ils sont contraints par saisies à faire « aveu et dénombrement » de leurs biens. L'obligation une fois contractée, ils n'y peuvent plus échapper ; car ils figurent désormais sur le répertoire d'hommages

---

1. Ménard, *Hist. de Nimes*, t. III, pr. n° 105. — *Ord.*, t. I, p. 553 ; V, pp. 120 244, etc. « Allodia magne rei seu valoris, cum dominiis et jurisdictionibus ».

2. Arch. de la Haute-Garonne sér. B, *reg. d'appoint.* 1424-25 f° 204 v° ; 1426-27, f° 324 v°.

de leur sénéchaussée. Si l'allodialité d'une seigneurie est au
contraire tolérée, le roi ne laisse pas d'en exiger des services
à peu près comparables à ceux qu'il retire des fiefs. Par
contrat de 1306 il est reconnu que l'évêque de Viviers ne
tient ses terres de personne : ce qui n'empêche pas qu'il ne
doive jurer à Philippe le Bel fidélité « pour sa personne et
pour ses biens », s'acquitter du service militaire, payer la
décime, et que plus tard ses sujets ne payent aussi la taille.
Chez lui la justice royale a cours; on appelle de ses sentences au sénéchal de Beaucaire[1]. La baronnie de Castelnau-de-Montratier en Quercy est un alleu très étendu. Pourtant dès 1291 le baron de Castelnau se rend à l'ost du roi.
L'immunité de ses sujets en matière de tailles est confirmée
encore en 1311; mais à la fin du xve siècle ils supportent
l'impôt des lances[2].

Tandis que les petits alleux, aux mains des roturiers,
échappaient à la destruction et peut-être croissaient en nombre, les seigneuries allodiales, plus apparentes, plus exposées, ont été transformées en fiefs ou bien traitées comme
eux, soumises aux mêmes devoirs.

2º Organisation sociale et politique des seigneuries. Formation des communautés.

Entrons maintenant dans l'intérieur des seigneuries. Rien
n'importe davantage que de les connaître exactement, de
savoir en quoi consistait leur territoire, dans quelles conditions y vivaient les hommes, quels rapports ils soutenaient entre eux. Elles forment l'élément essentiel de la
société du moyen âge. Les grands États féodaux ne sont
qu'une agglomération de seigneuries.

---

1. *Gallia christ.*, t. XVI, instr., col. 277, et *Ord.*, t. VII, p. 7.
2. L. Limayrac, *Histoire d'une commune et d'une baronnie du Quercy*, 1885,
in-8º, p. 502. Cout. de Castelnau, art. 92-96, et pp. 189, 619.

Elles se présentent sous deux aspects différents, selon qu'on les considère dans les villes antiques, particulièrement dans les « cités », chefs-lieux de diocèses où les évêques se sont établis, ou dans la campagne dont les habitants, très disséminés, commencent cependant à se grouper en villes et villages.

La cité, au lieu d'éparpiller ses maisons en sécurité, comme autrefois à la faveur de la paix romaine, est resserrée étroitement dans une enceinte de murailles. Mais qu'un prieuré, qu'une abbaye soient venus se fonder auprès d'elle, et bientôt un ou plusieurs faubourgs sont nés, murés également, séparés de la ville à laquelle ils touchent, eux-mêmes villes et forteresses : ainsi le faubourg Saint-Paul de Narbonne, celui de Saint-Sernin de Toulouse. Ou bien c'est un château, construit dans la cité, qui est devenu quartier indépendant : ainsi le Castelviel d'Albi, le château des Arènes de Nimes. Une ville telle que Béziers ou Narbonne se compose en réalité de plusieurs bourgs fortifiés, dont chacun reconnaît un seigneur distinct, évèque, abbé, comte ou vicomte, quoique l'un des seigneurs puisse exercer certains droits sur la ville entière[1]. Le faubourg de Rodez appartient au comte, la cité à l'évèque. Auch est partagée entre le comte d'Armagnac, l'archevèque et le prieur de Saint-Orens. La cité se divise en autant de seigneuries qu'elle compte de fractions matérielles. Quelques-unes d'entre elles ont conservé pourtant l'unité politique,

---

1. *H. L.*, t. V, pr. nos 445, 515. — *Gallia christ.*, t. VI, instr. col. 142. — Les termes de « burgus », bourg, et de « suburbium », faubourg, ne sont pas tout à fait équivalents, quoique le premier, surtout sous la forme romane « borc », soit souvent employé pour l'autre. Bourg signifie lieu fortifié, qu'il s'agisse d'un faubourg ou d'un quartier enclos de murs. Ainsi la pièce citée (no 515) montre que l'évèque de Béziers possédait deux bourgs, dont l'un était séparé du bourg du vicomte par une rue droite allant de la porte principale à l'église Saint-Sernin, c'est-à-dire de l'ouest à l'est à travers la cité. Ici le mot bourg ne peut désigner qu'une portion de la ville. Cf. Noguier, *Enceinte murale de Béziers*, dans le Bulletin de la Soc. archéol. de Béziers, 2e série, t. VII, p. 253.

par exemple Cahors, Saint-Lizier, Mende, Viviers, Le Puy sous leurs évêques, Toulouse sous ses comtes, Nîmes et Carcassonne sous les vicomtes et comtes de ce nom.

Ces villes, les plus peuplées qu'il y eût, n'en étaient pas moins fort petites et, quant au chiffre des habitants, probablement inférieures à nos sous-préfectures de second ordre. Toulouse, de beaucoup la plus grande, mesurait, faubourg compris, six kilomètres de pourtour, la cité de Carcassonne 1,100 mètres seulement[1]. Auch ne comptait pas 4,000 âmes au début du xive siècle[2].

Les seigneuries urbaines avaient plus de valeur que d'autres; mais, dans ce monde désagrégé, elles étaient loin d'exercer l'influence dont les villes ont joui plus tard. Elles servaient de capitales aux principaux États, mais sans se confondre avec le reste des domaines qui s'y trouvaient inclus. En général elles ne s'étendaient guère au delà du faubourg ou de la cité. Elles ne comprenaient hors des murs qu'une banlieue étroite, appelée district ou dex[3]. Seule, Agen possédait, outre le dex, un assez ample territoire, comparable à celui d'une seigneurie rurale[4].

La campagne est alors découpée en domaines, dont un grand nombre ne sont sans aucun doute que d'anciennes « villas » gallo-romaines. A la maison du propriétaire, résidence ouverte et bâtie en plaine, au milieu des terrains de

---

1. Mesures prises sur la première enceinte. — Béziers (cité) avait deux kilomètres de tour, Nimes 2300 m., Montpellier 2700; Cahors, cité beaucoup plus longue que large, avait 1000 m. de longueur, Auch 300 m. sur une largeur de 200.

2. Giry, *Doc. sur les relat. de la royauté avec les villes.* p. 150; vers 1301. Le rédacteur du document cité présente ce chiffre comme très important.

3. Mahul, *Cartulaire... de l'ancien diocèse et de l'arrondissement administratif de Carcassonne,* 1857-1883, 8 vol. in-4°, t. V, p. 315. Cout. de Carcassonne, art. 35 : « posse et districtus »; cf. 92, 95. Les bornes du district sont marquées dans la charte de 1466, art. 19. (*Ibid.,* t. VI, p. 28.) — Dex signifie limite et zone comprise dans cette limite. Le dex de Toulouse était assez étendu. (Arch. de Toulouse, AA 1, n° 11; 1195. — Cf. Catel, *Histoire des comtes de Tolose,* 1623, in-f°, p. 194.)

4. Tholin, *Ville libre,* etc., pp. 1 et suiv.

culture, a été substitué depuis le x⁰ siècle le *castrum* ou castel seigneurial, bâti sur une éminence et clos de murs épais, sous lesquels les hommes ont cherché protection et se sont amassés, formant une ville nouvelle. Voilà le cas le plus ordinaire. Ailleurs existait déjà quelque *vicus*, bourgade ou ville, que la construction d'un château-fort a permis au seigneur de défendre et de dominer. Montpellier, héritière de Substantion et de Maguelonne, Castres, Auvillar, Castelsarrasin, etc., n'ont pas d'autre origine.

La ville basse s'appelle *villa, burgus*, quand on veut la distinguer du château près duquel elle est située, le plus souvent *castrum*, parce qu'on la confond avec lui. Ville et château, le *castrum* est donc le noyau du domaine, si bien que dans le langage usuel la partie est prise pour le tout. Le domaine ou seigneurie, dit *honor*, propriété, ou bien « juridiction », « mandement » en qualité de dépendance du castel [1], s'appelle aussi par extension *castrum*[2].

1. « Honor » implique l'idée de possession, et signifie le fonds de terre possédé, qu'il soit petit ou grand, alleu ou fief, emplacement bâti, sis dans une ville, ou domaine rural. Le mot peut désigner toute une fortune territoriale, un ensemble de domaines ou bien un seul. C'est avec ce dernier sens que dans le sud-ouest il est le plus souvent employé. — En Rouergue, dans les pays proches du Rhône et jusqu'à Montpellier l'usage du mot « mandement » domine. Ainsi Rixende et son fils donnent au seigneur de Montpellier tout ce qu'ils possèdent « in castro de Pinnano et in ejus terminio et in toto sennorivo seu mandamento ipsius castri. » (Germain, *Liber instrum. memor.*, p. 602.)

2. D'ailleurs aux xi⁰ et xii⁰ siècles un grand nombre de terres s'appellent encore « villas » et, sous ce nom, figurent côte à côte avec des « châteaux » dans une foule de contrats, d'hommages, de testaments. (Ainsi dans *H. L.*, t. V, pr. n⁰ 580.) Ni par un mot ni par l'autre il ne faut entendre seulement des lieux habités, mais bien plutôt des domaines. En 1174 est vendue, près de Carcassonne, la « villa que vocatur Selanum, et in omnibus illius terminis homines scilicet et feminas, mansos, domos, exitus atque redditus, terras, vineas, quartos, taschas et cetere terre, merita, aquas, riparias, etc. » (*Mém. de la Soc. de Carcassonne*, t. I, p. 232.) Voilà le domaine rural, la villa gallo-romaine. La terre d'Ouveillan s'appelait encore « villa » entre 977 et 990 ; en 1173 c'est un « castrum ». (Mouynès, *Invent. des arch. de Narbonne*, t. I, sér. AA, p. 435). Parfois les deux mots sont employés simultanément : « Ego.. Rogerius non decebrei te, Aymericum..., de ipso castro novo quod vocant villam de Maurs. » (*H. L.*, t. V, pr. n⁰ 364 ; vers 1080.) — Fontjoncouse vers 1060 est une villa ; entre 1108 et 1155 elle est appelée tantôt « villa », tantôt « castrum ». (Mouynès, *Cartulaire de Fontjoncouse*, dans

Une seigneurie ordinaire comprend, sous le château qui la domine, trois ou quatre paroisses. Mais beaucoup en contiennent dix, quinze, et quelques-unes plus de trente. Évidemment celles-là sont issues de la réunion de plusieurs villas primitives[1]. Même au XIIIe siècle on peut en voir croître de la sorte. L'*honor* du château de Cordes, en Albigeois, a successivement absorbé durant cette période trente-deux localités : le canton actuel est un peu plus petit[2].

D'autres centres habités, égaux ou supérieurs en importance aux villes de châteaux, n'ont pourtant que de petits ou médiocres territoires. A cette catégorie appartiennent, sauf exceptions, les villes qui ont grandi près des monastères, ordinairement sauvetés ou lieux d'asile, telles que Montauriol qui devint Montauban, Pamiers, Saint-Pons de Thomières, Conques en Rouergue, Saint-Gaudens, La Grasse, Le Monestier en Velay, etc., et certaines villes franches créées par les seigneurs laïques, comme Villefranche de Rouergue, Villemade, Verlhac-Tescou, Montauban. Celles-là sont nées sur quelque alleu, sur un fragment de domaine donné, acheté, usurpé ou mis en pariage[3]. Une partie des

le *Bullet. de la Société de Narbonne*, t. I, nos 6-9, 12, 14). — Chaque pièce du *Cartulaire du chapitre de Notre-Dame de Nimes*, publié par Germer-Durand (dans les Mém. de l'Acad. du Gard, 1873), atteste la permanence de l'ancienne villa. On y voit aussi comment des villas, transformées en châteaux, ont perdu leur nom sans changer de limites : par exemple celle de Tonaz, remplacée par le castel de Calberte (nos 160, 161, 165), celle de Logradano que le château de Calvisson a fait oublier (nos 98, 190). Le castel prend le nom du manse sur lequel il s'élève : ainsi celui d'Aimargues (no 179).

1. Cf. Fustel de Coulanges, *L'alleu et le domaine rural*, 1889, in-8o, p. 36.

2. Rossignol, *Monogr. commun. du Tarn*, t. III, pp. 63 et suiv.

3. La variété des faits est extrême. Certaines villes, d'origine ecclésiastique, sont devenues châteaux, tout en gardant le territoire étroit sur lequel elles avaient été fondées : ainsi Pamiers. (*Appendices*, no 1. — *H. L.*, t. VIII, pr. no 228, art. 13.) D'autres l'ont fort élargi avec le temps : ainsi Montauban, (Devals, *Albias et son territoire*, dans les Mém. lus à la Sorbonne, Histoire, 1868, p. 64), Villefranche-de-Rouergue (Cabrol, *Annales de Villefranche de R.*, 1860, in-8o, pp. 19, 20, 23). D'autres ont eu dès le principe de vastes dépendances. Belmont-de-Rouergue, par exemple, un « honor » composé de seize alleux, terroirs et paroisses (*H. L.*, t. V, pr. no 568, 11), etc.

bastides du xiiie siècle et du xive sont dans le même cas [1].

Si nombreux qu'ils paraissent, ces territoires étaient relativement à ceux des châteaux dans une proportion numérique très faible, peut-être cinq pour cent. Le *castrum* offre donc le type de la seigneurie. Il demeura longtemps intact. Seigneurs et sujets redoutaient également les conséquences d'un démembrement du domaine [2]. Autour du castel ils multiplièrent les points de ralliement pour la population, « forces » ou lieux fortifiés qui donnaient abri aux cultivateurs, bastides semblables aux forces, sans que l'unité domaniale en fût altérée. Quoique ces localités eussent pour la plupart leur territoire propre, leur dex, et le château le sien, parfaitement distinct [3], toutes étaient les dépendances du château. On verra comment, à partir du xive siècle, elles en ont été peu à peu détachées.

Les habitants d'une seigneurie appartenaient à diverses classes entre lesquelles il est difficile de tracer des limites précises. Les conditions variaient d'un pays à l'autre, d'un domaine au domaine voisin. De l'état de serf à celui d'homme libre les degrés étaient infinis. Ce nom même

---

1. Ainsi la fondation de Tournay (*Ord.*, t. XII, p. 372), de Beaumont-de-Lomagne (Babinet de Rencogne et Moulenq, *Le livre juratoire de Beaumont-de-L.* 1891, in-8°, pp. 78, 83) entraîne le démembrement des domaines où ces bastides prennent place, mais non celle de Castelsagrat, de Boucieu-le-Roi qui remplacent d'anciens châteaux.

2. Voir plus haut, p. 18. — Cf. Germain, *Liber. instrum. memor.*, p. 583 ; Baradat de Lacaze, *Astafort en Agenais*, 1886, in-8°, p. 108, cout. d'Astafort de 1304, art. 95.

3. Cf. plus haut, p. 34, n. 4. — La distinction qu'il faut faire entre les limites de la seigneurie ou « juridiction » et celles des dépendances immédiates du château (dex) est clairement indiquée dans les cout. de Moissac, de 1125 environ, art. 2, 9 (Lagrèze-Fossat, *Études historiques sur Moissac*, 1872, 3 vol. in-8°, t. I, p. 67), de Clermont-Dessus, de 1262, art. 5, 51, 75 (*Nouvelle revue hist. de droit*, 1881, p. 45), de Tonneins-Dessus (Lagarde, *Notice historique de la ville de Tonneins*, 1884, in-8°, p. 200), des chevaliers de Lautrec, de 1256 (Rossignol, *Monographies des communes du canton de Lautrec*, 1883, in-8°, pr. n° 2). On ne peut affirmer qu'elle ait existé dans toutes les seigneuries : cela tient aux conditions très variées de leur développement.

d'homme libre n'avait nullement le sens absolu, invariable que lui avaient attribué les anciens et qu'il a recouvré de nos jours. Le seigneur affranchissant le serf lui disait : « Sois libre comme un citoyen romain. » Mais c'était une figure. Il n'y avait dans cette société aucun homme qui ne fût soumis à quelque sujétion personnelle. On pouvait approcher de la liberté romaine ; on ne la possédait point.

Les textes méridionaux permettent de distinguer, en gros, trois classes de personnes relativement libres : les clercs, les chevaliers et les bourgeois ; une classe servile, celle des paysans ou vilains[1].

Il y avait partout des clercs. Associés aux autres hommes libres, ils ont joué un rôle important dans certains castels, dans les cités et surtout dans les villes issues des monastères[2].

Les chevaliers, *milites*, les damoiseaux, *domicelli*, étaient nobles, gens « de parage ». Le plus petit nombre possédait un ou plusieurs châteaux, beaucoup une part de château, la majorité quelque fief tenu d'un seigneur, quelque alleu enclavé dans une seigneurie.

Les relations entre eux étaient assez simples lorsque, sur le même domaine, un ou quelques-uns avaient titre de suzerains, les autres de vassaux : ainsi à Montauriol, où l'abbé de Saint-Théodard vers 1140 avait pour vassaux trente-quatre nobles ou chevaliers[3]. Chacun de ces petits nobles

---

1. Cout. citée de Tonneins-Dessus, art. 34 : Si un bourgeois de la ville prend (?) « cavoer (chevalier) ou bourgues ou vilhan en batalha », il doit les livrer au seigneur, l'un pour 100 sols, l'autre pour 30, le troisième pour 5. Il s'agit sans doute de la bataille judiciaire. Cette coutume, qui reproduit celle de Casteljaloux, remonte certainement au XIIᵉ siècle. — Cf. cout. de Saint-Gaudens de 1203, dans Castillon, *Hist. des popul. pyrénéennes*, t. 1, p. 410 : « Caver » 60 s., « borges » 10 s., « pages » 5 s. — Ces chiffres aident à apprécier la valeur relative des personnes.

2. Cout. citée de Moissac. — Arch. de Mende, AA 1. Charte de 1194. — Poncer, *Mémoires historiques sur Annonay et le Haut-Vivarais*, 1835, 2 vol. in-8º, t. I, p. 119. Cout. d'Annonay (2ᵉ moitié du XIIIᵉ siècle).

3. Devals, *Hist. de Montauban*, p. 117. Cf. pr. nº 12.

s'appelait « seigneur », avait un bien, parfois assez grand
pour qu'une « force » y fût construite, et des hommes auxquels il rendait la justice. Ils tenaient la terre aux conditions les plus diverses, même à charge d'acapte, d'albergue :
la noblesse était une condition personnelle, dont le mode de
tenure ne dépendait point. Il était rare que leur droit fût
exclusif, leur juridiction entière. Chez eux le seigneur
principal gardait la haute justice, outre des redevances ; il
commettait aussi des exactions, et leur donnait l'habitude
de se liguer ensemble contre lui [1].

Mais on sait que dans beaucoup de seigneuries les seigneurs se comptaient par douzaines. Les liens vassaliques
se compliquaient d'autant ; ils se croisaient de telle sorte
qu'il n'y avait plus, pour ainsi dire, de vassaux ni de suzerains. Tous se trouvaient placés à peu près sur le même
plan. A l'intérieur de la seigneurie comme au dehors, la
hiérarchie des terres et des personnes nobles restait souvent
peu marquée, incertaine, la subordination des unes aux
autres étant d'autant plus faible que les coseigneurs étaient
plus nombreux [2].

La petite noblesse résidait sur ses terres, mais aussi dans
le castel. Tout vassal noble y tenait domicile. En 1338 on
pouvait voir, à demi-ruinées, les maisons que jadis avaient
habitées les chevaliers vassaux des vicomtes de Lautrec.
Elles étaient situées en dehors de la « motte » où se dressaient les tours et le corps du logis seigneurial, mais dans
la double enceinte du château. Celui-ci dès cette époque

1. Cout. de Caubiac (1191), de Montferran-Savès (1233) en Gascogne (*Rev. de
Gascogne*, 1881, p. 423 ; 1882, p. 185). — Cout. citée de Lautrec, de 1256. — Cf. la
cout. des chevaliers du Narbonnais, de 1232 (*H. L.*, t. VIII, pr. n° 299), celles de
Fezenzac, art. 3. 4, de Fézenzaguet, art. 2 (Monlezun, *Op. cit.*, t. VI, pp. 1,
31), etc.

2. Une charte de 1211 énumère cinquante seigneurs agissant « pro se et pro
omnibus aliis dominis et militibus de Rabastenquis. »(*H L.*, t. VIII, pr. n° 156.)
Il y a de nombreux exemples de faits analogues.

était abandonné pour la ville étendue à la base du puy
qui le portait[1]. D'autres subsistèrent, devinrent villes hautes et gardèrent leur population noble. Les chevaliers se
groupaient aussi dans les châteaux attenant aux cités.
En 1181 le Castelviel d'Albi en comptait vingt-deux, dont
trois « seigneurs du Castelviel[2] ». Parmi ceux qui dépendaient d'un État ayant une cité pour capitale, beaucoup
avaient maison dans la cité même ou dans le quartier que
possédait leur suzerain[3]. Bref, la classe noble ne vivait pas
dispersée à la surface des seigneuries. On la trouvait en
nombre auprès des bourgeois dans la plupart des centres
habités.

Les bourgeois, *burgenses*, étaient les habitants des villes
murées, par opposition au peuple des campagnes, et même
à celui des faubourgs ouverts ou « barris » situés sous les
murs, aux *barriani*[4]. Mais le mot avait une autre signi-
fication plus précise : il impliquait certaines conditions de
fortune et de liberté, liées ensemble et nullement communes
à tous ceux qui logeaient à l'intérieur des murs. Plus tard,
lorsque ces libertés seront étendues à des gens de médiocre
fortune, le sens indiqué se dédoublera. On appellera bourgeois ceux qui participent, sous serment, aux obligations
et privilèges de la ville, mais aussi, de façon restreinte, les
hommes « qui vivent de leurs revenus, qui n'exercent aucun

---

1. Compayré, *Études hist.*, p. 492.

2. *H. L.*, t. VIII, pr. n° 40, IV.

3. Les chevaliers de Narbonne habitaient la cité, non le bourg. A Toulouse, au
XVᵉ siècle, il n'y avait encore dans le bourg que trois familles de chevaliers, les
Goyrans, les Pagèse et les Blasin. (Arch. de Toulouse, BB 5, fᵒˢ 5, 6 ; ann. 1426.)
C'étaient les « milites burgenses ».

4. Cabié, *Chartes de la Gascogne*, p. 25. Énumération des classes d'hommes à
l'Isle-Jourdain : « Ex militibus, burgensibus et barrianis », etc. — Les habitants
du castel sont nommés « caslas, caslans » dans beaucoup de chartes de l'Agenais
et de la Gascogne (Cout. de Prayssas, de Larroque-Timbaut, dans la *Rev. historique de droit*, 1860, p. 133, 1864, p. 140). — « Burgensis » peut aussi désigner un
habitant du bourg par opposition à celui de la cité, « civis » : ainsi à Albi dès
1035. (*H. L.*, t. V, pr. n° 205.)

métier », ceux dont les maisons bordent la grande place de la ville, les « plassiers », *platearii* [1].

Une autre expression, plus large et plus élastique, est celle de *probi homines*, prud'hommes. Elle s'applique indifféremment aux nobles, aux clercs, aux bourgeois, à d'autres encore [2], mais, semble-t-il, uniquement à des hommes libres, quoique tel ne soit pas le sens intrinsèque du mot. Elle a changé de valeur selon les lieux et les temps. Peut-être serait-elle assez exactement traduite par le terme de « notables ».

Les prud'hommes au xııᵉ siècle étaient loin de former une classe nombreuse. En 1188 il y en avait 268 en tout dans la cité d'Albi [3], 445, puis, vers 1180, 476 à Carcassonne [4], et dans les châteaux moins encore, 135 à Calvisson vers 1129 [5].

Tous étaient des propriétaires fonciers. Les bourgeois possédaient beaucoup d'alleux, et l'on ne peut guère douter que la propriété allodiale, en se conservant, n'ait maintenu dans la condition libre les familles qui la détenaient. Ils avaient aussi des fiefs. On en voit qui s'intitulent seigneurs d'une terre, d'un lieu, comme les petits nobles dont ils différaient très peu [6]. Ils ne portaient pas la ceinture de cheva-

---

1. Réglement pour Alais, de déc. 1294, dans le *Bulletin de la Société... d'Alais*, 1870, p. 346. — Cf. Mouynès, *Invent.*, Annexes de la 1ʳᵉ sér. AA, nᵒ 6. Peine d'un « bracier » qui frappe un homme 20 sols narbonnais, de « menestayrals » 50 s., de « borzes et totz homs de plassa » 100 s. (1210). Le mot « plassier » n'était employé que dans la région orientale du Midi. On voit que les bourgeois n'étaient pas les seuls habitants de la place.

2. La cout. citée de Moissac (1125) est donnée « ab autreiamen dels proshomes del meilhs borc, so es assaber dels monges e dels cavalies et dels borzes ». — Cout. de l'Isle-Jourdain, de 1190, dans la *Nouv. rev. hist. de droit*, 1881, p. 643, art. 10 : « Si aliquis miles, vel alius burgensis, vel alius probus homo istius ville ».

3. D'Auriac, *Histoire de l'ancienne cathédrale et des évêques d'Alby*, 1858, in-8ᵒ, pr. nᵒ 6.

4. *Mém. de la Soc. de Carcassonne*, t. I, pp. 227, 233.

5. *Layettes*, nᵒ 62. — Cf. cout. citées de Prayssas, de Clermont-Dessus.

6. *Ibid.*, nom d'un des bourgeois : Gaubert Faur, « senher de Bela Artiga ». — Devals, *Hist. de Montauban*, p. 120.

lier ; mais ils l'obtenaient aisément, avec la qualité dont elle était l'insigne[1]. Les deux classes étaient souvent unies. Dans la plupart des chartes de coutumes elles figurent côte à côte. L'acte est fait pour elles, non pour les serfs. Il résulte de leur commun effort ; car elles sont restées longtemps la seule force vive, l'unique élément de résistance que le seigneur rencontrât devant lui.

Les bourgeois n'étaient pas exempts de « servitudes » : cens, albergues, questes ou tailles, obligation de prendre part aux chevauchées, de faire moudre le grain, cuire le pain au moulin et au four banal[2], etc. Le seigneur qui tirait profit d'eux et de leur tenure les considérait comme « siens ». Mais ils étaient aptes à posséder ; leur propriété était garantie, et la queste forcée ne les atteignait pas. Ils avaient le droit d'ester en justice, d'aliéner, d'engager, de transmettre leurs biens par testament. Ils pouvaient émigrer, quitter la seigneurie. Voilà des libertés essentielles, dont le défaut est la marque du servage. Elles ont permis aux bourgeois d'en acquérir d'autres et de les répandre autour d'eux. Capables de s'enrichir, ils ont pu acheter des privilèges ; libres d'émigrer, ils sont venus habiter les terres des seigneurs qui leur faisaient les conditions les plus favorables. De là cette concurrence, ouverte entre les seigneurs, activée par ses propres effets, en vertu de laquelle se multiplient les chartes de coutumes. Les seigneuries purement rurales, et d'où la bourgeoisie était exclue, sont celles où le servage a le plus longtemps duré, tandis que dans les cités, dans les villes de châteaux, auprès des bourgeois et à leur contact s'élevaient de nouvelles couches d'hommes libres, artisans, ouvriers agricoles, le « peuple », les « gens du commun[3] ».

---

1. *H. H.*, t. VIII, pr. n° 547.

2. A Caussade (Quercy) les chevaliers eux-mêmes sont soumis à la servitude du four seigneurial. (Cout. de Caussade, de 1248-1306, art. 23, dans le *Bullet. de la Soc. archéol. de Tarn-et-Garonne*, 1890, p. 33.)

3. La formule ordinaire d'énumération des habitants d'une cité ou d'un castel

Ceux-ci ont échappé plus vite que le peuple des champs à la servitude. Sur 828 noms que porte une liste des prud'hommes de Carcassonne, dressée en 1226, 150 appartiennent à des marchands, à des gens de métier, bouchers, forgerons, cordonniers, tailleurs d'habits[1], etc. Pas un seul ne figurait sur les listes plus haut citées, antérieures d'un demi-siècle, et dans l'intervalle le nombre des prud'hommes a doublé.

Les seigneurs tirent le plus clair de leurs revenus de la population urbaine, aux mains de laquelle la richesse se forme aisément. Ils ont recours à elle et lui font des emprunts dans les moments de gêne. Ils doivent souhaiter qu'elle augmente. Les chartes qu'ils concèdent, en confirmant la franchise aux habitants d'une ville, ajoutent que tout serf qui viendra s'établir dans les murs ou dans la banlieue, entre les dex, aura la liberté garantie[2]. Il ne s'agit pas, en général, de leurs propres hommes, ni des hommes de leurs vassaux qui n'entendent pas être dépouillés[3], mais de ceux des autres seigneurs. Un refuge est ouvert aux serfs qui voudraient, afin d'être libres, abandonner le fonds qu'ils garnissent, qu'ils tiennent « servi et vêtu », selon le mot du temps. C'est un droit que leurs maîtres leur dénient, mais qu'on leur offre ailleurs toute facilité de prendre. Aussi vont-

est celle-ci : « Milites et burgenses et universus alius populus ». (*H. L.*, t. V, n° 429. Serment au vicomte de Carcassonne, de 1107.) En Agenais, Quercy, Gascogne on dit « lo cominal », mot qui signifie tantôt la classe inférieure, tantôt l'ensemble des habitants, comme notre mot de peuple. « Barriani » est souvent pris dans le sens de « populus ». (Voir plus haut, p. 40 et n. 4.)

1. *Mém. de la Soc. de Carcassonne*, t. I, p. 244.

2. Je trouve cet article dans les coutumes de 27 seigneuries. A Agen le serf devient libre dès qu'il touche la porte de la ville (cout. citée, art. 33. — Cf. cout. citée de Tonneins-Dessus, art. 36, 51), à Moissac dans les limites du dex (cout. citée, art. 8) et de même à Toulouse (Arch. de Toulouse, AA 2, n° 84).

3. *Ibid.*, et cout. d'Auradé, de 1245, art. 5, 19 (*Rev. de Gascogne*, 1882, p. 352), de Pardiac (Monlezun, *Op. cit.*, t. VI, p. 47), d'Espalion, de 1266, art. 15 (Affre, *Simples récits historiques sur Espalion*, 1850, in-8°, p. 46), de Castres, 1160 (*H. L.*, t. V, n° 636). Exemple contraire à Pouy-Carréjelart en Agenais, cout. de 1303, art. 21, 22 (*Archives historiques de la Gironde*, t. XVII, p. 1).

ils habiter les rues étroites et les « barris » des cités et des castels. Le menu peuple s'en recrute.

Au xiiie siècle il reste des serfs dans la plupart des villes. Les campagnes en sont couvertes, mais non uniformément. A l'ouest, au sud, dans le Toulousain, l'Armagnac, l'Agenais, le Narbonnais et autres régions fertiles, commerçantes, aux villes déjà nombreuses, la classe servile est mêlée de groupes d'hommes libres et son sort est fort adouci. Au contraire la population des pays isolés, montagneux, privés de ressources tels que Rouergue, Velay, Gévaudan, Vivarais, Uzège, est presque entièrement composée de serfs. A s'affranchir elle mettra trois siècles.

Le serf est dit « homme de corps et de caselage », parce que sa personne, la chaumière qu'il occupe et les dépendances appartiennent au propriétaire ou seigneur du sol[1]. On le nomme aussi « homme de manse, mansate ou mazade », du mot qui désigne le lot de terre qu'il cultive, seul ou en compagnie d'autres serfs. La mazade est ou deviendra un hameau de quelques maisons, entouré de courtils, pourvu de champs, de prés, de vignes et de bois[2]. Le serf s'appelle encore « homme lige » et sa terre « fief d'homenage », ou fief « questal », c'est-à-dire taillable à volonté. On le vend, on l'engage ; mais on lui reconnaît certains droits qui vont changer son existence.

Le serf dispose de ses meubles, de ses acquêts, sinon du fonds qu'il fait valoir[3]. Il peut même prendre à cens un fief d'un autre seigneur que le sien et le léguer à ses héritiers, avec ou sans l'autorisation de son maître[4]. Il peut, malgré

1. Il y a aussi des serfs de corps qui n'ont pas de caselage « homines de corpore sine casalagio », sans doute des domestiques, des gens de métier, etc. (*Coutume de Toulouse*, de 1283, édit. Tardif, art. 154, 155ᵃ.)

2. Germain, *Liber instrum. memor.*, n° 399. — Bauby, *Essai sur les mazades*, dans le Recueil de l'Académie de législation de Toulouse, t. XXXIV, p. 166.

3. Cout. de Toulouse, art. 148, 155. — Cout. citée des chevaliers du Narbonnais, art. 9, 10.

4. *Ibid.*, et cout. citée de Pouy-Carréjelart, art. 22.

les exactions, amasser un pécule. Cela suffit pour qu'il achète sa liberté, qu'il s'affranchisse corps et biens. Les seigneurs et plus tard le roi ont mis en vente cette liberté initiale comme toutes les autres [1].

Outre ces affranchissements, tout individuels, d'autres changements se produisent, plus généraux, plus propres à affecter la masse des hommes. Si, en droit, les serfs ne possèdent pas leur caselage, en fait ils y vivent de père en fils moyennant redevances. Ils en ont la quasi-possession [2]. Tel groupe de serfs s'est procuré, sans doute à prix d'argent, un acte constatant ses devoirs envers le seigneur [3]. Ces transactions particulières ont pu se multiplier au point de gêner le seigneur lui-même. Afin de mieux régler ses droits, de les répartir plus également et d'en rendre la perception plus commode, il traite avec tous les paysans d'une paroisse ou de la seigneurie. Sauf une portion qu'il se réserve, il leur concède par bail perpétuel le territoire entier. A Gréalou (Quercy) le sol est divisé en vingt lots, dont chacun est tenu à cens par un habitant, agissant au nom de plusieurs autres qu'on appelle ses « parsonniers [4] ». Le roi prend des mesures semblables ; la différence est qu'il les applique à l'ensemble de ses terres, et non à une seule seigneurie. En 1298 sont déclarés tenures emphytéotiques tous les caselages de

1. *Bullet. de la Soc. archéol. de Béziers*, 1ʳᵉ sér., t. I, p. 345. — *Layettes*, nᵒˢ 693, 1711, 1717, 1718, etc. — Belhomme, *Fenouillet et Gagnac*, dans les Mémoires de la Société archéol. du Midi, t. III, pp. 337 et suiv. — *H. L.*, t. X, pr. nᵒ 117. — D'autre part les cas d'asservissement volontaire ne sont pas rares. (*Layettes*, nᵒˢ 310, 650 etc. — Cout. de Toulouse, art. 155ᵃ.)

2. D'après Rouchier, *Histoire du Vivarais*, 1862, in-8°, p. 445, on requérait dans ce pays le consentement des mainmortables pour valider la vente, la donation ou l'échange de la portion du domaine seigneurial qu'ils occupaient.

3. Ce sont les serfs « encartats » que mentionne la coutume de Paulin (Albigeois), de 1253, art. 1. (Compayré, *Études hist.*, p. 338.)

4. Champollion-Figeac, *Charte de commune en langue romane pour la ville de Gréalou en Quercy*, 1829, in-8°. — *Ord.*, t. XVI, p. 501 ; lettres relatives à Peyre, en Gévaudan. — Bauby, *Loc. cit.*, pp. 161 et suiv — Rossignol, *Monogr. comm. du Tarn*, t. IV, p. 267.

la sénéchaussée de Toulouse, et sans doute ceux des autres sénéchaussées[1].

Les seigneurs ont consenti sans peine à transformer le fief questal en emphytéose ; car ils n'y perdaient point leurs droits utiles et gagnaient les grosses sommes dont ils se faisaient payer leur agrément. Le changement immédiat était peu sensible. La condition des vilains n'en a pas moins été profondément modifiée.

L'acapte ou emphytéose n'est autre chose que le fief tenu par un homme libre. Les deux mots — fief, emphytéose — sont constamment employés l'un pour l'autre. Elle n'est pas bâtarde du fief noble ; il serait plus juste de dire que celui-ci en est dérivé[2]. Elle est usitée au XIe siècle et très répandue au XIIe[3]. C'est la tenure roturière, *payesia*, dite *perpetua payesia*[4], parce qu'elle est permanente et qu'elle confère la possession du sol avec les droits qui en résultent. Le seigneur ne peut reprendre la terre de l'emphytéote que dans deux ou trois cas définis, variables selon les seigneuries, entourés de réserves[5]. Son consentement est requis en cas de mutation par don, vente, échange, engagement, sous-inféodation

1. *H. L.*, t. X, pr. nº 96. — Mouynès, *Invent.*, t. I, sér. AA, p. 380. En prenant possession de la seigneurie de Leucate, en 1309, le roi affranchit tous les habitants, alors serfs de corps et de caselage.

2. Giraud, *Essai sur l'histoire du droit français au moyen-âge*, 1846, 2 vol. in-8º, t. I, p. 208, est mal informé sur l'emphytéose méridionale. Il ne connaît évidemment que très peu de textes.

3. Germer-Durand, *Cartul. de Notre-Dame de Nîmes*, nº 191 (1107). — Douais, *Cartulaire de Saint-Sernin*, 1887, in-4º, nºs 270, 494, etc. — Devals, *Hist. de Montauban*, pr. nº 11. — Germain, *Liber instrum. memor.*, nº 165. — *Layettes*, nº 86. Cout. de Saint-Antonin de Rouergue, vers 1144 : « Illi qui tenent terras vel possessiones de domino vel de alio in feudum vel accessaracutum, scilicet emphiteote... » — *Mémoires de l'Académie de Nîmes*, 1888, p. 63. Accensement de 1298, très remarquable, etc.

4. Charte citée de Grénlou. — Serment des habitants d'Espalion, 1479, dans Affre, *Simples récits*, etc., p. 367. — Id., *Lettres à mes neveux sur l'hist. de l'arrondissement d'Espalion*, 1858, 2 vol. in-8º, t. I, p. 302.

5. Cas où la rente due ne serait pas payée, où la terre serait laissée inculte pendant plus de trois ans, cas de vente ou d'engagement du fief, le seigneur exerçant alors son droit de rachat ou de préemption.

de la tenure ; mais ce n'est là d'ordinaire qu'une formalité, destinée à la perception des droits de lods et d'acapte. Encore a-t-elle disparu de mainte seigneurie[1].

Les devoirs de l'emphytéote sont fixés par écrit. Ils pourront être ensuite atténués, supprimés graduellement moyennant finances : ils ne sauraient devenir plus rigoureux. Tout est réglé, acaptes, oblies, corvées, albergues, tailles. Le seigneur lève la taille à tant par feu, à tant par tête, une fois l'an, la somme étant déterminée, ou bien aux deux, trois, quatre, cinq cas, ou bien il y renonce, sauf à l'obtenir du bon vouloir de ses sujets[2]. Mais la taille arbitraire est toujours abolie ; la règle ne souffre pas d'exception[3].

La condition de la personne a suivi celle de la terre. En faisant de leurs serfs des emphytéotes, les seigneurs les rendaient hommes libres, expressément ou non[4]. Au xve siècle l'emphytéose est la forme universelle de la tenure paysanne. Il n'y a plus en Languedoc de fiefs questaux ni de servitude.

Si l'on se reporte au point de départ, à l'époque où cette

1. Cout. citée de Saint-Antonin. — Cout. de Saint-Bertrand-de-Comminges, de 1207, art. 45 (de Fiancette d'Agos, *Vie et miracles de Saint Bertrand de Comminges*, 1854, in-12, p. 348). — *Ord.*, t. XII, p. 459 ; Carcassonne, etc. Les ventes, legs, dons aux chevaliers, nobles, gens d'Église, hôpitaux sont toujours interdits. Les coutumes fournissent une foule de détails dans lesquels il est malheureusement impossible d'entrer.

2. C'est la stipulation ordinaire. Elle marque sans doute le terme, et non le début, des progrès accomplis en ce sens par les hommes devenus libres. J'ai trouvé et étudié la taille fixe dans 38 seigneuries, bastides non comprises. Quant aux cinq cas mentionnés, il y en a quatre que l'on connaît assez. Le cinquième est celui où le seigneur ferait des achats de terre d'une certaine valeur : ainsi à Roche en Velay (Du Molin, *Les baronnies du Velay*, 1874, in-8°, p. VI, n° 3 ; ann. 1265), à Deyras en Vivarais (Poncer, *Mém. hist.*, p. 445 ; ann. 1396.)

3. Il y en avait dans le Nord, mais fort peu. Dans le Midi, homme libre et affranchi de la taille arbitraire, serf et taillable à volonté étaient des mots équivalents et inséparables. Cf. Rouchier, *Histoire du Vivarais*, pp. 446 et suiv. En 1358 les hommes des principaux barons du Vivarais au cours d'une enquête se reconnurent « homines ligios..., tailliabiles et exploitabiles ad sui (leur seigneur) et successorum suorum omnimodam voluntatem, etc. »

4. Voir les textes cités, pp. 45, n. 4, et 46, n. 1.

métamorphose commence ou se poursuit lentement, inégalement, on voit à la surface du territoire des seigneuries purement urbaines, cités où se pressent les hommes aisés et
libres, des seigneuries purement rurales où la liberté et la
fortune n'appartiennent guère qu'aux nobles et aux clercs,
d'autres enfin, — et c'est le plus grand nombre, — où se
détachent du peuple inerte des campagnes quelques groupes
d'hommes libres, un surtout, serré autour du castel, petit
mais actif, point vital de la seigneurie.

Là vivent les chevaliers, les bourgeois, les prud'hommes,
les gens de négoce et de métier. Ce n'est pas une agglomération confuse comme celle des habitants de nos villes modernes. En ce temps, faute de loi supérieure et qui s'impose
à tous, la personne humaine est livrée aux conséquences de
sa faiblesse, à moins qu'elle ne parvienne à sortir de l'isolement. Elle y tend de tous ses efforts. Dans les villes, seuls
lieux où la population soit dense, des sociétés se forment.
L'homme devient membre d'une association qui lui procure
de la sécurité, mais qui prend en échange l'individu qu'elle
protège. Il entre et s'enferme dans une corporation, dans une
confrérie. Ces associations, à vrai dire, sont les individus
dont la ville est composée.

La corporation est un corps de métier, une société naturelle, très ancienne dans les cités, fortifiée par le serment et
par les cérémonies religieuses : en cela toute corporation est
une confrérie. Entre les membres de la corporation il existe
un lien matériel, outre l'union morale et la communauté
d'intérêts. Ils habitent la même rue, la même « île » ou pâté
de maisons, le même quartier ou « gache », et font une ville
dans l'autre[1]. Chaque métier a son organisation, ses chefs.

[1]. « Gacha » se dit surtout à l'ouest, à Castres, Albi, etc., à Toulouse « partida ».
« Yla » s'emploie à l'est : le Puy se partage en 22 îles correspondant aux 22 corps
de métiers (Médicis, *Chroniques*, édit. Chassaing, 1869-74, 2 vol. in-4°, t. II, pp. 82,
255). — Sur la position que les métiers occupaient dans la ville de Montpellier,
voir le *Petit Thalamus de Montpellier*, 1836, in-4°, p. 95.

La confrérie est souvent une société secrète. Elle s'appelle aussi « conjuration » à cause du serment initial. Toute une classe d'hommes peut s'unir en confrérie. Il y avait à Saint-Affrique une confrérie de la classe supérieure, *confratria procerum*[1]. Le menu peuple en fit à plusieurs reprises à Narbonne, à Montpellier. Certaines ont groupé des gens de toutes classes : celles du Carmel à Toulouse, de Saint Louis à Albi[2]. Le seigneur les voit de mauvais œil. Il cherche à les dissoudre ; car sous ce couvert des nobles, des bourgeois se constituent une clientèle, et des factions éclosent, parfois dirigées contre lui[3]. Qu'elle soit paisible et durable, ou destinée à conspirer, la confrérie se donne des administrateurs, des procureurs ou syndics. Ce sont des noms et des usages que l'on retrouvera dans l'histoire des communautés.

Plus les villes étaient anciennes et grandes, plus les corporations et les confréries eurent de force, plus le seigneur fut obligé de compter avec les hommes libres qu'il avait pour sujets.

L'administration seigneuriale a pu être rapace et violente : elle n'était pas d'essence despotique.

Les seigneurs se sont toujours montrés plus sensibles aux profits que rapportaient leurs domaines qu'au plaisir de les administrer en personne, moins jaloux du pouvoir que de

---

1. Nayral, *Aperçus historiques sur la ville de Saint-Affrique*, 1877, in-8°, p. 54. Les consuls étaient administrateurs de cette confrérie.

2. *H. L.*, t. VIII, pr. n° 522, I, VI, XVII. — Compayré, *Études hist.*, p. 172 ; lettres de 1368. Cf. aux Arch. de la Haute-Garonne, sér. B, *Arrêts*, t. XI, f° 31, un arrêt de 1499. La confrérie de Saint Louis a duré plusieurs siècles, malgré l'évêque. — Celle de Notre-Dame, à Rodez (cité) comptait encore, en 1454, 700 affiliés, dont 48 nobles. (Affre, *Lettres sur l'hist. de Rodez*, 1874, in-8°, p. 255.)

3. Béziers, 1131 (*H. L.*, t. V, pr. n° 515) ; Narbonne, 1237 (*ibid.*, t. VIII, pr. n° 317, III) ; Le Puy, 1277 (Delisle, *Essai de restit. d'un rol. des Olim*, n° 267, dans Boutaric, *Actes du parl. de Paris*, t. I), etc. — Les chartes d'Albi de 1269, art. 17 (Compayré, *Op. cit.*, p. 158). de Cahors, 15 mai 1351, art. 9 (*Transaction passée entre Bertrand, evesque de Cuors, et les consuls de ladite ville*, etc. Cahors, 1643, plaqu. in-4°), la cout. citée de Tonneins-Dessus, art. 61, celle de Montolieu, 1231 (Mahul, *Cartul. de Carcassonne*, t. I, p. 127), et cinq autres interdisent les confréries, sauf autorisation du seigneur.

leurs droits utiles. Tous, et même les moindres, entretenaient un ou plusieurs agents, ou *ministri*. Ils se faisaient remplacer par des vicaires ou viguiers, par des baillis ou bayles. Au-dessous, ils mirent des juges, mais surtout, semble-t-il, depuis le xiiie siècle[1]. Dans quelques grands États féodaux un officier du Palais, le sénéchal, devint une sorte de ministre dirigeant, supérieur aux viguiers et aux bayles[2].

On gouverne alors parce qu'on possède. Tout homme qui tenait dans la seigneurie une terre de quelque importance avait une part de gouvernement. D'ailleurs les vassaux, nobles, clercs, bourgeois devaient se rendre à l'appel du seigneur parce qu'ils étaient ses fidèles, et qu'ils avaient juré de lui donner assistance. Ils garnissaient sa « cour de plaid », siégeant auprès de lui, en hiver dans la grande salle du château, en été dans la cour, sous un orme, ou bien ailleurs, selon l'occurrence.

Les « ministres » et la cour, tels sont les deux organes de l'autorité seigneuriale. L'un et l'autre a pris de la puissance, acquis une vie propre.

Viguiers et bayles remplissaient à l'intérieur des seigneuries toutes les fonctions des seigneurs. Ils inféodaient

1. Sur l'organisation de la seigneurie de Montpellier, assez compliquée, voir Germain, *Lib. instrum. memor*, nᵒˢ 239-242; ann. 1190. — D'ordinaire, quand il y a un bayle et un juge dans une seigneurie, le premier ne prend pas de part aux jugements. (Charte de Montsaunès, de 1288, art. 1, 6, dans le *Rec. de l'Acad. de législ. de Toulouse*, t. VIII, p. 111.) — Cf. Belhomme, *Fenouillet et Gagnac, Loc. cit.*, p. 349. En 1294 les deux seigneurs nomment un bayle et lui confèrent les droits du « verus bajulus », à savoir « clamorem recipiendi, laudandi et infeodandi..., poderagia concedendi et delinquentes arrestandi..., bannum imponendi..., denunciationes recipiendi, et judicem et servientem in predictis locis constituendi, et consules et custodes procreandi... »

2. On trouve des traces de cette fonction en 1034 à Carcassonne (*H. L.*, t. V, pr. nᵒ 201), en 1153 à Béziers (*ibid.*, nᵒ 598), avant 1161 à Montpellier (Germain, *Liber*, etc., nᵒ 184), où elle n'a pris aucune importance; puis elle apparaît à Albi et Albigeois en 1166 (*H. L.*, t. VIII, pr. nᵒ 2), à Agen et Agenais en 1182 (Cout. de Marmande, art. 3, dans Tamizey de Larroque, *Notice sur la ville de Marmande*, 1872, in-8ᵒ), à Toulouse en 1210 (*H. L.*, t. VII, note XLV, *Sur les grands officiers de la maison des comtes de Toulouse*, par dom Vaissete, p. 131), dans le comté de Bigorre au milieu du XIIIe siècle, etc.

les terres, percevaient les revenus, maintenaient la paix et rendaient la justice qui était aussi un revenu. Or ils étaient payés au moyen de droits, ordinairement droits de justice, que les seigneurs leur abandonnaient. La « viguerie » n'était pas un ressort, non plus que la baylie ni la séné-chaussée, mais un ensemble de revenus, une espèce de fief. Beaucoup s'y rendirent héréditaires : ainsi les Aimoins, de Montpellier, si puissants au xıı^e siècle que l'un d'eux chassa Guilhem VI de sa ville, les viguiers de Sauve, contempo-rains de Saint Louis, peut-être aussi les viguiers de Gour-don, fort indépendants encore en 1361 [1]. D'autres étaient amovibles, voire annuels : c'est l'usage qui prévalut au xıı^e siècle. On a dit que les seigneurs l'avaient adopté pour se garantir contre les entreprises de leurs propres agents ; c'était plutôt afin de mettre fréquemment aux enchères des charges dont ils tiraient profit. Les bayles n'ont rien perdu de leur pouvoir. Toutes les chartes de coutumes les mon-trent agissant au lieu et place des seigneurs. Leurs actes sont confirmés d'avance. Le soin de réunir et de tenir la cour leur est presque toujours laissé.

Le seigneur ou son représentant convoquent à la cour les principaux d'entre les hommes : quand « le peuple entier » est admis, c'est pour entendre le prononcé d'une sentence ou la lecture d'un contrat. Ils choisissent leurs conseillers, mais non sans obéir à certaines règles.

S'agit-il de rendre la justice, la nature de l'affaire influe sur la composition du plaid ; car il est d'usage qu'en matière criminelle un homme soit jugé par ses pairs [2]. Quant aux affaires courantes, aux matières civiles, elles

---

1. Germain, *Liber*, etc., n°s 100 à 123 (1104-1200). — *H. L.*, t. VI, p. 934. — Combarieu et Cangardel, *Notice et textes sur Gourdon*, dans le Bullet. de la Société... du Lot, 1880, pp. 151, 163, 185. — Cf. cout. citée de Moissac de 1125, art. 44 ; *Layettes*, n° 121, ann. 1151, Nimes ; *H. L.*, t. V, pr. n° 585, vi, ann. 1152, Limoux, et *ibid.*, t. VII, note XLVI, p. 107.
2. Cout. citées du Caubiac (1191), de Fezenzaguet (1295), art. 4.

viennent devant un tribunal régulier, formé de prud'hommes, d'experts en droit sans doute, que le viguier ou le bayle ont assemblés près d'eux. La cour peut connaître de n'importe quel litige. Mais il est à noter qu'un grand nombre échappent à sa juridiction. C'est une habitude très répandue dans le Midi que les parties s'adressent à des arbitres de leur choix. Pourvu qu'elles aient juré de s'y soumettre, les arrêts de ces plaids improvisés sont exécutoires[1].

Le seigneur conclut des arrangements avec ses vassaux; il marie ses enfants, s'engage dans des alliances, dans des guerres; il fait son testament. Il a une politique intérieure et une politique étrangère dont ses hommes ne peuvent se désintéresser. Lui-même a besoin de leur appui, de leur avis par conséquent. Il convoque alors ceux qu'il juge à propos, en nombre variable. Au bas de tous les actes seigneuriaux figurent les noms des témoins, qui sont aussi des garants et des conseillers[2]. En 1178 Roger, vicomte de Béziers et de Carcassonne, a pris un engagement envers le roi d'Aragon « du consentement et par le conseil de ses barons et fidèles » : tous jurent ensuite, sur l'ordre du vicomte, que, s'il ne tient parole, eux-mêmes regarderont le roi d'Aragon comme leur seigneur[3]. Les dernières volontés de Guilhem V de Montpellier, de Bernard Aton, vicomte de Nîmes, du vicomte de Béziers portent que leurs filles ne pourront se marier que « par le conseil des nobles et des hommes » de leurs terres[4]. Dans les plus humbles seigneuries comme dans les grands États les prud'hommes sont associés au gouvernement. Les

1. *H. L.*, t. V, n⁰ˢ 207, vii (1036), 469 (1119). — Douais, *Cartul. de Saint-Sernin*, n° 296. Il est parfois impossible de distinguer le plaid arbitral de la cour seigneuriale. — Sur la valeur de la sentence arbitrale, voir la cout. d'Alais de 1200, art. 18, dans le *Bullet. de la Soc. d'Alais*, 1870, p. 186, celles de Montpellier, art. 112, de Toulouse, art. 66, etc.

2. Devals, *Hist. de Montauban*, pr. n° 5, et p. 237.

3. *Mém. de la Soc. de Carcassonne*, t. I, p. 233.

4. Germain, *Liber*, etc., n° 94 (1121). Cf. n° 99. — *H. L.*, t. V, pr. n⁰ˢ 504, 599 (1129, 1154).

chartes de Paulin (Albigeois) sont rédigées « du consentement exprès des chevaliers, des damoiseaux et des prud'-
hommes... et par la volonté de la majorité d'entre eux [1] ».
En 1209, un bourgeois de Lautrec s'étant fait moine, le
vicomte Frotaire l'acquitte de tout service « par le conseil
et par la volonté des chevaliers et des bourgeois du château [2] ».

Il est assez ordinaire que le seigneur s'oblige à prendre
le bayle parmi les prud'hommes, qu'il ne le nomme pas sans
leur avoir demandé conseil [3]. Il veut qu'ils contrôlent ses
actes et promet d'en changer sur leur plainte [4] : « Voici,
déclare Guilhem VIII en 1190, comment le seigneur de
Montpellier régit la terre et le peuple. Il choisit le bayle
avec tout le soin dont il est capable parmi les bourgeois les
plus riches et les plus éclairés. Avec le bayle il met dans sa
cour des conseillers prud'hommes et sages. Il les paye de
son argent parce qu'ils laissent de côté leurs propres affaires, qu'ils sont attachés à la cour et vaquent chaque jour à
rendre la justice... Dans ses conseils, ses plaids, et à sa cour
le seigneur a des hommes honorables et de haut rang, qui
aiment la justice et la miséricorde..., et c'est principalement
avec ses prud'hommes de Montpellier qu'il fait et dirige les

1. Compayré, *Études hist.*, pp. 338, 340.

2 *H. L.*, t. VIII, pr. n° 149. — Cf. *Gallia christ.*, t. VI, instrum. col. 148, acte
de mai 1204 relatif à Béziers ; d'Auriac, *Hist. des év. d'Alby*, p. 78 : Le 26 juillet 1213 l'évêque cède un hôpital « ab cossel et ab volontat dels proshomes de la
vila d'Alby », etc.

3. Cout. citée de Montpellier. — Cout. de Cahors, de 1260, art. 47, dans Dufour,
La commune de Cahors au moyen-âge, 1846, in-8°, p. 174. — Cout. citée de Larroque-Timbaut, art. 3. — Cout. de Montans, de 1271, art. 2, dans Compayré, *Op.
cit.*, p. 387. — Cf. Rossignol, *Étude sur l'histoire des institutions seigneuriales et
communales de l'arrondissement de Gaillac*, 1866, in-8°, p. 96. Parfois le seigneur
se réserve au contraire le droit de prendre le bayle hors de la seigneurie.

4. Cout. de Puybegon, de 1246, art. 10 (Cabié et Mazens, *Cartulaire des Alaman*, 1882. in-8°, p. 67). — Cout. de Lafox, de 1254, art. 60 (*Rec. de la Soc.
d'Agen*, 1883, p. 257). — Cout. de Labessière, de 1258 (Rossignol, *Monogr. commun. du Tarn*, t. I, p. 337). — Cout. citée de Clermont-Dessus, art. 67. — Cout.
de Merville, de 1352 (*Nouv. rev. hist. de droit*, 1891, p. 619).

affaires de Montpellier[1]. » Lorsque les coseigneurs sont en
nombre, l'autorité seigneuriale se distingue à peine de celle
qu'exercent avec eux les vassaux nobles et les bourgeois.

La seigneurie est donc un être collectif, organisé déjà.
Les hommes libres qui possèdent le sol, qui habitent la cité,
le castel dominant, bourgeois et même peuple, chevaliers et
seigneurs, ont des intérêts communs. Ils les gèrent ensemble.
Ils sont unis par le serment, par le devoir d'assistance
mutuelle. A l'avénement du seigneur, ou bien chaque
année, les prud'hommes âgés de plus de douze ou de quatorze ans lui jurent aide et fidélité selon la formule ordinaire de l'hommage féodal. Il jure de les protéger, et de
maintenir les coutumes qu'ils ont promis d'observer eux-
mêmes[2]. De ce double lien résulte une espèce de grande
confrérie dont les membres s'appellent des « jurés », des
« hommes du même serment ». Tous forment une « bourgeoisie », corps fermé, régi par ses lois propres, jouissant
de privilèges dont le premier est la franchise[3]. Les serfs
n'en font point partie et ne sauraient y pénétrer, à moins
de devenir libres. La seigneurie et la population libre qui
s'y trouve sont une communauté, *universitas* : « Nous voulons pourvoir, dit Guilhem VIII, à la communauté de Montpellier et de toute notre juridiction[4] .»

1. Germain, *Liber*, etc., n° 239.

ſ 2. Serments des habitants de Carcassonne (*H. L.*, t. V, pr. n° 329), de Montpellier, de Samatan (Germain, *Liber*, etc., n°ˢ 158, 209), de Moissac, de Marmande, d'Agen, etc. (Cout. citées, au début). — La plupart des coutumes portent
que le seigneur prêtera serment le premier.

3. Cout. de Clermont-Dessus, art. 78 : La famille et les gens des « juratz « joui-
ront de la coutume comme si « avion juratz ». — Cout. de Moissac, art. 6 : Pour
être juge, il faut être « del sagramen del meihs borc et dels habitans.. estan en
las leials costumas ». — Cout. de Carcassonne, art. 109 : « Omnes homines Carcassone sunt in uno sacramento ». — Cout. de Pujols (Agenais) de 1309, dans les
Arch. hist. de la Gironde, t. XVII, p. 49, art. 3 : Nul ne peut être reçu « al
segrament et a la borguesia deldich castel si no que lidichs senhors et lors baillis
et tots los cossols lo receubesso ensemps. »

4. Germain, *Liber*, etc., n° 243 : « Cupiens providere universitati Montispessulani et tocius jurisdictionis nostre. »

Ce terme et celui de *communitas*, qui a le même sens, ont été employés en Provence dès le xi⁰ siècle[1]. De l'autre côté du Rhône on ne les rencontre qu'au xii⁰, et seulement dans deux seigneuries[2]. Mais si le mot est rare, la chose ne l'est pas. En 1035 les habitants du bourg et de la cité d'Albi agissent en commun, sur l'initiative, il est vrai, du vicomte et de l'évêque[3]. La ville de Toulouse n'est pas une seule fois qualifiée de communauté au xii⁰ siècle : pourtant, vers 1115, les prud'hommes du bourg et de la cité rachètent des droits de portage, et tout le peuple assiste à l'acte[4]. On peut s'assurer que, dans le même siècle, vingt-neuf seigneuries sont réellement des communautés ; car on y voit les prud'hommes soutenir en corps leurs intérêts et recevoir des privilèges. Ce chiffre n'est limité que par le nombre des documents.

Le mot de communauté ne suppose point une organisation spéciale qui serait réservée aux habitants de la seigneurie, à l'exclusion du seigneur. Il n'y avait non plus rien de semblable, aux xiii⁰ et xiv⁰ siècles, dans beaucoup de villes et de terres, qui s'appelaient pourtant communautés[5]. La communauté se confond avec la seigneurie. Elle a pour organe le conseil des prud'hommes délibérant avec le seigneur ou son représentant.

---

1. Léon Clos, *Recherches sur le régime municipal dans le midi de la France au moyen-âge*, dans les Mém. présentés par divers savants à l'Acad. des inscript. et belles-lettres, t. III, 2⁰ sér., p. 285.

2. Cout. de Saint-Antonin, de 1144 : « communitatem ». — Charte d'Agen, de 1189, dans Tholin et Magen. *Arch. municip. d'Agen. Chartes*, 1876, in-4⁰, n⁰ 1 : « universitas vestra ». Les deux mots sont constamment employés l'un pour l'autre. En Gascogne, Bigorre on dit « veziau » (vicinitas), et le mot se trouve dans la charte de Bagnères-de-Bigorre de 1171, art. 5 (*Bullet. de la Soc. Ramond*, 1882, 4⁰ trim.).

3. *H. L*, t. V, pr. n⁰ 205.

4. Arch. de Toulouse, AA 1, n⁰ 14.

5. Ainsi Genolhac en 1228 (*Bullet. de la Soc. d'Alais*, 1880, p. 187), La Grasse en 1287 (Mahul, *Cartul. de Carcassonne*, t. II, p. 461), Cuxac en 1329 (Mouynès, *Invent.*, t. I, sér. AA, p. 404), etc.

Entre l'autorité du seigneur et celle des prud'hommes, un départ va se produire. Au xiie siècle apparaissent les capitouls et les consuls : sur vingt-neuf communautés, dix-sept en sont pourvues[1]. Voilà les agents de la scission future. Mais le caractère primitif de la communauté ne s'effacera qu'à la longue, et ce sont principalement des textes postérieurs à cette époque qui nous aident à le retrouver.

1. Voici la liste de ces communautés par ordre chronologique. Les noms de celles qui sûrement ont eu au xiie siècle des capitouls ou des consuls sont en italique : Albi (1035 et 1188), *Toulouse* (vers 1115), *Nîmes* (vers 1124), *Moissac* (vers 1125), *Béziers* (1131), *Montech* et *Castelsarrazin* (1134), *Ambialet* (1136), *Montpellier* (1141), *Montauban* et Verlhac-Tescou (1144), *Saint-Antonin* (vers 1144). *Narbonne* (1148), Puylaurens (1150), Auvillar (xiie siècle), Castres (1160), Bagnères-de-Bigorre (1171), Saint-Pons (1173), Villemur (1178), Limoux (1178 et 1192). *Marmande* (1182), *Millau* (1187), *Agen* (1189), *l'Isle-Jourdain* (vers 1190), *Carcassonne* (1192), Mende (1194), Rodez (bourg), Tarascon (pays de Foix) et *Casteljaloux* (2e moitié du xiie siècle).

CHAPITRE II

LA SOCIÉTÉ MÉRIDIONALE (*Suite*). — COMMUNAUTÉS ET CONSULATS.

1º ORIGINES ET CARACTÈRES ESSENTIELS DE L'INSTITUTION CONSULAIRE.

Les consulats du xiiᵉ siècle et ceux de la première moitié du xiiiᵉ n'ont pas de charte initiale. Ils surgissent brusquement dans l'histoire, au hasard d'un texte et souvent d'un mot. Les documents témoignent de leur existence; il n'y a pas d'acte qui les institue. En 1195 le comte de Toulouse énumère et confirme tous les privilèges de la cité de Nimes, dont le premier remonte à 1124. On peut constater, à l'aide d'autres chartes, qu'aucun ne manque à l'énumération. Or, l'acte du comte ne mentionne pas le privilège qu'avait la ville d'être régie par des consuls, bien que ceux-ci aient paru à Nimes un demi-siècle auparavant[1]. A ce trait, il faut reconnaître une institution qui a un long passé derrière elle, qui s'est formée obscurément au sein de la communauté seigneuriale jusqu'au moment où son existence et sa puissance se sont révélées tout ensemble.

Les plus anciennes chartes consulaires ou capitulaires proviennent de la partie occidentale du Midi, et de seigneuries placées très avant dans l'intérieur des terres : ce sont les coutumes de Moissac (vers 1125), de Montech et Castel-sarrazin (1134), où figurent des « prud'hommes du chapitre », celles d'Ambialet (1136) et de Saint-Antonin-de-Rouergue (vers 1144), qui nomment les « consuls » et définissent leurs

---

1. Ménard, *Hist. de Nimes*, t. I, pr. nº 30. Cf. nᵒˢ 17-19, 26.

pouvoirs[1]. Ces dates et la position des lieux suffiraient à prouver que les consulats ne sont pas originaires d'Italie[2]. Les institutions n'émigraient pas alors aussi aisément qu'aujourd'hui. Elles croissaient sur place. Incidemment nous apprenons qu'en 1131 il y avait des consuls à Béziers dans le quartier du vicomte, qu'à Montpellier, en 1141, une faction nombreuse, alliée au viguier, nomma des consuls sans la permission du seigneur. Il y en avait à Nimes vers 1144, à Narbonne en 1148; on trouve des capitouls à Toulouse en 1152, etc.

Ces consulats n'étaient point permanents. Les coutumes prévoient le cas où il ne serait pas fait de consuls, où les prud'hommes à leur défaut devraient remplir telle ou telle fonction[3]. L'institution s'est consolidée et fixée lentement au

---

1. Cout. d'Ambialet dans Compayré, *Études hist.*, p. 332. Le texte est mieux établi, d'après une copie plus ancienne, dans la *Rev. du Tarn*, t. III, p. 115. — Cout. de Montech et de Castelsarrazin aux Arch. de la Haute-Garonne, E 891. La copie de cette coutume est authentique, mais si mauvaise qu'il est difficile d'en tirer parti.

2. Hegel, *Geschichte des Städteverfassung von Italien*, 1847, 2 vol. in-8°, t. II, p. 169, cite un consulat établi en 1093 dans le « castrum » de Blandrate, près Milan. Le consulat de Pise apparaît en 1094 (p. 185), celui de Gênes en 1099 (p. 178), neuf autres durant le premier quart du XII° siècle. (Cf. Savigny, *Gesch. des römischen Rechts im Mittelalter*, t. III, p. 114.) Or la coutume de Moissac, qui mentionne un « chapitre », a été rédigée entre 1115 et 1130, et confirme des usages que les prud'hommes « tenaient des prédécesseurs » des deux abbés qui octroient la charte : on les écrit pour la première fois « afin d'en conserver le souvenir ». Ce « chapitre » est donc contemporain des premiers en date parmi les consulats d'Italie.

3. A Toulouse, les consuls rendent la justice, « vel alii probi homines Tholose si consules ibi non fuerint ». (*H. L.*, t. VIII, pr. nos 64, 76; ann. 1189, 1192). — A Nimes le consulat n'est établi à perpétuité qu'à partir d'août 1207 (Ménard, *Op. cit.*, t. I, pr. n° 34). — A Agen, le comte doit s'en rapporter, en cas de différend sur la coutume, aux « XII proshomes del coselh, e si coselh no avia en la vila », à douze autres prud'hommes d'Agen. (Tholin et Magen, *Chartes*, n° 11, ann. 1221). — A Lisle-Jourdain la communauté se donne ou ne se donne point un chapitre, à son gré (Cout. de 1230, art. 4, dans Cabié, *Chartes de la Gascogne*, p. 19, et p. 23, sentence de 1254). — Cf. Lautrec, 1250 (?) - 1327 (*Ord.*, t. VIII, p. 35); Auch, 1254 (Lafforgue, *Histoire de la ville d'Auch*, 1851, 2 vol. in-8°, t. I, p. 356); Albi, charte de 1269, art. 5, 16 (d'Auriac, *Op. cit.*, pr. n° 18); Lectoure, cout. citée de nov. 1294, art. 1.

cours du XIIIe siècle. Ni la croisade, ni la conquête ne lui
ont causé de sérieux dommages. Les Montforts, puis les
officiers royaux l'ont supprimée dans plusieurs communautés rebelles : peut-être à Toulouse en 1214, à Beaucaire
après 1226, à Limoux, à Carcassonne, à Clermont-de-Lodève en 1240. Aucune d'elles n'a cessé pour cela de former
« corps et collège ». Sauf la cité de Carcassonne, dont le
consulat passe au bourg, elles ont recouvré des consuls
à plus ou moins longue échéance. Ces actes violents résul-
taient de la guerre ; c'étaient des faits isolés, sans portée.
A la fin du XIIIe siècle on pense « qu'une communauté ne
peut être bien gouvernée sans consulat, bon et loyal[1] ».
Les chartes de coutumes organisent pour la plupart ou
créent des consulats. Les bastides nouvelles en sont presque
toutes dotées. On peut saisir l'instant, citer l'acte de leur
naissance. Le mot acquiert un sens précis. Il représente aux
yeux des hommes un corps de libertés et de prérogatives.
Il prend la valeur d'un symbole. Telle communauté réclame
un consulat et n'épargne rien pour l'obtenir, qui n'est pas
éloignée d'en posséder l'équivalent.

Le mouvement consulaire est très vif encore au XIVe siècle ;
puis il se ralentit. Au début des guerres de religion il
touche à peu près à son terme. A l'ouest on trouve alors
presque autant de consulats que maintenant de communes.
En 1271, il y en avait déjà 166 dans le domaine royal de la
sénéchaussée de Toulouse, Albigeois non compris ; trois siècles après, le domaine, dans une seule des sept subdivisions
de la sénéchaussée, en contient 63[2]. Mais à l'est ils ne se

1. Cout. citée de Pouy-Carréjelart, art. 1. — *H. L.*, t. X, pr. n° 142.
2. Rossignol, *Sur la judicature de Villelongue*, dans le Rec. de l'Acad. de législ.
de Toulouse, t. XXVII, p. 157. J'emprunte à M. Rossignol le second chiffre, mais
non le premier qu'il donne inexactement. Cf. le « saisimentum comitatus Tolosani », déjà cité. — Plusieurs pièces de 1243, 1244, 1249 contiennent des listes de
consulats relatives au Toulousain, à l'Albigeois, au Quercy, au Rouergue, à l'Agenais. (*H. L.*, t. VIII, pr. n°s 361, 415. — *Layettes*, n°s 3048-3171.)

montrent que çà et là, tardivement. Passé Rodez et Montpellier, en tirant vers le Rhône, les communautés à « syndics » sont les plus nombreuses. Certaines deviendront consulats, mais au déclin de l'institution : ce ne sera pour elles qu'un « nom plus honorable ». Il y avait en Gévaudan, au XVIe siècle, dix consulats, dont trois remontant au XIVe[1], en Velay neuf, non moins récents ; en Vivarais vingt-huit, dont un seul du XIIIe siècle[2]. On en comptait cinquante-trois et cent quatorze dans les arrondissements actuels de Gaillac et de Carcassonne, neuf dans celui d'Espalion[3]. C'est que la formation des communautés a suivi pas à pas l'abolition du servage. A leur tour, les consulats se sont propagés au sein des groupes d'hommes libres, dans les communautés déjà constituées. Les progrès de l'émancipation politique, dont l'institution consulaire était la forme la plus haute, ont varié selon les progrès inégaux de l'émancipation sociale.

Consul, au moyen âge, est un mot purement latin. Il correspond au verbe *consulere*, qui signifie délibérer, donner conseil, décider, ordonner, diriger. Les consuls sont d'abord appelés tantôt *consules*, tantôt prud'hommes choisis pour

1. La Garde-Guérin a des consuls depuis une époque reculée (André, *La Garde-Guérin et ses consuls*, dans le Bullet. de la Soc. de la Lozère, t. XXI, p. 55). La terre de Peyre en possède en 1360 (*Proc.-verbaux des États de Gévaudan, ibid.*, t. XXVII, p. 20), Marvejols à partir de 1366 (*Ord.*, t. IV, p. 674). Puis paraissent en 1403 Châteauneuf-Randon (*Proc.-verb.*, etc., *Loc. cit.*, p. 23), en 1415 Florac (*H. L.*, t. X, pr. n° 807), en 1563 Chirac et Malzieu (*Proc.-verb.*, etc., *Loc. cit.*, p. 35). Le consulat de Meyrueis date de 1432 (*Thalamus de Meyrueis, ibid.*, t. XIII, p. 439), celui de Saugues de 1434 (*Not. hist. sur Saugues*, dans les Annales de la Soc. du Puy, 1849, p. 181) ; celui de Mende s'établit à grand peine de 1469 à 1522 (*Ord.*, t. XVII, p. 275. — Arch. de la Lozère, C 794).

2. Le consulat de Largentière (*Gallia christ.*, t. XVI, instrum. col. 230; ann 1205-1208). Celui de Bourg-Saint-Andéol est antérieur à 1321 (Poncer, *Mém. hist. sur le Vivarais*, p. 403), celui d'Annonay à 1365 (Filhol, *Hist. d'Annonay et du Haut-Vivarais*, 1882, 4 vol. in-8°, t. I, p. 38). — Le chiffre donné est celui des consulats énumérés dans l'*Invent. des Arch. de l'Ardèche*. Il est sans doute trop faible.

3. Rossignol, *Monogr. commun. du Tarn.* — Mahul, *Cartul. de Carcassonne.* — Affre, *Lettres sur l'hist. de l'arr. d'Espalion.*

diriger les affaires publiques, *ad consulendam rempublicam*[1]. Le mot existait depuis longtemps au XIIe siècle avec l'idée générale de gouvernement qui s'y attache : les méridionaux n'ont pas eu besoin de l'emprunter à l'Italie. Les comtes se nommaient consuls, les vicomtes proconsuls[2]. Il y eut à Montpellier des consuls de mer, des métiers; à Narbonne des consuls des juifs. *Consulere* se traduit en roman par *acosseilhar*[3] : de là deux substantifs en cette langue, celui de *cossol* et la forme *cosseilh*[4], particulièrement usitée en Agenais, Quercy et dans le nord de la Gascogne.

A Moissac, Montech, Castelsarrazin, Toulouse, Montauban et dans cinq communautés voisines[5] on trouve des

1. Cout. citée de Montpellier, art. 120. Le mot de consul ne s'y trouve point. — Cout. citée de Saint-Antonin : « XII probi homines electi ad consulatum et consulendum communitatem ville ». — Ménard, *Hist. de Nimes*, t. I, pr. n° 34; févr. 1208 : « Octo probi et legales viri... electi ad consulendam communitatem castri et civitatis... jurare debent quod bona fide consulant et utiliter provideant toti communitati Nemausensi ». — *H. L.*, t. VIII, pr. n°ˢ 24, 200. — Mouynès, *Invent.*, Ann. de la sér. AA, n° 1; ann. 1148 : « Probi consules ». Cf. n° 147 : « Dixerunt, consuluerunt et ordinarunt », etc. — C'est pour la même raison que les magistrats de Fribourg dès 1120, ceux de Strasbourg et d'autres villes allemandes s'appellent « consuls », non dans la langue populaire, mais en latin.

2. Bracton, I, 8, § 2, cité par Ducange, *Gloss.*, au mot CONSUL : « Comites... etiam dici possunt consules a consulendo : reges enim tales sibi associant ad consulendum et regendum populum Dei. »

3. Texte roman de la cout. de Montpellier, dans le *Petit thalamus*, de la charte d'Albi de 1269, dans Compayré, *Études hist.*, p. 158 (art. 16). — Cout. de Thégra (Quercy) de 1266, art. 4, dans la *Revue de législation ancienne et moderne*, 1870, p. 43 : « Costuma es que IIII prohome de la vila sio pauza per acosselhar lo profieg de la vila e la drechura dels senhors e de la vila. »

4. Les « cosselhs » sont souvent appelés en latin « consiliarii », ou « viri consiliatores » : ainsi dans les additions à la cout. de Montpellier, de 1205, art. 10 (*Layettes*, n° 760); car « acosselhar » vient de « consiliare », qui exprime à peu près la même idée que « consulere ». Plus tard, le titre de « consiliarius » ayant pris un sens d'infériorité relativement à celui de consul, les villes ont changé l'un pour l'autre : ainsi Gramat en 1361 (*Rev. de législ. anc. et mod.*, 1875, p. 161), Sommières vers 1377 et définivement en 1464. (Boisson, *De la ville de Sommières*, 1849, in-8°, p. 125. — Bibl. Nat., lat. 9179, f° 143.)

5. Lisle-Jourdain (Cout. citée de 1230, art. 2, 4, 5), Saint-Sulpice sur l'Agoût (Cabié, *Anciennes coutumes de Saint-Sulpice*, dans la Rev. du Tarn, 1885, n°ˢ 1, 2; ann. 1217, 1270), Daux (Cout. de 1253, dans Cabié, *Chartes de la Gascogne*, p. 86), Corbarieu (Cout. de 1265, dans le *Bullet. de la Soc. archéol. de Tarn-et-*

prud'hommes du chapitre, *probi homines de capitulo*, *proshomes del capitol*, ou *capitularii, capitols*, c'est-à-dire des capitouls. Par chapitre il faut entendre à cette époque une assemblée réunie pour délibérer et prendre des décisions. Ainsi consul et capitoul sont deux termes équivalents. Ils ont été de bonne heure employés ensemble et l'un pour l'autre : par exemple à Toulouse dès 1176[1]. Le premier presque partout a fini par l'emporter : c'était un changement non de régime, mais de mot.

Le nom de consuls ou de capitouls s'applique donc à certains prud'hommes, peu nombreux, par l'avis desquels une communauté est administrée. Les coutumes de Saint-Antonin et de Montpellier, anciennes toutes deux, les montrent « donnant conseil » au bayle, au lieutenant du seigneur : c'est leur fonction essentielle. Ils l'assistent dans sa tâche pour le bien de tous. A cet égard, la formule du serment qu'ils étaient tenus de prêter au seigneur à leur entrée en charge est fort instructive : « Je jure, dit un consul de Montpellier, de conseiller loyalement le roi (de Majorque), de pourvoir à son bien et au bien de la communauté, de la régir fidèlement..., de maintenir en toutes choses la domination et le droit du roi, notre seigneur...[2]. » On ne sépare point les intérêts du seigneur de ceux de la communauté. Les consuls sont établis pour servir les uns et les autres. Cette double obligation est nettement prescrite aux capitouls de Montauban, en 1195[3]. Voici les termes du serment des consuls de

Garonne, 1880, pp. 113, 119), Villebrumier (Cout. de 1268, art. 45, dans les *Mém. de l'Acad. des sciences, etc., de Toulouse*, 1845-46, p. 196).

1. *H. L.*, t. VIII, pr. n° 24, et n°s 18, 50, 108, etc. La réunion des consuls garde le nom de chapitre, et au commencement du XIV° siècle le mot de « capitularius », capitoul, exclut celui de consul des chartes latines (Arch. de Toulouse, AA 3, n°s 211, 212, etc.). — Cf. Lebret, *Histoire de Montauban*, 1841, 2 vol. in-8°, t. I, pp. 388-391, 411, et *Layettes*, n° 2159 ; Lagrèze-Fossat, *Hist. de Moissac*, t. I, p. 329, t. II, pp. 191, 426 ; enfin les textes cités dans la note précédente.

2. *Petit thalamus*, pp. 248, 250. Cf. cout., art. 120.

3. Devals, *Hist. de Montauban*, p. 421.

Gourdon : « Par ces saints Evangiles, nous garderons et défendrons de bonne foi et fidèlement la seigneurie et les seigneurs, et la ville, et la communauté de Gourdon. » Les seigneurs répondent : « De notre côté nous nous comporterons envers vous comme loyaux seigneurs dans les affaires de la communauté que vous avez reçues pour nous et pour la ville à défendre, garder et diriger loyalement[1]. »

La conception du rôle des consuls que ces textes expriment était profondément entrée dans l'esprit des hommes. Elle s'est affaiblie par la suite; mais elle n'a pas disparu.

On entrevoit déjà que l'autorité consulaire est sortie de l'autorité seigneuriale. Le consulat semble une forme particulière de l'association des prud'hommes avec le seigneur dans le gouvernement de la communauté. De même que la cour de plaid, à l'occasion très nombreuse, se trouvait en temps ordinaire réduite à quelques conseillers, de même le bayle a dû se faire aider en matière administrative de certains prud'hommes, que son choix, leur rang, leur notoriété désignaient pour remplir ces fonctions. De là vient sans doute qu'un partage des pouvoirs se soit produit aux dépens des consuls dans plusieurs seigneuries, et surtout dans les grandes, tandis qu'ailleurs la justice et l'administration étaient remises aux mêmes mains. Cette division, une fois établie, a pu être effacée, plus ou moins, par usurpation graduelle; car un trait frappant de l'époque est le nombre et l'importance des usurpations de pouvoir. Les gens écrivent peu ou point et se souviennent mal. Au bout d'un quart de siècle la règle ancienne est oubliée; le droit est ce qui existe.

---

1. Cout. de 1244, art. 36, 37, *Loc. cit.*, p. 73. — Les formules de serment sont presque aussi nombreuses que les coutumes et très semblables entre elles. On peut citer celles de Sainte-Gemme (Cout. de 1275, dans Monlezun, *Hist. de Gascogne*, t. VI, p. 275), de Nérac (Cout. de 1310, art. 12, dans les *Arch. hist. de la Gironde*, t. XXV, p. 545). Elles se rattachent évidemment aux formules du serment que les prud'hommes prêtaient au seigneur.

Quand on touche à l'origine de l'institution consulaire, on est obligé de recourir à l'hypothèse. Celle qui précède s'accorde avec tous les faits exposés et rend seule compte de beaucoup d'autres qui vont suivre. Elle n'échappe pas à toute vérification directe. C'est ainsi qu'à Toulouse, dès le xi⁰ siècle, des personnages dont les familles seront « capitulaires » participent aux actes du comte. Plusieurs chartes qui appartiennent à la première moitié du siècle suivant sont contresignées par ceux qui vont s'appeler capitouls, qui peut-être ont déjà ce titre [1]. On voit aussi qu'un seigneur s'engage à consulter sur certains points des prud'hommes, en nombre fixe, qu'il les prépose à certaines besognes. Le comte de Toulouse, fondant Verlhac-Tescou en 1144, ordonne qu'un pont y soit construit, et déclare que, cela fait, « il prendra l'avis de six prud'hommes, du meilleur conseil qu'il y ait dans la ville », sur les droits à percevoir pour assurer l'entretien du pont [2]. La fonction n'est pas importante ; mais autour d'elle d'autres pouvoirs se pourront fixer. A Fonsorbes, en 1205, quatre prud'hommes sont commis à recevoir le produit des amendes prononcées pour délits ruraux : ils l'emploieront aux travaux publics ; ils feront garder les champs et les récoltes. En 1279 ces quatre personnages sont appelés consuls ; ils jugent et administrent en compagnie du bayle [3].

1. Donais, *Cartul. de Saint-Sernin*, nᵐˢ 290 (1083), 291 (1098). — *H. L.*, t. VII, pp. 215 et suiv., et t. V, n° 571. — Devals, *Hist. de Montauban*, p. 237, et pr. n° 15. Tels sont les noms de Raimundi, Arnaldi, Caraborda, Petrus, Gilardi, Vitalis, Alcotonarius, de Villanova, Roais, Adalbertus, etc.

2. *Mém. de l'Acad. des Sciences, etc., de Toulouse*, 1842-44, p. 319. Cette charte et celle de Montauban, de la même année, sont textuellement pareilles. — Cf. *Layettes*, n° 150, le Caylar (1158) ; cout. citée de Paulin, de 1254, et cout. d'Aubenas de 1285 dans les *Chroniques du Languedoc*, t. IV, p. 97.

3. Dubourg, *Étude sur la ville et la commanderie de Fonsorbes*, dans les Mém. de la Soc. archéol. du Midi, t. X, pp. 346 et suiv. Ce « castrum » était une sauveté de la fin du xi⁰ siècle, une ville récente, ce qui explique que l'on y voie naître le consulat.

Les consuls de Lodève étaient d'abord des « sigillaires [1]», ceux de Belmont-de-Rouergue des « ouvriers », chargés de tenir en état les remparts de la ville [2]. Mais on peut ranger ces consulats dans une classe distincte, près de ceux dont les « syndicats » ont fourni la plus grande part.

Beaucoup de communautés avaient obtenu ou pris le droit de se donner des syndics, d'abord temporairement, en vue de telle ou telle affaire, ensuite à perpétuité : ainsi Souillac, à la frontière de Périgord et de Quercy [3], Ornolac au pays de Foix [4], Aimargues, Lunel, Sumène dont le syndicat peut être pris pour type de l'institution, etc. [5]. Les syndics n'étaient point, ainsi que les consuls, des agents de l'autorité seigneuriale : leur rôle se bornait à représenter la communauté qui les avait choisis. Si leur nomination et par suite la validité de leurs actes dépendaient en principe du consentement du seigneur, ils n'agissaient pas en son nom, près du bayle. Aussi le pouvoir judiciaire leur fait-il défaut constamment. Mais ils ont profité de leur charge pour la rendre permanente, pour étendre leurs attributions administratives, et pour diminuer la distance qui les séparait des consuls. Les deux fonctions se sont rapprochées. Dans une même communauté elles se succèdent sans cause grave et d'une année à l'autre [6]. Parfois le consulat, aboli tout d'un

1. « Sigillarii » en 1360 et 1369 (Arch. de Montpellier, arm. D, cass. 21, n° 4. — Arch. d'Albi, FF 45), « consules » en 1436. (Bibl. Nat., fr. 23915, f° 16.)

2. Avant 1541. (Arch. de la Haute-Garonne, sér. B, *Édits*, t. VI, f° 49. — Mouls, *Notice hist. sur Belmont*, 1861, in-8°.)

3. Boutaric, *Arrêts et enqu. antérieurs aux Olim*, n° 36 (1253, dans les *Actes du Parl. de Paris*.

4. Cout. de 1415, dans le *Bullet. de la Soc. de l'Ariège*, t. II, p. 158.

5. *Ord.*, t. VIII, p. 11 ; ann. 1394.

6. *Ord.*, t. VIII, p. 35. Les vicomtes avaient permis que quatre consuls de Lautrec « vel duo ex syndicis qui pro tempore extiterint nisi consules in dicto castro essent » assistassent aux enquêtes criminelles. — A Saint-Pons il y a des consuls en 1227 (*H. L*, t. VIII, pr. n° 264), des syndics, aussi appelés consuls, en 1287 (*Le livre des franchises*, etc., dans le Bullet. de la Soc. archéol. de Béziers, 2ᵉ sér., t. IX, p. 14), des syndics au commencement du xivᵉ siècle. (*Ibid.*, pp. 30, 33).

coup, fait place au syndicat[1]; mais le changement inverse
est beaucoup plus fréquent, surtout depuis le xive siècle[2].
L'autorité des syndics devenus consuls a été fortifiée, rarement élargie. Les consulats ainsi formés ont reproduit les
traits de l'institution qui leur avait donné naissance.

Ainsi l'institution consulaire dérive de deux types principaux, très éloignés l'un de l'autre au point de départ,
voisins au point d'arrivée, mais différents encore, recon-
naissables en dépit d'une foule d'anomalies et de variations
secondaires. Des deux, celui que représentent les consulats
seigneuriaux est le plus ancien, le plus complet, le plus
remarquable; c'est aussi le plus répandu. L'autre n'en est
que la copie.

Il semble que la naissance des consulats et leurs premiers
progrès aient eu lieu sans secousses brusques et sans guerres
civiles. Rien n'est plus contraire à la vérité que d'imaginer
tout un peuple se soulevant afin d'être libre, et substituant à
la puissance du seigneur qui l'opprime celle de magistrats
élus. La communauté comprenait quelques centaines d'hommes, dont quelques dizaines formaient une oligarchie et se
disputaient la prééminence. Elle était divisée en factions
rivales, remuée par des luttes où le seigneur prenait souvent parti. Quand le parti adverse obtenait l'avantage, il
pouvait se donner lui-même des consuls, créer en quelque
sorte un gouvernement révolutionnaire : ainsi à Montpellier
en 1141, à Nimes de 1207 à 1209, etc.[3]. Ces incidents n'ont

1. Ainsi à Beaucaire, après la conquête royale. (Eyssette, *Histoire administrative de Beaucaire*, 1884-1889, 2 vol. in-8°, t. II, pr. n°s 10-15.) — Cf. mon *Compte-
rendu* de cet ouvrage dans les Annales du Midi, 1890, p. 242. — Bibl. Nat., lat.
9174, f° 124 : Délibération où figurent « sex homines ex illis octo hominibus elec-
tis et deputatis per universitatem Bellicadri ad regendum et gubernandum universitatem dicti loci, juxa, res, pascua et explecias, franquesias, » etc. (6 avr. 1338).

2. Marvejols (1366), Lunel (1394), Mende (1469), Le Vigan (1525), etc.

3. Germain, *Liber*, etc., n°s 4, 5, 8-18, 122. Cf. du même auteur, *Histoire de la
commune de Montpellier*, 1851, 3 vol. in-8°, t. I, p. 13. M. Germain n'a pas saisi
le véritable caractère des faits. — Ménard, *Hist. de Nimes*, t. I, pr. n°s 34 et 39;

laissé que de faibles traces et n'ont pas eu grande influence sur le développement normal du pouvoir consulaire.

Celui-ci procède du seigneur qui lui donne part à l'administration de la commune; il n'a pas eu besoin de s'établir de force. Il grandit ensuite insensiblement; il s'insinue entre le seigneur et l'assemblée ou conseil général des prud'hommes. A Toulouse, en 1152, le comte et le « commun conseil » font des statuts auxquels les « capitulaires » ont collaboré, puisqu'ils interviennent au bas des actes à titre de témoins, avec les juges et les avocats de la cour du comte et sans doute en son nom. Trente ans plus tard d'autres statuts les mettent à la place qu'ils occuperont désormais. En voici le début : « C'est la constitution commune que le comte Raimond a faite par l'avis du chapitre et du commun conseil de la ville et du bourg » (1181, 1182)[1]. De même en 1210 un statut pour le bourg de Narbonne est fait par l'archevêque, le vicomte et l'abbé de Saint Paul, « du consentement, de la volonté et de la pleine science des consuls et de toute la communauté du bourg » : suivent les noms de 50 prud'hommes[2]. Au lieu de deux organes de gouvernement, il y en a trois qui fonctionnent ensemble. Le dernier venu a fait tort aux autres; il ne les a ni supprimés, ni réduits à l'inaction : à certains égards il est resté dans leur dépendance.

La coexistence de ces trois pouvoirs est un des traits essentiels de l'administration communale. En voici d'autres, non moins durables parce qu'ils sont également anciens. Ce sont

---

H. L., t. VIII, pr, n° 144. — Il y a eu des troubles analogues à Béziers dans les bourgs de l'évêque en 1131, puis en 1167 une conjuration contre le vicomte qui fut assassiné; à Narbonne en 1148, à Toulouse en 1189 des guerres civiles dont M. Roschach a bien montré la nature. (*H. L.*, t. VII, note XLVII, *Sur la commune de Toulouse*, pp. 223, 225.) Il n'est pas douteux que le seigneur n'ait parfois provoqué un soulèvement général : ainsi à Mende en 1194, au Puy en 1217. Mais on ne voit pas qu'un consulat en soit sorti.

1. *H. L.*, t. V, pr. n°s 595, 596.

2. Mouynès, *Invent.*, Ann. de la sér. AA, n° 6.

les marques d'origine des communautés et des consulats.

Les consuls appartiennent aux classes supérieures, d'où le seigneur tirait ses conseillers. Ce sont uniquement des bourgeois, des prud'hommes notables quand il n'y a point de chevaliers dans la communauté, — et le cas est assez fréquent, — des chevaliers dans plusieurs châteaux où manquent les bourgeois. Les chevaliers des Arènes de Nîmes avaient quatre consuls qui ne furent unis à ceux de la cité qu'en 1207, après une guerre. Le château de la Garde-Guérin, fief de l'évêque de Mende, à l'entrée du Gévaudan, était aux mains de vingt-sept seigneurs pariers, formant seuls le corps politique et nommant deux « consuls nobles ». Le cas le plus ordinaire est l'association des deux classes dans le consulat ainsi que dans la commune. Les chartes rédigées aux XIIIᵉ et XIVᵉ siècles, même celles des bastides, attribuent aux chevaliers un nombre fixe de consuls : à Rodez un sur quatre (cité) et un sur six (bourg), un sur cinq à Narbonne (cité), deux sur six à Prayssas en Agenais, etc.[1].

Dans la communauté méridionale, les personnages de haut rang, *proceres*, n'ont pas cessé de primer les autres. Les habitants avaient le sentiment profond des différences sociales. Ils étaient divisés en classes distinctes, répartis en

---

1. Même proportion à Clermont-Dessus, à Fumel qu'à Prayssas. A Corbarieu, Cournou-Terrail, Rabastens, Lavaur, Cordes, Miremont, Montcuq, Gramat, etc., les nobles ont une part déterminée dans le gouvernement de la communauté. A la bastide de Castelnau-de-Lévis, fondée par Sicard Alaman, il y a six consuls. « II del cap del castel et IIII dels barrias » (Compayré, *Op. cit.*, p. 313, charte de 1256), à la Bastide-d'Arthès, 2 nobles « si ibi inveniantur » et 4 « barriani seu innobiles ». (*Ibid.*, p. 298; ann. 1329.) Dans un grand nombre de communautés telles que Toulouse, Agen, l'Isle-Jourdain, Nogaro, Lautrec, Moissac, Montauban, Graulhet, il y avait des consuls nobles, sans doute en nombre variable : à Toulouse 2 ou 3 sur 12 pendant les guerres anglaises. Dans les seigneuries à syndicats les nobles et les non-nobles forment deux communautés distinctes (universitates), qui peuvent s'associer dans un but d'utilité commune, mais qui nomment à part leurs syndics : ainsi à Beaucaire (voir les textes cités p. 66, n. 1), Aimargues (Arch. du Gard, E 246; ann. 1295), Lunel (Bibl. Nat., lat. 9173, fᵒ 102; ann. 1270. — Millerot, *Histoire de la ville de Lunel*, 1886, in-8ᵒ, p. 110; ann. 1315. — *H. L.*, t. X. pr. nᵒˢ 315, 709).

« échelles » selon leur position, leur profession : dans les premières étaient les moins nombreux, mais les plus riches; dans les dernières la masse du menu peuple. On jugeait naturel que les plus puissants commandassent. La composition du corps consulaire n'a fait que traduire l'organisation aristocratique de la communauté. Les gens de métier y figurent en nombre fort restreint à la fin du xiii° siècle. En 1272, la cité de Narbonne ayant cinq consuls, l'un est noble, l'autre bourgeois, le troisième marchand, les deux derniers artisans ou marins. En 1278, sur six consuls du bourg, il y en a quatre « de la place » et deux des métiers, « selon la coutume »[1]. A Nimes, en 1272, les deux ou trois douzaines de chevaliers qui logent aux Arènes, gardent quatre consuls sur huit; l'échelle de la place, où vivent « ceux qui l'emportent sur les autres par la richesse, la sagesse et rang », en possède deux toute seule; restent deux pour les neuf échelles suivantes[2]. De même dans les assemblées les nobles, les clercs, les bourgeois riches et considérés donnent les premiers leur avis; le reste des assistants se partage entre les opinions qu'ils ont exprimées[3]. Ils marchent en tête des cortèges. Ils s'emploient aux ambassades, aux négociations, à toutes les grandes affaires de la vie communale. Ils les ont

1. Monynès, *Invent.*, Ann. de la sér. AA, n° 74, de la sér. BB, n° 1, art. 15, et n° 3; Ann. de la sér. AA, n° 87.

2. Ménard, *Hist. de Nimes*, t. I, pr. n° 71. — Cf. les règlements relatifs à Montpellier, 1252 (*Petit Thalamus*, p. 99), à Alais, 1294 (*Bullet. de la Soc. d'Alais*, 1870, p. 346), à Béziers, 1332 (*Bullet. de la Soc. archéol. de Béziers*, I° sér., t. III, p. 43, et Mascaro, *Lo libre de memorias, ibid.*, t. I, pp. 69 et suiv.). — A Toulouse, en 1248, les consuls sont pris moitié dans la haute classe, moitié dans la moyenne. (Arch. de Toulouse, AA 1, n° 103.)

3. Cout. de Nogaro, confirmée en 1341, dans Bladé, *Coutumes municipales du département du Gers*, 1864, in-8°, p. 191, art. 16 : Dans les assemblées, les cérémonies, les délibérations, « ut primi sint nobiles et clerici, deinde graduati et bachalaurey, et post reliqui omnes secundum gradum consulatus si consules fuerint, aut secundum aliam gradum si quem habuerint. Teneant tamen et nobiles et bachalaurey primum gradum consulatus equaliter, non simul, sed alternative ». — Voir aussi les registres de *Délibérations* de Toulouse (Arch. de Toulouse, BB 1 à 8; 1374-1439), d'Albi (Arch. d'Albi, BB 16 à 19; 1372-1421).

traitées longtemps comme leurs propres affaires, l'intérêt public n'étant à leurs yeux que la somme de leurs intérêts privés.

Cette oligarchie régit la communauté, c'est-à-dire la seigneurie tout entière, puisqu'elle est associée au gouvernement du seigneur. Son pouvoir dans les seigneuries urbaines est borné par le dex, ou par les murailles du bourg que le seigneur possède. A Béziers, en 1131, il y avait des consuls dans le quartier du vicomte, mais non dans les bourgs de l'évêque. Les consulats du bourg et de la cité de Narbonne, ennemis et confédérés tour-à-tour, sont demeurés à part l'un de l'autre jusqu'en 1338. A Rodez la séparation durait encore au xvie siècle, malgré le pariage conclu en 1316 entre le seigneur du bourg et celui de la cité [1]. Le chapitre de Toulouse, de même que le conseil, se compose de deux corps, réunis il est vrai dès le xiie siècle, parce que le comte est maître à la fois de la ville et du bourg, mais dont la dualité persistante indique qu'ils étaient nés dans deux seigneuries jadis séparées.

Le consulat d'une seigneurie rurale est petit ou grand selon l'étendue de la seigneurie : il n'est jamais enfermé dans le castel ni dans la banlieue. « En tout ce qui touche la communauté de Montpellier et de la terre de Montpellier », le lieutenant du roi de Majorque doit se régler par les avis des consuls [2]. Par consuls d'Ambialet il faut entendre non les magistrats d'une ville, mais ceux « d'Ambialet et Ambiladès », par consuls de Lautrec ceux de « Lautrec et Lautreguès », deux vicomtés considérables, dont la seconde compte 29 forces et plusieurs autres localités. Ceux de Villemur ont à gouverner, outre le château, 19 paroisses [3],

---

1. Affre, *Lettres sur l'hist. de Rodez*, p. 381 et pp. 20, 33, 73.
2. Cout. de Montpellier, art. 120.
3. D'après une transaction du 10 mars 1396. (*Mém. de la Soc. archéol. du Midi*, t. IV, p. 239)

ceux de Clermont-Dessus 24, ceux de Mur-de-Barrez au nord du Rouergue 22, etc.[1]. Certaines localités dépendant des consulats de Moissac, de Peyrusse[2] sont à trois et quatre lieues du bourg ou du château principal. Mais des consulats tels que ceux de Pamiers, de Saint-Antonin-de-Rouergue et d'un grand nombre de bastides n'ont qu'un territoire étroit, parce qu'ils sont établis sur des fragments de seigneurie[3].

Si le même seigneur est maître de deux domaines distincts, quoique voisins, il en résulte deux communautés et deux consulats : par exemple ceux de Béduer et de Gréalou (Quercy)[4]. Si, dans une seigneurie comme celle d'Hautpoul, les prud'hommes habitent en nombre, outre la ville du château, d'autres lieux, forces ou bastides, chaque groupe fournit un des consuls[5]. Car l'institution consulaire n'est que l'une des coutumes auxquelles participent tous les prud'hommes de la communauté seigneuriale.

C'est à l'institution que s'applique d'abord le mot de *consulatus*. Il n'a fréquemment le sens de ressort, de territoire administré par les consuls qu'à partir du xive siècle. Même alors, l'ancienne expression de « communauté » l'emporte dans l'usage. Ce menu fait annonce que les consuls n'ont pas toujours eu dans la communauté une situation prépondérante. Ils l'ont conquise lentement, par un double progrès. Leur part de pouvoir s'est accrue aux dépens du seigneur, quoiqu'ils n'aient jamais réussi à le pousser complètement

1. De Gaujal, *Études hist. sur le Rouergue*, 1858-59, 4 vol. in-8°, t. I, p. 385.
2. *Ibid.*, p. 490, et *Ord.*, t. V, pp. 505, 707.
3. Cf. plus haut, p. 36. — Sur Saint-Antonin, voir *Ord.* t. VI, p. 499, art. 6. — On pourrait citer presque indéfiniment des exemples à l'appui de ces assertions. — Un syndicat représentait aussi toute une communauté, celui de Lunel, par exemple, la baronnie, composée de Lunel et de douze « villettes ».
4. Cout. citée de Gréalou. — Cout. de Béduer, de 1277, dans le *Bullet. de la Soc. du Lot*, t. XV, p. 76.
5. Cout. d'Hautpoul de 1276 (dans Compayré, *Études hist.*, p. 481), donnée à la communauté et aux quatre « cossols del predich castel », l'un d'Hautpoul, les trois autres de Negrin, de « la Ygua », et de Roquerlan.

hors de l'administration communale. Ils se sont subordonné
les prud'hommes, plus ou moins, selon les seigneuries, en
se substituant au seigneur auprès d'eux.

2º COMMENT LES CONSULATS SE SONT DÉGAGÉS DE L'AUTORITÉ SEIGNEU-
RIALE. — LES ÉLECTIONS. L'ASSEMBLÉE GÉNÉRALE ET LE CONSEIL
SECRET.

Le nombre des consuls différait d'une communauté à
l'autre. Le chiffre 6 est le plus ordinaire. 12 paraît souvent :
peut-être attachait-on un sens symbolique à ce nombre. Il
n'a pas été dépassé, à moins d'union survenue entre deux
consulats. C'est ainsi que Toulouse, bourg et cité, avait au
temps de Raimond VI 24 capitouls. 9 et 11 ne se rencontrent
point. 1 est très rare, propre à des communautés infimes et
de fraîche date[1]. En général ces différences ne dépendaient
pas du nombre des hommes libres, ni de l'étendue de la seigneurie. Mur-de-Barrez, Uzès avaient deux consuls seulement, Rodez et Nimes (cités) quatre : on n'en conclura point
que ces communautés aient été moins peuplées que celles
de Montauban et de Montcuq, qui comptaient dix et douze
consuls. Chacune se tenait au chiffre que ses convenances
ou des circonstances particulières avaient fait adopter. La
cité de Nimes garda quatre consuls pendant plus de deux
siècles. Mais ce chiffre a pu varier en plusieurs cas. Il a pu
suivre le mouvement ascendant ou la décroissance de la
population : il diminua presque partout avec elle à la fin du
XIVᵉ siècle[2]. Tantôt c'était le seigneur qui le modifiait de

1. Il n'y a qu'un seul consul dans quatre communautés du diocèse de Carcas-
sonne (*Mém. de la Soc. de Carcassonne*, t. I, pp. 336, 339, 358, 364), 2 à Uzès, 3 à
Ambialet, 4 à Alais, 5 à Corbarieu, Saverdun, 6 à Cordes, Auvillar, 7 à Béziers,
Foix, Figeac, 8 à Moissac, Auch, Rabastens, 10 à Pamiers, Montauban, 12 à
Cahors, Carcassonne, Saint-Antonin, Agen, Albi, etc. — Une charte de 1230,
art. 2 (dans Cabié, *Chartes de la Gascogne*, p. 19), attribue 13 consuls à l'Isle
Jourdain : il faut peut-être lire 12.
2. *Ord.*, t. VI, p. 374. Ouveillan. — Le cas est prévu par la coutume de Ton-

son autorité propre, et tantôt la communauté. Ces changements ont eu pour principe la réunion de quelque faubourg à la ville principale, la nécessité de satisfaire aux
réclamations d'une localité voisine ou bien aux prétentions
des classes rivales, etc.[1].

Les fonctions des consuls ont toujours été de courte durée.
Une cause de ce fait est justement leur petit nombre : ils
étaient soumis au renouvellement périodique, afin que parmi
eux chaque famille dirigeante et chaque classe fussent représentées à leur tour[2]. Une autre est le poids de la charge,
que l'on ne tenait pas à subir indéfiniment. Quelques coutumes obligent les consuls à demeurer en fonctions au delà
du terme fixé, si le seigneur ou la communauté l'exigent[3].
En règle ils ne les exerçaient pas plus de six mois ou d'un
an. La mutation annuelle était d'usage dès le XIIe siècle[4].
Elle fut ensuite adoptée partout[5].

neins-Dessous, art. 18 (Lagarde, *Not. hist. de Tonneins*, p. 110), reproduisant celle
de Marmande. Certaines chartes s'abstiennent de fixer le nombre des consuls : il
y en aura de 2 à 4 à Alais, à la Grasse (1200, 1287); la communauté de l'Isle-
Jourdain nomme « autant de prud'hommes du chapitre que bon lui semble »
(1230).

1. Au commencement du XIIIe siècle le bourg et la cité de Narbonne comptaient chacun 6 consuls. (Monynès, *Invent.*, Ann. de la sér. AA, nos 6, 8.) Ensuite
la cité n'en a plus que 5 (*ibid.*, nos 24, 32), en 1271, 4 (*ibid.*, nos 65, 66, 69, et Ann.
de la sér. BB, t. II, no 1), et de nouveau 5 dès l'année suivante par l'adjonction
du faubourg de Villeneuve (*ibid.*, no 74 ; cf. Ann. de la sér. BB, t. II, no 7). En
1338, lors de l'union des deux consulats, le bourg reçoit un consul de plus, de
sorte que l'on revient au chiffre total de 12. (*Ibid.*, nos 155-157).

2. *Ibid.*, Ann. de la sér. BB, no 1. Règlement de 1270, art 9 : Un chevalier
nouveau venu à Narbonne ne pourra être consul « donec omnes milites qui ad
presens sunt cives civitatis Narbone fuerint in dicto officio consulatus ».

3. Cout. de Villefranche-de-Rouergue, de 1256, art. 51 (*Ord.*, t. XII, p. 480);
cout. citée de la Grasse, de 1287; cout. de Comberouger de 1282, art. 17 (Cabié.
Chartes de la Gascogne, p. 102). — Serments des consuls de Cahors (vers 1277,
dans le *Bullet. de la Soc. du Lot*, 1875, p. 113), d'Albi (1285, dans d'Auriac, *Op.
cit.*, pr. no 22). A Toulouse les consuls restaient quelquefois trois ou quatre ans
en charge (*H. L.*, t. X, note XXXV, p. 165), à Pamiers jusqu'à huit ans. (*Appendices*, no 1.)

4. Ambialet (1136), Saint-Antonin et Nîmes (vers 1144), Carcassonne (1192 (?),
Montauban (1195), etc.

5. En 1231 les consuls de Montolieu sont « ad minus sex mensium vel

Enfin il existe un rapport étroit entre la nomination des consuls et celle du bayle. Dans un grand nombre de communautés les deux choix avaient lieu en même temps, de la même manière; tout le personnel administratif était changé d'un coup. D'où l'on peut conjecturer qu'à l'un des changements le seigneur trouvait à peu près mêmes avantages qu'à l'autre : des garanties pour son autorité, sinon des bénéfices matériels. Cet usage remarquable ne se serait pas introduit, n'aurait point persisté, s'il n'avait été d'accord avec l'intérêt du seigneur; car les consuls furent longtemps dans sa dépendance. Leur autorité venait d'en haut, du seigneur et non des prud'hommes.

Il s'en faut que toutes les coutumes indiquent la manière de nommer les consuls. Sur ce point, qui nous semble capital, beaucoup manquent de précision, d'autres gardent le silence : c'est que probablement il n'attirait pas autant que la nôtre l'attention des contemporains. Les renseignements n'en sont pas moins nombreux, et permettent d'aboutir à des conclusions fermes.

Ce que nous appelons l'« élection » consulaire se composait de deux actes successifs, le premier exprimé par le mot *eligere* qui signifie choisir, et non élire, le second par les verbes *creare*, *instituere*, qui désignent l'investiture, la concession du pouvoir. Quelquefois les deux opérations, indistinctement, étaient accomplies par le seigneur, quelquefois par la communauté. Le cas le plus ordinaire était que la communauté eût le choix des consuls, et le seigneur l'institution. Entre ces trois formes principales la transition était aisée, chacune d'elles comportant force combinaisons intermédiaires.

D'ailleurs le titre de consul ne dépendait point du mode de

annuales » (Cout. citée), en 1312 annuels (*Ord.*, t. VII, p. 494). Ceux de la cité et ceux du bourg de Narbonne sont changés deux fois par an jusqu'en 1317 et 1327 (Mouynès, *Invent.*, Ann. de la sér. AA, n° 87, de la sér. BB, t. II, n°ˢ 7, 8).

nomination. On le portait à cause des fonctions que l'on avait
reçues, quel que fût celui qui les conférait.

Le mode le plus ancien paraît être la désignation des
consuls par le seigneur : c'est ainsi qu'ils étaient nommés
au XIIIᵉ siècle à Castelsagrat, Montclar, Montflanquin, bastides du comte Alfonse, à Villefranche-de-Rouergue, à Goudourville, à Fonsorbes, à Angeville, etc. Les coutumes des
communautés précitées montrent que le seigneur ne faisait
pas son choix sans avoir pris le conseil des prud'hommes, ou
de certains d'entre eux[1], pas plus qu'il ne nommait le bayle,
qu'il n'arrêtait sans eux de résolution importante. De quel
poids était l'avis des prud'hommes, les coutumes ne le disent
point; cela dépendait des circonstances. Nous n'avons qu'un
exemple d'élection de ce genre. Il est relatif à Toulouse et
date de l'époque où Raimond VII mettait en place les consuls, de l'an 1243 environ. Pour les nommer, le comte s'est
rendu à la maison de ville, dans laquelle un « parlement
public » avait été réuni. L'assemblée devient tumultueuse;
des querelles s'élèvent parce qu'un groupe de citoyens prétend peser sur les décisions du comte, et lui imposer ses
avis et ses hommes. Irrité, celui-ci déclare qu'il ne tiendra
pas compte des instances qui lui sont faites. Il se retire, puis
arrivé chez les frères Prêcheurs, il dicte à son notaire les
noms des futurs consuls, en lui recommandant de garder le
secret. Le lendemain, par son ordre, la liste est lue en assemblée publique. Raimond VII a pris conseil des prud'hommes,
mais ne s'en est rapporté qu'à lui-même à cause de leurs
dissentiments[2].

1. Cout. de Castelsagrat de 1270, dans le *Bullet. de la Soc. archéol. de Tarn-
et-Garonne*, t. XV, p. 81, art. 14. Le bayle, « communicato bonorum virorum
consilio », doit « eligere et ponere » les huit consuls. — Cout. de Goudourville
(Agenais) de 1278, dans la *Nouv. rev. hist. de droit*, 1892, p. 63, art. 15. Le seigneur doit « pausar et enlegir » trois consuls « ab los proshomes deldich castel. »
— Cout. citée de Fonsorbes de 1279, art. 11. Le bayle choisit quatre consuls
« cum quibusdam probis hominibus dicti loci ».

2. *H. L.*, t. X, note XXXV, p. 162. Enquête faite vers 1274.

Ailleurs le choix appartient à la communauté, et le seigneur y participe, s'il n'y tient pas le premier rôle : la communauté de Belpech, celle de Foix nommeront les consuls « par notre conseil, disent les seigneurs, et de notre volonté » (1245, 1246) [1]. A Montpellier l'évêque, puis le roi de Majorque en certains cas départagent les électeurs [2]. A Gourdon (1241), Lafox (1251), l'Isle-Jourdain (1275), Astafort (1304), les sergents, le viguier, le bayle concourent à l'élection. Ou bien c'est une liste quadruple [3], triple ou double dressée par la communauté, qui est soumise au seigneur, et sur laquelle celui-ci choisit les candidats qui lui conviennent, — usage très fréquent, auquel se sont pliées des communautés qui d'abord en avaient suivi d'autres, et qui s'est introduit dans presque toutes les bastides. — Ou bien la liste est simple, et le seigneur se réserve le droit d'admettre ou de repousser les noms qu'on lui propose, de s'en faire présenter d'autres [4].

D'une part il intervient dans la désignation des futurs consuls, de l'autre il les institue et leur confère le pouvoir. L'autorité qu'ils vont exercer est celle dont il se dépouille. Voici comment à Uzès se passe la cérémonie. A la fin de l'année consulaire, l'évêque, assisté de ses coseigneurs, convoque les consuls. Ils comparaissent, munis des cinq clefs de la ville et d'une cédule où ils ont écrit les noms de six habitants, de vie et de mœurs honorables. L'évêque leur dit : « Nous vous destituons de l'office de consuls de cette cité. » Puis, de concert avec les coseigneurs, il choisit deux noms

1. Cout. de Belpech-de-Granague, art. 12 (*Mém. de la Soc. archéol. du Midi*, t. XIV, p. 41). — *H. L.*, t. VIII, pr. nᵒ 380.

2. *Layettes*, nᵒˢ 960, 3465. Il y a dix-neuf électeurs que l'évêque départage « dum tamen in ea parte (le parti qu'il adopte) ad minus VII ex XIX ... affuerint. » Il dispose donc de six voix. Cf. *H. L.*, t. X, pr. nᵒ 169.

3. A Castres la liste est quadruple de 1264 à 1368, triple par la suite. (Cout. de 1359, art. 18, de 1368, art. 44, dans la *Rev. du Tarn*, 1888-89, p. 267, et Barbaza, *Annales de la ville de Castres*, 1886, in-18, p. 76.)

4. Rabastens (1288), Caussade (1306), Gramat (1325), Lavaur (avant 1357), Alzonne (1431), etc.

sur la liste présentée, et dit : « Nous nommons, instituons et créons pour consuls tel et tel. » En même temps il leur remet les clefs qu'ils devront garder en son nom. Ils lui jurent fidélité, ainsi qu'aux coseigneurs; ils s'engagent à renoncer à leur charge et à lui rendre les clefs à sa réquisition [1].

Il est vrai que dans quelques communautés l'investiture seigneuriale a été réduite à l'état de formalité pure, ou qu'elle est tombée en désuétude. A Lautrec, Villebrumier, Cajarc, Auvillar, Castelnau-de-Montratier (1250?-1291), à Villemade (1371), le seigneur doit ratifier les choix qu'on lui soumet [2]. On peut énumérer douze communautés où l'élection se passe sans aucune immixtion du seigneur [3]. Celles de Cahors, de Figeac, de Nimes y procèdent « d'elles-mêmes, seules, de leur autorité propre ». Les consuls de Narbonne « créent et instituent » leurs successeurs.

Lorsque prud'hommes et consuls en sont arrivés là, ils se sont rendus presque indépendants. Mais cette position, la plupart du temps conquise de haute lutte, est difficile à conserver. Après l'avoir atteinte en 1230, l'Isle-Jourdain la perd en partie. Le consulat de Toulouse éprouve de fréquentes vicissitudes. Il est probable que le comte nommait

1. *Journal d'Uzès*, 1866, n° 30. M. de Rozière a tiré de cette pièce et de la charte de 1346 des conclusions inexactes sur l'élection des consuls. (*Rev. de législ. anc. et mod.*, 1870, p. 180.)

2. Cout. citées, et cout. de Cajarc, vers 1260, art. 31 (*Bullet. de la Soc. du Lot*, 1879, p. 5), d'Auvillar, 1279, art. 59 (Lagrèze-Fossat, *La ville, les vicomtes et la coutume d'Auvillar*, 1868, in-8°), de Villemade, 1371, art. 1 (*Bullet. de la Soc. archéol. de Tarn-et-Garonne*, t. XIII, p. 157.)

3. Carcassonne (?), 1192 (Mahul, *Op. cit.*, t. V, p. 322, et cout., art. 109), Montauban (?), 1195 (Cout. citée, art. 45), Nimes (Ménard, t. I, pr. n°s 34, 59), Saint-Bertrand-de-Comminges, 1207 (Cout. citée, art. 31), Agen, 1221 (Cout. citée, art. 52. Cf. Magen et Tholin, *Chartes*, n° 44), Montcuq, cout. de 1224, art. 2 (*Rev. hist. de droit*, 1861, p. 97), l'Isle-Jourdain (Cout. citée de 1230, art. 4), Narbonne (Mouynès, *Invent.*, Ann. de la sér. AA, n°s 87, 145, pp. 237, 239, et n° 157, p. 302), Figeac charte de 1318, art. 2 (*Ord.*, t. VII, p. 655), Bugarach, 1316 (Buzairies, *Rech. sur l'élect. dans le comté de Razès, Loc. cit.*, p. 86), Cahors (Cout. citée de 1351, art. 3), Toulouse, en 1248.

d'abord les capitouls. En 1164 il avait pour viguier le premier des capitulaires[1]. Si l'on franchit un demi-siècle, on
trouve un changement complet : au lieu du comte, ce sont
les consuls sortants qui créent les nouveaux consuls[2].
Ensuite les deux systèmes alternent, non sans heurts et
sans troubles. En 1223, puis en 1248 après une sédition,
Raimond VII est contraint d'accorder perpétuellement à la
commune la possession du consulat, « de façon que désormais, de sa propre autorité, de sa volonté seule, sans prendre
conseil ni requérir le consentement de personne au monde,
elle puisse choisir, nommer, instituer, créer, changer,
réduire en nombre, faire et tenir dans la ville et le bourg
des consuls, à savoir vingt-quatre personnes par an »[3]. Mais
Simon de Montfort les a nommés lui-même; Raimond VI,
Raimond VII l'imitent à plusieurs reprises, et le comte
Alfonse ne manque pas de ressaisir « le bien dont on l'avait
injustement frustré »[4]. Philippe III clôt le débat en ramenant l'élection toulousaine au régime commun, celui de la
demi-dépendance. Il permet aux consuls de dresser une liste
triple, où le viguier fera son choix (1283)[5].

Il est donc très rare que le personnel dirigeant des communautés ait réussi à s'affranchir entièrement et de façon
durable du lien seigneurial. Au début du XIVe siècle les
consuls de Narbonne (bourg) et ceux de Montauban, sommés de dire de qui leur consulat était tenu, pouvaient
répondre qu'ils ne le tenaient de personne[6]; car dans leurs

1. *H. L.*, t. V, pr. n° 663.
2. *Ibid.*, t. VIII, pr. n°s 218, 515.
3. Arch. de Toulouse, AA 1, n°s 87, 103.
4. *H. L.*, t. VIII, pr. n°s 456, 515; t. X, note XXXV; enquête de 1274. — Cf.
Layettes, n°s 3350, 3351.
5. Arch. de Toulouse, AA 3, n° 4. Le texte des *Ord.*, t. II, p. 109, s'écarte de
celui-là sur plusieurs points. — Cf. la note XXXV précitée sur *La commune de
Toulouse et Philippe III*, par Aug. Molinier. Je n'accepte pas toutes les conclusions de cette note.
6. Mouynès, *Invent.*, Ann. de la sér. BB, t. II, n°s 5, 6 (1308-1309). — Boutaric,
Actes du parl. de Paris, n° 6502 (1321). Cet acte renferme les plus curieux détails.

élections il ne restait point de formalité qui rendît encore visible l'autorité du vicomte de Narbonne ou celle du roi de France. Mais la question qui leur était posée indique que l'on considérait un consulat comme un fief tenu du seigneur, fief sujet à la reconnaissance et même à certains devoirs symboliques. Les consuls de Nérac, à l'issue d'une querelle avec le sire d'Albret, s'obligèrent à « reconnaître chaque année, en prêtant serment, qu'ils avaient et tenaient le consulat, au nom de la communauté, du seigneur de Nérac, et seulement de sa concession, de son autorité ». Les consuls d'Auch faisaient chaque année une reconnaissance analogue, et donnaient en signe de tenure une paire d'éperons au comte d'Armagnac, une paire de gants à l'archevêque [1].

On conçoit aisément que, malgré ces précautions, l'influence du seigneur dans les élections soit devenue partout plus ou moins nominale. Ni cérémonie d'investiture, ni serment, ni reconnaissance ne devaient prévaloir sur le fait que le corps consulaire était, somme toute, choisi parmi les prud'hommes et par eux, ou qu'il se renouvelait lui-même.

Les deux modes d'élection ont été employés successivement, parfois alternativement dans la même communauté. Il semble que les hommes fussent assez indifférents à cet égard. Mainte coutume se borne à indiquer que « la communauté » nommera les consuls : cela ne signifie point que le droit de nomination soit dévolu à l'ensemble des prud'hommes, mais seulement qu'il n'appartient pas au seigneur. Sur le détail de l'élection la coutume est muette. Celle de Lectoure porte que les consuls seront nommés par la communauté tout entière, ou bien par leurs prédécesseurs avec l'agrément des prud'hommes. En quelques années Nimes, Alais, l'Isle-Jourdain ont passé d'un usage à l'autre [2].

---

1. Cout. de Nérac, art. 12. — Cout. d'Auch, 1301, art. 9. (Monlezun, t. VI, p. 60.)
2. Nimes de 1198 à 1208 (*H. L.*, t. VIII, pr. n° 98, et Ménard, t. I, pr. n° 34). Alais entre 1200 et 1275 (Cout. citée, art. 5, et règlement dans le *Bullet. de la*

Tous les deux sont également anciens. Le premier était observé au xII° siècle à Ambialet, à Nimes, le second à Saint-Antonin et à Montauban. Mais il est douteux que l'un ait jamais été aussi répandu que l'autre. On voit au siècle suivant les consuls presque partout faire les élections [1]. Ils n'agissent pas toujours seuls : les capitouls de Toulouse sont assistés à cette occasion de douze conseillers [2]; les consuls de Montpellier en prennent sept, un par échelle [3], ceux du bourg de Narbonne dix-huit, ceux de la cité douze, etc. [4]; mais cela revient au même, les conseillers étant choisis par les consuls. Les noms des nouveaux élus, arrêtés en secret, sont proclamés ensuite « en plein parlement », en conseil général. Les prud'hommes ont été convoqués pour les entendre et pour les approuver; ils n'ont pas à se prononcer davantage. La communauté de Tonneins-Dessous réunie doit « recevoir bénignement » les consuls que les magistrats sortants lui présentent, et leur prêter aussitôt serment. Que si elle refuse, le seigneur l'y contraint [5].

Parmi tant de communautés, on n'en trouve que dix ou douze où l'élection dépende du suffrage des prud'hommes [6]. Encore les consuls ont-ils voix dans l'assemblée, peut-être voix prépondérante. Ceux de Sainte-Gemme dressent une

Soc. d'Alais, 1870, p. 336), l'Isle-Jourdain de 1230 à 1275. (Cahié, Chartes de la Gascogne toulousaine, pp. 19, 25.)

1. Dans plus de 150 communautés, dans la plupart des bastides. — Les chartes des bastides s'inspiraient des usages le plus généralement suivis.

2. Arch. de Toulouse, AA 3. n° 228; févr. 1336. Cf. Ord., t. II, p. 106.

3. Cout. citée de 1205, art. 9. Les sept électeurs qu'ils s'adjoignent sont nommés par les consuls des métiers, d'après un règlement de 1246. (Germain, Hist. de la comm. de Montpellier, t. I, pr. n° 16.)

4. Mouynès, Invent., Ann. de la sér. AA. n° 87, et pp. 237, 239.

5. Cout. citée de Tonneins-Dessous, art. 20.

6. Ce sont Ambialet, Nimes (jusqu'en 1208), Saint-Bertrand-de-Comminges, Alais et l'Isle-Jourdain (jusqu'en 1275), Pamiers (jusqu'en 1310), Caxac, Albi (jusqu'en 1357 et 1402), Lectoure et Rabastens jusqu'au xvi° siècle, Sainte-Gemme, Manvesin, Foix. — Il était de règle que les syndics, représentant uniquement la communauté et tenant d'elle leurs pouvoirs, fussent nommés par tous les habitants.

liste de huit candidats, dont les habitants nomment quatre. Visiblement le pouvoir des consuls sur l'élection s'est accru dans la mesure où, bon gré, mal gré, le seigneur s'en désintéressait. A la fin du XIIIᵉ siècle, lorsque le « parlement » d'Albi est convoqué à son de trompe afin de choisir les consuls, il se réunit dans la cathédrale, et c'est devant l'évêque que chacune des six gaches, appelée à son tour, en désigne deux [1]. Au contraire, en 1397, ce sont les consuls qui mandent à la maison de ville un certain nombre de prud'hommes afin de prendre conseil sur le choix de leurs successeurs [2]. En 1402, ils les nomment eux-mêmes [3].

Les choses ont dû se passer ainsi dans plusieurs seigneuries ; mais il faut admettre qu'en général le renouvellement des corps consulaires a reposé dès l'abord sur la cooptation.

Ce régime et la quasi-hérédité des fonctions qu'il favorise étaient conformes à l'esprit d'un temps où toute concession d'autorité était une sorte de fief, où viguiers, châtelains se perpétuaient en charge, où les bayles pouvaient nommer leurs successeurs [4].

Il convenait aussi à la constitution aristocratique de la communauté seigneuriale. Il s'y trouvait assez peu de familles, qui fussent en état de remplir et de supporter les fonctions consulaires. Car cet honneur était un lourd far-

---

1. D'Auriac, *Hist. des évêques d'Alby*, pr. nᵒˢ 18, 22 (1269, 1285), et Compayré, *Études hist.*, p. 168 (1321). — A Nimes en 1198 le « peuple » entier, ou la majeure partie, se réunit avec le viguier du seigneur pour créer les consuls. Ensuite « sont choisis cinq bons hommes de chacun des quartiers de la cité, soit vingt », qui choisissent les quatre consuls. (*H. L.*, t. VIII, pr. nᵒ 98.) On ne voit pas comment sont choisis les cinq prud'hommes, pas plus que l'on ne voit comment chaque gache d'Albi procède à l'élection. C'était apparemment selon les règles fort compliquées dont les textes postérieurs offrent tant d'exemples, chaque classe, chaque corps de métier fournissant des électeurs et des élus en nombre fixe et très différent selon leur condition respective. — Cf. Arch. de la Haute-Garonne, sér. B, *reg. d'appoint.*, 1424-25, fᵒ 32. Récit d'une élection à Rabastens.

2. Arch. d'Albi, CC 160, fᵒˢ 65-67.

3. Compayré, *Op. cit.*, p. 166. — Jolibois, *Albi au moyen âge*, 1871, in 8ᵒ, p. 12.

4. Ainsi à Astafort. (Cout. citée, art. 6.)

6

deau. Les consuls étaient rarement payés [1], et pourtant ils donnaient aux affaires publiques tout leur temps et toutes leurs forces. Ne nous figurons pas les élections troublées par des individus qui briguent le consulat : on le fuit au contraire [2], ou bien on le subit faute de pouvoir s'en défendre. Les coutumes interdisent de le refuser, ou punissent d'amendes les récalcitrants. Les règles qui mettaient deux, trois, quatre ans et jusqu'à sept entre deux magistratures ont d'abord été destinées à garder l'intérêt des personnes privées contre la communauté, autant que celle-ci contre l'ambition des personnes. Ce ne sont pas des candidats qui sont en présence, mais des classes, des groupes d'hommes, vrais éléments de la vie politique. Il importe beaucoup aux membres de la communauté d'être assurés que la classe, la corporation, ou — ce qui revient au même — la « gache » dont ils font partie sera représentée, servie et protégée, que chaque année, ou de deux, trois, quatre années l'une, elle aura son consul [3]. Ils ne se soucient point de le nommer eux-mêmes.

Les tentatives et les révoltes qui parfois ont abouti à ravir au seigneur ses droits sur l'élection sont le fait des consuls, des notables entraînant après eux le reste de la communauté. Elles ont eu pour effet ordinaire de leur réserver la puissance électorale, et non d'organiser le suffrage univer-

1. A Montpellier (1204) chaque consul reçoit 200 sols par an, à Nimes (1208) 100 s., à Pouy-Carréjelart (1303) 10 livres de Morlaas. Ils ont un salaire à Carcassonne (vers 1192), à Narbonne (bourg) en 1278. Primitivement cet usage était peut être général. Mais le salaire a partout dégénéré en une simple indemnité pour frais de robes et de chaperons, insignes de la dignité consulaire. A Lestelle, Arvillar, Rodez (1369), Narbonne (bourg) jusqu'en 1278, les consuls sont exempts de tailles.

2. H. L., t. VII, note XLVII, p. 249.

3. Le rang du consul dans le consulat, observé soigneusement, dépend de celui que tiennent son échelle, sa gache, sa corporation dans la communauté. Il y a un premier, un second consul, etc.; mais l'un n'a pas plus de pouvoir que l'autre: tous agissent ensemble. A Agen seulement est mentionné à part un « major », qui semble un des douze consuls. Le maire apparaît en 1221 ; à partir de 1227 il n'en est plus question. (Magen et Tholin, Chartes, nos 6, 7, 10, 18.)

sel. Ce mode de suffrage résulte d'un esprit égalitaire et démocratique auquel les communautés du Midi, malgré certaines apparences, sont restées tout à fait étrangères.

Maîtresse des élections, plus ou moins selon le cas, l'oligarchie des familles consulaires a pu se rendre aussi plus ou moins autonome.

On a vu qu'à l'origine le rôle des consuls était plutôt délibératif. Ils donnaient conseil au bayle. Ils sont devenus à son détriment un pouvoir exécutif appuyé sur l'assemblée délibérante des prud'hommes : « Par les prud'hommes de conseil (ou consuls), dit la coutume de Marmande, tout le peuple de la ville est gouverné et tenu dans l'obéissance. » (1182). Le début de cette lente évolution demeure insaisissable ; mais on peut dire comment et pour quelles causes elle s'est continuée.

Les consuls ont été mis à la tête de la communauté par le seigneur lui-même. A Millau, à Montauban dès le xIIe siècle toute la communauté doit prêter au corps consulaire un serment analogue à ceux que le seigneur a reçus de l'une et de l'autre [1]. Après que les nouveaux « prud'hommes du conseil » de Prayssas ont juré de se bien comporter en leur office, les habitants jurent à leur tour d'être « bons, fidèles, loyaux et obéissants auxdits consuls, de venir devant eux quand ils leur en feront commandement en personne, ou par message, ou par cri public, de les conseiller bien et loyalement selon leur sens dans ce qu'ils leur demanderont pour le commun profit dudit château, de leur garder le secret dans les affaires communales, de les aider à conserver, soutenir et défendre les coutumes, constitutions et bons usages

---

1. Cout. de Millau de 1187. (De Gaujal, *Études hist. sur le Rouergue*, t. I, p. 283.) Le seigneur dit : « Consulatum eos firmum ita volumus habere quod ille qui ad admonitionem consulum, salva fidelitate nostra, in eo non fuerit, vel ipsum non juraverit, extunc non erit in nostro amore, nec volumus ut remaneat in villa » — Cout. citée de Montauban, de 1195, art. 47, 50.

du susdit château de bonne foi et de tout leur pouvoir [1]. »
Le seigneur impose ce serment aux prud'hommes; car il
veut que « ses consuls [2] » reçoivent d'eux, comme lui-même,
« aide, conseil et obéissance ». Il s'y joint quelquefois. Les
seigneurs et les chevaliers de Belpech jurent « aide, conseil
et secret » aux consuls entrant en charge [3].

Le serment qui prend ainsi place parmi ceux sur lesquels
la communauté est fondée a la même force morale et bien
plus d'efficacité; car les devoirs qu'il crée aux hommes con-
cordent avec leur intérêt. Les consuls obtiendront sans peine
que leurs administrés coopèrent au maintien des libertés
communes. Si la communauté est mise en demeure d'opter
entre le serment qu'elle a fait au seigneur et celui qui la lie
à l'égard des consuls, elle penchera sans doute du côté de
ceux qui partagent ses besoins, ses idées, qui ont été choisis
dans son sein, quelquefois par ses avis, qui semblent ses
chefs et ses défenseurs naturels.

Les consuls acquièrent donc le droit de convoquer devant
eux et de tenir le « parlement public », le commun conseil
ou conseil général des prud'hommes, c'est-à-dire la cour
plénière de la seigneurie.

Ils l'exerçaient à Agen en 1197 [4]. Au xiie siècle et même
au xiiie le comte de Toulouse ou son viguier présidant ou

1. Cout. citée de Prayssas, de 1276, art. I. — Cf. Nîmes, 1207 (Ménard, t. I, pr.
n° 31). Narbonne, XIIIe siècle (Mouynès, *Invent.*, Ann. de la sér. AA, n° 112), et
cout. citées de Saint-Bertrand-de-Comminges art. 31, d'Agen, art. 53, de Cahors
(1260), art. 45, 46, de Fumel, art. 62, de Gondourville, art. 16, etc. — Il est interdit aux consuls de prendre des habitants un serment illicite, contraire aux droits
du seigneur. Ceux d'Espalion n'en peuvent recevoir sans sa permission. (Cout.
citée de 1266, art. 10.)
2. Cout. citée d'Ambialet, de 1136 : « Als nostres cossols ». — L'expression
« nostri consules » est assez fréquente dans les *Cout. du Gers*, publiées par
M. Bladé. — Cf. cout. de Requista (Rouergue), de 1292, art. 4 (De Gaujal, *Op.
cit.*, t. I, p. 344) : « Consiliariorum nostrorum juratorum ».
3. Cout. citée de Belpech-de-Granague, art. 12. — A Corbarieu toute la communauté jure obéissance aux consuls, sauf les seigneurs. (Cout. citée de 1265.)
4. Magen et Tholin. *Chartes*, n° 2. — Cf. cout. citée d'Ambialet, de 1136.

assistent à ces assemblées. Mais les capitouls, nommés d'abord à titre de témoins, puis à côté du comte, y président seuls dès 1192, et continuellement par la suite[1]. A l'époque de la croisade, c'étaient les seigneurs de Narbonne, ou les consuls avec l'autorisation des seigneurs, qui convoquaient le conseil général « par trompettes et cri public[2] ». En 1253 les consuls de la cité soutiennent contre le vicomte qu'eux et leur prédécesseurs ont toujours eu le droit de prendre cette initiative. Une enquête est ordonnée. Plusieurs témoins rapportent des cas où, en effet, les consuls ont spontanément convoqué ainsi l'assemblée, et le vicomte, abandonnant ses prétentions, leur concède la faculté qu'ils réclament[3]. Les consuls de Graulhet ne l'ont obtenue qu'en 1329[4]. Elle était alors refusée à beaucoup d'autres corps consulaires[5]. Il était rare que le bayle n'eût pas le droit et le devoir d'assister à certaines délibérations importantes. A Gréalou sa présence était toujours obligatoire[6].

La substitution des consuls au seigneur auprès du conseil des prud'hommes est rendue sensible par le déplacement graduel de l'assemblée. A Toulouse, Montpellier, Narbonne au XIIIe siècle elle avait lieu encore dans le palais seigneu-

1. Voir plus haut p. 67. — *H. L.*, t. VIII, pr. nos 77, 103, etc. — Arch. de Toulouse, AA 2, no 83; AA 3, nos 101, 102. — Au bas des statuts rédigés dans ces assemblées les capitouls figurent à titre de témoins, comme avaient fait leurs prédécesseurs en 1152, et les prud'hommes à l'époque antérieure. Le même usage s'est perpétué à Nîmes, Montpellier, Narbonne, etc.

2. Menynès, *Invent..* Ann. de la sér. AA, nos 6 8, 12, 22, 24 (1210-1243).

3. *Ibid.*, nos 42 (pièce remarquable) et 43.

4. Cabié. *Cartul. des Alamans*, p. 153. Ils pourront s'assembler « am las gens que volran, en lo loc on se volran, per lo fag del cossolat sens licencia de la court ny del senhor ».

5. Cout. de Merville, 1307. art. 10 (*Nouv. rev. hist. de droit*, 1891. p. 570), Saint-Lizier, 1321 (Boutaric, *Actes du parl. de Paris*, no 6370), Garin, 1343 (*Mém. de l'Acad. des Sciences, etc., de Toulouse*, 7e sér., t. III, p. 169), La Grasse, 1370 (Mahul, *Cartul. de Carcassonne*, t. II, p. 503).

6. Cout. citée, art. 10. — Il en était de même pour le « parlamen communal » de Montauban (Lebret. *Hist. de Montauban*, t. I, p. 411), pour le « parlamen planier » de Moissac (Lagrèze-Fossat, *Hist. de Moissac*, t. II, p. 203).

rial, dans diverses églises. En 1281, le parlement où les consuls de Narbonne (bourg) faisaient les élections fut réuni sous l'orme abbatial de l'église Saint-Paul. Mais les trois communautés avaient déjà des « maisons communes », où les assemblées se portèrent de préférence et qui devinrent le siège de la puissance consulaire[1]. Il est vraisemblable que la plupart des maisons de ville du Midi datent de la fin de ce siècle et du siècle suivant[2].

Les habitants étaient convoqués individuellement, par « nonces » ou messagers, ou bien en masse, à son de cloche, de trompette. Le nombre des assistants variait selon le mode de convocation. Il semble avoir été généralement peu considérable. Dans les villes les plus peuplées il oscille entre trente ou quarante et trois ou quatre cents. A Toulouse pendant les guerres anglaises ce maximum n'a jamais été dépassé. A Nimes, à Montpellier au XIIIe siècle il est question d'assemblées qui remplissent presque un palais, une église; mais il est visible que dans ces foules la plupart n'opinent point. Tous les membres de la communauté sont tenus de s'y rendre; mais n'y viennent ou n'y comptent que les notables, ceux qui de père en fils ont part aux affaires publiques. Un conseil général du 4 septembre 1270, l'un des plus nombreux qui se soient réunis à Narbonne, est composé de 245 prud'hommes[3].

1. La maison commune de Montpellier est mise à profit dès 1210 (*Layettes*, n° 960), celle de Toulouse en 1226 (Arch. de Toulouse, AA 1, n° 101), celles de Narbonne, bourg et cité, en 1270 et 1294 (Mouynès, *Invent.*, Ann. de la sér. AA, n°s 64, 107). Mais les églises consacrées par l'usage — Sainte-Marie-des-Tables, Saint-Pierre-des-Cuisines ou le Taur, Saint-Étienne, Saint-Paul — sont fréquentées longtemps encore.

2. Il n'y en a pas à Nimes avant le règne de Philippe VI (Ménard, t. II, pr. n° 83. Cf. t. I, pr. n°s 82, 135), point à Alais en 1295 (*Bullet. de la Soc. d'Alais*, 1870, p. 353). Les consuls s'assemblent dans l'hôtel de quelque particulier. — La maison de ville s'est élevée d'ordinaire sur la place principale, dans le quartier des « proceres » qui dirigeaient la communauté.

3. Mouynès, *Invent.*, Ann. de la sér. AA, n° 64. — *Layettes*, n°s 1015, 1028 1457, etc.

Les consuls, comme les seigneurs avant eux, forment donc
le conseil à peu près à leur guise. Tout en s'inspirant d'usages ou de règles écrites dont l'application les regarde, ils
l'appellent quand il leur convient. Le peuple vient « ouïr
leurs mandements, leurs ordres et leurs autres communica-
tions[1] ». Les consuls ne songent point à se passer des avis
des prud'hommes ; ils les exigent au contraire : les conseils
sont fréquents, et cette fréquence même suffirait à en écarter
les gens qui sont astreints à travailler chaque jour pour
vivre[2]. Mais ils mènent et dominent l'assemblée. Ils soumettent à son approbation des statuts déjà rédigés, des décisions déjà prises. Ils se mêlent à ses délibérations. Plus
tard, leur responsabilité grandissant, ils se retrancheront
volontiers derrière elle, et se renfermeront davantage dans
le rôle de pouvoir exécutif. Ceux de Nîmes, d'Albi, de Toulouse, de Montpellier, du xive au xve siècle, ne font rien
d'important de leur chef ; ils demandent conseil, n'opinent
presque jamais, et conforment leurs actes aux votes de la
majorité.

Le « parlement plénier » est contemporain de la communauté seigneuriale ; il a pris naissance avant l'institution
consulaire. Mais les conseils particuliers dont tant de consulats étaient pourvus se sont organisés avec eux, pour leur
service, et par conséquent assez tard.

Lorsque les conseillers ordinaires dont le seigneur gar-

1. Cout. citée de Cajarc, art. 35. — Cout. de Sainte-Gemme, de 1275 (Monlezun, *Hist. de Gascogne*, t. VI, p. 275) : « Item quod consules una cum suis consiliariis et aliis probis viris dicti castri et totius baillivie quibus eis videbitur pro
habendis conciliis.... quando et quoties voluerint, se valeant congregare ».

2. Mouynès, *Invent*., Ann. de la sér. AA, n° 111 (xiiie siècle). Les consuls de
Narbonne (cité) convoqueront le « parlamentum sive colloquium generale, clan-
gentibus tubis..., quociens eis videbitur expedire », mais « semel ad minus in
mense ». — Les registres cités des *Délibérations* d'Albi, de Toulouse montrent
cinq ou six assemblées par mois dans les années de troubles, et nous sommes certains qu'ils en omettent. — Les conseils de Millau se réunissent très souvent
sous Louis XI. (Rouquette, *Recherches hist. sur la ville de Millau au moyen âge*,
1885, 3 vol. in-16, t. I, p. 8.)

nissait sa cour ont participé, sous le nom de consuls, à la puissance exécutive, ils ont eu besoin comme lui de s'adjoindre un ou plusieurs comités consultatifs, moins nombreux et plus maniables que le parlement général. Le premier en date est le conseil de vingt-quatre membres que les douze consuls de Carcassonne avaient en 1192[1].

Dans les communautés où le droit de convoquer le parlement public ne revient que tard aux consuls, avant de l'avoir acquis, ils possèdent du moins celui d'assembler autour d'eux un nombre restreint de prud'hommes; car la tradition ne leur permet pas d'agir sans avoir pris conseil[2]. S'ils ont au contraire plein pouvoir de convocation, ils se donnent selon les circonstances les conseillers qu'ils jugent à propos : il y a plusieurs conseils, dont chacun correspond à tel ou tel ordre d'affaires. A Narbonne (cité) 12 conseillers concourent avec les consuls à l'élection des consuls nouveaux, et là se bornent leurs fonctions; 20 autres s'occupent des dépenses de la ville (1270)[3]. A Toulouse, sous Charles VI, il en est de même, avec la différence que le second conseil est ici fort instable. Il compte tantôt 24, tantôt 12, enfin 16 prud'hommes (vers 1410) : ce sera le conseil des Seize[4]. — Dans sept communautés, à savoir Narbonne

---

1. Mahul, *Cartul. de Carcassonne*, t. V, p. 322. — Les consuls de Saint-Bertrand-de-Comminges ont des conseillers en 1207 (Cout. citée, art. 49), ceux de Nîmes en 1208 (Ménard, t. I, pr. n° 34), ceux de Montpellier en 1212 (*Layettes*, n° 1028.)

2. Les consulats de Garin, de Merville, de La Grasse, de Saint-Lizier, cités plus haut, p. 85, n. 5, sont justement dans ce cas. Il faut sans doute y joindre ceux d'Auvillar (Cout. citée, art. 75), de Nomdieu (Cout. de 1305, art. 43, dans la *Nouv. rev. hist. de droit*, 1890, p. 891) et beaucoup d'autres, surtout d'entre les consulats nés au XIVe siècle; mais les données précises font défaut.

3. Mouynès, *Invent.*, Ann. de la sér. BB, t. II, n° 1, art 5. Ceux-là sont les « jurati de consilio » (art. 19). Cf. *ibid.*, Ann. de la sér. AA, n° 145, p. 239. En 1253 ils sont appelés « consiliarii statuti », conseillers que les statuts autorisent. (*Ibid.*, n° 42, p. 76.)

4. Arch. de Toulouse. BB 3, f°ˢ 1, 11, 84, 112 ; BB 7, f° 87. — Arch. de la Haute-Garonne, sér. B, *Arrêts*, t. I, f° 17 v° ; 1ᵉʳ mars 1445. Entre 1438 et 1445 le chif-

(bourg), Figeac, Nîmes, Béziers, Alzonne, Millau, le bourg
de Carcassonne, on trouve aussi deux conseils, le premier
dit « secret », « privé », « principal », « ordinaire », égal
au corps consulaire par le nombre des membres, ou de
peu supérieur, le second appelé « général », quoiqu'il soit
distinct du parlement, ou « supplémentaire », ou bien
« arrière-conseil », celui-là mieux fourni de conseillers
que l'autre [1]. — A Montpellier, Limoux, Le Puy, Sommières, les chefs ou consuls des métiers sont le plus souvent adjoints au conseil secret, mais sans se confondre
avec lui [2].

Ces collaborateurs intimes des consuls sont placés à leur
égard dans une étroite dépendance. Presque partout ils sont
nommés par eux, destitués au besoin [3]. Les corporations
d'Alais ayant obtenu par arbitrage, après de longs débats,
des conseillers en nombre fixe, qu'elles devaient présenter
aux consuls (23 décembre 1291), ceux-ci ne laissent point le
règlement durer toute l'année. Dans une assemblée qu'ils
président, le 23 mai suivant, on estime que les nouveaux
conseillers, ayant à gagner leur vie, ne sont pas assez assi-
dus, que leurs avis manquent d'ampleur et de maturité, et

---

lre 16 a succédé à celui de 24 parce que, dans l'intervalle le nombre des capitouls
a été réduit de 12 à 8. Telle est l'origine du conseil des Seize, sur laquelle on a
débité beaucoup d'erreurs.

1. Mouynès, *Invent.*, Ann. de la sér. AA, nᵒ 87; ann. 1278. — *Ord.*, t. VII,
p. 655; oct. 1318, art. 3. — Ménard, *Hist. de Nîmes*, t. II, pr. nᵒ 112; délib. de 1358-
59. — *Bullet. de la Soc. archéol. de Béziers*, 1re sér., t. I, p 121, règlement de 1382,
et t. II, pp. 237, 246, 260, délibérations de 1435. — Mahul, *Cartul. de Carcassonne*,
t. I, p. 20; cout. d'Alzonne, de 1431. — Rouquette, *Rech. hist. sur Millau*, t. I,
p. 5. — Mahul, *Op. cit.*, t. VI, p. 28; cout. de 1166, art. 2.

2. *Layettes*, nᵒˢ 960, 1028, etc.; ann. 1211, 1212. — Buzairies, *Cout. de Limoux*,
nᵒ 4; 6 juill. 1292, art. 23. — *H. L.*, t. X, pr. nᵒ 372 (1344) et *Nouv. rev. hist. de
droit*, 1884, p. 87, ord. de nov. 1469, art. 3, 4, 8, 9, 19. — Bibl. Nat., lat. 9179, fᵒ 143
(1373-1464).

3. Je compte aux XIIIe et XIVe siècles 37 consulats dépourvus de conseils, du
moins en apparence, et 73 qui en possèdent. Parmi ces derniers il y en a 33 où
les consuls nomment les conseillers, 10 où ce sont les habitants, 30 douteux, faute
d'indications suffisantes.

l'on revient à l'ancienne coutume, « très utile et très nécessaire à la ville ». On décide que les consuls, « selon la liberté
dont ils jouissent à Alais, pourront dorénavant choisir, créer
et mettre en place autant de conseillers qu'il leur plaira, de
la qualité qu'ils voudront, chaque fois et pour un temps
aussi long qu'ils le jugeront à propos » [1].

Les conseillers prêtent aux consuls serment de leur obéir :
de là le nom générique de « conseil juré » qu'ils reçoivent.
Ils jurent de leur donner bon conseil, de garder le secret des
délibérations, de se rendre à leur mandement; s'ils y manquent, les consuls les mettent à l'amende [2]. Ils sont réunis
pour les aider, à titre subalterne, et non pour contrôler leurs
actes. Ce n'est point que cette dernière préoccupation ne se
fasse déjà sentir dans certaines chartes de la fin du XIIIe siècle [3]; mais, de façon générale, elle appartient à une époque
ultérieure, à un autre ordre de faits.

Aussi le conseil est-il l'image à peu près exacte du corps
consulaire. Il dure autant que lui [4]; il est composé comme
lui. A Nimes, les nobles des Arènes fournissent 6 conseillers; la première échelle en a 9, et les neuf autres 12 [5]. A
Narbonne, sur 18 prud'hommes qui prennent part à l'élec-

1. *Bullet. de la Soc. scientif. d'Alais*, 1870, pp. 346, 353, 358.
2. Compayré, *Études hist.*, p. 379. Cout. de Gaillac, vers 1271. — *Rev. de législ.
anc. et mod.*, 1870, p. 180. Cout. d'Uzès, de 1346, art. 28, 33, etc.
3. Tel est sans doute l'objet que se proposent, celle d'Albi exceptée, les coutumes qui montrent les conseillers élus par tous les habitants (voir p. 89, n. 3) ; ce
sont des chartes peu anciennes, la plupart faites pour des bastides où les consuls nomment leurs successeurs. On a voulu donner à leur puissance une sorte de
contrepoids. Au contraire, selon la vieille constitution d'Albi, les conseillers sont
nommés comme les consuls, en même temps, au même nombre, à raison de deux
par gache. (Cf. plus haut, p. 81.)
4. A Millau, à Saint-Affrique les membres du conseil secret sont nommés à vie
à la fin du XIVe siècle, mais en vertu de réformes récentes, contraires à l'ancien
usage du renouvellement annuel. (Rouquette, *Rech. hist.*, t. 1, p. 5. Cf. Constans, *le Livre de l'Épervier*, 1882, in-8°, p. 144 ; règlement de 1339. — De Gaujal,
Études hist., t. I, p. 320; ann. 1368, art. 12. Cf. Nayral, *Aperçus hist. sur Saint-
Affrique*, pp. 26, 35.)
5. Ménard, *Hist. de Nimes*, t. I, pr. n°ˢ 71, 79 (1272, 1283).

tion consulaire, il y en a 12 pour la place et 6 pour les
métiers. Les consuls de la cité choisissent leurs conseillers
« parmi les plus notables prud'hommes [1] ».

Eux aussi, les conseillers peuvent appartenir, selon des
proportions fixées, à d'autres lieux que le château [2].

Consuls et conseillers discutent d'avance les questions
qui viendront devant le parlement public. Ils traitent des
affaires courantes et les règlent entre eux. Le seigneur et ses
officiers n'interviennent jamais dans ces délibérations. Ils
ont gardé sur le parlement une autorité spéciale, prolonge-
ment de celle qu'ils exerçaient sur la cour plénière. Mais
sur le conseil secret, de formation plus récente, ils ne peuvent rien de plus que sur le corps consulaire dont il dépend,
dont il est inséparable.

C'est grâce à leur « conseil juré » que les consuls parviennent à constituer un organe de gouvernement analogue à
celui que jadis ils formaient eux-mêmes avec le bayle ou le
viguier. Ils achèvent ainsi de sortir de la cour seigneuriale.
Ils deviennent une puissance relativement distincte, autonome, rivale naturelle et presque toujours heureuse du seigneur et de ses agents. Au xiii° siècle cette conséquence
apparaît clairement. Les seigneurs ont appris à la redouter.
Le conseil juré de Nimes et celui de Toulouse, — qui n'a
pas subsisté, — représentent des concessions arrachées au
comte de Toulouse par des émeutes aristocratiques (1209,
1247) [3].

---

1. Mouynès, *Invent.*, Ann. de la sér. AA, n° 87 (1278) ; Ann. de la sér. BB, t. II,
n° 1, art. 8.

2. Dans la communauté d'Aucamville, sur 8 conseillers, il y en a 6 qui doivent
être du château, « 1 de Margastaldo et 1 de Mota » (Cout. de 1299, art. 3, dans le
Bullet. de la Soc. archéol. de Tarn-et-Garonne, t. XIV, p. 97). A Laguiole (Rouergue), il y a 12 conseillers, 6 du château, 6 du dehors. (*Ord.*, t. II, p. 477. Cout.
de 1351, art. 2, 3.)

3. Ménard, t. I, pr., n° 34, et *H. L.*, t. VIII, pr. n° 141. — Arch. de Toulouse,
AA I, n° 101.

3º LE GOUVERNEMENT CONSULAIRE.

Les progrès de la puissance des consuls ont différé d'une commune à l'autre. L'autorité qui leur était dévolue ne se mesurait pas à l'importance de la communauté, pas plus que celle du seigneur haut-justicier, dont elle était issue, ne dépendait des dimensions ou de la valeur de la seigneurie. Les consuls d'Escazeaux (Gimoès) avaient mêmes droits et prérogatives que les capitouls de Toulouse[1]. Les pouvoirs du seigneur se sont répartis entre les agents avec lesquels il gouvernait, bayle, consuls, prud'hommes, dans des proportions très diverses, au gré de circonstances locales qui pour la plupart nous échappent. Ces proportions ont été peu à peu fixées. Les coutumes sont venues enregistrer les faits accomplis. Elles indiquent un partage organisé, des conditions déjà régulières, d'une variété infinie. Il y a des communautés, telles qu'Espalion, Nérac (1266, 1310), où les consuls et les prud'hommes sont étroitement subordonnés aux seigneurs, d'autres où le corps consulaire n'est pas éloigné d'être en réalité le pouvoir souverain : à Montpellier (1204) le lieutenant du roi de Majorque, à Lestelle (1243) le bayle du comte de Comminges doivent « en passer et demeurer au dire et jugement des consuls[2] ».

La besogne principale du gouvernement communal était de faire des « établissements » ou statuts.

Par statuts il faut entendre des règlements qui portaient sur les objets les plus divers, — organisation politique, garde de la ville, police des métiers, des rues, des champs,

---

1. Cout. de 1271, dans le *Bullet. de la Soc. archéol. de Tarn-et-Garonne*, 1891, p. 144.

2. Castillon, *Hist. des popul. pyrénéennes*, t. I, p. 452. — Cout. de Montpellier de 1204, art. 120 : Le lieutenant du roi « tenetur requirere consilium dictorum XII et eorum stare consiliis de omnibus que ad communitatem Montispessulani et terre Montispessulani spectant ».

leudes et péages, poids et mesures, marchés, tarifs des denrées, amendes et pénalités, législation civile et criminelle, — qui pourvoyaient en un mot, dans cette petite société particulière, à tous les besoins d'ordre et de légalité qu'elle éprouvait. Les statuts ont pu modifier ou compléter des coutumes écrites. Mais les coutumes elles-mêmes n'étaient souvent que des statuts : entre les unes et les autres il n'y avait point de limites.

En cette matière l'autorité des consuls s'est distinguée de bonne heure de l'autorité seigneuriale. Souvent elle était bornée aux catégories d'affaires, aux intérêts sur lesquels le bayle ou le viguier les avaient d'ordinaire appelés à délibérer. Souvent aussi le corps consulaire était capable de faire des statuts de toutes sortes : ainsi à Montpellier, Alais, l'Isle-Jourdain, Toulouse, Nogaro, Tonneins-Dessous, etc. [1]. Il est très difficile de fixer en ce sens l'étendue de ses pouvoirs. Les coutumes ne sont pas toujours explicites. Parfois le seul indice que l'on ait de l'importance des statuts est la durée qu'elles leur assignent. Ceux des consuls d'Aucamville cessaient d'être valables à l'expiration de leur charge. Au contraire, les consuls de Lectoure promulgaient des statuts perpétuels [2]. Dans le premier cas il s'agit sans doute de simples arrêtés concernant la police; dans l'autre les règlements pouvaient avoir plus de portée.

Les statuts de Toulouse, du XIIe au XIIIe siècle, montrent très clairement comment à l'initiative du comte a succédé celle des capitouls. Ils indiquent trois périodes : la première pendant laquelle le comte fait les statuts avec le « commun conseil », les capitouls y prenant part comme ses conseillers

---

1. Duclaux-Monteils, Marette et d'Hombres, *Recherches hist. sur la ville d'Alais*, 1860, in-8°, pp. 401-508. Charte de 1217, art. 39. — Cout. citées de Nogaro, art. 14, de Tonneins-Dessous, art. 22, de l'Isle-Jourdain (1230), art. 1.

2. Cout. cit. de 1299, art. 1. — Cout. de Lectoure, de 1291, dans Monlezun, *Op. cit.*, t. VI, p. 84.

intimes, la seconde où les capitouls, en commun conseil,
font les statuts avec le comte ou bien en sa présence, la troisième où, presque toujours, ils légifèrent seuls avec l'assemblée générale (1152, 1181, 1192).

La plupart des consulats se sont arrêtés au second stade
de cette évolution. La confection des statuts était chose
grave, qui touchait le seigneur autant que la communauté.
Il était difficile qu'il s'en désintéressât. A Montpellier même,
en 1211, il fut décidé que les affaires principales seraient
traitées avec le conseil du seigneur suzerain, évêque de Maguelonne[1] : prescription qui paraît avoir été mal observée.
En 1300 le seigneur de Catéra-Bouzet (Lomagne) reconnut
aux consuls « plein pouvoir, avec le conseil du bayle, de
son expresse volonté et de celle des autres prud'hommes, de
faire des ordonnances sur les terres, les vignes, la garde des
blés et sur tout ce qui dépendait de lui dans la ville et son
territoire[2] ». Telle était la règle suivie dans les consulats
d'Alais, de Lectoure, de Monteuq, de Saint-Rome-sur-
Tarn, etc.[3].

D'autres sont allés plus loin. Outre les consuls de Toulouse, ceux de Saint-Bertrand-de-Comminges, de Lestelle,
de Cahors, de l'Isle-Jourdain revisaient à leur gré les coutumes, en établissaient de nouvelles. Ceux de Montpellier, de
Nimes, de Narbonne jouissaient en fait des mêmes pouvoirs.
Les consulats qui sont parvenus à les acquérir sont également ceux, où les consuls et les prud'hommes étaient maîtres
des élections, et se réunissaient le plus librement ensemble;
entre ces différents progrès la relation est très étroite. Là
même, cependant, l'autorité du seigneur se manifestait encore. Son approbation restait expressément réservée, comme
à Lestelle et à l'Isle-Jourdain, ou bien sous-entendue. Il put

1. *Layettes*, n° 960.
2. Cout. d'août 1300, dans Moulezun, *Op. cit.*, t. VI, p. 104.
3. *Ord.*, t. VIII, p. 475 ; 8 mai 1322, art. 2.

laisser son droit dégénérer en formalité pure[1]; mais il put aussi s'en servir pour repousser les agressions de ses sujets[2].

De même que le seigneur, les consuls ont fait les statuts avec le concours des prud'hommes. Ils convoquaient les intéressés, soit par exemple une corporation en vue d'un règlement qui la concernait seule, soit le parlement général quand l'intérêt public était en jeu. Dans les deux cas on voit l'assemblée délibérer uniquement sur les points qui lui sont soumis. Aucun des membres qui la composent ne prendrait l'initiative d'une mesure étrangère à l'objet de la convocation. Le pouvoir d'en proposer n'appartient pas à d'autres que les consuls[3]. Ils font approuver leurs ordonnances. Le parlement les discute; peut-être les amende-t-il; mais, à moins de guerre civile, il ne les repousse jamais.

Dans l'œuvre législative, entre le bayle et les prud'hommes, c'est en somme aux consuls que revient la part principale. L'importance de cette œuvre a constamment décru

1. Le fait est quelquefois inscrit dans les coutumes. Ainsi à Foix les consuls sont tenus de présenter au bayle les établissements « menutz » qu'ils rédigent, et celui-ci est tenu de les confirmer. (Cout. de 1387, art. 34, dans l'Asquier, *Coutumes municipales de Foix sous Gaston-Phœbus*, 1891, in-8°, n° 1.)

2. Cout. citée de l'Isle-Jourdain, de 1254. — On serait tenté de croire qu'à Montpellier les statuts consulaires, une fois confirmés en conseil général, étaient de droit valables. Il n'en est rien pourtant. L'assentiment du roi de Majorque demeurait nécessaire. Il refuse d'approuver, en 1339, les statuts qu'on lui présente, « dicens hujusmodi statuta, libertates et consuetudines in sui prejudicium multipliciter redundare », et les consuls n'en peuvent faire usage. (*H. L.*, t. X, pr. n° 325.) — Il faut remarquer aussi que l'initiative des consuls n'a pas entièrement aboli celle du seigneur. A Rodez (cité), vers 1480, l'évêque fait un règlement sur le consulat et se réserve de le modifier à sa guise. (*Annales du Rouergue et du Quercy*, 1888, pp. 106, 121; art. 35.)

3. Bazairies, *Cout. de Limoux*, n° 5; 28 juin 1292, art. 7 : Aucun particulier ne sera entendu, s'il désire changer les statuts faits par les consuls. — Cf. les nombreux statuts de Toulouse, de Narbonne, de Montpellier qui ont été publiés dans l'*Hist. de Languedoc*, dans les *Layettes du Trésor*, et par MM. Mouynès et Germain. — A Tonneins-Dessous les consuls font des statuts « en totz los faitz de la vila » avec leur conseil juré, et se bornent à les montrer « al comunal » (Cout. citée, art. 22, 23).

après le XIIIe siècle. Les barrières qui séparaient les communautés se sont abaissées; des règles uniformes ont pénétré partout. Les coutumes particulières ont survécu longtemps; mais, à celles que l'on avait, on a cessé d'en ajouter d'autres. A Montpellier en 1317, à Narbonne en 1338 on fait des statuts remarquables[1]; mais dans l'ensemble ils se réduisent tous aux proportions d'arrêtés de police. Pour apprécier la valeur de l'acquisition que les consuls ont faite quand ils ont pris en main le pouvoir législatif, il faut se reporter à l'époque antérieure. On s'aperçoit alors que ce pouvoir, sorti directement de leurs fonctions primitives, qu'il rappelle d'ailleurs par les conditions dans lesquelles il s'exerce, est le vrai fondement de leur autorité sur la commune[2].

Le seigneur faisait observer les règlements qu'il avait édictés de concert avec les prud'hommes. Il en fut ainsi des consuls; car les pouvoirs étaient alors indivisibles. Ils prirent en main les affaires auxquelles leurs statuts étaient consacrés. Ils durent, eux aussi, prévenir les contraventions et les réprimer au besoin. Ils devinrent des administrateurs et des juges. Le nombre des corps consulaires qui rendaient la justice, soit civile, soit criminelle, ou bien l'une et l'autre à la fois, est plus restreint que l'on ne pense. Mais tous, ou presque tous, ont joui d'une part quelconque de juridiction de police. Les statuts portaient avec eux leurs sanctions. Les consuls ont eu à prononcer les peines qu'ils y attachaient[3].

---

1. Germain, *Hist. de la comm. de Montpellier*, t. I, pr., nos 12, 13. — Mouynès, *Invent.*, Ann. de la sér. AA, nº 157.

2. On remarquera que les syndics, dont l'autorité provient de la communauté, et non du seigneur, n'ont jamais le pouvoir de faire des statuts.

3. Cout. citées d'Alais, de 1200, art. 5 : Les consuls feront observer la coutume, — de Caussade, art. 49 : Ils font des statuts, avec ou sans amendes, — de Miremont, art. 21 : Ils font « statuta et penas ». — de Requista, art. 4, — de Lafox, art. 75. - Babinet de Rencogne et Monienq, *Le livre jurat de Beaumont-de-Lomagne*, p. 1, cout. de 1279, art. 33; pp. 89, 91, 171. — L'amende s'appelle « gatge », « dex », « talha »

Ils ont jugé sommairement les délinquants qu'ils faisaient prendre[1].

Mais il n'y a pas vingt communautés où le seigneur ait abdiqué complètement ses droits sur la police[2]. Tantôt les consuls la partagent avec lui, selon les règles les plus compliquées; tantôt ils agissent avec le bayle. On ne peut donner l'idée de la minutie avec laquelle ces détails sont déterminés. Ici les consuls ont seuls la protection des récoltes, la garde des limites ou dex des propriétés, l'entretien des routes, rues, ponts, canaux, eaux courantes; ailleurs c'est le bayle, à moins qu'ils n'y veillent ensemble. Tantôt c'est le seigneur qui établit les poids et mesures, et qui les scelle; tantôt les consuls s'en occupent; il est assez rare qu'ils en disposent tout-à-fait. Chaque parcelle de pouvoir comporte un revenu, des amendes ou d'autres droits, et les plus lucratives sont celles dont le seigneur se défait le moins volontiers. Souvent un arrangement est intervenu : les consuls ont pris la fonction et laissé au seigneur la plus grosse part du bénéfice. A Merville, où ils ont la police entière, ils touchent au profit de la communauté un tiers du produit des amendes. C'est la proportion ordinaire[3].

A moins qu'ils ne s'en emparent, il arrive donc que les consulats achètent des fonctions qui sont des revenus. Ils ne font en cela qu'assurer leurs progrès. Ces fonctions, ils pou-

---

1. La coutume de Castelnaudary, de 1333, art. 8, 9, contient à ce sujet de nombreux détails. (Clos, *Notice hist. sur Castelnaudary et le Lauragais*, 1880, in-8°, pr. n° 3).

2. On conçoit combien une pareille statistique est imparfaite. Même à Narbonne, où les pouvoirs des consuls étaient si étendus, la cour seigneuriale gardait quelque autorité sur la police. (Mouynès, *Invent..* Ann. de la sér. AA, n° 42, p. 70. Cf. n°ˢ 111-113.) — Cf. Compayré, *Études hist..* pp. 172, 198. Contestations et transaction entre l'évêque et les consuls d'Albi (1368-1374).

3. Cout. citée de Merville, de 1307, art. 6. — Cout. de Sainte Gemme, de Mauvezin, etc. — La variété est naturellement très grande. Ainsi à Gaillac, où les délits commis en matière de poids et mesures sont punis d'amendes de 60 sols, le consulat ne reçoit que 18 deniers. (Compayré, *Études hist.*, p. 379.)

vaient les avoir déjà remplies, mais au nom du seigneur,
avec ses officiers. Ils s'en acquittent désormais en leur propre nom, c'est-à-dire en toute indépendance. La plupart des
chartes que les seigneurs ont octroyées ne sont au fond que
des actes de vente de biens contestés, entamés, à demi-per-
dus. C'est ainsi qu'un consulat devient une personne. Il a
des biens, des droits particuliers, et les augmente de son
mieux, envahissant la seigneurie[1].

Pour obtenir obéissance, les consuls avaient besoin d'agents
qui fussent à leur disposition. Parfois ils empruntaient ceux
du seigneur. Les consuls d'Ambialet se servaient des sergents du vicomte dans l'intérêt de la communauté. Quand les
consuls d'Agen faisaient un règlement, s'ils ne se sentaient
pas en état de le faire observer, ils décidaient avec les
prud'hommes d'attribuer au seigneur une part des amendes,
afin qu'il consentît à les aider[2]. Ils ont eu aussi leurs propres serviteurs : valets, nonces ou sergents, crieurs publics
pour les proclamations, « banniers », « mességuiers »,
forestiers, qui gardaient les champs, les moissons, les
forêts, courtiers chargés des ventes à l'encan, « ouvriers »
qui réparaient les fortifications ou les églises, etc.[3]. Mais
il est rare que, dans la nomination de ces officiers, on ne

1. La coutume citée, du 28 juin 1292, coûte à la communauté de Limoux
16000 livres, celle de 1254 4600 sols de Morlans à l'Isle-Jourdain, celle de 1291
10000 sols tournois à Graulhet, etc. — Ces achats sont de tradition. Les consuls
ne font qu'employer les procédés dont les prud'hommes avaient usé avant eux.
Voir Germain, *Villeneuve-lès-Maguelonne*, dans les Mémoires de la Société
archéol. de Montpellier, t. III, p. 273.

2. Cout. d'Agen de 1221, art. 29. — Cout. d'Astafort, art. 71. — A Saint-Bertrand-de-Comminges le seigneur est obligé de faire observer les statuts consulaires. (Cout. citée, art. 23.)

3. A ces officiers il faudrait joindre des arpenteurs jurés, des inspecteurs de la
voirie, des tavernes, des tonneaux, des tuiles, etc. A Thézan, où les consuls ne connaissaient pas eux-mêmes des délits ruraux, ils nommaient des « jutges de bans
et de talha ». (Cout. du XIIIᵉ siècle, dans le *Bullet. de la Soc. archéol. de Béziers*,
1ʳᵉ sér., t. IV, p. 122, art. 5.) — Cf. Eyssette, *Hist. de Beaucaire*, t. I, pp. 169 et
suiv.

rencontre pas des traces de l'autorité seigneuriale. Le bayle les choisit avec les consuls, ou les institue sur leur présentation. Sur les bâtons de leurs sergents les armes du seigneur sont peintes. Les deux puissances qui se disputaient la commune se sont écartées l'une de l'autre, sans se séparer tout-à-fait.

Sous cette réserve, les consuls s'occupent des mille détails de la vie publique ou privée. Ils fixent le prix du pain, du vin, des denrées. En temps de disette, ils interdisent l'exportation du blé, en font la recherche, forcent les gens selon le cas à vendre celui qu'ils possèdent, ou déterminent la quantité qu'ils en pourront acheter, à proportion de leurs besoins. Ils règlent le taux des loyers, des salaires. Ils font des lois somptuaires d'une rigueur et d'une minutie incroyables : les fiançailles, les baptêmes, les enterrements sont soumis à leur censure. Tel ou tel mode de culture est proscrit ou favorisé : à Castelsarrazin, défense de fumer les vignes[1]. Ces prescriptions, cette étroite surveillance, exercée sur tous les actes des hommes, paraissent très naturelles aux membres de la communauté. Ils sont pliés à l'obéissance. Les consuls les gouvernent comme faisaient les seigneurs, à peu près selon les mêmes règles ; car l'état social, économique et politique auquel ces règles correspondent n'a changé que très lentement.

En un sens, l'autorité des consuls a pénétré plus avant que celle du seigneur dans la communauté. Celui-ci ne se mêlait guère des affaires intérieures des corporations. Au contraire, ces associations autonomes et souvent redoutables ont été soumises à l'influence des consuls : à la longue, il est vrai, après beaucoup d'efforts, grâce peut-être à cette

---

1. Cout. de 1303, dans les *Mém. de l'Acad. des sciences, etc., de Toulouse*, 1851, p. 269. — La plupart des coutumes contiennent, en plus ou moins grand nombre, des dispositions similaires. — Mouynès, *Invent.*, Ann. de la sér. AA, nᵒˢ 73, 78, 79, 82, 89, etc.

circonstance qu'elles étaient peu ou prou représentées parmi eux et dans leur conseil. A Toulouse, en 1238, c'était de préférence au comte que les ouvriers en cuirs adressaient leurs réclamations[1]. A Narbonne, en 1254, les pareurs et les tisserands, au cours d'une querelle, prirent spontanément les consuls pour arbitres. Mais au XIVe siècle les deux corporations et toutes celles de Narbonne leur sont subordonnées, et les chefs des métiers leur jurent obéissance[2]. Il en est de même à Marmande, Laguiole (Rouergue), Castelnaudary, Figeac, Graulhet, le Puy, Sommières, Limoux, Montpellier, Uzès, etc. Partout les consuls font des statuts sur les métiers[3], tranchent les différends, surveillent la fabrication[4]. Ils nomment les chefs des métiers, comme à Uzès, au Puy, à Castelnaudary[5], ou les instituent, comme à Limoux, d'après la liste que les artisans leur présentent[6].

Les corporations n'ont jamais perdu entièrement l'indépendance. Groupés et disciplinés par elles, les gens de métier ont été un perpétuel sujet d'inquiétude pour le gouvernement consulaire. Si les consuls soulevaient parfois des émeutes à leur profit, ils craignaient fort le menu peuple. Les coalitions d'artisans, les conjurations, les confréries illicites ont été prohibées par eux aussi sévèrement que par

---

1. *H. L.*, t. VII, note XLVII, p. 240.

2. Mouynès, *Invent.*, Ann. de la sér. AA, n°s 46 et 113, art. 7, 35, 41. Cette dernière pièce est certainement postérieure à 1338.

3. Ainsi à Beaumont-de-Lomagne (Babinet de Rencogne et Moulenq, *Op. cit.*, p. 91), à Laguiole (*Ord.*, t. II, p. 477; art. 14), à Marmande (*Arch. hist. de la Gironde*, t. V, p. 187), etc.

4. Cabié, *Cartul. des Alaman*, p. 150. Cout. de Graulhet, de 1329. — *Ord.*, t. VII, p. 655. Cout. de Figeac, de 1318, art. 7. — Cout. citée de Castelnaudary, art. 5, 6. Les chefs de métier jurent aux consuls « que faran bonas et lials relacios e jutgemens de so que sera sobrepausat en mercadayria o en mestier ». — Arch. de Toulouse, AA 8, n°s 2, 3. — Barbaza, *Annales de Castres*, p. 78.

5. Cout. cit. de Castelnaudary, d'Uzès, art. 24. — Médicis, *Chroniques*, t. I, p. 221. Arrêt de 1404, en faveur des habitants du Puy. — De même à Toulouse. (*H. L.*, t. X, pr. n° 27, art. 9; ann. 1279.)

6. Buzairies, *Op. cit.*, n° 4, art. 23.

les seigneurs[1]. Ils se sont réservé le droit de nommer des syndics, car c'étaient les agents qu'employait toute ligue naissante, l'espèce de gouvernement qu'elle tentait de leur opposer[2].

Ils avaient conscience de leur faiblesse matérielle. L'administration consulaire ne pouvait fonctionner sans encombre qu'avec l'assentiment tacite ou par la soumission des petites gens. Contre le seigneur, les consuls étaient sûrs de réunir de nombreux partisans; contre le menu peuple, ils ne trouvaient d'appui que dans la classe des notables, chez une minorité. Ils ont manqué de la force armée peu considérable, mais régulière, de la troupe permanente dont la plupart des seigneurs avaient soin de s'entourer. En cas de troubles, l'armée de la communauté fondait entre leurs mains; car elle était composée de tous les hommes valides de quatorze à soixante-dix ans : ce n'était qu'un rassemblement de la population, levée fortuitement pour défendre le territoire.

Les communes du Midi n'étaient rien moins que des puissances militaires. Elles avaient entouré de conditions, réduit au minimum la chevauchée ou service d'ost. Beaucoup n'en devaient point à leurs seigneurs directs, et par le fait n'en acquittaient aucun[3]. D'autres ne marchaient pas si le château et ses dépendances n'étaient eux-mêmes menacés[4]. A

1. Cout. citées de Cajarc, art. 22, 42, de Figeac, art. 10. — Mouynès, *Invent.*, Ann. de la sér. AA, n° 116.

2. *Ibid.*, Ann. de la sér. BB, t. II, n°s 1, 4. — Arch. de Montpellier, arm. 9, caisse 7, n° 8; 16 déc. 1325. — Cout. citée de Castelsarrazin, 1303, art. 35.

3. Les communautés de Larroque-Timbaut (Cout. cit., art. 50), de Clermont-Dessus (art. 75), de Pujolz (art. 1), de Fumel (art. 12) en Agenais ne s'acquittent de l'ost qu'envers le comte de Toulouse, « senhor general » ou « princep de la terra », et cela par l'intermédiaire de leurs seigneurs respectifs, qui reçoivent d'elles à cette occasion une certaine somme. De même celle de Castelnau-de-Montratier en Quercy (Cout. cit., art. 92-96). Montcuq ne contribue qu'à l'ost général, et par une taille (Cout. citée, art. 1), etc.

4. Cout. cit. de Moissac, 1125, art. 11, d'Astafort, art. 86.

Rieux, Lectoure, Agen le seigneur devait indiquer aux consuls le lieu et le seigneur qu'il voulait attaquer, les griefs
qu'il avait contre eux. La commune sommait alors, une ou
plusieurs fois, l'ennemi de « faire droit » en la cour des
prud'hommes. En cas de refus seulement elle prenait les
armes[1]. La plupart des milices communales fournissaient
un jour de service. Elles ne dépassaient guère les limites de
la seigneurie.

Elles ont davantage guerroyé pour leur propre compte.
Celles de Toulouse, en 1202 et années suivantes, se mirent
en campagne contre les seigneurs et les communautés d'Auvillar, de Rabastens et contre plusieurs autres, afin de ven-
ger les injures faites aux Toulousains[2]. Les communes ont
fréquemment conclu des traités de paix, d'alliance[3]. Mais il
ne s'agissait entre elles que de défensive ou de représailles,
jamais de guerre de conquête. Ce genre de guerre suppose
un degré d'indépendance que n'ont pas atteint les plus favorisées. Aussi leur organisation militaire est-elle demeurée
faible, à peine suffisante pour repousser une agression.

Les moyens de défense de la communauté se concen-
traient dans la ville close, où le peuple de la campagne se
réfugiait au besoin[4]. Les prud'hommes et les consuls ont
été dès l'abord chargés d'entretenir et de garder les murs[5].
Les habitants par leurs ordres fournissaient la main d'œu-

1. Cout. de Rieux de 1202, art. 22, dans les *Mém. de la Soc. archéol. du Midi*,
t. VII, p. 342. — Cout. cit. de Lectoure (Monlezun, *Op. cit.*, t. VI, p. 83).
d'Agen, art. 2.

2. *H. L.*, t. VIII, pr. nos 109, 116, 122. Cf. nos 111, 117, 118, 120, 121.

3. Tholin et Magen, *Chartes*, nos 14-16, 19-23, 26-28, 30 (1222-1239). — Bibl.
Nat., lat. 9173, fo 102. Projet d'alliance offensive et défensive entre Lunel et
Marsillargues (nov. 1270).

4. *Cartul. de Viane*, dans la Rev. du Tarn, t. III, pp. 34 et suiv. En 1324 la
paroisse de Senaux s'unit à la communauté de Viane, et les habitants consentent
à contribuer à l'entretien des fortifications de cette ville, afin de pouvoir s'y
retirer en cas de danger. — *Ord.*, t. VII, p. 64; déc. 1377, Compeyre (Rouergue).

5. Ainsi à Ambialet en 1136, au Caylar en 1158, à Castres en 1160, etc.

vre, en argent ou bien en nature; ils faisaient le guet dans les corps de garde placés par les consuls, et ce n'étaient pas seulement les habitants de la ville, mais ceux des paroisses les plus distantes, tous les intéressés, qui devaient contribuer, de l'une et de l'autre façon, à la sécurité publique[1]. C'est ainsi qu'ils avaient bâti, réparé, défendu le castel du seigneur, d'où la plupart du temps la ville était sortie[2].

De même qu'ils convoquaient le peuple en parlement, les consuls pouvaient l'appeler au combat, lever des troupes et se mettre à leur tête. On voit ceux d'Agen, de Toulouse commander l'armée communale[3]. Les habitants de Millau marchent sous l'étendard du consulat, lequel n'est autre que celui du roi d'Aragon, leur seigneur[4]. Au temps des guerres anglaises, les consuls n'ont déjà plus des mœurs aussi belliqueuses : ils nomment à leur place un « capitaine », homme expérimenté dans le métier des armes[5]; mais leur droit

1. Le guet ou poste de garde s'appelle « gayta », « gacha ». Le mot roman équivaut au latin « excubie ». (Mouynès, *Invent.*, Ann. de la sér. AA, n° 111.) D'autre part on a vu que « gacha » signifiait aussi quartier (p. 48), et on lit dans la cout. citée de Castelnaudary, art. 2, « partida o gayta ». D'où l'on peut conclure que le mot de gache, après avoir désigné un poste, s'est appliqué à la partie correspondante de la ville, celle dont les habitants avaient charge de garder ce poste. — Les gens de la Bastide-l'Évêque font le guet à Villefranche-de-Rouergue (Cabrol, *Op. cit.*, p 25; ann. 1358). Dans l' « honor » de Cordes il y a huit lieux « de guet et de garde »; les autres n'en doivent point : cela est réglé par transactions particulières. (Rossignol, *Monogr. commun. du Tarn*, t. III, p. 63.)

2. Cette obligation existe encore au XIII° siècle au profit d'une foule de châteaux : Lautrec (Compayré, *Études hist.*, p. 404), Peyre (*Ord.*, t. XV, p. 501), Calmont d'Olt (Cout. citée d'Espalion, de 1266, art. 12). — Cf. cout. de la Terrisse de 1341, art. 12. (Affre, *Lettres sur l'hist. de l'arr. d'Espalion*, p. 326.)

3. Cout. d'Agen, art. 54. — *H. L.*, t. VIII, pr. n°s 109 et suiv. — Cf. cout. de Luzech de 1270, art. 5 (*Bullet. de la Soc. du Lot*, 1873-74, p. 87), et cout. citées de Cajarc, art. 35, 37, de Villemade, art. 50, 51, d'Uzès, art. 30-32. — Narbonne (Mouynès, *Invent.*, Ann. de la sér. AA, n°s 91, 99, 113, art. 27), etc.

4. Cout. citée de 1187, art. 8. — Les consulats de Narbonne, de Figeac (cout. citée, art. 2), de Cahors (transact. cit. de 1351, art. 23) avaient aussi leur étendard, « vexillum cum signo ». Le fait semble peu fréquent; mais on ne peut rien affirmer.

5. A Nimes en 1363, au Puy en 1388, à Beaucaire en 1464, à Carcassonne en 1466. Les communautés à syndicats en désignent aussi : Lunel, Bagnols, Aimargues.

reste sauf. La plupart ont tenu les clefs des portes de la ville : les prud'hommes de Mende en 1194 s'en assurent la possession. Bref, le seigneur est presque banni de la place forte qui domine la seigneurie. Il n'y peut entrer quand il veut, ni mettre garnison, ni bâtir de forteresse[1]. En instituant les consuls, il leur remet les clefs. Cette cérémonie, assez semblable par la forme à une inféodation, a presque la même valeur[2]. Le seigneur ne conserve plus dans la ville consulaire qu'une sorte de droit de suzeraineté.

La possession des clefs, non moins importante en réalité qu'à titre de symbole, a été chaudement disputée. Il était naturel que les consuls les eussent à leur disposition lorsqu'ils étaient les agents du seigneur, et que leurs intérêts et les siens étaient étroitement unis. A mesure qu'ils se séparaient, les seigneurs ont tenté de revenir sur des concessions désormais dangereuses, par exemple à l'Isle-Jourdain, — ou bien ils se sont dispensés d'en faire, comme à Nérac, Espalion[3]. Le sire de Rieux détient une clef de chaque porte d'Alzonne; les consuls en ont une autre, et la porte ne peut s'ouvrir qu'à l'aide des deux clefs[4]. Le seigneur de Livière confie les clefs aux consuls; mais il reste seul maître d'une porte par où, le cas échéant, il fera passer des hommes d'armes, afin de terminer à son avantage quelque querelle avec ses sujets[5]. De leur côté, les consulats qui s'af-

---

1. Cout. d'Agen, art. 28, d'Uzès, art. 9.

2. Voir plus haut, p. 76 : Uzès. — *Ord.*, t. V, p. 722, art. 8, Livière; t. IX, p. 591, le Pouget. — Mahul, *Cartul. de Carcassonne*, t. II, p. 492, transact. de 1359 art. 7 : la Grasse.

3. Cout. citées de l'Isle-Jourdain, 1275 (Cabié, *Chartes de la Gascogne*, p. 25), d'Espalion, 1266, art. 6, de Nérac, art. 10.

4. Mahul, *Op. cit.*, t. I, p. 20. Transact. de 1431, art. 13. — Cf. *ibid.*, t. V, p. 115, une sentence arbitrale, prononcée en 1396 entre les consuls et le seigneur de Villegly.

5. *Ord.*, t. V, p. 722; 6 avr. 1368, art. 5. — C'est ce que fait le seigneur de Puy-la-Roque, en Quercy. (Arch. de la Haute-Garonne, sér. B, *Reg. d'appoint.* 1424-25, f° 8 v°.)

fermissent ou qui naissent visent à cette liberté que tant d'autres possèdent, parce qu'elle sera la consécration pratique de leur autonomie.

L'autorité financière des consuls est la conséquence nécessaire de leurs pouvoirs administratifs. Dès qu'ils ont eu le gouvernement de la communauté, ils en ont géré les finances.

Le seigneur consacrait à l'entretien ou à l'amélioration de son domaine une partie des revenus qu'il en tirait : il fallait réparer ou construire des routes, des ponts, des canaux, des levées, les murailles de la ville et du castel, payer les gens qui gardaient les récoltes, etc. En abandonnant cette tâche aux prud'hommes, puis aux consuls, il a mis à leur disposition les ressources correspondantes[1].

D'ailleurs, spontanément, toute association se manifeste par des dépenses faites en commun. On a vu les prud'hommes de Toulouse, vers 1115, racheter des droits de portage, évidemment à frais publics. Quand les habitants d'une ville ou d'une seigneurie, par la permission du seigneur, se réunissent afin de poursuivre une affaire, ils organisent d'ordinaire l'imposition d'une taille : les syndics qu'ils chargent de la recevoir ont le maniement des fonds, et les emploient à mener l'affaire à terme[2]. Les pouvoirs des syndicats sont d'ordre purement financier et administratif à cause de leur origine. C'est par là qu'ils se sont presque égalés aux consulats[3].

---

1. *H. L.*, t. V, pr. n° 636. En 1160 le vicomte de Béziers déclare que les bourgeois de Castres lui devront chaque année 300 sous de Melgueil pour leurs franchises qu'il confirme, et ajoute qu'ils emploieront cette somme à la clôture de la ville — *Chron. du Languedoc*, t. IV, p. 97. Cout. d'Aubenas, de 1248. Le seigneur, ayant transformé en taille le 20ᵉ du blé et du vin qu'il percevait, permet aux prud'hommes d'en appliquer le produit, par son conseil, aux besoins de la communauté. — Bladé, *Cout. municip. du Gers*, p. 29. Cout. de Villefranche-d'Astarac, de 1293, art. 6, 7, etc. — La plupart des coutumes prêtent à la même remarque.

2. Boutaric, *Actes du parl. de Paris*, n° 7080. Le Puy, ann. 1323.

3. Voir plus haut, p. 65. — Les syndics sont plus dépendants que les consuls à

La coutume de Marmande porte que les consuls affecte-
ront aux « mises » ou frais divers de la communauté le produit des amendes qu'ils auront prononcées. Si cela ne suffit
pas, ils pourront recourir aux « questes ». Telles étaient en
effet les deux branches de revenus des communautés consulaires.

La ressource principale, parce qu'elle était illimitée, a
toujours été la « collecte », la « queste commune », ou taille [1].
Les seigneurs percevaient des tailles, à titre de redevances,
et les consuls ont fait comme eux. Ils en ont levé tantôt au
profit du seigneur, tantôt pour leur propre compte, mais
d'abord en son nom, avec son assentiment. Dans le consulat
naissant de Thégra, c'est le bayle qui impose les sommes
nécessaires aux dépenses publiques ; il doit prendre l'avis
des quatre « prud'hommes de conseil », et fixer avec eux le
montant de la taille seigneuriale (1266). La coutume d'Espalion, de la même date, interdit aux consuls de lever
aucune queste sans la permission du seigneur, le sire de
Calmont d'Olt [2]. A Clermont-Dessus, Goudourville, Villeneuve-lès-Maguelonne, Annonay, le Puy, Montauban, etc.,
les consuls imposent la taille comme ils font les statuts,
c'est-à-dire par le conseil des seigneurs et des prud'hommes [3].

l'égard du seigneur et de la communauté. Les syndics de Saint-Pons ne peuvent
imposer de tailles qu'avec la permission de l'abbé ; ils lui rendent des comptes.
(*Le livre des franchises*, etc., *Loc. cit.*, pp. 14, 37.) De même ceux de Mende.
(De Burdin, *Documents historiques sur la province de Gévaudan*, 1846, 2 vol.
in-8°, t. II, pp. 189, 195; transact. de 1262, 1275. — Arch. de Mende, AA 2, 5.)

1. Cout. citées d'Ambialet : « Comu o talha », de Larroque-Timbaut : « Questa
cominal ». Le mot « talha » est également celui qui sert à désigner l'amende
prononcée pour délit rural.

2. Cout. citées de Thégra, art. 5; d'Espalion, art. 10.

3. Cout. citées de Clermont-Dessus, art. 51, de Goudourville, art. 17. — Germain, *Villeneuve-lès-Maguelonne, Loc. cit.*, p. 326 ; cout. de 1294. — Poncer,
Mém. histor. sur Annonay, t. I, p. 119 ; acte du 6 août 1364. — Médicis, *Chroniques*, t. I, p. 208; ann. 1218, art. 1. — *Ord.*, t. XII, p. 470; ann. 1323. — A Pouy-
Carréjelart les consuls imposent la taille seuls jusqu'à 60 sols, avec les seigneurs
au delà de ce chiffre. (Cout. cit., art. 3.)

Il semble que les questions d'impôts aient laissé les seigneurs assez indifférents, car leur intérêt personnel ne s'y trouvait pas engagé. Ils ont souffert que leur droit devînt caduc, faute d'usage. En 1368 le comte de Castres et l'évêque d'Albi s'en souviennent encore; mais, après avoir prétendu empêcher les consuls des deux villes d'imposer la taille à leur gré, ils sont obligés l'un et l'autre d'y renoncer formellement[1]. A Montpellier, l'une des communautés les plus indépendantes du Midi, les consuls, au milieu du XIVᵉ siècle, ne doivent faire aucune taille sans avoir demandé au lieutenant du roi de Majorque son autorisation : il est vrai que s'il la refuse ou tarde de la donner, ils peuvent passer outre[2]. Enfin nombre de coutumes assurent aux consuls entière liberté[3] : il semble qu'en cette affaire capitale, ne rencontrant pas devant eux les droits utiles des seigneurs, ils aient plus qu'en toute autre acquis d'indépendance.

Il n'y en a pas non plus, où leur pouvoir se soit dégagé davantage de la volonté et du contrôle des membres de la communauté.

Rien ne touche les hommes autant que l'impôt qu'ils payent et la façon dont on l'emploie, et pourtant dans un consulat, ainsi que dans l'ancienne monarchie, le maniement des finances était un acte secret du gouvernement.

Afin de s'en rendre compte, il convient d'écarter un grand nombre de textes du XIVᵉ siècle et presque tous ceux du

---

1. Cout. de Castres, de 1368, art. 35. (*Rev. du Tarn*, 1888-89, p. 267.) — Compayré, *Études hist.*, pp. 172, 192 (1368-1374). — Arch. d'Albi, BB 16, fᵒ 89; 19 mars 1376.

2. Arch. de Montpellier, *Grand thalamus*, fᵒ 123. Lettres du roi de Majorque, du 26 mai 1348.

3. Ainsi les coutumes d'Agen, art. 52, d'Ambialet, de Castelnau-de-Montratier (art. 89, 123), etc. De violentes contestations s'élèvent à ce sujet entre le viguier royal et les capitouls de Toulouse, qui finissent par l'emporter. (*H. L.*, t. VIII, pr. nᵒ 526; t. X, pr. nᵒ 26. — Delisle, *Restit. d'un vol. des Olim*, *Loc. cit.*, nᵒ 412.)

xve : l'état de choses auquel ils se rapportent résulte de transformations qui seront étudiées à leur place. Cela posé, on voit les consuls prendre seuls l'initiative de l'impôt. Les coutumes, à part neuf, n'exigent point qu'ils consultent les prud'hommes, ne font pas même à ce propos mention du conseil général. Une quinzaine environ prouvent qu'ils délibéraient avec un conseil secret : ainsi les consuls de Narbonne avec un certain nombre de jurés qu'ils ont choisis, convoqués, et qui s'appellent talliaires [1]. Entre cet usage et la coutume de Montcuq, l'une des neuf précitées, il y a peu de différence : celle-ci porte en effet que les consuls imposeront la taille avec les prud'hommes de la ville et du territoire, « ceux que bon leur semblera [2] ».

Au fond, il est malaisé de savoir précisément à quoi s'en tenir. Une imposition était un acte compliqué, dans lequel entraient plusieurs opérations distinctes. Il y avait d'abord la délibération qui engage une dépense et rend la taille inévitable : à Toulouse, pendant la guerre de Cent ans, le conseil général ne va pas au delà. Puis venaient les décisions en vertu desquelles la taille était imposée, le montant de l'impôt fixé, l'assiette déterminée : à Toulouse elles appartenaient aux capitouls, assistés de 12 ou de 24, enfin de 16 prud'hommes qu'eux-mêmes s'adjoignaient [3]. Dans beaucoup de consulats le « parlement » a pu être consulté, soit indirectement, sur des mesures ayant des impôts pour conséquence, soit directement, sur l'unique question de savoir

---

1. Mouynès, *Invent.*, Ann. de la sér. AA, n° 157, p. 302.

2. Cout. citée, art. 5. — Les huit autres sont celles d'Ambialet, de Lestelle, d'Albias (*Bullet. de la Soc. archéol. de Tarn-et-Garonne*, 1869, p. 97 ; ann. 1287, art. 18), de Gréalou, art. 46, 48, de Requista, art. 7, de Montsaunès, art. 4, d'Astafort, art. 27, de Pouy-Carréjelart, art. 3. — Au xive siècle les consuls convoquent l'assemblée générale dans le cas indiqué à Lautrec (1327), Cahors (1338), Montpellier (1343), Annonay (1364), Albi (1372 et années suivantes), et quelquefois à Castres. Reste à savoir si le fait est de date ancienne, ou s'il résulte (comme à Cahors) de modifications récentes.

3. C'est le conseil des Seize. (Voir plus haut, p. 88.)

si la taille serait, oui ou non, imposée. Quant aux autres opérations, beaucoup plus délicates et plus fertiles en conflits, l'assemblée générale y restait étrangère, à de rares exceptions près [1]. C'est ainsi qu'à Montpellier, après qu'elle a décidé qu'une taille sera perçue, les quatorze notables nommés par les consuls, à raison de deux par échelle, sont chargés de la répartir, en compagnie de deux consuls. Le résultat de leur travail est enfermé par eux dans huit sachets, cousus et scellés de leurs sceaux. Le peuple ensuite est convoqué à son de cloche. Devant l'assemblée, en présence des consuls et des Quatorze, le lieutenant du roi, siégeant sur un banc de bois, dans la cour de la maison de ville, ouvre les sachets, publie la taille et ordonne qu'elle soit levée [2].

L'impression générale qui sort des documents est qu'au XIIIᵉ siècle les consuls ont une autorité presque absolue sur les finances communales. Ils édictent des tailles; ils les répartissent ou les font répartir par des prud'hommes qu'ils désignent. Ils les lèvent ou font lever; ils en reçoivent le produit et le dépensent à leur guise. Dans les plus anciens consulats, c'est à peine s'ils commencent, d'ailleurs à leur corps défendant, à se pourvoir d'agents comptables. A Toulouse l'institution des « communiers » date de 1222, celle des trésoriers de 1336 [3]. Il n'y avait pas de « clavaires » à Narbonne avant 1270 et 1278, à Nimes avant 1272 [4]. A Mil-

---

1. Exceptions à Montsaunès (Cout. cit., art. 4), Astafort (art. 27), Albi (1372, etc.).

2. Bibl. Nat., lat. 9178, fᵒ 121 : « Publicatio tallie anni M IIIIᵉLVII ». Dans cette pièce la plupart des traits sont anciens. Cf. cout. de Montpellier, art. 94. — Les quatorze notables étaient dits « quatuordecim de Capella ».

3. *H. L.*, t. VIII, pr. nᵒ 218. — *Ord.*, t. II, pp. 107, 108, 111. Après la création des trésoriers, les communiers, au nombre de deux par « partida », continuent de recevoir le produit de l'impôt : ils en dépensent eux-mêmes une partie, et versent le reste aux mains des trésoriers. (Arch. de Toulouse, *Comptes*, 1383-85, 1385-87.)

4. Mouynès, *Invent.*, Ann. de la sér. BB, t. II, nᵒ 1, art. 10; Ann. de la sér. AA, nᵒ 87. — Ménard, *Hist. de Nimes*, t. I, pr. nᵒ 71.

lau, au xvᵉ siècle, le « boursier » est un consul[1]. Ces comptables ont été mis en place pour modérer l'arbitraire des consuls; ils apparaissent à la suite de différends entre eux et leurs administrés, et pourtant ils sont dans leur dépendance. Ils encaissent et manient les fonds à leur place, mais par leurs mandements; ils sont nommés par eux et leur rendent des comptes. Si le seigneur, le bayle ou le viguier ne veulent pas intervenir, ou ne le peuvent point, la communauté n'a pas de garanties. Les consuls rendent, il est vrai, des comptes en fin de charge, mais à leurs successeurs qu'ils ont, presque partout, choisis[2].

Ce régime, si différent de celui que semble exiger la liberté municipale, est l'une des traditions seigneuriales dont les consuls ont hérité. Il pouvait convenir à la communauté primitive, où les frais publics étaient sans doute faibles, les collectes rares, les fonctions des consuls restreintes, leur autorité limitée par celle du seigneur. Mais il s'est aggravé partout où les consuls se sont rendus sans conteste les chefs de la communauté. Sous leur gouvernement se multiplient les œuvres et les dépenses d'utilité publique. La gestion des finances devient alors un sujet d'incessantes discordes entre eux et la population. Aucune cause n'a contribué davantage aux changements ultérieurs qu'a subis la communauté consulaire.

Les consuls ne s'acquittaient pas seuls des fonctions qu'ils avaient accumulées entre leurs mains. Outre les jurés de leur conseil secret, ils ont eu pour collaborateurs les prud'hommes de la classe à laquelle ils appartenaient. Ils

---

1. Rouquette, *Rech. histor. sur Millau*, t. I, p. 10.

2. Sauf complications : ainsi les consuls de Castelsarrazin comptent devant leurs prédécesseurs, leurs successeurs, les conseillers sortants et les nouveaux (Cout. de 1308, art. 4). Il est très rare que les consuls rendent des comptes au bayle, comme à Lunas (*Ord.*, t. XII, p. 397, art. 13-14), ou à la communauté, comme à Montsaunès (Cout. cit., art. 4), ou à des prud'hommes nommés par la communauté, comme à Lestelle (Cout. cit., à la fin).

les ont employés à diverses tâches, sous leur autorité. En
1418, et d'ailleurs chaque année, vers le mois de décembre,
les capitouls de Toulouse, assistés de 24 prud'hommes, nomment 12 auditeurs des comptes des trésoriers, 12 « ouvriers » qui vérifieront l'état des bâtiments, 24 visiteurs des
halles et marchés, 24 personnages préposés à la recherche
du blé, puis, en cas d'imposition d'une taille, 24 « estimateurs » et répartiteurs. L'organisation de tout consulat comportait des commissions semblables. Elles étaient composées
d'anciens consuls et conseillers, de leurs parents, de leurs
amis, d'hommes représentant un petit nombre de familles,
qui, traditionnellement, dirigeaient la communauté : ils
prenaient, sans être consuls, part au gouvernement.

Or l'usage est des plus anciens. Parmi ces commissions
de prud'hommes il est probable que beaucoup sont d'origine
seigneuriale. Avant de passer en sous-ordre relativement
aux consuls, elles ont rempli indépendamment leurs fonctions particulières : ainsi à Montpellier les « Quatorze de la
Chapelle », à Albi les six prud'hommes, auxquels les clefs
de la ville étaient remises par l'évêque[1].

On peut comparer à ces commissions celles que le bayle
formait auprès de lui pour administrer la justice. Il ne la
rendait point sans être assisté de prud'hommes qu'il choisis-
sait. La règle s'est perpétuée dans les communautés consulaires ainsi que dans les autres[2]. A Saint-Antonin-de-Rouergue, vers 1144, le bayle en prêtant serment dit : « Je ferai
juger par les prud'hommes de la ville les causes qui viendront devant moi. La sentence sera rendue de leur consentement. » Il ne parle point des consuls, bien que la ville en

---

1. Cf. p. 109, n. 2. Les Quatorze n'étaient certainement pas nommés par les
consuls au XIIIe siècle; mais ils peuvent l'être au XVe. A Albi en 1269 les gardiens des clefs sont encore nommés par l'évêque, mais présentés par les consuls.
(D'Auriac, *Hist. des évêques d'Alby*, pr. n° 18, art. 16.)

2. Voir plus haut, p. 51. — *Layettes*, n°s 2746 (Montgiscard, 1238), 3515 (Cout.
de Montlanard, de 1246). — Cout. cit. d'Aubenas, de 1248, etc.

soit pourvue. En 1287 les habitants de la Grasse se plaignent que les officiers du monastère, contrairement à la coutume, ne les appellent point et ne prennent pas leur avis dans les sentences criminelles. L'abbé consent à les satisfaire, mais à deux conditions : l'une que sa cour restera maîtresse du choix des conseillers, l'autre qu'elle ne sera tenue de leur soumettre que les affaires qu'elle voudra. La même transaction introduit des consuls à la Grasse; ils n'ont aucun droit de justice[1].

Beaucoup de corps consulaires étaient dans le même cas. A l'est du Quercy et du Carcassès l'immense majorité n'avait ni juridiction civile, ni juridiction criminelle. Au contraire dans l'Albigeois, l'Agenais, le Quercy, la Gascogne et surtout dans le Toulousain il n'est pas rare que les procès civils aient été portés devant eux, et très ordinaire qu'ils aient connu des crimes commis sur le territoire de la communauté[2]. C'est dans la région où le mouvement consulaire s'est manifesté avec le plus de force, qu'apparaissent en plus grand nombre les consulats à juridiction[3].

1. Cout. cit. de Saint-Antonin, de la Grasse, art. 14.
2. Sur une centaine de consulats à juridiction que j'ai pu étudier avec quelque détail, j'en trouve 45 où les consuls connaissaient à la fois des affaires civiles et criminelles.
3. Il y a un rapport étroit entre la puissance des consuls et leurs droits juridictionnels. Ceux de Nérac, dont l'autorité est si limitée, sont appelés aux enquêtes, mais « ut probi viri », uniquement à titre de prud'hommes; ils ont un scel, sans que d'ailleurs « nullum jus tribuatur ipsis consulibus vel universitati in justitiatu alto et basso vel simplici jurisdictione vel alibi ». Le seigneur se réserve tous les droits et revenus de justice (Cout. cit., art. 3, 13, 22). De même les prud'hommes d'Espalion participent aux jugements, tandis que les consuls en sont écartés avec soin (Cout. de 1266, art. 10). Pourtant des consulats tels que Montpellier, Narbonne et celui de Béziers n'ont aucune juridiction. Je compte qu'un tiers des communautés à consuls étaient dans le même cas : chiffre assurément trop faible, car la plupart des petits consulats qui sont nés du XIVe au XVIe siècle étaient dépourvus de juridiction. D'autres, plus anciens, l'ont perdue pendant les guerres de conquête : ainsi celui de Nimes entre 1218 et 1254. (*H. L.*, t. VIII, pr. nos 144, II, 443, II. — Ménard, *Op. cit.*, t. I, pr. n° 44.) Le premier consulat de Carcassonne en avait une, mais non celui du bourg, postérieur à 1240. (Cout. citée du XIIe siècle, art. 16. — *H. L.*, t. X, pr. n° 73, v.)

Les consuls ont dû s'occuper de l'administration de la justice lorsqu'ils sont devenus les chefs de la commune, les gardiens naturels des biens et de la vie des habitants. Ils se sont de préférence attachés à conquérir la juridiction criminelle, les cas criminels étant ceux où leurs administrés couraient le plus de risques[1].

Il ne faut pas perdre de vue que la justice était l'un des principaux revenus du seigneur. La plupart des coutumes règlent les frais de procédure; de plus elles contiennent de longues listes de crimes ou délits, avec le tarif des peines correspondantes. Les officiers, le bayle par exemple, touchaient une part des amendes : c'était leur rémunération. Leur intérêt pécuniaire était de condamner autant de coupables, ou d'innocents, qu'ils en pouvaient saisir.

De là toutes les précautions inscrites dans les coutumes. Il faut que les prud'hommes assistent à l'enquête[2], parfois à la constatation du flagrant délit : c'est l'usage en cas d'adultère. Il faut qu'ils puissent communiquer avec l'accusé[3], qu'ils jugent avec le bayle. Nulle personne pouvant fournir caution ne doit être arrêtée, sauf le cas de « crimes énormes », tels que sacrilège, incendie, homicide. Surtout, (règle universelle), nul ne doit être amené devant un autre tribunal que celui duquel il relève, dans le ressort duquel il vit. L'homme est jugé selon sa loi, sous la protection de la coutume communale, par ses concitoyens.

Ces usages, ou la plupart, sont antérieurs au gouvernement consulaire, c'est-à-dire à l'époque où l'autorité des

---

1. Ainsi à Montauban le chapitre connaît de tous les procès criminels et, quant aux affaires civiles, de celles seulement que le viguier veut lui soumettre. Enfin les « clams menors » sont jugés par le viguier, soit avec le chapitre, soit avec d'autres prud'hommes. (Cout. de 1195, art. 56-58.)

2. Le chapitre de Montauban fait lui-même les enquêtes. (*H. L.*, t. VIII, pr. n° 143.)

3. Cela « pour éviter les soupçons » : ainsi à Gréalou (Cout. cit., art. 56, 57), Thégra (art. 11), etc.

consuls commence à se dégager de la puissance seigneuriale. Mais celui-ci les a fixés, ou bien tournés à son profit.

A Montpellier la justice et l'administration sont très nettement séparées. Le bayle recrute sa cour parmi tous les prud'hommes, excepté les consuls ; lui-même cependant est dans leur dépendance, puisqu'ils le nomment, avec le lieutenant du roi[1]. A Narbonne c'est autre chose : les consuls ne siègent dans aucune des cinq cours du bourg et de la cité ; mais ils désignent les prud'hommes qui devront y servir : c'est une garantie de plus pour les justiciables[2]. Les consuls d'Ornezan nomment deux ou quatre prud'hommes destinés à « juger et terminer avec le bayle toutes les causes, procès et affaires qui se présenteront en ce lieu[3] ». Ailleurs la séparation des pouvoirs n'est pas obligatoire ; les consuls en personne peuvent pénétrer à titre de prud'hommes dans la cour du seigneur : par exemple à Albi[4]. Ailleurs, ils y siègent de droit, en raison de leur charge, mais encore avec les prud'hommes : les consuls de Limoux en prennent vingt-trois avec eux, quand la cour les appelle à siéger, au nombre de deux, dans les affaires criminelles[5]. Ailleurs ils assistent seuls le juge seigneurial : « Les crimes seront punis, dit le commandeur de Fonsorbes, par jugement

---

1. Cout. cit. de 1204, art. 120, de 1205, art. 17.

2. Arch. de Narbonne, AA 15, 19, 20, et Mouynès, *Invent.*, Ann. de la sér. AA, nᵒˢ 81, 143.

3. Cout. d'Ornezan (Astarac) de 1322, dans les *Mém. de la Soc. archéol. du Midi*, t. IV, p. 329. — Dans la cout. citée de Saint-Gaudens, de 1203, il est question de six « juges jurés » nommant leurs successeurs chaque année ; mais peut-être ces juges ne sont-ils autres que les consuls, qui en 1344 s'intitulent « consules et judices ».

4. Compayré, *Études hist.*, p. 251. Le bayle les mande « pro suo libito voluntatis, ita quod consulatus officium nihil facit ad hoc ».

5. Buzairies, *Cout. de Limoux*, nᵒ 4. Charte de juin 1292, art. 10-15. — Cf. cout. cit. de Merville, de 1355, art. 11, de Lafox, art. 27, 44, de Tonneins-Dessous, art. 30, de Larroque-Timbaut, art. 46 : La cour du seigneur féodal « doit être formée des consuls et des prud'hommes du château, sans que dans aucun cas les consuls soient absents ». — Cout. de Montoussin (Gascogne), dans la *Nouv. rev. hist. de droit*, 1890, p. 634, art. 2, 3, 41, etc. — Cet usage est le plus répandu.

de notre cour, c'est-à-dire du bayle et des consuls du lieu[1] ».
Toutes ces formes sont voisines : les consulats ont aisément passé de l'une à l'autre.

Prud'hommes et consuls avaient sur la sentence une influence décisive. Nous savons avec exactitude comment fonctionnaient les cours criminelles de Narbonne, d'Albi, de
Limoux. C'est partout même procédure, entièrement semblable à celle des cours de plaid. Après une enquête, conduite en présence de deux ou trois prud'hommes ou consuls,
le bayle les assemble, au nombre de vingt ou vingt-cinq,
pour composer le tribunal. L'enquête leur est lue; ils
suivent les débats. Puis le bayle leur pose deux questions
successives : « L'accusé est-il coupable ou non? » — « S'il
est coupable, quelle peine a-t-il méritée? » Le jury peut se
retirer à part, délibérer, s'éclairer au besoin des conseils
d'un jurisconsulte. Cela fait, il rend la sentence à la majorité des voix. Le bayle la prononce, et l'applique telle quelle[2].

Dans presque tous les consulats[3] où les consuls prennent
part à l'administration de la justice, voilà le rôle qu'ils y
tiennent : un rôle d'assesseurs. Ils sont subordonnés au
bayle. La justice est l'apanage du pouvoir souverain. Elle
est rendue au nom du seigneur, qui en garde la propriété,
qui en perçoit les revenus. Mais il est clair que le résultat
du procès dépend des consuls, non du bayle. Ils ont le pouvoir réel, l' « exercice » de la juridiction.

Or le corps consulaire a réussi parfois à se débarrasser du
représentant du seigneur. A Merville, en 1307, la présence
du bayle à l'audience n'est pas indispensable. S'il n'y vient
point, les consuls ne sont pas tenus de l'attendre. Ceux

1. Cout. cit. de 1279, art. 14.
2. Voir les textes cités, p. 114, n. 2, 3, 4, et Compayré, *Op. cit.*, pp. 158, 177,
190, 192. — Les choses se passent de même à Bagnères-de-Bigorre en 1325.
(Dejeanne, *Un procès criminel à Bagnères*, dans le Bullet. de la Soc. Ramond,
1882, p. 32.) — Cf. *H. L.*, t. X, pr. n° 98; ann. 1299. Procès criminel à Lautrec.
3. J'en compte 92.

d'Escazeaux jugent sans lui (1271)[1]. Ceux de Miremont, seuls juges « depuis les temps les plus anciens » au civil et au criminel, finissent par entrer en pariage avec les coseigneurs du lieu. Ils sont associés par eux aux revenus de la justice, et les associent en retour à l' « exercice » qu'ils possèdent[2]. D'ailleurs le fait est peu fréquent. Le seigneur ne se départ guère de sa juridiction, droit essentiel qui se confond avec la seigneurie. Mais l'une, ainsi que l'autre, est souvent divisée entre plusieurs propriétaires. Que le consulat parvienne à en acheter une part, et le voilà devenu « parier », coseigneur pour la justice[3]. Au xvie siècle, quand il n'y aura plus de bayles dans le domaine royal, et que dans les seigneuries leur tâche sera réduite à la perception des revenus seigneuriaux, les cours des communautés sembleront pour la plupart exclusivement consulaires. Les consuls y paraissant au premier plan, on aura perdu la mémoire de la place subalterne qu'ils occupaient autrefois.

Enfin quelques consulats présentent le spectacle de deux tribunaux distincts, celui du bayle et celui des consuls, fonctionnant à part l'un de l'autre.

En ce cas, la juridiction consulaire provient d'usurpations.

Elle est le plus souvent limitée aux procès civils : par exemple à Carcassonne dès la fin du xiie siècle, à Beaucaire en 1217, à Figeac en 1318, à Gramat en 1325[4]. A Toulouse, avant la croisade, les capitouls ont rendu la justice indépendamment du viguier; mais celles de leurs sentences qui datent de ce temps sont purement civiles. Au criminel ils continuent de juger avec le viguier; ils forment

---

1. Cout. cit. de Merville, de 1307, art. 19, 37, d'Escazeaux, art. 35.
2. Ord., t. XV, p. 617; ann. 1846.
3. Combarieu et Cangardel, Not. et textes sur Gourdon, Loc. cit., pp. 151, 153.
4. Cout. de Carcassonne (xiie siècle), art. 16. — Eyssette, Hist. administr. de Beaucaire, t. II, pr. no 6. — Cout. cit. de Figeac, art. 7, de Gramat, art. 22-25, 39

la cour du comte[1]. De même au XIVe siècle les consuls de
Samatan[2]. Cette juridiction civile a sans doute pour origine
la juridiction de police que les consuls possédaient, qu'ils
ont pu de proche en proche étendre à toutes les affaires.
Mais elle est surtout issue du recours à l'arbitrage, si fréquent dans le Midi. Il semble que les parties, libres de se
donner des juges de leur choix, s'adressassent de préférence
aux chefs de la communauté. La cour civile a commencé
par être une simple cour arbitrale[3].

L'usurpation de la justice criminelle s'est produite plus
rarement, de façon moins durable, car elle était beaucoup
plus grave. A Montpellier en 1141, à Nimes en 1207 les
consuls s'en emparent, à la faveur d'insurrections, pour la
perdre aussitôt que la paix est rétablie[4]. Ceux de Cahors la
conquièrent de force, après une lutte acharnée contre la
cour épiscopale où le bayle jugeait, assisté de prud'hommes.
En 1203 ils affirment qu'ils sont « seuls, exclusivement, en
possession de la juridiction pleine et entière de la cité de
Cahors ». Ils l'exercent malgré l'évêque, en concurrence

---

1. *H. L.*, t. VIII, pr. no 114 : « Cognitione domini vicarii et sue curie, scilicet
capituli » (févr. 1203). Le texte de la même pièce dans Catel, *Comtes de Tolose*,
p. 228, porte : « Cognitione domini comitis », etc. Dans la cour du viguier jugeant
au civil figurent des personnages dénommés « judices », distincts des capitouls
par le titre et par les fonctions (*H. L.*, t. V, pr. nos 595, 596), quoique des capitouls puissent siéger parmi eux. (*Ibid.*, t. VIII, pr. no 65.) C'est la « curia jurata »,
différente du tribunal capitulaire, qui juge seul, comme le montrent ses sentences.
(*Ibid.*, nos 24, 41, 48, 52, 76, etc. — *Bibl. de l'Éc. des Chartes*, 1861, p. 380.)
2. Cout. de 1373, dans Castillon, *Hist. des popul. pyrénéennes*, t. II, pp. 328, 937.
3. Voir plus haut, p. 52. — Cout. de Calvisson, de nov. 1221, art. 3 (Bibl. Nat.,
lat. 9173, fo 48), et cout. cit. de Millau (1187), d'Annonay, art. 10, de Cajarc,
art. 21, de Gramat, art. 41-42, etc. — En raison de son origine, la juridiction
civile des consuls est sommaire et facultative. La cout. de Carcassonne (XIIe siècle), art. 16, dit : « La cour du seigneur ouït et termine les procès venus devant
elle. Ils peuvent venir aussi devant les consuls et autres prud'hommes ; mais
ceux-ci les jugent sans frais, à moins qu'ils n'aient un jurisconsulte avec eux. »
Cf. cout. de Réalmont, de 1342, art. 9 (*Ord.*, t. VII, p. 193); cout. cit. de Merville,
de 1355, art. 11.
4. Germain, *Liber instrum. memor.*, no 8; cf. no 4. — *H. L.*, t. VIII, pr. no 144,
et Ménard, *Hist. de Nimes*, t. I, pr. no 44.

avec sa cour, jusqu'à ce que le pariage qu'il conclut avec
le roi les oblige d'en rabattre (1307)[1]. A la juridiction civile
dont on a parlé plus haut les capitouls de Toulouse ont fini
par joindre sans bruit la connaissance des crimes. Sous Alfonse de Poitiers leur tribunal, siégeant dans la maison de
ville, et le tribunal du viguier s'efforcent de s'entredétruire.
Le conflit ne prend fin qu'en 1283. Philippe le Hardi règle
alors la compétence des deux cours ; il les laisse séparées,
mais à celle des capitouls il impose la présence du viguier,
qui d'ailleurs n'y fait pas acte de juge[2].

Quoique l'on puisse énumérer plusieurs autres faits analogues[3], ce sont là des exceptions. Presque partout la cour
consulaire est issue directement de l'ancienne cour de plaid.

Aussi est-elle souveraine. Il y a sept coutumes en tout,
qui prévoient l'appel et qui l'autorisent. Six proviennent de

1. Dufour, *La comm. de Cahors*, pp. 41, 44 ; cf. cout. de 1260, art. 64. — Delisle,
Restit. d'un vol. des Olim, n° 842. — Transact. citée de 1351, art. 5, 25.

2. Avant 1283, la juridiction criminelle que les capitouls s'étaient arrogée « de
patientia domini comitis », par la tolérance du comte, était exactement semblable
à celle du viguier et placée sur le même pied. Ils ne permettaient pas qu'on
appelât de leurs sentences. (*H. L.*, t. VIII, pr. n°ˢ 452, 455-457, 515 ; cf. n° 522,
III.) Alfonse repousse si vivement leurs prétentions, qu'au début du règne de
Philippe III c'est le viguier qui l'emporte, et dont les capitouls ont à se plaindre.
(*H. L.*, t. X, pr. n°ˢ 26, 27.) L'ordonnance de 1283 n'a pas supprimé la cour du
viguier, comme le voudrait M. Molinier (*Ibid.*, note XXXV, p. 160), car elle la
mentionne à plusieurs reprises : « Curiam vicarii, ubi tenet placita sua. » (*Ord.*,
t. II, p. 109.) Mais elle a limité sa compétence criminelle à quatre cas énumérés
(art. 4, 5, 6). Elle n'a pas davantage uni sa cour à celle des consuls pour créer
une « cour commune ». Ce terme n'est alors employé que dans le cas de pariage,
et comme l'ordonnance n'établit point de pariage entre le roi et les consuls, il
ne s'y trouve pas, ni dans celles qui la suivent. L'ordonnance de 1336 appelle le
tribunal des capitouls « tabularium criminum dicte curie domus communis » : en
effet ils jugeaient dans la maison de ville. (Ord. de 1283, art. 5.) Le tribunal du
viguier en est distingué avec soin. Il est donc inutile de chercher avec M. Molinier
quand a disparu la cour commune : elle n'a jamais existé. Mais il est vrai que le
viguier a laissé tomber en désuétude son droit de présider la cour capitulaire.

3. Cout. de Lautrec, de 1273 (?), dans Compayré, *Études hist.*, p. 494. — Cout.
cit. de l'Isle-Jourdain de 1254, de 1275 : 1° Les consuls, au nombre de deux,
entrent dans le tribunal du viguier jugeant au criminel, et nomment les autres
membres de sa cour. 2° Ils rendent la justice eux-mêmes, à part, en toutes sortes
de matières.

Lomagne et d'Agenais. A Catéra-Bouzet, où la cour est composée « du bayle, du conseil et des autres prud'hommes du
lieu », on en appelle à quatre prud'hommes que les consuls
ont désignés. A Auvillar, Clermont-Dessus et Larroque-
Timbaut, l'appel va de la cour au seigneur en personne ; à
Tonneins-Dessous, Agen, c'est au contraire de la cour aux
consuls. Le « conseil » d'Agen ne change pas la sentence
rendue : il se borne à inviter le juge à l'« améliorer » ;
celui-ci doit y consentir [1]. L'appel, quand il existe, est donc
organisé à l'intérieur de la seigneurie. L'ordre du Temple
entretient un juge d'appel pour la province de Gascogne ;
mais il en installe un autre dans la communauté de Montsaunès, afin que les habitants ne soient pas forcés d'en sortir [2]. Instituer dans un grand État féodal un tribunal d'appel
unique, c'était une mesure de centralisation que n'admet-
taient point les privilèges des communautés et des consulats.
La plupart des cours consulaires n'ont pas souffert qu'on
appelât de leurs sentences, avant que la royauté ne les eût
contraintes à respecter son droit supérieur.

En outre elles recevaient les contrats, assignaient des
tuteurs aux orphelins, prononçaient des émancipations, donnaient ou prenaient en garde les biens des habitants qui
mouraient intestats [3]. Pour rédiger les instruments d'ordre
public ou privé et les mettre en forme authentique, les consuls pouvaient nommer, avec ou sans l'approbation du seigneur, des scribes, greffiers et notaires. Ils avaient un ou
plusieurs sceaux [4], un coffre, *area,* où étaient déposés les
registres et chartes intéressant la communauté.

1. Cout. de Catéra-Bouzet, dans Monlezun, *Hist. de Gascogne,* t. VI, pp. 91, 95,
104. — Cout. cit. d'Auvillar, art. 14, de Clermont-Dessus, art. 11, de Larroque-
Timbaut, art. 26, de Tonneins-Dessous, art. 191, d'Agen, art. 11.

2. Cout. cit., art. 22, 23.

3. Compayré, *Études hist.,* p. 379. Privilèges de Gaillac, vers 1272, etc.

4. Sceel de Millau : c'est celui du seigneur (Cout. cit., 1187). — Description des
sceaux du bourg et de la cité de Narbonne (Mouynès, *Invent.,* Ann. de la sér. AA,
n° 156, p. 300), du sceau de Nérac (Cout. cit., art. 22), etc.

Ces droits, ainsi que la plupart des autres, n'étaient pas répandus partout. Les consulats se présentent à nous dans les conditions les plus variées de dépendance et d'autonomie, n'étant presque jamais tout à fait dépendants, jamais tout à fait autonomes. Jadis simples agents de l'autorité du seigneur, les consuls ont pris peu à peu le pouvoir pour eux-mêmes ; ils ont acheté, usurpé au point de ne laisser parfois à l'ancien possesseur qu'une suzeraineté nominale.

Les « prud'hommes communs jurés » de Gourdon, en 1244, étaient chargés du soin des intérêts de la commune et du seigneur, en compagnie de deux « sergents jurés », que celui-ci nommait. Ils devaient avec eux délibérer, choisir leurs successeurs. Leur juridiction était de simple police.

En 1252 ces quatre prud'hommes rendent des sentences arbitrales, avec l'autorisation du seigneur. En 1259 ils achètent une part des droits de juridiction que possédait la viguerie, puis tous ceux d'un chevalier (1281). Les voilà copropriétaires de la justice du château. Vers 1288 ils s'intitulent consuls ; ils ont un conseil secret, composé de huit membres. Dès lors ils font des statuts, lèvent des tailles à leur gré.

Au début du XIVe siècle le sire de Gourdon, pressé d'argent, est obligé de vendre son domaine. Le consulat en profite pour racheter toutes les servitudes, leudes, etc., dont la ville était grevée, et pour se débarrasser du sergent (il n'y en avait plus qu'un), qui assistait aux délibérations. Vers 1341, il agit envers les seigneurs de puissance à puissance. La guerre éclate entre eux à propos de juridiction. On se bat ; on se poursuit en justice devant le roi, le Parlement. Les discordes sont au comble, lorsque survient l'invasion anglaise. Devant l'ennemi commun on se résout à traiter : les deux seigneurs ne conservent plus qu'un péage et qu'une portion des amendes infligées par le tribunal consulaire ; d'ailleurs ils n'ont point « d'autres droits ni devoirs, ni com-

pétence criminelle ou civile ». En 1379, le comte d'Armagnac ayant acheté le domaine des deux principaux coseigneurs, on voit que la seigneurie est divisée en seize parts :
le comte en détient cinq, les consuls huit; trois autres seigneurs ont le reste. Tous s'associent en pariage et fondent
une cour commune [1].

Parti d'un état très humble, le consulat de Gourdon au
bout de cent quarante ans approche fort de l'indépendance.
C'est l'histoire de beaucoup d'autres. Dans le Midi toute seigneurie est en puissance une communauté, toute communauté un consulat; tout consulat naissant est susceptible de
progrès.

Cette évolution se prolonge durant plusieurs siècles : pour
mainte commune elle est terminée, alors qu'elle commence
pour d'autres. Ses débuts avaient été paisibles. Le corps
consulaire était sorti naturellement et sans luttes de la cour
seigneuriale. Ensuite il n'en est plus de même. La puissance
vient aux consuls. Ils n'étaient pas forts seulement de l'autorité du seigneur, mais aussi par eux-mêmes; car ils représentaient les meilleurs éléments de la seigneurie; ils s'ap-
puyaient sur les hautes classes. L'union des chevaliers et des
bourgeois est la cause première de la vitalité des consulats.
Ces gouvernements aristocratiques n'étaient nullement équitables; mais ils ont eu la force et la durée.

Bientôt ils disputent les communautés aux seigneurs. Ils
se servent contre eux des droits qu'ils ont acquis. Ils
emploient à les dépouiller les revenus dont ils disposent.
Dans tous ses rapports avec les habitants, c'est-à-dire avec
ses sujets, le seigneur rencontre les consuls. Veut-il imposer
une taille, exiger le service d'ost, ils sont là pour lever la
taille et pour réunir l'armée, à moins qu'au nom de la coutume ils ne refusent l'une et l'autre. Veut-il acheter des

1. Combarieu et Cangardel, *Not. et textes sur Gourdon*, dans le Bullet. de la
Soc. du Lot, t. VI, pp. 189-188.

vivres, ils en fixent le prix et veillent au paiement[1]. Ils se posent en intermédiaires entre lui et les membres de la communauté. Les consuls de la Grasse en 1355 prétendent que toutes les censives dues au monastère lui soient acquittées par leurs mains[2]. Le seigneur ne doit violenter personne : sinon, les consuls prennent la défense de l'opprimé[3]. Dans les démêlés qui surgissent entre lui et ses coseigneurs, dans ses procès avec les habitants pour droits de censive ou autres, il est tenu de plaider devant les consuls, de se soumettre à leurs sentences. Et dans ce cas ils jugent seuls; le bayle n'intervient pas[4].

En un temps où les règles qui président à la vie des hommes reposent la plupart sur la tradition orale, — les coutumes écrites étant fort incomplètes, — les empiètements de part et d'autre sont incessants, inévitables. Tantôt prud'hommes et consuls se plaignent du seigneur et se soulèvent contre lui; tantôt c'est le seigneur qui, se trouvant gêné, lésé dans ses droits utiles ou dans ses prérogatives, cherche à restaurer son autorité par les armes. Lorsque le roi de France pénètre en Languedoc, la guerre est allumée, non partout, mais déjà dans beaucoup de communautés[5]; puis

1. Cout. cit. de Montsaunès, art. 34, d'Astafort, art. 39, d'Ornezan, art. 15-17.
2. Mahul, *Cartul. de Carcass.*, t. II, p. 487. Transact. du 17 août 1355, art. 4.
3. Ainsi à Agen (Magen et Tholin, *Chartes*, nᵒ 2), à Rieux (Cout. citée, art. 22).
4. Cout. de Moissac, 1125, art. 6. — *H. L.*, t. VIII, nᵒ 100. Toulouse, 1199. — Cout. citées de Rieux, 1202, art. 22, 29, 30; de Saint-Bertrand-de-Comminges, 1207, art. 15, 16; d'Agen, 1221, art. 10, 28; de l'Isle-Jourdain, 1230, art. 3; de Saint-Sulpice, 1247. — Cout. de Labessière, de 1258 (Rossignol, *Monogr. commun. du Tarn*, t. I, p. 337). — Cout. cit. de Villebrumier, 1268, art. 19; de Lectoure, 1294; de Pouy-Carréjelart, 1303, art. 22; d'Astafort, 1304, art. 41; de Tonneins-Dessus, 1318, art. 2. La règle est donc ancienne et permanente. On remarquera cependant que toutes les coutumes alléguées proviennent du Toulousain, de la Gascogne et de l'Agenais.
5. Ainsi à l'Isle-Jourdain, 1217-1275 (*H. L.*, t. VIII, pr. nᵒ 196.— Cabié, *Chartes de la Gascogne*, pp. 19, 23, 25), au Puy, 1218-1278 (Mandet, *Histoire du Velay*, 1870-76, 6 vol. in-8ᵒ, t. IV, pp. 47-86), à Mende, 1262 (de Burdin, *Op. cit.*, t. II, p. 189), à Cajarc, 1247 (*Bullet. de la Soc. du Lot*, 1879, pp. 5 et suiv.), à Castelnau-de-Montratier, 1290 (L. Limayrac, *Op. cit.*, p. 160), etc. — Les sentences arbitrales, les transactions, bon nombre de coutumes sont destinées à mettre un

elle gagne du terrain. Elle n'est pas permanente : dans
un même consulat elle s'apaise ou se ravive; mais elle
menace toujours : « L'âge présent est porté au mal, disent
les rédacteurs de la coutume de Nérac (1310). Brûlant de
cupidité, il calomnie les bienfaits reçus et tente de briser
les lois établies ». Et le vice fondamental, la cause des « discordes les plus dangereuses entre la tête et les membres,
entre le seigneur et la communauté », c'est ce « principat
extorqué par la sédition, ou usurpé par l'ambition des
hommes. »

A la fin du XIIIᵉ siècle, les seigneurs qui n'y sont pas
forcés se gardent d'établir des consuls dans leurs domaines.
Le sire de Roche-en-Régnier (Velay) interdit à ses sujets de
« former corps et collège, de faire une communauté, d'avoir
un consulat[1] ». D'autres s'efforcent de s'en débarrasser, surtout les abbés, les évêques, moins bien armés contre eux
que les seigneurs laïques. Après le traité de Meaux, les
abbés de Moissac, de Gaillac et de Montauban demandent
unanimement que dans les trois communautés le consulat soit
aboli[2]. En 1236 les magistrats du bourg de Narbonne, écrivant à ceux de Nîmes pour solliciter leur concours, accusent
l'archevêque de conspirer la ruine de leurs institutions municipales[3]. Les évêques de Cahors passent près de deux
siècles à batailler contre les consuls : l'un d'eux, en 1287,
soutient que le consulat est à lui, et nullement à la communauté, non plus que le sceau, ni l' « arche », ni les biens
communaux; mais ses adversaires le pressent à tel point,
qu'il sacrifie une part de ses droits afin de sauver le reste,

terme aux discordes des seigneurs et des consuls. — Cf. les nombreux arrêts du
Parlement de Paris, et plus tard ceux du Parlement de Toulouse.

1. Dumolin, *Les baronnies du Velay*, p. VI, nº 3 ; déc. 1265.
2. *Layettes*, nᵒˢ 1793, 2023, 2024, 2031, 2033, 2159, 2160.
3. *Ibid.*, nº 2456. — Ménard, *Hist. de Nîmes*, t. I, pr. nº 53. — *H. L.*, t. VIII,
pr. nº 317. C'est une « immensa discordia ». Il y a de part et d'autre force tués
et blessés.

et qu'il entre en pariage avec Philippe le Bel[1]. L'évêque du Puy ne trouve pas d'autre moyen d'empêcher que la ville ne recouvre son consulat, supprimé vingt ans plus tôt (1278, 1307)[2]. Quant à l'abbé de Figeac, incapable de résister aux attaques des consuls, il se résout à vendre au roi ses droits de souveraineté (1302)[3].

Dès que le roi paraît en Languedoc, il devient l'arbitre naturel de tous les différends. Les seigneurs ont recours à lui, les consuls plus souvent encore. Les officiers royaux interviennent volontiers par sentences arbitrales, ou par jugements en règle, quand les querelles ont tourné aux violences et aux combats. L'autorité du roi pénètre ainsi dans les seigneuries. De diverses façons les consulats lui donnent prise. Elle s'accroît avec leur nombre.

4° LES CONSULATS ET LE POUVOIR ROYAL.

La monarchie française a respecté l'institution consulaire : c'était l'une des coutumes qu'elle trouvait en vigueur; elle l'a acceptée telle quelle, sans faveur ni hostilité. Après la conquête, les consulats continuent à se multiplier, non seulement chez les seigneurs, mais aussi en terre royale. La politique des rois n'obéit pas à des principes, mais aux convenances locales. A l'ouest, quand les sénéchaux érigent des bastides, ils les dotent de consuls, parce que c'est l'usage du pays. Dans le voisinage du Rhône, où les consulats font défaut, les bastides royales en restent longtemps privées[4].

---

1. Dufour, *La comm. de Cahors*, pp. 25, 28. — *Te igitur*, n° 72, dans le Bullet. de la Soc. du Lot, 1875, p. 102.

2. *H. L.*, t. IX, p. 305, n. 3.

3. Noël Valois, *Etablissement et organisation du régime municipal à Figeac*, dans la Biblioth. de l'Ec. des Chartes, 1879, p. 397.

4. Il faut excepter Aiguesmortes, dont les rois voulaient faire la rivale de Marseille et de Montpellier. En 1248 la ville a déjà des consuls (Di Pietro, *Histoire d'Aiguesmortes*, 1849, in-12, pr. n° 3); sa charte de coutumes ressemblait à celle d'Alais. (*Ord.*, t. IV, p. 41; août 1279.)

Au xive siècle cet esprit de conservation pure fait place à un sentiment de réelle bienveillance. Philippe le Bel, ses fils et les premiers Valois commencent à se rendre compte des profits et des services qu'ils tireront des consulats. Et pourtant il est vrai que la conquête royale doit être regardée comme un événement fatal à l'institution consulaire, celui qui l'a frappée d'un arrêt de croissance, empêchée à jamais de s'épanouir librement, comme elle fit en Italie.

Sur un sol morcelé en seigneuries autonomes les consulats avaient pu faire de rapides progrès, chacun n'ayant à vaincre que la résistance assez faible d'un ou plusieurs seigneurs particuliers. On a vu ceux de Toulouse et de Nîmes imposer leurs conditions au plus puissant des seigneurs du Midi, au comte de Toulouse. Quelques-uns touchaient à l'indépendance. La guerre leur aurait permis de s'affranchir entièrement, d'agrandir leur territoire, de s'organiser en États. Déjà mainte communauté protégeait par la force ses intérêts et son commerce. Les habitants de Toulouse marchaient contre les seigneuries et les communautés des alentours; ils auraient pu les asservir ou se les annexer, fonder une grande république, ainsi que Florence ou Milan.

C'est ce que la domination du roi a rendu impossible. Ce suzerain, de qui dépendaient toutes les seigneuries, toutes les communautés, tenait pour un devoir royal de ne pas laisser les plus faibles à la merci des autres. Son intérêt évident était de maintenir la paix. La monarchie a eu grand'peine à triompher d'habitudes invétérées. C'est alors chose normale que le consulat, le seigneur, ensemble ou séparément, livrent bataille à leurs voisins. La brutalité est extrême : à la moindre querelle, on tire le couteau. Quoique Louis IX et tous ses successeurs aient interdit les guerres, elles sévissent encore sous Louis XI et sous Charles VIII. Mais les viguiers, les sénéchaux du roi s'interposent tôt ou tard; les belligérants sont cités devant leur cour, et les

agresseurs condamnés. Les affaires les plus graves se
dénouent en Cour de Parlement, où les amendes pleuvent :
amende de 204 livres contre les consuls de Mas-Cabardès,
coupables d'avoir assiégé le château de la Tourette (1320),
autre de 4000 livres au profit des consuls et habitants de
Bovila (Quercy) contre des damoiseaux qui avaient envahi et
pillé la ville, autre de 500 livres contre la communauté de
Castelmoron pour violences exercées contre celle du Mas-
d'Agenais (1323), etc.[1]. Ces courtes luttes ne changent rien
aux limites des consulats, sauf peut-être à la frontière, où
durant les guerres anglaises le pouvoir royal expire. Aussi
les plus favorisés ne dépasseront-ils pas le point qu'ils ont
atteint au moment de la conquête, et si d'autres à leur tour
fournissent les mêmes étapes, aucun d'eux n'ira plus loin.

Quant aux guerres qui s'élèvent à propos de privilèges
entre seigneur et communauté, elles se perpétuent à l'intérieur d'une foule de seigneuries, mais non en terre royale.
Ici les communautés peuvent attendre quelque chose des
besoins d'argent du roi, rien de l'emploi de la force. Elles
achèteront des libertés, soigneusement mesurées par un
pouvoir jaloux ; mais il n'y a pas un seul exemple d'une
sédition par laquelle les consuls aient tenté d'accroître leur
puissance. Tout empiètement est réprimé avec vigueur, et
parfois entraîne la suppression du consulat.

Restent les nombreuses seigneuries dont le roi ne tient
qu'une part, et toutes celles où il n'a rien. Là subsistent
encore des conditions plus ou moins semblables à celles que,
sans exception, seigneurs et communautés trouvaient avant
la croisade. Mais si, dans un pariage, la part du roi est

1. Boutaric, *Actes du parl. de Paris*, n⁰ˢ 6 017, 7 147, 7 180 ; cf. 3 563, 3 768, 4 283,
4 301, 6 414, 7 996. — Magen et Tholin, *Chartes*, n⁰ 68. — *H. L.*, t. VIII, pr.
n⁰ˢ 482, 483, 506. — Lafforgue, *Hist. d'Auch*, t. I, pp. 74-77. — En parlant des
guerres privées, les historiens paraissent croire que les seigneurs seuls s'y
livraient. On voit que les communautés agissaient comme les seigneurs. Cf. *H. L.*,
t. X, pr. n⁰ 17. Définition de la « pax fracta ».

la plus grande, le consulat dépend de lui, et les coseigneurs ne gardent que des rentes à toucher ; si au contraire elle est petite, sa juridiction supérieure ne s'exerce pas moins, et rien dans la seigneurie ne change sans son agrément. Là les querelles continuent, accompagnées d'injures, de coups, de meurtres, de combats ; mais de plus elles se prolongent en demandes réciproques de dommages-intérêts. Au lieu de se renfermer comme autrefois au dedans de la seigneurie, elles vont sur le terrain de la juridiction royale.

D'abord les parties demandent au roi et à ses agents des sentences arbitrales : par exemple, Philippe-Auguste durant un séjour au Puy, en 1219, se prononce entre l'évêque et les habitants qui se faisaient la guerre ; le seigneur et les consuls de l'Isle-Jourdain, en 1275, prennent pour arbitre le sénéchal de Toulouse, Eustache de Beaumarchais [1]. Puis, ce sont des arrêts en forme que l'une ou l'autre sollicitent. En 1278, les syndics du Puy s'étant disputés avec le bayle, une grande émeute éclate : on massacre le bayle, le viguier, les sergents de l'évêque, qui lui-même est assiégé dans son palais ; il porte bientôt l'affaire devant le Parlement, et la ville est frappée d'une énorme amende de 30,000 livres, privée du sceau, du coffre, des clefs, de la garde des murs, « de syndicat, de confréries, d'assemblées à son de trompette, et généralement de tous les droits qui appartiennent à une communauté [2] ». A Cahors, ce sont les consuls qui poursuivent leur évêque. En 1246 le roi le somme de ne pas opprimer les habitants, de ne pas les contraindre à plaider à sa cour pour affaires de la commune, lesquelles, lui dit-il, « ne regardent que nous ». — « Les bourgeois, réplique l'évêque, sont mes sujets, et leurs affaires, particulières ou privées, doivent venir devant moi. » Il ajoute que, d'ailleurs, il

1. Médicis, *Chroniques*, t. I, p. 208.— Cabié, *Chartes de la Gascogne*, p. 25.
2. Delisle, *Essai de restit. d'un vol. des Olim*, n° 267, et *Actes du parl. de Paris*, n° 2160, 2161, 2547.

n'est pas tenu de répondre au roi de sa conduite envers la commune. — Mais sur ce point un clerc royal a pris soin de faire une enquête, et les témoins consultés, tous bourgeois de la ville, ont déclaré unanimement « que, quand il y avait différend entre l'évêque et le consulat de Cahors, ils allaient plaider par devant le roi de France [1] ».

On ne saurait croire avec quel empressement les corps consulaires se sont soumis à la juridiction royale. Habitués déjà à voir dans leurs seigneurs des ennemis intimes, à lutter contre leurs exigences, à leur disputer pied à pied l'autorité, les droits, les revenus, ils faisaient volontiers appel à un autre maître, plus éloigné et moins gênant. Rares étaient les consuls qui criaient comme ceux des châteaux du sire de Trenqueléon : « Nous ne connaissons ni le roi, ni la reine [2]. » Au milieu du XIIIe siècle les prud'hommes d'Albi, dans leur intérêt personnel, appuient de leur mieux l'évêque contre les prétentions que produisait au nom du roi le sénéchal de Carcassonne; mais ils ne tardent pas à faire volte-face; en 1368 ils vont jusqu'à soutenir, contrairement à la vérité, que le roi seul possède toute la juridiction d'Albi [3]. A Béziers, où saint Louis a pris à côté de l'évêque la place du vicomte, à Narbonne, où le roi n'a rien, c'est de lui seul que les consuls « avouent » leur consulat et qu'ils requièrent protection (1271-1309). En effet, au XIVe siècle, ils sont dans sa sauvegarde et ne dépendent que de lui [4].

1. Delisle, *Arrêts et enqu. ant. aux Olim*, n° 22. — *Layettes*, n° 3543. — Cf. plusieurs pièces de 1247 et 1248, relatives à Clermont-de-Lodève. (*H. L.*, t. VIII, pr. n° 398.)

2. *Actes du parl. de Paris*, n° 6112; cf. 6111, 6809. Ces châteaux, au nombre de deux, sont nommés successivement Vic et Vérac, « de Corrosano » et « de Corrosino ». Ils étaient situés sur la route de Condom à Toulouse. Les gens du roi venaient s'en saisir, par sentence du sénéchal de Toulouse, en punition d'un méfait du seigneur.

3. *H. L.*, t. VIII, pr., n° 427-129, 458, VII. — Compayré, *Études hist.*, pp. 154, 172. — Langlois, *Philippe III le Hardi*, p. 250.

4. Sur Béziers, voir *H. L.*, t. X, pr. n° 2. Cf. *Gallia christ.*, t. VI, instr. col. 151;

L'usage des lettres de sauvegarde existait dans le Midi ; les grands seigneurs en accordaient ; mais émanant des rois de France, revêtues de leur sceau, elles ont pris une valeur nouvelle. Dès que les pannonceaux à fleurs de lys ont été apposés sur la maison de ville et sur les biens du consulat, le tout devient inviolable [1], et les procès qui s'y rapportent sont renvoyés devant le roi : admirable moyen de se mettre à l'abri des violences que l'on redoute, et parfois d'usurper sans crainte. Les lettres de sauvegarde sont des faveurs enviées, surtout par les consulats qui ne sont pas du domaine, et comme elles constituent un revenu pour le Trésor, Philippe IV et ses successeurs en délivrent à tout venant [2]. Or,

Bibl. Nat., *Doat* 60, f°s 43, 61, actes des 10 mai 1272, 22 mars 1274, analysés par Sabatier, *Histoire de la ville et des évêques de Béziers*, 1854, in-8°. — Sur Narbonne, Mouynès, *Invent.*, Ann. de la sér. AA, n°s 73 et 113, art. 3 ; Ann. de la sér. BB, t. II, n°s 5, 6. Cf. Arch. de Narbonne, AA 34 ; *H. L.*, t. X, pr. n° 29 ; *Ord.*, t. XVII, p. 371. — De même, un arrêt du Parlement de 1287 porte que « li cossols de Caortz avio avont a tener de lhui (le roi) e de sos antecessors lo cossolat e tot so que ilhi teno de comu ». (*Te igitur*, n° 72, dans le Bullet. de la Soc. du Lot, 1875, p. 102.)

1. *Actes du parl. de Paris*, n° 6987 ; 4 déc. 1322. Les gens de l'évêque de Cahors s'étant emparés de force des poids et mesures qui appartenaient aux consuls, et qui étaient placés sous la sauvegarde du roi, l'évêque est condamné par le sénéchal à perdre pour la vie sa juridiction temporelle et à payer 1500 l. d'amende. Le Parlement réduit la peine à une amende de 1000 livres.

2. Les lettres de sauvegarde étaient destinées à protéger les consulats contre des agressions de toutes sortes. Aussi la chancellerie royale en donnait-elle même à ceux du domaine immédiat, tels que Figeac (*Ord.*, t. VII, p. 655 ; ann. 1318, art. 52), Marmande (Tamisey de Larroque, *Notice cit.*, p. 43 ; ann. 1327), Villefranche-de-Rouergue (Cabrol, *Annales cit.*, p. 23 ; ann. 1323), Nîmes (Ménard, t. II, pr. n° 81 ; ann. 1350). etc. Mais la plupart se rapportent à des seigneuries tenues en pariage et à celles où le roi n'a rien. Dans la 1re série figurent Narbonne, pour laquelle on a une série de lettres, allant de 1313 à 1461 (Arch. de Narbonne, AA 90-97), Labessière, 1333 (Rossignol, *Monogr. commun. du Tarn*, t. I, p. 230), Alais, Auch, 1337 (Duclaux-Monteils, *Rech. hist. sur Alais*, pp. 509 523. — Lafforgue, *Hist. d'Auch*, t. I, p. 77), Montesquieu, 1340 (*Ord.*, t. II, p. 426 ; art. 1), Collias, 1362 (*Ord.*, t. III, p. 600), Cahors, Saint-Antonin, Saint-Affrique, 1370 (*Ord.*, t. V, p. 324 ; t. VI, p. 499. — De Gaujal, *Op. cit.*, t. I, p. 320), etc.; dans la 2°, Pamiers, 7 nov. 1334 (Arch. de l'évêché, liasse ?, n° 105), Gourdon, 1341 (Combarieu et Cangardel, *Notice cit.*, p. 164), Uzès, 1346 (Cout. cit., art. 20), Montfrin, 1351, la Grasse, 1355, Alzonne, Capestang, 1356, Clermont-de-Lodève, 1363 (*Ord.*, t. IV, pp. 33, 340, 132, 175, 178), Aimargues, 1363 (Arch. du Gard,

une fois placés sous la juridiction royale, les consuls ne
manquent pas de proclamer qu'ils ne doivent qu'au roi
l'hommage, que le consulat est tenu de lui. Ils n'ont pas
toujours gain de cause : en 1358 les consuls de la Grasse
voient leurs prétentions repoussées et leur sauvegarde annulée par sentence du Parlement ; mais une affirmation semblable, insérée dans la charte d'Uzès, à peu près contempo-
raine, passe sans contradiction [1]. Il n'est pas douteux qu'au
moyen de ces lettres, renouvelées de règne en règne, beaucoup de consulats ne soient parvenus à briser les derniers
liens qui les attachaient aux seigneurs.

A mesure qu'ils avaient grandi, les seigneuries s'étaient
pour ainsi dire dédoublées : on y voyait d'une part les seigneurs conservant des droits utiles limités et des droits politiques souvent plus formels que réels, de l'autre des consuls
administrant, jugeant, bref exerçant en fait l'autorité publique. Voici maintenant que le roi fait passer les consuls sous
sa juridiction suprême, et, d'accord avec eux, déclare qu'ils
administrent en son nom. Au xive siècle, c'est une maxime
de droit public en Languedoc, qu'à lui seul appartient la
connaissance des causes relatives aux consulats, soit dans
ses terres, soit dans celles des seigneurs hauts-justiciers. La
monarchie n'a autre chose à faire que d'accueillir ceux qui
d'eux-mêmes se précipitent vers elle, offrant de payer son
appui. Les habitants du château de Gallargues, molestés par

E 546), etc. — Ces lettres émanent du roi ou sont confirmées par lui, tandis que
les sauvegardes destinées aux particuliers étaient conférées directement par les
sénéchaux. Elles contiennent un exposé de motifs : le roi allègue que le lieu est
tenu de lui en tout ou partie, ou bien le consulat, ou, ces raisons faisant défaut,
que les consuls craignent « nonnullorum oppressionibus affligi et gravari ». Une
seule sauvegarde, celle d'Alzonne, est donnée « si hoc de dominorum dicti loci
procedat voluntate.., et non aliter ». Enfin les lettres de sauvegarde font une
réserve singulière : les pannonceaux royaux seront placés sur les biens du consulat, pourvu qu'ils soient situés « in terra que jure scripto regitur ». (Ord., t. IV,
p. 304, etc.).

1. Mahul, Cartul. de Carcass., t. II, pp. 491, 492. — Cout. d'Uzès, de 1846,
art. 20.

les coseigneurs qui s'efforcent de leur ôter le consulat et
d'autres libertés, supplient le roi de les y maintenir, « de
son autorité royale », moyennant 1 000 livres. Le marché est
conclu. Charles IV ordonne que le corps consulaire prêtera
serment aux mains des coseigneurs, et, s'ils le refusent, aux
mains des gens du roi, qu'il jouira de toutes ses franchises :
« Nous voulons, dit-il, que ce consulat, le gouvernement
entier et tous les droits qui s'y rattachent, soient tenus de
nous, et que les consuls confessent désormais qu'en effet ils
le tiennent de nous, exclusivement [1]. »

La royauté a trouvé en elle des ressources de toutes sortes
pour opérer cette mainmise sur les consulats situés hors du
domaine; la première dont elle ait usé, et peut-être la principale, est le droit de juridiction souveraine; mais ensuite
elle en a développé d'autres et les a mises à profit.

En qualité de suzerain universel, le roi pouvait prétendre
qu'aucun privilège octroyé par ses vassaux ne fût valable
sans sa confirmation; car l'octroi, abrégeant le fief, lésait
le suzerain. Au xiiie siècle cette théorie était déjà née, régulièrement appliquée en France, mais non en Languedoc.
Nous avons de ce temps des chartes innombrables, qui ont
été concédées par les seigneurs, acceptées par les sujets,
sans que les uns, ni les autres aient songé à réserver le
consentement du roi.

Cependant, à Limoux, en 1292, après avoir vidé de
graves différends entre les habitants et leur seigneur, le
sire de Voisins, les arbitres décident que les consuls devront obtenir à Paris confirmation de leur sentence. Évidemment, ils jugent utile, sinon nécessaire, cette formalité
coûteuse [2].

Voici un autre fait, beaucoup plus important : vers 1272,
par l'avis d'une assemblée de prélats et de barons, le séné-

1. *Ord.*, t. VIII, p. 634; déc. 1327.
2. Buzairies, *Cout. de Limoux*, n° 5.

chal de Carcassonne, Guillaume de Cohardon, rend une ordonnance sur les consulats de la viguerie de Béziers; il en supprime un bon nombre; il défend d'en créer de nouveaux sans autorisation royale; enfin il règle les pouvoirs des syndics des communautés[1].

C'est là un épisode de la lutte engagée entre consulats et seigneurs, mais aussi le point de départ d'un nouvel ordre des choses. Grâce aux lettres du sénéchal, que le roi a confirmées, pénètre dans le Midi la doctrine autoritaire qui prévalait dans le Nord.

Les confirmations se payent; elles deviennent pour le fisc une source de bénéfices, que Philippe le Bel ne tarde pas à exploiter. Ses enquêteurs, Nicolas de Luzarches et Jean d'Auxy, en 1305 et années suivantes parcourent la viguerie : sont mis sous la main du roi, comme émanant uniquement de l'autorité seigneuriale, les consulats de Clermont-de-Lodève, de Montblanc, de Gignac, d'Aniane, d'Ouveillan, de Pérignan et divers autres, institués depuis l'ordonnance de Guillaume de Cohardon[2].

Mais ni le roi, ni ses agents ne s'en tiennent aux termes de l'ordonnance. Dans toute seigneurie qu'ils réunissent au domaine, en partie ou totalement, s'il se trouve un consulat, leur premier soin est de l'abolir, à quelque date qu'il remonte : ainsi vers 1302 le consulat de Limoux[3], de 1307 à 1310 environ ceux de la cité de Narbonne, de Lautrec[4], de

---

1. *H. L.*, t. X, pr. nos 138 et 179, II. — *Ord.*, t. XII, pp. 435 et 454; t. III, p. 197. — Ces pièces ne font que rappeler divers détails de l'ordonnance, laquelle est certainement postérieure au mois de juillet 1269 (*H. L.*, t. VIII, pr. no 529), et antérieure à l'année 1278, où G. de Cohardon cesse d'être sénéchal.

2. *Ibid.*, et *H. L.*, t. X, pr. no 137. Ces enquêteurs, en 1310, étaient encore en Languedoc. (Beugnot, *Les Olim*, t. III, p. 520.)

3. Buzairies, *Op. cit.*, no 7.

4. Mouynès, *Invent.*, Ann. de la sér. AA, nos 140, 143. — De 1308 à 1312, il y a dans la cité au lieu de consuls des « regentes auctoritate regia consulatum ». — Rossignol, *Monogr. des communes du canton de Lautrec*, pp. 36 et suiv., et *Ord.*, t. VIII, p. 35.

Saint-Paul-de-Capdejoux [1], ceux de Nant, de Compeyre, de
Saint-Affrique en Rouergue [2].

Ce n'est point que Philippe le Bel soit plus hostile à l'institution que n'étaient ses prédécesseurs; il ne veut pas
réprimer le penchant des méridionaux vers les libertés consulaires, mais seulement en tirer parti. Tout en déclarant
illégaux certains consulats établis sans sa permission, il
invite les sénéchaux et les enquêteurs à transiger, moyennant finances, avec les communautés qu'il atteint. Beaucoup
de négociations ont été longues et pénibles; car, si les habitants offraient de fortes sommes pour recouvrer leurs consulats, il arrivait que les seigneurs fissent opposition, ou mis-
sent la surenchère [3]; mais la plupart ont abouti. Le régime
consulaire a été restauré à Gignac en 1314, à Saint-Affrique
en 1315, à Saint-Paul-de-Capdejoux en 1319, à Lautrec en
1328, etc. [4].

Dans l'intervalle, les droits royaux ont fait de grands
progrès. Les maximes que Philippe le Bel appliquait aux
communautés récemment acquises et à celles des seigneuries
de la viguerie de Béziers [5] s'étendent maintenant à toutes.
Aux gens d'Ouveillan qui objectent que leur seigneur,
Amauri de Narbonne, leur a donné le consulat, le procureur
royal répond que cela ne peut être, car il appartient au roi

---

1. Rossignol, *Des seigneurs et des consuls de Saint-Paul-de-Capdejoux*, dans la
Rev. du Tarn, 1884, pp. 37, 54; cf. *Olim*, t. III, p. 513, et *H. L.*, t. X, pr. n° 207.

2. *Olim*, t. III, pp. 258, 259, 346, 1028.

3. Ainsi les coseigneurs de Saint-Affrique, le sire de Clermont-de-Lodève, etc.

4. Cf. les textes cités, p. 132, n. 1, 3, 4, et *supra*, n. 1, 2. — Les mots d'abolition
et de restauration sont ici plus commodes qu'exacts. En réalité, pendant la durée
du procès, le roi met le consulat sous sa main, à la façon d'un bien contesté; il
le fait exercer par quelques habitants que ses officiers choisissent : ce sont les
« regentes auctoritate regia consulatum ». La communauté continue d'être gouvernée selon les formes ordinaires, ou peu s'en faut, jusqu'à ce que le roi,
« amovens manum regiam », la remette en sa liberté. — Il en coûte 3000 livres
à Lautrec, 2500 à Gignac, 5000 à Saint-Paul-de-Capdejoux, 8000 à Limoux.

5. Et peut-être à d'autres : ainsi aux « terres de conquête », fief de Mirepoix, etc. (*H. L.*, t. X, pr. n° 179, II, col. 535.)

seul de faire de telles concessions (1317). Les consuls de
Montauban s'entendent dire, au Parlement de 1321, que s'ils
ont des pouvoirs, ils les tiennent du roi, parce que « dans le
royaume nulle ville ne peut avoir des droits de cette sorte
sans privilège et octroi royal[1] » . Les réformateurs sont
chargés de conformer les faits à la théorie. Le consulat de
Saint-Sernin, en Rouergue, est mis sous la main du roi,
quoiqu'il n'y possède rien ; las d'être molestés, les habitants
finissent par convenir que « les coseigneurs du château
n'avaient pas le pouvoir de leur donner un consulat, et
qu'ils ne pouvaient jouir de cette concession que du consentement royal » ; ils se décident à payer au prix de 500 livres la confirmation que les réformateurs imposent (1328)[2].

Cependant les Valois montent sur le trône, et bientôt les
guerres anglaises poussent la monarchie à faire argent de
tout. Les lieutenants généraux qu'elle installe dans le Midi
reçoivent le pouvoir de vendre les coutumes, les consulats,
toutes sortes de privilèges. A leur tour ils en investissent
les réformateurs qu'ils députent, et les uns et les autres en
usent largement. On invite à cri public « les hommes et les
communautés des villes, châteaux et autres lieux des sénéchaussées, qu'ils soient ou non sujets immédiats, à venir
financer avec les gens du roi et obtenir des consulats, s'ils
en désirent[3] ». Pour ces achats on a fait un tarif, calculé
sur le nombre des feux des communautés[4]. Il ne s'agit plus
seulement de confirmations des libertés existantes, mais de
dons de libertés nouvelles, faits directement par le roi, chez
les autres comme chez lui.

1. *Ord.*, t. XII, p. 485. — *Actes du parl. de Paris*, n° 6502.

2. *Ord.*, t. XII, p 503. — Cf. Curie-Seimbres, *Essai sur les bastides*, p. 49.

3. Bibl. Nat., *Doat*, 157, f° 90; provisions de Pierre de Palu, 22 août 1339, etc.
— *H. L.*, t. X, pr. n°s 394, 420 ; *Ord.*, t. IV, p. 273. Réformations de 1346, 1350,
1352. — Germain, *Le consulat de Cournonterrail*, dans les Mém. de la Soc.
archéol. de Montpellier, t. IV, pp. 65 et suiv.

4. *Ord.*, t. IV, p. 15 ; déc. 1350. Concession de consulat à Puissalicon.

Au Puy, où l'évêque et le roi étaient entrés en pariage, aucun des deux ne pouvait sans l'autre augmenter les privilèges, d'ailleurs restreints, des habitants. Le sénéchal de Beaucaire ne leur avait pas moins permis, malgré l'évêque, de s'assembler, de créer des syndics : ces abus de pouvoir de la part des sénéchaux étaient fort ordinaires[1]. En 1344 c'est le consulat, que les évêques redoutaient, qu'ils avaient tâché d'écarter en associant le roi à leur domaine, que Philippe VI rétablit de son autorité. Son coseigneur aussitôt réclame; il entame avec les nouveaux consuls une lutte qui va durer au delà d'un demi-siècle : on y voit intervenir le bailli de Velay, conservateur du privilège, qui le défend de son mieux, l'évêque de Paris, arbitre désigné, qui penche vers son collègue, le pape Clément VI qui contraint momentanément l'évêque à agréer le consulat, enfin la Cour de Parlement; et celle-ci, par un arrêt de 1405, tranche la question au profit des consuls[2].

Le seigneur de Puissergnier, vicomte de Narbonne, consent que la communauté reçoive un consulat; mais c'est le roi qui le concède[3]. A Clermont-de-Lodève, le seigneur s'y refusait avec énergie; il avait en 1308 payé 3000 livres afin que ses sujets, enclins à la révolte, fussent privés à jamais « de tout droit de communauté »; il est pourtant amené de même à donner son consentement[4]. Pour Casouls, possession de l'évêque de Béziers, pour Cournonterrail, le Pouget, châteaux sis dans le fief de l'évêque de Maguelonne,

---

1. *Actes du parl. de Paris*, nos 7080, 7081. — Cf. *Le livre des franch. et lib, de Saint-Pons-de-Thomières*, dans le Bullet. de la Soc. archéol. de Béziers, 2e sér. t. IX. pp. 31, 33, 34 ; Arch. du Gard, E 251, Aimargues, 1386, etc.

2. *Invent. des tit. et privil. de la maison consulaire du Puy*, dans les Ann. de la Soc. du Puy, 1850, pp. 705, 764, 611, 643, 612, 697, 651, 765. — *H. L.*, t. X, pr. n° 372. — Mandet, *Hist. du Velay*, t. IV, pp. 143, 176. — Médicis, *Chroniques*, t. I, p. 221. — Il est de même à Montolieu. (Mahul, *Cartul. de Carcassonne*, t. I, p. 138.)

3. *Ord.*, t. IV, p. 280 ; févr. 1354.

4. *Ibid.*, t. VIII, p. 277; juill. 1347, juill. 1398.

l'agrément des seigneurs n'est aucunement réservé[1]. Un siècle après, en 1469, Louis XI accordera un consulat à la communauté de Mende, sur laquelle il n'a point de droits[2] : cette institution faite au préjudice de l'évêque, qui le prive, comme il dit, « du gouvernement et administration de toute la chose publique de la ville », est combattue par lui si vivement qu'en 1475 Louis XI l'amende en sa faveur, et que sous Charles VIII elle est abolie par un arrêt du grand Conseil (1494). Néanmoins, dès 1522, le consulat reparaît à Mende[3].

Ne généralisons pas ces faits outre mesure. Il ne s'agit pas d'une loi, mais d'une prétention que la royauté impose, oublie, dont elle s'arme ou se départ selon le temps et le lieu. La doctrine abonde en contradictions et la pratique en défaillances. Si les consuls de Cournonterrail ne sont pas à court d'arguments pour soutenir des droits qui s'exercent à leur profit, leurs seigneurs, qui les combattent, peuvent citer au contraire des lettres émanées du roi[4]. Au XIVe siècle maint seigneur continue d'octroyer à ses sujets, en toute liberté, des coutumes, des privilèges, des chartes de consulat. La guerre de Cent ans a retardé les progrès de la conquête politique que les rois avaient entreprise au détriment de leurs vassaux, et surtout dans le voisinage de l'Auvergne,

---

1. *Ord.*, t. III, p. 197, Casouls. L'évêque cependant arrive à ses fins et fait remplacer les consuls par des syndics en 1357. — Germain, *Le consulat de Cournonterrail, Loc. cit.*, pp. 95, 98. — *Ord.*, t. VIII, p. 329; t. IX, p. 591. Le Pouget, 1399-1411. — On peut citer encore Ginestas, Cruzy, Cuxac, Capestang, Saint-Pons-de-Mauchiens, Saint-Pons-de-Thomières, Lunel, etc.

2. Par l'article 3 du pariage de 1307 l'évêque se réservait la pleine souveraineté de la ville de Mende. (Voir plus haut, p. 23, n. 3.)

3. *Ord.*, t. XVII, p. 275; XVIII, p. 74. — Bibl. Nat., *Languedoc*, 90, fo 221. — Arch. de la Lozère, G 280; C 794.

4. Germain, *Loc. cit*, p. 98. Lettres prouvant, dit le roi, « quod nos non possumus dare et concedere in illis partibus consulatus in locis seu terris etiam que nobis immediate non subsunt » (1314). La longue requête des consuls, que l'auteur analyse (pp. 65-81), est très remarquable ; nulle part les droits royaux en matière de consulats n'ont été exposés avec autant de détail et de force.

de la Guyenne et des pays gascons. Ils ne l'emporteront en définitive qu'avec Charles VII et Louis XI. Depuis ces deux règnes, toutes les transactions passées entre seigneurs et communautés sont soumises à la sanction du Parlement de Toulouse. Avant de les confirmer, la Cour les vérifie; elle accepte certains articles, elle en rejette d'autres, ou bien les repousse en bloc pour y substituer des clauses de son goût.

En Languedoc la seconde période du développement communal, celle qui s'ouvre à la fin du xiiie siècle, pourrait être qualifiée de monarchique par opposition à la première, la période seigneuriale. En effet, parmi les communautés qui reçurent alors des constitutions municipales, il y en avait assez peu qui ne dussent rapporter de façon plus ou moins directe l'origine de leurs libertés aux chartes que donnait le roi. Il est clair que pour cette cause elles se sont trouvées dans une situation plus ou moins dépendante de l'autorité royale. En confirmant, puis en créant des consulats chez ses vassaux, en les mettant sous sa sauvegarde, le roi ne s'est pas rendu, comme on l'a dit, le « propriétaire des villes »; il n'en a pas même acquis « la seigneurie immédiate [1] ». C'était le consulat considéré comme pouvoir, comme agent administratif, qui relevait de lui [2]. Le seigneur garda sa seigneurie, ses droits, ses revenus; il reçut chaque année le serment des consuls, mais perdit le gouvernement qu'ils exerçaient au nom du roi, sous le couvert d'une autorité supérieure, dont la leur paraissait une délégation.

D'ailleurs, par le serment qu'elle exigeait de toutes les communautés, la monarchie a eu prise sur elles. Que le consulat fût ou non compris dans le domaine, qu'il fût ou

---

1. H. Sée, *Louis XI et les villes*, 1891, in-8°, p. 61. — Aug. Thierry, *Histoire du Tiers-État*, 1853, in-8°, p. 30.

2. Le consulat dans ce cas est dit « auctoritate regia fundatus »; les consuls affirment « se ratione dicti consulatus nobis (le roi) immediate subesse ». (*Ord.*, t. III, p. 600; t. IV, p. 132.)

non tenu du roi, que la communauté eût des consuls ou seulement des syndics, permanents ou temporaires, à chaque avénement consuls, syndics et habitants juraient fidélité au nouveau monarque. C'était un serment spécial, distinct de celui du seigneur. A l'époque de la conquête, la séparation était assez avancée entre le seigneur et la communauté, pour que la royauté fût obligée de prendre séparément des garanties de l'un et de l'autre.

En 1243, après leur prise d'armes, le comte de Toulouse et le vicomte de Narbonne durent autoriser les hommes de leurs bonnes villes à prêter serment à saint Louis, eux-mêmes, directement, et non par leur intermédiaire. Les consuls et les prud'hommes ne s'engageaient pas seulement à être fidèles au roi, mais de plus à l'aider de toutes leurs forces contre leurs propres seigneurs, au cas où ceux-ci lui auraient fait la guerre. La ville et le bourg de Narbonne ont renouvelé ce serment, exactement dans la même forme, à Philippe III, puis à ses successeurs [1]. En 1271 les communautés du comté de Toulouse jurent au roi fidélité « contre tous les hommes qui peuvent vivre et mourir »; celles qui sont placées sous des seigneurs particuliers ne font pas d'exception pour eux [2].

Puis le serment s'amplifie; sous les Valois c'est l'hommage féodal, conçu selon la formule classique. Les syndics de Saint-Pons, sujets immédiats de l'évêque, jurent « au roi Philippe », (sans doute Philippe VI), de lui être fidèles, de lui apprendre tout ce qu'ils sauraient être de nature à lui nuire, de l'aider de leur mieux à défendre le royaume, d'exposer dans ce but envers et contre tous leurs biens et leurs personnes, de lui donner conseil bon et fidèle, autant qu'ils le pourront et qu'il le leur demandera, de ne pas révé-

---

1. *H. L.*, t. VIII, pr. n°s 358, 361. — Mouynès, *Invent*, Ann. de la série AA, n° 70.

2. Lafaille, *Annales de Toulouse*, t. I, pr. pp. 1-51.

er ses secrets sans sa permission, de ne pas rendre impossible ce qui lui serait possible, d'avoir toujours présents à la
mémoire les sept articles ci-dessus[1]. On ne voit pas ce que
les communautés du domaine auraient pu promettre de
plus.

Ainsi les sujets des vassaux du roi, par le seul fait qu'ils
étaient constitués en communautés, ont contracté envers le
suzerain des obligations telles, qu'ils sont entrés en quelque
sorte dans sa vassalité directe. Ils ont même pris avantage
contre leurs seigneurs de cette position nouvelle. Les consuls
de Narbonne juraient fidélité au vicomte, mais sous la réserve de celle qu'ils avaient jurée au roi; ils opposaient à
l'un l'obéissance qu'ils devaient à l'autre. La plupart des
corps consulaires ont par là lié leur fortune à celle de la
royauté[2].

Rappelons que dans les seigneuries ces corps exerçaient
eux-mêmes le pouvoir effectif, administrant, jugeant et
levant seuls les tailles. On voit quel immense appoint d'autorité et de force ce fut pour le roi que de les placer, de
droit ou de fait, sous sa suzeraineté directe, quel changement aussi pour les communautés, qui jusqu'alors n'avaient
pas connu d'autres maîtres que leurs seigneurs particuliers.

Au dehors comme au dedans du domaine, les cours consulaires ont été diminuées par la juridiction royale. Elles
avaient prospéré dans l'isolement; lorsque des tribunaux
mieux armés et plus équitables se sont installés auprès

---

1. *Le livre des franchises*, etc., *Loc. cit.*, p. 35. C'est une formule circulaire,
pour ainsi dire, sur laquelle prêtent serment au roi les nobles, les prélats et « las
personas dels locs ». Il est à noter qu'elle reproduit presque exactement la formule type que l'on employait dès l'an 1020 (*Recueil des Historiens de France*, t. X
p. 463), et qui avait cours en Languedoc au XIIIe siècle. (*Layettes*, n° 1658. —
H. L., t. VIII, pr. n° 318.) — Sur la prestation de serment au roi par les sujets
des seigneurs, cf. *Actes du parlement de Paris*, n° 2837.

2. Arch. de Narbonne, AA 34. — Mouynès, *Invent.*, Ann. de la sér. AA, n°ˢ 142,
146, 152. — Sur l'importance du serment prêté au roi par les consuls d'Albi,
voir *H. L.*, t. VIII, pr. n° 427; Compayré, *Études hist.*, p. 172.

d'elles, une concurrence est née, qu'elles ne pouvaient soutenir ; celles qui connaissaient des affaires civiles ont été peu à peu délaissées des plaideurs.

Elles ont moins souffert dans leur justice criminelle[1] ; mais toutes sans exception ont été subordonnées aux tribunaux du roi. De souveraines que la plupart étaient, elles sont uniformément tombées au rang de cours de première instance. Les sénéchaux, le Parlement leur ont appris au besoin par de lourdes amendes et par la suppression du consulat à respecter l'appel que l'on interjetait au roi de leurs arrêts[2]. Nous regardons maintenant l'appel comme une garantie en faveur des accusés ; c'était alors le signe du droit supérieur d'une personne féodale sur une autre personne. La cour du suzerain n'examinait pas seulement le procès, la sentence rendue, mais, à propos de la sentence, le juge qui l'avait rendue. Elle exerçait sur son administration entière un droit de correction, de haute surveillance.

Que le seigneur eût un juge d'appeaux (ce qui était l'exception), ou bien qu'il en fût dépourvu, les consuls dans l'exercice de leurs fonctions judiciaires ont été sujets aux enquêtes et aux rigueurs des officiers royaux. En cas d'oppression ou d'injustice de leur part, de défaut de droit, d'impunité accordée à tel ou tel coupable, ceux-ci ont pu intervenir, même chez le plus haut baron, en passant par dessus

---

1. On a vu que les consuls qui jugeaient au civil formaient le plus souvent un tribunal à part, indépendant de celui du seigneur ; les parties avaient le choix entre les deux. C'est ce droit d'option qui a été funeste aux cours consulaires, même à celles qui n'étaient pas situées dans le domaine. — D'ailleurs la royauté s'est montrée très avare de concessions du droit de justice. A part les bastides royales, dont les consuls sont limités à la justice criminelle, les consulats qu'elle institue n'en reçoivent d'aucune sorte. Si elle est plus généreuse en 1370 envers plusieurs communautés de Rouergue et de Quercy, c'est qu'elle veut les gagner à sa cause, et qu'il s'agit presque toujours de simples confirmations de privilèges. (*Ord.*, t. VI, p. 409, art. 2, Saint-Antonin ; t. XI, p. 64, Montauban ; cf. t. XII, pp. 185, 470, etc.)

2. *Restit. d'un vol. des Olim*, n° 842. Cahors, 1295. — *Actes du parl. de Paris*, n° 3243. Moissac, 1304. — Arch. de Toulouse, AA 3, n° 228. Toulouse, 1335.

sa tête. C'est pour cette cause que le consulat de Pamiers, dépendant de l'évêque et du comte de Foix, est saisi en 1330, et supprimé dix ans après par sentence du Parlement[1]. Et comme on fait fort peu de différence entre l'arrêt judiciaire et la décision administrative, comme les corps consulaires se sont mis en grand nombre sous la juridiction du roi, c'est à lui qu'ils ont à répondre de leurs actes, plutôt qu'à leurs seigneurs. Tous ceux qui sont ainsi placés entre deux maîtres, moitié de gré, moitié de force, obéissent au plus puissant.

Les rois n'ont pas manqué de leur demander des services; car ils ont eu besoin de troupes et d'argent. Saint Louis a fait des croisades; avec Philippe III et Philippe le Bel ont commencé les grandes guerres, en Navarre, en Aragon, en Flandres, en Gascogne.

Parmi les communautés du domaine, beaucoup ne devaient pas le service d'ost; presque toutes étaient indemnes des aides féodales aux deux, trois ou quatre cas; mais, en leur confirmant l'abolition de la taille forcée, les prédécesseurs du roi dans les seigneuries avaient gardé, parfois expressément, la faculté de requérir des dons gratuits[2]. Sous la domination royale, toutes ont été obligées de fournir des soldats, ou bien un équivalent pécuniaire. En dépit d'une résistance très vive, toutes ont fait des versements à Philippe IV, à Philippe VI pour la chevalerie d'un fils aîné, pour le mariage d'une fille[3]. Lorsque leur nouveau seigneur a demandé des dons gratuits, elles ont pu en discuter le

1. *Appendices*, n° 1. — *Actes du parl. de Paris*, nos 4208, 7630.
2. *H. L*, t. VIII, pr. n° 408. Gaillac, 1248. — Cf. Arch. de Mende, AA 1, ann. 1194, et cout. cit. d'Annonay, art. 1, de Fumel, art. 12, de Larroque-Timbaut, art. 56, d'Astafort, art. 29, de Tonneins-Dessous, art. 10. — En 1268, les vicomtes de Lautrec se proposent de demander un don gratuit à la communauté. (*H. L.*, t. VIII, pr. n° 524.)
3. *Ibid.*, t. IX, p. 341; t. X, pr. nos 45, 151 (1308), 290. — Lacoste, *Histoire générale de la province de Quercy*. 1884, 4 vol. in-4°, t. II, p. 449; t. III, p. 68.

chiffre, mais non s'en dispenser. Il suffisait que la taille fût générale, perçue dans une sénéchaussée entière, ou dans le comté de Toulouse, pour que le don fût un devoir[1].

Quant aux autres communautés, les rois n'auraient rien tiré d'elles que par l'intermédiaire des seigneurs, si, lors de la conquête, elles n'avaient été des personnes distinctes, avec lesquelles ils entrèrent directement en relations.

Alfonse de Poitiers en 1261, puis en 1266, requérait ses vassaux, nobles et prélats, de « lui faire donner par leurs hommes » une certaine somme et de la fixer avec lui[2]; Philippe le Hardi en 1276, Philippe le Bel en 1303 ont observé la même règle de conduite[3]. Mais il faut prendre garde que les hommes dont il s'agit, taillables des seigneurs, étaient serfs à divers degrés, ne formaient pas « corps et collège ». Que l'on ajoute aux serfs les gens à peine émancipés et les communautés naissantes, vivant sous la tutelle des seigneurs, incapables de s'imposer ni de s'armer sans leur permission, et l'on aura la liste des contribuables, auxquels la royauté s'abstenait encore de recourir sans l'agrément de leurs maîtres immédiats.

Elle agissait tout autrement à l'égard des communautés anciennes. Saint Louis reçoit des dons considérables de Narbonne et d'Albi, qui n'étaient pas de son domaine[4]; Alfonse de Poitiers, Philippe le Hardi font requérir les consulats sans traiter avec les seigneurs[5]. Le consentement des consuls leur paraît suffisant pour qu'un fouage soit perçu, des hommes d'armes mis en marche. Cette opinion était

1. Aussi voit-on que dans ses bastides le roi se réserve le droit de lever une taille, s'il la lève également dans les autres villes du domaine.

2. *H. L.*, t. VIII, pr. n°s 493-495, 523. — Boutaric, *Saint Louis*, etc., p. 307.

3. Lacoste, *Op. cit.*, t. II, p. 335, et Magen et Tholin, *Chartes*, n° 59. — *H. L.*, t. X, pr. n° 131, III, IV.

4. *Ibid.*, t. VIII, pr. n° 530, II, IV (1270). — *Actes du parl. de Paris*, n°s 1458, 1628-1632. Émeute à Cahors à propos de cette aide.

5. C'est ce que Boutaric n'a pas vu, et ce qui ressort pourtant des textes précités (n. 2 et 3), ainsi que d'un grand nombre de pièces postérieures.

fondée de certaines communautés, et nullement de toutes ;
mais le gouvernement ne pouvait, ni ne voulait avoir cure
des clauses très compliquées et très diverses qui, sur ce point
particulier, régissaient les rapports des seigneurs avec les
consuls. Dans d'autres occasions il montrait moins de sans-
gêne. Le Parlement se fondait pour juger un procès sur les
contrats intervenus ; il était assez équitable pour tenir compte
du texte des coutumes, même contre l'intérêt du roi. Mais
la grandeur et l'existence de la monarchie dépendaient étroitement de ses forces militaires et de l'état de son trésor ; tout
ce qui, dans les coutumes féodales, pouvait nuire à la formation de l'armée, à la perception de l'impôt, fut annulé à
son bénéfice.

Beaucoup de seigneurs ont protesté contre des innovations
si préjudiciables à leurs droits. A propos d'hommes d'armes
demandés par le roi de France à la communauté montpel-
liéraine, le roi de Majorque écrivait en 1302 au sénéchal de
Beaucaire : « Vous auriez dû adresser votre requête à nous,
et non pas aux consuls ; car ils ne peuvent sans notre assentiment lever de l'argent ni des hommes. Agir autrement,
c'est nous causer le plus grand dommage[1]. » Les vicomtes
de Lautrec défendaient aux syndics de rien octroyer ni promettre à saint Louis pour le passage d'outre-mer[2]. Le comte
d'Armagnac en 1293 insérait une prohibition semblable, de
caractère général, dans les coutumes qu'il donnait à Villefranche-d'Astarac[3].

Ceux qui étaient en mesure d'en imposer aux gens du roi
et aux communautés, d'arrêter les uns dans leurs exigences,
les autres dans la soumission, ont réussi à prévenir des précédents fâcheux ; ils se sont fait reconnaître et confirmer un

1. *H. L.*, t. X, pr. n° 116. En 1301 c'était le roi de Majorque qui avait versé à
Philippe IV 3,500 livres pour la ville et la baronnie (n° 111). — Cf. *ibid.*, n°s 41,
88, 90, etc.
2. *H. L.*, t. VIII, pr. n° 530, III.
3. Cout. cit., art. 54.

droit qui devenait un privilège. Mais d'ordinaire le roi et la communauté n'ont pas eu de peine à s'entendre : tous les deux avaient avantage à se passer d'intermédiaire; ils évitaient de céder au seigneur, pour prix de son agrément, une part de la taille; ils augmentaient à ses dépens leur autorité politique. Partout où l'entente s'est faite, le seigneur a perdu son droit; car il ne pouvait empêcher les consuls ou les syndics de lever la taille royale, sans provoquer de leur part un appel, et sans encourir les sévérités de la cour de sénéchaussée[1].

Les consuls de Montpellier informent le roi de Majorque qu'ils sont forcés d'accorder un subside ou de fournir des troupes; mais ils ont reçu la demande et font l'octroi eux-mêmes, « sans préjudice du seigneur ». Ils ne se retranchent point derrière lui; ils n'arguent point auprès des officiers royaux de sa volonté contraire. La communauté se borne à soutenir qu'étant placée hors du domaine, elle n'est pas astreinte envers le roi à des services fixes; le don qu'elle offre est purement gratuit : ce que Philippe VI reconnaît par lettres de 1340[2]. Cet octroi d'hommes ou d'argent est un subside de guerre; il a pour unique objet la défense du royaume. Quant Philippe VI veut lever une aide féodale, pour la chevalerie de son fils et le mariage de sa fille, Montpellier refuse d'y souscrire, et le Conseil du roi décide qu'en effet les communautés qui ne sont pas du domaine en resteront exemptes[3].

---

1. Le vicaire de Saint-Pons procède contre les syndics de la ville, qui ont accordé et qui lèvent « sans son congec » une taille pour le roi. Il leur fait ôter l'argent, leur inflige une grosse amende, et quand ils offrent d'« estar en dreg », il les fait mettre en prison, eux et leurs conseillers, comme larrons et ribauds. Ils y passent toute la nuit, par un grand froid; mais, sitôt sortis, ils relèvent appel devant le sénéchal de Carcassonne. (*Le livre des franchises*, etc., Loc. cit., p. 37.)

2. *H. L.*, t. X, pr. nos 116, 236, 252, 259, 307, 333, etc. — Germain, *Hist. de la comm. de Montpellier*, t. II, pp. 129, 137, 323.

3. *H. L.*, t. X, pr. nº 290. Ne sont pas compris dans le domaine, et par suite sont exemptés, les hommes qui sont sujets seulement « ratione jurisdictionis...

De bonne heure, et déjà sous le règne de Louis IX, des précédents sont établis. La communauté seigneuriale qui une fois a contribué directement à la guerre du roi se trouve désormais engagée envers lui; quelques réserves qu'elle ait faites, elle est tenue à l'occasion de contribuer encore[1]. Le don gratuit dégénérant en un service dû, les communes qui s'en acquittent, qu'elles soient ou non du domaine, sont réduites à peu près à la même condition : en 1301, après avoir envoyé beaucoup d'hommes périr dans les armées du roi, la ville de Narbonne, par la bouche de ses consuls, est amenée à reconnaître qu'elle doit le service d'ost, ce qu'un quart de siècle plus tôt elle niait avec raison[2]. Toutes ensemble forment en quelque sorte le premier ban des contribuables, le principal et le plus sûr.

Ce groupe considérable a subi certaines pertes, surtout à la frontière, où durant les guerres anglaises divers seigneurs parviennent à soustraire, même de force, à la fiscalité royale les communautés de leur dépendance : ainsi le comte de Foix depuis 1360[3]. Il s'accroît au contraire dans la région non disputée, entre Toulouse et le Rhône. Ici chaque consulat qui naît en terre seigneuriale vaut à la monarchie une recrue nouvelle de contribuables dociles. Le consentement des consuls est facile à obtenir; en le donnant, ils engagent leurs administrés; ils répondent de l'impôt, se chargent de le percevoir; ce sont des serviteurs obéissants et des alliés pleins de zèle[4].

---

per pariagium, associationem vel alias. » Mais cette interprétation n'est nullement admise par les sénéchaux, et le roi ne la soutient pas. (Lacoste, *Op. cit.*, t. III, p. 68.)

1. *H. L*, t. VIII, pr. n° 523, VIII, IX. Le précédent sur lequel s'appuie Alfonse de Poitiers est un fouage levé en 1247 par le comte Raimond. — Cf. *Ord.*, t. XII, p. 411 ; janv. 1316, art. 15.

2. *H. L.*, t. X, pr. n° 19. — Mouynès, *Invent.*, Ann. de la sér. AA, n° 103. — Arch. de Narbonne, AA 34.

3. *H. L.*, t. X, pr. col. 1222, n. 3. — Cf. n°s 251, 330. Baronnie de Lunel.

4. Dans leur requête citée de 1345, les consuls de Cournonterrail exposent lon-

Il est clair que la juridiction et la souveraineté du roi ne se sont pas fait partout sentir également, que, durant un laps de temps variable, beaucoup de communautés ont pu échapper, en tout ou partie, à la prestation directe du serment, à l'impôt, au service d'ost. Une telle évolution n'est l'œuvre ni d'un règne, ni d'un siècle. Elle s'est produite plus tôt au cœur du pays que sur le pourtour, plus vite dans les domaines de l'Église que dans ceux des barons laïques. Elle a dépendu de l'activité des officiers royaux et de la politique de leur maître, des forces respectives, de l'humeur et des intérêts du roi, des sujets, des seigneurs. Mais, dans la mesure où l'on peut exprimer en quelques mots des faits aussi complexes, il est vrai de dire que, si les consuls étaient à l'origine de simples agents du seigneur, plus tard, dans des conditions bien différentes, ils deviennent agents du roi; ils emploient à son service l'autorité qu'ils ont acquise, et d'autant plus aisément qu'ils en ont acquis davantage. La puissance politique et les ressources financières de la monarchie se sont développées en raison directe de la puissance et du nombre des consulats.

De là des conditions singulières et propres au Midi. Nulle part le pouvoir royal n'est plus grand et plus respecté; mais il se concilie avec les franchises communales qu'il laisse subsister, qu'en un sens il favorise et qu'il étend de proche en proche. La royauté s'appuie sur les sentiments de fidélité, de crainte et d'affection que nourrit à son égard la classe des notables, qui régit les communautés. Elle a trouvé cette classe assez docile et maniable, assez forte cependant, assez solidement assise dans ses privilèges, pour qu'il fût inutile,

---

guement les avantages que le roi retire des consulats. — Cf. les préambules des chartes de Laguiole, de Marvejols (*Ord.*, t. II, p. 477; t. IV, p. 674). — Le roi, accordant en 1328 un consulat à Lautrec, stipule que les consuls engageront la communauté en lui promettant des subsides : en tout autre cas ils auront besoin du consentement des habitants. (*Ibid.*, t. VIII, p 35.)

impolitique et imprudent d'essayer de les détruire. Elle gouverne de préférence avec les communautés, et celles-ci ne
tardent pas à s'élever en Languedoc à la prépondérance
politique.

CHAPITRE III.

LA SOCIÉTÉ MÉRIDIONALE (*Suite et fin*). — TRANSFORMATIONS
DES COMMUNAUTÉS. LE TIERS-ÉTAT.

Placées dans des conditions nouvelles, les communautés
devaient éprouver des modifications correspondantes. Depuis
la fin du XIIIe siècle, leur organisation, leur vie intérieure
ont changé d'autant plus vite, qu'elles étaient plus exposées
aux effets de la domination royale.

1° LES COMMUNAUTÉS SE DÉSAGRÈGENT.

La communauté primitive, c'est-à-dire la seigneurie, était
un être distinct, un corps dont l'intégrité était maintenue
par le commun effort du seigneur et des vassaux.

Son unité a reçu une première atteinte, lorsque les consuls, nobles ou bourgeois, ont acquis une grande part de la
puissance seigneuriale et, aux intérêts du seigneur, opposé
ceux des sujets. Puis la royauté est venue exercer dans le
même sens une pression décisive. En substituant sa justice
régulière au droit de représailles, elle ruinait le pacte féodal. Le lien qui s'était formé entre seigneur, chevaliers et
prud'hommes avait pour objet essentiel la défense, l'assistance réciproque; la paix une fois établie, les mêmes obligations ont pu rester inscrites dans la lettre des serments :
elles ont cessé de porter des conséquences pratiques, et la
communauté seigneuriale a commencé de se dissoudre. Les
membres qui la composaient s'écartent les uns des autres.
Les chevaliers, les damoiseaux vont vivre sur leurs terres,

délaissant le château-fort qu'ils avaient charge de garder[1].

En même temps les habitants des campagnes sont devenus hommes libres.

A l'état de serfs, ils vivaient sur le territoire de la communauté sans participer aux coutumes, sans jouir d'aucun des droits de bourgeoisie. Ils ne comparaissaient devant la cour seigneuriale qu'en la personne de leurs maîtres, et c'est de la même façon, par leur intermédiaire, qu'ils pouvaient être assujettis à l'autorité des consuls. Par exemple, si les consuls imposaient une taille sur un manse d'hommes liges, c'était en vertu de traditions, de précédents, de quelque accord spécial, passé entre eux et le propriétaire, noble, bourgeois ou clerc. L'imposition n'allait guère sans contestations, sans querelles, surtout lorsqu'elle s'adressait aux serfs du seigneur dominant, d'ordinaire les plus nombreux. A l'Isle-Jourdain en 1254, à Castelnau-de-Montratier en 1291, il fallut des séditions, pour que les seigneurs permissent aux consuls des deux communautés de soumettre leurs hommes liges à la taille[2].

Ces serfs qui relevaient indirectement, de façon précaire, incertaine, du gouvernement central de la seigneurie, c'est-à-dire des consuls, ont passé sous leur pouvoir immédiat lorsqu'ils ont afflué, pour se rendre libres, dans la ville principale. C'est le cas d'un très grand nombre. La ville maîtresse ou « chef » de la seigneurie s'accroît considérablement du XIIIᵉ au XIVᵉ siècle, et l'on peut juger par la répartition des charges combien elle l'emporte sur le reste

---

1. Cf. plus haut, p. 39. — *H. L.*, t. X, pr. nᵒ 98. En 1299 la cour de plaid de Lautrec se réunit encore au château, sur la place de l'Orme, en présence du vicomte, et six nobles au moins y figurent. Le château est désert en 1338.

2. Cout. cit. de l'Isle-Jourdain : « Homines proprii Jordani, qui eidem tenentur et subjiciuntur ratione homagii, obligentur... satisfacere omnibus expensis... quas faciet comunitas..., sicut alii homines de dicta universitate ». — Cout. cit. de Castelnau-de-Montratier, art. 89. Les hommes du seigneur payeront un tiers de chaque taille.

du territoire. Celle de Montpellier supporte à elle seule les 6/7 de la taille, Lunel les 2/3, Cordes les 3/5 environ; Lautrec et Castelnau-de-Montratier en payent respectivement la moitié et le tiers, malgré la grande étendue de territoire qu'elles dominent.

Mais beaucoup d'autres hommes liges ont été affranchis sur place, surtout par la transformation du fief questal en emphytéose. Ils ont grossi les petits groupes d'hommes libres qui existaient déjà sur divers points de la seigneurie; ils en ont formé de nouveaux. Alors naissent à la vie civile, malgré des servitudes persistantes, les villages, *villagia, villule, villele*. Leurs habitants sont appelés *forenses*, forains : on les distingue sous ce nom de la population qui réside dans la ville ou dans les limites du dex[1].

Après l'affranchissement, les villages des forains ont continué de dépendre, et des seigneurs qui leur avaient donné leurs chartes, leurs coutumes, et des consuls, dans la mesure où d'ores et déjà ils étaient astreints à subir leur autorité. Mais les libertés qu'ils avaient acquises leur ont bientôt inspiré le désir et fourni le moyen d'améliorer leur condition politique. Mal protégés à cause de l'éloignement contre les délits ruraux, les crimes, les agressions, obligés de plaider devant un tribunal qui siégeait parfois à plusieurs lieues de leur domicile, les forains se plaignaient surtout d'être arbitrairement taxés par les consuls, de contribuer à toutes les dépenses, y compris celles des procès et travaux publics de la ville capitale, qui ne les concernaient point. En général, c'est l'aggravation des tailles qui les a portés à

---

1. « Forensis » signifie d'abord étranger. Dans le sens particulier de forain, homme domicilié hors du dex (fors, fora, foras = hors), le mot apparaît au début du XIVᵉ siècle : à Agen en 1309. (Magen et Tholin, *Chartes*, nº 138.) Mais il semble qu'alors il éveille aussi l'idée d'un homme appartenant à la même juridiction que les habitants de la ville, ayant même droit, mêmes usages judiciaires (for, forus), « de eadem universitate et eodem foro ». (Cout. cit. de la Grasse, de 1287, à la fin; cf. transact. de 1355, art. 3.)

secouer le joug. Ils ont alors entrepris, non d'obtenir de nouveaux droits dans la communauté, mais de se séparer d'elle; ils ont voulu se constituer en consulats distincts.

En 1309 cinq paroisses foraines de la communauté d'Agen soutiennent qu'elles n'en font pas partie, et refusent en conséquence d'acquitter leur quote-part d'impôts. Elles sont battues en justice; mais, tout en perdant leur procès, les forains y gagnent un traitement plus avantageux; car les consuls d'Agen consentent, en 1316, à diminuer de moitié leurs charges par rapport à celles de la ville et de la banlieue[1]. Déjà ces villages commencent à former corps. De même, en 1285, les douze « villettes » de la baronnie de Lunel étaient des *universitates*, de petites communautés dans la grande. Vers 1335 elles tâchent d'avoir des syndics et n'échouent dans leur tentative que par l'opposition de la ville principale, jalouse de préserver à son profit l'unité du syndicat[2].

Ailleurs les consuls transigent : ils accordent à tel ou tel village une administration spéciale, sur laquelle ils gardent un droit de surveillance et de haute direction. Par concession des consuls de Cordes, de 1339, les habitants de Milhavet élisent deux « prud'hommes jurés », avec pouvoir de réprimer les délits ruraux et d'imposer des tailles pour les besoins de la localité; mais s'ils les nomment, les consuls les « créent » et reçoivent leur serment; les appels de leurs sentences viennent par devant eux; les « jurats » agissent « à leur place et en leur nom[3] ». A Astafort, autre titre :

1. Magen et Tholin, *Chartes*, nos 138, 139, 145. L'accord concerne seulement quatre paroisses; mais tous les forains y peuvent être admis (pp. 280, 283, 289; no 149). Ils y gagnent aussi certaines garanties : les consuls, pour faire l'assiette de la taille sur une paroisse foraine, devront être assistés de deux des habitants; leurs mességuiers n'auront aucune autorité hors du dex. — Cf. Tholin, *Ville libre et barons*, pp. 75 et suiv.

2. Millerot, *Hist. de Lunel*, pp. 456, 126; cf. 110.

3. Rossignol, *Monogr. commun. du Tarn*, t. III, p. 171.

les consuls instituent, s'ils le jugent à propos, dans les différents lieux du territoire des « arrière-consuls », qui leur jurent fidélité justement dans les termes, où eux-mêmes prêtaient serment aux coseigneurs; sans leur autorisation, ces consuls subalternes ne pourront imposer des questes, ni rendre de jugements[1]. La formule du serment des consuls de Lattes prouve qu'ils occupaient une position analogue relativement à ceux de Montpellier[2].

Autour de Saverdun, de Villemur, de Montauban, de Castelnau-de-Montratier, etc., il y avait aussi des consulats dotés d'une certaine autonomie et cependant subordonnés au consulat principal[3]. Nul doute que le mouvement n'ait été très général : au xive siècle il se manifestait jusque dans les petites seigneuries, comme celle de Fenouillet, près Toulouse. Le château de Fenouillet avait des consuls en 1294; moins d'un siècle plus tard, le lieu peu distant de Gagnac, qui dépendait du château, en reçut deux à son tour[4].

Les forains ne se sont pas contentés de ces avantages. Pour les avoir acquis, ils n'échappaient nullement aux obligations qui leur déplaisaient le plus : ils restaient comme autrefois soumis à la juridiction de la cour de la seigneurie; ils payaient les impôts que les consuls de la ville capitale avaient décidé d'asseoir. Leurs villages n'avaient pas été séparés de la communauté mère en devenant consulats; mais, à ce titre, ils se trouvèrent préparés, mis en bonne posture pour s'en détacher tout à fait.

---

1. Cout. cit. d'Astafort, de 1304, art. 90. Lire « far questas » au lieu de « farquailhas », qui n'a aucun sens.

2. *Petit thalamus*, p. 252.

3. Barrière-Flavy, *Histoire de la ville et de la châtellenie de Saverdun*, 1890, in-8°, pp. 86, 87 et pr. n°s 6, 9. — *Mém. de la Soc. archéol. du Midi*, t. IV, p. 239. — Devals, *Albias et son territ.*, dans les Mém. lus à la Sorbonne (Hist), 1868, p. 59. — Limayrac, *Op. cit.*, pp. 397, 404.

4. Belhomme, *Fenouillet*, etc., dans les Mém. de la Soc. archéol. du Midi, t. III, pp. 349, 361.

La séparation définitive ne s'est pas opérée par les seuls efforts des principaux intéressés : les forains, livrés à eux-mêmes, n'auraient peut-être abouti qu'à resserrer le lien qu'ils voulaient rompre. Elle est plutôt due à la complicité active de leurs seigneurs particuliers et aux décisions favorables des officiers, des réformateurs et des lieutenants du roi.

A cette époque, tout noble ayant des sujets tend comme eux à se dégager de la communauté seigneuriale, où nul devoir, nul intérêt puissant ne le retiennent désormais. Il cherche à se faire centre. Dans l'étendue de la terre dont il est possesseur direct il usurpe, autant qu'il peut, les droits du seigneur dominant. Afin d'en exclure l'autorité consulaire qui représente le seigneur, il accorde aux jurats de son village les droits mêmes que les consuls avaient exercés chez eux. Ainsi fait Olivier de Penne, au détriment des consuls de Cordes, sur sa terre de Laguépie[1]; ainsi plusieurs autres seigneurs dans ce ressort, dans ceux de Castelnau-de-Montratier[2], d'Agen, etc[3].

1. Rossignol, *Monogr. commun. du Tarn*, t. III, p. 178. Cout. de 1333. Cf. pp. 64, 66.

2. L. Limayrac, *Op. cit.*, p. 604. Par sentence arbitrale de 1343, il est ordonné que le seigneur et les consuls feront, à frais communs, restituer « castra, territoria sive loca honoris et districtus ejusdem Castrinovi ..., et etiam jura et libertates ejusdem castri », qui ont été ou seront usurpés par des hommes puissants, laïques ou gens d'église, des communautés, etc.

3. M. Tholin a montré que, du XIIIe siècle à la fin du XVe, le territoire d'Agen a perdu 18 paroisses usurpées par divers seigneurs, surtout par les Madaillan (*Ville libre et barons*, pp. VII-X et 155.) — De Rabastens se détache le consulat de Mézens (Rossignol, *Op. cit.*, t. IV, pp. 233, 267), de Montclar la bastide de Saint-Urcisse (pp. 28, 71, 76), les consulats de Montdurausse (pp. 35, 38), de Larroquette (p. 41). — De 1514 à 1540, le seigneur du lieu de la Terrasse, au consulat de Carbonne, ceux de 9 localités du ressort de Caraman, obtiennent du Parlement de Toulouse des sentences par lesquelles leurs sujets sont distraits de la juridiction des consuls. (Arch. de la Haute-Garonne, sér. B, *Arrêts*, t. XXVII, f° 138; XXIX, f° 401.) Perdent leurs procès au contraire les seigneurs de divers lieux relevant de Miremont, Molières, Moissac, Castelnaudary (*ibid.*, t. XVII, f° 307; XXIX, f° 164: XXXII, f° 197; XXXII, f° 89), les consuls de Saint-Porquier et de Villenouvelle, aux ressorts de Castelsarrazin et de Villefranche-de-Lauragais. (*Ibid.*, t. XV, f° 443; XXX, f° 331.)

Mais c'est principalement par l'initiative royale que vont
pulluler, pendant trois ou quatre siècles, les consulats indépendants. Les réformateurs, qui ont charge de mettre en
vente toutes sortes de privilèges, accueillent aisément les
plaintes des forains contre les consuls. L'un d'eux ordonne
en 1327, à la requête des jurats, que le lieu du Verdier et
cinq hameaux voisins formeront baylie à part de celle de
Cahusac et nommeront l'un des consuls de la communauté ; en 1359 la nouvelle baylie est érigée en consulat
distinct [1]. De même, une charte royale de 1328 assigne trois
consuls sur six aux « forces » de Lautrec ; puis, en 1410,
par décision du sénéchal de Carcassonne, vingt-quatre forces
à la fois sont affranchies de la communauté mère ; chacune
d'elles est dotée de deux consuls et de quatre conseillers [2].

Le démembrement des consulats est un phénomène obscur,
peu connu, dont la marche est difficile à suivre ; mais il
n'est pas douteux que de là ne soient provenues la plupart
des communautés paysannes, régies par deux consuls, dont
la région occidentale du Midi était couverte au xvi° siècle,
humbles, pauvres, petites au point qu'une commune actuelle
en a souvent réuni deux ou trois. Dans les parties du pays
où la société féodale, à l'abri du pouvoir royal, éprouve peu
de changements, seigneurie et communauté se maintiennent
l'une par l'autre [3]. Ailleurs, si l'on excepte les consulats des
cités, qui n'avaient point en général de territoires à perdre,
tous dépérissent et décroissent. L'un des plus grands, celui
de Cordes, qui comprenait jadis 11 paroisses et 32 localités,

1. Rossignol, *Op. cit.*, t. III, pp. 416, 421.
2. Rossignol, *Monogr. des comm. du canton de Lautrec*, p. 77. — *Ord.*, t. VIII,
p. 35 ; t. IX, p. 555.
3. Le ressort de Foix, par exemple, est aussi étendu en 1450 qu'en 1246 ; il
contient 25 localités. Voir *H. L.*, t. VIII, pr. n° 380, et Pasquier, *Cout. municip.
de Foix*, n° 4. Dénombrement du consulat : « La juridiction ... s'aparte a mondit
senhor lo comte, ... laqual senhoria, juridiction et soberanitat regissen los cossols
de Foix. »

ne compte en 1481 que 3 lieux, 15 paroisses et 11 manses
en tout[1]. La communauté primitive, fondée sur le *castrum*
où siégeait le corps consulaire, mais embrassant toute la
seigneurie, est maintenant désagrégée. De ses débris on
voit sortir d'une part la ville, avec sa banlieue et quelques
villages voisins, l'ancien consulat, affaibli par des disjonc-
tions successives, de l'autre des consulats plus faibles encore,
incapables de jouer le moindre rôle politique, faits pour
plier et obéir, tantôt à l'ascendant des grandes villes, tantôt
aux ordres des officiers royaux.

2° LES LUTTES DE CLASSES. — NOBLESSE, BOURGEOISIE ET MENU
PEUPLE.

On a vu qu'à l'origine la communauté reposait essentiellement sur la classe des chevaliers et sur celle des bourgeois, unies dans la cour plénière, ou parlement public, et
dans le consulat. Toutes deux avaient l'habitude d'agir
ensemble et de concert, — avec le seigneur dominant,
pour défendre la seigneurie, ou contre lui, pour repousser
ses exigences ou limiter ses droits. La noblesse trouvait
alors avantage à prendre part à la communauté.

Que l'on imagine au contraire cette communauté tombée
au pouvoir du roi, ou du moins soumise à son influence. Le
chevalier qui en dépend vit désormais dans un état de sécurité relative; il peut se fier à ses propres forces. Si la terre
qu'il possède est sise dans le domaine, il devient vassal
direct; il contracte envers le roi des obligations individuelles, indépendantes de celles de la communauté. Contre
un tel seigneur, en cas de différend, l'appui des autres
prud'hommes ne lui serait d'aucun secours. Evidemment, le
gentilhomme qui a « fief militaire », grevé du service d'ost,

1. Arch. de Cordes, Extrait d'un registre de 1439-1481.

sujets et juridiction, n'a plus grand bénéfice à rester uni aux bourgeois. S'il continue de jouer un rôle au sein de la communauté, c'est en vertu de traditions lointaines plutôt que dans un intérêt présent. Mais voici que la royauté, en y faisant pénétrer ses impôts, va fournir à la noblesse une raison très forte de s'en détacher tout à fait.

Les gentilshommes supportaient presque partout une part des charges communes, ici de toutes les charges, là de quelques-unes seulement. Ce point était réglé moins par coutumes générales que par une multitude de traités particuliers; chaque noble avait le sien, pour ainsi dire [1]; il était ou non contribuable selon la nature de ses biens, de ses occupations et selon l'objet de l'impôt.

Celui dont le fief comportait une juridiction, des devoirs militaires, et qui combattait à son rang dans l'armée seigneuriale, était d'ordinaire exempt des charges dites « plébéiennes » : taille fixe due au seigneur, reste et symbole de l'ancienne servitude, dons gratuits, collectes destinées à remplacer le service d'ost. Mais il était taxé par les consuls à raison des dépenses faites dans l'intérêt public, du moins de certaines dépenses que l'on avait, de part et d'autre, déterminées avec soin. Les nobles de Gramat et du territoire, excepté ceux de deux localités, contribuaient aux réparations de l'église et des murailles de la ville, ainsi qu'aux frais causés par les procès de la commune, les chevaliers de Catéra-Bouzet uniquement aux frais des fortifications et de la garde du château, etc. [2].

---

1. Tel chevalier, seigneur dominant ou autre, s'engage à contribuer en telle occasion (*Layettes*, n° 150. — *H. L.*, t. VII, *Enquêteurs*, col. 51); c'est ainsi que les précédents s'établissent. Il y a de nombreux exemples d'engagements plus durables de la part de nobles et de clercs à Aimargues (Arch. du Gard, E 270, 271), Cahors (*Te igitur*, n° 408, dans le Bullet. de la Soc. du Lot, 1885, p. 93), Lavaur (Bibl. Nat., *Doat* 81, f° 250), Narbonne (*ibid.*, 54, f°ˢ 309, 343), Le Puy (*Invent. des tit. et privil. de la maison consul., Loc. cit.*, pp. 660, 749).

2. Cout. cit. de Gramat, art. 94, de Catéra-Bouzet (Moulezun, *Op. cit.*, t. VI, p. 98). Cf. cout. de Corbarieu (*Bullet. de la Soc. archéol. de Tarn-et-Garonne*, t. VIII,

A Castelnau-de-Montratier, à Narbonne, à Montpellier, à Lunel, à Nimes, à Beaucaire on rencontre des nobles d'une autre sorte, tels qu'il y en avait sans doute dans beaucoup de communautés. Ceux-ci n'avaient point de sujets, aucun fief qui les obligeât au service militaire, dont ils ne s'acquittaient pas. Au lieu de vivre « noblement » de leurs seules rentes foncières, ils se livraient volontiers au négoce, à l'agriculture. Aussi payaient-ils, en toute occasion, leur quote-part des tailles imposées par les consuls [1].

Cependant, aux dépenses particulières de chaque consulat ou syndicat les subsides royaux sont venus s'ajouter dès la fin du règne de saint Louis. Ils se présentaient sous trois formes : l'aide féodale, levée pour cause de chevalerie, de croisade, etc., l'aide imposée au lieu du service d'ost, enfin le don gratuit. Les deux dernières seules importent ; elles se confondent ensemble, étant toutes les deux des subsides de guerre.

Les gentilshommes qui portaient les armes et servaient en personne ont été considérés comme exempts par cela même de contribuer à ces impôts, tandis que les autres se trouvaient naturellement conduits à les accepter. Mais la taille royale devait en peu de temps les mettre tous aux prises avec les roturiers, *plebeii*. Dès le principe avaient éclaté des querelles ; ensuite elles s'aggravent. Plus la taille s'appesantit, plus les nobles s'efforcent de s'y soustraire, les « plébéiens »

p. 119), de Castelnau-de-Montratier, art. 89. — Les coutumes de Clermont-Dessus (art. 51), de Pouy-Carréjelart (art. 9), de Larroque-Timbaut (art. 55) exemptent les « cavoers » de toute contribution ; mais il est probable que la règle générale n'excluait pas des accords particuliers. D'ailleurs à Pujols (art. 23), à Tonneins-Dessous (art. 37), etc., chacun contribue en raison des biens qu'il possède. — Voir aussi Arch. du Gard, E 246, Aimargues (1295) ; Rossignol, *Étude sur l'histoire des institutions de l'arrondissement de Gaillac*, 1866, in-8°, p. 152 ; Germain, *Le consulat de Cournonterrail, Loc. cit*, p. 107 ; Ménard, *Hist. de Nimes*, t. II, pr. n° 91 ; Bibl. Nat., lat. 9174, f° 269 ; lettres du 3 juill. 1358, etc.

1 Cout. de Castelnau-de-Montratier, art. 94 ; cf. L. Limayrac, *Op. cit.*, p. 601. — Mouynès, *Invent.*, Ann. de la sér. AA, n° 133 (1305). — Bibl. Nat., lat. 9174, f°ˢ 224, 230 (1347-49), etc.

de les y soumettre. Entre eux s'engage une lutte que chaque
subside ravive, sorte de mal chronique qui tourne à la crise
aiguë sous le gouvernement de Charles VI.

A cette époque il y a peu de nobles qui n'arguent de leur
qualité pour s'affranchir envers le roi de toute obligation
pécuniaire. Ils ne se réclament plus tant de la communauté
que de la classe à laquelle ils appartiennent, dont ils apprécient pleinement les droits et privilèges, dont ils connaissent les devoirs. Il est probable qu'en cela les idées des gens
du Nord ont eu quelque influence ; les sénéchaux les ont
eux-mêmes appliquées et répandues en convoquant au ban
du roi les nobles indistinctement, même ceux qui payaient
la taille. L'impôt royal a fait davantage. L'immunité à cet
égard devient un privilège beaucoup plus précieux que
l'exemption du service d'ost ; chacun cherche à se l'assurer.
Le gentilhomme qui n'a pas de terre noble tâche d'en acquérir une, ou de hausser son bien à cette dignité. Il abandonne le commerce pour vivre noblement. De temps à autre
il paraît aux revues du ban sur son cheval de bataille. Après
cela, il consent encore à contribuer aux « charges communes », ou frais d'intérêt public ; quant aux subsides de
guerre, il veut en tenir indemnes ses revenus en général,
de quelques terres qu'ils proviennent ; car il prétend les
couvrir toutes de sa condition personnelle.

Les consuls et leurs conseillers, en majorité bourgeois,
étaient d'autant moins disposés à admettre les prétentions
de la noblesse qu'ils avaient à lutter aussi contre celles des
clercs, des officiers royaux et autres soi-disant privilégiés.
Ils répliquent qu'ils faut ranger parmi les charges communes les frais de la défense du pays contre les ennemis du
roi. Ils soutiennent que les nobles doivent contribuer aux
subsides pour les biens dont les possesseurs les ont toujours
acquittés.

Des deux assertions, la première n'a pas eu grand succès ;

la seconde au contraire a servi de fondement au principe essentiel de la « réalité » des tailles.

Mais, ce point de droit acquis, combien ne reste-t il pas de points de fait difficiles à éclaircir, sources inépuisables de discordes! On dispute sur la condition ancienne de la terre : a-t-elle ou non été constamment soumise à la taille, à toutes sortes de tailles? — sur la condition du propriétaire : est-il noble de naissance ou seulement anobli? Sert-il ou non dans les armées? — Procès à Beaucaire entre syndics et nobles en 1386, 1457, 1469, 1493 [1], à Aimargues en 1363, 1438 [2], à Nimes, à Lunel vers 1398 [3], à Toulouse, et d'ailleurs dans la plupart des communautés [4]. Il se passe peu d'années où les consuls ne soient occupés à poursuivre en justice quelque récalcitrant. De part et d'autre on se déteste, et l'on se fait le plus de mal qu'on peut. Vers 1382, pendant que les Tuchins et les gens des Compagnies sévissaient en Languedoc, les nobles leur auraient dit, d'après les consuls de Nimes : « Nous vous avons amenés dans le pays, parce que les vilains voulaient se rendre supérieurs à nous. En retour, maintenant, faites-nous la part belle, » — et aux roturiers : « Vilains, vous voulez nous obliger à défendre le pays et nous faire payer l'impôt. Vous serez si bien pillés, que nous nous paierons sur votre bourse [5]. »

Parmi ces divisions, le gouvernement des villes a changé de mains peu à peu. Les bourgeois ont fait de leur mieux pour en éloigner les gens qui refusaient d'acquitter l'impôt. Dès 1270 les consuls de la cité de Nimes s'opposent, mais en

---

1. Bibl. Nat., lat. 9176, f°s 120, 193; 9178, f°s 116, 223. — Arch. de la Haute-Garonne, sér. B, *Arrêts*, t. IX, f° 145.

2. Arch. du Gard, E 546; cf. 246, 450, 550. — Bibl. Nat., *Languedoc*, 89, f° 213.

3. Ménard, *Hist. de Nimes*, t. III, pr. n° 24. — *H. L.*, t. X, pr. n° 709.

4. Arch. de Toulouse, AA 5, n°s 262, 263, 276, 340. — Il n'y a pas d'archives municipales de quelque importance, où l'on ne trouve par dizaines des pièces à ce relatives.

5. Ménard, *Op cit.*, t. III, pr. n° 15. La pièce est très remarquable.

vain, au rétablissement des quatre consuls des Arènes,
parce que les chevaliers ne voulaient pas, disent-ils, se soumettre aux charges de la communauté[1]. Pour le même
motif, en 1293, les clercs de Narbonne sont déclarés incapables d'être consuls ni conseillers[2].

De leur côté, les gentilshommes semblent tenir de moins
en moins aux fonctions qu'on leur conteste. Désertant la
communauté, ils se retirent sur leurs terres, qu'ils érigent
à l'occasion en communes indépendantes. Ou bien, si la
noblesse est représentée par un nombre fixe de consuls ou
de syndics, elle prétend former une communauté distincte,
entièrement séparée de celle des plébéiens, gouvernée uniquement par ses propres magistrats. L'union des deux
classes s'était faite souvent sous forme fédérative, chacune
conservant une certaine autonomie. Au cours du XIVe siècle,
c'est un fossé qui se creuse entre elles. A Beaucaire, par
exemple, elles n'ont plus de relations qu'à de rares intervalles. Dans une foule de pièces qui intéressent la ville
entière, il est peu ou point question des nobles ou de leurs
syndics, presque toujours des syndics de la « communauté
des bourgeois et gens du peuple », comme si cette dernière
faisait toute la ville à elle seule. Les bourgeois travaillent
seuls à obtenir le consulat, que les nobles en 1247 revendi-
quaient avec eux. Quand ils y réussissent, sous le règne de
Louis XI, peu s'en faut que la noblesse ne soit exclue de la
nouvelle organisation municipale[3].

Par le fait, en s'isolant afin d'échapper aux tailles, cette
classe a dû renoncer à l'influence politique. Les syndics ou

---

1. Ménard, t. I, pr. n° 67.
2. Mouynès, *Invent.*, Ann. de la sér. AA, n° 105.
3. Eyssette, *Hist. administr. de Beaucaire*, t. I, p. 112 ; t. II, pr. n° 38 ; ann. 1464.
— Cf. *ibid.*, les pièces de date antérieure, n°s 10-24 ; Bibl. Nat., lat. 9176, f° 121,
et *H. L.*, t. VIII, *Enquêt.*, col. 112. — Il en est de même à Aimargues, à Lunel,
à Castelnaudary, où les « cossols populars » s'occupent seuls de la rédaction des
coutumes, et non les « cossols dels gentils ».

les consuls des non-nobles, qui recevaient les demandes et
les ordres des officiers royaux, qui accordaient et imposaient la taille, sont devenus au contraire les vrais chefs des
communautés. Leur prépondérance augmente avec les exigences du fisc; elle est en raison directe de la place toujours plus grande que le pouvoir royal a prise dans la vie
des Méridionaux.

Soit que les roturiers les aient délogés du pouvoir, soit
qu'ils s'en désintéressent, les nobles, ainsi que les clercs,
cessent donc d'y participer. A Nîmes, en 1272, ils fournissaient quatre consuls sur huit, et six conseillers sur vingt-
sept; en 1353, ils perdent deux consuls; depuis 1390 ils
n'ont plus de représentants [1]. La noblesse de Toulouse, issue
principalement de la bourgeoisie locale, était puissante dans
la ville; quoiqu'elle eût de grands domaines hors du dex,
elle ne laissait pas, même au xve siècle, d'accepter les fonctions capitulaires, d'assister aux assemblées, de conduire
les ambassades. Ensuite elle préfère s'abstenir : un gentilhomme ne coiffe le chaperon de capitoul que contraint par
sentence du Parlement [2].

Visiblement ils dédaignent des honneurs d'apparence
roturière. En eux l'esprit de caste étouffe celui qui les avait
associés au reste des prud'hommes. Ceux-ci formaient alors
une aristocratie. Maintenant tout artisan, tout laboureur est
homme libre, fait partie de la commune, et peut, à la
rigueur, être admis au corps consulaire. C'est une société

1. Ménard, t. I, pr n° 71 ; II, pr. n°ˢ 89, 91 ; III, pr. n°ˢ 23, 117.
2. Arch. de la Haute-Garonne, sér B, *Arrêts*, t. XXXII, f° 436 ; ann 1530. —
A Rodez (cité) le premier consul, jusqu'en 1316, est toujours un noble ; c'est
ensuite un « envi en dreg », ou un bourgeois (Affre, *Lettres sur l'hist. de Rodez*,
p 74). A Narbonne (cité) les nobles en 1484 sont encore rangés dans la 1ʳᵉ échelle
et peuvent être consuls et conseillers ; mais ils ne le deviennent plus (Mouynès,
Invent., Ann. de la sér. AA, n° 187. — Arch. de la Haute-Garonne, sér. B, *Arrêts*,
t. XVIII, f° 59 ; 10 janv. 1520). A Millau, à Rabastens, il n'y a plus de nobles
parmi les consuls au xve siècle. — Cf. Rossignol, *Étude sur l'hist. des instit. de
l'arrond. de Gaillac*, p. 122.

11

dont les nobles se détachent volontiers. Ils sont à leurs propres yeux membres de la noblesse du pays, plutôt que
citoyens de Béziers ou de Narbonne. On trouverait encore un
petit nombre de consulats où ils figurent, mais plutôt pour
la forme, en vertu d'habitudes invétérées, que dans l'intérêt
de leur classe, afin de la représenter. Dans les communautés
tout le pouvoir revient à ceux qui payent l'impôt, au peuple,
à la bourgeoisie.

Par gens du peuple, *populares*, on entendait parfois la
population roturière, mais plus communément la classe
inférieure par opposition aux notables. Au XIVᵉ siècle le
terme de « prud'hommes » s'avilit ou disparaît ; on distingue
les roturiers en deux catégories : les *minores*, ou menu
peuple, cultivateurs, gens de métier, les *majores,* qui sont
bourgeois, changeurs, marchands [1]. Ce n'était pas là une
division vague ni arbitraire ; elle était fondée sur le livre
d' « estime » de la communauté. Si l'on excepte certains
individus, peut-être certaines corporations ouvrières, le
menu peuple formait la classe pauvre, les notables celle des
riches, et l'on a vu que ces derniers étaient aussi la classe
dirigeante.

Quand une classe est maîtresse du pouvoir, elle l'exerce à
son profit. Les notables, consuls et conseillers, imposaient à
leur gré la taille, dont ils déterminaient le chiffre, l'assiette,
la nature, qu'ils faisaient répartir et percevoir. Ils pouvaient
s'épargner eux-mêmes au détriment des pauvres, et, par
exemple, lever tant par tête ou par maison, au lieu de recourir à l'impôt proportionnel, calculé selon la fortune, « à sol
et à livre ». C'est à l'occasion de la taille qu'ont éclaté les

---

1. La distinction est très usitée déjà au XIIIᵉ siècle. — A ces deux catégories
s'ajoute parfois celle des « mediocres ». Les corporations ou classes que chacune
contenait changeaient d'une communauté à l'autre : à Narbonne (cité) les
pareurs de draps figuraient parmi les « ministeriales et populares » ; mais dans
le bourg ils en étaient séparés, et prenaient place entre eux et les « platearii »
(Mouynès, *Invent.*, Ann. de la sér. AA, p. 301).

premières révoltes du peuple contre les consuls. Dès la première moitié du xiiie siècle il se ligue par serment à Agen, Albi, Montauban, Gaillac, et les prud'hommes sont contraints de céder devant l'émeute, d'adopter le genre d'impôt que le peuple réclamait [1].

Evidemment, dans ces villes et dans tous les centres urbains de quelque importance, les petites gens, groupés en corporations, avaient déjà conscience de la force que le nombre leur donnait. La plupart étaient de condition libre, et certains corps consulaires commençaient à les accueillir. Or, leur classe s'est accrue continuellement, grâce à l'immigration des habitants de la campagne, tandis qu'elle achevait de s'affranchir. Au siècle suivant, elle est redoutable à la bourgeoisie, parce qu'elle est très nombreuse, et qu'elle ne compte plus de serfs ni de demi-serfs [2].

C'est justement alors que l'impôt royal vient surexciter les esprits en multipliant les tailles et les abus. Lorsqu'il paraît, à la fin du règne de saint Louis, il jette le peuple contre les bourgeois à Verdun, Cahors, Narbonne [3]. Ensuite, c'est pis encore : il est impossible d'entrer dans le détail de l'histoire d'une ville sans assister à quelque émeute populaire, précédée de conspirations, suivie de longs procès où s'épuisent les deux partis. La cause est toujours la même, à savoir le poids de l'impôt.

La bourgeoisie a consenti sans trop de peine à augmenter en faveur du roi les charges de la communauté parce qu'elle était vulnérable par l'argent, assagie par la fortune. Quand les commissaires royaux ne parvenaient pas à s'en-

---

1. Magen et Tholin, *Chartes*, nos 3, 21, 44 ; ann. 1212, 1245. 1248. — Compayré, *Études hist.*, pp. 149, 150. — Le Bret, *Hist. de Montauban*, t. I, p. 292. — Rossignol, *Monogr. commun. du Tarn*, t. II, p. 379.

2. Sur cet état de demi-servage, voir entre autres la cout. du Castera, de 1240, art. 23-29. (Cabié, *Chartes de la Gascogne*, p. 46.)

3. *H. L.*, t. VIII, pr. no 523, v-vii. — Dufour, *La comm. de Cahors*, pp. 45 et suiv. — Mouynès, *Invent.*, Ann. de la sér. BB, t. II, nos 1, 4.

tendre avec les consuls au sujet d'une taille, ils les accablaient de vexations, les citant à comparaître dans une ville éloignée, ainsi que leurs conseillers et les personnes les plus riches, ou bien les mettant aux arrêts. A ces requêtes impérieuses les consuls cédaient prudemment, à moins que la crainte du menu peuple ne leur inspirât quelque audace et des velléités de résistance. D'ordinaire l' « indignation » du roi leur semblait un péril beaucoup plus certain, plus pressant qu'une sédition; elle les frappait en personne, plus durement que la taille. Entre deux maux, ils ont choisi celui qu'ils avaient le moins de raisons d'appréhender.

Quel que soit l'impôt, il est plus léger pour les riches que pour les pauvres; d'ailleurs les consuls pouvaient rejeter le faix principal sur la classe inférieure. Les fouages, au XIVe siècle, furent acquittés très souvent au moyen de taxes sur les denrées, vin, blé, viande, etc., à l'entrée, à la sortie, à la vente et à l'achat. Le personnel dirigeant des communautés avait une préférence marquée pour ce genre d'imposition, car chacun y contribuait en raison de ses besoins, et non selon sa fortune; il semble aussi que le peuple s'en ressentît moins que de la taille, qu'il s'acquittât plus aisément tout en payant bien davantage[1].

La taille, même « à sol et livre », prêtait à l'arbitraire. On la répartissait d'après l'estimation que les consuls avaient fait faire des biens des habitants. Cette estime, effectuée par des procédés sommaires, n'était pas exempte d'injustices, puisque partout, tant qu'ils ont pu, les riches se sont opposés à la confection des cadastres, base trop exacte à leur gré de la répartition des tailles[2]. La répartition achevée, les

1. Bibl. Nat., lat. 9175, fo 34 ; 20 janv. 1363. Comme les syndics de Beaucaire, « propter metum populi timentes de scandalo non audent indicere nec levare tallias a suis civibus ». ils demandent la permission de payer un subside au roi au moyen d'un droit de « soquet » sur le vin. — Rien de plus fréquent que les faits de cette nature.
2. Mascaro, Lo libre, etc., Loc. cit., p. 87 ; ann. 1360 : « Aquel an se comenset a

consuls pouvaient encore transiger avec les contribuables, accorder des remises à leurs amis; les plus riches étaient toujours les mieux traités[1].

Enfin, notables et consuls tiraient des subsides royaux des avantages positifs. Ce n'étaient pas des collecteurs d'impôt, placés au service du roi, mais les chefs d'un corps autonome; à l'occasion d'un subside, ils levaient ce qu'ils jugeaient bon. Il suffisait que la somme promise fût acquittée au fisc, et si la somme imposée était deux ou trois fois plus forte, les officiers royaux n'avaient pas à s'en occuper; la différence était employée par les consuls[2].

Ceux-ci ont abusé des crédits qu'ils s'ouvraient euxmêmes. Il serait fort injuste de ne voir en eux qu'égoïsme; les délibérations, les comptes municipaux les montrent, au contraire, servant de toutes leurs forces, en toute occasion, les intérêts de la commune, se livrant pour elle à de longs et dangereux voyages. Ils supportaient vaillamment, comme chose naturelle, les inconvénients du pouvoir; mais ils se payaient en retour avec l'argent des contribuables. Dans les comptes municipaux le chapitre des dépenses accuse une foule de frais pour démarches et travaux accomplis au service du public, tous grassement rémunérés selon la qualité des personnes que l'on emploie, le nombre des chevaux et des serviteurs qu'elles emmènent avec elles, etc. Les requêtes du menu peuple dénoncent des faits plus graves, le vol pur et simple, les comptes annuels rendus pour la forme à des gens qui les approuvaient d'avance, les consuls échappant

far lo compes (compoix); mais les grans rix homes de la viela non lo layssero a terminar ny volgro que se feres, per so que hom non saupes lur estat. »

1. Il est de formule en quelque sorte d'accuser les consuls d'avoir agi « en relevamen dels rixs et a greug dels paubres ». D'ailleurs l'homme riche, pour se faire dégrever, dispose d'un argument décisif : il menace de s'en aller. (Arch. d'Albi, BB 17, f° 43.)

2. Par exemple, en déc. 1433, les consuls d'Alais, ayant à payer au roi 60 moutons d'or, lèvent une taille qui en rapportera 161. (Bibl. Nat., lat. 9177, f° 296.)

pendant vingt ou trente années à cette formalité et s'appro-
priant sans vergogne les deniers qu'ils n'employaient pas.

Être consul à cette époque, c'est être en position d'épargner aux dépens de tous la classe dont on fait partie; c'est
procurer à ses amis et se procurer à soi-même ménagements et bénéfices. Aussi, que de brigues se croisent autour
du consulat! Ces fonctions étaient autrefois plus redoutées
peut-être que recherchées par les prud'hommes; maintenant
on se les dispute « *per fas et nefas* », par menaces et promesses, par la violence au besoin. Des ligues s'en emparent
et s'y perpétuent « pour s'enrichir injustement au détriment
d'autrui ». Excès, « collusions, monopoles », tel est, dans
certaines villes, le bilan ordinaire des opérations électorales;
le consulat y « devient tyrannie »; mal gouverné, le peuple
se soulève; il s'ensuit des troubles qui durent d'un seul trait
dix ou quinze ans.

A Montpellier, en 1324, la lutte s'engage à propos d'une
taille que les gens du peuple déclaraient inutile et injustement répartie. Puis ils forment un syndicat, demandant
que l'on revise depuis vingt ans les comptes des consuls;
car ils ont depuis ce temps-là mis des taxes sur le blé, quoique la maison de ville eût des ressources suffisantes, et
gardé pour eux le produit. La Cour du roi, saisie du différend, demeure assez incertaine; mais le sénéchal de Beaucaire prend fait et cause pour le peuple. Le commissaire
qu'il a désigné permet aux petites gens de s'assembler, de
nommer des syndics; il leur fait donner une cloche. Grâce à
lui, plus de mille hommes pénètrent dans le clocher de
Notre-Dame-des-Tables : au dire des consuls, ils s'y seraient
barricadés, criant qu'autant valait pour eux mourir là que
dans les Flandres (décembre 1325). Evidemment le parti
consulaire voudrait prêter à l'assemblée l'apparence d'une
émeute contraire au service du roi.

Cependant deux clercs ont été chargés par Alfonse de

Lunel, lieutenant en Languedoc, de vérifier les comptes incriminés; ils condamnent les consuls, et leur sentence, sur appel, est confirmée en Parlement (1328). Les accusations redoublent de la part des syndics du peuple : tantôt il s'agit d'un impôt pour la guerre de Gascogne, lequel produirait, disent-ils, 8,000 livres, quand on en a promis 2,000, tantôt des élections, que les consuls auraient faites « par faveur et par compérage », sans jamais rendre de comptes. Jusqu'en 1338, au moins, ce ne sont que conspirations et querelles. La bourgeoisie paraît menacée, prête à perdre le pouvoir, et pourtant elle l'emporte. Dès 1331, par accord du 5 octobre, les gens du peuple, incapables de soutenir longtemps des procès onéreux, se sont résignés au maintien des impositions sur le blé; ils ont également renoncé au bénéfice des sentences obtenues et même à leur syndicat. Ils se sont soumis aux consuls, leur ont promis obéissance et rendu les livres de comptes dont ils s'étaient emparés[1].

C'est ainsi presque toujours que finissaient les différends. Si les mouvements populaires s'étaient produits dans les communautés avant la conquête royale, ils auraient abouti sans doute à les constituer en démocraties; car les consuls étaient hors d'état de résister. Mais la plupart datent d'un temps où le pouvoir du roi pesait sur les communes; les partis ne pouvaient plus se livrer bataille à leur aise; point de vainqueur, qui fût libre de pousser sa victoire à bout. La classe la plus nombreuse, qui, les armes à la main, aurait conquis le pouvoir, était réduite à plaider contre des

---

1. Arch. de Montpellier, arm. 9, caisse 7, nᵒˢ 1-46, et *H. L.*, t. X, pr. nᵒ 263. — Cf. Moissac, 1283-1284 (Lagrèze-Fossat, *Études hist. sur Moissac*, t. II, p. 46); Gourdon, 1288 (Combarien et Cangardel, *Not. et textes*, etc., *Loc. cit*, pp. 154, 159); Alais, 1294 (*Bullet. de la Soc. d'Alais*, 1870, pp. 346-358); Rabastens, 1331 (Rossignol, *Monogr. commun. du Tarn*, t. IV, p. 258); Villefranche-de-Rouergue, 1331 (Cabrol, *Annales de Villefranche-de-R.*, p. 198), La Grasse, 2 juill. 1394 (Mahul, *Cartul. de Carcassonne*, t. II, p. 504), et tous les faits qui seront allégués plus loin.

adversaires qui la surpassaient de beaucoup en richesse et en influence.

Elle a rencontré quelque appui chez les officiers subalternes, juges, procureurs, viguiers, que leurs fonctions mettaient souvent en conflit avec les consuls. Tel réformateur général la favorise ouvertement; ainsi Bertrand de Ribérac, prieur de Saint-Martin-des-Champs, puis évêque de Vabres, qui parcourt les sénéchaussées du Midi entre 1340 et 1355. Il y avait alors à Béziers un « parti des réformateurs », formé de petites gens[1]. Mais on ne saurait dire que la royauté ait penché vers eux de façon quelque peu réfléchie et constante. La politique des rois était vide d'idées générales; ils voyaient dans chaque cas une question particulière, qu'ils résolvaient au mieux de leur intérêt immédiat.

D'ailleurs ils estimaient, comme tous les contemporains, que l'équité consiste à maintenir les droits acquis. La classe supérieure étant en possession du gouvernement des communautés, la pensée de le lui ôter ne leur serait pas venue. Ils la trouvaient complaisante, capable de répondre des subsides qu'elle accordait. Au contraire les révoltes du menu peuple mettaient en grand hasard la perception des deniers royaux. Elles étaient dirigées autant contre l'impôt que contre les consuls chargés de l'établir. Entre la bourgeoisie et la royauté il y eut alliance tacite.

Pendant les lieutenances des duc d'Anjou et de Berry ont éclaté en Languedoc les pires séditions. Sous Charles VI elles se greffent sur la rivalité du comte de Foix, Gaston III, avec le duc de Berry (1380-1382), puis sur la querelle des Armagnacs et des Bourguignons (1418-1420).

---

1. Mascaro, Lo libre, etc., Loc. cit., p. 80; ann. 1355. — Ce réformateur rend des arrêts ou donne des lettres à Cahors en 1340 (Dufour, Op. cit., pp. 106, 116 ; cf. p. 101); à l'Isle-d'Albi et Rabastens, à Laguiole, à Auzits en 1351 et 1352 (Ord., t. II, pp. 475, 477, 524), en Quercy (Lacoste, Op. cit., t. III, p. 129), à Nîmes en 1353 (Ménard, t. II, pr. n° 89.)

Elles ne sont pas moins dangereuses pour l'autorité royale que pour celle des consuls et conseillers. Au Puy en 1378, à Clermont-de-Lodève, Alais en 1379 le peuple crie : « Mort aux riches », et saccage leurs maisons, tandis qu'à Montpellier il met à mort les officiers du duc d'Anjou, qui traitaient d'un nouvel impôt avec le corps consulaire [1]. Il confond dans la même haine tous les pouvoirs établis. C'est lui qui se soulève à Montauban, en 1412, à Limoux, au bourg de Carcassonne en mai 1414 [2]. Il est pour le comte de Foix et pour le duc de Bourgogne ; mais les notables, à part un petit nombre de meneurs, se tiennent sur la réserve et même font résistance : quand ils suivent le mouvement, c'est de peur d'en être victimes [3]. En 1418 beaucoup d'entre eux restent fidèles au dauphin, et les autres, dès qu'ils l'osent, s'empressent de se soumettre [4].

La monarchie n'a point pour cela, de propos délibéré, favorisé les bourgeois. Elle a voulu que les charges fussent équitablement réparties : c'est ainsi qu'elle approuvait le système de la taille « à sol et livre ». Elle a confirmé des mesures qui tendaient à diminuer l'arbitraire des consuls, à

1. *H. L.*, t. X, pr. n°s 636, 647, 648. — L'insurrection de Montpellier est le fait d'« alcus populars » (*Petit thalamus*, p. 398 ; cf. le texte précité, n° 648), et non celui des consuls, comme le donne à entendre l'acte d'accusation violent et peu véridique que le duc d'Anjou avait fait dresser contre eux. (Germain, *Hist. de la commun. de Montpellier*, t. II, pr. n° 18.)

2. Bibl. Nat., *Langued.* 88, f° 118. — *Ibid.*, f° 138, et Douet d'Arcq, *Choix de pièces inédites relatives au règne de Charles VI*, 1864, 2 vol. in-8°, t. I, p. 378. — Arch. de l'Aude, liasse *Limoux* ; lettres des 3 août 1414, 4 juin 1415. Les révoltés sont « aucuns chétis populaires, de petite renommée et de meschant estat,... gens de néant, pleins de leurs volentez ». Les consuls sont innocents.

3. A Béziers, en septembre 1381, sur le seul bruit que les notables voulaient recevoir le duc de Berry, les gens du peuple en avaient massacré quinze ou vingt, à l'issue du conseil de ville. (Mascaro, *Lo libre*, etc., *Loc. cit*, p. 115. — Sabatier, *Hist. de Béziers*, p. 295.)

4. Les consuls de Montpellier n'adhèrent que par force au parti bourguignon (Arch. de Montpellier, AA 9, 2 févr.-9 avril 1418). Ceux de Toulouse cherchent à s'en détacher dès janv. 1419. (Arch. de la Haute-Garonne, sér. B, *reg. d'appoint.*, 1424-25, f° 311.) — Cf. P. Dognon, *Les Armagnacs et les Bourguignons*, dans les Annales du Midi, 1889, pp. 438, 464, 466 et suiv.

faire au peuple parmi eux une place un peu plus large; les
arrêts du Parlement de Toulouse, depuis la fin du xv⁰ siècle, sont tous conçus en ce sens.

Dans cet ordre de faits la part d'initiative du gouvernement royal s'est augmentée avec le temps; mais en somme
elle est assez faible. Il n'imposait pas sa volonté aux parties;
il agréait les accords qu'elles avaient conclus ou les con-
ciliait en donnant forme de règlement ou de sentence à leurs
prétentions les plus acceptables. Son influence est d'autre
sorte. Toujours sollicité, toujours intervenant, il a com-
primé les manifestations violentes de la vie municipale,
restreint les luttes des deux classes, réduit de plus en plus
l'ampleur des oscillations politiques dans les communautés.
La situation respective du peuple et de la bourgeoisie a
moins changé du xiv⁰ siècle au xvi⁰ qu'elle ne l'avait fait
au cours du siècle précédent, et ces changements, répartis
sur un laps de temps si considérable, paraissent de peu de
portée, quand on les compare à ceux qui survenaient en
quelques dizaines d'années dans une communauté de Lom-
bardie ou de Toscane.

Le menu peuple des villes de commerce et d'industrie,
où les artisans affluaient, a réalisé certains progrès politi-
tiques : il n'est jamais allé jusqu'à conquérir le pouvoir.

Il se serait bientôt rendu le maître, si l'élection des consuls et des conseillers avait été remise au suffrage de tous
les citoyens. Ce mode d'élection existait dans quelques
communes, mais au profit des seuls prud'hommes, c'est-à-
dire du petit nombre, les autres étant placés hors de la communauté politique. Il semble que le corps électoral se soit
élargi à mesure que la liberté civile s'étendait à toutes les
classes; pour peu que le terrain lui eût été favorable, le
suffrage universel aurait pu naître et prospérer. C'est le
contraire qui a eu lieu : ici le menu peuple, habitué à
l'inertie, restait indifférent aux élections; là des rixes inces-

santes donnaient aux consuls des arguments ou des prétextes pour demander le droit de nommer leurs successeurs. Ce droit constituait le régime commun, auquel les villes dissidentes se sont rangées l'une après l'autre[1].

Il est donc très rare qu'on ait été chercher dans le suffrage universel un remède aux abus de pouvoir que commettait la classe dirigeante. A cet égard, la charte de Lavaur, de 1357, est un fait à peu près unique : la nomination du corps consulaire et du conseil de ville fut alors ôtée aux consuls et remise aux habitants, à tous sans exception ; les estimateurs, le clavaire devaient être élus de même, à la majorité des voix ; les consuls avaient à rendre leurs comptes en public[2].

Arbitres, réformateurs et Parlement ont suivi de préférence des errements anciens. Point de brusques revirements ; on remanie, on complique de la façon la plus bizarre les combinaisons électorales, dont le XIIIe siècle offrait déjà des modèles fort compliqués[3]. La puissance des consuls est diluée, pour ainsi dire : ils choisiront des électeurs qui nommeront les nouveaux consuls[4], ou bien des candidats entre lesquels le sort sera chargé de décider[5], etc. On

1. Cuxac, 1357 (Ord., t. III, p. 175); Albi, 1402 (Compayré, Op. cit., p. 166) ; Lectoure, 1506 (Cassassoles, Notice historique sur la ville de Lectoure, 1839, in-8°, pr. p. 9); Rabastens, 1527. (Arch. de la Haute-Garonne, série B, Arrêts, t. XXI, f° 718.)

2. Ord., t. III, p. 188. Cette constitution avait sans doute été inspirée aux habitants et au Conseil du dauphin par les circonstances que traversait le royaume. Cf. Millau, où l'élection des consuls, en 1453, est confiée à tous les chefs de maison ; mais la réforme ne dure pas. (Rouquette, Recherches hist., etc., t. I, p. 7.) A Auzits, en 1352, le prieur de Saint-Martin-des-Champs établit le suffrage universel à deux degrés en créant le consulat. (Ord., t. II, p. 524.)

3. Ainsi le règlement d'Alais, de 1275 (Bullet. de la Soc. d'Alais, 1870, pp. 336, 340.)

4. Arch. de l'Aude, liasse Limoux, arrêt du 19 févr. 1446. A Limoux, les 6 consuls désignent 66 électeurs, soit 11 chacun, et ceux-ci tout aussitôt, sans s'être concertés, nomment les 6 nouveaux consuls, les 30 conseillers, les 6 auditeurs des comptes. — Cette ville est l'une de celles où les élections ont été le plus souvent troublées ; le Parlement intervient en 1499, 1501, 1528, 1530, 1535, etc.

5. A Béziers, en 1382, chacun des 5 consuls désigne 3 électeurs de son échelle,

impose aux électeurs et aux élus des serments détaillés contre la fraude[1]. Pour mieux déjouer les « monopoles », on déploie un luxe incroyable de précautions et d'artifices, qui rendent fort aléatoire le résultat de l'élection. Ce que l'on retire au choix étant donné au hasard, les magistrats municipaux du XVIe siècle sont plus indépendants encore de la communauté que ne l'étaient ceux du XIIIe.

La conséquence nous paraît fâcheuse : les contemporains ne s'en inquiétaient nullement, si même ils l'apercevaient. De nos jours le pouvoir réside dans le corps même qu'il s'agit de représenter et de conduire; l'élection qui le transmet des citoyens à leurs mandataires est un acte essentiel, par lequel les uns et les autres entrent dans un état de dépendance réciproque. Mais à cette époque les consuls administraient au nom du roi ou des seigneurs; la source de de leur autorité étant placée hors de la commune, celle-ci n'éprouvait pas le besoin de les élire. L'ambition de la classe populaire fut plutôt de fournir un certain nombre de consuls et de conseillers.

Elle y parvient à Montauban[2], à Béziers vers la fin du

---

qui aient déjà été consuls, soit 15 en tout. Chacun des 3 électeurs, en présence des consuls, nomme pour consul un homme de son échelle; s'ils donnent trois noms différents, on a recours au sort. (Mascaro, *Lo libre*, etc., *Loc. cit.*, p. 121.) En 1411 ce règlement est modifié comme il suit, par ordonnance du sénéchal de Carcassonne : les 5 consuls nommeront 60 personnes, dont 24 seront désignées par le sort pour élire les consuls nouveaux, à raison d'un par échelle. (*Bullet. de la Soc. archéol. de Béziers*, 2e sér., t. VIII, p. 11.) Or, en 1332, chaque consul sortant nommait son successeur. (*Ibid.*, 1re sér., t. III, p. 43.) En 1550, arrêt du Parlement de Toulouse et nouveau règlement, si compliqué qu'il faudrait une page pour en donner l'idée. (Arch. de la Haute-Garonne, sér. B, *Arrêts*, t. XLIV, fo 14.)

1. *Ibid.*, t. XII, fo 467. Arrêt du 5 déc. 1504, sur les élections de Toulouse. Les capitouls nouveaux jureront sur le Te igitur et la croix qu'ils n'ont pas donné d'argent pour être élus à leurs prédécesseurs, ni à leurs conseillers, ni à personne, qu'ils n'ont pas pris d'engagement à leur égard pour les élections suivantes, etc. — De plus, on allonge le laps de temps pendant lequel un consul sortant ne peut être réélu. — Il semble que ces mesures n'aient guère atteint le but que l'on se proposait.

2. Le Bret, *Hist. de Montauban*, t. I, p. 389. Il y a alors 5 consuls bourgeois, 5 du peuple. — Cf. *Ord.*, t. XI, p. 64 ; ann. 1328.

XIIIᵉ siècle. Le consulat de Béziers admet les représentants
de beaucoup de corporations : notaires, pareurs de draps,
bouchers, peaussiers, merciers, cordonniers, mégissiers,
meuniers, forgerons, corroyeurs, chaudronniers, charpen-
tiers, grainetiers et laboureurs; il est vrai qu'elles sont res-
serrées en cinq « échelles », les deux premières étant formées des seuls changeurs et marchands[1], et que d'autres
corps de métiers, sans doute moins importants, ne sont pas
classés dans les échelles ; ceux-là n'ont jamais de consuls[2].
Depuis les gens du peuple ont conservé la position qu'ils
avaient acquise, mais sans pouvoir l'améliorer[3]. Il en fut à
Montpellier exactement de même[4].

A Narbonne, à Nîmes la période des modifications se prolonge davantage. En 1338, date de l'union des deux consulats de Narbonne, le menu peuple n'avait que cinq consuls
sur douze; en 1381 il en reçoit six, et sur 80 conseillers il
y a 40 laboureurs ou gens de métier[5]. Après deux siècles
de querelles et plusieurs petites révolutions, les consuls de
Nîmes, réduits au nombre de quatre, sont, en 1476, un avocat, un bourgeois, ou marchand, ou médecin, un artisan,
ou notaire, un laboureur[6].

Dans le même espace de temps il y a peu de consulats de
quelque importance où n'aient point pénétré des artisans,

1. *Bullet. de la Soc. archéol. de Béziers*, 1ʳᵉ sér., t. III, p. 43. — Mascaro, *Lo
libre*, etc., *Loc. cit.*, pp. 69 et suiv.

2. *Ibid.*, p. 86. En 1360, les « canabassiés » (tisserands de chanvre) ont un consul pour la première fois. — A Narbonne, en 1528, les tisserands, tondeurs, teintu-
riers, taillandiers sont adjoints aux pareurs, devenus trop peu nombreux, et forment avec eux la seconde échelle du bourg; alors seulement ils acquièrent le
droit d'être choisis pour consuls et conseillers. (Arch. de la Haute-Garonne,
sér. B, *Arrêts*, t. XXII, fᵒ 71.)

3. Mascaro, p. 121. Règlement de 1382.

4. *Petit thalamus*, p. 99. — Germain, *Histoire du commerce de Montpellier*,
1861, 2 vol. in-8ᵒ, t. II, pr. nᵒ 187 (1394, 1410).

5. Mouynès, *Invent.*, Ann. de la sér. AA, nᵒ 157, de la sér. BB, t. II, nᵒ 13. —
Cf. *Ord.*, t. VI, p. 393.

6. Ménard, t. III, pr. nᵒ 117; cf. nᵒ 23, et t. II, pr. nᵒ 89. Le consulat est modifié pour la raison que « decens est ibi esse honores ubi sunt onera ».

des cultivateurs [1]. Les forains qui n'ont pu se constituer en communautés séparées réclament des droits semblables à ceux des habitants de la ville principale et, de gré ou de force, obtiennent des consuls [2]. Ces faits n'ont pas été sans influence sur la gestion des affaires municipales. Dans un corps dont les membres étaient tirés des diverses classes de la communauté, il était moins à craindre qu'un accord s'établit au profit de l'une et au détriment de l'autre. Chacun, bourgeois ou marchand, artisan ou laboureur, portait en soi les idées et les traditions des hommes parmi lesquels il passait sa vie; il ne pouvait s'affranchir du besoin de mériter leur estime ou d'éviter leur blâme. Les intérêts de sa classe étaient les siens; il les représentait; il dut les défendre. Consuls et conseillers de condition différente purent se surveiller mutuellement, et la reddition des comptes devenir autre chose qu'une vaine formalité.

Les règlements et arrêts qui appellent le menu peuple au gouvernement des communes témoignent d'un effort constant pour tenir les consuls en bride, pour les soumettre à un contrôle [3]. De l'assemblée générale, qu'ils dominaient,

1. A Lautrec, 1328, seront admis au consulat « minores et mediocres sicut et majores ». (*Ord.*, t. VIII, p. 35.) — De même, en 1343, à Castelnau-de-Montratier, où les consuls roturiers étaient uniquement, avant cette date, des bourgeois et des marchands. (L. Limayrac. *Op. cit.*, p. 570.) — A Rodez (cité), au XVᵉ siècle, les trois premiers consuls sont des gradués, nobles, bourgeois, marchands, notaires, le quatrième un « mecanic ». (*Annales du Rouergue et du Quercy*, 1888, p. 106.) — A Moissac, 1489, ils appartiendront « à tous estats » : nobles, bourgeois, clercs — marchands — notaires, artisans — laboureurs. (Lagrèze-Fossat, *Op. cit.*, t. II, p. 435). — A Limoux, en 1530, ce sont 1 clerc, 2 bourgeois, 2 marchands, 1 artisan ou laboureur (Arch. de la Haute-Garonne, sér. B, *Arrêts*, t. XXIII, fᵒ 112), etc. — A Toulouse, aucun changement.

2. A Lautrec, depuis 1438, 1 consul forain sur 4 (Rossignol, *Monogr. cit.*, p. 81), à Montauban, 1 sur 6 en 1442. (Le Bret, *Op. cit.*, t. I, p. 398; II, p. 396, et *Ord.*, t. XIII, p. 366.) — Cf. Agen, 1481 (Tholin, *Ville libre*, etc., p. 95), Gaillac, 1539 (Arch. de la Haute-Garonne, série B, *Arrêts*, t. XXXII, fᵒ 511), Saugues, 1553 (Bibl. Nat., fr. 18513, fᵒ 331), et divers exemples dans Rossignol, *Étude sur l'hist. des instit. de l'arr. de Gaillac*, p. 123.

3. Tels sont, entre autres, les règlements souvent cités de 1270 et 1278, relatifs à Narbonne, ceux de Cahors, 1338 et 1340 (Dufour, *Op. cit*, pp. 112, 116), Mil-

du conseil juré, qui leur servait d'instrument, on cherche à faire des pouvoirs modérateurs. Défense au corps consulaire de rien imposer, si ce n'est de l'avis du conseil général, et le conseil doit être à Limoux, à Toulouse de 60 personnes au moins, de 80 à Narbonne, de 101 à Béziers [1], de 66 au Puy, etc. Les consuls de Rodez (cité) écouteront en pareil cas tous les chefs de maison, sans se moquer des pauvres. A la fin du xv⁰ siècle, défense de mêler dans l'imposition les deniers royaux et ceux de la ville, pour que chacun puisse savoir combien celle-ci perçoit [2].

L'institution des clavaires, trésoriers ou receveurs, se généralisant, ôte aux consuls le maniement des fonds; mais il faut aussi qu'ils n'aient plus plein pouvoir d'engager et d'ordonnancer la dépense. On leur interdit de rien faire, ni frais, ni procès ou voyages susceptibles de causer des frais, ni emprunts, ni remises d'impôts sans l'agrément de leur conseil. A Millau, au xiv⁰ siècle, ils s'y obligent par serment [3]. A Narbonne, en 1270 et 1184, les dépenses de voyage font l'objet de tarifs permanents, que les arbitres insèrent dans leurs sentences.

La plupart des grandes querelles étaient suivies de vérifications des comptes, portant sur quinze ou vingt ans de gestion, qui tournaient rarement à l'avantage des consuls. On s'efforce de rendre également sérieux et sincère l'exa-

---

lau, 1339 (Constans, *Le livre de l'Epervier*, p. 144), Toulouse, 1390 (Arch. de Toulouse, AA 3, n° 253), Limoux, 19 févr. 1446 (Arch. de l'Aude, liasse *Limoux*), Le Puy, 1463 (*Nouv. rev. hist. de droit fr. et étranger*, 1884, p. 87), Lautrec, 30 avr. 1479 (Arch. du Tarn, E 478, f° 151), Narbonne, 1484 (Mouynès, *Invent.*, Ann. de la sér. AA, n° 187), Moissac, 1489 (Lagrèze-Fossat. *Op. cit.*, t. II, p. 435), Montpellier, 13 janv. 1496 (Arch. de Montpellier, *Grand thalamus*, f° 225), etc.

1. Arch. de la Haute-Garonne, sér. B, *reg. d'appoint*. 1426-27, f° 211.

2. Ainsi à Limoux, 1446, Narbonne, 1484, Nîmes, 1476 (Ménard, t. III, pr. n° 117), Montpellier, 1496. Les consuls de Montpellier en 1449 refusaient de lever à part les deniers royaux et ceux de la ville. (Bibl. Nat., lat. 9178, f° 121.)

3. Constans, *Op. cit.*, p. 163, art. 11 : « Et creires lo cosselh sive cosselz, ho la major partida d'aquelz. »

men annuel des comptes : les consuls de Cahors compte-
ront en présence de 60 prud'hommes, élus par les 30 quartiers[1], plus tard devant le grand conseil (1271, 1338), le
clavaire de Limoux devant six auditeurs, nommés par les
66 électeurs, à raison d'un par quartier. Depuis 1390, les
capitouls de Toulouse doivent s'adjoindre à cet effet douze
artisans notables. A la reddition des comptes des consuls de
Millau assisteront huit laboureurs ou gens de métier[2]. On
tend à s'en remettre à d'autres que les consuls du soin de
vérifier la gestion de leurs prédécesseurs : y sont admises
les classes qui prennent part au gouvernement et forment
le corps politique.

Quant à la répartition de l'impôt, quant à la confection
des « estimes » et des « compoix », les mêmes principes
prévalent. On verra qu'au xve siècle la taille « à sol et
livre », premier objet des réclamations populaires, était un
fait acquis, et que toute communauté possédait déjà son
cadastre. En général l'imposition, l'estime et autres opérations litigieuses sont alors effectuées sous la surveillance
et par le concours de gens « de tous états », y compris les
gens du peuple[3].

En trois siècles le gouvernement communal est devenu
moins dur aux faibles; mais, en dépit des réformes, il n'est
rien moins que démocratique. Personne n'imagine que les
gens « de vile condition » puissent y dominer, et vers 1550
le Parlement de Toulouse commence à réagir contre le système des élections par échelles, qui les laissent parfois
entrer en trop grand nombre au consulat et au conseil[4]. A

1. Arch. de Cahors, CC 1.
2. Rouquette, *Rech. hist.*, etc., t. I, p. 7 (1453).
3. Outre les textes précités (p. 174, n. 3), voir Le Bret, *Hist. de Montauban*,
t. I, p 292 ; Lagrèze-Fossat, *Hist. de Moissac*, t. II, p. 46 ; Arch. Nat., XIa, f° 142
v^o, Narbonne, 25 févr. 1423; Médicis, *Chroniques*, t. II, p. 82, Le Puy, 21 avr.
1540.
4. Arch de Narbonne, AA 112, f° 104.

la tête des communautés de rang inférieur, tout agricoles ou industrielles, il y a des artisans et des cultivateurs; mais ce sont « les plus apparents », des maîtres de métiers, des paysans aisés ou riches. Quelque variable que soit selon les lieux la composition de la classe dirigeante, cette classe partout subsiste. Certes, elle s'est élargie; elle a renouvelé ses cadres; grâce à l'appoint qu'elle a reçu d'hommes sortis du peuple, l'esprit de conciliation, d'équité a fait en elle des progrès; mais elle reste une minorité gouvernant, comme autrefois, sans que la majorité ait sur elle aucune prise directe.

Si l'évolution de la commune avait suivi son cours normal, les consuls auraient passé de la dépendance des seigneurs dans celle de leurs concitoyens. Pour établir le contrôle des administrés sur les administrateurs, il aurait suffi d'un conseil nommé par la population entière, comme on en voit organiser dans quelques consulats nouveaux dès la fin du XIIIe siècle [1]. Le vif mouvement de réforme qui se manifestait alors semblait devoir donner au gouvernement communal de larges et solides assises. La domination royale n'a pas permis qu'il produisît les résultats que l'on pouvait en attendre. Sous cette influence il avorte, ou n'aboutit qu'à des réformes imparfaites, inachevées. Les conseils qui sont chargés de modérer l'arbitraire des consuls sont peu propres à cette tâche, et s'en acquittent assez mal; car ils sont composés d'un petit nombre d'hommes, toujours fournis par les mêmes familles, tous gens entre lesquels l'entente a lieu trop aisément. Au XVe siècle, sous l'empire de circonstances variées, le nombre des conseillers ira diminuant dans les villes principales : à Narbonne, à Toulouse, à Montpellier [2].

---

1. Cout. de Montclar et de Montflanquin, 1256, art. 13. (*Nouv. rev. hist. de droit.* 1880, p. 462), de Nomdieu, 1305, art. 48 (*ibid.*, p. 831), de Castelsagrat, 1270, art. 14, de Consorbes, 1279, art. 11, de Montcabrier, 1388, art. 14, de Lunas, 1312, art. 15 (*Ord.*, t. XII, pp. 362, 397.)

2 Mouynès, *Invent.*, Ann de la sér. BB, t. II, n° 15. Permission aux consuls de

C'est l'absolue insuffisance du contrôle exercé par les communes qui a conduit la monarchie à surveiller elle-même les corps municipaux. Seigneur direct de tant de consulats et suzerain de tous les autres, le roi, dans ses rapports avec eux, a pris la suite des affaires des seigneurs particuliers. Tandis que ces derniers s'étaient montrés pour la plupart incapables d'user envers les communautés consulaires du pouvoir qu'ils conservaient, Charles VI et Charles VII, inaugurant un nouveau régime, mettent consuls et conseillers sous le contrôle permanent des officiers royaux. On verra que ce système s'est établi sans difficulté : il convenait sûrement mieux que le contrôle du peuple à la nature et aux traditions du gouvernement consulaire, que d'ailleurs il devait ruiner.

Reportons-nous à la première moitié du xve siècle. La ville, et surtout la grande ville, est fort éloignée du type de l'ancienne communauté. L'autorité royale a remplacé chez elle ou supplanté celle du seigneur. Son territoire est souvent réduit aux proportions d'une banlieue. Le personnel qui la dirigeait s'est transformé par le départ de la noblesse, par l'accession d'hommes du peuple.

Ce qui en elle a le moins changé, c'est le régime intérieur. Elle vit sur un fonds d'institutions et d'habitudes de l'époque seigneuriale, d'une vie à la fois énergique et concentrée, très bornée et très active, bien différente de celle d'une commune de nos jours.

Le corps politique est restreint, permanent, indépendant; il agit seul dans les limites que lui trace l'autonomie rela-

Narbonne de tenir « generale consilium. . cum triginta consiliariis », au lieu de 80 (1420). — Arch. de Toulouse, AA 5, n° 103 ; 25 mars 1443. Le nombre de notables nécessaire à la validité des délibérations est réduit de 60 à 40. Dans les deux cas le motif allégué est le dépeuplement. — Germain, *Hist. de la comm. de Montpellier*, t. II, pr. n° 19, et *Ord.* t. XIX, p. 320 (1300-1484). 24 conseillers « tenens luoc de cosselh general ». — Cf. La Grasse, 1525. (Mahul, *Cartul. de Carcassonne*, t. II, p. 515.)

tive des corporations, des quartiers. Point de peuple souverain; de fait, aucune égalité : à Toulouse quatre cents personnes au plus conduisent le gouvernement; les autres n'ont
aucune espèce d'influence. Mais ceux qui tiennent le pouvoir n'abdiquent pas, pour un temps plus ou moins long,
devant des délégués élus; ils prennent part aux affaires continuellement, en personne, à titre de consuls, de conseillers,
ou de membres de l'assemblée générale. Leur puissance est
d'autant plus grande, que la communauté est capable à tous
égards de se régir elle-même : la royauté y pénètre à peine,
tandis que l'État actuel enlève aux magistrats municipaux
la meilleure part de l'autorité publique, et les surveille dans
l'accomplissement des fonctions qu'il leur abandonne. Chez
nous la vie de la nation prime la vie municipale; nos
regards se portent de préférence vers les intérêts nationaux :
les hommes de ce temps n'avaient d'attention et de soins
que pour le fait de la commune; leur vue n'allait guère
au delà.

Les villes de Languedoc apparaissent fortes encore, susceptibles d'initiative et même de résistance, alors que, de
longue date, les villes du Nord étaient assujetties étroitement
aux officiers royaux[1]. De là vient l'importance de leur rôle.
Mais avant de montrer comment, s'étant groupées en assemblées d'États, elles ont créé le « pays », il faut étudier aussi
dans sa situation matérielle l'ordre qu'elles constituent,
celui qui recevra le nom d' « état commun » ou Tiers, —
nobles ou anoblis qui continuent d'appartenir aux communes, bourgeois, marchands, hommes de métier, paysans;
— car la prospérité des gens du Tiers est à la fois la cause
et le résultat de la fortune politique, à laquelle l'ordre
s'élève.

1. Luchaire, *Les communes françaises à l'époque des Capétiens directs*, 1890,
in-8°, p. 284.

Au cours de certaines enquêtes des XIVe et XVe siècles, quand on demandait aux habitants d'une ville leur avis sur le consulat, il leur arrivait de répondre qu'il profitait uniquement à vingt ou trente personnes, qui s'en servaient pour accabler d'impôts le menu peuple et pour vivre à ses dépens[1]. Les défauts de l'institution faisaient oublier les services qu'elle avait rendus et rendait à la classe roturière, services dont quelques-uns étaient cependant des plus propres à frapper les yeux du public : « Par les consulats les villes s'enrichissent », disent avec raison les consuls de Cournonterrail.

Le consulat a défendu les biens acquis par la commune. Il a été pour elle un instrument d'émancipation. Paysans, artisans, bourgeois, sous la protection des consuls, ont pu se livrer avec sécurité et profit à l'agriculture, au commerce, à l'industrie, et amasser des capitaux. Enrichis, ils ont acheté au seigneur des concessions nouvelles, ou contesté ses droits. Ce n'étaient pas là des querelles ou des accords individuels. La communauté prenait l'affaire en main, et la menait avec une vigueur dont un particulier n'aurait pas été capable. Tantôt plaidant, tantôt ayant recours aux transactions, elle a fait disparaître bon nombre des servitudes onéreuses dont elle était grevée : questes, acaptes, lods, droits de forge, de fournage, de guet, etc.[2]

---

1. *Ord.*, t. III, p. 197. Casouls, 1357. — Arch. de la Lozère, G 280. Mende, 1494.

2. *Ord.*, t. XVI, p. 501. Peyre, 1464. — Cabié, *Anc. cout. de Saint-Sulpice*, n°s 1,5,8 (1247-1280). — Cout. de Merville, *Loc. cit.*, pp. 569-622 (1307-1355), de la Grasse, dans Mahul, *Op. cit.*, t. II, pp. 469, 503, 507 (1315-1355). — Dubourg, *Étude sur Fonsorbes*, *Loc. cit.*, p. 342 (1483-1506). — Les registres d'*Arrêts* du Parlement de Toulouse indiquent d'innombrables transactions, mais n'en donnent pas le texte.

La tenure emphytéotique s'est ainsi rapprochée de la propriété. Débarrassée des liens qui l'attachaient à la seigneurie, des plus gênants sinon de tous, elle s'est trouvée affranchie, mobilisée en quelque sorte aux mains du tenancier.

Dans les grandes communautés, dès le XIVᵉ siècle, l'emphytéote dépend assez peu du seigneur, et cette condition s'étendra progressivement des plus importantes aux moindres. S'il veut quitter la seigneurie, il peut y conserver son fief, au lieu d'être obligé de s'en défaire [1]. Ce fief, il le sous-inféode, il le donne, le vend, l'échange à qui bon lui semble, sans la permission du seigneur [2]. Peu importe que l'acquéreur habite ou non la même terre; pourvu que le fief continue à lui servir les mêmes redevances, le seigneur ne s'inquiète pas des mains auxquelles il est passé [3].

Mais cette concession le mènera plus loin qu'il ne voudrait; car elle lui rend difficile la perception des lods et de l'acapte, droits qui représentaient le prix de son consentement aux mutations de diverses sortes. Dès que les parties contractantes n'ont plus besoin de lui soumettre les arrange-

---

1. C'était une liberté fort répandue. On la trouve dans la coutume de Bioule (Quercy), de 1273, art. 4 (communiquée par M. Éd. Forestié, de Montauban), et dans une foule d'autres de la même époque. — Usage contraire à Sainte-Livrade en 1248 (Cabié, *Chartes de la Gascogne*, p. 28, art. 8).

2. Cout. de Toulouse, art. 141, de Requista (Rouergue), art. 35. — Transact. cit. de 1351, relative à Cahors, art. 30, etc. Voir plus haut, p. 47, et cf. cout. de Gramat, art. 99 : les habitants doivent requérir l'autorisation du seigneur; mais il ne peut la refuser. — La cout. de Tonneins-Dessous, de 1301, est une de celles qui permettent le mieux de se faire une idée du régime des fiefs dans une communauté importante. (Art. 161-172, 192.)

3. A Fonsorbes (Cout. de 1279, art. 2), à Montsaunès (Cout. de 1288, art. 11 *bis*) un habitant ne peut vendre ou engager d'immeubles qu'à un autre habitant. — Peu à peu l'usage contraire a prévalu presque partout. — Quant à l'interdiction, très générale, de vendre, donner, léguer, etc., des immeubles aux nobles et gens de mainmorte sans la permission du seigneur (Cf. plus haut, p. 47), elle n'a pas été bien observée, ou les parties contractantes ont obtenu facilement l'autorisation nécessaire; car l'église et la noblesse, dès le XIVᵉ siècle, possédaient beaucoup d'immeubles roturiers.

ments qu'elles ont pris, elles échappent à sa surveillance.
Des contestations s'élèvent, où il a souvent le dessous.
Tantôt, comme à Saint-Bertrand-de-Comminges, les lods,
l'acapte disparaissent complètement[1], ou bien ils ne sont
pas perçus en certains cas : ainsi à Tonneins-Dessous en
cas de transmission par legs; ou bien ils sont diminués;
ils varient selon la nature du contrat, étant moindres, par
exemple, en cas d'échange que de vente. C'est pour les
emphytéotes matière à fraudes infinies[2].

Restent les oblies et censives, droits que nul consulat ne
songerait à contester en bloc, mais dont les particuliers se
déchargent à l'occasion. Ici, l'usurpation a les plus graves
conséquences; car le cens est la marque distinctive de la
roture du fief : que le tenancier vienne à bout de l'abolir à
son profit, définitivement, et son fief devient un alleu, c'est-
à-dire qu'il en acquiert la pleine propriété.

Dans le Midi la condition des terres a favorisé cette
fraude. Elle n'aurait pas eu de chances de succès, si déjà les
roturiers n'avaient possédé des alleux. Or, ils en ont beaucoup dès le XIIIe siècle. Les habitants d'Auch et ceux de
Nogaro possèdent leurs biens « librement » dans l'étendue
du territoire[3]. A Saint-Côme (Rouergue) toutes les terres
sont alleux[4]. Qu'une communauté entière pût jouir d'un
pareil régime, c'était un fait exceptionnel; mais on en
trouverait fort peu, où il n'y eût pas aux mains des roturiers, à côté des fiefs à censives, des possessions allodiales[5].

1. Cout. cit., art. 45.
2. La Grasse, transact. de 1355, art. 4, 6. — Ménard, *Hist. de Nîmes*, t. II, pr.
nos 54, 57.
3. Lafforgue, *Hist. d'Auch*, t. I, p. 50. — Bladé, *Cout. municip. du Gers*,
p. 191.
4. Affre, *Lettres sur l'arr. d'Espalion*, t. I, p. 158.
5. Cout. de Toulouse, art. 148, de Fezensaguet, art. 24, de Montesquiou, 1308
(Monlezun, *Hist. de Gascogne*, t. VI, p. 126). — Les roturiers transmettent des
alleux (Cabié, *Cartul. des Alaman*, pp. 99, 102, 117); ils en reçoivent (Id., *Chartes de la Gascogne*, p. 86. Cout. de Daux, 1253, art. 31). Il serait facile de multiplier les exemples ; tous les cartulaires en fournissent.

La tentation venait au tenancier de faire passer ses biens d'une catégorie à l'autre, et les coutumes lui rendaient l'opération assez aisée.

La législation coutumière a garanti l'alleutier, ainsi que l'emphytéote, de l'arbitraire du seigneur. Celui-ci conserve dans la commune la faculté de constater ses droits au moyen de reconnaissances; en plusieurs cas, soigneusement énumérés, il saisit ou reprend le fief[1]; mais il ne peut lui-même opérer aucune contrainte. Si l'emphytéote lui tient tête, si le détenteur d'un bien ne veut pas le lui « reconnaître », il faut qu'il plaide à sa propre cour, devant les consuls et les prud'hommes[2]. S'il a pendant longtemps omis de percevoir ses droits, à Agen, à Astafort, il est assuré de les perdre; en effet, l'alleu s'établit par la prescription de trente ans[3]. C'est à lui de prouver par titres le bien-fondé de ses prétentions; sinon, la cour s'en rapporte au serment de son adversaire[4].

Telle est l'origine du privilège que l'on a formulé plus tard en ces mots : « Nul seigneur sans titre. » Les jurisconsultes ont cru qu'il supposait un régime où l'alleu était la règle, et le fief l'exception. Comme ils trouvaient dans le Midi le droit écrit en usage, et que ce droit ne connaît point le fief, qu'il présume, comme ils disaient, l'allodialité, ils ont trouvé très simple et très logique de fonder sur le droit écrit une maxime aussi contraire à la maxime du Nord : « Nulle terre sans seigneur. » On voit combien ils se

---

1. Voir plus haut, p. 46, n. 5. — Le « retrait » que le seigneur pouvait exercer en cas de vente du fief, en payant le prix arrêté entre vendeur et acheteur, était destiné surtout à prévenir ou à punir les fraudes. Le droit des lods étant perçu d'après le prix de vente, par exemple à raison d'un denier pour 12, les contractants avaient tout intérêt à alléguer un prix fictif, inférieur au prix réel.

2. Voir plus haut, p. 122.

3. Cout. cit. d'Agen, art. 26, d'Astafort, art. 58.

4. Cout. cit. de Saint-Bertrand-de-Comminges, 1207, art. 15, 18, de Saint-Sulpice, 1247, de Toulouse, 1283, art. 133, de Tonneins-Dessous, 1301, art. 171, de Tonneins-Dessus, art. 9. (Lagarde, *Notice hist. sur la ville de Tonneins*, p. 200.)

trompaient. Cette règle célèbre est née dans la commune seigneuriale, où sûrement il y avait, surtout aux mains des roturiers, beaucoup plus de fiefs que d'alleux; elle était destinée à protéger contre le seigneur ses sujets en général, alleutiers ou feudataires; enfin elle est antérieure aux grands progrès du droit de Justinien. Mais présentée sous cette forme, appuyée sur la loi romaine [1], elle s'est imposée comme elle, aussi bien aux cours du roi qu'à celles des communautés.

Les rois, dans leurs domaines du Midi, n'ont point changé la condition des terres occupées par les roturiers. Saint Louis veut que ses bayles respectent l'usage des fiefs, pourvu qu'il soit dûment prouvé; quant aux possesseurs d'alleux, ils ne leur réclameront ni cens ni lods à l'avenir [2], — lettres de tous points confirmées par celles de Louis le Hutin, du 15 mai 1315 [3].

Le fait même que le roi reconnaissait l'alleu implique que c'était sans titres : le fief résulte d'une concession en forme, réglée par coutumes générales ou par contrats particuliers; l'alleu n'a pas de titres à montrer, et saint Louis n'en exigeait point. Moins accommodants ont été les commissaires qui parcouraient si fréquemment les sénéchaussées du Midi, afin de recouvrer les droits. domaniaux de « franc fief et nouvel acquêt ». En 1331 ils contraignaient les soi-disant alleutiers à fournir par devers eux des instruments authentiques [4]. La Chambre des comptes, qui rédigeait leurs instructions, n'entendait pas procéder en Languedoc autrement qu'en France : « On ne peult tenir sans

---

1. Le syndic de Lunel invoque cette loi en faveur de l'alleu dès 1331. (Bibl. Nat., lat. 9174, f° 101.)

2. *H. L.*, t. VIII, pr. n° 476, col. 1444 ; juill. 1259.

3. Ménard, *Hist. de Nîmes*, t. III, pr. n° 105; cf. Arch. de Toulouse, AA 3, n° 172, et *Ord.*, t. I, p. 553, t. V, p. 120. — Il ne faut pas confondre cette pièce avec l'ordonnance de janv. 1316. (*Ord.*, t. XII, p. 411.)

4. Bibl. Nat., lat. 9174, f°ˢ 93, 101.

seigneur », dit-elle[1]. C'est une maxime qu'elle n'a jamais abandonnée, et que, sous François Ier, le gouvernement royal prétendra remettre en vigueur[2]. Il n'en avait pas moins consacré le principe adverse par une longue série d'ordonnances générales et de mandements spéciaux : ainsi Philippe VI en 1331[3], Charles V après son lieutenant, le duc d'Anjou, en 1369[4], Louis XI en 1472[5], Charles VIII en 1484, etc.[6]. Ces textes ont suffi pour que l'alleu sans titre triomphât en toute rencontre auprès des cours du pays. Le Parlement de Toulouse n'a fait que s'approprier la jurisprudence usuelle; il la fixe par son arrêt de 1495[7].

Un mémoire du xvie siècle montre le paysan faisant plaider son seigneur « encore qu'il ne soit question que d'un denier de censive[8] »; c'est qu'il avait souvent beau jeu non seulement à le frustrer de telle ou telle redevance, mais à le dépouiller entièrement, à changer sa terre en alleu. Les instruments anciens, les registres terriers ayant péri par

1. Médicis, *Chroniques*, t. II, pp. 87, 92. Instructions de 1448 : « Se sont trouvez plusieurs possessions de terres, héritaiges ou fonds du roy, dont es temps passés ne ayent payez aulcun cens, à sçavoir si on les contraindra à en payer doresenavant aulcuns? — Response, que on ne peult tenir sans seigneur, et que on imposera cens sur heritaige, que l'on paiera au roy...

« Est à sçavoir que tous heritaiges que l'on dict estre tenuz en franc alleuz seront mys en la main du roy, qui ne monstrera tiltre, quelque temps que l'on ait jouy? — Response, qu'il convient faire aparoir du tiltre; autrement, soyt mis en la main du roy. »

2. Caseneuve, *Le franc-alleu de la province de Languedoc*, 1645, in-f°, p. 135. — Bibl. Nat., lat. 9179, f° 268. — Arch. de la Haute-Garonne, sér. B, *Edits*, t. VI, f° 10; 1er janv. 1547.

3. Bibl. Nat., lat. 9174, f° 93, et Ménard, *Op. cit.*, t. II, pr. n° 37 (8 févr.-juin 1331).

4. *H. L.*, t. X, pr. n° 535, art. 11, et Bibl. Nat., lat. 9175, f° 121 (5 avr. 1368-22 juill. 1369). — Cf. *Ord.*, t. V, p. 99, Calvisson, et p. 360, art. 13, viguerie de Béziers; t. IX, p. 21, Lauran.

5. Arch. de Toulouse, AA 3, n° 284; 24 mars 1472, Toulouse.

6. Caseneuve, *Franc-Alleu*, p. 124.

7. *Ibid.*, p. 301; cf. pp. 133, 263, et Bibl. Nat., lat. 9177, f° 73.

8. *H. L.*, t. XII, pr. n° 827, col. 1072; ann. 1574. Mémoire rédigé par Mr de Fourquevaulx, gouverneur de Narbonne, homme sincère et intelligent, digne de toute créance.

vétusté, par négligence, ou dans quelque incendie, ou à la suite d'une guerre, le seigneur, en cas de procès, ne pouvait plus établir son droit; il était à la merci du serment de l'emphytéote.

Certains feudistes contemporains de Richelieu, tels que Defos, Galland, ont soutenu que les alleux de Languedoc provenaient tous d'usurpations [1]. Au lieu de « tous », il faudrait dire : beaucoup, ou la plus grande part; de plus, il faudrait préciser, appliquer de préférence cette proposition aux petites propriétés que les roturiers possédaient; ainsi amendée et restreinte, elle serait assez exacte. Le domaine royal, moins bien gardé que les autres seigneuries parce qu'il était plus grand, a été mis au pillage; nulle part il n'est plus facile de prendre sur le fait les usurpations [2]. Mais le roi n'en souffrait guère : la transformation frauduleuse d'une censive en alleu ne lui coûtait que la perte d'une faible redevance, tandis qu'au noble elle ôtait son unique revenu, son fief, ses sujets.

Les roturiers ont aussi acquis à l'amiable la propriété foncière, et surtout par voie d'achat. Ici comme partout la noblesse a battu monnaie avec son patrimoine. Les rentes seigneuriales étaient peu susceptibles de s'accroître, et ceux qui les possédaient peu portés à se procurer des ressources d'un autre genre. Dépensant beaucoup, s'endettant, les nobles ont dû solder l'excédent de leurs dépenses en capital, c'est-à-dire en terres. Or les mœurs, la législation, l'état de la société, en Languedoc bien plus qu'en France, favorisaient ce transfert. Le lien féodal était si lâche, qu'un sei-

1. Defos, *Traicté du comté de Castres*, pp. 63, 130, 199. — Galland, *Du franc-alleu et origine des droits seigneuriaux*, 1637, in-4°, pp. 35 et suiv.
2. *Ord.*, t. V, p. 360, art. 13; ann. 1370. — Arch. de la Haute-Garonne, sér. B, *Édits*, t. I, f°° 50, 75, 124; oct. 1449, sept. 1463, juill. 1475. Après un siècle de guerres et plusieurs périodes d'anarchie, Charles VII et Louis XI pardonnent à leurs sujets de Languedoc, entre autres crimes, l'usurpation du franc alleu. — Cf. *H. L.*, t. XII, pr. n° 85. — Bibl. Nat., fr. 20582, n° 70, etc.

gneur avait le droit de vendre ou de donner ses fiefs aussi bien que ses alleux à toutes sortes de personnes, y compris les gens de mainmorte, église et communautés, religieuses ou laïques, sans l'agrément du suzerain[1]. S'il aliénait à son aise, les roturiers pouvaient acquérir : vingt-deux coutumes au moins les autorisent à posséder des terres nobles ; il n'y en a pas une qui prononce à cet égard d'interdiction formelle[2].

La royauté s'inspirait de traditions tout opposées; car les coutumes du Nord visaient à maintenir l'intégrité du fief, à le conserver en main noble pour assurer au suzerain les services du feudataire. Il semble cependant qu'elle ait d'abord toléré les usages établis[3]. C'est avec Philippe IV que commencent les recherches régulières des « francs fiefs et nouveaux acquêts ». Le roi défend qu'aucune part de seigneurie soit aliénée sans son agrément aux gens d'église, aux communautés, aux non-nobles[4]. De nombreuses commissions vérifient assidûment l'état de chaque fief, non pour arrêter les transactions, mais pour les saisir au passage; il s'agit de les subordonner à l'autorisation royale, laquelle est temporaire et se vend à très haut prix : les droits perçus sur les

1. M. Aug. Molinier cite quelques exemples contraires (*H. L.*, t. VII, note XLVI, p. 149) : tous ne sont pas également probants, et l'on peut affirmer qu'ils représentent moins la règle que l'exception.

2. Cout. cit. de Saint-Bertrand-de-Comminges, art. 29. — *H. L.*, t. VIII, pr. n° 452. Toulouse. — *Mém. de la Soc. archéol. du Midi*, t. XIV, p. 51. Belpech-de-Granague. — Monlezun, *Hist. de Gascogne*, t. VI, p. 41. Cout. de Fezensaguet. — *Ibid.*, p. 77. Cout. d'Auch. — Cout. de Gramat, art. 21, de Nogaro, art. 1, etc. — A Goudourville (art. 12), à Montclar et Montflanquin (art. 9) on ne peut acheter de fiefs nobles sans le consentement du seigneur.

3. Le comte Alfonse fait saisir les biens nobles acquis par les roturiers. (Boutaric, *Saint Louis*, etc., pp. 526-7 ; cf. 497.) Il s'indigne que les Toulousains prétendent acheter « terras et feoda militum de terra domini comitis sine laudimio et scientia domini comitis ». (*H. L.*, t. VIII, pr. n° 452.) Mais Philippe III se montre moins rigide et les autorise à garder « feuda militum actenus acquisita, juxta usus et consuetudines comitatus Tholose ». (*Ibid.*, t. X, pr. n° 12. — Delisle, *Essai de restit.*, n° 159.)

4. *H. L.*, t. X, pr. n° 64, art. 1, 2 ; n°s 102, 125, 137, 179.

acquéreurs allaient jusqu'à quatre ans, six ans, huit ans de revenu.

L'intérêt du fisc n'a pas prévalu contre la force des choses et la coalition des intérêts particuliers. Les nobles étaient les premiers à se plaindre, à se dire lésés dans leur droit immémorial, privés de leur principale ressource. Sous Louis X, sous Philippe de Valois ils protestent avec énergie. Il serait, disent-ils, « dur et impie » de leur ôter le droit de disposer de leurs propres biens, conquis par leurs ancêtres « sur les Gentils et autres infidèles ». Il est inévitable qu'ils fassent des aliénations; car ils n'ont pas d'autre moyen d'attirer et de retenir près d'eux des bourgeois opulents, des hommes qui soient capables de les secourir de prêts et de subventions, de leur donner aide et conseil, de diriger leurs affaires, de gouverner leurs sujets. Pas un ne resterait sur leurs domaines, s'il ne pouvait s'y rendre acquéreur de quelque fief noble [1].

Sont reconnues opérations libres, au cours du XIVe siècle, les ventes et achats d'alleux, à moins qu'il ne soit question de territoires étendus, comportant des droits de justice : l'autorisation du roi demeure en ce cas réservée [2]. Quant aux fiefs, il est permis aux seigneurs de les donner à cens, en emphytéose [3], et même de les donner en pur don à l'église, aux roturiers en retour de leurs bons services [4]. Le roi ne prélève ses droits que dans le cas d'achat de fiefs; encore admet-il à cette règle des dérogations spéciales : elle s'adoucit ou disparaît en faveur des habitants de Toulouse, d'Agen, du Puy, de Lunel, etc. [5]. Sous Louis XI et Charles VIII, pour

1. *H. L.*, t. X, nos 189, janv. 1316, et 342.
2. *Ibid.*, et no 535, art. 11. — Arch. d'Albi, FF 45; 1er cah. de nov. 1369, art 10. — *Ord.*, t. V, p. 284. — Bibl. Nat., lat. 9177, fo 73, etc.
3. *Ibid.*, 9174, fos 58, 93. — Cf. l'ordonn. cit. de janv. 1316.
4. *Ibid.* — D'ailleurs rien de définitif en pareille matière. La royauté a repris vingt fois les concessions qu'elle avait faites. La nouvelle interprétation qu'elle faisait de ses droits était considérée comme effaçant l'ancienne.
5. Sur Toulouse, cf. p. précéd., n. 3, et Lafaille, *Annales*, t. I, pr. pp. 57, 107. —

se débarrasser des commissaires, les sénéchaussées de Toulouse, de Carcassonne et de Beaucaire paieront les droits par abonnement.

La terre passe donc promptement des mains des nobles à celles où se forme la richesse, aux mains des cultivateurs et des artisans aisés, des marchands et des bourgeois.

Alleu ou fief, elle leur parvient affranchie de redevances, mais dans des conditions qui ne laissent pas d'être encore assez différentes. Tantôt c'est un alleu classé, comme les terres à censives, parmi les biens-fonds roturiers, *predia rustica*, *ruralia*, d'ordinaire un petit bien, une ancienne tenure que le seigneur a détachée de ses alleux ou de ses fiefs, en cédant moyennant finances la totalité de ses droits utiles au paysan emphytéote ou à quelque autre acheteur [1]; on le reconnaît à ce signe qu'il paye la taille au roi, ainsi que tous les fonds ruraux. Tantôt, très rarement, c'est un alleu noble. Ou bien c'est un fief noble, *res francales, militares* [2], dont le possesseur roturier doit s'acquitter en argent du service militaire à chaque convocation du ban et de l'arrière-ban [3].

Tholin, *Ville libre*, pp. 190, 219. — *H. L.*, t. X, pr. n° 372. — Millerot, *Hist. de Lunel*, p. 121. — Même privilège, plus ou moins large, pour Béziers (*Ord.*, t. V, p. 302), Figeac (*ibid.*, t. VII, p. 655, art. 50). En 1369-70 le duc d'Anjou ou ses lieutenants le confirment à Cahors (*ibid.*, t. V, p. 324, art. 6; cf. Dufour, *Op. cit.*, p. 93), Lauzerte, Caussade, à Villefranche-de-Rouergue (De Gaujal, *Études hist.*, etc., t. I, p. 333; cf. Cabrol, *Annales*, p. 23), Saint-Antonin, Rodez, Peyrusse, Millau, Saint-Affrique.

1. Quand l'opération est faite aux dépens d'une terre tenue en fief ou arrière-fief du roi, elle est frauduleuse et par conséquent secrète. L'acquisition est de celles qui, ayant « mys en franc alleu, seront prinses et applicquées au profit du roy », si les commissaires parviennent à la découverte.

2. Monlezun, *Op. cit.*, t. VI, pp. 11, 41. Les coutumes de Fezensac et de Fezensaguet les définissent celles « de quibus certus census non solvitur annuatim », qui sortent ou sont « de militia », cela de temps immémorial, qui sont tenues par des nobles, des chevaliers, des bourgeois ou des lieutenants de nobles.

3. Arch. de la Haute-Garonne, C 968, cah. du 1er mai 1476, art. 8. — Caseneuve, *Les Estats generaux de la province de Languedoc*, 1645, in-f°, *Chartes*, pp. 49, 74. Les roturiers dont les fiefs valent moins de 25 livres de revenu sont exempts de la taxe du ban.

Les habitants de Toulouse possédaient beaucoup de fiefs nobles dès le xiiie siècle, et ceux des chevaliers de la vicomté de Lautrec avaient été pour la plupart acquis par les bourgeois[1]. On en trouve de même sorte à toutes les époques, dans toute la région, même à l'est, en Velay, en Gévaudan, où les roturiers en 1530 avaient 3200 livres de rentes en biens nobles, soit seulement sept fois moins que les seigneurs[2]. Mais cette catégorie était destinée à diminuer d'une part, tandis qu'elle augmentait de l'autre. Auprès de biens d'un modeste revenu, souvent inférieur à 25 livres, on y voyait figurer des fiefs assez grands, assez bien pourvus de droits seigneuriaux[3], pour que les acquéreurs, grâce à ces possessions nouvelles, eussent toute facilité de s'arroger ou d'obtenir la noblesse, les ramenant ainsi, d'un mouvement continuel, à leur condition primitive. De là vient qu'au diocèse de Toulouse, en 1551, il n'y avait que 1050 arpents de terre noble aux mains des roturiers contre 252 000 arpents de fonds ruraux[4].

La bourgeoisie s'est élevée à la noblesse par les biens qu'elle achetait : en avoir était l'essentiel; se procurer des lettres d'anoblissement était ensuite chose aisée, peut-être surérogatoire[5]. Au xiiie siècle, qui tient un fief noble est noble, ou le deviendra bientôt. Le bourgeois, s'il le désire,

---

1. Rossignol, *Monogr. des comm. du canton de Lautrec*, p. 36.

2. D'Aubais et Ménard, *Pièces fugitives*, 1759, 3 vol. in-4°, t. II, p. 64. — Sur le Velay, voir dans Médicis, *Chroniques*, t. II, p. 87, une note de l'éditeur, M. Chassaing.

3. Ces fiefs sont souvent distingués des autres dans les lettres royales relatives aux francs fiefs. Ainsi les habitants de Toulouse peuvent acheter des terres aux nobles sans payer finances, pourvu qu'elles soient « sine feudo, jurisdictione et justitia »; cette réserve est supprimée en faveur des capitouls. (Lafaille, *Annales*, t. I, pr. pp. 57, 107.) — On la retrouve à Béziers, Caussade, Saint-Antonin (*Ord.*, t. V, pp. 302, 284; t. VI, p. 499), Villefranche-de-Rouergue.

4. Arch. de la Haute-Garonne, C 1544, 1545. Les biens communaux montent à 3030 arpents. Toulouse, ville et banlieue, n'est pas comprise dans ce dénombrement.

5. Aussi est-il souvent difficile de savoir si telle famille est réellement noble, et à quel moment elle l'est devenue. — Cf. Lacoste, *Hist. du Quercy*, t. II, p. 451.

se fait créer chevalier par un baron, par un évêque. Philippe IV, il est vrai, ne permet plus à personne de conférer la noblesse[1]; il veut être seul à la vendre, comme les consulats; mais c'est un monopole, dont les rois et leurs lieutenants ont usé aussi largement que les barons avant eux.

On lit sur la plupart des listes de consuls et de capitouls de Toulouse, Béziers, Narbonne et autres villes importantes des noms bourgeois, précédés de la mention « noble » : à Montclar, en 1267, noble Pierre Agasse; il est possesseur d'un fief, sur lequel il a créé la bastide de Saint-Urcisse[2]; à Béziers, en 1436, noble Jean Fabre, bourgeois; à Montpellier, en 1456, noble Michel Teinturier, etc. Tous ont acheté des biens nobles; ces anoblis sont légion. Ils restent néanmoins engagés dans la commune, par suite dans le tiers état. Sans doute, nombre de familles achèveront d'en sortir, mais à la longue, après plusieurs générations. Abandonnant le sol nourricier qui leur avait permis de croître, elles iront partager le sort de la noblesse, et s'appauvriront à leur tour.

Selon les lieux, les progrès de l' « état commun » ont été plus ou moins rapides. Dans les pays pauvres ou sur la frontière, longtemps troublée par la guerre, le régime seigneurial n'a pas cessé d'être dur et parfois s'est aggravé. Les sires de Calmont d'Olt (Rouergue) sont « gens terribles de guerre, tenans leurs paysans en grande crainte et subjection[3] »; ceux de Mirepoix ont coutume d'user envers leurs sujets « de traitements rudes et sévères »; en Agenais les

---

1. *H. L.*, t. VIII, pr. n° 547; juin 1298. Enquête, et protestation des nobles et bourgeois. — Voir plus haut, p. 41.

2. Rossignol, *Monogr. commun. du Tarn*, t. IV, pp. 71, 87.

3. Affre, *Lettres sur l'hist. de l'arr. d'Espalion*, t. I, p. 90. Enquête de 1553. Long récit des exactions commises par les seigneurs : ils prennent tout sans payer, contraignent les gens à travailler pour eux sans jamais leur allouer de salaire, forcent leurs sujets à leur octroyer des subsides, à leur prêter de l'argent, à faire guet et garde au château.

barons l'emportent : ils changent en tenanciers les propriétaires d'alleux, abolissent l'emphytéose et décuplent les censives[1].

Mais il en est tout autrement dans le pays des trois sénéchaussées, Toulouse, Carcassonne et Nimes, où les villes
ont prospéré, où la bourgeoisie gouverne. Ici la noblesse, à
part un petit nombre de maisons, arrive au milieu du
XVIe siècle pauvre, impuissante, aigrie. Dans les villes, on
la « méprise communément » ; sur ses propres terres, de
riches bourgeois, marchands ou gens de robe, se donnent
créneaux, garennes, viviers et moulins, vont avec elle « de
pair et compagnon », « mutinent » ses paysans, l'accablent
de procès. Comme elle a gardé son penchant aux extorsions
et aux violences, elle s'est attiré l'hostilité permanente des
juges présidiaux, pour la plupart roturiers. Peu s'en faut
que de leur fait elle ne soit « sous les pieds de ses propres
sujets et vassaux[2] ».

A cette époque un gentilhomme est des plus riches quand
il possède 4,000 livres de rentes ; de cette sorte il n'y en a
guère plus de 60 sur les 2,000 gentilshommes de Languedoc[3]. Un dénombrement de 1530 montre qu'en biens
nobles les seigneurs du Gévaudan, au nombre de 121, se
partageaient un revenu total de 21,100 livres ; le baron
d'Apchier en avait 3,000, le sire de Peyre 2,000, les autres
beaucoup moins[4]. Or la fortune d'un bourgeois toulousain,

---

1. Tholin, *Ville libre*, pp. 153 et suiv.

2. Mémoire cité de Fourqueraulx. (*H. L.*, t. XII, col. 1071.) — Le Parlement
de Toulouse est plus équitable : il condamne impartialement les sujets ou le seigneur selon les circonstances de la cause ; mais beaucoup de procès y vont « pendre au croc pour longues années », et les plaideurs, s'ils sont pauvres, n'en peuvent faire les frais.

3. *Ibid.*, col. 1073, 1074.

4. D'Aubais, *Pièces fugit.*, t. II, p. 64. Ce dénombrement avait été fait à l'occasion de la décime prélevée sur les revenus des biens nobles, pour la rançon des
enfants de François Ier. Chaque diocèse devait avoir le sien. Il serait fort intéressant de retrouver des pièces de ce genre, que rien ne peut remplacer. —
Voici quelques autres chiffres, tirés de la même source : le baron de Mercœur a

issu d'une famille de marchands, le président de Bernoy, était évaluée vers 1562 à 800,000 livres, chiffre qui suppose environ 65,000 livres de rentes[1].

Dès la fin du XVe siècle, le « pauvre peuple », comme il s'intitule volontiers quand il s'agit de payer l'impôt, a capté toutes les sources de la fortune. Au produit de l'industrie, du commerce, si prospères en ce pays, des offices, qu'il accapare, il ajoute la richesse que l'on estime et que l'on recherche le plus, celle qui se fonde sur la possession du sol. C'est en acquérant la terre qu'il a conquis par degrés l'indépendance à l'égard des autres classes, la prépondérance sur elles. Dans ce progrès, deux étapes principales. La première aboutit à l'établissement du régime emphytéotique : les devoirs de l'emphytéote sont fixes, invariables; il dispose de son bien ; c'est un quasi-propriétaire, sujet du seigneur, il est vrai, mais dont la sujétion se manifeste plutôt par le paiement de redevances que par l'obéissance politique; en effet l'autorité, dans l'espace de trois siècles, s'est reportée du possesseur du domaine éminent à la commune et au roi. La seconde étape conduit au démembrement des fiefs et alleux nobles, surtout par la transformation de la tenure emphytéotique en franc alleu roturier. Il semble que le nombre de ces alleux ait augmenté constamment[2]. L'alleutier,

1,400 livres de rente, le seigneur de Florac 1,040, le baron de Cénaret et le sire de Calvisson chacun 1,000. Ce sont là des sommes assez importantes; d'ailleurs les nobles avaient d'autres revenus; la plupart possédaient aussi des biens ruraux. Mais, pour quelques seigneurs relativement riches, il y en avait beaucoup de pauvres, n'ayant pas plus de 30 ou 40 l. de rentes. — Comme point de comparaison, il est bon de savoir que les recettes de la ville du Puy en 1515-1516 s'élevaient à 6,165 l. 13 s. 8 d., dont 4,477 l. 17 s. 9 d. payables au roi. On y appelait « ditiores et potentiores » ceux qui possédaient plus de 3,000 l. en biens meubles et immeubles, « divites » ceux qui avaient de 3,000 à 1,500 l., etc. (Médicis, *Chroniques*, t. II, pp. 135, 280.)

1. *H. L.*, t. XI, p. 390. — Sur cette famille, cf. Arch. de l'Hérault, *Doléances*, t. II, p. 254; cah. de nov. 1548, art. 15.

2. Déjà, en 1331, les commissaires des francs fiefs, entrant dans la sénéchaussée de Beaucaire, ne voulaient pas procéder avant d'en avoir référé à la Chambre des comptes, tant la besogne leur semblait difficile, « propter pluralitatem seu

libre de devoirs féodaux, n'a d'autre maître que le roi ; il est
propriétaire et sujet comme on peut l'être de nos jours.

La société languedocienne est féodale encore et pourtant
moderne par certains traits particuliers, qui lui prêtent une
physionomie originale. Le domaine royal est si étendu, si
grande la puissance des villes, des bourgeois, l'état des
biens et des personnes est si favorable au Tiers, qu'entre le
peuple et le roi la noblesse et le clergé paraissent des quan-
tités politiquement négligeables. C'est en ce sens qu'il faut
interpréter la déclaration du « commun état », de 1484 : « Les
habitants dudit pays ou la pluspart sont, dit-il, nuement et
sans moyen sujets du roy, et non à autre[1]. »

---

multitudinem alodiorum que dicuntur esse in dicta senescallia, cum pro majori
parte dicantur possessiones esse allodiales que non sunt censuales seu emphy-
teotice ». (Bibl. Nat., lat. 9174, f° 101.) — Cf. *Ord.* t. II, p. 22 ; 27 mai 1304. Sénéchaussée de Carcassonne.

1. Caseneuve, *Chartes*, p. 44.

DEUXIÈME PARTIE

LES INSTITUTIONS POLITIQUES (*suite*).

CHAPITRE PREMIER.

LES ÉTATS ET LE PAYS.

1º LES ASSEMBLÉES DE SÉNÉCHAUSSÉE.

Les assemblées d'États proviennent du même fonds d'habitudes féodales que la communauté consulaire, de la tradition constante en vertu de laquelle le seigneur réunissait ses vassaux autour de lui pour leur demander conseil.

La cour seigneuriale a donc produit en se transformant deux institutions différentes, tantôt l'une, tantôt l'autre, selon l'étendue du cadre qu'elle a trouvé. Elle s'est constituée en consulat dans la petite seigneurie, dans le château ou la cité : des deux institutions celle-ci est la plus ancienne, parce que la petite seigneurie était l'unité naturelle, la cellule vivante et presque indivisible du monde féodal. Quant à l'organisme appelé États, il est sorti de la cour d'un comté, d'une vicomté, d'un domaine éminent sous lequel étaient groupés en quantité suffisante les fiefs et les châteaux. Cette évolution s'est faite assez tard; elle suppose en effet dans les principautés féodales des conditions politiques, un esprit de subordination chez les vassaux et de la part du suzerain des exigences qui ne se montrent guère avant le xive siècle.

A la frontière occidentale de la région de Languedoc, il y avait plusieurs comtés et vicomtés. dont les institutions ont pu se développer d'une façon normale, en pleine indépendance. La domination royale y pénètre peu, comme en Armagnac, Fezensac, Lomagne, Fezensaguet, Foix, Comminges, ou bien elle y vient tard et ne s'établit pas solidement : ainsi en Bigorre, en Agenais, pays dont elle a d'ailleurs respecté l'unité territoriale.

Dans chacun de ces États, au XIIIe siècle, une cour juge et délibère avec le sénéchal représentant le suzerain : y figurent les barons et chevaliers, laïques et gens d'Église, et les délégués des communes; en Agenais, dès 1182, les « prud'hommes de la cité et des bourgs[1] ». L'admission des communes dans la cour était une innovation; il est impossible de croire qu'elle soit très antérieure à la date précitée; pour qu'elle vînt à se produire, il fallait d'abord que la communauté se fût séparée de son seigneur au point d'acquérir une personnalité distincte. Le fait est d'importance capitale. D'ores et déjà, les trois ordres se sont trouvés réunis. Plusieurs chartes de Gascogne prouvent qu'à la fin du XIIIe siècle toute communauté était astreinte à donner au suzerain, sur sa réquisition, « bon et fidèle conseil[2] ».

La cour était convoquée et consultée par le suzerain; elle connaissait des procès et des affaires qu'il avait à lui soumettre. Mais les membres de chaque ordre conservaient le

1. Cout. de Marmande, 1182, et de Tonneins-Dessous, art. 25. L'article est identique dans les deux coutumes : « Et quant lo prince de la terra o sos senescalcs mandera sa cort generale, los cosseilhs, tot o la una partida, segon lo comandament del senhor deven anar en aquera cort per la vila de Thonenx a meission (c'est-à-dire aux frais) de la vila. » — Cadier, *Les États de Béarn*, 1888, in-8°, pp. 19, 22, 397, Bigorre. — Lafforgue, *Hist. d'Auch*, t. I, p. 351. Armagnac. — Monlezun, *Op. cit.*, t. VI, pp. 3, 36. Cout. de Fezensac, de Fezensaguet.

2. *Ibid.*, p 275. Cout. de Sainte-Gemme, 1275. — Bladé, *Cout. du Gers*, p. 29; cout. de Villefranche-d'Astarac, 1293, art. 16; p. 230, cout. de Mirande, 1281. — *Ord.*, t. XII, p. 500. Cout. de Solomiac, 1328, art. 23. — Cf. plus haut, p. 138, le serment des syndics de Saint-Pons.

sentiment de leur solidarité hors de la présence du seigneur; ils savaient se réunir et s'entendre, soit contre lui,
soit les uns contre les autres[1]. En matière de justice, les
convocations étaient sans doute fréquentes : il semble que
dans l'Agenais, même sous le principat d'Alfonse de Poitiers, elles fussent périodiques[2]. La cour d'Agenais fixait
la coutume; elle avait seule pouvoir pour trancher les questions de paix ou de guerre[3].

Aucune cour ne sortait de la terre, du pays, de la sénéchaussée où elle avait pris naissance : celle de Lomagne siégeait à Miradoux, et non ailleurs, celle d'Armagnac à Nogaro, etc. Si le même suzerain réunissait sous son pouvoir
plusieurs comtés ou vicomtés, il tenait ou faisait tenir autant de cours séparées : ainsi, au XIIe siècle, le comte de
Carcassonne, vicomte de Béziers et vicomte d'Albigeois[4].

Mais ici, entre la Garonne et le Rhône, la croisade et la
conquête ont brisé les grands territoires et bouleversé les
relations féodales. Les usages existants ont subi le contre-
coup de ces changements politiques; ils n'ont pas péri cependant : c'est ainsi que Raimond VII, en 1233, réunissait
autour de lui, pour faire un statut contre les hérétiques, les
deux ou les trois ordres[5] de tout le comté de Toulouse, tel
que le traité de Meaux venait de le délimiter.

A l'est, dans la région cédée au roi de France, à Carcas-

1. Monlezun, *Op. cit.*, t. VI, p. 16 : « Universitas baronum, militum, domicello-
rum et aliorum nobilium curie... comitatus Fezensiaci. » — Magen et Tholin,
Chartes, n° 58.
2. *H. L.*, t. VII, *Enquêt.*, c. 419, et surtout Boutaric, *Saint Louis*, pp. 212, 413.
3. Cout. d'Agen, art. 2. L'ennemi du seigneur est d'abord sommé « de far
dreghs a esgart del senhor et de sa cort..., laqual cort deu estre dels baros e dels
cavoers d'Agenes e dels cosselhs e dels proshomes de la ciutat d'Agen e dels
bores d'Agenes. »
4. *H. L.*, t. VII, note XLVI, p. 206.
5. *Ibid.*, t. VIII, pr. n° 300 : « De consilio et assensu episcoporum et aliorum
prelatorum, comitum et baronum, militum et plurium aliorum virorum pruden-
tium terre nostre. Ces « autres hommes prudents » sont probablement des gens
de communes.

sonne, à Beaucaire, puis à Nimes, il y eut deux sénéchaux,
comme il y en avait dans les principaux États du Midi. La
différence était que les sénéchaux de saint Louis eurent à
administrer un lot domanial beaucoup plus étendu que les
comtés d'Armagnac ou de Bigorre, et que leur autorité fut
celle d'un roi puissant, suzerain de tous les seigneurs.

Leur cour, au XIII⁰ siècle, est formée sur le patron des
autres cours féodales. Les seigneurs vassaux y siègent,
quand le sénéchal rend la justice, et la sentence est prononcée « par leur conseil[1] »; ils font avec lui des règlements,
des ordonnances, et tranchent des questions de droit[2]; ils
avisent, sur son invitation, à la défense de la terre et des
intérêts du suzerain[3]. Cette cour, organisée dans un cadre
nouveau, après une conquête, placée auprès d'un fonctionnaire omnipotent, devait être moins forte et moins indépendante que celle d'une principauté ancienne, telle que l'Agenais; elle était plus étroitement subordonnée à la volonté du
sénéchal, convoquée de façon moins régulière. Quand saint
Louis a prescrit à ses sénéchaux de ne pas interdire ou permettre l'exportation des denrées sans avoir pris conseil
d'« un certain nombre de prélats, de barons et chevaliers et
de gens des bonnes villes » (1254), il n'a fait que les obliger
à suivre, sur ce point particulier, une règle qu'ils appliquaient ou non, selon les circonstances, et surtout selon
leur caprice[4].

1. *H. L.*, t. VIII, pr. n° 482, col. 1457, 1460, 1462, et n° 537. Dans les deux cas il
s'agit de « pax fracta », et, dans le premier, la cour exécute « manu militari...
cum nobilibus predictis » la sentence qu'elle a prononcée. Cf. t. X, pr. n° 24.

2. *Ibid.*, t. VIII, pr. n° 460, I. — Voir plus haut, pp. 131, 132, l'ordonnance rendue par Guillaume de Cohardon, avec les prélats et les barons de la sénéchaussée
de Carcassonne.

3. *H. L.*, t. VIII, pr. n° 467.

4. *Ibid.*, t. VIII, pr. n° 443. Ordonnance sur la « curia Belliquadri », valable
pour les deux sénéchaussées royales. — Cf. *ibid.*, pr. n° 446, art. 31.   Quatre
exemples seulement de ces assemblées, l'un relatif à la sénéchaussée de Nimes,
1259 (*ibid.*, pr. n° 477, IV), les trois autres à celle de Carcassonne, 1269, 1271, 1275.
(*Ibid.*, n°ˢ 529, 545, et t. X, pr. n° 16.)

Les mêmes traditions de gouvernement ont prévalu dans les sénéchaussées de Toulouse, de Rouergue, de Périgord et de Quercy, acquises en 1271 : quant à celles d'Agenais et de Bigorre, annexées un peu plus tard, c'étaient deux États féodaux, dont les cours étaient déjà solidement constituées.

Il faut donc imaginer dans chaque sénéchaussée un corps de composition variable, tantôt réduit aux officiers et aux conseillers ordinaires, tantôt ouvert à d'autres personnages qui, eux aussi, conseillaient le sénéchal, et dont l'assemblée pour cette cause s'appelait *consilium*. Le « conseil », plus ou moins nombreux, était fort aristocratique. Si les communautés y prenaient place avec les prélats et les barons, leur part dans les décisions semble avoir été modeste [1].

Le sort de ces assemblées n'était pas lié, comme on l'a cru, à l'unique question de l'exportation des denrées. Si Philippe le Bel se réserve, ou peu s'en faut, le droit de décider en ces matières [2], son successeur le reconnaît et le restitue au sénéchal, assisté des « prélats, barons et consulats des bonnes villes [3] ». Les cours des sénéchaussées ont continué de se réunir sous Philippe IV et après lui. Aux assises de 1345 le sénéchal de Beaucaire faisait encore un règlement sur les greffiers avec le concours des consuls de Nîmes,

---

1. Elles sont convoquées et comparaissent en nombre moindre que les autres personnes féodales. Dans l'exposé des décisions prises, on ne les nomme pas, quoiqu'elles y aient collaboré ; on dit : « Consilium prelatorum et baronum et aliorum bonorum virorum » (*ibid.*, t. VIII, pr. col. 1740), ou bien : « Consuluerunt domini prelati, barones, terrarii et alii predicti. » (T. X, pr. col. 129.)

2. Peut-être en août 1290 (*ibid.*, pr. n° 67, IV) ; — mais le texte n'est pas décisif ; il semble qu'à l'exemple de saint Louis (*ibid.*, t. VIII, pr. n° 477, IV), Philippe IV se borne à révoquer le « deffensum bladi » édicté par le sénéchal de Beaucaire ; — puis, en mars 1300, par mandement très catégorique, relatif à la sénéchaussée de Carcassonne. Le roi défend au sénéchal de prohiber la traite sans ordre spécial, sauf le cas de nécessité urgente. Dans ce cas, dit-il, « cum prelatis et baronibus ipsius terre..., deliberatione super hoc prehabita diligenti, prohibitiones hujusmodi faciatis, preter eorum consilium non revocantes easdem. » (Baudouin, *Lettres inédites de Philippe le Bel*, 1887, in-8°, n° 53.) — M. Aug. Molinier a commis plusieurs erreurs au sujet de ces assemblées. (*H. L.*, t. IX, p. 248, n. 1.)

3. *Ord.*, t. I, p. 558 ; 1er avr. 1315, art. 6.

d'un représentant de Montpellier et de « beaucoup d'autres nobles, non-nobles et communautés » du ressort[1].

La réunion de l'assemblée dépendant du pouvoir royal, ses attributions et sa nature ont changé avec les questions sur lesquelles le roi ou ses officiers l'appelaient à délibérer. Au milieu du XIVe siècle prélats, barons et communes continuent d'être convoqués : à la vérité ce n'est plus pour aider le sénéchal à rendre la justice ou pour le conseiller sur tel point d'administration, mais toujours pour recevoir une demande de subsides. — La demande de subsides, voilà l'innovation qui, de leur assemblée, a fait le « conseil des trois États ». L'assemblée d'États s'affermit et s'organise à l'époque même où l'ancienne cour plénière achève de disparaître.

Entre l'une et l'autre il existe une certaine parenté, dont les preuves, ou la plupart, seront fournies par la suite; il n'y a point une filiation directe. On ne doit pas imaginer la cour ajoutant à ses fonctions ordinaires une attribution nouvelle et devenant assemblée d'États. Les choses se sont passées autrement. La cour manquait de cohésion; ce n'était qu'un groupement temporaire de personnes féodales, et non un être collectif, un corps susceptible de durée, si fortement constitué qu'il fût nécessaire d'avoir toujours recours à lui. Quand saint Louis et son frère Alfonse ont besoin d'argent et de troupes, ils ne s'adressent pas à la cour plénière, mais à chaque seigneur, à chaque communauté[2]; le plus souvent, jusqu'à Jean le Bon, leurs successeurs ont agi de même. N'attribuons pas ces consultations séparées à quelque manœuvre habile des rois ou des sénéchaux : c'était plutôt scrupule de leur part et volonté d'obtenir l'agrément de tout le monde. D'ailleurs chaque vassal avait des devoirs et des droits

---

1. Ménard, *Hist. de Nimes*, t. II, pr. n° 76. — Cf. *H. L.*, t. IX, p. 1161 ; X, pr. n° 112.

2. Cf. les textes cités plus haut, p. 142, n. 2, 4. — *H. L.*, t. X, pr. nos 47, 93, etc.

particuliers; il fallait traiter avec lui, spécialement. Avant que tous eussent été soumis à peu près aux mêmes services, on ne pouvait commodément les consulter en assemblées.

Cependant les sénéchaux chargés de percevoir l'aide ont profité de bonne heure, à cette occasion, d'un usage qu'ils suivaient en plusieurs autres circonstances. Ils ont réuni quelquefois, non leur cour, mais une assemblée très analogue à leur cour.

Lever un subside était une affaire compliquée. Il fallait d'abord requérir les contribuables pour obtenir leur consentement : « Les hommes de notre terre nous ont promis un fouage, et vous pareillement, écrit Alfonse de Poitiers au vicomte de Lomagne »; — puis, ce consentement acquis, les requérir de nouveau, afin de régler avec eux la quotité, l'assiette, la perception de l'impôt : — « Nous vous prions, continue le comte, de donner aide et conseil au sénéchal d'Agenais, à sa réquisition, pour lever ledit fouage sur les hommes de votre terre[1] ». La même procédure fut observée notamment en mars 1304, en août 1314, en 1346[2].

Au lieu d'aller de ville en ville, les commissaires royaux ont pu, pour en finir plus vite, convoquer ensemble auprès d'eux les personnes féodales : ainsi peut-être en 1276[3]. En 1285, les nobles de la sénéchaussée de Rouergue étaient assemblés à Rodez devant un clerc du roi à propos d'une aide, qu'ils refusèrent d'accorder[4]. Les lettres par lesquelles Philippe le Bel, en février 1302, citait à Paris les communautés de la sénéchaussée de Nîmes attestent une expé-

1. *H. L.*, t. VIII, pr. n° 491, II.
2. *Ibid.*, t. X, pr. n°s 131, 393, 395. — Hervieu, *Recherches sur les premiers États généraux*, 1879, in-8°, p. 108. Cf. Ménard, *Hist. de Nîmes*, t. II, pr. n°s 8, 10.
3. Du moins Philippe III adresse à cette occasion des lettres collectives de non-préjudice aux prélats, barons et communautés d'Agenais (Magen et Tholin, *Chartes*, n° 59), de Quercy (Lacoste, *Op. cit.*, t. II, p. 335), du diocèse de Toulouse, c'est-à-dire du Toulousain, le diocèse n'ayant pas encore été démembré. (Arch. de Toulouse, AA 54, n° 4.)
4. *H. L.*, t. X, pr. n° 41.

rience déjà longue des convocations. La formule dont se sert
la Chancellerie a dû être employée d'abord dans la sénéchaussée même; elle est précise, arrêtée et telle qu'on la rencontre dans des pièces postérieures; elle prévient les ater-
moiements que les délégations avaient coutume d'opposer
aux demandes de subsides : les députés auront plein pouvoir d'ouïr, d'agir, de consentir, etc., « sans s'excuser sur la
nécessité d'en référer au préalable » à leurs commettants [1].

Ensuite il devient plus facile de constater la réunion d'assemblées de même nature. En janvier-février 1304 les sénéchaussées de Toulouse, de Carcassonne, de Beaucaire, de
Rouergue et de Périgord-Quercy avaient promis un subside
à Philippe le Bel; les seigneurs et les communes se réuni-
rent ensuite dans leurs ressorts respectifs, devant les commissaires royaux, pour régler les conditions selon lesquelles
l'impôt serait établi [2].

Pour les quarante années qui suivent (1305-1345), il n'y a
que quatorze assemblées où des sénéchaussées de Languedoc
aient figuré : huit ont eu lieu dans le Nord, en France, et

---

1. Ménard, *Hist. de Nimes*, t. I, pr. n° 120. « Absque excusatione relationis
cujuslibet faciendæ. » La précaution n'est guère justifiée par l'objet de la convocation : dans l'espèce, le roi ne demandait rien de plus à ses sujets que leur
appui moral contre le Saint-Siège ; il était sûr d'obtenir celui des communes. Il
faut donc que la formule ait été créée par le gouvernement royal ou ses agents en
vue d'un autre cas, pour parer aux difficultés que soulevait l'imposition des
subsides : elle suppose des convocations antérieures, auxquelles les communautés
avaient répondu en donnant à leurs délégués le pouvoir « audiendi et referendi
tantum », comme elles ont fait si souvent au XIV° siècle, et même sous Charles VII.

2. *H. L.*, t. X, pr. n° 131. L'acte I, par lequel le roi fait connaître que les sénéchaussées, qu'il venait de parcourir successivement, lui ont accordé un subside,
ne doit pas être daté du jeudi après la Saint-Mathieu, apôtre, 26 septembre 1303,
mais du jeudi après la Saint-Mathias, 1er mars 1304 : car il a été rédigé à Nimes,
où Philippe IV était rendu en février 1304, tandis qu'au mois de septembre précédent le roi était encore en France. A ces octrois se réfèrent diverses pièces.
(*Ibid.*, n°s 128, 129. — *Ord.*, t. I, p. 397, etc.) — Le 24 février le roi a déterminé
la quotité du subside (*Historiens de France*, t. XXIII, p. 792). — Sur les assemblées qui s'y rapportent, de date postérieure, cf. Ménard, *Op. cit.*, t. I, pr. n° 125,
et Lacoste, *Op. cit.*, t. II, p. 416.

six dans le Midi[1]. Nul doute qu'on réalité elles n'aient été
plus fréquentes. Durant cette période le gouvernement a levé
de nombreux subsides : les textes qui s'y rapportent, à peu
d'exceptions près, ne laissent voir que des personnes féodales, des communautés surtout, traitant, chacune de son
côté, avec les agents royaux; mais ces traités particuliers
n'ont peut-être pas exclu, dans chaque sénéchaussée, des
réunions auxquelles on attachait peu d'importance[2], et dont
la trace, pour cette cause, s'est effacée aisément. Il est certain
que les communes avaient déjà l'habitude, non seulement de
communiquer ensemble à propos de chaque subside, mais
aussi d'être réunies. En 1341 les consuls de Nimes, s'adres-
sant aux commissaires qui imposaient la gabelle, leur
disaient : « Avant de rien faire, vous auriez dû convoquer
les communautés de la sénéchaussée et ouïr les allégations
qu'elles avaient à produire sur la commodité et l'incommodité du peuple[3]. » Quatorze assemblées en quarante ans ne
suffiraient pas à rendre raison de la cohésion croissante,
dont on relève tant d'indices, entre les membres de chaque
ordre.

L'impôt royal est la cause de ce progrès. Il a mis les personnes féodales dans la nécessité de s'entendre, en assemblée ou autrement. Payer telle ou telle somme, de telle ou
telle façon, était pour elles une affaire beaucoup plus grave
que celles dont le sénéchal, en sa cour, les invitait à délibérer. Leurs intérêts les plus pressants étant en jeu, elles

---

1. Ces six assemblées sont celles de cinq sénéchaussées à Toulouse, déc. 1318,
des sénéchaussées de Quercy, 1319 (*Ord*, t. I, p. 696), de Carcassonne, 1323
(*H. L.*, t. IX, p. 419), de Toulouse, déc. 1328 (*ibid.*, t. X, pr. n° 255), de Quercy,
1336 (Lacoste, t. III, p. 86), de Bigorre, 1340. (Davezac-Macaya, *Essais hist. sur
le Bigorre*, 1823, 2 vol. in-8°, t. II, p. 79.)
2. Dont exemple très net, de 1348, relatif à la sénéchaussée de Beaucaire, dans
Ménard, t. II, pr. n° 79. — Ce qui ajoute à la difficulté de saisir ces assemblées
fugitives, c'est que les délibérations et les comptes municipaux, qui rendent de
si grands services à l'histoire des États, font défaut pour cette époque.
3. Ménard, t. II, pr. n° 67.

ont appris à s'unir ; elles ont fait leurs conditions, fixant le
chiffre, la nature et la durée du subside, les termes de paiement, obtenant la confirmation ou la restauration des libertés
dont elles jouissaient. Ces conditions sont l'origine du cahier
de doléances.

Le gouvernement a dû tenir compte des liens qui se
nouaient ainsi dans chaque sénéchaussée : il a été conduit
à réunir plus souvent ses administrés par les habitudes
mêmes qu'il les amenait à prendre. Rien ne prouve qu'en
principe il fût hostile aux assemblées : il l'est devenu plus
tard, quand il a senti les entraves qu'elles mettaient à l'exercice de son autorité. A partir de 1345, il faut qu'il en convoque. La guerre qui recommence avec les Anglais, en Languedoc comme en France, prend un caractère alarmant. Les
levées d'hommes et d'argent se multiplient. Les commissaires royaux n'ont plus le loisir de consulter les villes et
les nobles l'un après l'autre ; ils se dispensent aussi, par la
convocation de l'assemblée, d'adresser une requête à tous
les intéressés. Tant pis pour les absents ! S'ils refusaient de
faire comme les autres, on saurait les y contraindre : « Dans
une telle nécessité, il n'est pas besoin, dira Jean le Bon,
d'obtenir l'assentiment de tout le monde. » Presque chaque
année, de 1345 à 1355, ont eu lieu des assemblées d'une ou
plusieurs sénéchaussées[1]. Ensuite, elles se présentent en
foule ; la tradition est établie.

---

1. *H. L.*, t. IX, pp. 572-649 ; t. X, pr. n°ˢ 390-412, *passim*. En mai et sept. 1352,
le prieur de Saint-Martin-des-Champs, puis l'évêque de Lectoure imposent dans
la sénéchaussée de Carcassonne trois subsides, l'un de 10 s. par feu et les deux
autres de 5, « ses volontat, e ses apelar las comunas »,... « non consenten las comunas », etc. Les consuls de Narbonne en appellent, mais sans succès, au comte
d'Armagnac, lieutenant du roi. (Arch. de Narbonne, *Comptes*, 1352, fˢ 50-58. —
Arch. d'Albi, CC 66 ; *H. L.*, t. X, pr. n° 420, III). En 1354, avant juillet, un
denier à l'écu par feu est imposé dans la même sénéchaussée, peut-être sans
assemblée des communes. (Arch. d'Albi, CC 68.) — Cf. Arch. de Castres, AA 2,
fˢ 2 v° -49 v°, la série très curieuse des octrois faits de mai 1346 à mai 1352 par
Castres et autres communes de la terre du comte de Vendôme.

L'assemblée d'États est chose à la fois ancienne et nouvelle. Par le cadre où elle a grandi, par les éléments qui la composaient, elle se rattache à la cour plénière dont s'entourait le sénéchal; elle s'y rattache également par l'objet de la réunion, puisqu'elle avait à aider le roi, à lui donner conseil pour la défense de ses droits et de sa terre. Ce qui en elle était nouveau, ce qui la distingue nettement de la cour de sénéchaussée, c'est la forme spéciale de l'aide qu'elle accordait, la fréquence des requêtes qu'elle a reçues à cette fin, l'union qui s'est fondée à la faveur de ces requêtes entre les membres de chaque ordre.

Les caractères principaux de l'institution n'ont pas apparu tout à coup ni tous ensemble; ils se sont fixés lentement, successivement. On a vu naître les États de sénéchaussée; il faut montrer maintenant comment ils se sont groupés en États de Languedoc : de ce groupement nouveau est sorti le « corps mystique », la personne politique que l'on a nommée « le pays ».

2° LES ÉTATS GÉNÉRAUX DE LANGUEDOC

Les sénéchaussées du Midi se sont rencontrées d'abord sous le règne de Philippe IV, dans les assemblées générales du royaume : ainsi en avril 1302, en mai 1308, en août et novembre 1314. Une seule fois, en juillet-août 1303, celles de Carcassonne, de Beaucaire et de Rouergue furent convoquées ensemble. On a voulu voir dans cette assemblée « les premiers États généraux de Languedoc »; la qualification n'est guère acceptable; car les prélats, barons et communes n'eurent pas à prendre de décision : ils étaient mandés uniquement pour approuver, en nombre aussi grand que possible, celle qu'avait adoptée une assemblée générale, tenue à Paris devant le roi. Aussi y eut-il deux réunions, l'une à Montpellier, le 25 juillet, l'autre à Nîmes, le 7 août, deux fournées successives d'adhérents, puis des adhésions particulières, jusqu'à ce que tout le monde eût donné son consentement. Les autres sénéchaussées avaient été mandées à part[1].

Les assemblées de Montpellier et de Nimes sont des faits accidentels, sans portée et sans conséquence. Les États de Languedoc ont un autre point de départ. Ils sont issus du dédoublement des États de tout le royaume. Pour que la scission eût lieu, il fallait un ensemble de circonstances que le règne de Philippe IV a préparées, et qui n'ont été réalisées que sous les règnes suivants.

Les États généraux que Philippe IV a réunis avaient un fondement dans le passé; il n'avait eu besoin pour les créer que d'élargir la Cour avec laquelle il gouvernait. Mais il n'avait point de raisons pour convoquer des États de Languedoc. Le cadre faisait défaut. Ce mot de Languedoc était encore une expression purement géographique : il servait à désigner, non une unité historique, comme le comté de Toulouse ou le duché de Guyenne, mais, de la façon la plus vague, une vaste région, disloquée, puis remaniée à la suite de la conquête. Entre les sénéchaussées royales qui se partageaient le Midi, il y avait identité ou analogie de position, de langue et de mœurs, mais point de lien politique qui les unit et les distinguât des autres sénéchaussées et bailliages du royaume. C'est seulement à mesure que ce lien s'est formé, qu'il a pu être question d'assemblées de Languedoc.

Sous Louis le Hutin paraissent les premières traces d'association spontanée entre tous les Méridionaux. La ressemblance des usages engendrant la communauté d'intérêts, le clergé, les communautés, les nobles de six sénéchaussées ont alors sollicité la restauration de leurs privilèges, violés par Philippe le Bel. Les lettres que le roi donna en leur

1. Du Puy, *Histoire du différend d'entre le pape Boniface VIII et Philippe le Bel*, 1655, in-f°, pp. 109, 135-170. — Cf. *H. L.*, t. IX, pp. 247 et suiv.

faveur furent rendues à la requête des barons, des prélats, non d'une sénéchaussée, mais « de toute la Langue- doc » (1315-1316)[1]. La même année, avant Pâques, Louis X convoquait à Bourges les « communes de Languedoc » : l'as- semblée fut décommandée et n'eut pas lieu ; rien ne prouve que les villes du Midi aient été seules appelées ; la formule employée pour les convoquer n'indique pas moins claire- ment qu'aux yeux des contemporains elles commençaient à représenter un certain groupe politique[2].

En réunissant près de lui les personnes féodales, Phi- lippe IV les avait astreintes à de longs et coûteux voyages ; car le royaume était très étendu pour l'époque, surtout du nord au sud : en ce sens il atteignait les limites de la France de nos jours. L'obligation de se rendre à Tours ou à Paris semblait aux vassaux du roi une dure servitude, et nul n'en souffrait autant que les habitants du Midi. Louis X avait reçu leurs plaintes : les lettres où il dispense les commu- nautés de se rendre à Bourges font mention des frais et des fatigues qu'elles avaient à subir en venant « d'une région si éloignée » pour obéir à ses mandements. Pour la même rai- son Philippe V leur faisait grâce, en février 1318, du voyage de Paris[3].

---

1. *Ord.*, t. I, p. 553 ; 1ᵉʳ avr. 1315. Lettres rendues en faveur des communautés « de la Langue d'oc » et à leur requête. Chaque sénéchaussée a reçu, à différentes dates, un exemplaire de ces privilèges. — *Ibid.*, p. 613, et *H. L.*, t. IX, p. 358 ; lettres de déc. 1315, en faveur du clergé. — *H. L.*, t. X, pr. nᵒ 189 ; lettres de janv. 1316, en faveur des nobles des sénéchaussées de Toulouse, Carcassonne, Périgord, Rouergue, Beaucaire, Lyon. — Voir aussi *ibid.*, pr. nᵒˢ 190, 342, et *Ord.*, t. XII, p. 114.

2. *H. L.*, pr. nᵒ 188. — Cf. nᵒ 209, une délibération prise en assemblée des villes du royaume par « les gens de la Langue d'oc, car bonnement ladite terre ne se puet gouverner par monnoie de Paris », etc. Cette pièce ne peut se rapporter à l'assemblée de nov. 1314 : en effet n'y figurent point sept villes du Midi ayant pris part à la susdite assemblée (*Ord.*, t. I, p. 548) ; est mentionnée au contraire la ville de Martel, qui n'assistait pas à la réunion de 1314. Elle date peut-être de juill. 1321, comme le voudrait M. Hervieu (*Op. cit.*, pp. 162 et suiv.), ou de 1318 : en tous cas elle est postérieure au règne de Philippe le Bel.

3. Hervieu, *Op. cit.*, p. 136.

Tout en continuant de convoquer des assemblées, les deux rois ont essayé de ménager leurs sujets. En mars 1317 Philippe le Long réunit dans sa capitale les communautés des bailliages situés au nord de la Loire, tandis que celles du pays qui s'étend au sud du fleuve venaient seulement jusqu'à Bourges, ville plus centrale et pour elles plus commode que Paris[1]. En 1318 autre combinaison : les États généraux furent de nouveau fractionnés, mais cette fois de telle sorte que l'une des fractions se composât exclusivement de sénéchaussées du Midi, à savoir Toulouse, Carcassonne, Beaucaire, Rouergue, Périgord et Quercy, Lyonnais et bailliage de Mâcon. Il y eut plusieurs assemblées, délibérant sur le même objet. Quoique celle « de Languedoc » eût été mandée à Toulouse, le roi se proposait d'y assister; elle fut prorogée au 9 janvier 1349 et tenue, en l'absence de Philippe V, devant les réformateurs généraux qu'il avait envoyés six mois plus tôt dans la contrée[2]. Les villes et les nobles de Lyonnais et Mâconnais furent excusés de s'y rendre à cause de la distance; on ne voit pas que par la suite ils aient jamais comparu aux assemblées de Languedoc, dont celle-ci est la première.

Pour rencontrer la seconde, il faut franchir un long intervalle de temps, pendant lequel ont eu lieu plusieurs assemblées générales du royaume où les Méridionaux continuaient de figurer; il faut aller jusqu'en 1345, année de la grande invasion anglaise. A partir de cette date les États généraux

1. Hervieu, *Op. cit.*, p. 127. — *H. L.*, t. X, pr. n° 196. — *Ord.*, t. I, p. 645. Ont été convoqués à Bourges « procuratores nonnullarum bonarum villarum et locorum insignium dicti regni, Lingue specialiter occitane ». Cf. t. VIII, p. 473.
2. *Historiens de France*, t. XXIII, p. 813, et *H. L.*, t. X, n° 205; cf. n°s 213, 215, t. IX, p. 381, et Ménard, t. II, pr. n° 17, etc. — Les assemblées énumérées par M. Hervieu, pp. 140 et suiv., se répartissent topographiquement comme il suit : 1° prélats et barons du royaume, 2° villes sises au nord de la Loire, 3° noblesse du Centre, 4° et 5° Languedoc, 6° noblesse du Nord et du Centre, ou de Languedoil, 7° nobles et villes de la sénéchaussée de Lyonnais et du bailliage de Mâcon.

se fractionnent plus souvent; la dissociation s'accélère entre
le Nord et le Midi : au bout de quelques années elle devient
définitive.

Le 30 décembre 1345, sous prétexte d'abolir les impositions et de prendre à ce sujet l'avis des prélats, barons et
communes du royaume, Philippe VI mandait en sa présence
les trois ordres de Languedoil. Quant à ceux de Languedoc,
il confia le soin de les réunir à son fils et lieutenant, le duc
de Normandie, qui séjournait dans le Midi. Les deux assemblées se tinrent presque simultanément, l'une à Paris, l'autre
à Toulouse, en février 1346, et cette dernière comprit sept
sénéchaussées : Agenais, Bigorre et cinq autres nommées
plus haut[1]. De même, le 20 novembre 1350, Jean le Bon convoqua les trois États du royaume en deux assemblées distinctes, ceux du Midi à Montpellier, pour le 8 janvier 1351,
et ceux du Nord à Paris, pour le 16 février[2]. Il les tint successivement, en personne.

Ainsi les États généraux se séparaient en deux fractions
inégales, entre lesquelles l'objet, la date, le mode de convocation mettaient encore un lien, mais qui bientôt allaient se
rendre entièrement indépendantes. En mars 1351 elles semblent se rejoindre encore : les villes d'une sénéchaussée au
moins, celle de Carcassonne, comparaissent à Paris, où se
trouvaient réunies les villes de Languedoil, et accordent une
aide au roi[3]. Ensuite rien de pareil : il n'y a plus qu'assem-

1. *H. L.*, t. X, pr. n° 393; cf. n°s 395, 396. — *Ord.*, t. II, p. 228. — Hervieu,
Op. cit., pp. 214 et suiv.
2. Arch. de Toulouse, AA 35, n° 83. — *Ord.*, t. III, préf. p. XXI. — *H. L.*,
t. IX, p. 624. Quatre sénéchaussées seulement répondirent à la convocation
royale, celles de Toulouse, de Carcassonne, de Beaucaire et de Rouergue.
3. *Ord.*, t. III, pp. 674, 675. Secousse n'avait pas une connaissance assez minutieuse des États de Languedoc pour bien comprendre cette pièce; il l'inter-
prète inexactement. (*Ibid.*, préf. pp. XXI, XXXIV.) On peut affirmer que les gens
d'Église et les nobles de Languedoc ne se rendirent pas à Paris. Y furent convoquées les communautés dont les procureurs n'avaient pas voulu, à Montpellier,
accorder l'aide que le roi sans aucun doute avait dû leur demander, ou qui

blées de Languedoil et assemblées de Languedoc, qui ne se confondent point. Il est vrai que les gens du Nord et les Méridionaux, du règne de Jean le Bon à celui de Charles VII, ont été assez souvent convoqués ensemble[1]; mais, ceux-ci faisant ordinairement défaut, il ne paraît pas qu'en un siècle on se soit rencontré plus de trois ou quatre fois : ainsi à Lyon, en juillet-août 1383[2], à Paris, en avril 1414[3], à Chinon, en juillet 1428, et toujours dans des conditions difficiles à préciser[4]. En somme les liens que la guerre de Cent ans avait

l'avaient octroyée en principe, sans en fixer le chiffre, en se réservant sur ce point de consulter leurs commettants. Y vinrent peut-être aussi les communautés des sénéchaussées qui n'avaient pas été représentées à Montpellier. — En somme, de 1302 à 1351, les Méridionaux ont pris part à douze assemblées générales, au moins, à savoir celles d'avril 1302 (Ménard, t. I, pr. n° 120, et Hervieu, pp. 308 et suiv.), de mai 1308 (*Biblioth. de l'Éc. des Chartes*, v° sér., t. I. p. 31), du 1er août 1314 (Hervieu, p. 105), de nov. 1314 (*ibid.*, p. 109), d'avr. 1317 (*ibid.*, p. 131), de juin 1320 (*ibid.*, p. 158, et Arch. de Narbonne, AA 171, procuration du 30 mars 1320), de juin et de juillet 1321 (Hervieu, p. 162), de mars 1333 (*ibid.*, p. 194, et Arch. de Cahors, *Chartes*, n° 78), de sept. 1343 (Hervieu, p. 227. — Lacoste, *Op. cit.*, t. III, p. 101. — Arch. de Toulouse, *Comptes*, 1343, f° 45), de mai et de nov. 1347 (Hervieu, p. 226. — Arch. de Narbonne, AA 172, procuration du 24 avr. 1347), de mars 1351.

1. Les villes du Midi sont convoquées à Paris après la bataille de Poitiers par lettres du 27 sept. 1356 (Arch. de Cahors, *Chartes*, n° 79) ; mais elles n'y vont pas. De même en avr. 1359. (*H. L.*, t. X, pr. n° 467. — *Ord.*, t. III, préf. p. LXXXVI.) Sous Charles VII les convocations sont fréquentes. (Thomas, *Le Midi et les États généraux sous Charles VII*, dans les Annales du Midi, 1889, 1892.)

2. *Appendices*, n° 2, à la date.

3. Les villes furent convoquées par le roi à Paris pour le 5 avril, « certis de causis ejus et sui regni commodum et honorem tangentibus ». (Arch. de Montpellier, *Délib.*, 28 mars 1411.) Elles s'y rendirent pour la plupart. (Arch. de Toulouse, AA 37, n° 26. — Arch. d'Albi, CC 170, f° 21. — *H. L.*, t. X, pr. n° 794, etc.) Cahors, empêchée, reçut des lettres de rémission. (Arch. de Cahors, FF 29 *bis*.)

4. Il n'est pas bien prouvé que Languedoil et Languedoc aient délibéré ensemble à Chinon ; mais cela est possible. (Thomas, *Loc. cit.*, 1892, p. 12.) Le cas avait été prévu par la ville de Montpellier, en janv. 1435, lorsqu'elle envoya ses délégués aux États généraux de Montferrand, qui d'ailleurs n'eurent pas lieu : « Casu quo expedierit simul dictos tres status dictarum duarum patriarum [Lingue d'oil et Lingue occitane], vel casu quo expedientius fuerit eosdem tres status... separatim... se congregare, tractare et concludere ». (Arch. de Montpellier, *Délib.*, à la date.) — Les délégués du Rouergue et probablement quelques-uns de ceux de la sénéchaussée de Beaucaire ont assisté aux États de Clermont, de juin 1421. (Thomas, *Loc. cit.*, 1889, pp. 292 et suiv.) Plusieurs villes s'étaient rendues aux États de Poitiers, d'oct. 1427. (Bibl. Nat., lat. 9177, f° 246.)

relâchés ou rompus ne se sont renoués entre le Nord et le Midi qu'à la fin du xvᵉ siècle, par l'assemblée de Tours de 1468 [1] et surtout par les grands États de 1484. Or, le royaume à cette époque différait singulièrement de celui de Jean le Bon. Les États de Languedoc, solidement établis sur un territoire restreint, tournaient à l'assemblée provinciale; ceux de Languedoil ne se réunissaient plus, et la royauté, maîtresse de ses destinées, hostile aux États généraux, était disposée à se passer de leur concours.

La sécession qui s'est produite au xivᵉ siècle n'était nullement un acte de volonté réfléchie de la part du pouvoir royal, mais l'œuvre des circonstances. On ne voit aucune preuve que les rois aient cherché par ce moyen à diviser pour régner. Ils ont réuni des assemblées générales aussi longtemps qu'ils ont pu. Quand Philippe VI, en 1345, fait convoquer par son fils les Méridionaux chez eux, voici comment il motive sa décision : « Cels des seneschiaussies de nostre royaume plus briefvement et à moins de treval et de cous et de frais pourront estre assemblez par devant vous que par devant nous. » En effet le danger pressant ne permet guère de les mander plusieurs mois d'avance, de façon qu'ils aient le temps d'arriver devant le roi. Les Anglais maîtres de Bordeaux, libres de s'avancer le long de la Dordogne, interceptent les passages et rendent très hasardeuses et très lentes les rélations, déjà difficiles, du Midi avec le Nord. Enfin, la guerre a deux théâtres; elle menace à la fois les grandes plaines qui s'étendent de la Saintonge à la Manche, et les vallées qui s'allongent vers le sud, dans la direction de Cahors, d'Auch, d'Albi, de Toulouse et de Narbonne. Obligés de faire face à l'ennemi de deux côtés, les rois se sont réservé la conduite des affaires dans le Nord, dans la région principale. Quant à l'autre, ils y délèguent un lieutenant

---

1. Bibl. Nat., lat. 9178, fᵒ 209.

général, muni de tous les pouvoirs. Ce lieutenant devra tirer des sénéchaussées qu'il gouverne les troupes et l'argent nécessaires à les défendre. Il mandera près de lui les seigneurs et les communes, soit en armes, pour marcher contre les Anglais, soit en assemblées d'États, pour lui donner conseil et lui fournir des subsides. Spontanément, le comte d'Armagnac réunit à Moissac, en 1346, les villes de Languedoc[1]. En mars-avril 1356, elles comparaissent à Toulouse par ordre du roi et devant ses commissaires[2]. Mais, après la défaite et la prise de Jean le Bon, ce sont presque uniquement les lieutenants généraux qui vont convoquer et tenir les assemblées : ainsi les comtes d'Armagnac, de Poitiers, le maréchal d'Audrehem, le duc d'Anjou sous Charles V, etc. Par le concours d'efforts qu'ils ont provoqué pour la défense commune, les lieutenants ont ajouté aux liens qui unissaient les sénéchaussées du ressort un lien plus fort qu'aucun autre : il ne s'agit plus alors d'une entente volontaire et accidentelle entre les nobles ou les villes qui voudraient obtenir quelque confirmation de privilèges, mais d'une association habituelle, obligatoire, destinée à repousser un danger imminent, suspendu sur tout le monde.

De la bataille de Poitiers au traité de Brétigny (17 septembre 1356-8 mai 1360) on compte onze assemblées ayant groupé trois sénéchaussées au moins, dont quatre où furent réunies de cinq à sept sénéchaussées : ce sont, pour s'en tenir à ces dernières, les États d'octobre 1356 et de mai 1358 (Toulouse), ceux de mars 1359 (Montpellier) et d'octobre de la même année (Carcassonne)[3], États que dès lors on appelait « géné-

---

1. *H. L.*, t. IX, p. 597. On n'a aucun détail sur cette assemblée.

2. *Ibid.*, t. X, pr. n° 447.

3. Les sept autres sont celles de mars, de mai, de juillet 1357, de juillet 1358, de mai, d'août, de sept. 1359. (*Append.*, n° 2.) Ce nombre est d'ailleurs un minimum. Les sénéchaussées le plus souvent réunies sont celles de Rouergue, de Carcassonne, de Toulouse et de Beaucaire. Durant cette période, le Bigorre et le Quercy sont rarement représentés; l'Agenais ne l'est qu'une fois. Ce résultat tient

raux », *consilia generalia*, comme ceux de Languedoïl et pour une raison pareille, parce qu'ils consistaient en un groupement des États de plusieurs sénéchaussées[1]. Les États de Languedoc ont gardé tant qu'ils ont vécu ce titre significatif.

Il est certain que la position d'indépendance réciproque où se trouvaient d'abord les sénéchaussées n'a changé que très lentement. Parfois le lieutenant général les consulte l'une après l'autre, et chacune, séparément, reçoit la même demande. Elles continuent d'avoir des assemblées particulières : le sénéchal en convoque quand l'intérêt de la sénéchaussée est en jeu, par exemple quand les Anglais ou les routiers menacent son territoire ; on pourrait les énumérer par vingtaines pendant la guerre de Cent ans[2], et celles que l'on connaît sont sans doute les moins nombreuses. Même en assemblée générale, les sénéchaussées ont d'abord délibéré à part, rédigé à part leurs doléances, leurs octrois : en février et juin 1346, en mars 1351 elles semblent plutôt juxtaposées qu'associées[3]. La constitution des États offrait encore au xvie siècle des indices non équivoques de leur ancienne autonomie ; chacune nommait son syndic.

Mais entre elles, avant Poitiers, il s'était fait une soudure, dont témoigne l'assemblée de mars-avril 1356. Les communes de Périgord et Quercy, de Rouergue, de Car-

en partie à la position des trois pays, plus exposés que les autres aux incursions des Anglais, en partie à l'insuffisance des renseignements dont nous disposons.

1. Ménard, *Hist. de Nîmes*, t. II, pr. p. 221 : « In consilio generali ibidem (Béziers, août 1359) tenuto per tres status Lingue occitane ». Cf. *Ord.*, t. III, préf. p. LXXXIX ; *H. L.*, t. X, pr. nos 517, v, 535, 578, etc.

2. Du commencement de 1356 à la fin de 1364 je compte 52 assemblées, dont 27 ayant compris plusieurs sénéchaussées, 22 réduites à une seule et trois douteuses.

3. Voir les textes cités plus haut, p. 209, n. 1, 2, 3. — Les choses s'étaient passées de même à Toulouse dans l'assemblée générale de janvier 1319, si l'on en juge par l'ordonnance du mois de juillet suivant, rendue en faveur des nobles de Périgord et Quercy ; car les décisions et requêtes auxquelles répond l'ordonnance étaient sans doute une conséquence de l'assemblée de janvier. (*Ord.*, t. I, p. 694.)

cassonne et de Toulouse accordèrent un subside et firent
leurs conditions ensemble, en un seul cahier : l'un des articles portait « que rien ne serait perçu avant que toutes les
communautés des sénéchaussées de Beaucaire, de Rouergue
et de Bigorre (l'une dissidente et les deux autres peu ou
point représentées), celles des terres des barons, comtes,
hauts justiciers et celles, en général, de toute la Languedoc
eussent donné à cet octroi leur exprès consentement[1]. »
Elles se considéraient comme formant un corps; elles voulaient être solidaires.

Cette volonté s'est affirmée, ces sentiments ont grandi très
vite à la faveur des événements. Ils se manifestent dans les
faits et dans le langage. On commence à dire : *respublica,
patria Lingue occitane.*

Par « chose publique » on entend la somme des intérêts
communs aux sénéchaussées, intérêts qu'elles envisagent à
l'exclusion de ceux du royaume, en vue desquels, uniquement, elles octroient des subsides. De bonne heure elles stipulent que si la guerre était transportée ailleurs, dans le
Nord, par le fait même les impositions accordées devraient
cesser d'être perçues. Elles refusent de contribuer avec les
pays de langue française[2].

Le mot de *patria,* pays, n'est pas moins significatif. On
appelait ainsi au xiiie siècle une circonscription fondée sur
la nature et sur l'histoire, nettement délimitée, vivant, plus
ou moins, d'une même vie, comme l'Agenais, l'Albigeois, le

1. *H. L.*, t. X, pr. n° 447, art. 3. — Cf. *ibid.*, n° 462, mai 1358. Octroi fait à
condition que toutes les sénéchaussées de la Languedoc y contribuent, « una
cum senescallia Bigorre ».

2 Bibl. Nat., lat. 9175, f° 96; 7 sept. 1366. Un impôt ayant été mis en Lyonnais, Mâconnais, Rouergue et sénéchaussée de Beaucaire pour l'évacuation du
lieu d'Anse, près de Lyon, les consuls de Montpellier objectent que ce lieu est
en Bourgogne, et que jamais on n'a vu que la Bourgogne et la sénéchaussée de
Beaucaire se soient imposées ensemble; car l'une est située « in Lingua galli-
cana », l'autre supporte ses charges « per se, vel saltem cum aliis senescalliis
Lingue occitane ».

Toulousain [1] : telle est à peu près l'idée qu'au milieu du siècle suivant le nom de Languedoc éveille. Aussi, à l'expression vague de *partes*, région, voit-on se substituer celle de pays de Languedoc, plus précise, mieux adaptée à la conception nouvelle [2]. Ce fut la seule usitée jusqu'à l'époque des guerres de religion. Dom Vaissète, en écrivant constamment « la province de Languedoc », s'est conformé aux habitudes de langage de ses contemporains ; mais il a manqué à la vérité historique. Aux xive et xve siècles le pays de Languedoc n'était pas une province ; il en comprenait plusieurs : « Nous avons fait citer à Toulouse, dit le comte d'Armagnac en 1356, les prélats, barons et consuls des sénéchaussées de Toulouse, Carcassonne, Rouergue, Beaucaire, Quercy, Bigorre et de quelques autres provinces de la Languedoc [3]. » *Provincia* désigne alors ou bien une province ecclésiastique, le ressort d'un archevêque, ou bien une circonscription administrative, en particulier la sénéchaussée [4] ; ce terme ne saurait convenir au pays de Languedoc, sorte de moitié du royaume, équivalent de la Languedoil ; il ne s'y applique jamais.

Le traité de Brétigny a réduit les possessions du roi de

1. Magen et Tholin, *Chartes*, p. 259 (ann. 1286) : « Patria Agennensis. » — Cf. *Ord.*, t. I, p. 397, art. 3 ; *H. L.*, t. X, pr. n° 420, III.

2. *Ibid.*, n°s 442 (ann. 1354), 455, etc. Cf. n° 206 (ann. 1318). Réformateurs envoyés dans six sénéchaussées et généralement dans toute la Languedoc « pro reformatione patrie predicte ».

3. *Ord.*, t. III, p. 101.

4. Ménard, *Hist. de Nîmes*, t. II, pr. p. 132 (ann. 1345) : « Preses provincie debet... ejus provinciam visitare », c'est-à-dire : Le sénéchal doit visiter sa sénéchaussée. — *Ord.*, t. IX, p. 612. — Arch. de la Haute-Garonne, sér. B, *Reg. d'appoint*. 1426-27, f° 35 v°. Imposition d'une aide « que fuit distributa per provincias et diœceses », répartie par sénéchaussées et diocèses, selon l'habitude constante à cette époque, et *ibid.*, f° 513 : « Presidi provincie vel senescallo. » — Parfois « provincia » signifie aussi une subdivision de la sénéchaussée ; les deux sens se rencontrent dans une pièce de 1342, ap. Davezac-Macaya, *Hist. de Bigorre*, t. II, pp. 82, 84. Cf. *H. L.*, t. X, pr. n° 863. La sénéchaussée de Toulouse est formée « septem provinciis seu territoriorum districtibus » (six jugeries et une viguerie).

France en Languedoc aux sénéchaussées de Beaucaire, de
Carcassonne et de Toulouse. C'étaient les plus grandes, les
plus peuplées, les plus fertiles, le cœur même du pays, celles
où se tenaient les États et dont les représentants se rendaient le plus aisément, le plus assidûment aux assemblées
générales. La cohésion s'était faite surtout par elles. Après
1360, dans un groupe ainsi restreint, isolé, menacé de toutes
parts, elle se fortifie d'autant. Alors naît le « pays des trois
sénéchaussées [1] », auquel le nom de Languedoc allait être
réservé.

En effet, quand les « provinces » distraites de la Languedoc au profit du roi d'Angleterre ont fait retour à la couronne, à la suite de la rupture du traité de Brétigny (1369-
1370), elles ne sont point rentrées dans la confédération politique à laquelle elles avaient autrefois appartenu. Les trois
sénéchaussées s'étaient donné dans l'intervalle une organisation distincte ; elles avaient acquis des privilèges et contracté envers le roi de lourdes obligations ; les États s'y réunissaient une ou plusieurs fois par an, et chaque assemblée
avait à octroyer un subside. Les gens de Bigorre, d'Agenais,
de Rouergue, de Périgord et Quercy ne se souciaient nullement de subir les mêmes charges. Charles V et son lieutenant leur avaient fait à cet égard des promesses solennelles ;
ils avaient un intérêt capital à ménager les sujets qu'ils
venaient de recouvrer [2]. De là vient que les États des sénéchaussées reconquises n'aient pas pris part aux assemblées
que constituaient les trois autres. On n'a pas de sitôt perdu
l'habitude de voir en elles des « provinces » de Languedoc [3].

1. Arch. d'Albi, FF 45. Cah. du 4 nov. 1369, art. 5 : « Patria ista trium senescalliarum ». — H. L., t. X, pr., n° 654, III (ann. 1382) : « Illa patria de tribus
senescalliis ».

2. Rouquette, Le Rouergue sous les Anglais, 1887, in-8°, pp. 79, 133, 137, 140. —
De Gaujal, Études hist., t. II, p. 219.

3. Bibl. Nat., lat. 9175, f° 241 ; 13 mars 1378. Les communautés assemblées à
Toulouse, en petit nombre, déclarent qu'en faisant l'octroi « non intendunt alias

Elles ont été quelquefois convoquées avec les autres, et leurs prélats ont quelquefois obéi aux lettres royales : l'évêque de Tarbes assistait aux États de Carcassonne, de 1423 [1]. Mais, si l'on excepte les rencontres fortuites et des assemblées d'un caractère tout spécial, comme celle de Rodez, de juillet 1387 [2], leurs États restent chez eux, et la coutume, si puissante, les sentiments particularistes, si prompts à s'enraciner, les écartent absolument, en dépit des convocations, des États généraux de Languedoc [3]. Elles s'en tiennent à la forme primitive des assemblées, aux États de sénéchaussée, véritablement « provinciaux ».

Comme l'assemblée du royaume, celle de Languedoc s'est désagrégée, et l'on ne saurait douter que l'institution n'en ait pâti, que son rôle n'en ait été pour toujours diminué. Reposant sur une plus large base, elle aurait pu s'élever à de plus hautes destinées; peut-être aurait-elle exercé quelque influence sur le développement politique du royaume, au lieu que les États de Languedoc n'ont eu, pendant plusieurs siècles, de valeur et de portée que dans l'histoire du « pays ».

3° LES TROIS ORDRES. RÔLE PRÉPONDÉRANT DES COMMUNES. COMMENT ELLES ONT FONDÉ LES ÉTATS. — TROIS PÉRIODES, DE 1356 A 1443.

En résumé, ces États procèdent directement, par scission et dédoublement, des États de tout le royaume. Ils n'en tenaient pas moins par des liens étroits à l'ancienne cour de

communitates dictarum trium senescalliarum tunc absentes et aliarum senescalliarum Lingue Occitane alicui submittere oneri ». — Cf. Arch. de Toulouse, AA 45, n° 96.

1. *Ibid.*, AA 80.
2. *Appendices*, n° 2, et *ibid.*, assemblée de Toulouse, d'avril 1374.
3. Ainsi les États de Rouergue en mai 1418 (P. Dognon, *Les Armagnacs*, etc., *Loc. cit.*, p. 450), en sept. 1424 (Thomas, *Le Midi et les États généraux*, *Loc. cit.*, 1889, p. 311), en 1428 (*ibid.*, 1892, pp. 4 et suiv.), en 1433. (*Ibid.*, p. 14.)

sénéchaussée. Elle survivait en eux, et l'on reconnaît aisé
ment dans le mode de convocation, dans la composition, dans
la marche des assemblées du xive siècle certains faits caractéristiques des « conseils » que réunissaient les sénéchaux
de saint Louis. Pour voir ces faits sous leur véritable aspect,
il faut les suivre d'un siècle à l'autre; puis on montrera
comment, sous l'empire de circonstances nouvelles, ils se
sont modifiés, de façon à donner naissance, après plusieurs alternatives, à l'institution régulière des États, que
Charles VII a consacrée.

Le premier point à retenir est que l'assemblée n'était nullement spontanée : nobles, prélats et communes se rendaient
par ordre devant le roi, ou devant ses officiers. Au xive siècle, il les mande « en vertu du lien de fidélité qui les attache à sa personne[1] ». En cas de retard ou de désobéissance,
le roi menace les récalcitrants, les gourmande, les punit de
confiscations et d'amendes[2]. Ce devoir onéreux, dont les
vassaux convoqués s'acquittent très souvent à contre-cœur,
a toutes les apparences d'un service féodal; on ne peut le
comparer qu'à l'ancien service de cour; il n'en était probablement, aux yeux des contemporains, que la continuation.

Même à l'époque où la réunion d'une assemblée a pour

---

1. Ménard, *Op. cit.*, t. I, pr. n° 120; févr. 1302. — Arch. de Toulouse, AA 35,
n° 83; nov. 1350, etc.

2. *H. L.*, t. X, pr. nos 118, ii; 507, i, v. — Bibl. Nat., lat. 9175, f° 200. Lettres
du duc d'Anjou, du 11 mai [entre 1365 et 1370] : « Consuls de Nismes, nous vous
avions mandé par nos autres lettres que vous fussiés à nous à Carcassonne, le
dimanche derrenier passé, laquelle chose avés reffuzé à faire, en mesprisant nos
mandements. Si vous mandons et commandons, sur tant que vous povés meffere
envers Monseigneur et nous, que vous soyés à Carcassone le jour de la l'enthe-
couste prochaine devers nous, ou envoyés personnes souffisans fondés de par
vous, sachans que si en ce faire vous estes delayans ou refuzans, nous vous mons-
trerons qu'il nous desplaira, et par maniere que sera exemple à tous ceulx qui
auront en mespris nos mandements; car par vostre deffault tout plain de consuls
des seneschaulcées de Thouloze et Carcassone ont attendu vostre venue, et
encore attendent en ceste ville. Si gardés que en ce n'ait deffault. » — Cf. Ménard, t. III, pr. p. 70, et de nombreuses lettres de Charles VII.

conséquence inévitable une demande de subsides, la formule
du mandement par lequel elle est convoquée n'indique point
ce motif de convocation. Les rois, de Philippe IV à
Charles VII, comme les sénéchaux du xiiᵉ siècle, somment
les vassaux de délibérer avec eux, de leur donner « conseil »,
quelquefois « aide et conseil », et non de venir en leur présence pour octroyer un subside[1]. En un siècle, les exigences
que l'on exprimait par ces mots, le genre de conseil et d'aide
que le suzerain réclamait, le fond des choses a changé, mais
non la forme, sous le couvert de laquelle suzerain et vassaux ont passé graduellement d'un usage à l'autre, c'est-
à-dire d'une institution à l'autre, de la cour plénière aux
États.

Aussi l'assemblée garde-t-elle le nom que prenait la
cour. On l'appelle quelquefois *parlamentum*, parlement,
plus rarement *dieta*, jour pris, rendez-vous[2], presque toujours *consilium*. Par « états », *status*, on n'entend pas
l'assemblée, mais bien des classes de la société, des ordres.
Le mot signifiait d'abord rang, fortune, condition ; dans
son acception nouvelle, il n'apparaît guère avant 1356[3].
Alors est acquise définitivement, à la faveur des « conseils »
généraux ou partiels, la notion d'une classe comprenant les
gens d'Église d'une ou plusieurs sénéchaussées, *status
ecclesie*, d'un ordre des nobles, *status militaris, militum*,
ou *nobilium*, enfin d'un « état commun », *status communitatum*, d'un ordre composé des communautés à l'exclusion

1. *H. L.*, t. VIII, pr. nᵒ 529 (ann. 1269): « Veniatis ad prestandum nobis bonum
et maturum consilium. » — *Ibid.*, t. X, pr. nᵒ 205 (1318) : « Super quibusdam,
bonum statum regni nostri... tangentibus, deliberationem vobiscum habere
volentes... » — *Ibid.*, pr. nᵒ 507, ii (1364) : « Cum... quamplurimum indigeamus
consilio et adjutorio communitatum. » — Ménard, t. II, pr. nᵒˢ 109, 116, etc.

2. Bibl. Nat., lat. 9174, fᵒ 327. Cah. de nov. 1359, art. 3 : « In alio consilio seu
parlamento. » — Cf. Ménard, t. II, pr. pp. 209, 224. — Arch. de Montpellier,
Pièces not., BB, l. 1404. Mém. de juin 1403 : « Ante dietam. »

3. *Ord.*, t. III, p. 620, et pp. 101, 108, n. *uu.*

des hommes liges; le mot de Tiers n'a pénétré dans le Midi qu'à la fin du xvᵉ siècle [1].

Dans les rares listes qui restent de personnes convoquées à divers conseils, tant au xııɪᵉ siècle qu'au début du siècle suivant, il ne faut donc pas voir des essais de représentation des ordres. C'est plus tard, des règles, des traditions qui se sont alors établies, qu'un système représentatif est né. Les sénéchaux, puis les rois ou leurs lieutenants sur les indications des sénéchaux, par leur intermédiaire, ont d'abord convoqué les vassaux que bon leur semblait, d'ordinaire les principaux, ceux qu'ils jugeaient les plus propres à leur donner « aide et conseil », à titre personnel, et non en qualité de représentants d'une classe. Selon l'occurrence ils citaient tantôt des nobles, des prélats, tantôt des communautés, ou bien les uns et les autres, en nombre très variable. Dès l'origine, l'arbitraire a été tempéré par la tradition. Étaient convoquées les personnes féodales que l'on avait « coutume de convoquer » : les plus puissantes à peu près dans tous les cas, — ainsi, parmi les nobles de la sénéchaussée de Carcassonne, les sires de Mirepoix, de Thury, de Voisins, etc., les vicomtes de Narbonne, de Lautrec, les comtes de Castres, de Foix, — les moindres plus rarement, — ainsi dans la même sénéchaussée une vingtaine de nobles. — On mandait aussi, comme grands vassaux, les évêques, leurs chapitres, qui avaient une existence indépendante, les églises collégiales, et, dans la personne des abbés, prieurs, précepteurs, les communautés régulières, telles qu'abbayes, prieurés, préceptoreries [2]. Quant aux communes, les séné-

---

1. *Invent. des tit. et privil. du Puy*, dans les Ann. de la Soc. du Puy, 1850, p. 656; févr. 1466. — Bibl. Nat., *Languedoc* 90, fº 128; 18 déc. 1482.

2. *H. L.*, t. VIII, pr. nᵒˢ 529, 545; t. X, pr. nᵒ 16. — *Ibid.*, pr. nᵒ 507, ɪ : « Mandamus vobis ... quatinus quoscumque prelatos et collegia, scilicet capitula ecclesiarum collegiatarum nec non comites, barones et alios nobiles majores et notabiles, et alios dicte vestre senescallie de quibus vobis visum fuerit expedire, adjornetis ad comparendum ... »; cf. ıı : « ... De quibus vobis visum fuerit expedire seu alias mandari consuetum ». — Hervieu, *Op. cit.*, pp. 13, 243.

chaux ont mandé les plus importantes, celles qui avaient
conquis une certaine autonomie, qui se gouvernaient, par
exemple, au moyen de consuls ou de syndics. D'ailleurs, il
était indifférent qu'elles fussent ou non situées dans le domaine royal; telle communauté, où le roi ne possédait rien,
n'en était pas moins convoquée, et souvent au même conseil
que son seigneur particulier. Sur ce point les preuves abondent [1].

Au début du xive siècle comme au siècle précédent les
nobles et les gens d'Église l'emportent dans les assemblées
sur l'élément communal. Pour la sénéchaussée de Carcassonne, en 1269, 1271 et 1275, avaient été mandées 43, 31 et
42 personnes ecclésiastiques, 27, 14 et 31 nobles, 26 communautés à la première date et seulement 7 aux deux
autres. De même, en 1318, le roi convoqua à Toulouse,
pour cinq sénéchaussées, 47 villes et 74 barons; l'énumération des gens d'Église, évidemment très incomplète, se
borne aux noms de 9 évêques.

Il ne serait pas entièrement légitime de conclure des citations aux assistances. Sur cent personnes féodales citées au
conseil de Carcassonne, de 1269, il en vint une trentaine,
en 1271 23 sur 52, en 1275 31 sur 80, y compris celles qui
n'assistaient à l'assemblée que par procureurs. Certaines
s'excusent; d'autres approuvent d'avance ce qui sera décidé; beaucoup ne font point de réponse. Il n'est pas douteux
qu'aux États du xive siècle les choses se passaient ainsi; le
nombre des citations l'emportait toujours sur celui des pré-

1. Ainsi, parmi les communes citées au xiiie siècle, Agde, Castres, Clermont-
de-Lodève, Lodève, Lautrec, Limoux, Saint-Thibery, etc. (assemblées de la sénéchaussée de Carcassonne); en 1308, aux États généraux, Castelnau-de-Montratier,
Gourdon, Caussade en Quercy, Saint-Girons, La Grasse, Saint-Pons-de-Thomières,
Pamiers, Foix, Lézat, Saverdun, Pont-Saint-Esprit, Mende, dans les trois sénéchaussées (Boutaric, *Philippe le Bel*, p. 446); en 1318, aux États de Toulouse,
quelques-unes des précédentes et d'autres, dont Rodez. (*Histor. de France*,
t. XXIII, p. 813.)

sences effectives [1]. Mais, pour que l'assemblée eût lieu, il suffisait qu'il y eût un chiffre convenable d'assistants; il fallait surtout que les principaux, ceux dont l'avis était tenu pour indispensable, fussent présents à la délibération [2] : moyennant quoi, la résolution adoptée était valable et, comme telle, appliquée uniformément.

Cette règle essentielle vient des cours de sénéchaussée. Transmise aux assemblées d'États, elle a fini par prévaloir, non sans quelque difficulté, car elle était en contradiction avec celle que les rois avaient suivie en imposant les premiers subsides : ils avaient consulté séparément chaque personne féodale; il semblait donc qu'aucune d'elles ne pût être assujettie sans son agrément particulier à une aide pécuniaire. De là vient que, sous les Valois, en présence de subsides accordés par des assemblées dont ils n'avaient pas fait partie, bon nombre de vassaux aient tenté de s'y soustraire et de refuser leur consentement personnel. Mais l'opposition des non-comparants est restée vaine. L'assemblée, qui la prévoyait, avait soin d'en prévenir les effets : en 1353, les communautés de la sénéchaussée de Nîmes, en octroyant un subside, stipulent que toutes y contribueront, « tant les absentes que les présentes [3] ». Le roi ou ses agents

1. Nous n'avons pas pour cette époque de listes de citations et d'assistances qu'on puisse comparer ensemble. Mais on voit, dans chaque « conseil » des trois sénéchaussées, les assistants qui appartiennent à celle où l'assemblée se tient beaucoup plus nombreux que les autres. Évidemment, tous ceux qui avaient l'habitude d'être cités ont dû l'être, quelle que fût leur sénéchaussée ; mais plus ils étaient éloignés du lieu de la réunion, et plus ils ont négligé de s'y rendre.

2. Voir les textes cités, relatifs aux assemblées du XIIIe siècle. — Les communes ne peuvent délibérer sans les consuls de Nîmes (cf. plus haut, p. 218, n. 2) ni, en juill. 1419, sans les consuls de Montpellier (Arch. de Toulouse, AA 93, fo 5), ni le clergé sans l'archevêque de Toulouse. (*Ibid.*, fo 3.) — Il est de règle que le procureur du roi requière « contumace contre les absents » (*ibid.*, fo 1) ; mais c'est une simple menace, non suivie d'exécution, si le nombre et la qualité des membres présents suffisent.

3. *H. L.*, t. X, pr. no 420, IV ; art. 2. Six communes seulement assistent à l'assemblée. — Cf. *ibid.*, no 447, art. 3; *Ord.*, t. III, p. 674, etc. Elles font l'octroi pour toutes les autres, à condition de ne payer que leur quote-part respective.

ont poursuivi les contribuables indociles[1]. On verra plus
loin quelles ont été les conséquences du principe que cet
accord a fait triompher.

Quand la royauté s'est décidée à demander les subsides à
une réunion de personnes féodales, elle a placé l'assemblée
dans une situation nouvelle. Le rôle des trois ordres, leurs
rapports entre eux et avec le roi ont varié selon leur position
respective à l'égard de l'impôt royal.

Les vassaux devaient à leur suzerain fidélité, aide et
conseil : ils n'étaient pas tenus de le secourir d'argent.

En vertu d'une coutume générale, souvent inscrite dans
les chartes, les communautés étaient exposées à se voir
requises par le seigneur de lui fournir un subside ; mais il
ne l'obtenait que de leur consentement, à titre gracieux. Le
roi, sous ce rapport, n'avait point de droit absolu sur les
communes du domaine, encore moins sur celles qui relevaient des seigneurs[2].

Mais l'impôt royal a trouvé une autre voie. Communautés,
nobles et clercs étaient astreints au service d'ost. Or les subsides, toujours levés à propos de quelque guerre, ayant pour
objet avoué la défense du royaume, ont été le plus souvent,
pendant trois quarts de siècle, présentés comme un équivalent ou comme un rachat du service militaire[3], et par conséquent réputés généraux et obligatoires au même point
que ce service. Telle est la source principale de l'idée d'obligation qui s'est attachée au payement de l'impôt royal :
obligation d'ailleurs contestée par un grand nombre de
vassaux. Maint gentilhomme prétendait se rendre à l'armée
du roi parce qu'il le voulait bien, et non parce qu'il le

---

1. *H. L.*, t. X, pr. n⁰ˢ 442, 470, vi. — Bibl. Nat., lat. 9175, f⁰ 14 ; art. 33.

2. Voir plus haut, pp. 141 et suiv.

3. Les preuves sont innombrables. Les textes les plus anciens se réfèrent à l'ost
de Foix, de 1272 (*Histor. de France*, t. XXIII, p. 782), à celui de Béarn, de 1276
(*H. L.*, t. X, pr. n⁰ 19), les plus récents au milieu du xive siècle : ainsi dans
Ménard, *Op. cit.*, t. II, pr. n⁰ 79 ; ann. 1348.

devait[1]. Toulouse, ville du domaine, était dans le même cas[2]. Les communes seigneuriales n'avaient vraiment de devoirs qu'envers leurs seigneurs particuliers ; elles n'ont pu se soustraire aux charges que la royauté imposait ; mais elles n'ont pas fourni un denier ni un sergent sans stipuler qu'elles agissaient librement et « sans conséquence[3] ». Voilà une classe importante de contribuables qui maintenaient dans le subside l'idée de gratuité, et dont la condition a peu à peu entraîné celle des autres.

Plusieurs circonstances ont concouru à ce résultat. A mesure que le service militaire dégénérait en impôt, cet impôt s'est rapproché de l'aide féodale que les communautés pouvaient être appelées à consentir. Au milieu du xive siècle l'un et l'autre se confondent entièrement[4]. Est-ce un don gratuit que le roi requiert ? Est-ce le rachat du service d'ost qu'il impose ? La question, dès le début assez obscure, ne se pose même plus. Dans les deux cas le gouvernement a pris l'habitude de traiter avec les sujets, et la négociation implique un accord entre les parties, un consentement de la part des intéressés. Les rois s'y prêtent d'autant mieux que leurs guerres se renouvellent fréquemment, qu'elles dépassent de beaucoup, en durée comme en distance, les limites que comportait le service féodal : les Méridionaux vont servir, non seulement au comté de Foix, en Guyenne, mais en Navarre, en Aragon, surtout dans les Flandres. Lui-même,

1. *Histor. de France*, t. XXIII, p. 781. — Cf. plus haut, p. 29.

2. Baudouin, *Lettres inédites de Philippe le Bel*, nos 167, 175. — Cf. Arch. de Toulouse, AA 3, no 258 ; AA 45, nos 8, 11.

3. Ainsi Montpellier, Narbonne, etc. (Voir plus haut, pp. 114, 115). — Entre elles et les villes du domaine la différence est nettement indiquée dans un mandement du sénéchal de Carcassonne, du 10 janv. 1349. (Arch. d'Albi, CC 67). Il « ordonne » aux sujets du roi d'obéir aux commissaires qui font rentrer un subside ; il en « requiert » ceux des seigneurs (comte de Castres, sires d'Ambres, de Montrond, de Paulin, vicomte de Lautrec, etc.).

4. En 1348 Nîmes, ville du domaine, fait un octroi « tam ex gratia quam pro redemptione quarentene ». (Ménard, t. II, pr. no 79.)

Philippe le Bel craint de les mécontenter[1] et prend avec eux des précautions. Par exemple, si le service de quatre mois contre les Flamands qu'il exige en 1303-1304 et l'impôt corrélatif sont au fond obligatoires, si le roi et son conseil les ont réglés de point en point, le consentement des communes et des nobles n'en est pas moins demandé, et tous, quelle que soit leur condition, le donnent « gratuitement », sous plusieurs réserves[2]. Philippe V prescrit à ses commissaires de percevoir un subside « avec le moins de scandale et le plus de bonne volonté de la part du peuple que cela se pourra faire[3] ». Quand les Anglais sont devenus menaçants et les assemblées fréquentes, les agents royaux ont admis la gratuité des aides qu'elles accordaient, en bloc, sans distinction, sans examiner davantage les devoirs et les droits de chaque personne ou la nature de l'impôt[4]. Il est de formule, sous le règne de Jean le Bon, que l'octroi n'engage point ceux qui l'ont fait pour l'avenir, qu'il soit « purement gratuit ». Cet article est la base des États de Languedoc, le point d'appui de leur action, la cause de leurs progrès; mais il n'a jamais effacé le caractère de service obligatoire, imposé à la fidélité des sujets, que les subsides tenaient de l'une de leurs origines. Les deux principes opposés sont entrés en balance, en lutte, ont prévalu tour à tour selon les événements et l'autorité des rois.

Les communautés formaient le gros des contribuables : elles ont payé des impôts soit pour aider le suzerain, à sa requête, soit pour éviter de fournir, d'équiper ou d'entretenir des sergents[5]. Quoiqu'elles aient assez souvent envoyé

1. *H. L.*, t. X, pr. n° 62, II.
2. *Ibid.*, pr. n°s 131-135. — Ménard, t. I, pr. n° 125. — *Ord.*, t. I, pp. 390, 391, 412. — *Hist. de France*, t. XXIII, pp. 792, 799. — Boutaric, *Philippe le Bel,* p. 269.
3. *H. L.*, t. X, pr. n° 213; cf. n° 259 : « Amicabiliori modo quo posset ».
4. *Ibid.*, n°s 390 (col. 971), 411. — Ménard, t. II, pr. n°s 70, 79.
5. Il est probable que les villes du domaine ont entretenu à leurs frais les

15

des troupes à l'ost. elles préféraient s'exempter à prix d'argent, et le roi a fait de son mieux pour les pousser dans cette voie[1]. Passé le milieu du XIVe siècle, elles payent tant de subsides et portent si peu les armes, qu'elles semblent affectées exclusivement au premier des deux services.

Quant aux nobles et gens d'Église, comtes, barons, prélats, hauts justiciers que le roi citait à l'ost ou dont il prenait conseil, leur cas n'était pas le même. Ils ne venaient pas seulement pour eux, comme les communautés, mais aussi « pour leurs sujets », nobles, roturiers, gens de communes et hommes de caselage; ils représentaient chacun une seigneurie, une principauté féodale, et cela était conforme à l'état social et aux règles politiques qui prévalaient au XIIIe siècle. Mais on a vu dans chaque fief, à mesure que l'autorité royale y pénétrait, une sorte de divorce se produire entre le seigneur et son peuple : les obligations de l'un et de l'autre envers le roi deviennent à la fois indépendantes et différentes. Le baron sert à la guerre, à la tête d'un certain nombre d'hommes d'armes et de piétons, fournis tant par ses vassaux que par lui-même; mais, dès le règne de Philippe le Hardi, il n'est rendu responsable que de ceux qu'il doit en personne, à raison de son patrimoine; si les vassaux nobles ou bien les communautés de sa dépendance viennent à faire défaut, le roi les poursuit directement[2].

Tandis que les principaux seigneurs ont continué, dans ces conditions, à s'acquitter de leurs devoirs militaires, beaucoup de gentilshommes de moindre rang, leurs vassaux

troupes qu'elles fournissaient; mais il y a des exceptions : Agen, en 1296, se borne à équiper 200 sergents que le roi paie (Magen et Tholin, *Chartes*, nº 98). Il était de règle qu'il payât des gages aux sujets des nobles (*Ord.*, t. II, p. 120. — *H. L.*, t. X, pr. nº 333 ; cf. nᵒˢ 83, 89, etc.); mais c'est une dette qu'il oublie souvent d'acquitter.

1. *Mém. de l'Acad. des Inscript. et belles-lettres. Notices et extr. des manuscrits,* t. XX, p. 214. Instructions de 1314.

2. Brussel, *Nouvel examen général de l'usage des fiefs*, 1727, 2 vol. in-4°, t. I, p. 167. — *H. L.*, t. X, pr. nº 11.

ou ceux du roi, s'en dispensaient moyennant finances[1]. Ce
n'était pas, à vrai dire, habitude de leur part, mais désir
d'éviter les frais de telle ou telle expédition; ils ont aisément repris leur service naturel, dès qu'ils ont trouvé quelque avantage à le faire. Quand la guerre se rapproche des
frontières de Languedoc, la royauté les emploie de préférence à repousser les Anglais. Ils s'éloignent peu de chez
eux; ils reçoivent une solde; ils évitent de contracter des
obligations pécuniaires de caractère roturier et de poids toujours accru. Pour la plupart, ils échappent donc à l'impôt.
Il faudrait en dire à peu près autant du clergé[2].

Si l'on met à part les décimes payées au roi par les gens
d'Église, ni eux ni les nobles, en corps, n'ont octroyé de
subside à prendre sur leurs propres revenus : deux exceptions seulement, l'une en 1356, après la défaite de Poitiers,
l'autre en 1360, pour le rachat de Jean II[3]. D'ordinaire ce
n'est pas en leur propre nom qu'ils s'engagent, mais « pour
leurs terres » et les roturiers qui les peuplent, « pour leurs
hommes et sujets[4] ». Eux-mêmes ont des obligations d'un
autre genre.

1. Langlois, *Philippe III le Hardi*, pp. 348, 364. — *H. L.*, t. X, pr. nos 131,
III, art. 5; 307, col. 773; 411.
2. Tantôt les prélats servent en personne, à la tête de leurs troupes : ainsi
l'évêque de Cahors en 1316 (Lacoste, *Op. cit.*, t. II, p. 464); tantôt ils préfèrent
« finer ». (Instruct. citées de 1314.) Leur devoir n'est pas douteux (*H. L.*, t. X,
pr. n° 259; lettres du 1er avr. 1329; cf. Bibl. Nat., *Decamps* 100, f° 228, ann. 1540);
mais ils ont pu s'en acquitter, d'une façon détournée, au moyen des décimes
qu'ils payaient de temps en temps, et qu'il ne faut pas confondre avec les subsides d'ost.
3. *Ord.*, t. III, p. 109. — *H. L.*, t. IX, p. 713; X. pr. n° 478.
4. *Ord.*, t. I, p. 694. Les nobles accordent un quinzième « de eorum terris ». —
Au contraire, en oct. 1356, quand ils contribuent en personne, ils font l'octroi
« pour eux et leurs terres ». — Vers 1382 le vicomte d'Uzès promet, ainsi que
d'autres nobles de la sénéchaussée de Nimes, 1 fr. par feu « pro terra sua », mais
rien de son propre revenu. (Ménard, t. III, pr. p. 59.) — Arch. de Toulouse, AA 93,
fos 13, 14. Proc.-verbal de juill. 1419. Les gens d'Église consentent, « quod sub-
jecti in temporalibus pro ista vice solum et dumtaxat et sine prejudicio eorum
libertatum contribuant pro eorum quota »; les nobles, « quod eorum homines,
qui consueverunt contribuere, contribuant presenti necessitati, non obstantibus

Jusqu'à quel point leur consentement est-il nécessaire ?
Le roi ne peut-il passer outre, traiter avec les sujets et les
atteindre par-dessus la tête de ses vassaux ? Nulle question
n'est plus vivement controversée à cette époque, par la
parole et par le fait. Le gouvernement royal a reconnu à
plusieurs reprises qu'il n'avait pas le droit de sommer directement les hommes des seigneurs, sauf le cas de convocation d'arrière-ban, ni celui de les contraindre à contribuer
aux subsides, à moins qu'ils n'en eussent l'habitude, ou
qu'ils ne s'y fussent offerts, ou que l'imposition ne fût générale [1]. Mais ces réserves autorisaient de nombreux empiéte-
ments, auxquels il faut ajouter tous ceux que supposent les
ordonnances rendues pour les réprimer, et ceux qui les ont
suivies, parfois immédiatement [2]. On a vu les communautés
seigneuriales se plier l'une après l'autre, individuellement,
au service d'ost, à l'impôt, celles des prélats en premier lieu,
puis celles des gentilshommes [3]. Assemblées ou convoquées
avec les communautés du domaine, elles ont partagé leur
sort. Qu'elles viennent ou s'absentent, peu importe ; car il
suffit, pour qu'un impôt soit perçu, que les communes présentes aient donné leur consentement. Celles-ci prennent
soin de stipuler qu'elles ne paieront rien, si toutes les autres
ne payent également (1340, 1348), toutes sans exception, y
compris « les lieux de nobles ou de prélats qui ont coutume de contribuer aux subsides royaux » (1356) [4]. Vers

corum privilegiis et libertatibus, que volunt quod non teneantur contribuere ». —
Cf. Caseneuve, *Chartes*, p. 120.

1. *H. L.*, t. X, pr. n° 80. — Ordonnances citées de janv. 1316, art. 15, 20, de
juill. 1319, art. 12, 17, de juin 1338, art. 2, 19. — Compayré, *Études hist.*, p. 491.
— *H. L.*, t. X, pr. n° 654 ; avr. 1381.

2. Voir, entre autres textes, *H. L*, t. X, pr. n°ˢ 88, 90, 232, 257, 339. — L'ordonnance d'avril 1381 n'a jamais été appliquée, comme le montre la discussion
qui eut lieu entre les trois ordres aux États de Toulouse, de juill. 1419. (Proc.-
verb. cité, f°ˢ 14, 15.)

3. Voir plus haut, pp. 141-146. — *H. L.*, t. X, pr. n° 307.

4. Ménard, *Op. cit.*, t. II, pr. n° 79. — *H. L.*, t. X, pr. n° 339 ; 447, art. 3 ; 462.
— *Ord.*, t. IV, p. 187, art. 10, etc.

1368, elles adoptent une formule plus précise : sont contribuables, disent-elles, ceux qui possèdent des biens « compris dans le récent dénombrement des feux [1] ».

L'octroi consenti par les seigneurs fait double emploi,
pour ainsi dire, avec celui des communes : il tournera donc
promptement à la pure formalité. Comme ceux de leurs
sujets qui sont constitués en communes, c'est-à-dire la
grande majorité, peuvent s'engager envers le roi, ou se
trouver liés par les votes de quelques villes du domaine,
les seigneurs ne prétendent plus les garantir des subsides.
Ils avaient autrefois lutté en leur faveur contre la fiscalité
royale ; car ils avaient double intérêt, politique et matériel,
à l'écarter de leurs terres [2]. Convaincus de leur impuissance,
ils se contentent maintenant, quand ils viennent aux assemblées, de permettre, sans discuter, sans entrer dans le détail,
que leurs hommes soient imposés ; puis ils se retirent, laissant
aux communes le soin de régler avec les agents du roi les
conditions de l'impôt, la quotité, le mode de répartition, etc.[3]
L'« état commun » paraît seul dans la plupart de ces actes ;
pour constater la présence des autres ordres, on en est parfois réduit à quelques mots, qui se sont glissés par hasard
dans une délibération ou un compte municipal.

De mars 1356 à octobre 1360, on trouve au plus 13 assemblées qui aient compté deux ou trois ordres, contre 14 où
figurent les seules communautés ; 3 autres sont douteuses.
Si les nobles et le clergé semblent avoir fait défaut dans un
si grand nombre de cas, est-ce toujours insuffisance des
textes ? On peut affirmer le contraire. Ils restent hors des
assemblées, parce qu'ils n'y sont pas mandés ; ils n'y sont

1. *H. L.*, t. X, pr. n° 535, art. 1 ; cf. n° 573.
2. *Ibid.*, n° 41. — Lacoste, *Hist. du Querey*, t. III, pp. 56, 66, 100. — Arch. de
Montpellier, arm. E, cass. 7, n° 37. En 1372 et 1373 le roi de Navarre, alors possesseur de Montpellier, empêche les consuls d'assister aux assemblées et de lever
les impôts qu'elles ont octroyés.
3. Proc.-verb. cité, de juill.-août 1419, f°s 15, 16.

pas mandés, parce qu'ils s'en désintéressent. Depuis 1360 et pendant la longue lieutenance du duc d'Anjou, de 1364 à 1380, beaucoup de « conseils généraux », jusqu'à deux ou trois par an, ont réuni les communautés des sénéchaussées : les seigneurs n'y assistent pas une fois[1]. La tradition des assemblées générales des trois ordres n'a pas péri cependant; elle reparaît quelquefois de 1380 à 1393 : sur 18 assemblées générales que l'on connaît, 5 ont compris certainement des nobles et des prélats[2]. Puis, de nouveau, elle subit une éclipse jusqu'en 1418, durant une période moins propice aux convocations d'États.

Il est probable que ce sont les assemblées particulières tenues dans les sénéchaussées, celles surtout de la sénéchaussée de Nimes, qui ont empêché que les réunions des trois ordres, durant ce laps de soixante ans, ne tombassent en complète désuétude. Les sénéchaux convoquaient les moindres communautés, dont plusieurs à peine formées, à demi-engagées dans le servage, dépourvues de consuls et même de syndics[3], incapables de s'imposer sans l'agrément de leurs seigneurs : peut-être s'y sont-elles parfois risquées, mais non sans danger ni sans répugnance[4]. Les prélats et les barons de la sénéchaussée de Nimes entendaient être

1. Sur ce point les actes et les comptes municipaux sont d'accord.

2. Celles de janv. 1381, janv.-avr. 1382, d'avr. 1384, de juill. 1387, de nov. 1390. Ces faits se lient probablement à la réaction aristocratique qui marque le début du règne de Charles VI et à l'ordonnance citée d'avr. 1381 (*H. L.*, t. X, pr. n° 654), par laquelle le roi promettait aux nobles et aux prélats qu' « eux et leurs hommes » seraient exemptés de toutes charges. Il est naturel que, dans de telles conditions, le gouvernement ait consulté les seigneurs pour imposer leurs sujets. — Il semble aussi qu'après la mort de Charles V le Tiers ait voulu provoquer des réunions des trois ordres. Le 13 déc. 1380 les consuls de Narbonne reçoivent des capitouls de Toulouse une lettre « en la cal faria mension de la cort dels tres estatz. » (Arch. de Narbonne, *Comptes*, 1380-81, f° 132.)

3. Ménard, t. II, pr. n° 109; 4 janv. 1358. — Cf. *Ord.*, t. III, p. 689.

4. En nov. 1437 les consuls des lieux nobles de la judicature de Lauragais, convoqués à l'assemblée de la sénéchaussée de Toulouse, répondent « quod eorum domini non fuerant vocati nec sciebant aliquid in ista materia, et nisi cum eorum licencia non conscentirent aliquid. » (Arch. de Toulouse. BB 7, f° 105.)

consultés : en avril 1363, à Villeneuve d'Avignon, ils se font promettre que désormais les trois ordres seront toujours réunis ; au mois de septembre suivant, ce sont les communautés, seules mandées, qui refusent de délibérer en l'absence des seigneurs[1]. Par la suite, elles exigent qu'ils comparaissent[2]. Évidemment elles y tiennent plus qu'eux-mêmes ; elles tirent de leur présence l'avantage de lever facilement, sans entrer en contestations avec eux, l'impôt sur les biens « roturiers »; elles courent aussi la chance de les amener à permettre que leurs hommes liges portent une part de la taille.

Ici comme en Rouergue les serfs sont nombreux encore ; les seigneuries qui en sont peuplées à peu près exclusivement en Velay, Gévaudan et Vivarais se compteraient par dizaines. Ces hommes « taillables de haut et de bas », à volonté, forment « la majeure part du patrimoine » de leurs maîtres. Si l'impôt royal les frappait, il atteindrait le seigneur ; or celui-ci ne doit pas de subside au roi, puisqu'il le sert à la guerre ; ses hommes liges, sauf habitude contraire, ne sont pas « subsidiables » : c'est un fait acquis, une règle mainte et mainte fois confirmée[3]. Pourtant, s'il s'agit d'une affaire qui le touche directement, si la sénéchaussée, par exemple, est menacée par l'ennemi et l'assemblée réunie à ce propos, il pourra consentir que ses sujets « viennent au secours » des contribuables ordinaires[4]. C'est par ce joint que se glisse l'impôt royal ; l'émancipation des hommes liges favo-

---

1. *Ord.*, t. III, p. 618. — *H. L.*, t. X, pr. n° 507, I.
2. Ménard, t. III, pr. n°s 9, 15, pp. 34, 60. — Cf. *Appendices*, n° 2.
3. *H. L.*, t. X, pr. n°s 307, 411, 421, 443 (1337-1355). — Huillard-Bréholles, *Titres de la maison ducale de Bourbon*, 1867, 2 vol. in-4° ; n° 2137 (juill. 1336). — *Ord.*, t. VII, p. 29, VI, p. 255, V, p. 631, et Rouchier, *Hist. du Vivarais*, t. I, p. 445 (1358-1375). — Cf. Arch. de Castres, AA 2, f° 71 v°; ann. 1349 : « Illi de terra domini de (?), quorum locorum numerus focorum non est hic scriptus, in guerris... non solverunt in subsidiis, quia sunt homines questabiles ad voluntatem et de servitute predicti domini. »
4. *Tablettes historiques du Velay*, t. VI, p. 322; 15 juin 1381.

rise ses progrès ; dès le début du xvᵉ siècle il a pénétré
partout [1]. Mais les seigneurs continuent de le consentir :
fortement unis en Velay, Vivarais et Gévaudan grâce aux
assemblées locales, gardant plus d'autorité dans la sénéchaussée de Nîmes que dans le reste du pays, ils se sont
mieux maintenus dans la coutume qu'ils avaient de prendre
séance aux États. Ainsi, même à l'époque où les assemblées
générales des trois ordres ont cessé, il en reste, en quelque
sorte, la monnaie. Elles renaîtront aisément en 1418.

Seul ou peu s'en faut, avant cette date, l'état commun
constitue et représente le « pays ». L'absence de l'élément
seigneurial, au temps où les assemblées s'organisent, a-t-elle
porté préjudice à leur force, à leur crédit, à l'extension de
leurs droits et privilèges ? On pourrait le croire, si la déser-
tion des gens d'Église et des nobles ne témoignait justement
de leur impuissance, — impuissance à résister à la pression
du pouvoir royal, à maîtriser les communes de leurs terres.
— Que leurs sujets soient venus siéger côte à côte avec ceux
du roi, ce n'était pas un fait nouveau ; la vraie nouveauté
était qu'ils y vinssent régulièrement et seuls. Rien de plus
propre à hâter la désorganisation des fiefs. Tandis que les
attaches féodales se relâchent ou se brisent, il se forme dans
le pays d'autres liens, d'un caractère bien différent : toutes
les communautés, à quelque seigneurie qu'elles appartiennent, sont prises dans un réseau d'obligations et d'intérêts,
qui les unit solidement. Beaucoup étaient parvenues, individuellement, à un degré remarquable d'indépendance politique. Réunies, elles deviennent une puissance, avec laquelle

---

1. Ainsi en 1404, à l'occasion de l'aide levée pour résister à Henri de Lancastre. (*Ibid.*, p. 327. — Cf. Bibl. Nat., *Languedoc* 89, f⁰ 147. Lire 1404 au lieu
de la date fausse de 1433.) — En 1507, dans le diocèse du Puy, on fait encore
deux assiettes de la taille, l'une sur les « subsidiables » (ville du Puy et terres
d'Église), l'autre sur les « taillables », quoique tout le monde soit alors soumis à
l'impôt et qu'il n'y ait plus de taillables à volonté. (Médicis, *Chroniques*, t. II,
p. 298.)

la monarchie doit compter quand elle a besoin d'argent. Et
comme les rois ou leurs lieutenants demandent incessamment des subsides, comme rien n'est plus important pour
eux que d'en obtenir, l'état commun qui les accorde, qui
débat les questions connexes, qui fait ses conditions à l'exclusion des deux autres ordres, prend seul de l'autorité
devant le pouvoir royal. Par ses efforts s'établit la tradition
des assemblées ; il crée à grand'peine, à grands frais, mais
à son profit, le corps des prérogatives et franchises auxquelles le pays doit sa personnalité.

Première période (1356-1376). — Les événements ont bien servi
les communes.

La guerre anglaise dure un siècle, sans répit, car les trêves offi-
cielles n'empêchent pas les coups de main ni les invasions de routiers.
En Languedoc la situation est plus dangereuse qu'en France. Le roi
est loin, l'ennemi tout près; les hostilités se ravivent ou se compli-
quent par les rivalités des seigneurs de la frontière, qui peuvent à
volonté faire appel à l'Angleterre ou à la France : la querelle sécu-
laire de la maison de Foix avec celle d'Armagnac a troublé et désolé
le pays au moins autant que les Anglais. Trois fois on touche à
l'anarchie : en 1356, après la bataille de Poitiers; en 1380, lorsque
Gaston de Foix dispute au duc de Berry la lieutenance de Languedoc
et de Guyenne; en 1418, quand les Bourguignons l'emportent sur les
Armagnacs. Les désordres, chaque fois, se prolongent plusieurs
années.

En général, le gouvernement s'est affaibli. Il est plus faible en Languedoc que partout ailleurs, étant exercé par délégation, remis à un
lieutenant. Celui-ci n'innove guère ; il n'ose point, où le roi pourrait
oser ; il gouverne selon les procédés usuels, avec les moyens d'action
qu'il trouve dans le pays, et dont le principal est l'assemblée des
communes. Plus la tâche est difficile, plus il est enclin à cultiver la
bienveillance des villes, qui l'aideront au besoin. Le comte d'Armagnac, mandant les consuls de Nimes à Toulouse, commence sa lettre
en ces termes : « Nous vous prions, chers amis, tant chèrement que
pouvons... » (1er octobre 1356). D'ailleurs, le lieutenant n'a-t-il pas
des intérêts personnels à ménager des ennemis, contre lesquels l'appui de ses administrés n'est point quantité négligeable? Le comte de
Poitiers tire bon parti des communes en 1359, dans la lutte qu'il
engage avec le comte de Foix. Le duc d'Anjou tombera sur leur

requête en 1380 ; de même le duc de Berry en 1389. Si le pouvoir central s'était saisi du gouvernement direct, il est probable qu'en dépit de la distance et de la force exceptionnelle de l'élément communal, ici comme en France il aurait brusquement rompu avec la tradition des assemblées : chaque fois que le premier fait s'est produit, le second a suivi à brève échéance ; car les États de Languedoïl, de 1356 à 1357, et la révolution parisienne de 1358 avaient à jamais prévenu la royauté contre toute espèce de réunions de ce genre. Mais les assemblées ont pu s'affermir en Languedoc au point de devenir indestructibles, parce que, durant ces guerres, le pays a presque toujours été régi séparément.

Les lieutenants généraux ont trouvé les communautés dociles. Les notables qui les représentent, hommes de prudence et de sens, ne refusent point des subsides qui paraissent nécessaires à la défense du pays[1] ; ils cherchent seulement à modérer les demandes qu'on leur adresse : c'est d'ordinaire sur ce point que portera leur résistance[2]. De leur part, même après Poitiers, point d'usurpation violente, qui appelle la répression ; peu d'exigences dont les assemblées antérieures n'offrent quelque échantillon. Les gens du roi n'ont pas à faire de concession exagérée, insolite, propre à leur inspirer la tentation de se débarrasser des États. Si les assemblées s'organisent à cette époque, ce n'est point par surprise ni par force, mais du consentement de tous, grâce à la répétition continuelle des mêmes faits, des mêmes concessions répondant aux mêmes requêtes, en un mot, parce qu'elles sont devenues beaucoup plus fréquentes qu'avant.

A partir de 1356 les besoins urgents, les cas inopinés se multiplient, par suite les convocations. Les communes, au mois d'avril 1356, ont octroyé une taxe sur les ventes et un agneau d'or par feu ; en octobre, le roi pris par les Anglais, les États sont convoqués à Toulouse ; ils accordent un capage, mais l'impôt ne rentre pas. De là réunions nouvelles à Toulouse, au mois de janvier, puis à Béziers en mars, à Toulouse en mai : la question ne paraît close qu'à la suite d'une assemblée des communes de juillet 1357 (Albi). En 1358 on compte cinq assemblées, tant générales que particulières, dix en 1359, sept en 1360[3].

---

1. Sur les causes de leur complaisance habituelle, cf. plus haut, pp. 145, 165.

2. A Grenade, sept. 1359, les délégués des communes craignent d'être mis aux arrêts, « car no volian concentir a tot aco que Moss. de Peytiers demandavn. » (Arch. d'Albi, CC 149, f° 37.) A l'Ezenas, nov. 1360, ils sont arrêtés « am pena de L marcxs d'argen, quar no volian autreyar aquo que era promes a Moss. de Peytiers. » (*Ibid.*, CC 150, f° 43 v°.) Cela signifie qu'il leur est interdit par les commissaires de se séparer, de quitter la ville : moyen d'ailleurs familier aux officiers de justice et aux receveurs du temps d'amener les gens à résipiscence en leur infligeant une augmentation de frais.

3. *Appendices*, n° 2.

Il est malaisé de les distinguer entre elles, l'une n'étant parfois que
la continuation de l'autre. Une assemblée générale était précédée et
suivie de réunions partielles, de négociations compliquées.

De longue date, les communes avaient l'habitude de s'entendre à
propos de chaque subside[1]. L'échange de leurs messages devient
alors incessant. Les petites communautés prennent conseil des plus
grandes, celles-ci les unes des autres : ira-t-on à l'assemblée, devra-
t-on consentir l'impôt? Et plus tard, s'il est accordé, comment le
répartir, le percevoir, surveiller l'emploi de l'argent? Pour prendre
ces arrangements, il ne leur suffit pas de correspondre. Aussi les
États d'octobre 1356 avaient-ils obtenu la permission temporaire de
se réunir à leur gré ; de même les communautés en 1358 (juillet),
après qu'elles eurent voté des fonds pour la rançon de Jean II[2]. Au
début de l'année suivante, sous la menace de la guerre qui s'allumait
entre Foix et Armagnac, celles des trois sénéchaussées — Toulouse,
Carcassonne et Nîmes — conclurent une « union » perpétuelle. C'était
un acte en forme authentique, revêtu de l'approbation du lieutenant
général. Toutes se déclaraient, sans nul doute par serment, associées
et solidaires pour la défense du pays et pour l'octroi des subsides.
L'union ne s'étendait pas aux deux autres ordres : en 1363 (avril), les
gens d'Église et les nobles de la sénéchaussée de Nîmes demandaient
qu'elle fût cassée, comme nuisible pour eux. Confirmée au contraire
à plusieurs reprises, resserrée en conséquence du traité de Brétigny,
souvent invoquée par les communes, elle demeure un des actes fon-
damentaux des États de Languedoc[3].

On peut achever par là de comprendre pourquoi la noblesse et le
clergé, après 1359, ont cessé, pour plus de vingt ans, d'être convoqués
aux assemblées générales. Le gouverneur ne voulut point s'em-
barrasser de complications superflues : ayant désormais devant lui
une sorte de personne, le corps des communes, responsable des subsides qu'il octroyait, il s'en tint à le consulter, parce que cela lui
était commode et lui suffisait.

Ce corps, habilement dirigé par les grandes villes, telles que Nîmes,
Montpellier, Carcassonne, Narbonne, Toulouse, ne tarde pas à établir
certaines règles essentielles à l'institution des États.

Dès le principe, les communes octroyant une aide, ensemble ou

1. Bibl. Nat., lat. 9173, f° 131 (ann. 1291). — Cf. les *Comptes* de Narbonne
(à partir de 1352), d'Albi (à partir de 1359) ; Ménard, *Op. cit.*, t. II, pr. n° 105.

2. *Ord.*, t. III, p. 111 ; t. IV, p. 187, art. 8.

3. Ménard, t. II, pr. p. 189 ; lettre des capitouls de Toulouse aux consuls de
Nîmes, du 16 févr. 1359. — *H. L*, t. X, pr. n°ˢ 464, 475, II, 476 ; cf. t. IX, p. 725. —
L'« union » ne nous est connue que par quelques brèves mentions, de date pos-
térieure. (*Ibid.* t. X, pr. n°ˢ 484, III ; 543, art. 1. — *Ord.*, t. III, p. 618, art. 2.)

séparément, s'étaient prémunies pour un temps déterminé contre de nouvelles demandes : elles stipulaient que le roi n'exigerait rien de plus pendant un an [1]. La même clause est reproduite en mars 1356; mais les communes ajoutent que si, l'année révolue, les impositions et subsides continuaient d'avoir cours, il leur serait permis de résister impunément [2]. En effet, en 1367, comme le duc d'Anjou de son autorité propre faisait lever la gabelle après le terme fixé, beaucoup refusent de payer; puis, réunies à Beaucaire, elles représentent au duc que les rois n'ont jamais voulu « leur imposer de semblables charges sans leur consentement »; elles lui font révoquer ses actes, ainsi que les condamnations qu'elles avaient encourues [3]. De là vient la périodicité de leurs assemblées : le terme de l'aide expiré, pour en obtenir une autre, on dut les convoquer de nouveau.

Par « consentement » elles entendaient celui des communautés des trois sénéchaussées, simultanément convoquées, en conformité du statut qui les unissait. Les capitouls de Toulouse, à qui le duc d'Anjou demande un subside, répondent qu'il y aurait grand inconvénient à l'octroyer, « si ce n'est, disent-ils, après convocation des autres communes et en leur présence », et le duc, à leur prière, se décide à les mander (juin 1374) [4]. Deux ans après, même requête; même réponse des capitouls. Cette fois le conseil ducal se borne à convoquer les communes de la sénéchaussée de Toulouse : elles refusent tout net de délibérer [5]. En effet, si les gens du roi avaient pu, comme autrefois, s'adresser à chacune d'elles, ou à chaque sénéchaussée, ils auraient rendu illusoires les garanties que l'assemblée générale avait obtenues pour un an contre tout nouvel impôt; par ce détour ils auraient repris au détriment des communes une faculté arbitraire, dont ils avaient fait abandon : le duc d'Anjou ne visait pas un autre but.

Les premières assemblées s'étaient faites sous la pression de l'autorité royale, à l'époque où le roi voyait en elles le moyen le plus sûr de se procurer de l'argent. Les communes n'obéissaient pas volontiers aux lettres de convocation qui leur présageaient un subside. Il arrive, même au temps de Charles V, qu'elles marquent peu de zèle. Mais

1. Ainsi en 1304, en 1319. (Ménard, t. I, pr. n° 125; t. II, pr. n° 17.) — Cf. ibid., n°ˢ 56, 74, 79, et II. L., t. X, pr. n°ˢ 390 (col. 972), 409, etc. — Il est probable que, pour faire choix de ce terme, les communes s'étaient fondées sur les nombreuses coutumes qui accordaient au seigneur le droit d'exiger une taille, une chevauchée par an. Voir ibid., n° 259 : « Dominus noster rex non consuevit ab hiis qui sibi ex debito tenentur ad certum subsidium faciendum exhigere duo subsidia infra annum » (1329).

2. Ibid., n° 447, art. 2. — Cf. Bibl. Nat., lat. 9175, f° 14, art. 25.

3. Arch. de Toulouse, AA 49, n° 60.

4. Arch. de Toulouse, BB 1, f° 7; AA 45, n° 88.

5. Ibid., BB 1, f°ˢ 33, 35, 37.v°; 11 mars, 23 et 25 avr. 1376.

l'impôt est alors devenu un mal chronique. Le jugeant inévitable, elles tâchent de l'atténuer et, s'il se peut, d'en tirer profit. C'est seulement en conseil que leur volonté aura quelque poids, qu'elles pourront avec avantage choisir telle taxe ou taille, en discuter le chiffre, en régler la répartition, obtenir des satisfactions en échange. Elles commencent donc à s'attacher à leur assemblée comme au plus précieux privilège, à défaut duquel tous les autres seraient caducs. Elles soutiennent les usages et les maximes qui font de l'assemblée générale la condition nécessaire de l'établissement de l'impôt.

De son côté le duc d'Anjou, vers 1376, se met à la traiter en obstacle. A ce moment l'impôt est entré dans les mœurs, la perception organisée ; le duc s'est saisi peu à peu de la machine administrative que les communes avaient montée : pour puiser à volonté dans la bourse des contribuables, il n'a plus qu'à se passer de l'assemblée et de son consentement. Les Anglais vaincus ne conservent qu'un morceau de la Guyenne : chez eux va monter sur le trône un roi mineur, Richard II, qui plus tard fera sa paix, puis s'alliera avec Charles VI. Pendant près de quarante ans, la monarchie française aura peu à redouter de ses « anciens ennemis ». En conséquence, le lieutenant général ne garde plus envers les communes les mêmes ménagements ; il ne veut plus être astreint à négocier avec l'assemblée, ni souffrir les pertes de temps, les restrictions, les conditions qu'elle lui impose. Entre eux s'ouvre une querelle qui va durer de 1376 à 1418 : longue période, au cours de laquelle les communautés ont pris pleine conscience de leur droit ; elles ont pu d'autant mieux en apprécier les avantages, qu'à trois reprises elles ont cessé presque entièrement d'en jouir.

Seconde période (1376-1418). — Les conseillers du duc d'Anjou lèvent des subsides que nulle assemblée n'a votés : peut-être 2 francs et demi par feu en mars-avril 1376 [1], 1 fr. par feu et par mois à partir d'octobre 1378 [2]. Ils consultent quelques-unes des communes principales, d'ordinaire isolément ; les autres ne le sont point. Pas une n'ose résister, à commencer par Toulouse. Elles se contentent de réserver à l'occasion les droits de l'assemblée générale [3] ; mais ces droits sont

1. Arch. d'Albi, CC 154, fos 7, 9.

2. Arch. de Toulouse, BB 1, fo 47. Le duc demande 2800 fr. d'or par mois à Toulouse, « ad finem ut non opporteret amplius congregare pro predictis communitates in toto anno, ex eo quod plures expense fiebant in congregationibus faciendis... et negocia guerre retardabantur. » La ville fait son octroi. (*Ibid.*, AA 45, no 96 ; cf. 98.) L'impôt est ensuite étendu aux autres (Arch. d'Albi, CC 83), et sans doute renouvelé en sept. 1379.

3. Ainsi les capitouls (Arch. de Toulouse, AA 45, no 96) ; ainsi quelques communes notables réunies à Toulouse, le 13 mars 1378 (Bibl. Nat., lat. 9175, fo 241) :

violés. Les émeutes qui ont éclaté sur ces entrefaites étaient le fait
du menu peuple opprimé, écrasé d'impôts[1]. Quant aux notables, ils
avaient plus de raisons de redouter que d'encourager les séditions
populaires. Ils hésitaient depuis longtemps, partagés entre le mécontentement que leur inspirait le duc et la peur de ses vengeances[2].
En 1380, la crainte du peuple aidant, le mécontentement l'emporte :
ils s'adressent à Charles V (janvier-avril), et leur ambassade obtient,
outre le rappel du lieutenant général, la reconnaissance implicite des
franchises dont l'assemblée des communes avait été dépouillée[3].

En effet, quelques mois après, en juin, elle se réunissait de nouveau. Puis le roi meurt : la minorité de Charles VI donne le pouvoir
à ses oncles. Un moment le gouvernement se relâche. Le pays flotte
incertain, comme livré à lui-même, entre les commissaires que Charles V avait envoyés, le comte Gaston de Foix que les communes
espéraient avoir pour capitaine général, enfin le duc de Berry désigné pour gouverneur, à leur grande irritation, qu'elles voudraient
écarter, et qui n'est pas encore arrivé en Languedoc. Plus d'impositions ni de subsides : le roi vient de les abolir; mais on n'attend
rien de bon du gouverneur qu'il a nommé. En avril et juin 1381, Toulouse, Carcassonne, Narbonne, Béziers, Nimes, les communes principales se rassemblent à Mazères autour du comte de Foix[4]. En septembre, tout espoir de succès étant perdu, elles forment une « union »
nouvelle : on organisera une armée « commune » contre les Compagnies et les Anglais ; en cas de réquisition d'une aide toutes devront
« communiquer et se consulter ensemble, afin que les trois sénéchaussées, d'un commun accord, fassent la réponse qu'elles croiront
devoir faire[5]. » C'était le point capital; mais il en pouvait résulter

Elles n'ont pas l'intention de porter préjudice aux privilèges des autres communes, « specialiter et expresse super congregatione trium senescalliarum, que in
talibus et similibus adjutoriis faciendis consueverunt insimul et in uno loco con-
vocari et congregari, et de trium consensu et concordia earumdem talem vel
similem succursum facere. » — Les communautés employaient déjà cette formule
en 1368. (*H. L.*, t. X, pr. n° 543.)

1. Cf. plus haut, p. 169, et Ménard, t. III, pr. n°s 7, 8. Emeute à Nimes.

2. Arch. de Toulouse, BB 1, f°s 37 v°, 38. En avr. 1376 les capitouls de Toulouse avaient projeté d'écrire au roi pour se plaindre et de lui envoyer une délégation ; mais en juillet, s'étant ravisé, le conseil de ville décidait de ne rien faire
« sine licencia domini ducis ».

3. *Chronique* d'Estoriac, dans le Bullet. de la Soc. archéol. de Béziers, 2° sér.,
t. IV, p. 108, et n. 5. Curieuses lettres du roi, du 22 mars 1380. — Bibl. Nat., lat.
9176, f° 26 ; cah. du 25 avr. 1380, art. 4, 26, 27.

4. *Appendices*, n° 2, aux dates. — Elles y vont malgré les officiers royaux.

5. Arch. de Narbonne, AA 176, 177. Texte de l'accord. Toutes ne le concluent

de lourdes charges pour les villes qui n'avaient pas soutenu le comte de Foix : celles-ci craignaient que l'union ne les obligeât à porter leur part des condamnations que d'autres auraient encourues. Elles se gardèrent de donner leur adhésion [1].

Le projet n'a pas eu de suites. Les communes se trouvaient en trop fâcheuse position pour que leurs accords particuliers eussent beaucoup de valeur. Leur tentative de révolte à peine terminée, se déchaîne, à l'occasion des premiers subsides, le mouvement des Tuchins, une sorte de jacquerie [2]. Une répression s'ensuit, dans laquelle sont confondus à dessein les actes séditieux des villes et les crimes des Tuchins. L'année 1382 dans les Comptes de Toulouse figure sous la rubrique : *Anno tribulationis*. En 1383-1384, amende de 800,000 fr., payable en quatre ans, imposée à tout le pays, rétablissement des aides, etc. [3].

Inaugurée par des châtiments, l'administration du duc de Berry a été très despotique. Ce n'est point qu'elle ait supprimé les assemblées : en huit ans (1381-1389) elle en réunit au moins quinze ; mais en certains cas, où la convocation des communes semblerait être de rigueur, elle se passe d'y recourir. Le duc n'était pas seulement lieutenant en Languedoc ; il dirigeait pour sa part les affaires du royaume. La situation qu'il occupait à Paris à la tête du grand Conseil n'a pas été sans influence sur le régime des impôts dans son propre gouvernement. Quelquefois il lève un fouage particulier au pays, comme autrefois le duc d'Anjou ; mais plus souvent le fouage représente une quote-part, déterminée à Paris, de la taille que le Conseil a mise sur le royaume ; le taux des francs par feu qu'il faut lever pour la parfaire est aussi fixé d'avance. Ce sont là des disposi-

pas, mais seulement « alique earumdem ». — Cf. Bibl. Nat., lat. 9176, f° 49 ; Arch. d'Albi, BB 16, f° 112.

1. Ainsi Albi. L'accord communiqué le 11 nov. 1381 aux consuls de cette ville « fazia mentio que totz los comus contribuisco en totz los dampnatges fagz o fazedors et emendas que per aquels se ensegrian ». Il n'y a rien d'aussi net dans le texte précité, approuvé le 21 oct. par le conseil de ville de Narbonne : peut-être est-ce une induction que font les consuls ; peut-être s'agit-il d'une disposition additionnelle. Quoi qu'il en soit, le conseil d'Albi la rejette absolument ; au surplus, il veut que rien ne se fasse que « de voler et de plazer del rey, nostre senhor, o de son loctenen ». (*Ibid.*, f°s 115, 121.) La plupart de ces textes ont été publiés par M. Cabié, *Événements relatifs à l'Albigeois pendant la querelle du comte de Foix et du duc de Berry*, 1879, in-4°. — Cf. Baudouin, *Commencements de la querelle du comte de Foix et du duc de Berry en 1380 et 1381*, dans les Mém. de l'Acad. des sciences, etc., de Toulouse, 7e sér., t III, p. 360.

2. Après les États de Béziers, de janv.-avr. 1382. (*Appendices*, n° 2.) — Portal, *Les insurrections des Tuchins dans les pays de Languedoc vers 1382-1384*, dans les Ann. du Midi, 1892, pp. 443 et suiv.

3. *Appendices*, n° 2, à la date.

tions générales. Les communes ne sont pas admises à les discuter : on ne les convoque plus. Il n'y a pas d'assemblée qui corresponde aux fouages de 2 francs et de 1 fr. 1/3 perçus en 1387, l'un pour « le voyage d'Espagne » et l'autre pour « l'enforcement des frontières du royaume [1] ». Le procédé paraît si commode que bientôt le duc l'applique aux impôts particuliers, à ceux qu'il prétend lever spécialement en Languedoc : ainsi aux 4 francs par feu qu'il exige en mars ou avril 1389 [2]. Cette exigence a probablement été l'une des causes de sa chute.

Les « réformateurs généraux » qui le remplacent le mois suivant, et qui gouvernent le pays à l'époque où les « Marmousets » étaient maîtres du pouvoir, convoquent des assemblées à toutes les occasions : cinq de 1389 à 1393 [3].

Au contraire, après l'accès de folie qui a mis fin au gouvernement personnel de Charles VI, on revient aux errements antérieurs à 1389. L'arbitraire est l'état normal. De février 1393 au mois de décembre 1417, en 24 ans, il n'y a qu'une assemblée générale des communes à laquelle on ait demandé l'octroi, celle de Carcassonne, tenue en juillet 1403, postérieure de deux ans à la rentrée du duc de Berry dans les fonctions de gouverneur : elle fut continuée en décembre, à cause de la résistance que faisaient les délégués ; il semble qu'après beaucoup de lenteurs elle n'ait pas abouti au résultat que le duc en attendait [4]. Désormais il ne songe plus à négocier avec les communes, à fléchir leur mauvaise volonté. Au lieu de requérir, il se contente d'imposer, selon la maxime de son gendre, le comte Bernard d'Armagnac. Celui-ci n'était pas d'avis de demander à son peuple ce qu'il pouvait faire lui-même ; « car si cela se faisoit asteure, on voudroit tousjours continuer [5] ». Le parti politique auquel il a donné son

---

1. L'un en mars (Arch. d'Albi, BB 17, fos 82, 86 vo; CC 157, fos 80 vo, 120, etc.), l'autre à la fin de l'année. (*Ibid.*, BB 17, fo 89. — Arch. de Toulouse, *Comptes*, 1387-88, fo 142.) — Cependant l'aide de juin 1386, « pour le passage d'Angleterre », avait été octroyée par les communes. (*Appendices*, no 2.)

2. *H. L.*, t. X, pr. no 713, col. 1776.

3. *Appendices*, no 2. Les subsides sont très modérés.

4. Arch. de Toulouse, AA 46, no 36, et *Pièces à l'appui des comptes*, 1403-04, no 43. — Arch. de Montpellier, *Pièces not.*, l. 1404, instruct. de juin 1403; *Comptes*, 1403-04, 11 sept., 13 janv., 13 févr. — Arch. de Narbonne, AA 178, 179. — Arch. d'Albi, CC 162, fo 47 vo. — Les communes répondent au duc que, quand leurs « ambassadeurs » allèrent à Paris lui faire la révérence à l'occasion de son avènement (11 juin-10 sept. 1401), « ipse dominus dux promisit dictis communitatibus et etiam dicto domino nostro regi…, quod ipse nullam exactionem faceret dicte patrie, neque aliquod onus imponeret in eadem, ymo onera in eadem patria existencia quantum posset diminueret. »

5. De Gaujal, *Et. hist. sur le Rouergue*, t. II, p. 258.

nom représentait la « tyrannie » aux yeux des hommes du peuple et
de la plupart des notables. Tous s'accordèrent à le rendre responsable des charges multipliées sous lesquelles ils succombaient Mais,
à ce grief, la classe dirigeante en joignait un autre : elle ne pouvait
pardonner aux Armagnacs le préjudice matériel et moral qu'ils infli-
geaient aux communes, en leur ôtant le privilège, jugé maintenant
essentiel, d'être assemblées et consultées.

Ainsi grandit une opposition qui fera la partie belle à la faction
adverse et à son chef, le duc de Bourgogne, soi-disant ami des libertés populaires. Opposition très forte et très opiniâtre. Les contribuables n'étaient pas en Languedoc une masse d'individus, inorganique
et passive, mais un groupe de corps autonomes, habitués à soutenir
en commun leurs intérêts. On pouvait les frapper d'impôts qu'ils
n'avaient pas consentis, non les empêcher de s'associer ni de se
défendre. A chaque subside, c'est une émotion générale, un concert
de doléances; les communautés entrent en campagne, font appel au
duc de Berry, au roi, envoient des délégués en cour; elles ne cèdent
qu'à la dernière extrémité, quand elles ont épuisé les requêtes, les
subterfuges et supporté force « exécutions ».

Toute résistance politique cherche un point d'appui dans le droit.
Celle des communes s'est fondée sur leur droit de voter l'impôt; mais
elles n'en réclamaient point la principale partie, à savoir la prérogative de mettre un subside en question, d'en réduire la quotité : elles
n'auraient pas eu de chances de l'obtenir et n'auraient pu l'exercer.
Plus pratiques et plus prudentes, elles se bornent à protester avec une
énergie infatigable contre l'arbitraire qui préside à l'assiette et à la
répartition des impôts. En 1394, à propos d'un fouage de 16 sols, les
consuls de la sénéchaussée de Carcassonne demandent au sénéchal
l'autorisation de tenir conseil. L'ayant reçue, ils s'assemblent et
déclarent que la taxe produirait plus qu'il ne faut : elle est, disent-ils,
excessive; il est nécessaire d'en référer aux communes. « Au temps
passé, les ducs d'Anjou, de Berry et autres lieutenants du roi, quand
ils voulaient imposer un subside en ce pays, ne manquaient pas de
les convoquer pour délibérer avec elles sur la meilleure manière de
faire l'imposition [1]. » — Au bout des opérations que conduisent secrètement les répartiteurs officiels, élus et généraux des finances, les
communes entrevoient des aggravations de charges : c'est afin de les

1. Arch. d'Albi, CC 93. Ce fouage était destiné à faire sortir une bande de routiers du château de Castelculier (Agenais). Il y a aux Arch. de Montpellier,
arm. B, cass. 15, toute une caisse de lettres adressées à ce sujet par diverses communautés aux consuls de cette ville. — Même protestation et ambassade générale en 1396, à propos du subside levé pour le mariage de la fille de Charles VI
avec le roi d'Angleterre (Bibl. Nat., lat. 9176, fos 209, 218; cf. 213), etc.

prévenir, qu'elles voudraient être appelées [1]. Elles y sont parvenues environ une fois sur sept : en avril 1394, en juin 1399, à force de doléances et seulement après que l'imposition était achevée [2] ; puis, dès l'abord, sans difficulté, en novembre 1411 et juin 1412, sous les commissaires bourguignons qui pendant ces deux années ont supplanté le duc de Berry dans le gouvernement de Languedoc [3] ; enfin en janvier 1416, en août 1417, quand le parti armagnac, atteint mortellement par la défaite d'Azincourt, sentait gronder la révolte et faisait pour la désarmer d'inutiles concessions [4].

Voilà quelques restes de vie publique. En outre, les habitants continuent de s'assembler pour la défense locale par jugeries et vigueries, par diocèses, par sénéchaussées, et ces assemblées sont plus libres et plus fréquentes que les autres, car elles ont éprouvé dans une moindre mesure les effets de la malveillance du gouvernement armagnac. Depuis 1389, date du voyage de Charles VI en Languedoc, il est interdit aux gens du pays de se réunir, si ce n'est par la permission du roi. Les assemblées antérieures ne se faisaient guère autrement ; mais la coutume devient loi à cette époque, et par surcroît l'assistance d'un officier royal aux délibérations est rendue obligatoire [5]. En dépit de ces prescriptions, malgré le soin que prenait le gouvernement de limiter le nombre et la durée des réunions, elles ont entretenu l'activité politique : c'était là principalement que s'exprimaient les besoins et que s'échangeaient les désirs dont le pays était travaillé.

On a besoin d' « union » ; c'est le mot que tous emploient. On veut s'unir pour résister aux routiers, aux Anglais, contre lesquels le pays n'a point de protection, malgré les subsides qu'il paye, et même pour

1. Voir, entre autres, les mémoires rédigés par les consuls de Montpellier en juin 1404 et les lettres du roi consécutives, à propos de l'aide levée pour résister à Henri de Lancastre (Arch. de Montpellier, *Pièces not.*, l. 1404) : « On dit » que la taille mise sur le royaume est de 1 700 000 fr., la part du pays de 100 000. Les généraux n'ont rien voulu révéler. Cependant, si l'on en juge par la taxe qu'ils ont imposée au diocèse de Maguelonne, la part du pays monterait à plus de 200 000 fr., etc.

2. *Appendices*, n° 2.

3. Arch. de Narbonne, *Comptes*, 1411, f° 142, et Arch. de Montpellier, *Délib.*, nov.-déc. 1411. — Arch. d'Albi, CC 169, f° 39 v°.

4. Arch. de Toulouse, BB 2, f°° 121, 122, et Bibl. Nat., lat. 9177, f° 180. — Arch. d'Albi, CC 173, f° 62 v°. — D'ailleurs le subside de juillet 1416 est réparti arbitrairement, comme ceux de mars et d'oct. 1415, imposés avant Azincourt.

5. Arch. de Toulouse, AA 93, f° 2. « In adventu regis Francorum in presenti villa fuit preconisatum quod nulle fierent congregationes sine licencia, et quod interesset aliquis officiarius ». En réalité l'ordonnance s'appliquait aux conseils de ville (*ibid.*, AA 36, n° 93) ; les officiers royaux en ont étendu arbitrairement la portée. (*Ibid.*, AA 46, n° 48, etc.)

résister aux exactions que l'on subit. Parmi les nobles et les gens
d'Église les Bourguignons n'étaient pas rares : l'esprit de faction
aidant, des sentiments nouveaux de solidarité ont germé dans les trois
ordres. Vers juillet 1412 ceux de la sénéchaussée de Nîmes s'assemblent dans cette ville afin de s'unir entre eux [1]. Mais déjà les idées
d'union embrassaient le pays entier. Les communautés, réunies en
assemblée générale devant les commissaires bourguignons (décembre 1411), demandaient pour elles le droit d'élire et d'envoyer chaque
année des « ambassadeurs » au roi, pour les trois États la permission
de conclure une union permanente [2]. Une assemblée des nobles et des
communes de la sénéchaussée de Toulouse, tenue en juin 1415, à
l'occasion d'une guerre entre Foix et Armagnac, décidait de se
défendre et faisait part de sa décision aux deux autres sénéchaussées [3]. Les capitouls profitèrent de ce message pour les inviter aussi
à solliciter avec eux la remise d'un subside. Leur envoyé fut pris en
route et mis en prison ; ils se virent accusés d'avoir voulu provoquer
de leur autorité propre la réunion des trois États du pays [4]. C'était
probablement ce qu'ils désiraient en secret, et certainement ce que
craignaient les Armagnacs.

Tant de ressentiments étaient accumulés contre leur gouvernement,
qu'à la fin de 1417 la révolte a éclaté d'elle-même : ainsi à Toulouse,
où le receveur s'apprêtait à percevoir un subside à main armée, à
Béziers, où des fourches patibulaires, avec des chaînes de fer, avaient
été préparées pour pendre les récalcitrants [5]. En décembre, le vicomte
de Lomagne, fils du connétable d'Armagnac et capitaine général, se
résolvait à convoquer à Pézenas les trois États de Languedoc. Cette
assemblée, la première qui ait eu lieu depuis 1393, n'a donné aucun
résultat [6]. Peu après la plus grande part du pays tombait aux mains
des Bourguignons.

Troisième période (1418-1443). — On entre en 1418 dans une
période nouvelle de l'histoire des États. De cette date au milieu du
règne de Charles VII se sont trouvées réunies les conditions les plus
propices aux libertés méridionales.

Sous les agents du duc de Bourgogne, d'avril 1418 au même mois
de l'année suivante, puis sous le comte de Foix qui tenait sa lieute-

1. Ménard, *Hist. de Nîmes*, t. III, pr. n° 47.
2. Arch. de Montpellier, *Délib.*, 20 janv. 1412.
3. Arch. de Toulouse, BB 2, f°s 29, 33. Cf. *ibid.*, f° 14 v° ; 13 mars 1415.
4. *Ibid.*, f° 35 et suiv. — *H. L.*, t. X, pr. n° 808.
5. Bibl. Nat., *Languedoc*, 88, f° 215. — P. Dognon, *Les Armagnacs*, etc., *Loc. cit.*, p. 442.
6. *Ibid.*, p. 443. — Cf. Arch. de Narbonne, *Comptes*, 1417, f° 145.

nance du roi, prisonnier des Bourguignons, mais qui ménageait le
dauphin, deux années durant, le pays a vécu entre deux maîtres, en
réalité presque indépendant.

En mars 1420 le dauphin s'y rend et réussit à se faire reconnaître
en qualité de régent : son autorité est désormais établie ; il y régnera
sans conteste à la mort de Charles VI. Mais jamais roi n'eut si grand
besoin des sujets qu'il conservait ; jamais la monarchie ne parut si
près de sa perte. Les Anglais maîtres de Paris et de tout le nord de la
France, Charles VII réfugié à Bourges, le pays de Languedoc est « le
membre le plus entier » qui lui reste du royaume : à le perdre, il ris-
querait sa couronne. Or, il ne peut protéger les Méridionaux, ayant
peine à se défendre lui-même. Le comte de Foix, qu'il a pris pour
lieutenant de peur de l'avoir pour ennemi (janvier 1425), réside de
préférence dans ses terres de Béarn ; l'évêque de Laon, chargé en 1423
de la direction des finances, a de fait l'autorité principale, qu'il gar-
dera jusqu'en 1440. Tous deux lient leur politique à celle de tel ou tel
favori : les révolutions de palais qui bouleversaient la cour, les querelles de Giac, de Richemont, de la Trémoille ont eu leur contre-coup
sur les affaires du Midi.

Le pays entier vit dans un état d'attente anxieuse, analogue à celle
du paysan qui tremble de voir les routiers déboucher près de son village, ou de ces guetteurs que les consuls des villes closes placent en
haut des clochers. On ne sait ce qu'on deviendra ; on sent que, dans
ce grand péril, on ne peut compter sur le roi, qu'on est livré à ses
propres forces, que l'on doit se sauver soi-même. Ce sentiment a survécu à de notables succès, même à la paix de Charles VII avec le duc
de Bourgogne, à la reprise de Paris. Le calme et la confiance ne commencent à renaître qu'après la victoire du roi sur la Praguerie (1440) :
c'est alors également que Charles VII prend en main l'administration
du pays.

Pendant près d'un quart de siècle le peuple s'est accoutumé à faire
acte d'initiative : il a redoublé d'efforts ; il s'est uni pour se défendre ;
l'esprit public s'est affermi, tandis que le gouvernement chancelait
sous les attaques des Anglais, ou s'énervait dans des luttes d'autant
plus préjudiciables à l'autorité royale, que les partis se disputaient à
force de concessions la bienveillance des sujets.

C'est principalement à la faveur de ces divisions que les États de
Languedoc ont acquis les titres formels qui leur avaient toujours
manqué. Ils étaient jadis convoqués en vertu de la coutume ; leur
assemblée était un acte de la volonté royale. Ils ont maintenant des
droits, consacrés par des chartes explicites.

La première est celle que les délégués des sénéchaussées de Toulouse et de Carcassonne obtinrent de la reine, à Troyes, en date du
3 avril 1418. Leurs instructions portaient, entre autres articles, que

les trois ordres ne désiraient rien tant que de s'assembler, afin d'établir entre eux « union et fraternité perpétuelle » et de remédier aux misères du pays[1]. En effet, permission leur fut donnée de se réunir autant de fois qu'ils voudraient, par une, deux ou trois sénéchaussées, en présence d'un sénéchal, et de prendre les décisions qu'ils jugeraient à propos[2]. Il est vrai qu'un peu plus tard, par lettres du 4 juin, la reine affirmait n'avoir jamais entendu qu'une assemblée pût avoir lieu sans les ordres ni en l'absence des commissaires royaux[3]. En droit, les gens du pays n'ont jamais eu la faculté de s'assembler spontanément. Le comte de Foix, qui la leur avait accordée sous certaines conditions en 1419[4], prohibait sévèrement en 1431 toute réunion de ce genre[5].

L'édit de Troyes doit être considéré comme le point de départ des assemblées des trois États. La série s'ouvre par le « conseil » de Carcassonne, de juillet-août 1418, grande solennité que les villes célébrèrent par des sermons et des processions générales ; elle n'a souffert par la suite aucune interruption.

Si tous les ans, une ou plusieurs fois, le roi ou ses officiers ont réuni les trois ordres, ce n'est point qu'ils aient été pris d'une subite tendresse à l'égard des assemblées. Derrière leur apparente volonté il faut voir celle du pays. A Carcassonne, la grande affaire des États est de s'unir étroitement. L'« union » a été conclue, renouvelée à Montpellier, en mars 1419, discutée très longuement à Toulouse en juillet-août, et sans doute confirmée à Béziers au mois de décembre[6]. Aussi n'est-il plus question de réunir les communes, à l'exclusion des deux autres ordres. Quand le roi requiert un subside, il ne croit pas être en état de se passer du consentement général : tous ensemble font l'octroi[7].

1. Arch. de Montpellier, AA 9. Missives des 22, 23 févr., 2 mars : « Tota lor pena es de aver cosselh am los tres statz, etc. » — Arch. d'Albi, CC 174, f° 37 v°.

2. *Ord.*, t. X, p. 449.

3. Arch. de Toulouse, AA 37, n° 58. — *H. L.*, t. X, pr. n° 811.

4. Arch. de Toulouse, AA 79 ; art. 5 : « Per l'espasi de tres ans, ab tant empero que lo cas per que se ajustran sia premier notificat an aquel qui aura lo govern d'aquest pays, et en lo cosselh entrevengua lo senescalc en la senescalcia del-qual se assemblaran. »

5. Bibl. Nat., *Languedoc*, 88, f° 121 ; 10 janv. 1431. Cf. *ibid.*, 89, f° 116.

6. *H. L.*, t. X, pr. n° 812. — Arch. de Toulouse, AA 93, f°s 3-7 ; BB 3, f°s 22 v°, 79 v°.

7. Jusqu'en 1426 bon nombre de textes, et particulièrement ceux qui sont rédigés sur place, dans l'assemblée même, mentionnent l'octroi comme fait « par les gens de l'état commun dans l'assemblée des trois États du pays de Languedoc » ; mais on dit aussi qu'il est « fait par les trois États » : c'est l'usage qui va prévaloir. En effet les nobles et les prélats faisaient l'octroi pour leurs sujets. (Voir plus haut, p. 229.)

Nous ne connaissons pas le texte des unions de 1418 et 1419. Peut-être y peut-on suppléer par les articles de celle qui fut proposée, en juin 1430, à l'assemblée de Béziers; c'est un curieux monument de solidarité croissante, d'une espèce de patriotisme purement « occita-nien », qui atteignit à cette époque son plein développement. Chaque fois, y est-il dit, que les trois États devront être rassemblés, leurs délégués s'engageront par serment à n'avoir devant les yeux que le bien du roi et du peuple, à oublier toute affection particulière, à ne pas recevoir de dons. — L'Église enverra 6 notables députés, soit 2 par sénéchaussée, la noblesse autant et l'état commun 24. — « Tous représenteront et serviront en paroles et en actions une seule chose publique, au nom des trois États de Languedoc ». — Ils se réuniront toujours ensemble, devront délibérer, conclure et donner réponse ensemble. — En cas de désaccord, la majorité fera loi. — Tous les délégués seront défrayés par le pays, etc. [1].

Ce projet n'a obtenu que peu d'adhésions. A Toulouse, on le jugeait au moins inutile; on estimait « que l'union des trois ordres est perma-nente, qu'il appartient au roi de la faire en convoquant les États [2] ». On a désormais cessé de s'unir; mais on voulait être convoqué. En avril 1419, comme le comte de Foix entrait dans la ville de Toulouse, les capitouls lui demandèrent « que dorénavant nul subside ni autre charge extraordinaire ne fussent mis sur les habitants du pays de Languedoc sans nécessité évidente et vouloir et consentement des gens des trois États dudit pays. » La requête était moins vague et moins ambitieuse que les instructions remises à l'«ambassade » de 1418; on pouvait en la présentant se réclamer de la coutume; mais les rois n'avaient jamais donné pareille assurance, et le nou-veau gouverneur, tout en acceptant pour sa part la formule des capi-touls, dit qu'il n'avait pas qualité pour « lier la main » au monarque [3].

Charles VII ne s'engage point avant 1428, et l'on sait que sa position semblait alors désespérée. En août de l'année précédente le comte de Foix et l'évêque de Laon, de concert, ont imposé arbitrairement une aide de 22,000 livres. Ils étaient ennemis jurés du favori La Trémoille, qui détenait le pouvoir. Celui-ci se hâte de faire accueillir l'appel que portaient devant le roi les sénéchaussées de Carcassonne et de Beau-caire. L'ordonnance du gouverneur de Languedoc est mise à néant, comme rendue à l'insu du roi, et les lettres qui la cassent insistent avec complaisance sur les griefs des gens du pays, sur la violation

1. Arch. de Toulouse, AA 88, f° 22 v°. — L'article qui donne la prépondérance à la majorité des votants avait été adopté déjà en 1418 et 1419. (Ibid., BB 3, f° 22 v°.)

2. Ibid., BB 6, f° 42 v°.

3. Ibid., AA 79, art. 9.

des franchises dont ils se disaient pourvus[1]. A Chinon, le 11 novembre 1428, les États, fort mal disposés, ainsi que le roi lui-même, contre l'évêque et le gouverneur, reviennent à la charge, et leur requête est admise : Charles VII défend que personne désormais ose imposer en Languedoc aucune aide ou taille sans son exprès consentement, et « sans appeller à ce les gens des trois estats de nostredit pays, ainsi que en tel cas est acoustumé de faire[2]. »

Telle est la loi écrite dont les États vont arguer, le principe sur lequel reposeront leurs assemblées. Le pays n'en a pas reçu de confirmation décisive avant les États de Tours, de mars 1484[3]. Mais, à défaut d'un nouvel édit, la règle qui venait d'être établie a été fortifiée par un usage constant; car le pays, les communes représentaient une force suffisante pour garantir la charte de 1428 et pour maintenir la pratique des réunions d'États.

Après avoir recouvré Paris, Charles VII a levé le masque. A partir de l'année suivante, 1437, il ne demande plus l'impôt aux États de Languedoil: la Praguerie réprimée, il cessera tout à fait de les convoquer. En Languedoc il montre moins de hardiesse; mais, au cas où les États feraient trop de difficulté d'accorder l'aide qu'il réclame, ses commissaires ont ordre de l'imposer d'autorité[4].

Lorsqu'il vint dans le Midi faire campagne en Guyenne (1442), les États sentaient leur privilège menacé : Plaise au roi, dit l'assemblée de Béziers, quand il voudra prendre un subside ou traiter chose qui concerne les intérêts du pays, de ce faire, selon l'usage, par l'avis et consentement des États. « Qu'il lui plaise, de sa benigne grace, que une nouvelle maniere de dire : *Se vous n'y consentes, l'on les mettra sus*, cesse et face cesser; car tousjours le pays à sa possibilité a secouru aux affaires du royaume et fera tousjours à l'aide de Dieu. » — Le roi répond que les réunions d'États sont nuisibles, qu'il n'entend pas en user ici autrement qu'en Languedoil, « et ne veult que doresenavant se facent plus telles assemblées[5] ». — Or il n'a pas tenu parole. Après l'assemblée de Montpellier, d'avril-mai 1443, simple

1. *H. L.*, t. X, pr. n° 842 ; 2 déc. 1427. — Arch. de Montpellier, *Délib.* 1428-1434, aux dates des 7, 13, 31 oct., 18 nov., 13 déc. 1427. — Germain, *Hist. du comm. de Montpellier*, t. II, p. 350. — Cf. Arch. de Toulouse, BB 5, f°s 70, 74. Ici le conseil de ville, après avoir décidé de protester, avait préféré n'en rien faire, « quia posset evenire malum ». — Il est à noter que l'aide a été levée, et dans la sénéchaussée de Toulouse, et dans beaucoup d'autres endroits. (Arch. d'Albi, CC 182, f°s 41, 44, etc.)

2. *H. L.*, t. X, pr. n°s 847 et 848 (col. 2082).

3. Voir cependant *ibid.*, n° 869, des lettres rendues, non par le roi, mais en son nom, par les généraux des aides de Languedoc.

4. Bibl. Nat., lat. 9178, f° 1; 31 janv. 1438.

5. Arch. de l'Hérault, *Doléances*, t. I, f° 28 ; cah. de nov. 1442, art. 23.

continuation de la précédente, il convoqua de nouveau les États dans la même ville, et ses lettres, du 9 juillet, indiquent expressément qu'il revenait sur sa décision [1].

C'est la dernière fois que l'existence des États, en tant qu'assemblée, ait été mise en question. Comment ont-ils échappé à ce suprême péril ? Par l'habileté de leurs délégués, par l'influence secourable du gouverneur, Charles d'Anjou, beau-frère de Charles VII, au fond parce que l'assemblée était la pièce principale d'une organisation maintenant complète et coordonnée, dont il devenait malaisé de supprimer une partie, et qui résistait en bloc aux essais de changement.

Du XIIIe siècle au XIVe les États s'étaient formés sous l'impulsion de la royauté, mais en vertu d'habitudes féodales. Ces assemblées en se répétant, en se modifiant, ont produit des faits, éveillé des idées et des sentiments nouveaux, tout à fait opposés à ceux qui sont caractéristiques de la féodalité. A la désagrégation matérielle et morale du moyen âge elles ont, dans une vaste contrée, substitué la cohésion. Sous Charles VII, au-dessus des seigneuries et des communes il y a le pays qui les unit; au-dessus des existences, des volontés individuelles il y a l'assemblée et ses décisions, qu'elle impose uniformément aux personnes féodales. Les esprits se sont élargis; leur vue dépasse par moments les frontières de la commune. Les villes, surtout les plus grandes, ont appris à envisager des intérêts généraux : elles dirigent maintenant les affaires du pays avec autant de prudence, de zèle et d'activité que chacune en peut apporter à se gouverner elle-même, car les affaires du pays ne sont autres que les leurs.

4° CADRE ET COMPOSITION DE L'ASSEMBLÉE. — REPRÉSENTATION DU CLERGÉ, DE LA NOBLESSE, DU TIERS. ÉLECTIONS ET PROCURATIONS. LA PROCÉDURE. LES OFFICIERS DU PAYS.

Par « pays » il faut entendre le corps des communautés contribuables, le territoire dont les habitants se trouvaient

1. Arch. de Cordes, *États provinciaux.*

par le vote des États soumis aux mêmes impôts. Maintenir
les limites du pays, c'était, de la part de l'assemblée, empêcher les localités voisines de la frontière de contribuer ailleurs qu'aux recettes de Languedoc; elle y veillait jalouse-
ment. A l'est, au nord, ces limites coïncidaient, ou peu s'en
faut, avec celles des trois grandes sénéchaussées[1]; mais
beaucoup de fiefs sis dans le ressort du sénéchal de Toulouse n'ont pas fait partie du pays, parce que les seigneurs
qui les possédaient s'étaient affranchis, eux et leurs sujets,
de tous les subsides royaux : ainsi le comte de Foix vers
1358-1360[2], le comte de Comminges environ à la même
époque[3]; ainsi le comte d'Armagnac et plusieurs barons de
Gascogne[4]. De ce côté, au diocèse de Couserans, le pays
comprenait uniquement un petit lot domanial, — au diocèse
de Comminges, outre les terres du roi, peu considérables, le
temporel de l'évêque et de quelques seigneurs d'Église[5], —
aux diocèses de Lombez et d'Auch des bastides disséminées,
formant enclaves dans les domaines seigneuriaux, telles que
Gimont, Cologne, Rieumes et, près du comté de Bigorre,
Trie, Marciac, Beaumarchais[6]. Ces villes ont toujours eu,

1. Sauf contestations du côté du Forez, où le pays perdit plusieurs localités
vers 1480. (Arch. de l'Hérault, Dol., t. I, p. 237; cah. de juin 1481, art. 1, 2, etc.)

2. H. L., t. X, pr. col. 1217, 1222. — Avant cette date, les terres du comte
n'étaient sans doute assujetties aux subsides que peu régulièrement. (Cf. ibid.,
nº 90.) Cependant l'amiers est mandée aux États de 1318. (Histor. de France,
t. XXIII, p. 813.) — Il faut noter qu'en 1333 le comté de Foix a été transféré de
la sénéchaussée de Carcassonne dans celle de Toulouse.

3. H. L., t. X, pr. col. 1223. — Le comté est annexé par le roi en 1453.

4. Rouquette, Le Rouergue, etc., pp. 79, 133, 137, 140. Les terres que ces seigneurs possédaient dans l'intérieur du pays jouissaient de la même immunité.
Charles VII prétend la faire cesser en 1442. C'est l'origine de sa querelle avec la
maison d'Armagnac. (Bibl. Nat., Languedoc, 89, fos 183, 302, 292. — Arch. du
Tarn, E 388.)

5. H. L., t. X, pr. col. 1212, nº 573, et t. XII, pr. nº 59. — Arch. Nat., K 691, nº 27.

6. H. L., t. X, pr. nº 856. En tout 33 localités, parmi lesquelles ne figurent pas
des bastides telles que Mirande, l'avie, etc. (cf. plus haut, pp. 24, 26); celles-ci
peut-être avaient échappé au domaine, comme le pariage d'Auch en 1351; elles
ne pénètrent point dans les États ni dans le pays. — La vicomté de Lomagne et
d'Anvillar (au comte d'Armagnac) n'en fait pas partie; mais Beaumont-de-Lo-

jusqu'au règne de Louis XI. des délégués aux États[1], et non
Foix, Pamiers, Muret, Samatan, l'Isle-Jourdain et autres
qui relevaient des seigneurs plus haut nommés.

Ainsi le pays et « l'état commun », tel qu'il était représenté
dans l'assemblée, avaient justement le même cadre, la même
composition, déterminée par le vote et par la répartition de
l'impôt.

Il en est autrement si l'on considère les gens d'Église et
les nobles. Sous Charles VII, on en voit entrer plusieurs
aux États, de qui les sujets ne payaient pas de subsides, qui
par le fait étaient placés hors des limites du pays : l'archevêque d'Auch et l'évêque de Lombez, les comtes de Foix,
d'Astarac, de Comminges, d'Armagnac, le vicomte de Couserans, les sires de Mauléon, de Terride, etc.[2]. A leur présence il ne faut pas chercher d'autre raison que la coutume.
Les sénéchaux avaient des listes, rédigées de longue date,
des nobles et des clercs qu'ils convoquaient aux États, plus
nombreuses s'il s'agissait d'États de sénéchaussée, réduites
en cas d'États généraux à 10, 15 ou 20 noms par sénéchaussée et par ordre, aux membres principaux de la noblesse et du clergé. Ceux-ci venaient servir le roi, aviser
en général aux affaires du pays; mais l'affaire capitale au
gré de l'état commun, l'octroi ne les touchait guère : ils le
faisaient, comme on a vu, « pour leurs hommes et sujets ».

magne, bastide royale enclavée dans la vicomté, est l'une des villes maîtresses
de la partie du diocèse de Montauban située en Languedoc. (Bibl. Nat., fr. 22406,
n° 16.)

1. Ainsi aux États de nov. 1369 (Arch. d'Albi, FF 45), de juin 1415, de
nov. 1437, de juin 1438 (Arch. de Toulouse, BB 2. f° 29; 7. f° 105; 8, f° 3.) — Cf.
H. L., t. IX, pp. 1056-1109, huit listes de convocations relatives à la sénéchaussée de Toulouse, de 1420 à 1431. — On verra plus loin comment toute la partie du
pays sise à l'ouest de la Garonne en a été détachée en 1469.

2. *Ibid.*, pp. 1056, 1078, 1132. — Arch. de Toulouse, AA 93. f° 1, juill. 1419 ;
AA 80, avr. 1423, etc. — La vicomté de Terride sous Charles V et Charles VI
avait été plusieurs fois soumise à l'impôt royal, malgré la résistance des vicomtes.
(Du Faur, *Bertrand de Terride*, dans le Bullet. de la Soc. archéol. de Tarn-et-
Garonne, t. XV, p. 45.)

qu'ils ne représentaient qu'en vertu d'une fiction et ne pro-
tégeaient nullement, s'employant de préférence à « tenir la
main à l'octroy ».

De là vient qu'ils se soient rendus en si petit nombre aux
assemblées générales. De 1418 à 1442, malgré les circonstances critiques, les comparants pour le clergé n'ont jamais
été plus de 15, ni pour les nobles plus de 12. Ensuite c'est
pis encore; tout danger ayant disparu, ils n'estiment plus
que leur intérêt personnel soit en jeu, et pour la plupart ils
s'abstiennent : « Je crois que vous sçavés assés, écrit en 1528
Clermont-Lodève à Montmorency, que les gens desditz Estatz
ne sont que tous consulz de ville; car s'il y a trois ou quatre
gentilshommes et autant de gens d'Esglise, c'est le tout.
Le demeurant sont rusticz, qui ... tant seulement sont là
envoyez pour l'octroy de la taille et debatre leurs particulières doléances [1]. » Ce sont les députés du Tiers, dont pas
un ne faisait défaut, qui tâchent de les contraindre à se présenter, en personne ou par procureurs « idoines » [2], pour
que « chacun puisse respondre du dommaige, necessité,
proffict et commodité du pays ». Sur leur requête des édits
royaux sont rendus en 1533, 1542, 1547, 1556 à l'encontre
des « défaillants » [3]; le syndic tient registre de leurs noms;
on leur inflige des amendes. Ces mesures de rigueur, sans
triompher entièrement de l'indifférence des prélats et des

---

1. *H. L.*, t. XII, pr. n° 189.

2. « Idonei », appropriés. — Au XVe siècle les prélats et les barons s'inquiètent
principalement (quand ils s'en inquiètent) d'être représentés à l'assemblée, et
peu leur importe comment, pourvu qu'ils s'acquittent du devoir que la royauté
leur impose. Ils font comparaître pour eux des hommes de loi, des consuls; le
même vient pour trois ou quatre. (Bibl. Nat., fr. 23915, f° 16.) Au siècle suivant
les États exigent que la condition des « commis » soit en rapport avec celle des
commettants : les prélats devront envoyer à leur place des clercs « infra sacros »
et gradués (oct. 1502), leurs vicaires généraux en titre; les nobles, des gens de
bien de leurs terres (nov. 1532), des gentilshommes de robe courte (sept. 1555).
Voy. Arch. de la Haute-Garonne, C 2276, f° 43; 2277, f° 519; 2280, f° 12.

3. *H. L.*, t. XII, pr. n° 210. — Arch. de la Haute-Garonne, C 2278, f°s 316,
362; 2280, f°s 112, 115, etc.

barons, en ont ramené quelques uns à l'assemblée : y figu-
rèrent, année moyenne, de 1550 à 1559, 14 membres de
chaque ordre.

La composition de l'un et de l'autre a changé notablement
de Charles VII à Henri II. Tels nobles, telles gens d'Église
ont cessé d'être mandés, ou bien ont jugé inutile et pendant
longtemps omis de répondre aux convocations. Au xvie siècle les États refusent l'entrée à tout personnage, même
mandé par le roi, qui ne peut démontrer qu'il a coutume de
siéger effectivement [1]. La liste des ayant droit s'est donc peu
à peu réduite. Depuis le règne de Louis XI il ne vient plus
un seul noble de la partie du ressort du sénéchal de Toulouse qui dépassait les limites du pays; mais l'évêque de
Comminges continue d'entrer aux États, ainsi que l'évêque
de Montauban; car leurs diocèses sont au nombre des évêchés de Languedoc [2]. Sous Louis XII les églises collégiales,
les abbayes ont perdu le droit d'entrée qu'elles exerçaient un
demi-siècle plus tôt, — assurément pour n'en avoir pas fait
usage [3]. — Les seuls membres du clergé qui le conservent
sont les 22 archevêques et évêques du pays. Quant aux
nobles, ceux des sénéchaussées de Toulouse et de Carcassonne, s'étant absentés la plupart du temps, ont été presque
tous exclus, sauf une douzaine, dont les sires de Castelnau-
d'Estretefonds près Toulouse [4], de Mirepoix, de Clermont-

1. Arch. de la Haute-Garonne, C 2277, fo 274 vo. Edit « perpétuel », de juin 1524.
2. *Ibid.*, C 2279, fo 130; 2280, fo 181. L'admission de l'évêque de Montauban,
en oct. 1549, est sujette à contestations — Cf. *ibid.*, C 2276, fo 245 ; déc. 1506.
L'évêque de Pamiers n'est pas reçu, parce qu'il n'a pas coutume de venir, « comme
l'on treuve par les registres anciens ».
3. *Ibid.*, C 2279, fo 411 vo; sept. 1554. L'abbé de La Grasse, mandé par le roi,
n'est pas reçu, « d'aultant que les abbés du païs n'ont pas assistance ceans ».
4. Celui-ci a conservé d'un siècle à l'autre la tradition de l'assistance; il figure
aux États en 1518, 1519, etc. Au contraire les sires d'Ambres, de Graulhet (comte
d'Aubijoux), de Penne, de Saint-Félix-de-Carmaing y apparaissent à partir
de 1553, sous l'influence des édits de coercition. Le baron de Saint-Sulpice est
admis en 1555 par ordre du roi, et c'est une innovation. (Arch. de la Haute-
Garonne, C 2280, fo 17.)

Lodève[1]. Les assistants appartiennent pour les deux-tiers à
la sénéchaussée de Beaucaire. Ici beaucoup de seigneurs,
de qui les sujets n'étaient pas autrement représentés,
s'étaient considérés dès l'abord comme répondant pour eux
et les engageant par leurs votes; ils avaient pris l'habitude
de siéger régulièrement. Les barons de Vivarais dès 1435,
ceux de Gévaudan dès 1442 se sont organisés de manière à
comparaître à chaque session dans la personne de l'un d'eux,
appelé le baron de « tour »[2]. Ceux de Velay sont toujours
représentés par le vicomte de Polignac[3]. Paraissent aussi
très souvent le comte d'Alais, le vicomte d'Uzès, les sires de
Calvisson, de Vauvert, etc.

Il serait impossible de trouver dans le royaume des assem-

1. Nommés en 1497, 1501, etc. Le vicomte de Narbonne siège en 1505, le comte
de Castres en 1502; mais les deux seigneuries ont été bientôt réunies à la couronne (1507, 1519). Le baron de Rieux et le sire d'Arques sont repoussés par l'assemblée d'oct. 1538; car, « au dire de ceulx qui d'ancienneté avoient assisté
auxdits Estats », ils n'avaient pas coutume de comparaître: pourtant l'un est
reçu deux ans plus tard, ayant excipé d'un registre de 1491, l'autre siège en 1557.
(*Ibid.*, C 2278, f°s 68, 137 v° ; 2280, f° 181.) De même le sire de Talairan, en 1550.
— En 1524 le sire de Murvieil est moins heureux. (*Ibid.*, C 2277, f° 274 v°.)
Ses prédécesseurs avaient séance sous Charles VII; mais il n'en put faire la
preuve, que nous avons.

2. *H. L.*, t. X, pr. col. 2120. — Bibl. Nat., fr. 26069, n° 4478. Cf. *Bullet. de la
Soc. de la Lozère*, t. XXVII, p. 1. Règlement de 1563 sur les 8 barons de tour de
Gévaudan. — J'en compte au moins 9 en Vivarais, dont l'évêque de Viviers. Il
arrive donc que ce prélat siège aux États parmi les nobles et, comme évêque,
dans le clergé : ainsi en 1554. — De ce qu'un noble est reçu en qualité de
baron de tour, il ne s'en suit nullement qu'il ait entrée à titre individuel. En
effet le premier droit résulte d'accords passés entre les seigneurs de Gévaudan
ou de Vivarais, le second d'une convocation particulière et surtout du consentement des États, fondé sur la coutume que ce noble a de siéger avec eux.
M. de la Voulte, admis au premier titre en 1522, ne l'est point quand il s'avise,
en 1538, de se présenter pour lui-même. Cependant presque tous les barons
de tour avaient conservé le droit de siéger aussi pour leur propre compte. Ils en
usaient fréquemment, en dehors du roulement périodique qui les amenait aux
États.

3. Bibl. Nat., *Languedoc* 90, f° 150. — Médicis, *Chroniques*, t. II, p. 298. Cela
seulement depuis la fin du XVe siècle. — En 1520 les nobles de Velay élisent un
délégué à la place du vicomte, qui proteste; les États leur concèdent la faculté
de se faire représenter chaque année. (Arch. de la Haute-Garonne, C 2277, f° 163.)
Mais ils n'en ont pas profité.

blées d'États où l'élément aristocratique ait eu moins d'autorité que dans celles de Languedoc du xv⁰ au xvi⁰ siècle. Les villes continuent d'y faire la loi, après qu'elles ont cessé d'être seules à comparaître. Sous Charles VII, on en comptait de 25 à 35 par assemblée générale. Au siècle suivant, elles sont toujours plus nombreuses que les prélats et les nobles réunis.

C'étaient presque uniquement des *loca solempnia*, des communautés « insignes ». Parmi tant de localités que les sénéchaux convoquaient[1], un départ s'était opéré. Les communes principales, ayant à défendre des intérêts plus importants que les autres et supportant mieux les frais de voyages prolongés, se montraient les plus assidues, étaient mandées de préférence : ces faits sont corrélatifs. Sous le gouvernement du duc d'Anjou il y a une liste arrêtée, sinon immuable, des « communes qu'on a coutume d'appeler aux assemblées générales »[2]. Les grandes villes ont pris dans les assemblées et par suite dans le pays une prépondérance décisive, que leur activité justifiait mieux encore que leur puissance.

Dès l'origine elles se sont regardées comme répondant pour les communes de la circonscription qu'elles dominaient, pour toutes celles, convoquées ou non, qui n'avaient point assisté à l'assemblée. En 1312, Toulouse obtenait du roi la permission de faire participer les consulats non comparants du diocèse aux dépenses qu'elle avait faites en envoyant par ses ordres des délégués à Tours, à Poitiers, à Lyon et à Vienne[3]. Les jugeries de la sénéchaussée de Toulouse ont de bonne heure formé corps : depuis le second

1. Voir entre autres dans Ménard, t. II, pr. n° 109, des lettres de convocation du 4 janv. 1358, et *Ord.*, t. III, p. 689, une assemblée de la sénéchaussée de Nimes, du 13 févr. suivant : 53 communes y sont présentes.

2. Arch. d'Albi, FF 45; 4 nov. 1369. — *H. L.*, t. X, pr. n°ˢ 517, v, 335; cf. n° 475.

3. Baudouin, *Lettres de Philippe le Bel*, n° 162.

quart du xive siècle, chacune est représentée aux États de
sénéchaussée par certaines communautés[1], dans les États
généraux, par une ou deux de ces mêmes villes[2]. Les vigueries, les bailliages, les terres seigneuriales offrent à divers
degrés un spectacle assez semblable : la ville dominante ou
chef-lieu vote et parfois répartit l'impôt[3]; elle agit au lieu
des autres et prétend agir en leur nom. Les consuls d'Albi
en 1362 remontrent au lieutenant du roi qu'eux et autres
consulats de la viguerie ont été convoqués à « plusieurs parlements royaux », mais qu'ils ont seuls comparu, et pour
ceux ci, et pour eux-mêmes; ils demandent que tous contribuent aux frais, ce qui leur est accordé « conformément à
la coutume[4] ». En 1360 figurent aux États de Pézenas un
envoyé de Mende et Gévaudan, un de Viviers et Vivarais,
en 1364, à Nîmes, un consul et un clerc du Puy « au nom
de la cité et des communes du bailliage de Velay », en 1363,
à Carcassonne, un envoyé de Castres et comté de Castres, un
autre pour « la communauté de la baronnie d'Aumelas[5] ».
En 1382, à Nîmes, chaque viguerie est nommément représentée[6].

Or, au début du xve siècle, la circonscription diocésaine a
été substituée aux jugeries, vigueries, etc., pour la répartition et la perception de l'impôt. Bientôt cette unité financière donne naissance à l'assiette, sorte d'États au petit pied,

1. *H. L.*, t. X, pr. nos 255, 412. — Rossignol, *Sur la judicature de Villelongue*,
dans le Rec. de l'Acad. de Législ. de Toulouse, t. XXVII. p. 162, etc.

2. Bibl. Nat., lat. 9175, fo 14; nov. 1360. — *H. L.*, t. X, pr. no 535; avr. 1368.
— Arch. d'Albi, FF 45; nov. 1369.

3. Arch. de Castres, AA 2. — Ménard, t. II, pr. no 96. — Arch. d'Albi, CC 150,
fos 34, 38 vo, 44 (1360) ; CC 155, fos 33, 49 (1380). — Arch. de Narbonne, *Comptes*,
1402, fo 139 vo, etc.

4. Arch. d'Albi, CC 72, 75. — Les exemples sont très nombreux.

5. Bibl. Nat., lat. 9175, fo 14. — *H. L.*, t. X, pr. no 517, iv. — Bibl. Nat., *Doat*
157, fo 159.

6. *Ibid.*, lat. 9176, fo 81. — Cf. Arch. de Narbonne, *Comptes*, 1389, fos 148 vo,
191 vo, 193 : « trameses per la vygairia »; Arch. de Toulouse, AA 46, no 36 (1408) ;
H. L., t. X, pr. no 825, etc.

assemblée où se groupent les trois ordres. C'est donc le diocèse qui défraye les délégués aux États, et c'est lui qu'ils
représentent : il en est ainsi pour le diocèse de Béziers en
1427, pour celui d'Albi en 1431, pour tous en 1435[1]. Le
changement s'est fait peu à peu; car les terroirs, ou vigueries, ou jugeries, ou bailliages, même coupés en tronçons
par les limites du diocèse, ont gardé dans ce nouveau cadre
quelque individualité. Ce sont leurs communautés notables
qui deviennent « villes maîtresses » du diocèse, qui vont le
représenter aux sessions d'États généraux; mais la tradition
et des raisons d'économie ne permettant pas que toutes y
siègent en même temps, elles s'arrangent et transigent, non
sans peine ni conflits. De là entre « diocésains » une série de
contrats, d'une complication, d'une variété incroyables, qui
ont servi de base à la représentation du Tiers[2].

Les États voulaient que ces contrats fussent respectés[3];
ils les invoquaient chaque fois qu'un nouveau débat surgis-
sait entre les villes; pourtant ils n'ont pas laissé d'y porter
atteinte, en adoptant pour règle du droit d'assistance l'usage
le plus répandu, qu'ils prétendirent imposer avec plus ou
moins de rigueur et de succès à chacun des diocèses.

La règle qu'ils ont ébauchée en 1526 et 1531, nettement
formulée dix ans après, accorde deux délégués à la ville
capitale, un seul au reste du diocèse[4]; mais elle souffre une
foule d'exceptions. Ou bien la capitale est placée hors du

---

1. Arch. de la Haute-Garonne, sér. B, *Reg d'appoint.* 1426-27, f°ˢ 462, 479. —
Arch. d'Albi, CC 183, f° 46. — *H. L.*, t. X, pr. col. 2116, 2120.

2. Le premier connu (diocèse de Nimes) date de 1418 (Ménard, t. III, pr.
n° 95) ; mais il reposait sur un contrat antérieur. (Quicherat, *Rodrigue de Villandrando*, 1879, in-8°, pr. n° 43.) De cette sorte, on en a conclu jusqu'en 1560
(Arch. de la Haute-Garonne, C 2280, f° 412, diocèse de Montpellier), et certainement au delà.

3. Arch. de la Haute-Garonne, C 2276, f° v r°; proc.-verb. janv. 1497.

4. *Ibid.*, C 2277, f°ˢ 349, 490 v°, et C 2278, f°ˢ 167, 269 ; proc -verb. 1541, 1543. —
Cf. Albisson, *Loix municipales et économiques de Languedoc*, 1780-1787, 7 vol.
in-4°, t. I, p. 368.

pays : c'est pourquoi les diocèses de Comminges et de Montauban ne sont représentés chacun que par un « syndic »[1] ; ou bien elle n'est pas au roi ; il se peut aussi qu'elle soit moins importante que telle ville royale comprise au même ressort ; Pézenas a donc la prééminence sur Agde, « chef du diocèse »[2], Castelnaudary sur Saint-Papoul, Limoux sur Alet et Fanjeaux sur Mirepoix. Celles-ci, en qualité de capitales, ont plus tard supplanté les autres : depuis 1549, Mirepoix, précédemment « ville de tour », députe aux États chaque année à la place de Fanjeaux ; elle n'a qu'un délégué[3] ; de même Alet[4], Saint-Papoul[5] et, pour des raisons différentes, Rieux[6], Albi[7], peut-être Mende[8]. Un consul du Puy représente seul le tiers état de Velay[9]. Les consulats de Vivarais ont un délégué, outre le syndic du pays, qui semble élu par les trois ordres ; mais Viviers est dépourvue

1. Bibl. Nat., lat. 9178, f° 181 ; cah. de mars 1467, art. 10. — Arch. de la Haute-Garonne, C 2279, fol. 141 v° (oct. 1549), etc.

2. Arch. de la Haute-Garonne, C 2277, f° 405 v° (nov. 1528) ; C 2280, f° 256 (nov. 1558). Prééminence consacrée par lettres du roi, de 1445. Avec Agde, Pézenas était la seule ville du diocèse qui eût entrée aux États. Pourtant, au XVIᵉ siècle, elle n'a qu'un député, Agde, deux : c'était l'inverse en 1468. (Arch. Nat., K 691, n° 30.)

3. Fanjeaux, dont les prétentions étaient cependant bien fondées (ibid., n° 24, ann. 1466), est réduite à entrer par tour, avec La Roque d'Olmes et Cintegabelle. Le différend avait commencé en 1537. (Arch. de la Haute-Garonne, C 2278, f° 50 v°, et C 2279, f° 130 v°.)

4. Arch. de l'Aude, liasse Limoux. Transaction du 4 nov. 1554.

5. H. L., t. X, pr. n° 856. — Arch. de la Haute-Garonne, C 2279, f° 413 v° (nov. 1554).

6. Ibid., C 2277, f° 570 (nov. 1533). — Une transaction eut lieu dans ce diocèse vers oct. 1540. (Ibid., C 2279, f° 284.)

7. Arch. d'Albi, CC 185, f° 41 v° ; mars 1434, etc. — Arch. de Cordes, Assiettes, 1449-1457. Le consul d'Albi représente la viguerie. Pour la jugerie, Cordes, Gaillac, Rabastens entrent aux États tour à tour. Restent la baronnie de Lombers et la Terre-Basse d'Albigeois, qui n'ont plus au XVIᵉ siècle de représentant spécial. Le troisième délégué du diocèse est alors un des deux syndics. (Rossignol, Petits États d'Albigeois, 1875, in-8°, p. 5.)

8. En effet, sous Charles VII, Marvejols, ville royale, est toujours convoquée ainsi que Mende et mise sur le même pied. D'autre part siège aux États dès 1553 un « procureur » de Gévaudan. (Arch. de la Haute-Garonne, C 2277, f° 470 v°.)

9. Ibid., C 2278, f° 261 (oct. 1543). Il en est de même au XVᵉ siècle.

de représentant spécial[1]. Bien qu'Uzès ait deux délégués,
deux villes du diocèse au lieu d'une seule députent à chaque
session, etc.[2].

Ces diversités, subsistant au milieu du xvie siècle, n'étaient
que des restes et des traces affaiblies de celles que devaient
offrir les députations des diocèses dans le siècle précédent.
D'une époque à l'autre la représentation du pays a été réglée,
uniformisée et restreinte. Soit le diocèse de Toulouse. Sous
Charles VII plusieurs communautés notables de la circonscription prenaient séance aux États[3], et la ville capitale y
envoyait pour sa part de 1 à 5 délégués, selon qu'elle le
jugeait utile. En 1463 elle obtient de Louis XI une exemption de tailles, ou plutôt un abonnement très avantageux, en
conséquence duquel la cité et le diocèse ne tardent pas à se
séparer (1476). L'assiette qui se tenait jadis à Toulouse, que
présidaient les capitouls, est transférée à Montgiscard et
réservée aux diocésains[4]. Le diocèse, amputé en 1469 du
territoire qui s'étendait à l'ouest de la Garonne, compte alors
neuf villes « maîtresses »; il se donne de 1 à 7 délégués;
puis, en 1489, sur l'invitation des commissaires royaux, ce
nombre est réduit à 2, fournis par deux des neuf villes, qui
vont ainsi dorénavant entrer aux États tour à tour[5]. Toulouse, comme le diocèse, n'en aura bientôt que deux.

Il est probable qu'au xvie siècle les assistants pour l'état
commun n'étaient guère plus de 60; mais ce chiffre est

1. Arch. de la Haute-Garonne, C 2276, f° 33 v° (sept. 1501). « Le consul de
Vivenois ». — Cf. Bibl. Nat., *Languedoc*, 90, f° 128. Aux États de la sénéchaussée
de Nimes, du 17 déc. 1482, figurent ce consul, le syndic des trois États de Vivarais, un consul de Villeneuve-de-Berg. — Il semble en effet que certaines villes,
Viviers, Aubenas, etc., aient été représentées tour à tour.

2. Bagnols et Pont-Saint-Esprit entraient aux États de deux années l'une.
(Arch. de la Haute-Garonne, C 2279, f° 76 v°.)

3. Trois en avr. 1423 : Verdun, Auterive, Saint-Félix. (Arch. de Toulouse,
AA 80.)

4. Arch. de la Haute-Garonne, C 968; cah. de mai 1476, art. 4. — Ensuite elle
se transporte d'une ville maîtresse dans l'autre.

5. *Ibid.*, C 992, *passim*; en particulier f°s 30, 102 v°, 128 v°.

encore supérieur à celui des voix dont il disposait. En effet, depuis l'origine des États, l'assistance et le vote ont appartenu, non aux individus, mais à la commune; ses représentants lui servaient simplement d'intermédiaires : que Toulouse envoyât aux assemblées six personnes ou une seule, elle n'avait qu'une voix. Ainsi le Tiers ne comptait pas plus de votants que de communes représentées, soit 45 environ. Il en compta même moins, après que les États eurent adopté pour règle l'assistance de deux communes par diocèse : ville capitale et ville « de tour ». Normalement un diocèse eut deux voix, et dans le cas où trois villes d'un diocèse pouvaient prendre à la fois séance, il y en eut une à laquelle le vote fut refusé. En janvier 1509, dans une session où les gens d'Église et les nobles figuraient en assez grand nombre, le chiffre total des votants fut seulement de 61[1].

On peut évaluer au nombre de 120 ou de 130 les communes du pays qui se partageaient la puissance politique, d'ailleurs très inégalement, puisque les unes prenaient séance chaque année et les autres à leur tour, tous les deux ans, trois ans, sept ans, vingt et un ans[2]. Les habitants des « petits lieux », ceux de la campagne ou « plat pays » n'étaient pas autrement représentés. Parfois ils se plaignent qu'on les sacrifie; ils tentent d'avoir accès aux États. Leurs efforts sont inutiles; la coutume prévaut contre eux[3]. Sous un régime plus voisin de l'autonomie les événements sans nul doute auraient pris un autre cours; les réclamations des intéressés auraient été plus énergiques, la résistance des ayant droit plus molle et moins assurée. Mais il faut

1. Arch. de la Haute-Garonne, C 2276, f° 296. — Cf. les transactions citées de nov. 1554. Saint-Papoul et Castelnaudary ont un député chacune; de plus un diocésain vient par tour aux États; mais le diocèse ne dispose que de deux voix. — Alet et Limoux ont un député chacune; Quillan, un tous les trois ans; pendant les deux autres années, ce troisième délégué est nommé par les consulats de Magrie, de Picusse et d'Alaigne; or il se borne à siéger; il ne vote ni n'opine.
2. Rossignol, *Assemblées du diocèse de Castres*, 1878, in-8°, p. 1.
3. Arch. de la Haute-Garonne, C 2278, f° 261. Diocèse du Puy (1543).

toujours avoir présente à l'esprit la prépondérance absolue que la royauté a prise à partir de Charles VII. D'un côté, comme elle ne laisse aux États qu'une autorité limitée, les effets pernicieux que l'on serait en droit d'attendre de leur constitution se trouvent fort atténués; de l'autre, comme elle maintient les coutumes existantes, elle fixe, immobilise et momifie en quelque sorte des institutions que seules la liberté et les luttes qu'elle engendre auraient pu renouveler. Quand elle y voudra porter la main, ce sera dans l'intérêt de son pouvoir, et nullement au profit des libertés populaires.

Le sens du mot « représentation » différait donc profondément de celui qu'il a de nos jours. Nous disons que telle circonscription est représentée dans nos assemblées politiques, parce que la majorité des citoyens qui la composent a fait choix de tel député. La représentation est fondée sur l'élection. Mais alors il n'y avait pas de citoyens, d'individus électeurs ou éligibles; il y avait des personnes féodales, des communes privilégiées, représentant toutes celles de leur ordre et de leur circonscription, non pour avoir été choisies par elles, mais en vertu de droits acquis. Les députés qu'elles désignaient devenaient ceux des diocèses. Il semble qu'au diocèse de Toulouse, et peut-être ailleurs, les délégués des villes maîtresses, réunis et syndiqués, aient pris une part effective à cette désignation; mais quelle part, c'est ce qu'il serait difficile de préciser [1].

Les élections des députés aux États se sont passées à peu

---

1. Ainsi, en déc. 1490, 9 consuls des 9 villes maîtresses se sont réunis pour « eslire ceulx qui yroient aux Estats ». (Arch. de la Haute-Garonne, C 992, f⁰ˢ 118 v⁰, 122 v⁰.) C'est l'expression habituelle. Pourtant il n'est pas douteux que les 9 villes n'aient fourni les délégués à tour de rôle. On peut supposer, ou que les diocésains faisaient leur choix parmi les consuls et habitants des deux villes dont le tour était venu, ou que les choix qu'elles avaient faits étaient soumis à leur agrément, ou qu'ils se bornaient à donner aux députés une sorte d'investiture en leur conférant des pouvoirs. Il est prudent de s'en tenir à cette dernière hypothèse. (Voir plus bas, p. 262.)

près exclusivement à l'intérieur des communes. C'étaient aux yeux des contemporains des « ambassades » semblables à beaucoup d'autres, et toutes étaient formées et nommées de même façon. Aussi voit-on à Nîmes, à Narbonne, à Montpellier, Albi, Béziers, Toulouse, etc., les consuls, assistés de leur conseil, faire choix des députés. L'élection a lieu tantôt en conseil secret[1], tantôt en conseil général[2]. Souvent le conseil de Toulouse se contente de fixer le nombre et la qualité de ceux qui feront partie de la délégation ; il s'en remet du choix des personnes aux capitouls, assistés de 12 ou de 24 conseillers, qu'ils auront à nommer, suivant l'usage. Parfois il leur laisse pleins pouvoirs. Au XVIe siècle, dans quelques villes l'élection n'existe plus : l'habitude de déléguer le premier consul est à tel point enracinée, que celui-ci peut se dire « commis de droit » aux États[3].

La question de savoir qui s'y rendrait n'était pas indifférente ; elle a soulevé parfois de vives contestations. Le duc d'Anjou estimait sans doute qu'il lui importait d'introduire dans l'assemblée des hommes à sa dévotion, puisqu'il voulut en 1378 contraindre les consuls de Nîmes à déléguer les personnages qu'il leur avait indiqués[4]. Le comte de Foix choisit à plusieurs reprises les députés de Toulouse[5]. Mais en général l'élection avait lieu sans bruit ; car c'était pour la commune une affaire secondaire : elle n'avait que rarement à s'inquiéter des sentiments personnels de ses délégués. Les hommes n'avaient pas à cette époque l'individualité de pensée et d'intérêts qu'ils ont acquise de nos jours ;

---

1. A Nîmes (Ménard, t. II, pr. nos 101, 102, etc.), à Béziers. (*Bullet. de la Soc. archéol. de Béziers*, t. II, pp. 260, 278.)

2. A Narbonne (Arch. de Narbonne, AA 178, et *Comptes*, 1418, fo 105, etc.), à Montpellier (Bibl. Nat., lat. 9177, fo 28), à Aiguesmortes (*ibid.*, fo 233), à Albi, (Arch. d'Albi, BB 16, fo 72 vo), à Toulouse (Arch. de Toulouse, BB 1, fo 25 ; 3, fo 36, etc.).

3. A Lavaur dès 1516. (Arch. de la Haute-Garonne, C 2277, fo 84 vo.)

4. *H. L.*, t. IX, p. 866.

5. Arch. de Toulouse, BB 6, fos 33-35 ; 7, fo 10.

ils vivaient de la vie de leur commune. Ils se rendaient aux
États pour y défendre à l'occasion d'un impôt les intérêts
matériels de leurs commettants, et non pour y soutenir des
théories politiques. Les personnes importaient moins que les
conditions, et dans la condition on recherchait surtout la
capacité dont elle était la garantie. Aussi voit-on telle commune représentée, faute de mieux, par un consul qu'elle
emprunte à quelque consulat voisin [1], d'autres par leurs seigneurs, laïques ou gens d'Église [2]. Les nobles des villes, qui
d'ordinaire figurent au premier rang parmi leurs « ambassadeurs » peuvent les représenter tout en siégeant pour leur
compte, sur les bancs de la noblesse [3]. Quoiqu'il s'agisse de
discuter avec les commissaires du roi des questions relatives aux subsides, jusqu'au règne de Henri II des officiers
royaux, et surtout les gradués, sont envoyés aux États par
les communes [4]. On tenait fort à déléguer des hommes
d'expérience et de savoir, « suffisants », aptes à remplir le
mandat qu'on leur confiait.

C'est qu'en effet le mandat importait par dessus tout. Le
choix d'un représentant nous semble aujourd'hui l'affaire
essentielle, parce que les électeurs se dessaisissent pour
longtemps entre les mains de l'élu d'un pouvoir considérable, dont il fait usage à sa guise, sous sa responsabilité.
Mais une assemblée d'États durait peu ; elle avait un objet

1. Bibl. Nat., lat. 9175, fᵒ 14 ; nov. 1360. Le consulat de Poussan a pour envoyé
un consul de Maugnio. — Cf. Ménard, t. III, pr. nᵒ 95.

2. *Ord*, t. III, p. 689. — Cf. Boutaric, *Philippe le Bel*, p. 446. Mauriac. — Le
consulat d'Albi, pourtant bien assis dans ses libertés, est représenté en mars 1383
par le vicaire de l'évêque. (Arch. d'Albi, BB 17, fᵒ 13.)

3. Bibl. Nat., fr. 23915, fᵒ 16. Aux États de Béziers, de nov. 1436, Toulouse est
représentée par P. Rigaut, seigneur d'Aigrefeuille, et par B. de Montaut, seigneur
d'Auterive, qui viennent aussi « pro se et aliis nobilibus dicte senescallie ».

4. En octobre 1551, pour la première fois, un avocat du pays s'élève contre la
présence des officiers royaux à l'assemblée, sous prétexte qu'elle empêche la liberté des opinions. (Arch. de la Haute-Garonne, C 2279, fᵒ 255.) — Après diverses
décisions contradictoires (*ibid.*, fᵒ 357, nov. 1553 ; fᵒ 427, sept. 1554 ; C 2280,
fᵒ 19, avr. 1555), les États les excluent totalement. (*Ibid.*, fᵒ 255 ; nov. 1558.)

précis, connu ou du moins soupçonné d'avance. En s'y ren-
dant, les députés emportaient des procurations en forme, des
mandats impératifs, parfaitement déterminés. Ce sont, bien
plutôt que l'élection, ces mandats ou « syndicats » délivrés
par les communes, par le clergé, par les nobles d'une
jugerie, d'un bailliage, d'un diocèse, qui ont fait de telle
ville, de tel prélat, de tel seigneur le représentant de la
circonscription entière [1].

Les seules procurations qui subsistent sont celles que donnaient les villes. Elles montrent le mandataire étroitement
lié par ses commettants. Quand il reçoit pleins pouvoirs,
c'est sur une question donnée; qu'une autre se pose aux
États, il ne peut délibérer ni conclure et s'y refuse énergiquement; il faut qu'il demande un nouveau pouvoir, sous
peine d'être désavoué [2]. Entre les communes et l'assemblée
c'est un échange incessant de lettres et de messagers, de
renseignements, de mémoires. Les députés tiennent les
consuls au courant de ce qui se passe; ceux-ci leur envoient
les pièces et les instructions dont ils ont besoin, ou les remplacent pour leur permettre de venir faire un rapport au
conseil de ville. L'assemblée parfois se dissout, avec l'autorisation des commissaires qui l'ont réunie; les députés sont
renvoyés auprès de leurs commettants, sauf à s'assembler
de nouveau après avoir pris leurs ordres [3].

Aussi, chaque fois qu'une commune est convoquée, le

1. C'est ainsi 1° qu'un noble ou un prélat peut en représenter plusieurs, ou
tous ceux d'une viguerie (*H. L.*, t. X, pr. n° 862, mai 1435; Bibl. Nat., fr. 23915,
f° 16, nov. 1436), ou ceux d'un diocèse (Arch. d'Albi, CC 184, f° 19 v°, ann. 1432;
Arch. de la Haute-Garonne, C 992, f°s 21, 30, 43, ann. 1486-87, etc.; cf. Velay, Vivarais,
Gévaudan); 2° qu'une commune, tout en entrant à son tour dans l'assemblée, représente les diocésains : en effet son délégué a reçu d'eux un « syndicat ». (*Ibid.*,
C 993, f° 240, etc.) C'est pourquoi les deux délégués annuels du diocèse de Toulouse
sont appelés « syndics » dès 1547. (*Ibid.*, C 996, f° 2.) Il ne faut pas les confondre
avec l'« avocat et syndic », officier diocésain qui restait très longtemps en charge.

2. Arch. d'Albi, BB 16, f° 115; 11 nov. 1381.

3. *H. L.*, t. X, pr. n° 517, IV. — Arch. de Toulouse, AA 93, f°s 15, 16; août-
sept. 1419. — Bibl. Nat., *Languedoc*, 89, f° 105; 10 nov. 1429, etc.

point que l'on y discute le plus est de savoir quelle puissance
on donnera aux délégués. On tient à s'engager le moins possible ; car on espère, à force de difficultés et d'atermoie-
ments, esquiver l'octroi ou du moins le réduire. On envoie
donc volontiers à l'assemblée des gens *ad audiendum et
referendum*, chargés d'entendre et de rapporter ce que
diront les commissaires, incapables de rien faire spontanément[1]. La tactique était tellement habituelle, que les lettres de convocation furent rédigées de manière à la déjouer :
Les députés, dit le comte de Poitiers, seront « suffisamment
fondés ». Le duc d'Anjou veut qu'ils aient reçu « plein pouvoir » : « Pouvoir d'octroyer ce que nous leur demande-
rons », précise le duc de Berry[2]. Les mandements de Charles VII sont tous conçus dans le même sens. Cependant, bon
nombre de villes n'ont pas craint de désobéir. Dans ce cas
les commissaires royaux retenaient les délégués, jusqu'à ce
qu'ils leur eussent fait donner, par force ou par intimidation,
les pouvoirs jugés nécessaires[3].

A la fin du règne de Charles VII les plus grandes communautés n'osent plus refuser ces pouvoirs ou les restreindre. Ce serait de leur part une imprudence gratuite ; car
l'aide est alors annuelle, et l'on peut être assuré que la
majorité l'accordera. Les députés reçoivent donc pouvoir
d'agir comme « la plus grande et la plus saine partie », de
faire comme les autres[4]. En ce qui concerne l'aide, leurs
mouvements deviennent tout à fait libres, sinon à l'égard
du roi, du moins par rapport à leurs commettants. Est-ce à
dire qu'ils aient acquis une liberté d'action complète ? Nul-

---

1. Ménard, *Hist. de Nîmes*, t. II, pr. nos 101, 102 (1356). On pourrait citer plusieurs dizaines de procurations semblables.

2. *H. L.*, t. X, pr. nos 470, v ; 517, IV, v ; 599. — Bibl. Nat., lat. 9177, f° 28.

3. Arch. de Montpellier, arm. C, cass. 14, n° 12 ; 27 août 1428. — Arch. de Toulouse, BB 6, f°s 40, 42 ; mai 1430.

4. Arch. d'Albi, BB 19, f° 18 v° ; 17 mars 1421. — Arch. de Montpellier, *Délib.*,
1434, f°s 26 v°, 33 ; 1436, f° 24 v°.

lement. Ces plénipotentiaires ont leurs instructions que les consuls ont rédigées, dont le conseil a pris connaissance, et qu'ils ont juré d'observer de point en point[1]. Si les questions relatives à l'octroi, que jadis on y traitait de préférence, sont maintenant négligées, les instructions indiquent en grand détail les requêtes à présenter, les avis à repousser ou à soutenir, les intérêts à défendre, ceux de la ville avant tout[2]. A leur retour les délégués, « suivant l'ancienne et louable coutume », qui persiste au xvıe siècle, ont à faire leur rapport devant les consuls et le conseil[3]. Mais les renseignent-ils alors aussi minutieusement qu'autrefois? C'est ce qui n'est guère probable. Les États en 1514 ont imposé à tous leurs membres le serment « de ne révéler chose dite ou proposée en ladite assemblée ni pendant ni après[4] ». Ce serment, renouvelé au début de chaque session, n'a pas empêché des indiscrétions nombreuses. Mais, pour qu'une telle idée trouvât faveur, il fallait qu'à cette époque on fût assez éloigné de la communion intime et de chaque instant qui avait régné jadis entre les États et les villes.

Ainsi commence un divorce aussi nuisible à la vie publique qu'aux libertés du pays. Les États en se séparant des communes ont perdu leur point d'appui et par conséquent leur force de résistance. Chaque pas que les mandataires ont fait dans l'indépendance à l'égard de leurs commettants les a conduits plus avant dans la dépendance du roi.

Cependant, du xve au xvıe siècle, les États ont pris l'aspect d'une institution régulière. Les lois selon lesquelles l'assemblée siège et fonctionne se précisent et se fixent.

1. Arch. de Montpellier, *Délib.*, 1434, fo 34 vo. — Arch. de Toulouse, BB 7, fo 41; 15 déc. 1436.
2. *Ibid.*, AA 80, « Memorias » de 1447 (?), de 1559; AA 83, Instructions de 1535, 1536. — Arch. de Montpellier, *Pièces not.*, 1404, « Memoriale » de juin 1403.
3. Les exemples abondent. Pour le xvıe siècle, voir Arch. de Toulouse, BB 9, fos 53, 143 (1527-1530), etc.
4. Arch. de la Haute-Garonne, C 2277, fo 35.

Comme il convient au sein d'une société oligarchique et fortement hiérarchisée, quoique aussi peu aristocratique qu'aucune autre du royaume, les rangs en séance sont soigneusement définis, non seulement entre prélats et gentilshommes, mais aussi entre les villes. Chacune a sa place marquée : Toulouse siège et par suite opine d'abord, puis Montpellier, Carcassonne, Nimes, Narbonne, Le Puy, Béziers, etc. Il y a sur la matière des règlements fort anciens et si compliqués, que chaque session est troublée de querelles de préséance [1].

L'assemblée commence par la « proposition » ou requête, que présentent et motivent longuement au nom du roi les commissaires présidents. Cela fait, un des membres leur demande pour les trois ordres la permission de se réunir afin de délibérer [2]. Ils l'accordent et se retirent pour attendre la réponse des États, qui peut tarder plusieurs semaines; ils ne reparaîtront dans l'intervalle à l'assemblée que s'ils ont à lui faire de nouveau quelque communication.

Les trois ordres délibèrent séparément, ou bien ensemble, et dans ce cas sous la présidence d'un des leurs, ordinairement un prélat [3]. Or il est de règle, à la fin du XVe siècle, que la délibération finale sur chaque point ait lieu en réunion plénière. On cesse donc complètement de voter par ordre; la décision est prise à la majorité, non des assistants, mais des personnes féodales représentées aux États [4]. Cela suffit pour que le Tiers, en cas de conflit, l'emporte aisé-

1. Arch. de Montpellier, *Délib.*, 6 oct. 1436 : « Modus eundi et sedendi cum aliis de tribus senescalliis. » — Bibl. Nat., *Doat*, 54, f° 301; 22 janvier 1448. — Albisson, *Loix municip.*, t. I, pp. 348, 365; nov. 1519, août 1522.

2. Bibl. Nat., lat. 9175, f° 32; oct. 1361. — Proc.-verb. cités de juill. 1419 (Toulouse), f° 2, de juin 1426 (Montpellier). — Au XVIe siècle cette formalité est abandonnée.

3. Depuis le milieu du XVe siècle. Mais aux États de juill. 1418, c'est un chevalier qui préside (Arch. d'Albi CC 175, f° 43), à ceux de juill. 1419 le vicomte de Caraman.

4. Proc.-verb. de juill. 1419, f°s 10, 11, de juin 1426. — Cf. plus haut, p. 259.

ment, grâce à la supériorité du nombre, sur le clergé et la noblesse [1].

Dans le Tiers même, ce sont les communes principales qui déterminent les votes : les autres, parlant après elles, se rangent presque toujours à l'avis qu'elles ont donné. Aussi les rois, jusqu'à Louis XI, font-ils aux premiers opinants en retour de leur complaisance des concessions considérables : à Toulouse une remise des deux-tiers ou de la moitié des subsides, à Montpellier d'un tiers ou d'un quart [2]. Les délégués avaient part à des faveurs analogues [3]. Il ne semble pas que la royauté au xvie siècle ait continué de pratiquer ce système de corruption; elle pouvait alors se passer d'y recourir; mais les commissaires craignaient l'influence des grandes villes et prenaient soin de les ménager.

Plus les attributions de l'assemblée se sont étendues, et plus elle a eu besoin de défendre contre le roi et contre les particuliers la liberté de ses votes. De là quelques règles importantes : les députés ne devront être arrêtés ni en allant ni en séjournant aux États, ni en retournant chez eux (1523) [4]; — le secret sera gardé sur les délibérations

1. Arch. de la Haute-Garonne, C 2279, fo 328; oct. 1552. Dans un débat où le T'ers se trouve aux prises avec le clergé et la noblesse, ceux-ci demandent que leur avis soit écrit à part, vu leur petit nombre; car, à la majorité des voix, « les ungs seroient opprimés des autres contre leur debvoir ». Le Tiers s'y oppose : ce serait, dit-il, enfreindre « l'ordre et forme gardés céans de tout temps ». — Cf. ibid., C 2276, fo 296; janv. 1509.

2. C'est la « gratia consueta ». Toulouse en jouit encore en 1459 (Arch. de Toulouse, AA 83; proc.-verb. d'une assiette du diocèse).

3. Ibid., BB 4, fo 91; 2 avr. 1424. Défense aux délégués de Toulouse de recevoir des dons, « pour éviter les discours fâcheux ». — Cf. AA 88, fo 22 vo; juin 1430, art. 2, etc.

4. Arch. de l'Hérault, Dol., t. II, fo 153; cah. de janv. 1523, art. 18; cf. Casceneuve, Estats généraux, p. 35; lettres de mai suivant. Elles se rapportent uniquement aux arrestations opérées à la requête des particuliers, pour dettes ou autres causes civiles. Mais les États leur donnent plus de portée. En effet, quelques mois plus tard, ayant reçu des commissaires l'ordre de garder les arrêts, à propos de l'octroi sur lequel ils faisaient difficulté, ils protestent qu'ils ont privilège de n'être pas arrêtés. (Arch. de la Haute-Garonne, C 2277, fo 268.)

(1514); — on opinera par écrit, et les bulletins seront lacérés après le vote (1544), etc. [1].

Après qu'ils ont débattu les questions qui les intéressent, les États, mis en demeure de répondre aux commissaires, s'occupent de discuter avec eux les conditions de l'octroi et de leur adresser un cahier de doléances, par voie de délégation. L'octroi, pour lequel ils se transportent devant eux, et la répartition de l'aide sont les actes qui d'ordinaire marquent le terme de la session.

Ainsi, une ou plusieurs fois l'an, se déroulent les séances où le pays, représenté par les États, manifeste son existence, prend corps, élève la voix. La vie de l'assemblée et du pays est si régulière et si assurée, qu'ils ont désormais à leur service des officiers permanents.

Le plus ancien est le greffier qui rédige les procès-verbaux des séances, qui remet aux communautés copie des délibérations, des doléances, des lettres et mandements du roi ou des commissaires, en un mot les documents qui touchent à leurs intérêts. Il apparaît dès 1455 [2].

Ensuite vient le syndic, créé sous le règne de Louis XI. Le pays a trois syndics; car chaque sénéchaussée nomme le sien et le présente à l'agrément des États. Mais l'un d'eux est employé de préférence à toutes les grandes affaires; c'est le syndic ou « procureur général », le principal des officiers du pays [3]. A lui de postuler tant en Languedoc qu'en France, de suivre les procès, de s'opposer aux édits royaux ou d'en hâter la publication. Son initiative est soigneusement limitée. Sans l'assentiment des États il ne peut

---

1. Arch. de la Haute-Garonne, C 2278, f° 282. — Cf. C 2280, f° 385; nov. 1559. Si le roi le permet, on procédera aux affaires d'importance « par tillets et balotes, à ce que les secrets du pays ne soient découverts et que plus librement on puisse délibérer ».

2. Arch. Nat., K 691, n° 15. — Il ne faut pas le confondre avec le greffier du roi ou des commissaires; sur ce dernier, voir plus bas, p. 496.

3. *H. L.*, t. XII, pr. n° 94; oct. 1480. — Bibl. Nat., fr. 22406, n°ˢ 22, 27, etc.

rien entreprendre, ni dépenses, ni voyages, ni procès; il ne
peut faire de promesses ni de cadeaux. Depuis 1544 il est
pourvu d'un comité consultatif, auquel il doit en référer dans
les cas graves survenus entre deux sessions [1]. Ce conseil,
composé de six ou huit membres, officiers du pays pour la
plupart, n'était pas une section permanente des États; mais
il les suppléait en leur absence et défendait leurs intérêts.

Les États ont eu de bonne heure un procureur au Parlement de Toulouse, vers 1523 un avocat près la même Cour,
puis quatre en 1550 [2]. Ils ont sous Louis XII un procureur
au grand Conseil, plus tard un solliciteur (1535), un autre
à la Cour des aides, un autre au Conseil privé (1545) [3], tous
chargés de prendre en main et de poursuivre les affaires du
pays. A partir du mois d'août 1522, un receveur fait la
recette et la dépense des sommes qui correspondent aux
frais engagés par les États; il tient « la bourse du pays [4] » :
aussi l'appellera-t-on au siècle suivant le « trésorier de la
bourse ».

D'une coutume féodale observée, puis exploitée par la
royauté, étaient sortis les États de sénéchaussée et les États
généraux. Ceux-ci pendant la guerre de Cent ans ont en-
gendré le pays. Après diverses alternatives, ils triomphent
sous Charles VII. Les voici maintenant constitués, pourvus
de tous leurs organes, aussi aptes à la vie et à la lutte que
l'ont permis les conditions de la société où ils avaient pris
naissance, les circonstances générales, telles que guerres et
traités, enfin la somme de puissance obtenue par la monarchie.

1. Arch. de la Haute-Garonne, C 2278, f° 322; cf. C 2279, f° 16.
2. Ibid., C 2277, f° 272 v°; C 2279, f° 187.
3. Ibid., C 2276, f° 62 v°; C 2278, f° 12 v°, 194 v°. — Arch de Toulouse, AA 83;
frais d'oct. 1552.
4. Ibid., C 994, f° 103 v°. — Les États s'étaient longtemps contentés de placer
quelque argent pour frais de justice aux mains de trois personnages, un par sénéchaussée. (Ibid., C 2276, f° IX.)

CHAPITRE II.

LES PRIVILÈGES DU PAYS.

1° DOLÉANCES ET PRIVILÈGES.

La puissance des États vient du droit de pétition et de remontrances qu'ils ont exercé en raison même des demandes que le roi leur adressait. Aux vassaux sommés par le suzerain de lui donner aide et conseil il appartenait naturellement d'indiquer ce qu'ils jugeaient le plus utile à lui, à sa terre et au peuple de sa terre. En 1275 les prélats, les nobles et les communes de la sénéchaussée de Carcassonne, réunis et consultés par le sénéchal sur l'exportation du blé, entourèrent leur avis de « conditions et protestations » qu'il ne voulut pas admettre [1]. Quand il s'est agi d'un impôt, ceux qui devaient le payer ont tenu davantage encore à ne l'accorder, ensemble ou séparément, que sous certaines conditions. A propos du subside de l'ost de Flandres, de 1304, les nobles, les communautés avaient rédigé des articles, qui furent par eux présentés aux commissaires royaux ; ces articles, peu nombreux, se rapportaient exclusivement à l'imposition et au paiement du subside. On voit ici nettement les doléances sortir de l'octroi : elles n'en sont, pour ainsi parler, que la formule détaillée [2]. Mais l'octroi donnait aussi aux vassaux une occasion de rappeler leurs griefs, d'en solliciter le redressement et parfois de l'imposer ; ils en ont profité pour faire reconnaître ou étendre leurs privilèges : ainsi les

---

1. *H. L.*, t. X, pr. n° 16 ; cf. n° 209.
2. *Ibid.*, n° 181, III, IV. Cf. n° 420, IV (mars 1353), et *Ord.*, t. III, p. 674 (mars 1351).

communes de Languedoc en avril 1317, les nobles de Quercy en juillet 1319, etc.[1]. Ce sont là deux types de doléances, tantôt distincts, représentés par deux séries séparées d'articles, et tantôt confondus en une seule[2]. Passé 1356, le second cas est la règle. Aussitôt après l'énoncé des sommes ou impôts que les communautés octroient, vient la liste des « protestations, restrictions, conditions, concessions, supplications et modifications qu'elles font ou qu'elles réclament », soit en moyenne 25 articles et parfois plus de 50. Jusqu'au règne de Charles VIII les doléances et l'octroi ont continué de former corps : l'ensemble était la réponse que les États faisaient aux demandes des commissaires. Puis on en détache l'article qui contient l'octroi ; il est rédigé désormais en une pièce distincte, où sont résumées en peu de mots les principales restrictions que l'on prétend faire accepter[3]. Ainsi dégagées et isolées, les doléances perdent leur ancien aspect de conditions de l'octroi.

En effet la valeur de ces restrictions a varié selon le temps et les circonstances. L'octroi étant « gratuit », chaque fois que la royauté s'est trouvée dans l'embarras, les États n'ont pas manqué de parler haut, de se montrer exigeants. Au contraire, les périodes où l'autorité royale s'est raffermie sont celles où le caractère obligatoire de l'impôt a dominé : l'assemblée alors, « fait de nécessité vertu » ; la soumission de sa part est inévitable, et les conditions qu'elle y met, qualifiées de « supplications », n'ont plus de force impérative.

Sous Jean le Bon, Charles V et même sous Charles VII toute demande de subsides est l'occasion d'un contrat. Les

---

1. *Ord.*, t. VIII, p. 473 ; t. I, p. 694. — Cf. *H. L.*, t. X, pr. n° 396.

2. 1er cas en oct. 1356 (*Ord.*, t. III, pp. 99 et suiv.); 2e en mars 1348 (Ménard, t. II, pr. n° 79, et Rossignol, *Sur la judic. de Villelongue*, *Loc. cit*, p. 162), en mars 1356. (*H. L.*, t. X, pr. n° 447.)

3. *H. L.*, t. XII, pr. n° 114 (1489). Le cahier de mai 1483 est encore conçu selon l'ancienne formule. (Arch. de l'Hérault, *Dol.*, t. II, p. 224.)

communes subordonnent la validité de l'octroi à l'accueil
que recevront les articles qui l'accompagnent. S'ils ne sont
pas approuvés par les commissaires, confirmés par le roi,
exécutés de point en point, elles déclarent à l'avance leur
offre nulle et sans effet[1]. Cette clause ne signifie nullement
qu'il n'y ait pas eu de discussion préalable entre communes
et commissaires ; elle ne s'applique en réalité qu'aux articles
sur lesquels les unes ont tenu bon, que les autres ont dû
admettre, bref à l'accord définitif. Aux requêtes primitives
des ratures ont été faites. En marge de maint article les
commissaires ont écrit : *nichil*, néant, ou bien ils l'ont
modifié. Le « rouleau », ou « cahier » comme on dira sous
Charles VII, passe donc par deux états successifs : il consiste d'abord en une collection d'articles, munis chacun
d'une réponse; puis il se transforme en une longue ordonnance, qui ne contient plus que les réponses favorables et
les requêtes admises, fondues ensemble dans la rédaction
que les commissaires ont jugé bon de leur donner[2]. C'est sous
cette dernière forme que nous sont parvenus en majorité les
cahiers antérieurs au xv⁰ siècle. Les suivants ne donnent
plus lieu qu'à des lettres particulières, rendues sur tel ou
tel article à la requête et aux frais des intéressés[3]. Mais alors

1. *Ord.*, t. III, p. 101, oct. 1356, art. 9 ; p. 689, févr. 1358; p. 620, avr. 1363,
art. 40, 43. — *H. L.*, t. X, pr. n⁰ 447 ; cah. d'avr. 1356, art. 17, etc. — Au
xvᵉ siècle, la formule est d'abord à peine moins impérative. (*Ibid.*, n⁰ 834 ; cah.
de mai 1424, art. 22.) Puis elle s'affaiblit. Ainsi, en oct. 1445, les États font
l'octroi « avec les conditions et les moderations cy après escriptes, sans lesquelles
ladite somme seroit du tout la destruction dudit pays. » (Arch. de Toulouse,
AA 88, art. 3.) En avr. 1449, « presupposé que... leur soient tenues, accordées et
observées les requestes ci-dessous escriptes, et ainsi vous, mesdicts seigneurs,
le promettez, octroient et consentent les Estats », etc. (Arch. de l'Hérault, *Dol.*,
t. I, f⁰ 94, art. 4.)

2. Bibl. Nat., lat. 9175, f⁰ 62 ; 18 févr. 1365. Articles présentés au duc d'Anjou : « Eos ordinavimus et modificavimus in modum qui sequitur. » Cf. le cahier
de nov. 1359 sous la première forme (*ibid.*, 9174, f⁰ 327) et sous la seconde. (*H.
L.*, t. X, pr. n⁰ 471.)

3. Cependant le cahier de mars 1484 se change presque tout entier en une
ordonnance. (Caseneuve, *Chartes*, pp. 45, 74.)

un cahier pourvu des réponses du roi, scellé, signé, « en forme de charte », a la valeur d'une ordonnance.

Ces actes authentiques étaient l'unique garantie des concessions faites aux États[1]. Or ils étaient octroyés à titre précaire, et non à perpétuité. L'impôt que les communes accordaient étant limité à un certain temps, toutes les concessions qui s'y rapportaient ont été considérées comme prenant fin avec lui. Cette réserve est presque toujours exprimée dans les chartes contemporaines de Jean le Bon et de Charles V[2]; ensuite elle est sous-entendue. Aussi chaque assemblée eut-elle soin de faire renouveler les privilèges acquis par les assemblées précédentes. A Toulouse, en mars 1378, le duc d'Anjou confirmait tous ceux qu'il avait donnés aux communes « à Pont-Saint-Esprit, Villeneuve-lès-Avignon, Nimes, Montpellier, Béziers, Narbonne, Carcassonne, Toulouse et Saint-Macaire[3]. » Sous Charles VII les États rappellent et font confirmer les cahiers les plus importants, recueils principaux de leurs privilèges : ainsi les réponses obtenues à Carcassonne, en mars 1420, à Pézenas, en 1437, à Chastelar, près Gannat, en 1456[4]. Sous Louis XII ils font l'octroi sans préjudice des « articles passés et accordés aux Estats generaux de Tours », tels qu'ils sont spécifiés « aux grand et petit cahiers, auxquels les gens desdits Estats se rapportent[5]. »

C'est pour avoir été renouvelés régulièrement, ainsi que

1. Une seule fois les communes en ont une autre : « Comme il ne servirait de rien de leur concéder des droits et une constitution, si elles n'avaient personne pour les défendre », le duc d'Anjou leur donne pour conservateur de ces droits son conseiller, Pierre Scatisse, « à la probité et à l'habileté de qui elles se fient entièrement. » (Arch. d'Albi, CC 77 ; mars 1373, art. 22.)

2. 2ᵉ cah. d'oct. 1356, art. 6. Cahiers d'avr. 1363, art. 41, de juill. 1369, art. 1, de janv. 1372, de mars 1378, etc. : « Durante oblationis tempore. »

3. Bibl. Nat., lat. 9175, f° 211 ; art. 32. — Cf. ibid., f° 14 ; 27 nov. 1360, art. 14, etc.

4. Ces dernières seules subsistent. (Caseneuve, Chartes, p. 117.)

5. Arch. d'Albi, AA 45. Octroi de sept. 1501.

l'octroi, que les privilèges ont fini par s'affermir, par se fixer
en une foule de chartes, dont la plus étendue est celle de
mars 1484. Ils avaient périclité sous le gouvernement de
Charles VI, qui imposait arbitrairement les subsides. Quelques-uns, et non des moindres, n'ont pas survécu à la
déchéance dont les assemblées d'États furent frappées à
cette époque. Mais, dans l'ensemble, ils reparaissent sous
Charles VII, qui a fait constamment appel au consentement
des trois ordres. Jamais le pays n'en a joui plus librement
que sous Charles VIII et Louis XII : avant, il avait travaillé
à les accroître; après, il devra se borner à les défendre.

Il n'est pas aisé de dire ce que l'on entendait par « les
privilèges du pays ». C'était une masse confuse et d'ailleurs
changeante de droits de valeur très différente, depuis le droit
d'accorder et de percevoir l'impôt jusqu'à celui de pêcher et
de chasser librement. Il n'y en avait pas un qui fût absolument assuré, incontestable, à la façon des droits inscrits
dans nos constitutions modernes. Ils étaient plus ou moins
bien établis, les uns par une pratique constante et par des
textes nombreux, les autres par des traditions douteuses, ou
par quelque charte que les États interprétaient à leur convenance. Que l'on imagine une sorte de territoire menacé,
envahi à chaque instant par le roi ou par les particuliers,
disputé pied à pied par les États, souvent reconquis par eux
et quelquefois élargi.

Le sort des privilèges de Languedoc était donc lié à celui
des assemblées. Ce sont elles qui les ont en partie créés, en
partie généralisés, maintenus. Un pareil ensemble de libertés suppose des États puissants, appuyés sur un vaste territoire et sur de très grandes villes. Les plus précieuses ont
fait défaut à des contrées toutes voisines, telles que Gascogne, Agenais, autrefois comprises dans le pays, dotées
alors des mêmes institutions que les trois sénéchaussées,
mais depuis séparées d'elles par un accident qui ne leur

avait laissé que des États particuliers, des assemblées frag-
mentaires ou peu fréquentes, beaucoup plus faibles que les
États généraux de Languedoc, incapables de porter les mêmes
fruits.

Or les communes, en qualité de contribuables par excellence, ont toujours eu le premier rôle aux États. Sous le gouvernement du duc d'Anjou elles sont seules à se réunir, à
faire l'octroi. Partant, les conditions de l'octroi ne sont faites
que pour elles; les libertés du pays se sont greffées pour la
plupart sur leurs franchises particulières. Et comme elles
s'assemblaient à propos d'une demande de subsides, que les
intérêts qu'elles avaient à défendre étaient surtout d'ordre
pécuniaire, les plus remarquables privilèges de Languedoc
ont été justement ceux qui concernent la perception, la
répartition et l'assiette des impôts, sortant ainsi directement
du droit dont elles jouissaient de les octroyer.

2° POUVOIRS FINANCIERS DES ÉTATS. — OCTROI ET RÉPARTITION
DE L'IMPÔT; PERCEPTION, CONTRÔLE; APPROPRIATION DES FONDS.

Au temps où les commissaires royaux présentaient à chaque communauté une demande de subsides, ils fixaient d'accord avec elle la somme qu'elle fournirait et les termes de
paiement : quant à savoir comment elle en ferait la levée,
ils ne s'en inquiétaient point; c'était son affaire, non la leur.

Réunies, les communes ont tenu à conserver les mêmes
droits. Mais, aux mains d'une assemblée dont les décisions
faisaient loi pour tout le pays, ces droits ont pris une ampleur nouvelle.

Jamais les États n'abandonnent au roi ou à ses agents le
soin de déterminer la nature de l'impôt. Tantôt ils règlent ce
point eux-mêmes, établissant ou des « capages », à raison de
tant par chef de maison, ou des gabelles sur le sel, ou des
« impositions », c'est-à-dire (car le mot a constamment le

même sens) des taxes sur les denrées et les marchandises, à la vente et à l'achat[1]. Tantôt ils accordent un fouage de tant par feu, à condition que chaque commune puisse lever sa quote-part comme il lui plaira, au moyen d'un impôt quelconque[2].

En octroyant un fouage, les États ne préjugeaient donc nullement la nature de l'impôt. Ils se contentaient d'indiquer comment la somme à percevoir serait divisée entre les sénéchaussées, puis entre les vigueries, jugeries et communautés. Ils usaient de leur droit de répartition. Au XIVe siècle ce privilège est assez insignifiant. Grâce aux subsides réitérés, le nombre des feux a été dûment constaté dans tout le pays, de 1304 à 1315. Vers cette époque il est acquis, par exemple, que la sénéchaussée de Carcassonne paie pour 90,000 feux, Beaucaire pour 70.000, Toulouse pour 50,000[3]; chaque commune, chaque terre fournit des hommes ou de l'argent selon le chiffre des feux qui lui sont attribués[4]. Un subside de tant par feu étant voté, la répartition se fait sans débat, pour ainsi dire d'elle-même, sans que les officiers royaux aient l'occasion de s'en mêler[5].

Quant à percevoir l'impôt de manière à centraliser les fonds, non seulement sur le territoire communal, mais aussi dans l'étendue de la viguerie et de la sénéchaussée, les communes n'ont commencé d'en avoir la permission qu'en 1315, lors de l'invasion anglaise[6]. Après la bataille de Poi-

---

1. *Appendices*, nº 2. Oct. 1356, févr. 1358; mars 1359 et années suivantes; nov. 1369, mars 1378.

2. *H. L.*, t. X, pr. nᵒˢ 420, IV (1353), 470, X (1359), 483 (1361), etc.

3. *Appendices*, nº 3, A.

4. *H. L.*, t. X, pr. nº 131, IV, art. 1; nᵒˢ 395, 396, art. 8; 420, IV. — Bibl. Nat., lat. 9174, fᵒ 204.

5. *Ibid.*, 9175, fᵒ 161; 13 nov. 1370, art. 4. — Cependant une discussion a lieu à ce sujet, devant le roi, entre les sénéchaussées de Toulouse et de Carcassonne, à Villeneuve-lès-Avignon, janv. 1363. (Arch. de Toulouse, AA 35, nº 121.)

6. *H. L.*, t. X, pr. nº 390. Cf. nº 417, art. 3, et Rossignol, *Loc. cit.*, mars 1318, art. 5.

tiers elles obtiennent cette faveur toutes les fois qu'elles accordent un subside : qu'il s'agisse de percevoir un capage, un fouage, une gabelle ou des « impositions », chaque sénéchaussée se donne un « trésorier général[1] »; au-dessus l'assemblée met quelquefois un « trésorier principal », commun à tout le pays[2]; au-dessous, dans la viguerie, la jugerie, le terroir, — ou dans le diocèse en cas d'impositions, — les communes intéressées choisissent leur receveur[3]. Ces agents rendent leurs comptes, en recette et en dépense, à ceux qui les ont nommés[4]; les communes peuvent donc vérifier la perception et jusqu'à un certain point l'emploi des sommes qu'elles ont votées.

Cette question de l'appropriation des fonds, de toutes la plus délicate, s'est posée devant les États dès qu'ils ont pris conscience de leurs intérêts communs et qu'ils les ont distingués de ceux de la France proprement dite. En 1348 les communautés demandaient que tout l'argent accordé par elles fût employé à la guerre de Languedoc, et non ailleurs[5] : requête qui figure ensuite dans la plupart des cahiers, y compris ceux du XVIe siècle. Bientôt les États, peu satisfaits d'assurances assez vagues, parviennent à exercer sur le maniement des fonds une surveillance directe. En 1356 (octobre) ils forment une commission de 24 personnages, que le lieutenant du roi associe à son Conseil et qu'il charge de mandater les versements qu'auront à faire les trésoriers

---

1. *Ord.*, t. III, p. 111, oct. 1356. — Arch. de Montpellier, arm. E, cass. 7, n° 26, mai 1358, et *H. L.*, t. X, pr. n° 462, art. 3. — *Ibid.*, n°s 470, IX, 517, I. — Arch. d'Albi, FF 45; nov. 1369, art. 37, etc.

2. Ainsi en mai 1358, en avr. et nov. 1359 (*H. L.*, t. X, pr. n°s 470, VI, 471), en nov. 1369 (art. 38).

3. *Ord.*, t. IV, p. 187, art. 16; t. III, p. 496. — Arch. d'Albi, CC 71; 4 sept. 1364. — Arch. de Toulouse, AA 45, n° 68. — *H. L.*, t. X, pr. n° 559.

4. Tantôt les États se réservent entièrement l'examen des comptes. (Ord. citée d'oct. 1356, et Rouquette, *Le Rouergue*, etc., p. 13. — *H. L.*, t. X, pr. n° 470, IX. — Bibl. Nat., lat. 9175, f° 62; art. 22.) Tantôt des délégués du lieutenant y prennent part. (*H. L.*, t. X, pr. n° 462, art. 3, 5. — Bibl. Nat., lat. 9175, f° 14, art. 16.)

5. Rossignol, *Loc. cit.*, art. 3. — Cf. *H. L.*, t. X, pr. n°s 420, IV; 447, art. 6, etc.

généraux. En 1365 ces fonctions sont confiées à trois « généraux de Languedoc », dont deux délégués par les communes et un par le lieutenant[1]. En 1369, à la veille de la guerre qui allait rendre au roi de France une part de la Guyenne, les communes nomment encore aux mêmes fins des « généraux députés », « pour éviter les soupçons et apaiser la calomnie[2] ».

Ainsi, pendant près de quinze ans, entre la défaite écrasante que la monarchie française a subie avec Jean le Bon et les succès réparateurs du règne de Charles V, les États ont exercé des pouvoirs considérables, de grande valeur politique, mais surtout financiers, parce qu'ils venaient de l'octroi. Pour en mesurer toute l'étendue, il faudrait compléter l'énumération des agents que l'assemblée employait : contrôleurs placés près des trésoriers[3], « vendeurs » de sel chargés d'affermer la gabelle, « conservateurs » destinés à organiser cet impôt, à faire observer les instructions arrêtées et à juger dans les cas contentieux[4]. Elle nomme des délégués pour assister aux « montres », ou revues suivies de paiement des troupes qu'elle entretient[5]. En 1363 elle va jusqu'à désigner le capitaine des gens de guerre[6].

Mais si les États nommaient leurs agents, le lieutenant du roi les confirmait et « députait », et c'était de lui qu'ils tenaient l'autorité[7]. On verra plus loin que le duc d'Anjou, à la faveur de cette règle, s'est emparé aisément des finances du pays. Bientôt il les fait administrer à sa guise et par ses gens. En mai 1378 les communes, ayant décidé de lever des

1. Bibl. Nat., lat. 9175, f° 62, art. 19.
2. Arch. d'Albi, FF 45 ; 2e cahier, art. 14, 15, 40.
3. Ainsi en mai 1358 (un par sénéchaussée). en 1369, etc.
4. *H. L.*, t. X, pr. n°s 470, II, 517, II, et Bibl. Nat., lat. 9175, f° 62, art. 19, 20.
5. *Ibid.*, art. 22. — Cf. nov. 1369, art. 39.
6. *Ord.*, t. III, p. 618, art. 5 à 18.
7. Arch. d'Albi, CC 73, 21 août 1363. Palmne de Gontaut, trésorier « ad electionem communitatum senescallie Carcassonne auctoritate regia deputatus ». — Cf. *H. L.*, t. X, pr. n°s 471, 559, etc.

impositions, n'obtiennent pas d'autre droit que celui de mettre à leurs frais des contrôleurs près des receveurs diocésains [1]. Elles n'oubliaient pas leurs anciennes libertés. Elles
les redemandaient à Charles V en 1380 (avril), après la révocation du lieutenant général qui les leur avait enlevées, et
le sage roi, tout en gardant sous sa main l'administration
des finances, leur concédait de précieux droits de contrôle
sur les recettes et les dépenses [2]. Mais sa mort prématurée a
rompu l'arrangement.

Ensuite peu d'assemblées, et seulement de 1381 à 1393.
Aussi longtemps qu'on en réunit, elles accordent et répartissent les subsides, elles rédigent des doléances, mais sans
autre initiative, sans autres moyens d'action. Pendant le
règne de Charles VI les communes ont conservé, tant bien
que mal, leurs libertés individuelles : quant à leurs droits
collectifs, elles les perdent aussi vite qu'elles les avaient
conquis. Ce n'est pas qu'elles se soient laissé frustrer sans
regrets ni sans résistance. Mais elles ne représentaient
qu'une portion du royaume, et dans le nord de ce royaume
il existait une force constituée depuis longtemps prépondérante, une monarchie habituée au gouvernement absolu. Des
circonstances exceptionnelles avaient seules pu l'amener à
faire participer les communes de Languedoc à la puissance
publique : ces circonstances épuisées, elle a retiré purement
et simplement les concessions temporaires qu'elle avait dû
consentir.

C'est seulement après un laps de quarante ans, à partir
de 1418, que de nouveau les communes se sont vues en
mesure d'être exigeantes. Mais alors elles ne pouvaient tirer
de l'abaissement du pouvoir royal le même profit qu'autre-

1. Arch. d'Albi, AA 44; art. 7.
2. Bibl. Nat., lat. 9176, fᵒ 26 ; art. 3, 5, 15, 16. Les communautés nommeront, le
roi instituera des contrôleurs près des receveurs de la gabelle, des impositions,
des fouages, un autre près du trésorier des guerres, de qui elles pourront voir les
comptes. Elles auront un contrôleur des « montres ».

fois ; l'autorité qu'à l'origine elles avaient prise facilement était fixée maintenant dans l'administration royale, aux mains de fonctionnaires jaloux, peu disposés à souffrir l'ingérence de l'assemblée. La royauté, réduite par les Anglais à une condition pire qu'après Poitiers sous Jean le Bon, était pourtant mieux assise dans ses droits et prérogatives, plus forte pour résister aux entreprises des sujets. Enfin la centralisation monarchique avait commencé. Sous Charles VII les États ne se trouvent plus en présence du seul lieutenant général. Entre eux et lui on ne voit plus de ces longs traités, portant sur toutes les parties du gouvernement du pays, tels qu'ils en auraient pu conclure avec un souverain particulier : c'est au souverain du royaume entier qu'ils font l'octroi le plus souvent, à lui que sont renvoyées leurs doléances les plus importantes [1]. Or il y a des garanties que le lieutenant ne leur refuserait pas, tandis que le roi ne veut ni ne peut les accorder.

Ainsi le droit de contrôle sur les dépenses. En août 1428 les États demandent au comte de Foix, alors lieutenant général, que la somme qu'ils lui octroient soit employée uniquement à la guerre de Languedoc : il s'y engage et consent même « qu'ils depputent aucuns d'entre eulx pour en avoir le gouvernement et administration, afin que chacun saiche comment la choze aura esté governée, et que ceulx qui pour la finance auront à besonher haient recours à eulx [2] ». Le comte ne paraît pas avoir tenu toutes ces promesses. Mais le roi, pour obtenir de l'argent, n'avait même pas besoin de les faire ; il n'avait aucune raison de se montrer si accommodant. Tandis que ses lieutenants n'avaient d'autre contrée à défendre que celle qu'ils gouvernaient, il devait pourvoir à la défense du royaume : il a fait servir les subsides du pays à ses affaires, en général, et les requêtes

---

1. Voir plus bas, IIIe partie, chap. iv.
2. Arch. de Toulouse, AA 88, f° 1 ; art. 1.

que les États lui présentaient sur l'appropriation des fonds
n'ont reçu que des réponses équivoques ou négatives[1].
Jamais, d'aucune façon, l'assemblée n'a pu vérifier l'emploi
des subsides. Cette attribution est l'une de celles qui caractérisent le mieux un véritable Parlement : qu'elle ait manqué
aux États de Languedoc, cela permet de leur assigner parmi
les assemblées représentatives un rang assez peu élevé.

Les États n'ont recouvré de leurs anciens droits que ceux
qui étaient avec l'octroi dans le rapport le plus direct et que
l'on n'en pouvait, pour ainsi dire, séparer. Ils n'ont aucune
part à la perception des deniers royaux. Malgré leurs réclamations assidues, Charles VII persiste à se réserver la nomination des receveurs de sénéchaussée[2]. Mais ils sont admis
à déterminer, d'accord avec les commissaires, la nature et
l'assiette de l'impôt. Ils mettent des aides sur les denrées,
ou bien des crues sur le sel, ou bien ils imposent des tailles ;
encore, au XVᵉ siècle, le roi prend-il aussi souvent que les
États l'initiative de ces mesures.

Quant à répartir les subsides, c'est un pouvoir dont les
communes sous Charles VI avaient appris toute l'importance. En effet, de 1393 à 1418, la répartition avait été faite
arbitrairement par les généraux des finances : une certaine
somme étant imposée sur le pays, ils fixaient le tant par
feu nécessaire pour l'obtenir ; ils pouvaient donc imposer
par feu plus qu'il ne fallait, augmenter d'autant la charge
des contribuables[3]. Depuis 1401, afin d'éviter les contestations que soulevaient les communes, ils répartissent

1. *H. L.*, t. X, pr. n° 831 ; cah. de mai 1424, art. 6. — Arch. de Toulouse, AA 88,
f° 17 ; cah. de juin 1430, art. 7. — Arch. de l'Hérault, *Dal.*, t. I, f° 87 ; cah.
d'oct. 1441, art. 2, 7, etc.

2. Cah. cit. de mai 1424, art. 2, etc. — En qualité de dauphin, durant sa régence,
il était plus libéral : le cahier de juill. 1422, art. 7, porte que « se ordonneront
trois receveurs generaulx, un en chacune seneschaucée..., lesquelx seront esleuz
et nommez par l'estat commun, ausquelz mondit sieur le regent donnera ses
lettres. » (Arch. de Toulouse, AA 80.)

3. Voir plus haut, pp. 241, 242, et les notes.

l'impôt, non selon le nombre des feux, mais par diocèses •
et par villes, sur d'autres bases, qu'elles ne connaissaient
point. De là des soupçons, des querelles incessantes[1]; parfois, sur les instances des communes, la répartition avait
lieu en leur présence; le plus souvent on se passait d'elles[2].
Les États, dès qu'ils ont pu de nouveau se réunir, ont été
remis en jouissance de leur droit. Sous Charles VII chaque
assemblée générale, avant de se séparer, nomme des délégués pour diviser l'aide qu'elle accorde entre les trois sénéchaussées; à son tour la sénéchaussée, en assemblée particulière, répartit sa quote-part entre les diocèses[3]. Vers 1451
on simplifie ce système, dont la pratique avait montré les
inconvénients[4] : la répartition est faite entre tous les diocèses directement, en cours de session; les sénéchaussées ne
s'en mêlent plus. Telle est la forme sous laquelle les États
ont continué, avec le concours des commissaires, d'user du
droit de répartition. Ils ne le perdent sous Louis XI que
pour en reprendre possession définitive sous le règne de
Charles VIII[5].

1. Arch. de Montpellier, *Pièces not.*, I. 1404. — *H. L.*, t. X, pr. nos 782, 796. —
Bibl. Nat., lat. 9177, fo 192.

2. Voir plus haut, p. 242. Cf. P. Dognon, *Les Armagnacs*, etc., *Loc. cit.*, p. 439.

3. Cah. cité de mai 1424, art. 2, et tous les cahiers suivants, jusques et y compris celui de mars 1451. (Arch. de Toulouse, AA 89. — *H. L.*, t. X, pr. no 858.) —
Certains textes donnent à croire que souvent, surtout à partir de 1437, les
représentants d'une sénéchaussée aux États ont réparti l'aide sur place, dans la
ville même où se tenait l'assemblée, au lieu de se réunir ensuite pour cet objet
dans leur propre sénéchaussée.

4. La quote-part de chaque sénéchaussée avait été fixée au XIVe siècle, en
raison du nombre total des feux qu'elle contenait. Mais, au siècle suivant, c'est
le diocèse qui paie la taille, et maint diocèse, partagé entre deux sénéchaussées,
ne contribue qu'avec l'une, au grand détriment de l'autre : ainsi Mirepoix,
Albi, qui sont entièrement rattachés pour l'impôt à Carcassonne, tandis qu'ils
relèvent en partie de la juridiction du sénéchal de Toulouse. (Arch. de Toulouse,
AA 80. « Memorias » de 1447 environ.)

5. Cascneuve, *Chartes*, p. 76. Lettres de mars 1484. — Les commissaires de
Louis XI près les États avaient pris prétexte des différends que la répartition
soulevait entre les diocèses pour s'arroger le pouvoir de la faire sans leur avis.
L'assemblée obtient du roi en 1477 des lettres leur donnant ordre « de recevoir

Plus tard leur part de pouvoirs publics s'est accrue, à mesure que sont nés en Languedoc les services compliqués de l'administration moderne. Au XVe siècle elle se réduit en somme à consentir, à asseoir et à répartir l'impôt. C'est par voie de pétition principalement que l'action des États s'est exercée. Quoiqu'ils n'eussent aucun droit d'intervenir dans la nomination des officiers, ils ont en certains cas par leurs recommandations ou leurs plaintes dirigé les choix du roi, qui voulait leur être agréable[1]. Ils ne possédaient aucun pouvoir législatif, ne réglant eux-mêmes par « édits perpétuels » que les questions qui touchaient à leur ordre intérieur : pourtant les ordonnances rendues pour le pays de Languedoc s'inspirent de leurs requêtes et souvent les reproduisent. Il est clair que les États, dans cette mesure, ont eu sur la législation particulière du pays, sur toutes ses institutions, une influence décisive.

3° DIOCÉSES ET ASSEMBLÉES DIOCÉSAINES.

Grâce à leurs efforts, le pays s'enrichit au XVe siècle d'une nouvelle institution de liberté, de l'«assiette» diocésaine, sorte d'assemblée qui a pour circonscription le diocèse, pour objet la répartition et la perception de l'impôt.

Ces attributions avaient d'abord appartenu à la viguerie,

---

avec eulx deux personnaiges de chacune des troys seneschaussées de Languedoc, esleuz par lesdits troys estatz, pour estre presens avec lesdits commissaires à veoir faire le departement par dioceses de toutes les sommes de deniers octroyés au roy par lesdits estats. » Ils s'y refusent six ans de suite. (Arch. de l'Hérault, *Dol.*, t. 1, f° 237, cah. de juin 1481, art. 6 ; f° 224, cah. de mai 1483, art. 4. — *H. L.*, t. XII, pr. n° 99 ; cah. de mai 1482, art. 2.)

1. Recommandations en faveur du comte de Foix (Arch. de Toulouse, AA 80, Instructions de mars 1420, art. 12 ; AA 78, Instructions de 1426, etc.), de Jean Jouvenel, jadis premier président au Parlement de Toulouse, « car al pays es mot plasent lodit Jovenel ». (*Ibid.*) Le 16 juin 1431, Charles VII remplace le receveur de certaines aides établies en la sénéchaussée de Beaucaire, vu que « les habitants de ladite seneschaucée ne l'ont pas pour agreable ». (Bibl. Nat., lat. 9177, f° 286.)

à la jugerie, au terroir, ou plutôt, dans chaque ressort, à la ville capitale. De même qu'à peu près seule elle déléguait aux États. celle-ci prenait d'ordinaire l'initiative de nommer le receveur « en la ville et viguerie », de dresser et de distribuer aux autres communautés les rôles d'imposition. ou « mandes »; mais il arrivait aussi qu'elle convoquât les plus importantes, afin de s'accorder avec elles sur ces questions [1].

Or. en 1360, les aides mises sur les denrées pour la rançon de Jean le Bon ont été organisées et perçues, non par vigueries, mais par diocèses. Supprimées presque aussitôt, puis rétablies en 1367, elles prennent pied en Languedoc. et l'administration des aides y accapare en peu de temps la gestion et la perception de tous les impôts. Le diocèse, administré par des « élus ». devient l'unité financière par excellence.

Issue de la *civitas* gauloise. fondée sur la nature et la configuration du sol. sur la plus ancienne histoire. plus étendue qu'une viguerie et dessinée plus nettement, la circonscription diocésaine avait déjà quelque individualité politique. Les relations entre habitants y étaient faciles, nécessaires, habituelles. On voit en mainte occasion, au XIVe siècle, le diocèse représenté par les ambassadeurs de la « cité ». ou capitale; il contribue avec elle aux frais de la délégation : ainsi les diocèses de Toulouse. de Montpellier, d'Albi [2]. Ce dernier présente même en 1385 une assemblée des communes, et une autre, des trois ordres, en juin 1406 [3]. Dans les diocèses de Viviers (Vivarais). du Puy (Velay) et de Mende (Gévaudan). qui formaient chacun une

---

1. Voir les textes cités plus haut, pp. 254, 255, n. 1, 3; 277. n. 3, et cf. Compayré, *Études hist. sur l'Albigeois*, p. 491, n. 4.

2. Voir plus haut, p. 254. — Arch. de Montpellier, arm. E, cass. 7, n° 34 (mai 1369). — Arch. d'Albi, CC 170, f°s 21-24, 35 v°, 41.

3. *Ibid.*, BB 17, f° 50 v°; BB 18, f°s 38-40, et CC 164, f°s 31, 68 v°.

seigneurie entre les mains de l'évêque, se sont tenus de bonne heure des États particuliers, ceux du comté épiscopal. Les trois états de Gévaudan, — dont la première session connue remonte à 1360, — s'assemblaient à Mende, assez fréquemment, soit dans la maison du Chapitre, soit « dans la cour épiscopale, sous l'orme ». Ils avaient un procureur en août 1403, c'est-à-dire trois quarts de siècle avant les États généraux [1].

L' « élection », en se greffant sur l' « évêché », n'en a pas respecté ni reproduit exactement les limites. Telle communauté ou juridiction, partagée au point de vue ecclésiastique entre deux diocèses, fut rattachée tout entière à l'un des deux en qualité de contribuable, parce que les habitants étaient associés de longue date pour lever et payer l'impôt [2]. Ce sont là de légères discordances; mais, sur le pourtour du pays, la frontière qui limitait le corps des contribuables a découpé de la façon la plus bizarre le diocèse civil dans la « spiritualité ». L'un, comme Montauban, fut dès l'origine un simple fragment d'évêché; d'autres sont devenus tels par amputation ultérieure : ainsi Comminges, Toulouse; d'autres étaient faits de divers morceaux réunis ensemble : par exemple Auch et Lombez, Rieux et Couserans, Mirepoix renfermant 36 paroisses du diocèse de Pamiers, Alet et « officialat de Limoux [3] », Nîmes et « archevesché d'Arles

1. *Bull. de la Soc. de la Lozère*, t. XXVII, pp. 16, 21 et suiv. — *H. L.*, t. X, pr. n° 807. — Sur les États de Velay et de Vivarais au xiv° siècle les documents font défaut; mais il est certain qu'ils étaient souvent réunis. (*H. L.*, t. IX, pp. 897, 931.)

2. Fontanon, *Les edicts et ordonnances des roys de France*, 1611, 3 vol. in-f°, t. II, p. 809. Lettres du 1er mars 1532.

3. Le diocèse d'Alet, fort pauvre, était situé en partie hors du royaume, en Roussillon; la ville épiscopale était peu peuplée. Au lieu d'y siéger, les élus vinrent s'installer dans le voisinage, à Limoux, ville royale, six fois plus grande qu'Alet : pour cette cause, l'officialat de Limoux, qui dépendait de Narbonne, fut rattaché au diocèse qu'ils avaient à administrer. (Arch. de l'Aude, liasse *Limoux;* 4 nov. 1551.) — Quant aux limites du pays, cf. *suprà*, p. 248 et *sq.* — Il est inutile de discuter ici l'opinion émise par Albisson au sujet des anoma-

sis à la part du royaume ». Viviers, y compris Valence et
Vienne, ou plutôt les territoires extrêmes par lesquels ces
deux diocèses dépassaient le Rhône vers l'ouest.

Toutefois, à prendre les choses en gros, le diocèse civil
était l'héritier du diocèse ecclésiastique, et comme tel il était
plus apte à l'existence politique que toute autre circonscription.

Bientôt, à la suite des élus, se transportent dans la ville
principale du diocèse, — qui n'était pas nécessairement la
« cité »[1], — les assemblées de répartition tenues autrefois
dans les vigueries. Dès 1398, les « capitouls et consuls » font
l'assiette de l'impôt en la compagnie et sous la surveillance
des élus[2]. La règle était générale, ce qui ne signifie pas
qu'elle ait été appliquée en même temps à chacun des 23 diocèses, ni observée continuellement. Les élus exerçaient alors
leur autorité de la façon la plus arbitraire : ils pouvaient
convoquer les consuls en petit nombre, ou répartir l'impôt
sans eux, ce qu'ils semblent avoir fait depuis 1404[3]. Mais
tout change en 1418 ; les aides sont supprimées, et, avec
elles, les élus et le receveur diocésain que le roi nommait.
Les communes ont le champ libre et s'empressent de s'emparer des attributions que laissait vacantes la disparition de
ce personnel. Le premier subside que les États aient accordé
après la révolution bourguignonne, celui d'août 1418, a été
réparti dans chaque diocèse par les consuls de la ville prin-

lies que présentaient les limites des diocèses civils. (*Loix municip. de Languedoc*,
t. IV, p. 18.) L'explication qu'il donne repose sur un texte fautif. (*Ord.*, t. V,
p. 421 ; 4 janv. 1370. Lire « communitates » au lieu de « comitatus ».)

1. Voir plus haut, p. 257.

2. Bibl. Nat., lat. 9176, f° 226. Instruction sur la levée d'une aide de 60,000 fr.,
art. 2 : Les élus seront présents à l'assiette « avec et en la compagnie des cappi-
touls et consuls dudit pays, chascun es villes d'où il sera officier ». Art. 3 :
Défense aux consuls « qu'ils ne assient, comme autres fois ont fait... sur les villes,
chacun en droit soy, que la somme à quoy chacune d'icelles villes sera taxée » ;
s'ils veulent passer outre, que les élus « ne le souffrent pas. »

3. Arch. de Montpellier, *Pièces not.*, l. 1404.

cipale, faisant fonction de commissaires royaux, avec le concours d'un certain nombre de délégués des consulats[1]. Nul doute qu'ils n'aient dès lors désigné le receveur.

Ces libertés leur ont été garanties par une série de requêtes des États et de réponses favorables, que l'on peut suivre à partir de 1422[2]. Les assemblées ou « assiettes » diocésaines entrent désormais en fonction à propos de chaque subside. Tandis que dans la sénéchaussée, privée du droit de nommer son receveur, peu propre à la répartition des impôts par diocèses, l'assiette ne tardait pas à tomber en désuétude, dans le diocèse elle s'installe, s'organise : elle y va durer quatre siècles.

L'un des traits les plus frappants de l'assemblée diocésaine est le rôle prépondérant qu'y remplissaient les consuls de la ville principale. À l'origine, ils font les convocations; ils répartissent la taille : les autres délégués assistent à l'opération plutôt qu'ils n'y participent; ils nomment seuls le receveur[3]. Leur prééminence, fondée en particulier sur l'habitude qu'ils avaient de siéger dans les assemblées générales de Languedoc, a décru avec le temps au profit du pouvoir royal et de l'assiette elle-même. Vers le milieu du règne de Charles VII des consuls appartenant à d'autres villes du diocèse leur sont adjoints en qualité de commissaires royaux; au XVIe siècle ils ne figurent plus toujours

1. Arch. d'Albi, CC 175, f° 44; 23 oct. 1418. Diocèse d'Albi. Le juge du roi est également commissaire. Par la suite, dans chaque diocèse, il en fut toujours ainsi : un officier royal de la ville capitale était adjoint aux consuls. Après la création d'un « commissaire principal », on le désigna sous le nom de « commissaire ordinaire ».

2. Cah. cit. des 23 juill. 1422, art. 7, 20 mai 1424, art. 2, etc.

3. *H. L.*, t. X, pr. n° 821. — Arch. d'Albi, *Comptes*, CC 175-183, particulièrement CC 178, f° 31. L'assiette a toujours lieu à l'hôtel de ville d'Albi. — Arch. de Montpellier, *Délib.*, 1427, 8 mai : « Cum in articulis in dicta congregatione concessis (États de Béziers, d'avril 1427) contineatur quod villa principalior cujuslibet dyocesis dicte patrie habeat receptorem dicti subsidii in eadem diocesi ponere... ». Cf. *ibid.*, 1439, f° 27 : « Electio receptoris », faite par les consuls de Montpellier; cette fois, en le nommant, ils ajoutent : « Quantum est in nobis ».

sur les lettres de commission[1]. D'autre part, depuis 1454, le
roi ou ses commissaires près les États préposent à chaque
assiette un commissaire « principal », qui fera sentir, parfois durement, aux consuls de la « cité » son autorité supérieure[2]. Ceux-ci n'en gardent pas moins la direction de
l'assemblée; leur influence y domine.

En effet l'assiette était essentiellement une réunion de
l'« état commun ». Au début, les deux autres ordres n'y
prenaient aucune part, sauf en Velay, en Gévaudan, en
Vivarais, où l'assiette a dû se greffer sur l'assemblée des
trois états, fortement constituée, et dans quelques diocèses,
comme celui de Narbonne, dont les trois ordres se réunissent dès 1418[3]. Mais les nobles et gens d'Église, qui alors
recommençaient à siéger dans les assemblées générales,
voulaient aussi avoir accès aux assiettes des diocèses; ils
prétendaient y défendre les intérêts de leurs sujets. Ils y
sont admis, sur leurs revendications énergiques, en 1429[4].
Il est vrai qu'ils n'ont pas longtemps persévéré dans cette
attitude : à la fin du XVe siècle ils avaient déjà déserté les
assiettes diocésaines[5]. En s'abstenant d'y paraître, ils per-

1. Dans le Gévaudan, aux syndics de Mende sont adjoints les consuls de Marvejols (Bibl. Nat., fr. 26065, n° 3770; ann. 1431), dans le diocèse de Montauban
aux consuls de Castelsarrasin ceux de Montech, de Villemur et de Beaumont-de-
Lomagne (ibid., 22406, n° 16; ann. 1460), dans le diocèse de Comminges aux
consuls de Saint-Bertrand ceux de Montréjean (Arch. Nat., K 691, n° 27;
ann. 1448), en Albigeois, depuis 1445, aux consuls d'Albi un consul de Gaillac,
ou de Cordes, ou de Rabastens, représentant par tour la judicature. (Arch. de
Cordes, Assiettes, 1437-1458.)
2. Ibid., à la date. — Caseneuve, Chartes, pp. 120, 143.
3. H. L., t. X, pr. n° 871, art. 29. — Arch. de Narbonne, Comptes, 1418, f° 100;
1421, f° 101.
4. Arch. de Toulouse, AA 88, f° 17; cah. de juin 1430, art. 2, 8. — H. L., t. X,
pr. n° 861, 871, art. 29. — Les Comptes d'Albi jusqu'en 1428 ne mentionnent aux
assiettes que les communes. Mais, après une lacune laissée par les documents
(1428-1431), on voit les consuls d'Albi mander constamment le « conseil des
trois états ». (CC 182, f° 32 v°; 183, f° 31, 32, etc.) — Cf. deux longs procès-verbaux d'assiettes du diocèse de Toulouse, de 1454 et 1459. (Arch. de Toulouse,
BB 8 et AA 83.)
5. Dans le diocèse de Toulouse ils paraissent encore à l'assiette en déc. 1488.

daient par indifférence ou dédain un important moyen
d'action. Il n'y eut dorénavant d'assiettes groupant les trois
ordres que dans quatre diocèses : Viviers, Le Puy, Mende,
Albi.

Quant aux communes, dans l'assiette comme aux États
elles entraient en petit nombre. Dès l'origine les consuls de
la ville principale n'ont appelé auprès d'eux que les « consulats notables » : de 9 à 17 au plus entre 1420 et 1431 dans
le diocèse d'Albi. Ces convocations étaient faites de telle
sorte que chacune des anciennes unités — jugeries, vigueries, etc., — incluses dans le diocèse, fût représentée à
l'assiette par un ou plusieurs consulats. Puis des transactions sont intervenues entre elles. En peu d'années, tout
diocèse eut une liste des communes ayant coutume et par
suite droit d'être convoquées, à l'exclusion des autres :
c'étaient les « villes maîtresses »; tel est le nom qu'on leur
donne dès 1437 dans le diocèse d'Albi[1]. Il y en avait 7 au
diocèse de Maguelonne (1488); celui d'Uzès en comptait 10
en 1494, Carcassonne 16 et Toulouse 9 à la même époque,
Lavaur 8, etc. Les communautés privées du droit d'assistance n'avaient que fort peu de chances de l'acquérir. Quelques-unes y parviennent, mais au prix de longs et coûteux
procès[2]. Par sa composition si étroite, si exclusive, par sa

(Arch. de la Haute-Garonne, C 992, f° 88.) Ils sont ensuite convoqués à plusieurs
autres, mais ils ne s'y rendent plus. (Ibid., f° 112.) — Cf. Rossignol, Ass. du dioc.
de Castres, pp. 7-13 ; Assemblées du diocèse de Lavaur, 1881, in-8°, p. 10.

1. Arch. de Cordes, Assiettes; à la date. — La formule « Appelés ceux qui ont
coutume d'être appelés », ou toute autre équivalente, figure déjà dans des commissions d'assiette de 1430 (Arch. de Toulouse, AA 46, n° 70) et de 1433. (Quicherat, Rodrigue de Villandrando, p. 253.) — M. Rossignol pense qu'anciennement tous les consulats avaient assistance aux assiettes. Quant au diocèse d'Albi,
l'erreur est certaine; elle est probable quant à celui de Lavaur. Pour le diocèse
de Castres, M. Rossignol a raison : il y avait dans le comté de ce nom des traditions particulières, dont l'assiette avait hérité (cf. Compayré, Op. cit., p. 491,
n. 4); mais les 10 villes maîtresses avaient presque tout le pouvoir.

2. Procès des habitants de Génolhac et de Villefort contre les consuls d'Uzès,
1494-1498. (Annales du Midi, 1890, p. 482. — Arch. de la Haute-Garonne, C 2276,

physionomie oligarchique et bourgeoise l'assiette offrait l
fidèle image de l'état social et politique du pays.

Elle a servi à relier ensemble des communautés qui pou
la plupart étaient petites et faibles, et dont les vues, auss
bornées que les intérêts, durent s'élargir en raison de l'éten
due du diocèse.

C'était pour elles une affaire très importante que de pou
voir répartir équitablement la taille, et sur ce point l'insti
tution de l'assiette a réduit au minimum l'arbitraire et l
soupçon. L'assemblée fait de temps en temps précéder la
« coéquation » d'une « recherche », ou « estime générale »
conduite par ses délégués[1]. Nul doute qu'en définitive la
répartition n'ait été plus favorable aux grosses villes qu'au
petites localités. Mais le commissaire royal pouvait rétabli
l'équilibre, corriger les abus criants.

Le droit de nomination du receveur, que les consuls de
la ville exerçaient d'abord exclusivement, passe bientôt à
l'assiette entière[2]. Le roi laissait en blanc le nom de ce
fonctionnaire sur la lettre d'institution par laquelle il l'auto
risait; l'assiette comblait la lacune, à ses risques et périls
En cas de mauvaise gestion ou de fuite du receveur, le dio

---

f° VIII. — *H. L.*, t. XII, note XVIII, p. 352). — Requête des « villes closes e
plat pays » de Velay contre les consuls du Puy qui, depuis 1440 au moins, figu
raient seuls à l'assiette pour le Tiers. (*Invent. des tit. et privil.*, etc., dans le
Annales de la Soc. du Puy, 1850, p. 715. Arrêt du Parlement de Paris, d'avr. 144°
Cf. pp. 656, 729.) Elles ont gain de cause auprès des États de Languedoc. (Arch
de la Haute-Garonne, C 2278, f° 267 ; oct. 1543.) — Décisions des États de 155
en faveur des 24 consulats du ressort de la ville de Lavaur, de 1558 en faveur de
Verfeil et de Beaupuy-de-Granagues, au diocèse de Toulouse. (*Ibid.*, C 2280
f°s 110, 297.)

1. Par exemple dans les diocèses de Saint-Papoul, 1434 (*H. L.*, t. X, pr
n° 861), d'Albi, 1449-1454 (Arch. de Cordes, *Assiettes*, aux dates), de Narbonne
1477 (Bibl. Nat., *Doat* 54, f°s 323, 331 v°), de Maguelonne, 1526 (*H. L.*, t. XII
pr. n° 166), etc.

2. L'assiette du diocèse d'Alet et Limoux désigne son receveur en 1438. (Arch
Nat., K 64, n° 31.) De même en 1447 celle du diocèse d'Albi (Arch. de Cordes
Assiettes.) — Cette élection est curieusement détaillée dans les procès-verbaux
cités de l'assiette diocésaine de Toulouse, 1454, 1459.

cèse était responsable et le Trésor ne perdait rien[1]. Aussi l'assemblée refuse-t-elle de s'astreindre à donner la recette au soumissionnaire de qui les propositions sont les plus avantageuses; elle cherche un homme de confiance, et, l'ayant une fois trouvé, elle le retient volontiers à son service[2]. Cette responsabilité que le diocèse encourait doit être considérée comme un des facteurs principaux de sa personnalité.

Ainsi, aux deux premiers degrés, dans la commune et dans le diocèse, le recouvrement de l'impôt, comme la répartition, appartenait aux habitants. Or le pays « faisait bons au roi » les deniers qu'il accordait; il les payait nets de toute charge. L'assiette, aussitôt organisée, a réparti sur le diocèse, outre sa quote-part de taille, les dépenses d'imposition, — indemnités et « taxes » diverses, — et les frais de perception, qu'elle-même déterminait[3]. Le receveur qui levait, en même temps que la taille, les sommes ainsi imposées les dépensait d'après l'état arrêté par l'assemblée, en vertu des mandements des commissaires royaux[4]. Peu à peu, avec son greffier, ses syndics, ses agents divers, sa commission de permanence[5], l'assiette devient un corps politique : corps dont l'activité, les attributions administratives iront se développant. On a montré d'autre part qu'elle

1. Arch. de Toulouse, AA 39, n° 9. — *H. L.*, t. XII, pr. n° 43.
2. Arch. de l'Hérault, *Ord. et arrêts*, t. IV, nos 15, 16; lettres de juill. 1536, mars 1538. Cf. Fontanon, t. II, p. 813. — Il faut ajouter que les membres de l'assiette n'étaient nullement inaccessibles à certaines séductions. Une instruction de 1512 leur interdit de recevoir de l'argent pour donner leur voix à tel ou tel compétiteur, ce qui « souvantes foys est advenu oudict pays de Languedoc ». (Arch. de la Haute-Garonne, C 993, f° 89.)
3. Ainsi dès 1398 (v. plus haut, p. 286, n. 2), en 1418 (*H. L.*, t. X, pr. n° 814), etc.
4. *H. L.*, t. X, pr. n° 856. — Bibl. Nat., *Pièces orig.* 882 : COURAIL, 16 nov. 1434 ; 3000 : VILLA, 30 juin 1430, 18 août 1432, 2 déc. 1436, 20 juill. 1437. — Ménard, t. III, pr. nos 77, 84.
5. Ainsi aux diocèses du Puy (Médicis, *Chroniques*, t. II, p. 298), d'Albi (Rossignol, *Petits états*, etc., p. 12), de Castres (Id., *Op. cit.*, p. 5). Cette commission, ou « bureau de direction », n'apparaît qu'au XVIe siècle, et non dans tous les diocèses.

a tout de suite servi de base à la représentation du pays dans les États.

Tandis qu'en France le diocèse se divise en élections, en Languedoc il garde son unité et donne naissance à une assemblée représentative. Dans ce pays, si vaste et si varié, l'assiette est l'intermédiaire naturel entre la municipalité et l'assemblée générale. Les trois institutions formaient ensemble un système, auquel les gens de Languedoc s'attachèrent fermement. Ils y trouvaient le droit et les moyens de gérer leurs propres affaires ; ils le jugeaient économique ; enfin il leur garantissait la stabilité de l'assiette de l'impôt.

4° L'ASSIETTE DE LA TAILLE. — ESTIMES ET CADASTRES. TAILLE RÉELLE.

Ce dernier point est un de ceux dont les États s'occupaient le plus volontiers : il se trouvait dans le cercle assez étroit des intérêts pécuniaires qu'ils avaient coutume d'envisager, dans le champ ouvert à leur influence. De nos jours les assemblées délibérantes dispersent leur attention sur une foule d'objets ; tout ce qui touche à la vie de la nation les intéresse. Les communes de Languedoc n'avaient pas de visées si ambitieuses. Elles mettaient tous leurs soins, toute leur persévérance à conserver ou accroître les avantages matériels qu'elles avaient une fois acquis : l'assiette des impôts acquittés par le pays. — taille, aides ou équivalent aux aides, gabelles, etc., — porte en traits originaux la marque de leur action, collective ou individuelle.

Au XIVe siècle la taille s'appelle « fouage », parce qu'elle est répartie entre les communautés d'après le nombre de leurs feux. Mais chacune, sa quote-part une fois déterminée, reste libre de s'acquitter comme il lui plaît. Le mot de fouage à cette époque n'implique donc pas que l'impôt soit assis à tant par feu sur les habitants ; il désigne seulement un procédé de répartition entre personnes féodales. Dès

l'origine de l'impôt royal, il y a eu désaccord entre le nombre vrai des feux, — ou ménages domiciliés, — de chaque
commune et celui pour lequel elle était taxée; car ce nombre
était fixé d'après la déclaration plus ou moins mensongère
des consuls. Sous Philippe VI l'écart va croissant. La plupart des communautés, et bientôt tout le pays, reçoivent la
permission de ne contribuer qu'à raison des feux qui valent
au moins dix livres. Ce sont là les feux « imposables », dont
le nombre, sous Charles V et Charles VI, sera réduit si
fréquemment et de façon si arbitraire, qu'il cessera entièrement de correspondre à la réalité des faits[1].

Pour voir comment la taille était assise, c'est donc à l'intérieur de chaque terre ou commune qu'il convient de se
placer.

La commune payait les fouages, soit au moyen de ses
ressources ordinaires, fort insuffisantes, telles que cens,
oblies, droits de place, etc., soit plutôt en se créant des ressources extraordinaires.

La bourgeoisie gouvernante a eu recours autant que possible aux taxes sur les subsistances, qui pèsent lourdement
sur les plus pauvres. A chaque assemblée, les communes se
réservent la faculté de lever l'impôt à leur guise, et particulièrement de mettre des « impositions » sur les denrées et
marchandises, à l'entrée et à la sortie, à la vente et à
l'achat[2]. Point de ville qui n'ait perçu des droits sur le vin,
sur le blé et la farine, sur la viande, sur le poisson, etc.
Toulouse afferme en 1385 dix « impositions » différentes[3].

1. *Appendices*, n° 3, A.
2. *H. L.*, t. X, pr. n°s 420, IV, art. 7; 436; 470, X; 535, art. 19, etc. — Bibl. Nat.,
lat. 9175, f° 14, art. 20; f° 161, art. 5; f°s 176, 236, art. 4. — *Ibid.*, *Doat* 157, f° 205,
art. 15.
3. Arch. de Toulouse, *Comptes* 1385-87, f° 131; cf. 1387-88, f° 47. — Voy. aussi
plus haut, p. 164, et *H. L.*, t. X, pr. n° 514; Ménard, t. III, pr. n° 1; Em. Molinier, *Étude sur la vie d'Arnoul d'Audrehem*, dans les Mémoires présentés par
div. sav. à l'Acad. des Inscriptions, 2e sér., t. VI, 1re part., pr. n°s 53, 56. — On
pourrait multiplier les exemples.

De plus les communautés imposaient, soit pour payer les deniers du roi, soit pour leur usage propre, des « collectes », ou « indictions », ou « assiettes », ou *comus*, ou tailles : tous ces mots sont équivalents. C'était leur revenu le plus assuré, et celui qu'elles ont dû développer de plus en plus. Aux xve et xvie siècles les taxes sur les subsistances, limitées par autorité du roi, devenues fixes et permanentes, n'alimentent que le budget des dépenses municipales et n'y suffisent même pas. L'impôt royal tout entier est levé sous forme de taille.

On peut distinguer, avec la coutume d'Astafort, de 1304, trois sortes de tailles : par feu, par tête, à sol et livre. Les deux premières sont les plus anciennes; dans la seigneurie primitive elles figurent au premier rang des redevances que les habitants doivent au seigneur[1]. S'appliquant à un peuple de paysans qui vivaient dans un état d'égalité relative, le « fouage » et le « capage » ou capitation n'étaient pas absolument contraires à l'équité. Mais ils sont devenus tels partout où la liberté croissante favorisait dans la classe roturière la disparité des fortunes. Alors apparaît l'impôt proportionnel, la taille dite « à sol et livre », fondée sur l'« estime », ou évaluation des biens des contribuables.

A Montpellier elle est sans doute antérieure au xiiie siècle : la coutume de 1204 porte que quatorze prud'hommes évalueront sous serment les « facultés » de chaque habitant et le taxeront « selon l'opulence, la médiocrité ou l'exiguité de son patrimoine »[2]. A Agen ce mode d'impôt l'emporte entre 1212 et 1248, à Albi depuis 1236[3]. Il était généralement

---

1. *H. L.*, t. V, pr. n° 496, ii (vers 1128). — Cout. cit. de Montcuq, 1224, art. 1, de Paulin, 1253, art. 1, d'Espalion, 1267, art. 1, de Catéra-Bouzet, 1300. (Monlezun, t. VI, p. 103.) — Cf. cout. de Buzet, 1211, art. 1, 2, 16, 17 (*Ord.*, t. XV, p. 420), de Saint-Sulpice, 1280, art. 2, 20 (Cabié, *Anc. cout. de S. Sulpice*, n° 8), etc.

2. Cout. cit., art. 94. — D'après la cout. d'Ambialet, de 1136, les consuls font « alivramen dels bes de las gens d'Ambilet e d'Ambialadés »; mais ce passage résulte peut-être de quelque interpolation.

3. Voir plus haut, pp. 162, 163, n. 1.

usité dans le comté de Toulouse sous Alfonse de Poitiers[1]. La plupart du temps il ne s'établit qu'à la suite de séditions, grâce à la pression violente que le menu peuple exerce sur les prud'hommes. Ceux-ci d'abord ne se sont pas résignés à l'admettre sans réserves. Ici le système du sol et livre est écarté en cas d'ost[2], et là dans les petites collectes, inférieures à un chiffre déterminé[3]; ailleurs les consuls, avec l'assentiment de leurs conseillers, peuvent asseoir autrement la taille[4]. A Foix, en 1387, elle est perçue encore par feux, « à tant le pauvre comme le riche »[5]. Des capages sont imposés par décision des États en 1356 et 1358[6].

A la vérité le nombre de ces infractions ou exceptions à la nouvelle méthode est allé diminuant au cours du XIVe siècle. Mais, si l'on cesse d'imposer des capages et des fouages, ces impôts subsistent pourtant, incorporés et comme dissimulés dans la taille à sol et livre. En effet il y a un cens minimum, variant selon les lieux entre 10 et 15 livres, au-dessous duquel n'est plus pratiquée l'évaluation des biens, base nécessaire de l'impôt proportionnel. A Toulouse sont mis en estime uniquement les « chefs de maison » qui possèdent 10 livres tournois au moins, et ce chiffre par la suite semble avoir été généralement adopté en Languedoc; les autres, ceux qui n'ont rien ou peu de chose, les mendiants exceptés, sont taxés à tant par tête, arbitrairement[7]. Quant

---

1. *Ibid.*, n. 1 et 3 : Montauban, 1254, Gaillac, 1255-1278, Verdun, 1268, Cahors, 1270, et Narbonne vers la même date. — Cout. cit. de Montclar et Montflanquin, 1256, art. 13, de Castelsagrat, 1270, art. 14. — Arch. de Toulouse, AA 3, n° 128. Statut sur les estimes, 1270, etc. — J'ai pu étudier la taille « à sol et livre » dans plus de cent communautés.

2. Magen et Tholin, *Chartes*, n° 42. — Cout. cit. de Pujols, art. 23.

3. Cout. cit. de Pouy-Carréjelart, art. 3, 4, d'Auch (Monlezun, t. VI, p. 75), etc. — *H. L.*, t. VIII, n° 540, art. 24.

4. Cout. cit. d'Astafort, art. 27, de Montsaunès, art. 4.

5. Cout. cit., art. 64. C'est un fait accidentel; mais cf. *H. L.*, t. X, pr. n. 420, IV, art. 7 : Que chaque commune, à son gré, puisse « indicere fogatgium, impositionem, sisiam seu aliam exactionem ».

6. *Ord.*, t. III, pp. 111, 689.

7. Voir les textes énumérés à ce sujet aux *Append.*, n° 3, A.

aux estimés, ils payent aussi pour la première livre d'estime une lourde taxe uniforme. C'est le *comu de la testa*, sorte de cote personnelle que l'on rencontre partout : à Narbonne en 1291, au siècle suivant à Béziers, Toulouse, Albi, où elle est fort élevée[1], puis à Cordes, à Limoux, Montpellier, Nimes, Le Puy, etc. Il semble que l'importance relative de cette capitation ait décru progressivement[2]. Mais les États tenaient la main à ce qu'elle fût imposée : les gens qui ne possèdent rien n'en doivent pas moins, disent-ils, contribuer avec les autres, vu « qu'ils jouissent des libertés des villes et lieux qu'ils habitent »[3].

L'impôt proportionnel était perçu ordinairement à tant pour cent, selon la valeur des biens du contribuable mis en estime ; mais il importe d'examiner en détail comment il était appliqué.

D'abord, on peut citer des cas où la proportion est évidemment décroissante : dans l'exemple précité de 1291 (Narbonne), en 1416, à Pézenas[4], la taxe est calculée de manière à diminuer à mesure que s'élèvent les fortunes qu'elle atteint. De plus, toutes les communes ont pris soin de distinguer, dans l'estime et devant l'impôt, les immeubles, tels que maisons, terres et aussi rentes foncières, en argent ou en nature, et les meubles, c'est-à-dire l'argent, les marchandises, les bijoux et même le gain journalier du contribuable, ou plutôt l'excédent approximatif de ce gain sur la dépense : Les habitants du pays, disent les États de mai 1522, sont « taillés de leur capage, c'est de leur industrie et travail, de leur cabail, c'est des deniers et biens meubles qu'ils ont, et de leur presaige, c'est des biens immeubles »[5]. Or le

---

1. *Appendices*, n° 3, B.
2. Cependant à Sémalens, vers 1477, on lève « la quarta part de las talhas per cabatge » et le reste « per soul et per lievra ». (*Rev. du Tarn*, t. III, p. 17.)
3. Arch. de la Haute-Garonne, C 2278, f°s 11 v°, 316 ; oct. 1535, nov. 1545.
4. *Ord.*, t. X, p. 398.
5. Caseneuve, *Chartes*, p. 163.

« cabal » et le « présage » ou « possessoire » supportaient selon les lieux des charges fort inégales. Les coutumes d'Auch et de Pouy-Carréjelart imposent l'un deux fois plus que l'autre ; à Albi on obtient même résultat en diminuant uniformément de moitié l'estime des biens immeubles. Au contraire à Narbonne, ville de négoce, où la propriété mobilière abonde, elle est estimée seulement à la moitié de sa valeur[1]. Des deux côtés la richesse principale est celle que l'on épargne.

D'ailleurs, en un même lieu, l'équilibre des trois taxes, ou éléments de l'impôt, a éprouvé des changements continuels. Il semble que l'on ait tendu généralement à surcharger le présage, plus facile à constater que le cabal et prêtant moins à la fraude, aux réclamations, aux procès. Sous Louis XI, il acquittait la majeure part de la taille. De là quelques résultats fâcheux sur lesquels le roi insiste complaisamment en 1463 : « Les maisons, heritages et possessions, à cause des grands estimes et charges qui se mettent sur iceux, se abandonnent et vont du tout à demolition et ruine. » Aussi propose-t-il aux États de substituer à la taille des impôts de consommation. Le remède était pire que le mal, et l'assemblée, qui l'avait accepté à contre-cœur (juillet 1463), est revenue à l'ancien système dès le mois d'avril suivant[2]. Après d'innombrables débats la part contributive du capage, du cabal et du présage a été fixée, en 1551 et 1552, par arrêt du Conseil privé, relatif à la ville de Toulouse, et décision des États, applicable à tout le pays : les personnes et biens meubles devaient supporter un tiers de la taille, les immeubles les deux tiers[3].

1. Cout. citées d'Auch (Monlezun, t. VI, p. 75), de Pouy-Carréjelart, art. 4. — *Appendices*, n° 3, B. — A Toulouse en 1459 la richesse mobilière et le possessoire sont traités à peu près sur le même pied : l'une figure dans l'estime pour 1 livre sur 10, l'autre pour 1 sur 50. (*Ibid.*)

2. *H. L.*, t. XII, pr. n°s 33, 34. — Arch. de l'Hérault, *Dol.*, t. I, f°s 139, 151 ; cah. des 26 juill. 1463, 5 avr. 1464. — Spont, *L'équivalent en Languedoc*, dans les Ann. du Midi, 1891, pp. 243 et suiv.

3. Arch. de Toulouse, AA 41, n° 15 ; AA 50, n° 52. — Arch. de la Haute-Garonne,

En Languedoc l'assiette de l'impôt procède donc des communes, non de l'État. Celui-ci n'intervient que tardivement pour substituer, d'accord avec elles, à la diversité des usages particuliers une règle générale. Ainsi établie, la taille est proportionnelle à la richesse, non exactement, mais sans doute plus que dans le reste du royaume. Elle atteint le capital sous toutes les formes. Elle pèse de préférence sur la propriété bâtie et sur les biens-fonds ; elle est, selon le terme usité dès la fin du XIIIe siècle, essentiellement « réelle », parce qu'elle est imposée à raison des biens, *res*, plutôt qu'à raison des personnes [1].

L'estime et la taille « à sol et livre » sont deux faits inséparables, et l'on a vu l'un et l'autre se montrer en même temps. L'estime étant une opération compliquée, les estimateurs ont dû en consigner par écrit les résultats, pour éviter de la refaire à l'occasion de chaque taille. En 1270 chaque quartier de Toulouse avait son « livre d'estimes » [2], et l'on ne peut douter qu'il n'en fût ainsi dans beaucoup d'autres communes. Au XIVe siècle, la plupart possèdent des livres ou compoix généraux, où sont inscrits tous les biens, où figurent tous les quartiers : ainsi Narbonne, Rabastens en 1300, Albi en 1343, Uzès en 1346, Montpellier en 1374, etc. [3]. Elles les revisent à époques périodiques, tous les trois ans, sept ans, dix ans.

C 2279, f° 277. La résolution des États n'est pas absolument ferme. Nous ne savons dans quelle mesure elle a été mise en pratique.

1. Bibl. municip. de Toulouse, ms. 640, f° 353. Mandement du 7 sept. [1290] : « Munera realia, que racione possessionum debentur, solvi faciatis... ». — *H. L.*, t. IX, p. 1172. — *Ord.*, t. I, p. 397 (1304), art. 20; p. 694 (1319), art. 13.

2. Arch. de Toulouse, AA 3, n° 128.

3. *Appendices*, n° 3, B. — Rossignol, *Hist. des instit. de l'arr. de Gaillac*, p. 150. — Sarrazy, *Recherches sur Albi*, 1860-62, in-8°, pp. 75-232 : « Aysso es l'alliauramen premier, que fo comensat l'an M CCCXLIII. » Ces mots ne signifient point qu'il n'y ait pas eu auparavant d'allivrement à Albi ; car la taille s'y levait à sol et livre depuis un siècle ; mais cet allivrement était le premier qui fût commun à toute la ville, comme ce compoix de Béziers, de 1360, dont les riches empêchaient la confection. (Voir plus haut, p. 164, n. 2.) — Cout. cit. d'Uzès, art. 19. — Germain, *Hist. de la comm. de Montpellier*, t. II, p. 381.

Ces compoix étaient dressés par le procédé le plus simple. Les biens, meubles et immeubles, y sont dénombrés et évalués d'après la déclaration, faite sous serment, du propriétaire [1]. Quelquefois on s'en tenait au serment ; la commune ne prenait pas d'autre garantie contre les particuliers : à Montauban, chaque habitant « jure sur les saints Évangiles quelles sont ses facultés ; il fait ce serment une seule fois pour une durée de cinq ans, et après qu'il l'a prêté, on ne peut l'incriminer de parjure, mais il est cru sur parole » (1251) [2]. Dans l'espèce, le menu peuple tâchait d'éviter les estimes arbitraires des prud'hommes et des consuls ; car il ne faut pas oublier que ceux-ci avaient la haute main sur l'allivrement ou le conduisaient en personne. Mais la déclaration pure et simple facilitait par trop la fraude. Presque partout on l'a fait suivre, en cas de soupçon, d'une information ou d'une expertise : à Narbonne les « talliaires » peuvent interroger des témoins, sans toutefois pousser plus loin leur enquête ; les consuls de Millau ont droit de retenir les biens au prix que fixe le déclarant, les consuls et collecteurs d'Auch de les estimer eux-mêmes [3].

Avec le temps on a donné moins de valeur aux déclarations et davantage à l'enquête. Au milieu du xv⁰ siècle les renseignements que fournit le possesseur de biens-fonds sont plus détaillés que jamais ; il doit indiquer, outre la position, la nature et la valeur de ses immeubles, leur contenance en journaux, séterées, etc. Mais les estimateurs s'aident de sa déclaration plutôt qu'ils ne s'y reposent [4].

1. Cout. cit. d'Ambialet, de Montpellier, art. 94. (Cf. *Petit thalamus*, pp. 277, 310). — Gaillac, 1255-1278 (Rossignol, *Op. cit.*, p. 145), Moissac, 1284. (Lagrèze-Fossat, *Op. cit.*, t. II, p. 46 ; cf. Langlois, *Philippe le Hardi*, p. 412.) — Cout. cit. de Figeac, art. 8, etc. C'est une règle universelle.

2. Le Bret, *Hist. de Montauban*, t. I, p. 293 ; art. 13.

3. Mouynès, *Invent.*, Ann. de la sér. AA, n⁰ 107. — Constans, *Le livre de l'Épervier*, n⁰ 6, art. 27. — Monlezun, t. VI, p. 76.

4. Arch. de Cordes, Reg. de 1439 : « La forma e manieyra... hordenada desa entras a tener et observar d'ayssi enan sus lo alievramen », art. 1, 4, 5. — Arch.

C'est par cette transition que l'on arrive au « cadastre »,
c'est-à-dire au compoix-terrier ayant pour base l'arpentage.
Il n'y a pas de pareils compoix avant le règne de Louis XI,
et la plupart sont datés du siècle suivant; il semble que,
dans la confection de ces documents, les communautés rurales
aient devancé les grosses villes[1]. Les uns distinguent les
cultures et les taxent séparément : prés, bois, vignes, terres
arables; d'autres divisent le sol en catégories, par qualités :
bon, moyen et moindre. Tous procèdent d'opérations qui ne
laissent que peu de place à la fraude et à l'arbitraire.

Au contraire l'évaluation des biens meubles, fondée sur la
déclaration « selon Dieu et conscience », restait une source
de discordes dans chaque communauté. Avec l'appui du
Parlement de Toulouse, les principaux corps de métiers sont
parvenus à se faire représenter parmi les estimateurs; les
consuls ont dû renouveler plus fréquemment le « livre du
meuble »[2]. Mais le compoix-terrier, désormais rédigé à
part, en un registre distinct, est le plus important des deux

---

de Toulouse, AA 5, n° 259, et Sarrazy, p. 353. Règlement sur l'estime, de 1459,
art. 4 : « Totas terras... seran estimadas... a lor valor, et los tenenciers de aque-
las seran tenguts de revelar et de lor donar prex, affi que los estimadors pues-
can plus justament stimar. » — Cf. Ménard, t. III, pr. p. 110 (Nîmes); Arch.
Nat., X¹ª, f° 142 v° (Narbonne); Bibl. Nat., lat. 9178, f°ˢ 79, 81 (Montpellier). La
déclaration sous serment dégénère en une simple audition du contribuable, et
cette formalité est quelquefois négligée.

1. Les estimes de Mondragon, 1415 (Sarrazy, p. 233), de Maurens, 1425, et de
Bauzeil, 1451 (Arch. de la Haute-Garonne, C 1582, 1552), celle de Cahuzac, 1452,
(Rossignol, Instit. de l'arr. de Gaillac, p. 149) sont encore exécutées selon l'ancienne méthode. Mais Bauzeil a son cadastre en 1471, Gargas en 1510 (Arch. de
la Haute-Garonne, C 1552, 1571, etc.). Le Verdier en 1476 (Rossignol, Monogr.
comm. du Tarn, t. III, p. 424), Uzès en 1477 (Arch. d'Uzès, CC 1), Moissac en
1480 (Lagrèze-Fossat, t. II, p. 49), Poulan en 1489, Albi en 1525 (Sarrazy, pp. 243,
343), Le Puy en 1545. (Médicis, Chroniques, t. II, p. 601.)

2. Limoux, 1446, Nîmes, 1476-1504 (Ménard, t. III, pr. n° 117, et IV, pr. n° 46),
Lautrec, 1479, Toulouse, 1479 (Arch. de la Haute-Garonne, sér. B, Arrêts, t. V,
f°ˢ 118, 166, 179), Narbonne, 1484, Moissac, 1489, La Grasse, 1525 (Mahul, Cartul.
de Carcassonne, t. II, p. 515), Le Puy, 1540. (Médicis, t. II, p. 82; cf. Invent. des
titres, etc., dans les Ann. de la Soc. du Puy, 1850, p. 677.) — Quant aux autres
références, voir plus haut, p. 174, n. 3. — Sarrazy a donné (pp. 365-373) des
échantillons du compoix-cabaliste de Réalmont, de 1535.

pour l'assiette de la taille. Seul en effet il fournit des données incontestables, et ce sont les plus utiles, les biens-
fonds étant le plus clair de la fortune du pays.

Les progrès réalisés par chaque communauté dans l'assiette de ses tailles particulières ne pouvaient rester sans
effet sur la répartition générale de l'impôt dans le pays.

Au milieu du règne de Charles VI la répartition par
nombre de feux est devenue tellement factice, que les élus,
profitant de l'entière autorité qu'ils avaient sur les finances,
ont abandonné un système non moins contraire à l'équité
qu'aux exigences du fisc. Ils divisent l'aide entre les diocèses : or, la circonscription diocésaine n'étant pas habituellement affectée à cet usage, les feux qu'elle contenait
n'avaient pas été dénombrés. Les élus établissent donc la
quote-part du diocèse en relevant dans chaque lieu, d'après
les livres d'estimes, le nombre et les biens des habitants.
En ce qui concerne les petites localités, ils se sont contentés
sans doute de l'ancien comput par feux, mais non quant
aux grosses villes, qui avaient su obtenir des réductions
de feux indues; celles-ci, uniformément, ont vu leurs
taxes majorées. De ces opérations sort le tarif que les
élus ont appliqué aux diocèses, et dans chaque diocèse
aux villes et lieux, d'abord en 1404, puis en 1411 et années suivantes. Après avoir protesté très vivement, les
communes principales ont dû l'accepter tel quel en 1418;
car elles ne pouvaient à ce moment là en improviser un
nouveau.

Les tables que les élus avaient dressées subsistent donc, et
avec elles le principe qu'ils y avaient introduit. On s'attache
désormais à évaluer la « pauvreté et richesse » de chaque
localité d'après les mêmes éléments que ceux qui entraient
en ligne de compte dans son compoix particulier. On a fait
en Languedoc, au xve siècle, trois « réparations » ou recherches portant sur tout le pays, l'une malgré les États, de

1426 à 1428[1], la seconde sur leur avis, en 1464, après le rétablissement des tailles[2], la troisième à leur requête, avec leur concours, en 1480-1482[3]; de plus, des « estimes » diocésaines, de celles que l'assiette entreprenait pour améliorer la répartition de l'impôt entre les communes[4] : toutes ces enquêtes portent sur l'ensemble des facultés des communes, sur les biens meubles et immeubles; pour chacune elles aboutissent à un chiffre conventionnel, chiffre d'estime qui a pour but d'exprimer la puissance contributive du lieu[5]. En maint diocèse, au XVIe siècle, — ainsi dans celui de Toulouse en 1551, — les quotes-parts sont réglées exclusivement d'après l'étendue, constatée par arpentage, et la qualité des terres : des trois éléments qui dans une localité forment la matière imposable, la répartition n'en retient qu'un seul, le moins variable et, somme toute, le principal. Les estimes des diocèses, comme celles des communes, deviennent alors des cadastres; aussi n'ont-elles éprouvé depuis que de faibles remaniements[6]. Quant à la répartition

1. Sur cette recherche et sur le rôle des élus sous Charles VI, voir *Append.*, no 3, A.

2. Arch. d'Albi, AA 44. Avis divers émis aux États sur l'estime. — Arch. de l'Hérault, *Dol.*, t. I, fo 151; cah. du 5 avr. 1464, art. 9-16. — *H. L.*, t. XII, pr. nos 34, 38. — Vaesen et Charavay, *Lettres de Louis XI* (en cours de publication), t. II, p. 298; 18 mai 1465.

3. Bibl. Nat., lat. 9179, fos 22, 37, etc., jusqu'à 67. — *H. L.*, t. XII, pr. nos 93-95; cf. no 99, art. 2. — Arch. de l'Hérault, *Dol.*, t. I, fo 237; cah. de juin 1481, art. 16.

4. Cf. les faits cités plus haut, p. 290, n. 1.

5. Arch. de Narbonne, AA 101, fo 120 vo; 12 avr. 1480. En raison de la nouvelle estime, Narbonne supportera 1 6 et demi des sommes imposées sur le diocèse. — *H. L.*, t. XII, pr. no 166.

6. Celle du diocèse de Toulouse, du 21 nov. 1551 (Arch. de la Haute-Garonne, C 1545), partage les terres en trois catégories, — bonnes, médiocres et infimes, — et chaque catégorie en trois degrés. Une communauté donne lieu au plus à quatre ou cinq chiffres indiquant la surface des terres de chaque catégorie ou degré et la taxe correspondante, à tant pour cent. — Cf. Rossignol, *Ass. du dioc. de Castres*, p. 50 (1543), *Ass. du dioc. de Lavaur*, p. 26 (1570). — Ces cadastres étaient beaucoup plus simples et plus durables que ceux des communautés, qui avaient à tenir compte des changements de main qu'éprouvait la propriété foncière, des mutations qui s'opéraient dans les cultures, des bâtiments, etc.

de la taille entre les diocèses, la table définitive est celle qui
fut arrêtée à la suite de la troisième « réparation » générale
(1482) : revisée en 1530, elle est restée en vigueur jusqu'à la
Révolution[1].

Il faut maintenant indiquer une conséquence importante
des usages qu'observaient les communautés dans l'assiette
de la taille.

Comme les immeubles en portaient la plus grande part,
l'intérêt de la commune était de taxer autant de biens que
possible et d'empêcher que ce nombre ne vint à diminuer.
L'« héritage » inscrit au livre d'estimes, et comme tel soumis
à l'impôt, n'y devait plus échapper, quel que fût le propriétaire. Cette règle égalitaire est appliquée dès 1221 à Gaillac,
où toute propriété qui passe aux mains du seigneur, comte
de Toulouse, ou de clercs et religieux, reste pourtant assujettie aux mêmes impôts que les autres[2]. Elle prend forme
définitive dans une supplique des gens de Béziers, de 1271 :
Les gens d'Église, disent-ils, doivent contribuer « à raison
des biens qu'ils tiennent et possèdent et qui d'ancienneté,
ab antiquo, ont été sujets aux tailles »[3]. Voilà la formule
dont s'inspirent par la suite des milliers de documents, les
requêtes des communes et des États, les mandements et édits
royaux, les décisions de justice : elle devient peu à peu la
loi du pays.

En quoi consistaient à la fin du XIIIᵉ siècle les biens « contribuables d'ancienneté » ? Principalement en immeubles
relevant d'un fief seigneurial et tenus à titre d'emphytéose[4],

1. Voir cette table et les deux précédentes aux *Append.*, nᵒ 3, C.
2. Compayré, *Et. hist.*, p. 374. — Cf. cout. cit. d'Auvillar, 1279, art. 86, de Fonsorbes, 1279, art. 13, de Merville, 1307, art. 30, et 1355-59, art. 3. Ici le seigneur
ne doit pas confirmer l'achat de biens sis dans le territoire, « nisi talis emens...
se obliget solempniter ad solvendum et contribuendum pro rebus seu juribus
quas acquiret... omnibus talliis ».
3. *H. L.*, t. X, pr. nᵒ 2, art. 10.
4. Mahul, *Cartul. de Carcassonne*, t. I, p. 20. Cout. d'Alzonne, 1431, art. 16.
Les biens du seigneur sont libres de toute charge. Mais s'il en baillait un ou plu-

puis en alleux possédés par des roturiers, enfin, pour la
moindre part, en fiefs questaux et autres biens qui dépendaient directement des seigneurs propriétaires. Ceux-ci,
appartenant en majorité à des nobles et à des clercs, ne contribuaient pas tous, ni dans toutes les communes; mais on
a vu que bon nombre avaient été soumis aux collectes en
certains cas, déterminés par transactions particulières, quelques-uns même dans tous les cas [1].

Dès que l'impôt royal a pénétré en Languedoc, chaque
commune a prétendu faire concourir au payement de sa
quote-part tous les biens contribuables. Les consuls de Carcassonne, en 1291, ayant promis une aide au roi, la perçoivent sur les propriétés des clercs, et de même ceux de
Béziers, car, disent-ils, « ce sont des biens qui ont toujours
contribué aux frais communs et aux tailles de la ville » [2]. —
Si les nobles et gens d'Église soutiennent qu'ils ne sont
tenus qu'aux dépenses municipales, on leur répond que « par
frais communs on entend en Languedoc non seulement la
réparation et la construction des murs, des chemins, des
églises, mais aussi la défense du pays contre les ennemis
du roi, les brigands et toutes sortes d'envahisseurs » [3]. —
Quand ils repoussent, en arguant de leur condition personnelle, les tailles pour chevauchées et autres charges « plébéiennes », leurs adversaires répliquent qu'il s'agit d'impôts
réels, où l'on tient compte des biens, et non des personnes [4].

---

sieurs à nouvel acapte, le preneur serait tenu de payer les tailles comme les
autres habitants. C'était une règle générale (Rossignol, *Sur la judicat. de Villelongue, Loc. cit.*, p. 162, art. 7); d'ailleurs elle n'était pas applicable aux baux à
court terme. (Cabié, *Anc. cout. de Saint-Sulpice*, n° 37.)

1. Voir plus haut, pp. 149, 156-159.
2. Bibl. Nat., lat. 9173, f° 131; cf. f°s 129, 143, et 9174, f°s 16, 46, 48, 108, 222, etc.
Les textes abondent dans ces registres. — Voir aussi Delisle, *Restit. d'un vol.
des Olim*, n° 412 (Toulouse, 1281); Bibl. municip. de Toulouse, ms. 640, f° 353
(Montagnac, 1290), etc.
3. *H. L.*, t. X, pr. n° 709.
4. Ménard, t. II, pr. n° 34.

— Dans ce débat les consuls ont eu souvent gain de cause.
A Cournonterrail, en 1352, il avait été convenu entre roturiers et nobles que ceux-ci seraient taxés aux frais communs, et non aux tailles royales. Pourtant le maréchal d'Audrehem, en 1362, les oblige à payer leur part de la rançon
du roi Jean, à la demande des consuls; depuis 1377, ils sont
assujettis aux subsides requis par les lieutenants généraux,
c'est-à-dire à toutes les tailles[1].

Dans les petites communautés où la noblesse était puissante
elle a réussi longtemps à garder l'immunité, mais non dans
les villes principales. Ici les consuls et le conseil, en majorité bourgeois, l'emportent sans trop de peine. Ils s'appuie-
ront au besoin sur quelque déclaration du gouvernement
royal. Assemblées à l'occasion d'un subside, les grandes
communautés veulent qu'il soit dit que tout le monde y contribue; c'est ainsi que leur privilège s'étend au pays entier.

En effet, le roi ne pouvait manquer de tomber d'accord
avec elles : il avait mêmes intérêts. Élargir la base de l'aide
qu'il demandait, c'était en rendre le recouvrement plus facile.
De Philippe le Hardi aux premiers Valois-Angoulême les
décisions royales abondent, tant générales que particulières :
dans le nombre il y en a très peu qui ne soient pas favorables aux prétentions des roturiers; celles-ci pour la plupart
datent du règne de Charles VI, et l'on peut affirmer que
dans la pratique elles n'ont eu d'autre résultat que d'aviver
les querelles entre les ordres[2] : « Les aides concédées au roi
touchent tous les hommes, directement, quelle que soit leur

---

1. Germain, *Le consulat de Cournonterrail*, *loc. cit.*, pp. 107 et suiv.
2. *H. L.*, t. X, pr. n°⁸ 654, 785, 789, art. 1 et 17; cf. *ibid.*, n° 495. Mais on peut
citer beaucoup de déclarations en sens opposé, rendues sous le règne même de
Charles VI. (Ménard, t. III, pr. n° 22; 1389. — Germain, *Hist. de la comm. de
Montpellier*, t. II, p. 183; 1390. — *Ann. de la Soc. du Puy*, 1850, p. 663; nov.
1400. — Arch. de Toulouse, lettres des 10 mars 1391, 27 nov. 1404, non inventor.
— Arch. d'Albi, CC 160, f° 18 v°; 164, f°⁸ 45, 48; 173, f° 57 v°. — Bibl. Nat.,
lat. 9176, f° 146; 9177, f°⁸ 1, 14, 80, 94.)

condition ; elles ont pour objet immédiat la défense du
royaume, de la couronne, des sujets ; par conséquent il est
raisonnable que tous en portent la charge, et que les nobles
et les clercs, mariés ou non, soient tenus d'y contribuer selon
leurs biens, dans leurs communes respectives, comme les
autres habitants. » Telle est la réponse que font, en mars
1348, les commissaires envoyés dans la sénéchaussée de
Carcassonne aux communautés qui venaient de leur accorder
un subside [1]. L'évêque de Vabres en 1353, le duc d'Anjou
en 1368 et années suivantes ne s'expriment pas autrement [2].

. Les communes parviennent donc à établir un principe que
les lettres de Charles VII, de Louis XI, de Charles VIII [3]
ont irrévocablement confirmé : c'est que les nobles et les
clercs sont sujets aux tailles royales ainsi que les roturiers,
non pour leur capage, — car ils sont exempts de la cote
personnelle, — ni même à raison de leurs biens meubles,
sauf à Toulouse et dans quelques autres villes [4], mais pour
les biens-fonds taillables dont ils sont nantis ; c'est qu'il

1. Arch. de Castres, AA 2, f° 17 v°.

2. *H. L.*, t. X, pr. n°ˢ 420, IV, art. 6 ; 535, col. 1381 ; 584, art. 22, 29 ; 613, col.
1537. — Arch. d'Albi, FF 45, nov. 1369, art. 3 ; CC 77, mars 1373, art. 6 ; cf. 10. —
Voir aussi un grand nombre de décisions particulières dans Rossignol, *Instit. de
l'arr. de Gaillac*, p. 152 ; *H. L.*, t. X, pr. n°ˢ 470, XII, 579 ; *Ord.*, t. V, p. 485
(cf. p. 430) ; Bibl. Nat., lat. 9175, f° 183, etc.

3. *H. L.*, t. XII, pr. n°ˢ 1, 2, 23. — Arch. de Toulouse, AA 38, n° 37. — *Ord.*,
t. XVI, p. 268. — Bibl. Nat., lat. 9178, f°ˢ 116, 223. — Caseneuve, *Charles*, pp. 77,
105. — quant aux règnes suivants, voir *ibid.*, p. 108, et Fontanon, t. II, pp. 810,
818.

4. Le règlement fait à Toulouse pour l'estime en 1457 porte que tous, chevaliers, docteurs, nobles, officiers, clercs, bourgeois, etc., quelle que soit leur condition, devront déclarer l'or, l'argent, les perles, pierres précieuses, joyaux, vaisselle d'or et d'argent et marchandises qu'ils possèdent. Les clercs déclareront tous
leurs biens, car ils sont contribuables comme les autres habitants, sauf pour leurs
personnes (art. 5, 6). Des lettres de Jean le Bon, 3 juill. 1353, rendues à la requête
des villes et lieux des sénéchaussées de Beaucaire et de Carcassonne, obligent les
clercs et les nobles à contribuer aux « charges communes » des villes pour leurs
biens « meubles et immeubles ». (Bibl. Nat., lat. 9174, f° 269.) Mais dans les textes
relatifs à la contribution des privilégiés aux tailles royales il n'est nettement
question que de leurs biens-fonds. Il est probable, somme toute, que dans le pays
c'était le plus petit nombre qui supportait la taxe des meubles.

existe une catégorie de biens qui sont grevés de la taille comme d'une redevance; elle les suivra partout, en quelques mains qu'ils puissent tomber. On les appelle au xv⁰ siècle biens « ruraux » ou roturiers, et ce mot n'a aucun rapport avec la condition du possesseur; il désigne celle que l'impôt royal a faite à la terre après maintes vicissitudes.

On en distingue les biens d'Église et les biens « nobles »: ceux-là peuvent contribuer aux tailles municipales, mais ne payent pas les tailles du roi. Les biens de l'Église sont ceux qu'elle a possédés de tout temps : les consuls ont toujours fait profession de les respecter, tandis qu'ils taxaient les clercs à raison de leur patrimoine[1]. Les biens nobles sont les fiefs que les possesseurs tiennent du roi, pour lesquels ils doivent l'hommage et le service militaire « en armes et à cheval »; dès l'origine ils ont été déclarés exempts : les imposer, disent les agents du roi, serait leur infliger une double charge[2].

Ce classement n'existait pas seulement dans les trois sénéchaussées : on le retrouve en Agenais, en Quercy[3], dans les diverses parties de l'ancienne Languedoc, et dans toutes en effet la taille est restée réelle. Mais il faut considérer que nulle part la quantité des biens qui échappaient à l'impôt n'a été plus faible que dans le pays de Languedoc proprement dit. Elle y diminue constamment avec les progrès de l'emphytéose, puisque chaque parcelle donnée à bail emphytéotique devient aussitôt taillable : on doit peut-être expliquer ainsi l'augmentation régulière des quotes-parts des diocèses d'Albi, Nimes, Uzès, Viviers, Le Puy, Mende, entre 1428 et 1482[4].

---

1. Bibl. Nat., lat. 9173, f⁰ 131 (1291). Les clercs sont tenus de contribuer « pro possessionibus ecclesie seu dominio cloturi non annexis. » — Ménard, t. II, pr. n⁰ 34.

2. *Ibid.* — Cf. Mouynès, *Invent.*, Ann. de la sér. AA, n⁰ 133; Bibl. Nat., lat. 9174, f⁰ˢ 224, 230; Arch. de Castres, AA 2, f⁰ 17 v⁰, etc.

3. *Catalogue des actes de François Ier*, n⁰ 7723. — Fontanon, t. II, p. 814.

4. *Appendices*, n⁰ 3, C. — *H. L.*, t. XII, pr. n⁰ 38.

Les biens « stables » ou « d'ancienne dot » de l'Église ne se
composent que de ceux qu'elle a gardés en directe, et pour
lesquels elle acquitte un droit d'amortissement. Les fiefs
nobles ont été réduits plus encore, et par l'usage de l'emphytéose, et par des aliénations ou usurpations qui souvent
aboutissaient à modifier la qualité même des fonds, à les
changer en alleux « ruraux »[1].

Enfin les deux groupes ont beaucoup souffert des assauts
continuels que leur livraient les consuls. Aux mains de
ceux-ci les livres d'estimes, les réparations de feux, les
cadastres n'étaient pas seulement des armes pour la défense;
ils s'en servaient pour l'attaque, « encadastrant » et taxant
en conséquence force biens nobles et biens d'Église. Dans la
sénéchaussée de Beaucaire ils classent au nombre des fonds
ruraux tous les fiefs dont la noblesse n'est pas prouvée par
des titres authentiques : or les possesseurs, très souvent, ont
perdu ces titres[2]. Au Puy, quand un roturier acquiert une
terre noble, elle est aussitôt soumise à la taille[3]. Si des gentilshommes ont négligé d'accomplir leurs obligations militaires, s'ils se mêlent peu ou prou de commerce ou d'agriculture, les consuls s'empressent de les taxer « à raison de
leurs héritages, comme les autres plébéiens »[4].

On ne peut donner une idée de la variété des questions et
des querelles qui s'agitaient entre les communautés et les
personnes privilégiées. La proportion des biens ruraux aux
biens non-contribuables est la résultante de ces efforts oppo-

1. Voir plus haut, pp. 186 et suiv.
2. Fontanon, t. II, p. 815; févr. 1544.
3. Médicis, *Chroniques*, t. II, p. 50: lettres du 9 avr. 1468. — Cela se faisait par
tout le pays (Arch. de l'Hérault, *Dol.*, t. I, f° 177; cab. de févr. 1468, art. 16.) —
Au Puy les anoblis doivent s'engager par écrit à contribuer, nonobstant leur
noblesse. (*Ann. de la Soc. du Puy*, 1850, p. 749.) Cf. *ibid.*, pp. 660-762, *passim*,
dix actes relatifs aux contributions des privilégiés.
4. Entre autres procès, voir ceux des syndics de Beaucaire, de Lunel et des
consuls de Nîmes contre les nobles sous Charles VI. (Bibl. Nat., lat. 9176, f° 121.
— *H. L.*, t. X, pr. n° 709. — Ménard, t. III, pr. n° 24, p. 110.)

sés. Évidemment elle était très favorable au tiers ordre; les
communes ont eu l'avantage, et leur victoire est due au
concours des libres institutions, qui dirigeaient ou qui sur-
veillaient de concert l'assiette de la taille. Dans tous leurs
cahiers les États poursuivent avec énergie les particuliers
et les villes qui prétendent à l'exemption. A chaque session,
les assemblées du XVIe siècle ordonnent à leur syndic de se
joindre, aux frais du pays, à tel ou tel consulat, dans un
procès qu'il engage contre des privilégiés.

La porte fermée aux nobles et aux gens d'Église ne s'est
ouverte pour personne. Écoliers et régents d'Universités,
bourgeois du roi, mineurs, salpêtriers, monnayeurs, officiers
royaux, si nombreux et si puissants, les gens du Parlement
eux-mêmes ont vainement essayé d'obtenir en Languedoc les
privilèges dont leurs pareils jouissaient en France [1] : gain
notable pour le pays, car les possesseurs d'offices, bourgeois
riches de leurs propres biens et du produit de leurs charges,
ont été, du XVe siècle au XVIe, les principaux acquéreurs de
la propriété foncière.

Il est probable qu'en aucune partie du royaume l'égalité
devant l'impôt n'a été réalisée au même degré qu'ici, et l'on
sait que dans le Nord elle n'existait nullement. Aux grands
États généraux de Tours, de 1484, les Normands envient à

1. Baudouin, *Lettres inéd. de Philippe le Bel*, n°s 153, 154. — Il serait trop long
d'énumérer tous les textes. Ils sont souvent contradictoires, et ces contradictions
indiquent les péripéties de la lutte que les consuls ont soutenue contre les officiers royaux. Les membres du Parlement de Toulouse ont reçu diverses lettres
d'immunité (*Ord.*, t. XVII, p. 445 ; XIX, p. 321 ; XXI, p. 87), dont ils n'ont
jamais pu jouir et que d'autres lettres ont annulées. (*Ibid.*, t. XXI, p. 291. —
Fontanon, t. II, pp. 810, 818.) Ils n'étaient pas seulement taxés pour leurs immeubles, mais aussi à raison de leurs biens meubles et de leurs profits, non compris les gages. (Arch. de la Haute-Garonne, sér. B, *Édits*, t. IX, f° 265.) Cependant les monnayeurs ne payaient la taille que pour leur « présage ». (Cascueuve,
Chartes, p. 70.) En 1551, 27 juin, le roi exempte ses officiers des tailles d'industrie (Arch. de Toulouse, AA 50, n° 52) ; cela ne prouve pas absolument qu'ils
aient cessé d'en payer ; car les notaires du roi et les régents de l'Université de
Toulouse, exemptés complètement en mars 1513 (Fontanon, t. II, p. 818), batail-
lent plus d'un demi-siècle avant d'avoir gain de cause.

bon droit aux députés de Languedoc l'usage observé chez
eux pour l'assiette de la taille : « Si, disent-ils, un tel usage
était suivi par tout le royaume, il y aurait moins de difficulté à régler équitablement la répartition; on ne verrait
plus prévaloir en ces matières la faveur ou la haine envers
les personnes »[1].

Ainsi la « réalité » de la taille est en germe dans les coutumes de l'époque féodale; elle s'établit lentement, l'impôt
s'attachant de plus en plus aux biens, surtout aux immeubles, tenant de moins en moins compte de la qualité du
possesseur des immeubles : les deux ordres de faits sont
corrélatifs. L'un et l'autre dépendent intimement de la constitution particulière de la commune, où étaient compris
beaucoup de nobles et de clercs, où l'élément roturier avait
la prépondérance, et de celle du pays, où les communes
dominèrent absolument.

La taille était réelle aussi en ce sens que le contribuable
devait l'acquitter au lieu même où ses biens étaient situés.

Cette règle a été généralisée moins vite que les deux
autres; elle est pourtant née avec elles. Les coutumes qui
autorisent l'émigrant à conserver des immeubles dans la
commune qu'il abandonne stipulent qu'il continuera de contribuer pour ces biens. Si l'étranger est admis à faire des
acquisitions, c'est à condition de payer la taille au lieu de
l'ancien possesseur[2]. En plusieurs cas, le membre de la
commune est imposé seulement pour les immeubles qu'il
y détient, et non pour ceux qu'il peut avoir dans quelque autre seigneurie[3]. Mais beaucoup de communautés en

1. Masselin, *Journal des États généraux de France tenus à Tours en 1484*,
publ. par Bernier, 1835, in-4°, p. 462.

2. Cout. de l'Isle d'Arbeyssan, mars 1309, art. 9. (Bladé, *Cout. du Gers*, p. 242.)
— Cout. cit. d'Aucamville, 1299, art. 12, d'Auch, 1301. (Moulezun, t. VI, p. 77.)

3. Cout. cit. de Beaumont-de-Lomagne, 1279, art. 1, de Pouy-Carréjelart, 1303,
art. 4. Chacun doit, en cas d'imposition d'une taille à sol et livre, « jurar tots sos
bes mobles », en quelque lieu qu'ils se trouvent, et « tota sa heretat » sise dans
« la honor deldich castel ».

ont usé autrement : à Toulouse, Carcassonne, Le Puy, Rodez, Albi, etc.. les « citoyens » étaient imposés pour tous les biens qu'ils possédaient, hors du territoire comme au dedans[1]. Les grandes villes augmentaient ainsi chez elles, à leur profit, mais aux dépens des lieux voisins, la matière contribuable.

Or les acquisitions faites par les gens d'une commune dans une autre ont été se multipliant. Pendant les guerres anglaises, les habitants des campagnes, ruinés par les subsides et par les routiers, se retirent aux grandes villes; la riche bourgeoisie urbaine achète leurs propriétés, puis refuse de contribuer avec les lieux dont elles dépendent. Ceux-ci, voyant leurs ressources diminuer tandis que leur quote-part de tailles ne change pas, résistent du mieux qu'ils peuvent. Les différends se terminent quelquefois par des transactions amiables[2]; mais si l'affaire vient devant une cour royale, elle tourne presque toujours à l'avantage du plus fort.

Sous le gouvernement du duc d'Anjou le mal s'aggravait si rapidement, que le duc crut devoir y porter remède. Il ordonna, le 13 octobre 1373, que tous les propriétaires inscrits dans la réparation des feux paieraient la taille aux lieux mêmes où leurs biens étaient situés[3]. L'ordonnance était conforme à plusieurs coutumes locales, au droit écrit, dont le pays se réclamait si volontiers; le principe qu'elle

---

1. Delisle, *Restit. d'un vol. des Olim*, n° 412. — Baudouin, *Lettres de Philippe le Bel*, n° 152. — Arch. de la Haute-Garonne, sér. B, *Reg. d'appoint.* 1424-25, f° 199. Curieux procès, où un avocat, plaidant pour des clercs, prétend que ses clients n'ont pas à payer la taille à raison de leurs immeubles; car cet impôt n'est pas réel; il dépend de la personne qui possède, et la preuve, ajoute-t-il, c'est que l'habitant de Toulouse qui a des biens à Montgiscard contribue pour eux à Toulouse, le citoyen de Carcassonne en cette ville pour des biens sis à Villefranche, etc. — *Ibid., Arrêts*, t. VII. f° 209 v°; t. IX, f° 141. — *Ord.*, t. V, p. 258. — Arch. d'Albi, CC 160, f° 41; CC 162, f° 22.

2. *Bullet. de la Soc. archéol. de Béziers*, 2° sér., t. IX, p. 27. Saint-Pons et Riols, 1389. — Arch. d'Albi, CC 62. Albi et Lescure, oct. 1367.

3. Arch. de Toulouse, AA 36, n° 53; cf. n°⁽ˢ⁾ 4, 62, 84.

posait était la conséquence logique de la réalité des tailles.
Pourtant, avant qu'elle fût appliquée partout, il s'est passé
plus d'un siècle. C'est que la question mettait aux prises
les communes : unies pour imposer les privilégiés, elles
étaient divisées quand il s'agissait de leurs parts contributives. Les États se portent tantôt d'un côté et tantôt de
l'autre; ils obtiennent de Charles VII et de Louis XI des
édits contradictoires[1]; mais il est clair que dès lors ils
inclinaient de préférence vers une maxime qui consacrait
la réalité de l'impôt et qui prévenait la fraude[2]. C'est le
Parlement de Toulouse qui, par sa jurisprudence constante, inspirée du droit romain, a déterminé l'adoption
définitive de cette règle[3]; au XVIe siècle, elle s'applique
même aux biens meubles[4].

5° PRIVILÈGES CONCERNANT L'ÉQUIVALENT, LA GABELLE, LES DROITS FORAINS, ETC.

Tel est le système remarquable selon lequel ont été perçus
l'aide, l'« octroi » ou principal de la taille, les « crues »

1. Arch. de l'Hérault, *Del.*, t. I., fo 130; cah. de déc. 1459, art. 11 : « Que tous possessores contribuables paient et contribuent ès lieux et juridictions où ilz sont situez et assiz... » — Réponse : « Semble raisonnable...; toutesfoiz en aucuns lieux y a transactions de lieux voisins ensemble, selon lesquelles ceulx qui ont faictes lesdites transactions se doivent gouverner. » — *Ibid.*, fo 201; cah. de mai 1476, art. 16. Même requête : que la règle soit appliquée « nonobstant tran-sactions, pactes et autres accordz faiz entre telz tenans lesdits biens et les consuls des villes où ilz sont situez. » — Caseneuve, *Chartes*, cah. de mars 1484, p. 69; cf. p. 77.

2. Arch. de la Haute-Garonne, sér. B, *Arrêts*, t. IV, fo 374 vo (Agde, 1478); t. V, pp. 295, 423 (Carcassonne, 1480); t. VII. p. 192 (Le Puy, 1487), etc. — Arch. de l'Hérault, *Del.*, t. I. fo 177; cah. de févr. 1468, art. 17 (Toulouse). — Cf. *Digeste*, lib. L, tit. 15, cap. 4, § 2, 3 : « Is qui agrum in alia civitate habet, in ea civitate profiteri debet in qua ager est. »

3. *Ord.*, t. XIII, p. 493; janv. 1447. — *H. L.*, t. XII, pr. no 34, art. 13.

4. Arch. de la Haute-Garonne, sér. B, *Arrêts*, t. XLVII, fo 604 vo. Arrêt du 13 juill. 1554, sur lettres patentes du 18 déc. 1552. — *Ibid.*, C 2270, fo 441 vo. Décision conforme des États.

ajoutées à l'octroi, le taillon, une portion des frais des
villes, ceux des diocèses, ceux du pays, presque tous les
impôts, et les plus lourds. Mais la consommation, le commerce supportaient aussi des taxes, et celles-là, comme les
autres, ont reçu l'empreinte des institutions qui régissaient
le pays : même accordées une fois pour toutes, placées hors
de l'octroi annuel, elles trahissent par la façon dont elles
sont établies et administrées l'action continue des États.

Ainsi l'« équivalent ». Ce droit portait sur la vente de la
viande, du poisson, du vin, comme les aides qu'il remplaça,
en 1443, à la requête de l'assemblée. Il était, comme les aides,
imposé sur tout le monde : « Chacun en paye, dit le roi,
sans nul excepter, et qui plus despend, plus en paye »[1].
Dès l'origine les États sont maîtres de cet impôt. Moyennant une somme fixe, qu'ils garantissent au roi, ils emploient l'excédent, s'il y en a, à diminuer d'autant les subsides ordinaires. Ils ont nommé et présenté à Charles VII
les premiers « conservateurs », ou juges de l'équivalent[2].
Ils le répartissent entre les diocèses à la façon d'une taille,
ou l'afferment, selon le cas : ce dernier usage est celui qui
de bonne heure a prévalu[3]. Le bail est fait au nom du pays

---

1. *Ord.*, t. VII, p. 29. — Cependant les nobles et gens d'Église étaient exempts
des droits mis sur la viande et sur le poisson pour les provisions de leurs hôtels,
et du sixième du vin pour le vin récolté sur leurs biens non contribuables.
(*H. L.*, t. X, pr. n° 884, iii; XII, pr. n° 40.) — Sur l'équivalent, cf. plus bas,
Vᵉ partie, chap. ii.

2. Arch. de Toulouse, AA 38, n° 43; lettres du 11 oct. 1443.

3. « Afferme » dans la sénéchaussée de Beaucaire dès janv. 1445 (Bibl. Nat.,
lat. 9178, f° 64), mais non dans celle de Carcassonne. La quote-part de cette
sénéchaussée est de 32 000 l., celle du diocèse d'Albi de 3300. Ici, les commissaires députés par les conservateurs de l'équivalent « au apunctat, presens los
tres estatz de la dicha diocesa, que las somas que a cascun loc seran bayladas
per manieyra de ferma se levaran per los cossols, scindix ho juratz de cascun
loc... sus las carns, peyssos, vis », etc. Si cela ne suffit pas, les consuls, syndics, etc., pourront « metre sus alcun causa victual et a lor men gravabla et
mays aprofechabla alcun caus..., exceptat que no se fassa per manieyra de
talha. » (Arch. de Cordes, *Assiettes*, 1444, oct. 1447, 1448.) En 1449 l'équivalent
de la sénéchaussée est affermé pour 24 900 l., soit 7 100 l. de moins que sa quote-

et devant ses délégués; l'argent se lève en son nom. Nul n'est
admis à enchérir, s'il n'est agréable aux gens des États et
si les cautions qu'il fournit ne leur semblent pas suffisantes[1]. En effet, l'enchère une fois acquise et enregistrée, le
pays devient responsable, et c'est lui qui paie, si le fermier
fait faux bond[2]. Mais les États ont l'avantage de pouvoir
améliorer, d'accord avec les commissaires, l'assiette et la
perception de l'impôt : les mises à ferme, revenant tous les
trois ans, leur en donnaient l'occasion. Ceux de 1524 (octobre) décidèrent que désormais l'équivalent ne serait levé
que sur les bouchers et les aubergistes, non sur les particuliers[3]. L'assemblée opérait ainsi des dégrèvements successifs.

La gabelle, si l'on entend par ce mot l'impôt du sel, a été
introduite en Languedoc à peu près en même temps que
dans le reste du royaume, sous les deux premiers Valois;
mais elle doit à la nature de la contrée et à son histoire,
aux conditions physiques et politiques qu'elle y trouvait,
une physionomie spéciale.

Les salines considérables qui s'étendent le long de la
mer, des bouches du Rhône à Leucate, alimentaient un

part : la différence est répartie sur les diocèses et sur les communautés. (*Ibid.*
oct. 1449; cf. août 1450, oct. 1452.) En févr. 1455, les gens du pays ayant prétendu se débarrasser de l'équivalent, les commissaires royaux l'afferment d'autorité. L'année suivante, Charles VII, sur les plaintes des États, consent « que
la ferme soit au nom dudit pays, s'ils veulent..., pourveu qu'ils entretiennent
aux fermiers ce que par ses officiers, commissaires à faire ledit arrentement,
leur a esté promis, et que la somme vienne ens. » (Caseneuve, *Chartes*, pp. 138,
150.) Ce qui a lieu. Les baux à ferme désormais sont faits régulièrement, mais
non par les « conservateurs »; ceux-ci ne recouvrent pas les pouvoirs administratifs qu'ils joignaient avant 1455 à leurs pouvoirs judiciaires; sur ce point, les
commissaires royaux ont pris leur place et la gardent.

1. Arch. d'Albi, AA 45; cah. d'oct. 1500, art. 18.
2. « Folle enchère » du sieur du Ru, 1501-1504. (*Ibid.*; cah. de sept. 1501,
art. 12. — *H. L.*, t. XII, pr. n° 144.) Autre au diocèse de Mende, déc. 1519.
(Arch. de la Haute-Garonne, C 993, f° 392. Frais du pays.)
3. *Ibid.*, C 2182, f° 95. — Les modifications sont très fréquentes. Les États de
déc. 1459 en proposent déjà quelques-unes en faveur des noces et des confréries. (Cah. cité, art. 27, 28.)

commerce actif, non seulement avec beaucoup de pays de langue d'oc, mais aussi avec d'autres, plus distants, tels que Beaujolais, Mâconnais, avec des pays d'Empire, Dauphiné, Bresse, Savoie, et même avec quelques cantons de Suisse et de Franche-Comté[1]. Sauf dans la circonscription dite « salin de Carcassonne », où le roi possédait un monopole[2], le sel était une marchandise semblable aux autres, une denrée que l'on pouvait vendre et acheter librement. Les villes, celles surtout de la sénéchaussée de Nîmes, avaient à conserver ce trafic un intérêt capital.

Aussi la gabelle imposée en 1341 par Philippe de Valois a soulevé de leur part l'opposition la plus vive : Montpellier, Nîmes protestent contre le nouvel impôt; les États de 1346 en obtiennent la suppression[3]. Quand il reparaît, en 1359, et cette fois pour toujours durer, c'est à titre d'aide octroyée; l'assemblée des trois ordres qui l'institue en organise elle-même l'assiette, la perception[4]. La gabelle de Languedoc est alors un don des communes; elles n'en cèdent au roi que la jouissance temporaire. Plus tard le duc d'Anjou s'en est saisi; les officiers royaux n'y voient plus, sous le règne de Charles VI, qu'une portion du domaine[5]. Pourtant les États conservaient sur l'impôt du sel une certaine autorité : au XVe siècle ils y font adjoindre des « crues[6] »; sous Charles VIII ils prétendront que le roi ne

---

1. *Ord.*, t. XIV, p. 266. — Spont, *La gabelle du sel en Languedoc*, dans les Ann. du Midi, 1891, p. 430. — Arch. de l'Hérault, *Dol.*, t. II, f° 179. — Le sel de Languedoc, pendant la guerre de Cent ans, a été exclu du Quercy et des parties de la Guyenne où il pénétrait. Il reste en usage dans le Rouergue et dans une portion de l'Auvergne.

2. *H. L.*, t. X, pr. n° 241; cf. t. IX, pp. 150-151.

3. Ménard, *Hist. de Nîmes*, t. II, pr. n° 67. — *Hist. de Languedoc*, t. X, pr. n°ˢ 345, 393, 111, 395.

4. *Ibid.*, pr. n°ˢ 470, 471.

5. Voir plus bas, IIIᵉ partie, ch. IV.

6. Crues de 6 s. par quintal en oct. 1419 (Dognon, *Les Armagnacs*, etc., *Loc cit.*, pp. 484, 502), de 15 s. en juill. 1422. (Arch. de Toulouse, AA 80, et *H. L.*, t. X, pr. n° 834, col. 2042.)

peut imposer ces crues sans avoir leur consentement[1]. Ils
en maintiennent fermement l'assiette traditionnelle. La gabelle n'était pas en Languedoc l'impôt vexatoire et intoléra-
ble qu'elle fut en France, où le sel était réparti à la façon
d'une taille, où le contribuable était obligé de prendre et de
payer sa quote-part. Le cahier de 1365 et l'ordonnance con-
sécutive portent que le sel ne sera « gabellé » qu'une seule
fois : cela fait, les trafiquants auront liberté entière. Chacun
en achetait à son gré, selon ses moyens et ses besoins[2]. Le
Trésor ne gagnait guère à l'imposition de « crues » exces-
sives, le renchérissement du sel faisant baisser à proportion
le débit des greniers royaux.

Les « droits forains », ou taxes douanières, avaient aussi
en Languedoc apparence de subsides : on les appelle parfois des aides, *juramina*; tous trahissent par quelque endroit l'influence des communes et quelques-uns sont leur
œuvre.

Elles se sont occupées avec passion des questions com-
merciales; car la richesse du pays dépendait de son trafic.
Il produisait en abondance le vin et l'huile. Il était presque seul à cultiver le safran et le pastel, matière tinctoriale
alors fort appréciée. Il fabriquait les tissus de laine. Ses
ports furent longtemps les seuls que le roi possédât sur la
Méditerranée. Il avait eu le monopole du commerce du
Levant, de l'entrée des épices et des soieries; même après

---

1. Voir plus bas, V⁰ partie, chap. II.
2. Bibl. Nat., lat. 9175, f⁰ 62; 18 févr. 1365, art. 6, portant que, la gabelle
payée, « salis emptor per se vel alium possit dictum sal ubique libere asportare,
vendere, vel alias modo quolibet explectare. » — Art. 12. Pour éviter la fraude
de la part des gens habitant auprès des salins, des prudhommes estimeront
combien de sel ils peuvent dépenser par an et les taxeront en conséquence. —
Étaient aussi assujettis à ce régime exceptionnel, pour une raison semblable, les
pays du Sault, Fenouillet et autres, situés à la frontière de Roussillon. Les États
protestent et obtiennent des lettres en leur faveur. (Arch. de Toulouse, AA 89;
cah. de mars 1451, art. 40. — Arch. d'Albi, AA 15, cah. de sept. 1501, art. 22.
— Spont, *La gabelle*, etc., *Loc. cit.*, p. 478; réponse du roi.)

l'annexion de la Provence, il prétendit le garder[1]. Sa position exceptionnelle aux confins du royaume, entre l'Espagne, la Guyenne anglaise et la Provence angevine, avait tourné l'activité de ses habitants vers le négoce et les entreprises lointaines. Il reconnaissait la « marchandise » pour sa « mère et nourrice »; les marchands étrangers y trouvaient bon accueil; le droit d'aubaine n'y existait point[2].

Les communautés n'ont pas été étrangères aux prohibitions promulguées à partir du règne de Philippe IV contre l'exportation des laines et des matières tinctoriales[3] : elles entendaient ainsi favoriser la draperie. Sous Charles VIII elles font interdire l'entrée du royaume aux draps de Roussillon et de Catalogne[4].

1. Casencuve, *Chartes*, p. 71; mars 1484. — *H. L.*, t. XII, pr. n° 111; avr. 1488. — Le pays veut empêcher que les denrées du Levant n'entrent par les ports de Provence, ou qu'elles ne soient apportées aux foires de Lyon par les Vénitiens. De nombreuses doléances montrent que les lettres qu'il avait reçues n'ont pas produit l'effet qu'il en attendait. En 1513 les épices n'arrivent plus, disent les États, que par Venise et Marseille. En 1530 le commerce du Levant est annihilé; car le roi de Portugal, « ayant decouvert quelques isles en mer », introduit en Flandres, en Bretagne et en Normandie les épices de Calicut. (Arch. de l'Hérault, *Dol.*, t. II, f°s 135, 201.)

2. Cout. de Montpellier. 1204, art. 19, 31-33. — Cout. de Narbonne, 1232, dans Mouynès, *Invent.*, Ann. de la sér. AA, p. 26; cf. p. 243. — *Ord.*, t. IV, p. 668; févr. 1278. Nimes. — Arch. de Toulouse, AA 3, n° 280; 20 août 1472. Toulouse. — *Ord.*, t. XVIII, p. 124; juill. 1475. — Casencuve, *Chartes*, pp. 71, 85; mars 1484, sept. 1485, etc.

3. Boutaric, *Philippe le Bel*, p. 359. Le roi pouvait s'appuyer sur des précédents; cf. Langlois, *Philippe III*, p. 347. — En 1318 un groupe de « pareurs » ou drapiers de la sénéchaussée de Carcassonne obtient de Philippe V, moyennant un droit de 12 d. par drap sortant du lieu de fabrique, qu'il renonce à délivrer des licences d'exportation. (*Ord.*, t. XI, pp. 447, 458, 474.) Ce droit, que d'autres pareurs déclaraient insupportable, a été supprimé en 1331. (*Ord.*, t. II, p. 88; XII, p. 14. — Bibl. Nat., *Doat*, 157, f°s 11 et suiv. — *H. L.*, t. IX, p. 465, et les notes.) Mais la prohibition a subsisté sous forme d'une lourde taxe d'exportation. (Pigeonneau, *Histoire du commerce de la France*, 1889, 2 vol. in-8°, t. I, p. 312. — *H. L.*, t. X. pr. col. 2086; cah. de nov. 1428.)

4. Entre sept. 1495 et févr. 1498. (Arch. de l'Hérault, *Dol.*, t. I, f° 253, art. 16, et f° 18, art. 12.) Les États luttaient depuis longtemps contre la draperie espagnole. (Cah. cité de mai 1424, art. 17.) — Par contre ils favorisent l'entrée des matières premières, surtout de l'alun, que l'on tirait du Levant. (Arch. de l'Hérault, *Dol.*, t. II, f° 87; cah. de déc. 1509, art. 2, etc.)

L'exportation des grains et des autres subsistances, que l'on empêchait ou qu'on permettait selon l'état des récoltes, n'a jamais cessé de dépendre en quelque façon de l'assemblée des trois ordres. On a vu qu'au XIIIe siècle les sénéchaux étaient sur ce point tenus de les consulter. La règle, posée par saint Louis, confirmée par Philippe IV et Louis X, avait pour point de départ les coutumes communales : ainsi celle de Narbonne [1]. Pendant la guerre de Cent ans, c'est le roi ou son lieutenant qui ouvrent et ferment la traite; ils reçoivent les vœux des intéressés, mais ne s'y conforment qu'autant qu'ils le jugent à propos [2]. Vers 1442 les États avaient, semble-t-il, recouvré par lettres du roi leur ancienne prérogative [3]. Charles VIII leur reconnaît le pouvoir considérable d'interdire ou d'autoriser l'exportation du vin, des céréales et des bestiaux [4]. Ils l'ont exercé pleinement et sans conteste jusqu'au règne de François Ier [5].

1. Mouynès, *Invent.*, Ann. de la sér. AA, n° 114 : « Cant vet de blat se fa, las corts (les cours des seigneurs) nol podon far ses volentat e ses autrejament de consols... ». etc. — Voir plus haut, pp. 198-199.

2. Germain, *Hist. du comm. de Montpellier*, t. I, pr. n°s 117, 137, 197. — *H. L.*, t. X, pr. n° 632. — Arch. de Toulouse, AA 88; cah. d'août 1428, art. 9, de juin 1433, art. 4.

3. *Ibid.*, AA 80; cah. de mai 1442, art. 6. — Arch. de l'Hérault, *Dol.*, t. I, f° 115; cah. d'avr. 1457, art. 25 : Le roi a interdit la traite; ce serait la ruine du peuple. D'ailleurs il a « donné privilege au pais de Languedoc que la prohibition de tirer vivres ou victuailles de Languedoc ne doit estre faicte, sinon par deliberacion des prelatz, nobles et bonnes citez dudict pais; et ladicte ordonnance est fondée en bonne raison ; car il se pourroit fere que marchans ou gens particuliers pourroient pourchasser envers le roy ou ses officiers par divers moyens que la traicte fust deffendue, afin d'avoir meilleur desdicts blez, vins et autres victuailles, comme on dict que ainsi a esté faict ceste année, et puis après qu'ilz auroient sarrez toutes lesdictes marchandises, pourchasseroient avoir la traicte ; ainsi le povre peuple seroit destruit. Quant lesdictz prelatz, nobles et autres gens y seroient appellez, la prohibition [ne] seroit pas ainsi legierement octroyée. »

4. Caseneuve, *Chartes*, pp. 64, 103; mars 1484, juill. 1497.

5. A cette époque les États ordonnent, les officiers royaux exécutent. (Bibl. Nat., lat. 9180, f° 4. — *H. L.*, t. XII, pr. n°s 135, 149, 190.) De 1500 à 1540 ils ont interdit 24 fois la sortie du blé, 3 fois celle du bétail, une année seulement celle du vin. Mais, dès son avènement, François Ier réserve son bon plaisir et celui du gouverneur. (Arch. de la Haute-Garonne, C 993, f° 256 v°; cah. d'oct. 1516, art. 4, et cah. suivants.) En 1527 il attribue à Montmorency par lettres patentes le droit

La rève, de 4 deniers pour livre, l'imposition foraine, de 12 deniers, avaient été établies sous Charles IV et sous Jean le Bon (1324, 1360) sans l'agrément des communes, et de même divers droits sur le pastel, l'huile, le vin, imposés par le duc d'Anjou. Elles se plaignent vivement à Charles V, en 1380, de ces taxes arbitraires [1]; elles en ont à plusieurs reprises obtenu la diminution ou la suppression [2], si l'on excepte la rève, qui de bonne heure fut regardée comme droit domanial et par conséquent immuable. Au xve siècle elles les octroient : ainsi, en 1422, après la suppression des aides, trois droits de traite, l'un sur les blés, l'autre sur le vin, et le troisième, de 10 deniers, sur toutes sortes de marchandises [3]; en 1437 une imposition foraine de 6 d. qui, abolie en 1443, a été remise et doublée environ dix ans après [4]. Les États soutiennent que, sans leur consentement, on ne peut imposer aucune charge nouvelle sur l'exportation des vivres [5]. Si le roi ne leur a jamais reconnu un tel

exclusif d'ouvrir la traite et de la fermer. (Voir plus bas, p. 446.) Le privilège des États est menacé à chaque instant. Évidemment ils en abusaient et, pour obtenir le bon marché des denrées, ils empêchaient l'exportation, même quand la récolte était assez bonne. En 1541 le roi refuse de ratifier la clôture de la traite, vu l'abondance du blé. (*Ibid.*, C 2278, f° 196.) Désormais en cette affaire les États n'ont plus d'action que par voie de doléances. Aussi les prohibitions se font-elles beaucoup plus rares.

1. Bibl. Nat., lat. 9176, f° 26, art. 26. Ces redevances ont été mises « citra consensum communitatum patrie », etc.

2. *H. L.*, t. X, pr. n°s 535, art. 21 ; 538, 632, 633, art. 2. — Arch. d'Albi, CC 77; cah. de mars 1373, art. 4. — L'imposition foraine est supprimée en 1378-1380 rétablie en 1383, supprimée de nouveau en avril 1384, rétablie vers 1401 (Bibl. Nat., lat. 9175, f° 261, et 9176, f° 99; *Doat*, 54, f° 261, etc.); elle est abolie avec les aides en 1418.

3. *H. L.*, t. X, pr. col. 2042. En 1437 on ne savait plus la date précise de l'imposition de ces droits. (Cf. *ibid.*, n° 861.)

4. *Ibid.*, et n° 884, II. — En mars 1451 l'imposition foraine n'est pas encore rétablie (cah. cité, art. 53) ; mais elle l'est en 1456. (Arch. de Toulouse, *Reg. des trésoriers-généraux*, t. I, f°s 147, 172.) Il est possible que le roi se soit ainsi dédommagé des 10000 livres qu'il avait dû remettre au pays sur l'équivalent en 1452.

5. Cah. cit. d'oct. 1445, art. 20, de mars 1451, art. 36. — Arch. de la Haute-Garonne, C 993, f°s 158 v°, 207; cah. d'oct. 1514, art. 1, d'août 1515, art. 7.

privilège, du moins tenait-il souvent compte de leurs plaintes à cet égard.

Du règne de Philippe IV à celui de Charles VII tous les droits forains [1] ont été perçus à la frontière du pays, non du côté de l'Auvergne, du Rouergue, du Quercy, mais aux frontières qui formaient les extrémités du royaume, à celles du Rhône, de la Méditerranée, à la limite de l'Espagne et des territoires anglais [2]. Les marchandises de Languedoc ne rencontraient pas de douanes intérieures, sauf un droit de rève quand elles franchissaient le Rhône pour entrer en Dauphiné [3]. Ces dispositions étaient très favorables au commerce : sous Charles VII les États les font observer par les fermiers qui prétendaient percevoir les droits sur place, aux lieux de vente et d'achat [4]. Quand la frontière du royaume recule vers l'ouest par l'annexion de la Guyenne, vers l'est par celle de la Provence, les États veillent à ce que les droits forains soient payés, comme auparavant, une seule fois, uniquement par les produits qui s'en vont à l'étranger [5].

1. Y compris l'imposition foraine. (*H. L.*, t. X, pr. col. 1243, et n° 792. — Arch. de Toulouse, AA 45, n° 56, et AA 88, f° 56 v°.)

2. C'est seulement en 1400-1403 que des bureaux sont institués aux issues de la sénéchaussée de Toulouse. Auparavant la rève n'y avait pas cours; le roi se bornait à percevoir un droit de 5 s. t. par charge, ou 20 s. par pipe, sur le pastel qui descendait la Garonne (*Ibid.*, *Reg. des trés.-généraux*, t. I, f°s 154-160.)

3. Arch. de la Haute-Garonne, sér. B, *Édits*, t. VI, f° 25; oct. 1547.

4. Cah. cités d'oct. 1445, art. 20, d'avr. 1446, art. 43, d'avr. 1449, art. 25.

5. Ils auraient voulu que les droits ne fussent exigibles qu' « au derrenier lieu du royaume, d'où sortent et gectent les marchands. » Ils ont obtenu plusieurs déclarations en ce sens, notamment sous Charles VII et sous Charles VIII. (Arch. de Toulouse, *Reg. des trés.-généraux*, t. I, f° 171; 14 janv. 1456. — Caseneuve, *Chartes*, p. 78; mars 1484. — Cah. cité de févr. 1498, art. 9.) Du côté de la Provence leur système a prévalu, et de même aux comtés de Foix, de Comminges, etc. Cela résulte de la position des bureaux de perception et d'une foule de textes. (Arch. de la Haute-Garonne, sér. B, *Édits*, t. V, f°s 102, 119, Foix; t. VI, f° 133, nov. 1551; t. VII, f°s 98, 146, Provence.) Mais du côté de la Guyenne, les trésoriers-généraux maintiennent les anciens passages; les marchandises y acquittent les droits forains, sauf aux marchands, si par la suite elles sont vendues ou consommées dans le royaume, et non « tirées » au dehors, à se faire rembourser,

Il n'y a pas d'impôt qu'ils n'aient rendu plus supportable. Les droits de franc fief, nouvel acquêt et amortissement, qui avaient donné lieu à tant de commissions extraordinaires et prétexte à tant d'extorsions, sont réduits sous Louis XI, Charles VIII et François Ier à un abonnement exigible à la fin de chaque période de quarante années. Les États en débattent le montant avec les commissaires royaux ; ils le font « imposer, lever, cueillir et payer au nom du pays »[1].

Au XVIe siècle ils se réservent la recette de plusieurs charges nouvelles : impôt pour l'entretien des places fortes, crue sur le sel pour les gages des magistrats présidiaux, taillon destiné à la solde des gens d'armes.

L'assemblée cherchait à « faire bons les deniers au roy », à rendre le pays maître des opérations qui précèdent le versement, de façon qu'il n'entretînt de rapports financiers avec les officiers royaux que par l'espèce de tribut qu'il aurait mis entre leurs mains. Il s'en faut que les gens des États aient pu réaliser cette pensée; mais elle inspirait leurs actes et, dans la mesure où elle a reçu exécution, il est probable qu'elle a rendu le sort de leurs commettants préférable à celui des habitants de la région du Nord.

à l'aide de certificats, les sommes qu'ils ont versées. (Arch. de Toulouse, *Reg. cité*, t. I, f° 172, 7 déc. 1457, et AA 50, n° 63, 12 sept. 1553, etc.)

1. Les sénéchaussées de Toulouse et de Carcassonne traitent les premières en oct. 1471 avec Jean Herbert, général des finances, pour 15000 fr. (Bibl. Nat., lat. 9178, f°s 250-275.) Par lettres de juill. 1497 la sénéchaussée de Beaucaire est admise à jouir des effets de cette composition. (Caseneuve, *Chartes*, p. 98; cf. *Franc-Alleu*, p. 301.) — En 1516 le contrat relatif aux francs-fiefs et nouveaux acquêts est renouvelé entre le roi et les États. En 1522, autre contrat, à l'occasion des droits d'amortissement. (Caseneuve, *Chartes*, p. 154.) — En 1551 l'abonnement monte au total à 100000 l., réparties également entre les sénéchaussées; les gens de mainmorte en supportent les trois quarts; les contribuables dénombrent leurs biens devant le syndic de chaque diocèse. (Arch. de la Haute-Garonne, C 2279, f°s 226-239, et C 1544, 2110.)

6° SITUATION POLITIQUE DU PAYS DANS LE ROYAUME.

L'action des communes, des États sur les destinées du pays est donc manifeste; pour mieux dire, il est leur ouvrage; le corps de ses privilèges, l'espèce de constitution dont il jouissait est le fruit de leurs requêtes, de leurs efforts prolongés pendant deux siècles. Mais ces requêtes, étant des conditions de l'octroi, ne se rapportaient qu'à l'impôt et au pays qui le payait. Les États ne s'occupent point des affaires du royaume; ce n'est pas pour cet objet qu'ils sont réunis; la tentation ne leur vient presque jamais d'élever leurs regards et leurs avis jusqu'à la politique générale. Au plus fort de la guerre et de l'invasion, en mars 1420, les députés de Toulouse ont charge de proposer à l'assemblée qu'une ambassade aille prier le comte de Foix d' « abaisser des yeux de miséricorde » sur le royaume démembré, et qu'une autre supplie le pape d'apaiser un différend qui met aux prises les deux plus puissantes maisons de la chrétienté. C'est peut-être la seule occasion où, spontanément, les États aient eu pareille pensée[1].

Séparés de la France propre autant par les institutions que par les montagnes et la distance, les gens de Languedoc ont longtemps vécu dans l'isolement moral. Ce qui se passait au Nord ne les touchait guère, et seulement par contrecoup. Ils faisaient l'octroi « principalement pour la tuition du pays », dont ils n'entendaient pas que la « substance » fût dépensée au profit d'un autre pays. Quand le comte de Foix demande aux États un subside pour la guerre de Guyenne, ils répondent qu'ils ne sont pas obligés de défendre la Guyenne; ce serait plutôt l'affaire des pays circonvoisins, Limousin, Quercy, Saintonge. Les Toulousains refusent à la ville d'Orléans, assiégée par l'armée anglaise, les secours

1. Arch. de Toulouse, AA 80. Instructions, art. 12, 13.

qu'elle implorait. Ici comme ailleurs les exploits merveil-
leux de Jeanne Dare paraissent avoir ému l'imagination
populaire; mais la bourgeoisie gouvernante s'inquiète moins
de l'héroïne que de la faible monnaie de deux deniers seize
grains d'aloi [1].

Il faut se reporter par la pensée à un temps où le seul lien
entre les gens de Languedoc et le reste du royaume était
l'universelle autorité du roi, suzerain de tous, qui recevait
leur serment et pour qui, lors de ses revers, ils consentirent
en loyaux sujets les plus onéreux sacrifices. Ils ont alors le
sentiment très net et très fort qu'ils lui doivent obéissance;
ils détestent ses ennemis, fêtent ses victoires : ce sont, pour
ainsi dire, les espèces sous lesquelles ils communient avec
les autres Français. Mais il est certain qu'en appliquant les
ressources du pays aux objets les plus divers, les plus étrangers à ses besoins et à ses vœux, en le faisant participer à la
fortune, bonne ou mauvaise, des autres régions du royaume,
la monarchie l'a obligé, par les variations mêmes de l'impôt
qu'il acquittait, à prendre conscience de sa solidarité avec
des pays lointains, la Picardie, la Champagne...

Au moins une fois par an, les représentants des trois
ordres, invités à contribuer de leurs deniers à la défense ou
à l'extension du royaume, étaient en même temps initiés à
ses affaires, élevés au-dessus de la contemplation de leurs
propres intérêts. A l'ouverture des séances des États de Languedoc, les commissaires chargés de présider l'assemblée
lisaient et commentaient de vive voix les lettres du roi, qui
sont devenues à la fin du xve siècle de vrais messages politiques. Louis XII fait un exposé de la situation financière :
il énumère ses recettes, ses dépenses, qui le contraignent à
demander un nouvel impôt; au besoin il les justifie [2]. Sous

1. *Ibid.*, AA 88, f° 1 ; cah. d'août 1428. — *Ann. du Midi*, 1889, p. 232.
2. Arch. d'Albi, AA 45. — Bibl. Nat., fr. 22406, n°s 59, 60. — Arch. de la
Haute-Garonne, C 993, f°s 26 v°, 51, 62, 74.

les Valois-Angoulême, il n'est plus question du budget; François Ier se contente d'exposer sa politique étrangère, non sans la faire valoir. A propos de l'alliance d'Angleterre, il dira que nulle ne convient mieux au royaume « tant pour communication du commerce de marchandise, qui est entre les sujets desdits royaumes, que autrement ». Après l'allié qu'il faut payer, l'ennemi qu'il faut combattre, l' « esleu empereur », ses « mauvaises et dampnées entreprises », son dessein de « junchir, destruire, butiner et departir » le royaume, les « intolerables injures » qu'il a faites au roi, sa grande « ambition de dominer et insatiable cupidité d'usurper et detenir le bien d'autrui »[1]. Henri II donne à ses lettres plus d'étendue et d'accent; ainsi en 1552 : « L'on a veu, dit-il, avec quelles forces nous avons entrepris le voyage d'Allemaigne pour favoriser l'entreprise des princes, nos alliés, et leur aider à restaurer la liberté germanique, pour lever et oster le joug de miserable servitude que l'empereur, nostre ennemi et adversaire, avoit imposé aux Germains, qui de tout temps ont esté de l'alliance de France »[2]. C'était d'ailleurs de la part du roi un simple communiqué de l'état de ses affaires; l'assemblée n'y voyait pas autre chose et se bornait à remercier.

La constitution du pays de Languedoc paraît dans l'histoire de l'ancienne monarchie une singularité, si l'on considère qu'elle a pris naissance en une région très anciennement réunie à la couronne, non avant l'annexion, comme en Bretagne, Bourgogne, Provence, mais longtemps après, sous l'égide des rois de France, dont les trois grandes sénéchaussées ont constamment dépendu.

Comment les rois, si jaloux de leur pouvoir, ont-ils laissé se former ici un faisceau de privilèges que dans le reste de leurs domaines ils proscrivaient soigneusement?

---

1. *Ibid.*, C 2277, f°s 168, 306; 2278, f° 283.
2. *Ibid.*, f° 299. Cet exposé, très intéressant, remplit 4 folios.

C'est que nulle part ils n'ont trouvé plus d'obéissance et
régné plus facilement que dans ce pays quasi-autonome.
Les franchises de Languedoc ne reposaient pas sur une
aristocratie, mais sur une oligarchie bourgeoise. Cette classe,
qui devait une partie de sa fortune à l'aide de la royauté,
était portée par ses traditions, par ses mœurs et par la prudence à mériter la continuation des mêmes faveurs. Chez
elle on chercherait vainement des traces de l'esprit d'indépendance, du mécontentement, de l'aigreur qui disposèrent
tant de seigneurs à la Réforme. Plein de sollicitude pour les
biens qu'il avait acquis et de respect pour la puissance royale,
le tiers état n'imaginait en aucune occasion d'entrer en lutte
contre elle. Entre ses mains les libertés du pays ont limité
l'exercice de l'autorité du roi ; mais, loin de lui créer des
embarras ou de l'affaiblir, elles l'ont plutôt servie : l'administration des communes, celle des assiettes, celle des États,
qui épargnaient au peuple les rapines des agents comptables, épargnaient au Trésor les moins-values et garantis-
saient la rentrée des fonds.

Enfin, si la royauté n'avait pas été obligée d'unir en un
gouvernement les sénéchaussées du Midi, d'en faire une
sorte d'État, pourvu de ses organes propres, elles auraient
probablement plié sous la centralisation comme les provinces
du Nord ; il n'y aurait eu ni pays, ni États « généraux » de
Languedoc, ni privilèges durables. Les institutions administratives de la contrée expliquent pour une part ses institutions politiques, et l'on verra que les unes et les autres ont
faibli presque en même temps.

TROISIÈME PARTIE

L'ADMINISTRATION ROYALE DE LOUIS IX A FRANÇOIS Ier.

CHAPITRE PREMIER

LE GOUVERNEMENT DE LANGUEDOC ET DE GUYENNE

Les domaines que les rois de France acquirent dans le Midi avaient été divisés en sénéchaussées ou « provinces »[1]. Cette circonscription est la plus ancienne de celles que la monarchie a successivement adoptées pour grouper sous son administration les peuples méridionaux.

Les sénéchaussées de Beaucaire, de Carcassonne et celle de Rouergue ont été créées par Simon de Montfort; elles ont pris dès l'abord figure presque définitive. La sénéchaussée de Toulouse a la même origine. Comme elle confinait aux domaines des rois anglais, ses frontières occidentales ont varié au gré des événements politiques et militaires[2].

La sénéchaussée de Périgord et de Quercy s'est formée peu à peu durant la seconde moitié du XIIIe siècle. Soumise en même temps à l'influence des deux royautés rivales, elle a servi de théâtre aux luttes de leurs fonction-

---

1. Sur le sens de ce mot, voir plus haut, p. 215.
2. *H. L.*, t. XII, note XVIII, p. 323. — Longnon, *Atlas hist. de la France* pl. XIV, et *Texte explicatif*, p. 242.

naires et de leurs armées[1]. Avant le traité de Brétigny, la
Guyenne en dépendait, à titre de fief de la couronne. Le
Périgord et le Quercy, *totalement* séparés du royaume en
1360, de même que le Limousin et le Rouergue, ont été
de nouveau, dix ans plus tard, incorporés *totalement*.
Charles V en a fait deux sénéchaussées distinctes, dont les
limites étaient celles des deux pays. Ni l'une ni l'autre ne
s'étendait sur la Guyenne anglaise, désormais indépendante de droit et de fait. Elles n'ont éprouvé ensuite aucun
notable changement[2].

Aux sénéchaussées dont les noms précèdent sont venues

1. L'histoire de cette double sénéchaussée est assez compliquée. Alfonse de
Poitiers, héritier de Raimond VII, possédait l'Agenais et le Quercy, formant
ensemble une sénéchaussée (Cathala-Coture, *Histoire du Quercy*, 1788, 3 vol.
in-8°, t. III, p. 223), mais seulement le Bas-Quercy, c'est-à-dire la partie du
pays qui est au sud du Lot. Le Haut-Quercy appartenait à saint Louis et formait,
avec le Périgord et le Bas-Limousin, une sénéchaussée royale. (Boutaric, *Saint
Louis et Alphonse de Poitiers*, pp. 65, 66.)

En 1258 saint Louis céda, sous réserve d'hommage, au roi d'Angleterre, duc de
Guyenne, sa « droiture » en ces trois pays. Or, la « droiture » du roi consistait
moins en domaine utile qu'en hommages. Beaucoup de villes ou de seigneurs,
dont l'hommage ne pouvait être aliéné sans leur consentement, refusèrent
d'adhérer au traité et restèrent sous la suzeraineté directe du roi de France :
ainsi en Périgord, les villes de Périgueux, de Sarlat, le comté même de Périgord, etc.; dans le Haut-Quercy, la plupart des vassaux. Cette partie du traité
resta imparfaitement exécutée. La sénéchaussée royale, quoique modifiée, subsista
et sous le nom de *sénéchaussée de Périgord*, continua de réunir les trois pays, ou
portions de pays. Le roi d'Angleterre eut également un sénéchal en « Périgord,
Quercy et Limousin », en raison du domaine utile et des hommages qu'il y déter-
nait (Dessales, *Histoire du Périgord*, 1886, 3 vol. in-8°, t. II, pp. 34, 87, 250).

En 1258, l'Agenais et le Bas-Quercy avaient aussi été promis à Henri III, au
cas où le comte Alfonse mourrait sans postérité, ce qui eut lieu. L'Agenais fut
en effet remis au roi d'Angleterre (1279); mais Philippe le Bel parvint à garder
le Bas-Quercy (1286), moyennant l'abandon d'une partie de son domaine utile
dans la même région (Cathala-Coture, *Op. cit.*, t. III, pr. n° 18). Ce pays
conserva le nom de *sénéchaussée de Quercy* qu'il avait sous Alfonse, mais fut
administré par le sénéchal qui siégeait à Périgueux. (Boutaric, *La France sous
Philippe le Bel*, appendice, p. 457.)

2. Cathala-Coture, *Op. cit.*, t. I, p. 294 ; t. II, p. 438. — Dessales, *Op. cit.*, t. II,
p. 286 ; t. III, pp. 65, 70. Le Quercy comprenait au nord de la Dordogne le
bailliage de Martel. Quant au Périgord, il est reproduit avec une suffisante exactitude par le département actuel de la Dordogne. Il s'étendait donc assez largement sur la rive gauche ou méridionale de la rivière.

s'ajouter sous Philippe le Bel celle de Bigorre, celle d'Agenais sous Charles IV, toutes deux fort petites et de peu
d'importance, disputées avec acharnement et souvent parta-
gées entre la France et l'Angleterre[1].

De bonne heure, la royauté a dû tenir compte des affinités
naturelles qui unissaient entre elles les sénéchaussées du
Midi. Malgré l'étendue considérable des trois principales[2]
et le caractère de pays particuliers que les autres offraient,
toutes ensemble formaient un groupe assez homogène, une
grande région distincte, éloignée de la France propre,
pourvue d'une capitale, Toulouse, comme la France avait
Paris[3]. On y parlait une même langue, on y suivait un
même droit qui n'étaient point la langue ni le droit du
Nord. Aussi les voit-on réunies, de 1280 à 1291, en un seul
ressort dans lequel une délégation du Parlement de Paris
rend la justice souveraine[4]. On y courait mêmes risques de
guerre de la part des Anglais de Guyenne : dès 1296, afin
de les mieux défendre, le roi les met, à l'exception d'une
seule, sous l'autorité d'un même gouverneur[5].

1. Le comté de Bigorre a été séquestré par Philippe IV, en 1292. En 1301 il
s'y trouvait un sénéchal et une cour royale. (Viart, *Gages des officiers royaux
vers 1329*, dans la Bibl. de l'École des Chartes, 1890, p. 257.) Ce pays, perdu
en 1360, reconquis ensuite, a été cédé au comte de Foix par Charles VII, en 1425.
— L'Agenais, deux fois possédé par les rois de France, deux fois abandonné par
eux, leur appartient derechef en 1328, mais seulement en partie : un sénéchal
français et un sénéchal anglais s'y font la guerre. (Magen et Tholin, *Arch.
d'Agen, Chartes*, nos 92, 132, 150, etc. — Tholin, *Ville libre et barons*, pp. 24, 45,
53, 185).

2. La sénéchaussée de Beaucaire équivalait presque à six de nos départements ;
de même celle de Toulouse. La sénéchaussée de Carcassonne en valait plus de
deux.

3. En Languedoc on dit « Paris en France ». Jusqu'au XVIe siècle, pour un Méridional, aller en France signifie passer les montagnes, la France étant le pays
d'« au delà » par opposition au pays d'« en deçà ». Pendant les guerres anglaises
le voyage de Toulouse à Paris dure un mois ou davantage, en temps de paix, au
minimum, huit jours environ. C'est plus de temps qu'il n'en faut maintenant pour
se rendre de Paris à Orenbourg, *terminus* oriental des lignes de fer européennes.

4. *H. L.*, t. X, pr. nos 29, 75, etc.

5. *Ibid.*, t. X, pr. no 89, et note I, p. 3.

Dans le courant du xive siècle le mot de Languedoc acquiert un sens nouveau. Il désigne avec une netteté croissante une certaine unité administrative[1]. La ligne de démarcation tracée entre Languedoc et Languedoil devient beaucoup plus précise, car elle ne distingue plus tant deux langues, deux régions naturelles, que deux contrées gouvernées à part et tenant à part leurs États.

Il semble que les personnages appelés, au moins depuis 1324[2], « lieutenants en Languedoc » n'aient sous la main que les sept sénéchaussées. Mais le champ ouvert à leur action peut s'étendre au delà, en Guyenne, en Gascogne, en Saintonge. Lorsque les lettres royales leur donnent à gouverner ces contrées nommément « et toute la Languedoc », elles ne font qu'indiquer de façon plus spéciale le terrain sur lequel ils auront à porter la guerre[3].

Au milieu du xive siècle, la Languedoil administrative s'est agrandie au détriment de la Languedoc. Elle s'est avancée jusqu'à la Dordogne, absorbant un bailliage du Quercy et presque tout le Périgord[4]. Depuis lors et pendant un siècle, la circonscription dans laquelle gouverneurs,

---

1. *Ibid.*, t. X, note VI, *Sur l'origine du nom de Languedoc*, par dom Vaissete et t. XII, note XVIII, pp. 132, 318. Cette dernière note contient quelques inexactitudes.

2. *Ord.*, t. IV, p. 37. Charles de Valois, « locumtenens in partibus occitanis ».

3. Louvet, *Traité en forme d'abrégé de l'histoire d'Aquitaine, Guyenne et Gascogne*, 1659, in-4°, IIe partie, pp. 58, 61 (19 juillet 1337, 15 décembre 1338). — *H. L.*, t. X, pr. nos 323, 351, etc. — M. Molinier se trompe certainement quand il soutient contre dom Vaissete (*H. L.*, t. XII, note XVIII, p. 318) que l'Agenais et le Bigorre ne dépendaient pas des lieutenants généraux de Languedoc. Ils y jouissaient de la même autorité que dans le reste de leur gouvernement : ainsi Charles de Valois dans l'Agenais, l'évêque de Beauvais en Bigorre (Magen et Tholin, *Chartes*, n° 154. — Davezac-Macaya, *Essais hist. sur le Bigorre*, t. II, p. 79), Pierre de Palu (*H. L.*, t. X, pr. n° 337), le duc d'Anjou dans l'une et l'autre sénéchaussée. Plus tard, quand Boucicault est nommé gouverneur, le 4 février 1413, les sénéchaux de Toulouse, Beaucaire, Carcassonne, Rouergue, Quercy, Bigorre et Agenais ont ordre de lui obéir. (Bibl. Nat., *Languedoc*, 88, f° 123.)

4. Dessales, *Op. cit.*, t. II, pp. 250 et suiv. Le connétable Charles d'Espagne (1351-1352), le maréchal Claude de Chantilly (jusqu'en 1355) sont lieutenants du roi « dans le pays entre Loire et Dordogne ». — Cf. *H. L.*, t. IX, p. 677.

réformateurs, généraux des aides et des finances de Languedoc exerçaient leur autorité, se maintint telle quelle, ayant la Dordogne pour limite septentrionale [1]. Par le ressort du Parlement de Toulouse elle s'est même perpétuée jusqu'en 1789 [2].

L'Agenais, le Bigorre, le Quercy, le Rouergue et le Périgord, pour avoir passé dix ans sous la domination anglaise (1360-1370), ont été regardés plus tard comme une part de la Guyenne. De là viennent les pouvoirs « en Languedoc et duché de Guyenne » qui furent invariablement donnés aux lieutenants du roi et autres fonctionnaires à partir de 1370 [3].

1. *H. L.*, t. X, pr. n° 457 ; 4 décembre 1357. — *Ord.*, t. VI, p. 529 ; 19 nov. 1380. — *H. L.*, t. X, pr. n° 876 ; 5 juill. 1440, etc.

2. *Ibid.*, pr. n° 886 ; 11 octobre 1443. Édit d'institution du Parlement de Toulouse. Au début du règne de Louis XI, la juridiction de cette Cour est étendue sur « les villes et pays bordelais et tout l'autre pays par deçà la rivière de Dordogne, ... nonobstant que aucuns desdiz pays estans par deçà ladite rivière ayent ressort au Parlement de Paris ». (Arch. de la Haute-Garonne, sér. B, *Reg. de Malenfant*, t. 1, f° 59 ; arrêt du 12 nov. 1461, enregistrant l'édit royal, du 20 oct.) En fait, les procès provenant des pays nouvellement conquis ont été portés soit à l'une, soit à l'autre Cour (*Ord.*, t. XV, pp. 502, 595, 613, 615 ; lettres des 12 juin, 6 décembre 1462, 7 février 1463). Le 10 juin 1462 est créé le Parlement de Bordeaux (*Ord.*, t. XV, p. 500), dont le ressort, si l'on en croyait les lettres d'institution, aurait été distrait uniquement de celui du Parlement de Paris. Il a compris les sénéchaussées ou pays de Périgord, Limousin, Gascogne, Landes, Agenois, Bazadois (*Ibid.*), la Saintonge (*Ord.*, t. XV, p. 608. Cf. t. XVIII, p. 5) et le bailliage de Martel, partie du Quercy située au nord de la Dordogne. (*Ord.*, t. XV, p. 612. Cf. t. XVIII, pp. 8, 34, et Boscheron des Portes, *Hist. du Parl. de Bordeaux*, 1878, 2 vol. in-8°, t. I, p. 21.) Le Parlement de Toulouse n'a donc perdu, à l'établissement de la nouvelle Cour, qu'une portion de territoire acquise depuis peu, contestée, partagée et de médiocre importance. Son ancien ressort a été conservé intact, non sans contestations fréquentes. Il se composait des trois grandes sénéchaussées de Languedoc, du Quercy moins un bailliage, du Rouergue et de plusieurs bailliages et jugeries. La sénéchaussée d'Armagnac, créée par Louis XI, a été rattachée tout entière au Parlement de Toulouse. Mais sous François Ier la Cour de Bordeaux la lui disputait encore, ainsi que le Quercy. (*Ord.* t. XVIII, p. 5. — Arch. de la Haute-Garonne, sér. B, *Arrêts*, t. VII, f° 353 ; *Édits*, t. II, f°s 181 v°, 299 v°. — Arch. de la Gironde, B 31, f° 165 v°.) L'autorité du Parlement toulousain s'exerçait aussi dans le comté de Bigorre (Arch. de la Haute-Garonne, sér. B, *Arrêts*, t. IX, f° 329 et *passim*), et même dans l'Agenais. (*Ibid.*, t. XI, f° 386, et C 2276, f° 282, proc.-verb. janv. 1509.)

3. Louret, *Op. cit.*, p. 273. — *Ord.*, t. V, p. 337 ; VI, p. 508 ; VII, p. 163 ; XIV, p. 113. Tous ces exemples sont relatifs aux années 1370-1377. Ensuite ils abondent.

Les liens administratifs établis entre les diverses parties de ce territoire survivaient donc aux vicissitudes que trois d'entre elles avaient éprouvées. Mais l'union politique qui naissait à la faveur des assemblées générales d'États de Languedoc n'y résista point. La conquête anglaise, si peu durable, suffit à les briser. Seules les trois sénéchaussées que le traité de Brétigny laissait au roi de France ont continué de délibérer en commun [1]. Dès la fin du règne de Charles V elles retiennent exclusivement le nom de Languedoc. Quant aux autres, leur isolement politique les prépare à la mesure qui, dans le courant du XVe siècle, les a rattachées au gouvernement de Guyenne et les a fait sortir du groupe administratif auquel elles avaient si longtemps appartenu.

L'importance de ce groupe et la place qu'il tient dans l'histoire de France, sont hors de proportion avec son étendue territoriale. Même amoindri, rejeté en deçà de la Dordogne, il forme encore, avant l'ère des grandes et définitives annexions, avant Charles VII et Louis XI, une portion considérable du royaume, environ le quart [2]; mais par la situation géographique, par le langage et les institutions qui lui appartiennent en propre, il en est, pour ainsi dire, une moitié. La superficie plus grande, la population plus nombreuse et la richesse supérieure de la Languedoil ont pour contrepoids les fortes traditions de la Languedoc, son unité relative et les avantages spéciaux qu'elle a procurés aux rois de France. Elle leur a permis d'agir en Provence, en Aquitaine, en Aragon et leur a ouvert la Méditerranée. En Languedoil étaient les grandes seigneuries, les fiefs, les apanages, restreignant l'aire où leur pouvoir s'exerçait dans sa plénitude, rétrécissant leur domaine au point qu'il y paraisse, de Charles V à Charles VII, à peine supérieur

1. Voir plus haut, pp. 215-217.
2. *H. L.*, t. X, pr. n° 707, ann. 1388.

en superficie au groupe domanial qu'ils possédaient en Languedoc[1]. Des deux régions qui se partageaient leurs États, celle-ci a été la plus assurée entre leurs mains; elle n'a fait défaut à aucun d'eux, pas même au « roi de Bourges », qui sans elle n'aurait pu recouvrer son royaume.

La monarchie française, malgré son esprit unitaire, s'est pliée à un dualisme qui était l'œuvre des siècles. Elle l'a même entretenu, cédant à la nature des choses, à certaines nécessités politiques, aux vœux des habitants du pays.

En Languedoc, du moins depuis 1337, les gouverneurs se succèdent à peu près sans interruption. Ce sont de véritables vice-rois.

Dès que les États commencent à se réunir fréquemment, il devient indispensable d'organiser une administration des finances spéciale à cette région. En effet, son assemblée d'États ne se mêle point avec celle de Languedoil; ses « octrois » diffèrent des octrois ou impôts de Languedoil par le montant des subsides et par la nature des taxes qu'ils établissent; elle prétend que le produit en soit employé sur place[2]. Aussi y a-t-il en Languedoc, depuis 1350, un ou plusieurs receveurs généraux, à partir de 1368 un ou plusieurs généraux des aides, chargés soit de rendre la justice en ces matières, soit de manier les fonds.

La création d'un Parlement à Toulouse est le dernier succès — et le plus décisif — qu'aient obtenu les tendances particularistes du pays et des États. Ce dédoublement de l'autorité royale dans l'exercice de son attribution essentielle ne s'accomplit pas sans luttes et sans à-coups. Beaucoup de gens y répugnent, et la royauté, pour faire une telle concession, s'y reprend à plusieurs fois[3]. D'ailleurs la déci-

---

1. Longnon, *Atlas hist. de la France*, pl. XV.

2. Voir plus haut, p. 277.

3. 1° Délégation de 1278-1291. 2° Promesse contenue dans l'ordonnance de 1303, art. 62 (*Ord.*, t. II, p. 453) et restée sans exécution. 3° Institution à Toulouse d'un

sion de Charles VII, visiblement inspirée par le désir de diminuer la puissance du Parlement de Paris, précède de peu l'époque où va s'effacer l'ancienne division du royaume en Languedoïl et Languedoc.

La région située au sud de la Dordogne doit donc être considérée comme ayant servi de cadre à un corps assez complet d'institutions administratives, qui reproduisaient dans de moindres proportions celles de la région du Nord.

CHAPITRE II.

LES PREMIERS ORGANES ADMINISTRATIFS.

L'administration royale s'est développée en Languedoc de la même façon que dans le reste du royaume. Très simple au début, elle est devenue de plus en plus complexe. Par un progrès naturel, la royauté s'est donné, au fur et à mesure de ses besoins, des organes plus nombreux et mieux appropriés aux fonctions variées qu'elle ne cessait pas d'assumer.

1° SÉNÉCHAUX, JUGES ET VIGUIERS. LA COUR DE SÉNÉCHAUSSÉE.

Ses premiers agents ne sont autres que ceux dont la féodalité méridionale était déjà pourvue : les sénéchaux et les viguiers. Le roi et ses vassaux ont, dans leurs domaines respectifs, établis côte à côte, et parfois dans la même ville,

---

Parlement (*Ord.*, t. XI, p. 59; 20 mars 1420), lequel est supprimé par ordonnance du 7 oct. 1428 (*Ord.*, t. XIII, p. 140), à la requête des États de Languedoïl. 4° Concession aux généraux des aides de Languedoc d'une juridiction souveraine limitée (*Ord.*, t. XIII, p. 257 ; 30 janv. 1438). 5° Institution définitive du Parlement de Toulouse en 1443.

des officiers de nom et de pouvoirs semblables. Les uns et les autres servent et représentent en toutes choses le maître qui les a nommés. Le sénéchal dans sa sénéchaussée et, au-dessous de lui, le viguier dans sa viguerie, jugent, administrent, font la recette et la dépense des revenus domaniaux, commandent les troupes féodales, bref possèdent dans sa plénitude la puissance publique[1]. Tel est le caractère propre de leurs fonctions.

Outre les vigueries, la sénéchaussée de Beaucaire comprenait trois grands bailliages : Gévaudan, Vivarais et Velay. Il s'y trouvait aussi des châtellenies, des baylies. De même dans celle de Carcassonne. En Rouergue, en Périgord et Quercy quelques jugeries apparaissent. Ces diverses circonscriptions s'enchevêtraient les unes dans les autres, traduisant par leur complication l'histoire féodale des lots domaniaux sur lesquels elles s'étaient établies et se modifiant avec eux. Elles ne sont devenues quelque peu fixes et uniformes qu'à la fin du XIV⁰ siècle[2]. Au contraire, dans la sénéchaussée de Toulouse, la division régulière du territoire, telle qu'Alfonse de Poitiers l'avait préparée, fut

___

1. Sur l'origine de ces officiers, voir *H. L.*, t. VII, note XLVI, pp. 194, 199; sur leurs attributions, *ibid.*, note LIX, p. 491 et suiv. — Cf. Boutaric, *Organisation judiciaire du Languedoc au moyen âge*, dans la Bibl. de l'Éc. des Chartes, 1854-1855, pp. 201, 532. Ce mémoire n'est pas exempt d'erreurs.

2. Viart, *Loc. cit.*, pp. 250 et suiv. — *H. L.*, t. XII, note XVIII, pp. 323 et suiv. — Dans la seconde moitié du XIV⁰ siècle, la sénéchaussée de Carcassonne compte 9 vigueries, 1 bailliage et plusieurs châtellenies (*Ord.*, t. VIII, p. 537. — *H. L.*, t. X, pr. n⁰ 541, etc.), la sénéchaussée de Beaucaire 14 vigueries et 3 bailliages (Ménard, *Hist. de Nîmes*, t. III, pr. n⁰ 17 ; ann. 1384. — Cf. *ibid.*, t. II, pr. n⁰ 3, ann. 1313, et *H. L.*, t. X, pr. n⁰ 57). Pour l'une et l'autre on peut consulter les états des feux de 1360, 1370, 1387 (*H. L.*, t. X, pr. n⁰ˢ 478, 573). La ville et seigneurie de Montpellier, quoique située dans la sénéchaussée de Beaucaire, a reçu une organisation indépendante en raison de son annexion tardive (1293-1349). Ici deux juridictions anciennes, celles du bayle et du recteur, ont été maintenues avec leurs limites, et subordonnées à la cour d'un gouverneur faisant fonction de sénéchal. (D'Aigrefeuille, *Hist. de Montpellier*, pp. 560, 564, 573.) — Sur la sénéchaussée de Rouergue, en 1341, voir *Bibl. de l'Éc. des Chartes*, t. XLIV, p. 453.

consacrée bientôt par les rois de France et désormais ne
varia plus. Il y eut une seule viguerie, celle de Toulouse,
et six grandes jugeries ou judicatures [1].

Juges des jugeries, baillis et viguiers exerçaient les
mêmes pouvoirs; mais tandis que les premiers étaient toujours gens « de robe longue », hommes de lois, gradués,
les autres furent de préférence choisis parmi les « laïques » ou gens « de robe courte ». Un sénéchal devait être
noble [2].

Du xiiie siècle au xive, le sénéchal est l'agent le plus considérable du pouvoir central. Tous les mandements et ordonnances lui sont adressés; il correspond directement avec le
roi et son Conseil. Il domine et dirige toute l'administration
locale; sous réserve de l'approbation royale, il nomme, destitue et remplace ses subordonnés [3]. Dans ses actes, il se
donne les titres significatifs de *gubernator* [4] et de *preses
provincie*, gouverneur et chef de la sénéchaussée [5].

Ce puissant personnage est assisté dans ses fonctions multiples par une cour ou conseil, qui rappelle le Conseil du
roi et qui se nomme cour « présidale » ou « présidiale » [6]. Au

1. *H. L.*, t. VII, note LIX, pp. 494, 520 ; t. X, pr. n° 863.
2. D'ailleurs beaucoup de juges gradués étaient nobles; maint sénéchal était
versé dans la science du droit.
3. *H. L.*, t. X, pr. n° 67 ; t. IX, p. 35 (arrêt du Parlement, de 1274); t. VII,
note LIX, pp. 492, 494, 524. — Boutaric, *Organ. judic.*, etc., p. 215. Au xiiie siècle
l'autorité royale avait d'autant moins à intervenir dans ces nominations qu'elles
étaient faites pour un an seulement.
4. Quand le mot de « gubernator » commence à désigner un lieutenant général
du roi, une ordonnance du 5 février 1388 (*Ord.*, t. XII, p. 162, art. 2) interdit
aux sénéchaux de s'appeler gouverneurs.
5. Ménard a cru que l'identité de ce titre avec celui du magistrat romain résultait de l'identité des pouvoirs (*Hist. de Nîmes*, t. II, note x). En réalité, pendant
trois siècles, « provincia » signifie ordinairement sénéchaussée. Le nom de « preses provincie » est donc une traduction de celui de sénéchal; mais cet équivalent
pouvait, en pays de droit écrit, éveiller des souvenir précis et flatter la vanité des
sénéchaux.
6. *Ord.*, t. IX, p. 255; ann. 1407 : « In sedibus presidialibus ». On voit que le
nom de « juges présidiaux » était d'usage courant très longtemps avant le règne
de Henri II et la prétendue « institution » des présidiaux.

premier rang de la cour figurent un ou plusieurs lieutenants
du sénéchal et son principal auxiliaire, le juge-mage, qui
joint fréquemment à ce titre celui de lieutenant[1]. Il n'est
point rare que le sénéchal, siégeant en personne, conduise
une affaire, un procès; mais il ne donne pas de sentence
ni de réglement, sans avoir pris au préalable l'avis des
gens de la cour, et spécialement celui du juge-mage[2].
Sollicité par d'autres occupations, il laisse le juge-mage
présider la cour, administrer la sénéchaussée : c'est là un
fait ordinaire pendant les guerres anglaises.

Auprès du juge-mage et de son substitut, il y a dans les
sénéchaussées de Beaucaire et de Carcassonne un « juge
des crimes[3] ». dans celle de Toulouse, deux juges « d'appeaux », l'un au civil, l'autre au criminel, qui forment un
tribunal distinct, pourvu d'un procureur du roi[4] — de plus,
deux procureurs généraux et un avocat du roi, chargés de
défendre ses droits et domaine[5]. À l'occasion, les juges des
jugeries prennent place à la cour et de même les baillis et

1. Il y a déjà des juges-mages sous le règne de saint Louis (*H. L.*, t. VII, note LIX,
p. 524) ; mais en 1328 les sénéchaussées de Bigorre et de Rouergue en sont encore
dépourvues (Viart, *Loc. cit.*, pp. 252, 257). Ils ne sont lieutenants des sénéchaux
qu'en vertu de lettres expresses (Bibl. Nat., *Languedoc*, 89, f° 15 ; 1422. — Ménard,
Hist. de Nîmes, t. III, pr. n° 97, 1446) ; mais ils reçoivent si souvent ce titre au
XVᵉ siècle qu'ils finissent par être regardés comme « lieutenants nés » des sénéchaux (*Ord.*, t. XVII, p. 56; janv. 1468). Dans la pièce citée, de 1446, le juge-mage
de Nîmes est nommé « principalis locumtenens generalis » avec deux autres lieutenants également « generales ». Ils ont pouvoir « ante et pre ceteros locatenen-
tes », etc. Ces charges sont alors temporaires, « non... officium formatum, sed ad
libitum constituentis » (*Ibid.*).— Les sénéchaux abusaient des lieutenants et leurs
choix n'étaient pas toujours judicieux ni désintéressés. (*Ord.*, t. XIV, p. 284;
grande ordonnance de 1453, art. 87.)
2. *H. L.*, t. X, pr. n° 112 (1302) ; cf. n° 107 (1301).
3. *Ibid.*, pr. n° 299 (1336), etc.
4. Lafaille, *Ann. de Toulouse*, t. I, p. 93 : lettres de 1352, défendant au sénéchal
d'attirer à lui les procès pendants par devant les juges d'appeaux. — Fons,
*Aperçu historique et géographique sur l'organisation judiciaire dans la sénéchaus-
sée de Toulouse*, dans le Rec. de l'Acad. de législ. de Toulouse, t. IX, p. 103. Les
parties plaidant en appel avaient le choix entre les deux tribunaux.
5. *H. L.*, t. X, pr. n°ˢ 32 (1281), 236 (1325), etc.

22

viguiers, avec les juges et procureurs royaux attachés à leurs sièges [1].

Mais la plupart des « gens du conseil » sont des avocats, de simples gradués, dont le sénéchal a fait choix. Sans autre titre, ils prennent part aux travaux de la cour, à la gestion des affaires publiques ; ils sont assesseurs et rapporteurs ; ils opinent dans les procès. Avant l'avènement des Valois les barons se mêlaient encore aux légistes. Convoqués par le sénéchal, ils venaient s'acquitter du service de cour [2]. Ensuite cette formalité tombe en désuétude. La noblesse est exclue de la cour de sénéchaussée comme de la Cour du roi. Les avocats y prennent sa place. Ils forment au sein de l'administration royale un élément libre et mobile, propre à la mettre d'accord avec la bourgeoisie dans laquelle ils restent engagés. Presque tous ont été, sont ou seront consuls. Parmi eux se recrutera le personnel des officiers royaux, auquel ils tiennent par tant de liens [3].

Au XIVe siècle, la cour présidiale tenait, outre ses audiences ordinaires au « siège principal » de la sénéchaussée, des assises ambulantes, espacées de deux en deux mois, dans les autres sièges ou chefs-lieux des jugeries et vigueries [4]. Il semble qu'elle soit devenue complètement sédentaire sous Charles VI et Charles VII [5].

1. Au XVe siècle les juges des jugeries ne quittaient plus guère Toulouse (*H. L.*, t. X, pr. n° 889, ann. 1444, et Arch. de Toulouse, BB 3 à 8).

2. Voir plus haut, p. 199.

3. *Ord.*, t. II, p. 120, ann. 1338, art. 12 ; t. IX, p. 360, ann. 1408, art. 8, 9 ; t. XX, p. 258, ann. 1390, art. 7-9, 15, 16. — Puech, *Les anciennes juridictions de Nîmes*, dans les Mémoires de l'Académie de Nîmes, ann. 1889, pp. 155, 165.

4. Grandes ordonnances de 1254, art. 8 ; de 1303, art. 20. — Ménard, *Hist. de Nîmes*, t. II, pr. n° 12 (1315). — *H. L.*, t. X, pr. n° 523 : janv. 1366, etc.

5. Il y a peu d'exemples d'assises ambulantes au XVe siècle dans les trois sénéchaussées. Les cinq grandes assises que le sénéchal de Toulouse tient en cette ville durent parfois un mois chacune, et ne lui laissent guère de temps pour se transporter de siège en siège (*H. L.*, t. X, pr. n°s 863, 889). Le sénéchal de Carcassonne se rend encore à Béziers, qui est l'un des deux sièges principaux de la sénéchaussée (Noguier, *Recherches sur les anciennes judicatures de la ville de*

Tels sont les traits essentiels d'une organisation, sur laquelle les cours « inférieures » des juges, viguiers et baillis se sont modelées, autant que le permettaient leurs attributions moindres et leur personnel restreint[1].

Autour du siège principal se groupent encore d'autres fonctionnaires : le trésorier ou receveur, le maître des eaux et forêts, le maître des ports et passages, etc.[2]. Ceux-là n'assistent pas régulièrement aux assises et, comme le domaine dont ils ont charge, ils échappent en partie, dès le début du xve siècle, à l'autorité du sénéchal.

Les cours royales gardent la paix publique, reçoivent les hommages des vassaux, les serments des consuls. Par le fait qu'elles tiennent leurs pouvoirs du suzerain, elles sont supérieures aux cours des barons comme aux magistrats des communes. C'est en particulier par la juridiction, le plus important de leurs attributs, qu'elles dominent ces puissances en quelque sorte étrangères et parviennent à se les assujettir. Les juges ordinaires en première instance et, le plus souvent en appel, les juges présidiaux rendent la justice aux hommes du roi, vassaux ou habitants du domaine direct. Mais ils la rendent aussi dans un grand

Béziers, dans le Bullet. de la Soc. archéol. de Béziers, ann. 1877, 2e livr., p. 264); mais il ne vient plus guère à Narbonne (*H. L*, t. IX, p. 1162. — Cf. Arch. de Narbonne, AA 111, f° 12 v°). Quant à la sénéchaussée de Beaucaire, voir Ménard, *Op. cit.*, t. III, pr. n° 101; particulièrement p. 291.

1. Le viguier, personnage « de robe courte », est toujours pourvu d'un juge, et de même le bailli. Mais le viguier de Toulouse et son juge ordinaire forment deux tribunaux distincts, exerçant la même juridiction par concurrence (Arch. de la Haute-Garonne, sér. B, *Édits*, t. VII, f° 24; juill. 1554). La cour inférieure ou « ordinaire » comprend aussi deux lieutenants, un procureur du roi, des assesseurs qui sont les hommes de loi de la localité, etc. Elle tient des assises au siège principal de la circonscription, puis successivement dans les sièges particuliers. Elle renonce de bonne heure aux assises ambulantes. (Fons, *Loc. cit.*, pp. 115 et suiv.)

2. La pièce publiée par M. Viart et citée plus haut fournit par bailliages et sénéchaussées une liste complète des officiers royaux. Pour la sénéchaussée de Toulouse, cf. un document de 1337 (*H. L.*, t. X, pr. n° 308, col. 788) et d'autres du xve siècle. (Arch. de Toulouse, AA 5, n°s 396, 397, et surtout Bibl. Nat., fr., 23915, f° 53; ann. 1446.)

nombre de cas aux sujets des seigneurs, aux habitants des communes et même aux clercs, soit par voie d'appel, soit par évocation [1].

D'une sentence donnée par un tribunal consulaire ou seigneurial, on peut toujours appeler à ceux du roi. Comme le droit écrit n'autorise que deux appels, les nobles de Languedoc se voient interdire, dès 1274, d'avoir dans leurs terres trois degrés de juridiction; ils ne peuvent même avoir de juges d'appeaux, à moins de possession très ancienne ou de concession royale [2]. Les arrêts de leurs officiers sont revisés, tantôt par les cours inférieures, tantôt par celles des sénéchaux, quelquefois en Parlement [3] : en cas d'ignorance ou d'abus grave de la part des premiers juges, l'appel peut valoir aux possesseurs de juridictions de fortes amendes [4], la privation de leurs droits de justice.

L'évocation est un acte arbitraire, en cela très différent de l'appel et bien plus nuisible aux juridictions « privées », car il leur enlève, avec les procès, leur raison d'être. Outre les cas « privilégiés » ou royaux, — dont jamais définition n'a été donnée, — les officiers du roi connaissent en première instance de toutes les causes qu'ils réussissent à soustraire aux autres cours. La collection des prétextes dont ils couvrent leurs empiètements s'enrichit de règne en règne. [5]

---

1. *H. L.*, t. X, pr. nⁿ 318 (déc. 1338) : « Via ordinaria aut per modum evocacionis ». — Cf. plus haut, pp. 189 et suiv.

2. *H. L.*, t. IX, pp. 35, 58 ; t. X, pr. nᵒˢ 64, 189 (art. 7), 217, 612, etc. — *Ord.*, t. II, p. 120 ; juin 1338, art. 23.

3. 1ᵒ *H. L.*, t. X, pr. nᵒˢ 212, 217, 863, 789 (art. 27). — 2ᵒ *Ibid.*, t. IX, p. 295; *Ord.*, t. VII, p. 7 (art. 4, 5) ; t. III, p. 604. — 3ᵒ Rossignol, *Des droits de justice et d'appel au moyen âge*, dans le Recueil de l'Acad. de législ. de Toulouse, 1868, t. XVII.

4. L'ordonnance d'Angers, du 13 févr. 1444, fixe le taux de l'amende à 30 liv. parisis. Sur les plaintes des États, le roi se borne à laisser à ses officiers le droit, dont ils usaient auparavant, de prononcer l'amende à leur arbitre. (Arch. de la Haute-Garonne, sér. B, *Édits*, t. I, fᵒ 45 ; 2 juin 1447.) — Cf. *H. L.*, t. IX, p. 417, n. 3.

5. *Ord.*, t. XII, p. 411, janv. 1316, art. 11, 14, 21 ; t. II, p. 120, juin 1338, art. 18, 19, 20 ; t. IX, p. 360, 11 août 1408, particulièrement art. 5, 7, 10, 12, —

Telle pratique, tenue d'abord pour abusive, devient légitime
à la longue. On conteste encore, en 1456, que les justiciables
d'un seigneur ou d'un consulat puissent à leur gré déserter
pour celle du roi la juridiction dont ils relèvent; en 1484
cet usage est admis et officiellement consacré[1] : « En ce
pays..., disent les États sous Charles VII, les cours des
ordinaires et sujettes sont grandement rabaissées et foulées,
pour ce qu'on ne leur souffre ne leur est possible gouverner leurs justices et juridictions ainsi qu'il appartient, ne
faire ou administrer justice à leurs sujets », etc.[2]. La soumission des anciens pouvoirs locaux une fois obtenue, on
prend leur place.

Les cours présidiales et inférieures travaillent ainsi
durant deux siècles à élargir le cercle de leur action judiciaire, sans qu'une juridiction régulière, permanente, un
Parlement capable de les tenir en bride s'élève au-dessus
d'elles en Languedoc. Au contraire, en administration proprement dite, elles sont reléguées au second plan par le
gouverneur; elles rencontrent un régime municipal fortement constitué, des assemblées d'États : elles gagnent de ce
côté moins que de l'autre. Par l'effet de ce progrès inégal,
elles changent peu à peu de caractère, elles tendent à se
renfermer dans leurs fonctions de cours de justice, au détriment de cette universalité d'attributions qui les distinguait.

Dans le courant du XIVᵉ siècle elles perdent à peu près

Bibl. Nat., *Doat*, 159, fᵒ 111. Ordonnance de juillet 1423, faisant droit en dix
articles aux griefs des nobles et gens d'Église de Languedoc contre les juges
royaux. — Cf. Caseneuve, *Chartes*, p. 135, cah. de févr. 1456, art. 19, 21, 23, etc.

1. *Ibid.*, cah. de mars 1484, art. 23 ; cf. p. 50.

2. *Ibid.*, p. 135. La « totale énervation » des justices privées forme à cette
époque le thème ordinaire des doléances rédigées par les États. (Arch. de
Toulouse, AA 88, fᵒˢ 49, 51, 78 vᵒ, cah. d'octobre 1445 ; AA 89, fᵒ 9 vᵒ, cah. de
mars 1462, art. 11, 12, 13, 14). En effet, les évocations lèsent également les trois
ordres et violent un privilège très important du pays, à savoir que, sauf appel,
nul ne doit être « tiré » pour un procès hors de la juridiction sur laquelle il réside
et dont il dépend.

toute autorité sur les finances; car la royauté, dans son effort persévérant pour se créer des ressources nouvelles, ne transforme rien tant ni si vite que l'ancienne organisation financière.

En Languedoc la division des pouvoirs s'est opérée plus promptement que dans le Nord. Dès le règne de saint Louis un receveur, subordonné au sénéchal, perçoit les revenus du domaine[1]. Sous Philippe le Bel et ses successeurs, ce « trésorier et receveur » est un officier nommé par le roi[2]. Il a seul le maniement des fonds en recette et dépense; il envoie aux trésoriers de France ses excédents, et compte par devant les gens des comptes dont il relève directement. Il semble que le sénéchal devienne alors étranger aux opérations de comptabilité, et qu'il ne se mêle guère des opérations administratives courantes, telles que la mise à ferme, l'entretien et la conservation du domaine[3]. Les mandements de finances, qui d'abord étaient adressés exclusivement au sénéchal, associent à son nom celui du trésorier. On ne voit plus qu'il en reçoive un seul sous Jean le Bon, après la renaissance des guerres anglaises. Cette époque est en effet celle où s'accélère le déclin de ses pouvoirs financiers : il cesse de donner au receveur, en matières importantes, des ordres de paiement[4]; son droit supérieur de juridiction et de cor-

---

1. *H. L.*, t. VII, note LIX, p. 500.

2. « Thesaurarius et receptor ». (Ménard, *Hist. Nîmes*, t. II, pr. n° 10; 1314. — Cf. *ibid.*, n° 31, ann. 1329, les provisions de Marquis Scatisse). Boutaric (*Philippe le Bel*, p. 227) voit dans le trésorier de Toulouse un personnage chargé de centraliser les recettes du Midi : c'est une erreur. Il y a dans chaque sénéchaussée un receveur qui s'appelle aussi trésorier, comme le prouvent des textes nombreux, et qui centralise les recettes de sa circonscription.

3. Les ordonnances de janv. 1320, art. 14, et de mai 1320 (*Ord.*, t. I, pp. 705. 712) ne font que consacrer des faits accomplis en Languedoc. — Cf. *H. L.*, t. X, pr. n°° 301, 308, etc. et Vuitry, *Études sur le régime financier de la France avant la Révolution de 1789*, 2e série, 1883, 2 vol. in-8°, t. I, pp. 294 et suiv.; t. II, p. 560.

4. Mais il continue d'ordonnancer de menues dépenses (*H. L.*, t. X, pr. n° 368 ; t. XII, pr. n°° 109, 132, etc.).

rection sur ce fonctionnaire est vivement contesté[1]. Mais la cour de sénéchaussée va continuer, même au XVIᵉ siècle, à connaître des causes domaniales[2].

Une branche du domaine dont la royauté cherche à tirer meilleur parti, un droit domanial sur lequel d'autres taxes viennent se greffer donnent aussitôt naissance à de nouveaux rouages administratifs. Philippe IV prépose une administration spéciale à la direction des eaux et forêts[3], une autre à l'exploitation des droits forains[4]. Dans chaque sénéchaussée il y a sous Philippe de Valois un maître des eaux et forêts[5], depuis 1360 un maître des ports et passages[6], agents qui jugent et administrent, perçoivent ou font percevoir les produits de leur département[7], comptent à la Chambre des comptes et se refusent à reconnaître l'autorité du sénéchal et de sa cour[8].

Plus importante est la création d'une administration spéciale des aides et subsides extraordinaires. Jusqu'au règne de Jean le Bon, l'aide restant une ressource irrégulière, l'imposition en était presque toujours confiée au séné-

1. *H. L.*, t. XII, pr. nᵒ 679 ; 1384-1385.

2. Arch. de la Haute-Garonne, sér. B, *Édits*, t. V, fᵒ 189 ; mai 1546.

3. Vuitry, *Op. cit.*, 2ᵉ sér., t. I, p. 69. — Il y a d'abord en Languedoc un, puis deux maîtres des eaux et forêts (*H. L.*, t. X, pr. nᵒ 161, ann. 1309, et nᵒˢ 195, 239, ann. 1325. — Cf. Viart, *Gages des off. roy. vers 1329*, p. 252).

4. Vuitry, *Op. cit.*, pp. 120 et suiv.

5. Le fait est certain pour la sénéchaussée de Toulouse (*H. L.*, t. X, pr. nᵒ 308, col. 811 ; ann. 1337. — Cf. nᵒˢ 491, 520, 634), donc probable pour les autres.

6. *Ord.*, t. III, p. 462 (mars 1360) et 463, n. b. — *H. L.*, t. X, pr. nᵒˢ 632, 633. Il y avait en Languedoc plusieurs maîtres des ports et passages dès juin 1346 (*ibid.*, pr. nᵒ 396 ; art. 17) et avr. 1359 (*Ord.*, t. III, p. 336) ; mais nous ne savons pas comment ils étaient répartis.

7. Les maîtres des eaux et forêts reçoivent les amendes qu'ils prononcent; mais le produit des inféodations, ventes de bois, etc., est perçu par le trésorier de la sénéchaussée. (*H. L.*, t. X, pr. nᵒˢ 161, 239.)

8. Les maîtres des ports et passages ont pour chef le maître institué pour tout le royaume. Les appels de leurs sentences sont portés au Parlement ; il en est de même quant aux maîtres des eaux et forêts (*Ibid.*, nᵒ 161). L'ordonnance d'avr. 1359 porte que ces appels iront d'abord au sénéchal (*Ord.*, t. III, p. 336) ; mais elle a été fort mal exécutée (*H. L.*, t. X, pr. nᵒ 679).

chal — seul ou bien en compagnie de commissaires royaux
— et la perception au trésorier de la sénéchaussée[1]. Ensuite
les assemblées d'États se réservent le droit de répartir,
d'imposer et de lever les subsides qu'elles octroient. Le
sénéchal cesse de prendre part à la gestion de ces impôts,
c'est-à-dire de l'impôt moderne : c'est une tâche qui échoit
à d'autres fonctionnaires, et qui leur assure un des premiers
rôles dans la direction générale des affaires du pays. En
1371 toute compétence en matière d'aides est retirée au
sénéchal[2]. Quant au trésorier, bien qu'il continue d'être à
l'occasion choisi par les États ou par le roi pour recevoir
les deniers extraordinaires[3], il n'exerce ces fonctions que
temporairement et par surcroît ; il reste officier du domaine
et relève des trésoriers de France. La distinction établie
entre les deux sources de revenus et les deux administra-
tions ne s'efface plus.

2° COMMISSIONS EXTRAORDINAIRES. — ENQUÊTEURS ET RÉFORMATEURS.

Aussi longtemps que les officiers royaux ne sont pas sur-
veillés de près et sur place, ils se conduisent de la façon la
plus arbitraire. Dans la pratique, le sénéchal est tout-puis-
sant ou peu s'en faut. Les précautions prises contre son
omnipotence ne l'empêchent pas d'en abuser, et ses administrés n'ont pas toujours les moyens ou la hardiesse de se
plaindre.

Contre les jugements et contre les décisions administra-

1. *H. L.*, t. X, n⁰ˢ 111, 215, 307. — Ménard, *Hist. de Nimes*, t. II, pr. n⁰ˢ 10, 31,
45, 58.
2. *H. L.*, t. X, note XXXIV, p. 141, et pr. n⁰ 679. — Cf. Bibl. Nat., *Languedoc*,
88, f⁰ 187 (1417) ; 89, f⁰ 191 (1437). — Le sénéchal ne laisse pas d'attirer à sa
cour quelques affaires contentieuses touchant les aides (*H. L.*, t. X, pr. n⁰ 709) ;
mais le fait devient de plus en plus rare.
3. *H. L*, t. X, pr. n⁰ˢ 478, col. 1231 (1360), 588 (1372), etc. Il en est de même
sous Charles VII. (Quicherat, *Rodrigue de Villandrando*, pr. n⁰ 43.)

tives du sénéchal on a recours au Conseil du roi, au Parlement.

Cette Cour possède déjà en 1278 une chambre de droit écrit[1]. Les appels qu'elle reçoit de Languedoc semblent relativement nombreux sous Philippe le Bel[2], grâce à l'habitude de l'appel invétérée en ce pays, et à la manie processive qu'elle engendre. Vers la fin du XIVe siècle, ils se multiplient assez pour que plusieurs ordonnances soient destinées à en prévenir l'abus[3]. Mais il est clair que ce doit être la minorité des plaideurs qui aborde une Cour si lointaine et si encombrée : les autres s'en tiennent aux degrés de juridiction que la sénéchaussée leur fournit.

De 1278 à 1291 le Parlement, cédant à la requête des populations méridionales, vient au devant d'elles : il délègue annuellement à Toulouse trois commissaires pris dans son sein[4]. Cette expérience n'est pas renouvelée par la suite; mais les obstacles que la distance crée aux parties gênent aussi les juges. Le Parlement ne laisse plaider en son auditoire et ne tranche lui-même que les procès les plus importants. Quant aux autres causes, d'intérêt moindre, il les fait juger sur place, désignant pour chacune en particulier des commissaires qu'il choisit parmi les officiers royaux ou

1. Boutaric. *Philippe le Bel*, pp. 199, 205. — Aubert, *Le Parlement de Paris, de Philippe le Bel à Charles VII, son organisation*, 1886, in-8°, p. XIII.

2. Boutaric, *Op. cit.*, p. 196. Les « jours » réservés en Parlement aux sénéchaussées de Toulouse, Carcassonne, Beaucaire et Rouergue sont au nombre de 20, et de 44 seulement pour toutes les autres circonscriptions. (Session de 1308, prorogée en 1309.)

3. *Ord.*, t. XII, p. 159 (juill. 1388); t. VII, p. 451 (févr. 1392); t. VIII, p. 330 (juin 1399). — Cf., sous Charles VII, l'ordonnance d'Angers, du 13 févr. 1444, modifiée en juin 1447. (Arch. de la Haute-Garonne, série B, *Édits*, t. 1, f° 45.)

4. Boutaric (*Organis. judic. du Languedoc*, dans la Bibl. de l'Éc. des Chartes, 1855-56, p. 119) a montré le premier quelle fut la vraie nature de cette délégation, où l'on voulait voir un Parlement de Toulouse. Il se trompe en la faisant durer jusqu'en 1293. Les seules sessions connues sont celles de 1278-1280 et de 1287-1291. (*H. L.*, t. X, pr. nos 52 à 56; 67, VIII; 71, 75. — Baudouin, *Lettres inédites de Philippe le Bel*, Annexes, nos 3, 4, 5, 10-16, 18.)

les gradués du pays[1], et dont il s'approprie la sentence[2].

Le Parlement a plus de difficulté encore à exercer sa juridiction contentieuse et son droit de correction. Souvent il invite les sénéchaux à comparaître devant lui, à rendre compte de leurs actes[3]. Mais pour vérifier les allégations contradictoires, pour atteindre efficacement les officiers coupables, la Cour est obligée de déléguer sur les lieux quelques-uns de ses membres. Des « enquêtes » ont été poursuivies ailleurs que dans les sénéchaussées méridionales, mais nulle part d'une façon aussi continuelle[4] : nulle part les enquêteurs n'ont acquis une aussi grande importance.

Au temps de saint Louis ils informent et jugent en dernier ressort. Leurs sentences vont à redresser et réparer les abus, non à punir ceux qui les commettent. Ce soin regarde le Parlement[5].

Sous Philippe le Bel — et plus tôt peut-être, — ils possèdent, outre le droit de juger sommairement, sans forme de procès[6], celui de prononcer des condamnations : ils confisquent, bannissent, destituent[7]. Aussi leurs arrêts sont-ils

---

1. Boutaric, *Philippe le Bel*, p. 209, et *Actes du Parlement de Paris*, nᵒˢ 5183, 5184, etc. Le Parlement en use de même dans les affaires qu'il évoque et dont il connaît en première instance, causes fiscales, procès entre grands seigneurs... (*Ibid.*, nᵒˢ 4998, 5676).

2. *Ibid.*, nᵒ 4875.

3. Langlois, *Le règne de Philippe III le Hardi*, p. 328. — L'ordonnance de février 1388, art. 16 (*Ord.*, t. XII, p. 162), porte que les sénéchaux devront comparaître en Parlement au premier « jour » assigné à leur sénéchaussée. Il est peu probable que cette règle fût observée. Elle ne figure point dans les ordonnances de 1254 et 1303 ; dans celle de 1344 elle s'applique aux seuls baillis (*Ord.*, t. II, p. 210, art. 12 ; cf. n. *a*).

4. *H. L.*, t. X, pr. nᵒ 121 : « Inqueste quamplures facte fuerint... », etc. — Boutaric, *Philippe le Bel*, p. 175.

5. *H. L.*, t. VII, note LIX, pp. 464, 507.

6. *Ibid.*, t. X, pr. nᵒ 122 (oct. 1302) : « Summarie et de plano ». On dit plus tard : juger « per modum reformationis ».

7. *Olim*, t. II, p. 188 (1281) : « Illi qui deputabuntur ad inquirendum... non habeant potestatem condempnandi », etc. Ce qui prouve que les enquêteurs pre-

susceptibles d'appel. Le Parlement, qui les casse ou les confirme [1], connaît directement des affaires qu'il lui plaît de se
réserver [2].

Les commissions extraordinaires qui éclosent alors à
foison diffèrent grandement des commissions anciennes.
Elles ont, pour la plupart, un objet spécial, d'ordre financier, tel que monnaies, usures, francs-fiefs, amortissements,
domaine. Les commissaires ont à rechercher et punir, moins
les torts des administrateurs, que les contraventions commises par les administrés [3]. De même, les enquêteurs, dont
la charge principale est de surveiller les officiers royaux,
joignent à leurs pouvoirs celui « de corriger et de réformer
tout ce qui leur paraîtra sujet à correction et réforme » [4].
Après le règne de Philippe le Bel, ils réunissent entre leurs
mains, avec le titre de « réformateurs », toutes les attributions propres aux enquêteurs et toutes celles des commissaires. En 1318 l'évêque de Laon et le comte de Forez,
« réformateurs généraux en Languedoc », sont chargés de
poursuivre les habitants du pays qui auraient usurpé les
droits du roi, fraudé le fisc, enfreint les ordonnances, et
reçoivent aussi la plus complète autorité correctionnelle sur
les officiers royaux [5].

naient ou recevaient déjà ce pouvoir. Ils le possèdent en 1290 (*H. L.*, t. X, pr.
nº 67, VII).

1. Boutaric, *Actes du Parl. de Paris*, nᵒˢ 3432, 4512, 5251, 5936, 6600, 6601, 7100,
7132 (1307-1322).

2. *Ibid.*, nᵒˢ 4582, 4765, etc. — *Olim*, t. III, p. 520. Les enquêteurs doivent renvoyer au roi et à sa Cour les cas douteux.

3. *H. L.*, t. X, pr. nᵒˢ 92, 108, 117, 173, et en particulier les nᵒˢ 137 et 179.

4. *Ibid.*, pr. nᵒ 21 (mai 1377) et 67, VII (1290) : Les enquêteurs sont « deputati
a domino rege ad inquirendum... ». En 1302 apparaît la formule : « Quecumque
... correctione vel reformacione digna noveritis... corrigere et reformare curetis ».
(*Ibid.*, nᵒ 122.) Les enquêteurs sont députés « pro reformacione patrie et officia-
lium nostrorum correctione... » (*Ibid.*, nᵒ 183.) Ils doivent constituer un ou plusieurs défenseurs des droits du roi. (*Ibid.*, nᵒ 187.)

5. *H. L.*, t. X, pr. nᵒ 206. Le terme de « reformatores generales » se trouve
pour la première fois dans cette pièce; mais celui d' « inquisitores » subsiste.
Cf. nᵒ 207, où les mêmes personnages sont qualifiés d'enquêteurs.

Armés de cette double juridiction, les réformateurs occupent une position très supérieure à celle des commissaires, tant « généraux » que « particuliers »[1]. Ce sont là deux types assez distincts de fonctions d'ailleurs voisines et toujours prêtes à se confondre, parce qu'elles sont temporaires, mobiles, malléables pour ainsi dire, et propres à varier avec les besoins du moment.

Les unes et les autres profitent au Trésor. Les commissions données sous Philippe IV au sujet des subsides, droits royaux, domaine, etc., n'ont pas d'autre fin que d'amasser de l'argent et n'en font pas mystère[2]. Les enquêtes proprement dites et les réformations dévient dans le même sens; mais c'est d'une façon plus dissimulée[3], et sans qu'elles soient réduites au rôle de simples instruments de fiscalité. Les réformateurs généraux servent aussi les intérêts politiques de la monarchie. Ils la représentent dans toutes les sénéchaussées de Languedoc à la fois, par dessus les sénéchaux. Il arrive qu'ils fassent fonction momentanément de juges souverains, de généraux des aides, de gouverneurs. Pendant le XIVᵉ siècle, ils parent et suppléent en ce pays à

---

1. La distinction est très nettement posée dans les lettres royales du 27 oct. 1319 (*Ibid.*, nᵒ 216). Les réformateurs s'intitulent parfois « reformatores generales ac commissarii super certis negociis ». (*Ibid.*, nᵒ 424, juill. 1351, etc.)

2. Cf. les textes cités p. 337, n. 3, et *H. L.*, t. X. pr. nᵒ 394 (19 avr. 1346). Deux commissaires « généraux et espéciaux…, souverains par dessus tous autres commissaires », devront pour soutenir la guerre « amasser tout l'argent que pourront avoir de toutes et singules personnes », par tous les moyens possibles.

3. Par la vente des lettres de rémission, par les « compositions », par la mise à prix des faveurs de tous genres. En 1303 le côté fiscal de l'enquête se laisse déjà voir : les enquêteurs sont chargés d'appliquer au fisc les sommes indûment perçues par les officiers royaux. (*Ibid.*, nᵒ 121.) Il est très apparent dans les réformations au milieu du XIVᵉ siècle. (Voir *Ord.*, t. II, p. 481, nov. 1350, et t. IV, p. 214; 24 févr. 1362.) Sous ce rapport, les actes des réformateurs sont plus probants encore que leurs lettres de commission. (*H. L.*, t. IX, additions et correct., *passim.*) Pour se débarrasser d'eux, les villes leur donnaient de l'argent, quelques écus chacune. (Arch. d'Albi, BB 18, fᵒˢ 34, 35 vᵒ, 68; ann. 1406-1407.) Mais elles n'évitaient pas toujours des « compositions » beaucoup plus coûteuses (*ibid.*, fᵒ 47), de 300 écus par exemple.

l'organisation défectueuse ou irrégulière de l'administration supérieure.

En effet, sous les premiers Valois, les réformateurs dépendent moins du Parlement ou de la Chambre des comptes que du Conseil qui, se formant auprès de la personne royale, est devenu le moteur principal du gouvernement.

On les voit souvent capables de décider et de juger en dernier ressort, de connaître des causes privées, des délits de droit commun, aussi bien que des affaires contentieuses, mis en quelque sorte sur le pied d'une Cour de Parlement[1]. Aucune opération de finances qui ne puisse leur être confiée, depuis les emprunts et les demandes de subsides jusqu'à l'examen de la gestion des consuls et des comptes des receveurs. Par le fait, au temps de Charles VI, les fonctions de réformateurs généraux et celles de généraux des aides sont fréquemment unies et confondues, d'autant que les unes et les autres sont temporaires, exercées par commission[2]. En 1380, lorsque le duc d'Anjou, gouverneur de Languedoc, est révoqué, ce sont des réformateurs généraux, au nombre de cinq, qui vont former en ce pays un Conseil de gouvernement[3]. Le duc de Berry, dans le même poste, est remplacé de même façon : une commission composée

1. Dès 1315 ils condamnent les gens du roi, « cessante ... cujuslibet frivole appellationis diffugio » (*H. L.*, t. X, pr. n° 187). — Ménard, *Hist. Nîmes*, t. II, pr. n° 39 (14 nov. 1331) : « Quod de predictis per vos factis ... nullus valeat appellare ». — *Ord.*, t. VI, p. 467 (avr. 1380) : « Ce qu'ils auront jugé, sentencié, etc., vaudra comme arrest en nostre Parlement ». — Cf. *H. L.*, t. X, pr. n°s 515, 712, 723. Ces trois pièces sont très importantes quant à la juridiction des réformateurs sur les « malfacteurs » et autres coupables. — Cf. *Ord.*, t. II, p. 481 : Pouvoir « inquirendi contra quascumque personas de criminibus ».

2. Les réformateurs nommés en mai 1389 s'intitulent « gens du Conseil du roy par lui envoyés sur le fait de toutes les finances en Languedoc et Guienne » (*H. L.*, t. X, pr. n° 713). Il en est de même en 1405-1407. (*Ord.*, t. IX, p. 82. — Arch. de Toulouse, AA 37, n° 8. — Ménard, t. III, pr. n° 35. — Rossignol, *Sur la judicature de Villelongue*, dans le Rec. de l'Acad. de législ. de Toulouse, t. XXVII, p. 181.)

3. *Ord.* t. VI, pp. 465 et 467. — *H. L*, t. IX, pp. 879, 882. — Bibl. Nat., lat. 9176, f° 26.

de six généraux réformateurs en mai 1389, de trois en janvier 1390, de six en décembre 1391, gouverne le pays pendant plusieurs années avec des pouvoirs à peu près illimités[1].

Ainsi, de saint Louis à Charles VI, l'institution s'est profondément altérée. Créée pour faciliter la surveillance et l'action de la Cour du roi sur les officiers, elle aboutit à installer en Languedoc des personnages à la vérité supérieurs aux sénéchaux, mais pour qui l'arbitraire et la violence sont d'un usage plus aisé, plus naturel encore, étant comme inhérents à leurs fonctions[2]. En effet, cette autorité qui s'étend à toutes les branches de l'administration, cette procédure sommaire, ces décisions sans appel qui ruinent la justice régulière sont tournées à l'exploitation du pays.

Les communautés, mises en coupe réglée, ne manquent pas de protester. Contre les réformateurs et les commissaires, chacune d'elles s'arme d'un article de sa charte, portant que tout membre de la communauté relève en première instance de la juridiction locale et n'y peut pas être soustrait. Dès qu'elles s'assemblent en États, elles font de leurs franchises particulières la commune propriété du pays; elles placent au premier rang, parmi les conditions de l'octroi, la confirmation de ce privilège et la révocation des commissaires[3]. Contre leurs brèves procédures, elles invoquent la loi du pays, le droit écrit qui multiplie les formes tutélaires et prescrit deux degrés d'appel[4].

---

1. *H. L.*, t. X, pr. nos 712, 723 ; t. IX, p. 957.

2. *H. L.*, t. X, pr. n° 505. L'évêque de Meaux fait tourmenter les gens par « questions, jeynes et autrement » et refuse de sortir du pays malgré l'ordre du roi (juin 1363). C'est un exemple entre beaucoup d'autres.

3. *H. L.*, t. X, pr. nos 462, art. 6; 471, col. 1172 ; 535, art. 5 ; 543, art. 6 ; 584, art. 6 ; 605, art. 2; 633, etc. (1358-1378). — Arch. d'Albi, FF 45 ; lettres du 4 nov. 1369, art. 16. Les commissaires et réformateurs sont révoqués « anno presenti », « durante termino solutionis predicte ».

4. *H. L.*, t. X, pr. n° 871, art. 18 ; cf. col. 2165.

C'est seulement au milieu du xve siècle que les États, par leur influence croissante, sont parvenus à fermer, ou peu s'en faut, le pays aux réformateurs.

En 1435 et 1439 ils se plaignaient d'eux encore, et fort amèrement. Leur orateur, Bernard de Rosergue, les traitait de loups dévorants : « Vous leur livrez, disait-il au roi, les brebis de vos pâturages... On a tort de les appeler réformateurs ; c'est destructeurs et brigands qu'il faudrait dire[1]. » Charles VII prend alors l'engagement de n'en pas envoyer d'autres en Languedoc[2]; puis, à la requête des gens du pays, il met un Parlement à Toulouse. Cette Cour s'empresse d'attirer à elle une partie des fonctions que les réformateurs avaient remplies. D'accord avec les États elle travaille avec succès à les écarter, au nom de sa juridiction souveraine[3].

Charles VII n'use plus que de commissions spéciales, auxquelles il assigne des besognes déterminées[4]. Louis XI donne au pays des garanties contre ses commissaires. Vers 1467 il leur défend d'agir sans avoir reçu le *pareatis* du gouverneur ou de son lieutenant. Le Parlement, les géné-

1. Thomas, *Le Midi et les États généraux sous Charles VII*, dans les Annales du Midi, 1892, p. 19. — Cf. *H. L.*, t. X, pr. n°s 862, 871, et Bibl. Nat., *Languedoc*, 89, f° 167.

2. Arch. de l'Hérault, *Dol.*, t. I, f° 87; cahier d'oct. 1441, art. 3. Les commissaires royaux répondent aux États que relativement aux réformateurs « on leur a bien entretenu les promesses faites l'an passé ».

3. Arch. de la Haute-Garonne, sér. B, *Reg. de Malenfant*, t. I, p. 39 (1457). — Caseneuve, *Chartes*, pp. 122, 144, 146, 150, 152; cah. de févr.-juin 1456. — Arch. de l'Hérault, *Dol.*, t. I, f° 115; cah. d'avr. 1457, art. 6, etc.

4. Jusqu'en 1452, point de réformateurs, bien que les États continuent d'insérer contre eux dans leurs cahiers de doléances un article passé à l'état de formule. L'importante commission d'avril 1452 (*H. L.*, t. XII, pr. n° 17) vise des questions financières, dont six tout à fait spéciales. Elle comprend aussi le pouvoir de punir les officiers de finance et la réformation de la justice en général ; mais les sentences de ces réformateurs sont susceptibles d'appel. D'ailleurs, pour éviter d'être pillés au profit du fisc, les gens du pays rachètent en bloc, comme ils avaient fait en 1435 (cf. note 1), toutes les infractions qu'ils peuvent avoir commises contre les ordonnances et les droits du roi : ainsi en 1448-49, 1463, 1475. (Arch. de la Haute-Garonne, sér. B, *Édits*, t. I, f°s 50, 75, 124. — *Ord.*, t. XIV, p. 16.)

raux des aides, les sénéchaux auront à vérifier leurs lettres de commission. Avant qu'elles soient exécutées, le syndic de Languedoc en pourra prendre connaissance et se faire entendre à ce propos [1].

Les commissions extraordinaires sont alors aussi éloignées que possible de leur primitive valeur. En 1495 les États proposent que l'on enferme à la Conciergerie tous les porteurs de commissions [2] : c'est qu'on ne les craint guère et qu'ils sont bien déchus de la situation que les « redoutables » enquêteurs et réformateurs avaient occupée dans l'administration du pays jusqu'aux règnes des deux premiers Valois. Depuis ont prospéré en Languedoc des institutions différentes, procédant d'un tout autre système de gouvernement, qui ont à demi supplanté celle-là, ou qui l'ont rabaissée pour se la subordonner à la fin : gouverneurs et Cours souveraines, représentant en permanence et sur place l'autorité royale. Pendant le règne de Charles VIII, le titre même de « réformateur » disparaît. Mais la royauté ne renonce pas à se servir d'un instrument si flexible, d'un moyen aussi commode de faire sentir son action directe aux extrémités du royaume. Entre les enquêteurs de saint Louis et les commissaires extraordinaires du XVIe siècle il n'y a pas de solution de continuité.

1. Arch. de l'Hérault, *Dol.*, t. I, fo 177; cahier de févr. 1468, art. 5, 6. — Arch. de la Haute-Garonne, C 968. cahier de mai 1476, art. 3. — Bibl. Nat., lat. 9179, fos 18, 31; lettres du 24 déc. 1479, du 21 juin 1480. — *H. L.*, t. XII, pr. nos 90, 126, etc. Louis XI pose encore les règles suivantes : 1o On ne doit pas exécuter de commission extraordinaire qui ne soit signée d'un des secrétaires des finances (*H. L.*, t. XII, pr. no 61). 2o Nul secrétaire du roi ne pourra expédier de lettres semblables sans qu'elles aient été vues et signées par certains maîtres des requêtes, chargés de les rapporter préalablement au roi, près lequel ils se tiendront à cet effet. (Arch. de la Haute-Garonne, sér. B, *Édits*, t. I, fo 97; sept. 1471.)
2. Arch. de l'Hérault, *Dol.*, t. I, fo 153; cahier de sept. 1495, art. 5.

CHAPITRE III.

L'ADMINISTRATION PENDANT LA GUERRE DE CENT ANS. —
LES GOUVERNEURS. LEUR OMNIPOTENCE.

Les faits qui précèdent — délégation de membres du Parlement de Paris, envoi d'enquêteurs, de commissaires, de
réformateurs en Languedoc — témoignent de la peine
qu'avaient le roi et ses conseillers à gouverner de si loin, à
remplir en ce pays les fonctions multiples et délicates qui
reviennent à l'administration supérieure. Les missions temporaires au moyen desquelles ils essayaient de parer à leur
propre insuffisance ont tourné bientôt contre la fin même
qui leur avait été primitivement assignée. Pendant près d'un
siècle on s'est contenté de ces mauvais outils, et le pouvoir
central s'est lentement et mal acquitté de son office.

Il est facile de concevoir combien l'impuissance relative
du gouvernement royal a dû devenir périlleuse en temps de
guerre. A plusieurs reprises, au cours des guerres anglaises, le pays est près de se perdre : les habitants se croient
et se disent abandonnés ; ils ne comptent plus que sur eux-
mêmes. Le groupe des sénéchaussées méridionales presque
isolé, jeté en avant, est resté jusqu'à Charles VII et Louis XI
par trois côtés pays de frontière et parmi les plus exposés.
La frontière de l'ouest, où se touchaient et se mêlaient les
domaines des rois de France et d'Angleterre, a éprouvé un
mouvement de va-et-vient continuel, parmi des luttes qui
ressemblaient fort aux guerres civiles et qui produisaient
les mêmes effets destructeurs.

23

Les rois visitaient rarement cette contrée lointaine[1]. Occupés ailleurs, ils ne pouvaient la protéger en personne, si menacée qu'elle fût. Aussi prirent-ils le parti d'y déléguer des « lieutenants », chefs militaires qui devaient y commander en leur absence.

Ces personnages apparaissent dans le Midi en même temps que la royauté y pénètre, dès 1226. Ils sont établis au-dessus de l'administration locale ; les sénéchaux leur doivent obéissance ; d'ordinaire plusieurs sénéchaussées sont réunies sous leur main. Il est difficile, faute de textes, de mesurer avec quelque précision l'étendue de leurs pouvoirs ; c'était sans doute une autorité dictatoriale ; mais il semble qu'ils en aient usé principalement pour lever et entretenir des troupes, préparer et conduire une campagne. Leur rôle prend fin avec le danger. Ils se succèdent à longs intervalles : de 1226 à 1337, douze seulement[2] sont connus.

Ces missions par le caractère accidentel et le peu de durée sont très comparables aux « réformations », aux « commissions extraordinaires ». Elles procèdent du même système de gouvernement[3].

1. Philippe VI y vint deux fois (1336, 1349), Jean le Bon trois fois (1350, 1354, 1362). Charles VI une fois (1389). Charles V n'y vint jamais.

2. Ce sont : Imbert de Beaujeu en 1226, Adam de Milly en 1229 et 1232, Jean de Beaumont en 1240 (*H. L.*, t. VII, note LIX, pp. 489 et suiv.); Foulques de Laon, archidiacre de Ponthieu, Thomas de Paris, chanoine de Rouen, et Eustache de Beaumarchais, sénéchal de Toulouse, en 1274 (Arch. de Toulouse, AA 3, n° 7) ; Raoul, duc de Bourgogne, et Raoul de Nesle, connétable de France en 1287 et 1293-1295. (*H. L.*, t. X, pr. n°⁵ 49, 80, 86, etc. — Magen et Tholin, *Chartes*, n° 85) ; Robert, comte d'Artois, en 1296-1297 (*Ibid.*, n°ˢ 100, 101) ; Charles, comte de Valois, en 1324 (*Ibid.*, n° 154. — *Ord.*, t. IV, p. 37) ; Alfonse d'Espagne, sieur de Lunel, en 1326 (*H. L.*, t. X, pr., n° 247); Robert Bertrand, sieur de Briquebec, en 1327. (Magen et Tholin, *Chartes*, n° 159. — *H. L.*, t. IX, pp. 443, 444.)

3. Il est parfois difficile de distinguer les lieutenants des réformateurs. En août 1340, les archevêques de Sens et d'Auch, l'évêque de Noyon et Pierre de Palu reçoivent des lettres de provision qui permettent de les classer indifféremment dans l'une ou l'autre catégorie. Le roi les députe en Languedoc « pro partium ipsarum speciali vel generali reformatione » et les y constitue « capitaneos et locumtenentes nostros ». (*Ibid.*, t. X, pr. n° 337.)

Mais les deux institutions, ne répondant pas aux mêmes besoins, ont eu le sort le plus différent.

Les « réformations » imaginées pour assurer aux habitants les bienfaits d'une administration régulière ont dégénéré par suite de la guerre en commissions fiscales. Au contraire les lieutenances, instituées pour la guerre, ont été par elle rendues indispensables et solidement établies en Languedoc.

A partir de l'année 1337, où les conflits éclatèrent pour ne plus cesser sur toute la frontière de Guyenne, il y eut presque toujours dans le pays des lieutenants du roi.

De 1337 à 1352, on ne compte pas moins de vingt-quatre personnages qui ont rempli ces fonctions ou des fonctions analogues, la plupart en vertu de lettres renouvelées à plusieurs reprises, de sorte que leurs pouvoirs ne duraient chaque fois que quelques mois ou quelques semaines[1]. D'ordinaire, plusieurs agissent simultanément et de concert : quatre en décembre 1338[2], trois en juin 1348[3]. Ils portent les titres assez divers de « lieutenants », de « capitaines », de « gouverneurs », qui sont très souvent réunis, surtout les deux premiers[4], et qui durent à cette époque avoir tous

---

1. En deux ans (oct. 1338-janv. 1341), Pierre de Palu reçoit successivement cinq « provisions ». Le 4 nov. 1338 le comte de Foix est nommé lieutenant du roi en Agenais et Gascogne « pendant quinze jours avant la fête prochaine de Noël et quinze jours après » pour prendre la ville de Penne. (*H. L.*, t. IX, p. 508.)

2. Le Galois de la Baume, le comte de Foix, Pierre de Palu, le roi de Bohême.

3. Le Galois de la Baume, le comte de l'Isle, l'archevêque d'Auch. (*Ibid.*, p. 606; lettres du 15 mai 1348.) Plusieurs lettres royales nomment à la fois deux ou trois lieutenants.

4. Agout des Baux est nommé « lieutenant et capitaine général ». (Arch. de Toulouse, AA 45, n° 11; 11 nov. 1342.) Le comte d'Armagnac, créé lieutenant du roi le 23 août 1346, reçoit pouvoir de faire tout ce qu'« à office de capitaine ou lieutenant desdites parties » (de Languedoc) peut appartenir (*H. L.*, t. IX, p. 594), etc. Le 17 août 1418 le comte de Foix est encore appelé par le dauphin « nostre lieutenant et capitaine général » (Flourac, *Jean Ier, comte de Foix, vicomte souverain de Béarn, lieutenant du roi en Languedoc*, 1884, in-8°, pr. n° 17). Ce sont probablement les dernières « provisions » où les deux titres soient réunis; car celui de capitaine général avait alors changé de sens et de

un même sens, comporter les mêmes pouvoirs. Les uns
commandent en sous-ordre, d'autres en chef. Ceux-ci s'appellent « capitaines généraux », « lieutenants généraux »,
lieutenants « sans moyen », c'est-à-dire sans intermédiaire
entre eux et le roi, ou bien « par dessus tous autres[1] »,
comme le roi de Bohème, en 1338, puis l'évêque de Beauvais, le sénéchal Agout des Baux, l'archevêque d'Auch. Il
était donc assez ordinaire, durant ce laps de quinze ans, que
les sénéchaussées de Languedoc fussent réunies en un même
gouvernement et subordonnées à un chef unique. Mais un
lieutenant du roi cédait promptement la place à un autre ;
les fonctions attachées à ce titre demeuraient essentiellement
temporaires.

Avec le règne de Jean le Bon, elles arrivent au terme de
leur développement et deviennent permanentes ; car cette
période est celle des grands périls et des grands désastres :
les événements exigent alors plus impérieusement que
jamais l'unité, la continuité dans la direction des affaires.
Le premier, Jean, comte d'Armagnac, reste près de six ans
lieutenant du roi sans partage (novembre 1352-janvier 1358).
Le duc d'Anjou, frère de Charles V, garde plus de quinze
ans sa lieutenance (novembre 1364-avril 1380). Le duc de
Berry, sous Charles VI, la possède vingt-deux ans, en dépit
de deux interrègnes. Le premier, il meurt en charge (15 juin
1416). De même le comte de Foix (4 mai 1436).

valeur. — Le titre de « gouverneur », beaucoup plus rare, n'est jamais isolé. En
juill. 1295 le comte de Foix devient « gubernator, rector et preceptor » dans la
partie de la Guyenne qui était soumise au roi. (*H. L.*, t. X, pr., n° 87.) En mars
1338 Simon d'Arqueri et le Galois de la Baume sont « capitaines et gouverneurs
pour le roi en Languedoc » (*ibid.*, pr. n° 314), et Pierre de Palu s'intitule en
nov. 1339 « capitaneus et gubernator generalis in tota Lingua Occitana desti-
natus » (*ibid*, pr. n° 331), en vertu de provisions du 22 août précédent. (Bibl.
Nat., *Doat*, 157, f° 90.) — Mais à la fin du XIVᵉ siècle le titre de « gouverneur »
s'unit à celui de « lieutenant général » que, dans l'usage courant, il finit par
supplanter.
1. *H. L.*, t. IX, p. 508.

Ainsi la royauté, par la force des choses, a été conduite à fonder en « Languedoc et duché de Guienne », entre le Rhône et la Dordogne, une institution nouvelle, la première en date parmi celles qui sont venues successivement se superposer à l'administration primitive des vigueries, jugeries et sénéchaussées, la première aussi par l'influence profonde et durable qu'elle a exercée sur la vie du pays. Aux gouverneurs on ne peut, sous ce rapport, comparer que les États. Les deux institutions se tiennent, on l'a vu. Elles ont grandi en même temps et pour les mêmes raisons. C'est par leur concours et par leur action prolongée que les circonscriptions méridionales, ensemble encore incohérent, se groupent, s'unissent et s'élèvent à la dignité d'organisme politique.

Le titre de lieutenant du roi implique une délégation de l'autorité suprême : c'est une indication que confirment les lettres de lieutenance, car elles se terminent toutes par la permission générale « de faire en toutes choses, quelles qu'elles soient, ... comme nous ferions, dit le roi, si y estions en nostre personne. » Pourtant elles ne laissent pas de présenter des différences dont voici la principale : les plus anciennes « provisions », qui remontent à 1339-1342, sont aussi les plus brèves et les plus vagues[1] ; puis apparaît un plus grand souci du détail; la royauté s'inquiète davantage d'énumérer, de définir et de régler les pouvoirs qu'elle abandonne à ses lieutenants.

C'est apparemment que leur puissance effective s'est augmentée. On conçoit que la succession ininterrompue, puis la durée des lieutenances aient permis à ceux qui les détenaient d'user plus complètement qu'autrefois de l'autorité indéter

1. Lettres données à Pierre de Palu (Bibl. Nat., *Doat*, 157, f° 90; 22 août 1339), au comte de Valentinois (*Ord.*, t. VII, p. 193; 16 déc. 1340), à Jean de Marigny, évêque de Beauvais (*Ord.*, t. VIII, p. 375; 6 avr. 1342), au sénéchal Agout des Baux (Voir ci-dessus).

minée qui leur était dévolue, d'attirer et de fixer entre leurs
mains une foule d'attributions que leurs prédécesseurs
avaient peu ou point exercées, bref d'accaparer l'entier
« gouvernement » du pays. Tel est le mot dont se sert Charles VI pour désigner le pouvoir qu'il donne à son oncle de
Berry[1]. Le comte de Foix, en janvier 1419, est nommé
« lieutenant et gouverneur » en Languedoc : ce titre significatif, qui était déjà d'usage courant, s'introduit alors dans
la langue officielle[2].

Le gouvernement de Languedoc était assez souvent remis,
jusqu'au milieu du XIVe siècle, à des personnages de second
ordre, évêques et sénéchaux. Il passe bientôt pour une
charge tellement importante et productive qu'elle ne saurait être donnée qu'aux plus grands, aux princes du sang,
— duc d'Anjou, duc de Berry, comte du Maine, — ou
bien aux puissants seigneurs féodaux des maisons voisines,
— Foix, Armagnac et Bourbon, — de sorte que la force
qu'elle leur procure se double de la force qui leur est
propre.

Dans cette région, grande comme un quart du royaume,
toutes les provisions s'accordent à laisser au gouverneur
l'entière disposition de la force armée : il pourra lever des
troupes et les tenir assemblées, édifier et démolir les forteresses, placer n'importe où des gens d'armes, capitaines,
gouverneurs et les déplacer.

Aucun officier dont l'office ne soit à sa merci. La plupart
tiennent de lui directement l'investiture; car il institue ou
destitue à son gré. Les réserves importantes que contiennent
à cet égard les lettres de lieutenance données à Jean, comte

---

1. *Ord.*, t. VI, p. 529; 19 nov. 1380 : « Ad regendum et gubernandum vice et
loco nostris ducatum Acquitanie, etc. ».

2. Besse, *Recueil de diverses pièces servant à l'histoire du roy Charles VI*, 1660,
in-4°, p. 253. — Boucicqnant, dans un mandement du 19 avril 1413, s'intitule
« gouverneur des pays de Languedoc et duché de Guyenne ». (Bibl. Nat., *Languedoc*, 88, f° 123.)

de Poitiers. par son frère, le régent[1], n'avaient pas encore été faites, et par la suite les rois ne surent point y persévérer. Charles VII est le premier qui se soit borné à concéder à ses lieutenants généraux un droit de nomination provisoire, jusqu'à ce que lui-même en eût « autrement ordonné[1] ». En fait, le lieutenant a nommé seul ou presque seul, ensuite de compte à demi avec le roi, à la plupart des offices. Il a pu manier et remanier à sa guise, outre la force armée, le corps administratif et judiciaire.

Maître de ces deux instruments de règne, il avait d'autre part les plus fortes prises sur le pays qu'il gouvernait. Toute ville, tout seigneur en une foule de circonstances entrait nécessairement en rapports avec lui et tombait dans sa dépendance.

Les gouverneurs donnent des lettres de rémission en matière civile, en matière criminelle, y compris les crimes de lèse-majesté ; ils rappellent les bannis, retardent en faveur des particuliers ou des villes l'échéance de leurs dettes, confèrent toutes sortes de privilèges, la noblesse, les consulats... L'énumération pourrait être ainsi continuée. Ils convoquent les États, négocient et traitent avec eux. De même qu'ils demandent aux communautés des aides qu'elles leur accordent, ils écoutent leurs requêtes, leurs conditions qu'ils acceptent ou repoussent, et rendent en vertu de leur autorité souveraine de véritables ordonnances, réglant dans les moindres détails les relations du pouvoir royal avec les trois ordres.

Parmi leurs prérogatives, il n'en était pas une qui fût aussi propre à établir leur influence, en un temps où les assemblées d'États devenaient les manifestations principales de la

---

1. *H. L.*, t. X, pr. n° 457 ; 14 déc. 1357. Le comte peut destituer ou instituer tous les officiers royaux, excepté les sénéchaux, trésoriers, juges, receveurs, maîtres, gardes et gens des monnaies.

2. Flourac, *Op. cit.*, pr. n° 30 ; 6 janv. 1425.

vie politique du pays. Il ne suffit pas de dire qu'ils ont pu les réunir : en fait, ces assemblées ne se tenaient guère qu'en leur présence, ou devant leurs conseillers, presque jamais devant le roi. Deux fois seulement, en 1351 et 1363, Jean le Bon, passant en Languedoc, y assista en personne[1]. Les communautés n'ont eu de rapports avec Charles V qu'indirectement, par quelques rares « ambassades »[2]. Sous Charles VI elles se réunissent à Lyon, puis à Paris, en août 1383 et février 1384[3], en présence du roi ou de ses officiers. Elles envoient des députés aux États de Paris, d'avril 1411[4]. Déjà les voyages en cour sont plus fréquents, parce que le duc de Berry ne gouverne pas toujours le pays et qu'il n'y réside point. Les villes s'accoutument donc à s'adresser par délégations au Conseil royal. Mais durant l'administration du comte de Foix, c'est encore le gouverneur de qui l'influence prévaut auprès d'elles.

Charles VII, sous lequel renaissent les assemblées d'États, les tient lui-même autant qu'il peut, huit fois sur vingt-neuf de 1420 à 1440, et les convoque devant lui plus souvent encore qu'il ne les tient. Par ce moyen, et par d'autres qui seront décrits à leur place, il tâchait de les soumettre à son action directe, de les faire passer de l'autorité du gouverneur sous la sienne. Encore n'y parvint-il complètement qu'en 1440.

En attendant, durant un siècle, ce sont les lieutenants généraux qui font et défont, qui donnent et refusent. Les ordonnances des comtes d'Armagnac et de Poitiers, celles

---

1. L'assemblée de 1351 a eu lieu le 9 janvier, à Montpellier. (Arch. de Toulouse, AA 35, n° 83. — *H. L.*, t. IX, p. 624.) Celles de janv. et d'avr. 1363 ne comprenaient que les États de la sénéchaussée de Nîmes. (*Append.*, n° 2.)

2. Deux de ces « amadas de Fransa » sont certaines. L'une a eu lieu en avril 1371 (Arch. d'Albi, *Comptes*, CC 152, f⁰ˢ 37 v°, 58 v°, 64, 68 v°, 70), l'autre, dont il sera plus loin question, en mars-avril 1380.

3 Sur cette seconde assemblée, sorte d'« ambassade », voir Arch. d'Albi, BB 17, f° 23 v°, et Arch. de Toulouse, *Comptes*, 1383-85, f° 14. — Cf. *Append.*, n° 2.

4. Voir plus haut, p. 210.

de Louis, duc d'Anjou, forment le meilleur répertoire, où
l'on puisse suivre le progrès des « libertés » grandissantes
du pays.

De tels potentats tiennent entre leurs mains tous les intérêts publics et beaucoup d'intérêts privés. De leur activité
ou de leur négligence, de leur modération ou de leur rapa-
cité, de leur caractère libéral ou tyrannique dépendent le
bonheur ou la ruine du plus grand nombre. Ils peuvent à
l'égal des rois se faire aimer ou haïr de leurs administrés ;
car ils portent devant eux une part au moins égale de responsabilité personnelle ; ils sont avec eux en relations
directes et continuelles ; ils sont auprès d'eux, tandis que le
roi est loin.

A cette époque il ne se fait point de grâces, il ne se confère point de privilèges qui ne soient vendus au plus haut
prix. C'est précisément pour les vendre que les gouverneurs
ont reçu le droit de les accorder. Ayant la guerre à conduire, il faut qu'ils la nourrissent. Aussi possèdent-ils une
prérogative capitale, celle de mettre et de faire percevoir
des impôts dans toute l'étendue de leur gouvernement. On la
trouve exprimée pour la première fois en novembre 1342,
dans les « provisions » d'Agout des Baux, et dans toutes celles
qui suivent jusqu'en 1488, alors que les gouverneurs, depuis
près d'un demi-siècle, l'avaient abandonnée sous la pression
croissante du pouvoir central. Ce sont eux qui ont introduit
et établi dans le pays durant la seconde moitié du xive siècle
l'impôt régulier, la taille annuelle, permanente.

A partir de 1355 ils ne cessent point de réclamer des subsides. Du mois de novembre 1369 à juillet 1375, le duc
d'Anjou impose en moyenne un peu plus de 5 francs par
feu, environ 417,000 francs chaque année. De septembre 1377
à octobre 1379, il lève 1 franc par feu et par mois, soit
370,000 francs par an, le nombre des feux ayant été diminué. C'est à lui que les communautés ont affaire, à sa

volonté qu'elles se soumettent, à lui qu'elles font l'octroi ;
elles s'engagent envers lui, comme il s'engage envers elles,
par un contrat en forme [1].

Sous le duc de Berry les habitudes ont changé. On a
remarqué déjà que sa présence presque continuelle au Conseil du roi, la puissance qu'il y possédait le conduisaient à
faire imposer les subsides en Languedoc de Paris, directement, sous le nom de Charles VI ; la plupart faisaient
partie d'impôts levés sur tout le royaume [2]. Quand les événements politiques ont écarté le duc du gouvernement du
pays, cet usage a subsisté [3]. Après sa mort, le Conseil royal
continue d'expédier dans le Midi des lettres d'imposition.
Partant, les lieutenants généraux exercent moins souvent
qu'autrefois leur prérogative ; mais ils la conservent.
Jean Ier, comte de Foix, en profite encore, le dernier, il est
vrai [4].

Leur droit de fixer le montant de l'impôt qu'ils demandaient aux communes avait pour corrélatif celui d'en employer le produit.

Et d'abord ils vivaient sur le pays, à ses frais, sans qu'une
part fût faite à leurs dépenses personnelles, une autre aux
dépenses d'intérêt public. Le premier, Charles VII assigne
au comte de Foix, outre une pension, les gages fixes, qui
resteront un siècle invariables, de 24,000 francs par an [5].

1. Voir *Append.*, n° 2. — Dans une longue ordonnance rendue à Toulouse, le
4 nov. 1369, à la requête des États, le duc indique que l'octroi a été fait « domino
meo regi seu nobis, ejus locumtenenti ». Il promet aussi de faire approuver par
le roi les articles qu'il accorde. (Arch. d'Albi, FF 45.) Mais d'ordinaire, il se met
seul en scène.

2. Ainsi les impôts de juin 1386 « pour le passage de la mer » (en Angleterre),
de mars 1387 « pour le voyage d'Espagne », de la fin de la même année « pour
l'enforcement des frontières du royaume », de mars 1388 « pour résister à l'entreprise du duc de Lancastre », et ceux qui se lèvent de 1404 à 1416.

3. Subsides de mars-août 1396, de décembre 1397, de février 1412.

4. Les États de Toulouse lui octroient 68,000 fr. (8 octobre 1419), ceux de
Béziers 46,000 (27 août 1428), ceux de Villeneuve-lez-Avignon 70,000 moutons
d'or (9 juin 1433), etc.

5. *H. L.*, t. X, pr. n° 836 ; 16 févr. 1425.

Mais le comte prend et lègue à ceux qui lui succèdent en charge l'habitude (que certains de ses prédécesseurs avaient déjà connue) de se faire accorder par les gens des États un cadeau considérable, annuel comme l'octroi [1]. Et c'est le moindre de ses bénéfices; car il tire profit des faveurs qu'il distribue ou procure, suivant un usage immémorial et universel.

Longtemps les gouverneurs reçoivent le pouvoir « d'affecter selon leur bon plaisir tant à leur état qu'à la défense du pays le produit des impositions qu'ils auront établies ». Ce texte, tiré des provisions de Jean, duc de Berry [2], ne fait qu'exprimer très clairement les prérogatives qui ont appartenu, d'une façon peut-être moins explicite, à tous les prédécesseurs du duc. Dès 1340, les gens des finances devaient obéir au comte de Valentinois comme au roi lui-même, et faire à son ordre tous les paiements ou versements. L'évêque de Beauvais, sortant de charge, recevait quittance générale [3]. Plus tard, le comte de Foix, Charles d'Anjou

1. Les États de mai 1425 lui donnent 30,000 livres (*Comptes* de Narbonne, ann. 1425, f⁰ˢ 112 v⁰, 121, 122); ceux de juin 1430 peut-être 2,000 livres (Arch. de Toulouse, AA 46, n⁰ 70, 9 juin 1430, et BB 6, f⁰ 42 v⁰); ceux de juill. 1431, 10,000 moutons d'or (Bibl. Nat.. *Pièces orig.*, 1172 : Foix, n⁰ 68); ceux d'août 1432, la même somme (*ibid.*, n⁰ 82; cf. *H. L.*, t. X, pr. n⁰ 861, et *Comptes* de Toulouse, 1432-34, f⁰ 89); ceux d'avr. 1434, 6,000 m. d'or (*ibid.*, f⁰ˢ 59, 66, et Flourac, *Jean Ier, comte de Foix*, etc., p. 168); ceux de mai 1435, 15,000 m. (Flourac, p. 170), puis 2,000 pour lui et « les officiers de par deçà » (Arch. de Toulouse, BB 7, f⁰ 10). Il est vrai que le comte distribue une grande partie de cet argent autour de lui. — Le duc d'Anjou avait, durant toute sa lieutenance, reçu des États un droit de gabelle de 5 sous par quintal « pro statu nostro et carissime consortis nostre ducisse sustentando ». (Arch. d'Albi, CC 77.) — Parmi les sources de profits des lieutenants généraux, il en est une qu'il est intéressant de connaître. Ils levaient, comme le roi à son avènement, le marc d'argent sur les notaires. (Arch. de la Haute-Garonne, sér. B, *Reg. d'appoint.* 1424-25, f⁰ 346.)

2. Provisions cit. de nov. 1380. — Cf. celles du 9 mai 1401, dont le texte, dans Besse (*Recueil*, p. 19), est beaucoup plus complet que dans les *Ordonnances*.

3. *H. L.*, t. X, pr. n⁰ 407; 20 juill. 1347. L'évêque de Beauvais a été plusieurs fois lieutenant en Languedoc : « Pour quoy pour ses despens et pour pluseurs autres causes li a convenu prendre et recevoir du nostre pluseurs sommes d'argent et faire paier et bailler pluseurs deniers a pluseurs et diverses personnes, etc. » — E. Molinier, *Arnoul d'Audrehem*, pr. n⁰ 102; 9, 26 févr. 1370.

pourront aussi ordonner « sans contredit » les dépenses[1].
Cette attribution n'a pas disparu des lettres de lieutenance
avant 1488.

Bien plus, le domaine royal était mis à la disposition des
gouverneurs. Il leur était permis d'en dépenser les revenus,
de le distribuer sous forme de cadeaux, à condition de n'en
point faire d'aliénation perpétuelle. Le duc de Berry obtint
l'entière jouissance, pour son usage propre, du patrimoine
de la couronne en Languedoc[2].

Voyez en quels termes Froissard, qui avait voyagé dans
le Midi de 1388 à 1389, décrit le duc et ses gens à l'œuvre,
et parle de sa puissance. Les ducs d'Anjou et de Berry,
fait-il dire aux conseillers de Charles VI en 1389, ont levé
en Languedoc « du pays mouvant de Ville-Neufve delès
Avignon jusques en Toulousain, alant environ jusques à la
rivière de Garonne et retournant jusques à la rivière de
Dourdonne la somme de trente cent mille francs ». Le premier l'avait encore laissé « gras, dru et plain, et ne le pren-
doit que sur les riches hommes qui bien avoient puissance
de paier ». L'autre a tout « messonné et cueillié devant luy ».
Mais il en avait le droit. Il pouvait employer l'argent qu'il
levait à construire des châteaux, à faire des achats de terres
et de joyaux, à enrichir ses serviteurs. Son trésorier, Bétizac, est arrêté et interrogé : tant de haines le poursuivent,
tant de charges pèsent sur lui qu'il semble perdu sans
remède ; mais il montre par ses quittances que toutes les
sommes qu'il a maniées ont été remises au duc ; celui-ci le

---

1. Flourac, *Op. cit.*, pr. n° 34 ; 23 janv. 1427. — *H. L.*, t. X, pr. n° 876 ; 5 juill.
1440.

2. Provisions citées de nov. 1380 et de mai 1401. — Le comte de Foix, en août
1419, refuse de laisser toucher aux droits domaniaux, monnaies et gabelle, « quia
honor non esset sibi, ymo forte esset reprobatus per regem... Et non est inten-
tionis sine licencia regis imponere aliquod onus super sale, quia alii locumtenentes hoc non fecerunt » (Arch. de Toulouse, AA 93, f°s 13, 15). Il est bon de
mentionner ces scrupules du comte, bien qu'ils fussent plus apparents que réels
et se soient évanouis bientôt.

réclame, avoue ses actes et les fait siens. Grand émoi au
sein du Conseil. La victime désignée est sur le point d'échapper; car, si Bétizac agissait par ordre, il n'est pas coupable,
puisque le duc, dit-on au roi, « avoit puissance royal,
comme vous avés pour le présent ». On ne parvient à le
condamner qu'en le trompant, en l'induisant à se déclarer
hérétique[1].

Les gouverneurs rendaient aussi la justice; car on tenait
alors le droit de juger pour l'apanage essentiel et le signe
de l'autorité. La séparation des pouvoirs étant inconnue,
aucune charge importante n'était dépourvue de juridiction,
à plus forte raison celle de lieutenant du roi. En principe,
ils connaissaient de toutes les affaires, civiles ou criminelles; il ne dépendait que d'eux de les retenir, soit pour les
évoquer définitivement, soit pour les renvoyer aux juges
ordinaires[2]. Ils avaient le champ libre, en l'absence d'un
Parlement qui fût fixé dans le pays même, et pourtant leur
juridiction ne s'est largement exercée qu'en matière administrative et dans les cas de sédition. S'ils ne l'ont pas étendue outre mesure—comme fit plus tard le Conseil du roi, —
cela tient à la multitude même des fonctions dont ils étaient
embarrassés.

Du XIVe au XVe siècle, dans une vaste contrée, en quelque
sorte moitié du royaume, l'autorité royale a été presque
entièrement abandonnée au lieutenant général, chef des
troupes, chef de l'administration et de la justice, maître de
toutes les ressources, dispensateur des grâces, arbitre des
destinées du pays.

Pour s'acquitter d'une tâche aussi compliquée, le gouverneur, comme le roi, s'entourait d'un Conseil, ou Cour, qui le
plus souvent jugeait et administrait en son nom, à sa place,
qui l'assistait dans toutes les circonstances, se déplaçant

1. Froissard, *Chroniques*, édit. Kervyn de Lettenhove, t. XIV, pp. 41, 60 et suiv.
2. Provisions du comte de Poitiers, de 1357, et toutes celles qui suivent.

avec lui[1], au sein duquel enfin les actes importants devaient
avoir été délibérés[2]. Ce corps est probablement aussi ancien
que l'institution même des lieutenants du roi ; mais on n'en
trouve point trace avant 1339[3].

Il comprend deux éléments assez distincts : l'un adventice,
instable, formé des personnages de marque qui sont temporairement réunis auprès du lieutenant général et dont il
veut prendre l'avis, tels que barons, prélats, sénéchaux ou
autres officiers royaux, consuls même et délégués des villes ;
l'autre relativement fixe, formé de conseillers — laïques et
gens d'Église — dont telle est l'unique ou du moins la principale fonction. Ces derniers siègent d'une façon régulière ;
leurs noms figurent au bas de la plupart des lettres du lieutenant ; quelques-uns restent en charge sous deux lieutenants qui se succèdent[4] ; ils reçoivent des gages fixes[5].
Ainsi le Conseil selon l'occurrence est très nombreux, — il
s'appelle alors « grand Conseil », — ou restreint aux membres ordinaires.

Une section distincte, susceptible de se réunir à part, est
celle des « maîtres des requêtes de l'hôtel[6] », qui paraissent

---

1. Les comptes municipaux montrent les délégués des villes voyageant plusieurs jours et parfois plusieurs semaines d'un lieu à un autre à la suite du gouverneur et de son Conseil, pour obtenir les lettres ou mandements dont ils ont
besoin. — Cf. Ménard, *Hist. de Nîmes*, t. II, pr. n° 2 (*Journal de Scatisse*).

2. Provisions du duc de Berry : le roi confirme ce que le duc aura fait, « dum
tamen de sua certa scientia processerit, vel sui consilii deliberatione, per suas
litteras suis sigillis sigillatas... ». Presque toutes les lettres des lieutenants généraux portent : « Per dominum locumtenentem, in suo consilio, » etc.

3. *H. L.*, t. X, pr. n° 323.

4. R. Canlias fait partie du Conseil du comte d'Armagnac en 1353 (*H. L.*, t. X,
pr. n° 436), du Conseil du comte de Poitiers en 1359. (*Ibid.*, n° 471) — Le sieur de
la Garrigue, secrétaire à la Cour du duc d'Anjou, remplit ensuite les mêmes fonctions près celle du duc de Berry (Arch. de Toulouse, *Comptes*, 1383-1385, f° 24), etc.

5. L'évêque du Mans est engagé en 1370 par le duc d'Anjou pour conseiller
en son grand Conseil, moyennant 8 fr. par jour (*H. L.*, t. IX, p. 817). Scatisse
est engagé en 1369, à raison de 6 fr. par jour (*Journal de Scatisse*), etc.

6. Un très grand nombre de lettres des comte de Poitiers, duc d'Anjou, duc de
Berry sont données « in requestis », « in requestis hospicii ». — Maîtres des
requêtes du duc d'Anjou : Robertus Comitis, Guido Lasteyria (*H. L.*, t. X, pr.

avoir été les agents les plus actifs du lieutenant général, rapportant les affaires qui venaient au Conseil, employés à chaque instant aux besognes les plus diverses, surtout aux missions judiciaires, très influents : les gens du pays les craignent fort et ne leur ménagent pas les cadeaux pour s'attirer leurs bons offices [1].

Il y a aussi dans le Conseil des gens de finance. Par exemple le duc d'Anjou prend à son service un fonctionnaire du roi, Pierre Scatisse, trésorier de France, général des aides de la délivrance, et le charge de vaquer « aux besognes du fait de la guerre », c'est-à-dire de pourvoir aux dépenses militaires. Scatisse est ordinairement qualifié par le duc de « conseiller du roy et de li » ; il a rempli jusqu'à sa mort les deux fonctions qui justifiaient ce double titre [2]. D'autres d'ailleurs occupaient auprès de lui une position analogue et probablement subalterne [3]. Le duc de Berry institue, pour le maniement des finances et pour la justice des aides, des « généraux » qui ne doivent rien au roi qu'une confirmation de pure forme [4]. On les appelle les « gé-

n° 528), Bernard de More (*ibid.*, n° 529), Bernardus Bonc, juge des crimes de la sénéchaussée de Carcassonne (Arch. d'Albi, CC 69 ; 20 févr. 1370). — Dans un article accordé aux communes (*ibid.*, FF 45, 2° ordonnance, art. 19), le duc d'Anjou distingue les maîtres d'hôtel des maîtres des requêtes : en certains cas, les informations judiciaires devront avoir été vues « per dictos magistros hospicii una cum aliquo de magistris requestarum. »

1. Arch. d'Albi, *Délib.*, BB 16, f° 82 : « Totz tengro que, actendut que la dicha universitat a ganre de bezonhas a passar en la cort de moss. lo duc (d'Anjou, tant per la reparacio quant per lo barri e motas d'autres, e que tot jorn ne veno may, accosselhero que, actendut que moss. lo jutge d'Albeges (M^r d'Hautpoul, conseiller du duc) es senhor que es be de la cort de moss. lo duc et ha gran poder de far be o mal, que la vila li done cadans d'aissi avan a tant quant ad el plazera de penre per manicyra de do et per maneira de pencio... » (6 mars 1379).

2. *Journal de Scatisse.* — Arch. d'Albi, CC 78 ; 28 juill. 1372. — Ménard, *Hist. de Nîmes*, t. III, pr. n° 1 ; juin 1378. — *Comptes* d'Albi, CC 151 à 154, *passim*.

3. Ainsi Philippe de Saint-Père (*Journal de Scatisse.* — Delisle, *Mandements et actes divers de Charles V*, 1874, in-4°, n° 740. — *Comptes* d'Albi, CC 153, f° 66 v°).

4. Besse, *Recueil*, p. 27 ; lettres du 8 juill. 1401, nommant des généraux de la justice des aides, lesquels jugeront en cette matière, appelé « l'un de nos conseillers sur le fait des finances ». — Cf. d'autres lettres semblables des 8 juin 1405,

néraux de la Cour de M. de Berry » ; ils forment une véritable section du Conseil [1]. Ce corps pourvoit de la sorte aux trois grands services : administration générale (police), justice, finances.

Enfin, à la tête du Conseil, il y a un président ; c'est d'ordinaire le chancelier ou garde des sceaux du lieutenant général, son homme de confiance et son bras droit. Ce personnage remplit ici des fonctions très comparables à celles du chancelier de France dans le royaume [2].

Assurément tous les gouverneurs n'ont pas disposé d'un aussi nombreux personnel administratif. Les ducs d'Anjou et de Berry n'ont fait que transporter en Languedoc les chancelier, maîtres des requêtes et autres agents qu'ils entretenaient en qualité de princes du sang dans leurs apanages [3]. Mais tous avaient un Conseil. Ce corps n'était pas à leur service exclusif, ni dans leur dépendance personnelle ; ceux qui le composaient avaient également titre de conseillers du roi [4]. Pourtant ils étaient choisis, nommés par le lieutenant lui-même, et par conséquent à sa dévotion.

22 janvier 1410, 23 janv. 1414. — Le duc avait remis à Morinot de Tourzel, seigneur d'Alègre, l'administration de toutes les finances de son gouvernement. (Arch. de Montpellier, *Pièces notariées*, BB, liasse de 1404 ; mandement du 11 févr. 1405. — Cf. *H. L.*, t. IX, p. 986.)

1. Arch. de Toulouse, *Comptes*, 1387-88, f⁰ 184 ; 1387. f⁰ 205, etc.

2. *H. L.*, t. X, pr. n⁰ 658, IV ; 28 avr. 1383. Le duc de Berry nomme Simon, évêque d'Agen, chef de son conseil et son « principal, spécial et général conseiller » ; il lui remet un de ses sceaux pour exercer en son absence « fait de chancellerie », avec pouvoir de faire en Languedoc tout ce que pourrait y faire « le chancelier de France. » Le chancelier devient donc aisément le lieutenant du gouverneur (*Ibid.*, n⁰ 726. — Cf. *Ord.*, t. IV, p. 199, et note *b*). Les textes qui le concernent sont en nombre considérable ; car les habitants lui adressaient toutes leurs requêtes, qu'ils avaient soin d'accompagner de présents.

3. Le chancelier du comte de Poitiers est désigné sous le titre de « cancellarius Pictavensis » (*H. L.*, t, X, pr. n⁰ 470, II et v). Mais, d'autre part, on trouve au bas d'une lettre du maréchal d'Audrehem « per dominum locumtenentem, in requestis suis » (Arch. d'Albi, CC 72 ; 2 mai 1362) : exemple d'ailleurs unique, en tant qu'il se rapporte à un personnage qui n'était pas prince du sang.

4. *H. L.*, t. X, pr. n⁰ˢ 588, art. 4 ; 589, col. 1483 : « Gens du Conseil du roy et de li » (du duc d'Anjou). — Arch. de Toulouse, AA 46, n⁰ 17 ; AA 5, n⁰ 118 ; lettres du 27 mars 1386, du 14 avr. 1388 : « Consilio regio et nostro », etc.

Avant le duc d'Anjou les lieutenants du roi, en quittant
le pays, perdaient leur titre ; ils étaient aussitôt remplacés,
car la présence sur les lieux et la facilité d'une action immédiate faisaient précisément leur raison d'être. Au contraire,
sous ce duc, le Conseil est assez fortement organisé pour
le suppléer au besoin, et permettre qu'il s'éloigne sans cesser d'être gouverneur. Les provisions du duc de Berry portent qu'il conservera ses fonctions en quelque lieu qu'il se
trouve. Cette clause, grâce à laquelle la charge de lieutenant a pu rester plus longuement qu'autrefois dans les
mêmes mains, a fait naître aussi chez les titulaires des
habitudes d'absentéisme, que plus tard la royauté se garda
bien de combattre, si elle ne les encouragea point. Le duc de
Berry, de 1380 à 1389, ne vient que quatre fois en Languedoc et n'y séjourne pas en tout plus de deux années[1].
Durant sa seconde lieutenance (1401-1416), il n'a pas fait,
même une fois, le voyage. C'est de France et de son hôtel
de Nesle, qu'il se contentait de gérer les affaires du pays,
plus soucieux de recueillir les profits de sa charge que d'en
remplir les obligations.

Cependant il ne suffisait pas aux gouverneurs, s'éloignant
du Midi, de laisser derrière eux leur Conseil et leur chancelier ou quelque autre chef du Conseil. Ils nommaient de
plus un « capitaine général ». Ce titre, pendant la première
moitié du XIVe siècle, équivaut, ou peu s'en faut, à celui de
lieutenant du roi et lui est souvent accolé, bien que, pris
isolément, il implique une certaine idée d'infériorité. Le
comte de Poitiers est peut-être le premier qui en ait paré
son principal représentant dans le pays[2]. D'ailleurs ni lui
ni les ducs d'Anjou et de Berry ne l'accordèrent jamais

1. Du moins il n'y a que quatre voyages d'absolument certains. Dom Vaissete
en cite quelques autres de 1386, 1387, 1388 (*H. L.*, t. IX, pp. 930, 933, 935), que
l'on peut jusqu'à plus ample informé tenir en suspicion. Du reste ils auraient été
très brefs.
2. *H. L.*, t. IX, p. 691. — Cf. Ménard, *Hist. de Nimes*, t. II, pr. n° 115.

qu'à de très grands personnages, tels que le vicomte de Narbonne, les comtes de l'Isle-Jourdain, de Vendôme, d'Armagnac, le duc de Bourbon, etc. Le capitaine général reçoit
des pouvoirs pareils à ceux du gouverneur : ses provisions
sont rédigées avec moins de solennité et de détail[1]; moindre
est son prestige et par conséquent son autorité matérielle ;
il est plus spécialement chargé de l'exécutif, de la conduite
de la guerre, tandis que l'administration proprement dite
est laissée aux soins du Conseil[2]; mais, en principe, il n'est
tenu à l'écart d'aucune affaire ; toutes les parties du gouvernement sont ouvertes à son influence et à son activité.
Lorsque la dénomination de « lieutenant général » a fait
place dans l'usage à celle de « gouverneur », elle a changé
de valeur à son tour, et s'est justement arrêtée à l'acception
que le titre de capitaine général avait prise pendant le
règne de Charles V, de sorte qu'en ce sens elle a fini par le
supplanter. Le roi permet au comte de Foix de se substituer
un « lieutenant » (1427); Tanneguy du Châtel est « lieutenant » de Charles d'Anjou; l'évêque du Puy s'intitule le
« lieutenant général » de son oncle, duc de Bourbon ; tous
ses successeurs ont porté le même titre[3].

Voilà donc un organe de gouvernement assez complet,

1. *H. L.*, t. X, n° 685 ; 27 oct. 1385. — Flourac, *Jean Ier, comte de Foix*, etc., pr.
n° 12 ; 15 févr. 1412. — Arch. de Cahors, II 8. Lettres du duc de Berry nommant
le comte d'Armagnac capitaine général en Languedoc et Guyenne (1er déc. 1411).
Ces « provisions » sont d'une étendue exceptionnelle en raison des circonstances
dans lesquelles elles ont été données : la guerre venait d'éclater entre Armagnacs
et Bourguignons. Elles reproduisent textuellement les provisions du duc de
Berry, de mai 1401, mais avec des coupures très significatives. Par exemple, on
n'y trouve point les droits que le duc avait reçus de créer des notaires « auctoritate regali », de permettre aux non nobles d'acquérir les fiefs des nobles, à
ceux-ci de les vendre, d'anoblir les roturiers, de conférer toutes sortes de privilèges aux particuliers, aux villes et d'en tirer finances, etc. — D'ordinaire le
lieutenant général se borne à déléguer ses pouvoirs au capitaine général, sans
spécifier davantage. (Bibl. Nat., *Languedoc*, 88, f° 147.)

2. L'entente n'était pas toujours parfaite entre le Conseil et le capitaine général. (*H. L.*, t. X, pr. n° 687 ; ann. 1386.)

3. Bibl. Nat., *Languedoc*, 89, f°s 108, 227, 267; 90, f°s 42, 43.

très capable de régler la vie politique et administrative, d'assurer la marche des affaires dans une contrée où d'ailleurs les communes avaient coutume d'y participer largement. D'une part, grâce à leur Conseil, à leurs chanceliers et capitaines généraux, les gouverneurs ont pu étendre sans cesse le champ de leur action, de l'autre, ils se sont trouvés en mesure d'agir avec indépendance à l'égard du pouvoir central. Durant un siècle, qui est celui des guerres anglaises, ils réduisent au minimum en Languedoc et en Guyenne l'intervention directe du roi, de son Conseil et de ses Cours souveraines; ils maintiennent cette région dans un état bien différent de celui de la Languedoil, dans des conditions d'isolement presque comparables à celles où vivait alors le Dauphiné, mais qui s'appliquent à tout un vaste territoire, anciennement rattaché à la couronne.

Les rois avaient pris quelques garanties contre leurs lieutenants. Ils s'étaient réservé de valider leurs actes, soit afin de les contrôler, soit plutôt afin de maintenir en toutes choses leur propre supériorité. Le texte qui établit la nécessité d'une confirmation royale paraît indiquer aussi qu'elle était de pure forme : les lettres des lieutenants généraux sont confirmées « d'avance », et d'avance déclarées exécutoires, comme si elles avaient passé en Conseil du roi ou par la Chambre des comptes [1]. Sous Charles VI, il n'est point de lettres du duc de Berry qui n'aient obtenu l'approbation royale, et l'on voit clairement, par les registres de comptes et les délibérations des conseils de ville, qu'une multitude d'autres, qui ont eu leur plein effet, n'ont pas même été soumises à cette formalité; d'autres enfin qui, en apparence, émanent du roi, sont dues en réalité au duc, inspirant en personne les décisions du Conseil royal et faisant, de Paris, la loi pour le pays qu'il gouvernait.

1. Provisions de l'évêque de Beauvais, d'Agout des Baux, du duc de Bourbon (*Ord.*, t. III, p. 160; 8 août 1345), du duc de Berry. Celles du duc d'Anjou, qu'il serait si intéressant de connaître, font malheureusement défaut.

Mais il arrive aussi que les rois écartent des formules et combattent des pratiques si dommageables à leur pouvoir souverain. Charles V, encore dauphin, ne donne à son frère, Jean de Poitiers, aucune assurance de confirmation anticipée (1357). Devenu roi, il désavoue le duc d'Anjou à plusieurs reprises et casse ses ordonnances, supprimant tel article d'une charte accordée à la ville de Lauzerte[1], révoquant des lettres contraires aux privilèges des capitouls de Toulouse[2], etc. Visiblement, la royauté s'efforce de ressaisir ou de maintenir ses prérogatives. Un officier nommé par le lieutenant général entrait incontinent en charge : or, en 1363, les tabellions qui n'attendaient pas pour user de leurs offices les lettres royales de confirmation, sont ajournés devant le chancelier de France[3]. Mais on ne voit pas que cette ordonnance, non plus que d'autres, antérieures, ait suffi pour remédier au mal.

Mêmes difficultés en matière de finances. En 1346, le comte d'Armagnac, « capitaine et lieutenant », ayant remis un fouage aux communautés, Philippe VI ordonne, au contraire, que le fouage sera levé. Le comte offre aussitôt sa démission, ne voulant pas, dit-il, « estre lieutenant ne capitaine là où ledit seigneur (roi) déferait sans nous appeler ce que nous aurions fait ou profit de sa guerre ». A la fin, c'est le roi qui cède[4]. En 1351, les capitaines et lieutenants ont fait tant de remises de peines et d'amendes, tant de dons sur le domaine et le Trésor, que Jean le Bon défend à ses officiers d'exécuter leurs lettres avant qu'il ne les ait confirmées et qu'elles n'aient passé par la Chambre des comptes[5]. Pourtant une foule d'ordres de payement — remises, dons, allocations de toute nature, — adressés par le

1. *Ord.*, t. VI, p. 399.
2. Arch. de Toulouse, AA 36, nos 53, 62.
3. *Ord.*, t. IV, p. 226.
4. *H. L.*, t. IX, p. 598.
5. *Ord.*, t. IV, p. 152.

lieutenant aux trésoriers et receveurs se terminent par la
formule : « Et voulons que ladite somme soit allouée en vos
comptes par les gens des comptes de monseigneur, à Paris,
sans aucun contredit et nonobstant ordonnances ou mandements donnés au contraire [1]. » Nul doute que sous Charles VI cette formule n'ait été prise à la lettre : « Nous avons
fait, dit le roi, visant son oncle de Berry, aucuns de notredit sang et lignage noz lieuxtenans et capitaines généraux
en aucunes parties de notredit royaume et leur avons baillé
entièrement le gouvernement et administration avec les
prouffiz, tant d'aides comme du domaine d'iceulx, pourquoy
toutes les revenues et finances d'icelles parties sont venues
en leurs mains, et non en la notre, comme chacun sait [2]. »

Charles V se sent assez fort pour casser purement et simplement telle ordonnance, qu'il juge à bon droit trop oné-
reuse au domaine [3]. En certains cas, il règle d'avance l'emploi des ressources extraordinaires ; mais il ne le fait qu'après
entente avec son frère et lieutenant. En décrétant un nouveau dénombrement des feux du pays, le roi ajoute que
le duc d'Anjou lui a « promis amiablement, en nous faisant,
dit-il, ce très grand plaisir, que pour accomplir nostre vo-
lenté il fera exécuter l'ordenance que nous avons derrenie-
rement faite sur la deuxieme reparation des feux, etc. », et
que du produit de ce dénombrement « il nous fera bailler et
délivrer la somme de 40,000 francs d'or... pour les œuvres
de nostre Bois [4] ». En 1366 il lui avait écrit de ne rien
prendre des deniers des aides sans son « especial congé et
commandement », et pourtant, six ans plus tard, il était
obligé d'exiger de lui le serment qu'il ferait payer au comte
d'Armagnac diverses sommes et pensions, et ne toucherait

1. *H. L.*, t. X, pr. n°ˢ 469, 529, etc. — Arch. d'Albi, CC 68, 15 juill. 1354 ; CC 85,
août 1369, etc.
2. *Ord.*, t. IX, p. 544 ; oct. 1410.
3. Delisle, *Mandements et actes de Charles V*, n° 1222.
4. *Ord.*, t. VI, pp. 109, 110.

point au revenu de l'imposition de 12 deniers pour livre que le comte et deux autres seigneurs avaient reçu en assignation[1].

La tendance naturelle du pouvoir central était d'attirer à lui le produit de tous les impôts et de l'affecter aux usages les plus étrangers au bien du pays qui les payait. Cette tendance, les lieutenants généraux l'ont combattue, et non sans succès, aussi longtemps qu'ils ont pu, soit pour le bien de leur charge, soit dans leur intérêt propre, au nom des exigences ou des vœux de leurs administrés. Le duc d'Anjou allègue à Charles V les stipulations faites par les communes, que « tous lesdits deniers et emoluments seroient convertis ou fait de la guerre et à la deffense du païs[2]. » En effet, il est sans exemple que le roi ait disposé librement de la totalité de ses deniers de Languedoc. Le duc d'Anjou ne lui laissait guère que le revenu des aides proprement dites et d'une partie du domaine. Le duc de Berry ne lui laissa rien que ce qu'il jugeait à propos.

Le pouvoir central possède un instrument de contrôle, la Chambre des comptes, gardien suprême des droits et des intérêts du Trésor. Mais dans une contrée où les lieutenants généraux avaient les revenus domaniaux en pleine jouissance ou les distribuaient librement, les gens des Comptes ont eu grand peine à conserver le domaine intact.

Sur les subsides extraordinaires, leur autorité est à peu près nulle. Elle se réduit à dresser les instructions et règlements selon lesquels se fera le recensement des feux, puis à consacrer les résultats de cette opération au moyen de lettres spéciales, nécessaires pour qu'un lieu dûment réparé

---

1. *H. L.*, t. X, pr. nᵒˢ 531, 585. Cf. nᵒ 588. — Par aides, il faut entendre ici les aides de « la délivrance », que les communes payèrent d'abord par abonnement, sous forme de fouage, ensuite sous forme d'impôts indirects. Elles avaient été établies par ordre du roi en personne. Aussi Charles V n'entendait-il point que son frère en pût disposer.

2. *H. L.*, t. X, pr. nᵒ 588.

soit taxé en conséquence. Mais l'initiative de la « réparation » n'appartient pas à la Chambre. C'est d'ordinaire le lieutenant général qui suggère la mesure, ou qui l'édicte, sauf confirmation royale [1]. Tantôt lui, tantôt le roi en tirent bénéfice : un franc d'or par feu réparé. Les fréquentes « réparations » qui se succédèrent en Languedoc et Guyenne, entre 1361 et 1415 environ, ne s'expliquent que par l'initiative intéressée du gouverneur, secondant les réclamations des villes. En France, il n'y eut rien de pareil.

Le duc d'Anjou, le duc de Berry ne respectent même pas les instructions que la Chambre a rédigées. Les commissaires qu'ils chargent de procéder au recensement des feux peuvent impunément y contrevenir [2]. Ils diminuent de leur autorité, parfois sans enquête, le nombre des feux de telle ou telle commune, et la déclarent d'ores et déjà contribuable aux tailles selon le nombre qu'ils ont fixé [3]. En 1372, à la requête des villes assemblées, le duc d'Anjou répond qu'il

1. Les nombreuses lettres de « réparation » qui sont rendues « per consilium existens in camera compotorum Parisius » (*Ord.*, t. III, p. 667, etc.) ne doivent pas faire illusion. Il y en a au moins autant, à partir de 1365, qui émanent directement du lieutenant général : elles se terminent par un ordre de vérification adressé aux gens des comptes (*Ibid.*, t. VI, pp. 205, 494, 672, etc.). Sous le duc de Berry, les habitants de Nîmes, après avoir obtenu du roi des lettres qui prescrivaient à la Chambre de faire rechercher de nouveau le nombre des feux de leur ville, demandent au duc un mandement exécutoire, dans la crainte, dit celui-ci, que les gens des comptes ne veuillent pas « entériner lesdites lettres sans avoir sur ce nostre consentement ». (Ménard, *Hist. de Nîmes*, t. III, pr. nº 39.) Le duc d'Anjou a certainement été l'instigateur de la réparation de 1366, dont il eut le profit (*Ord.*, t. VI, p. 494). Il a ordonné celle de 1377-1379 (Arch. d'Albi, CC 83 ; lettres du 9 déc. 1378 ; BB 17, fº 15. — Arch. de Toulouse, BB 1, fº 46 ; AA 45, nº 94. — *Ord.*, t. VI, p. 570 et suiv.). Le duc de Berry ne laissait pas à d'autres ce soin et ce bénéfice. (Bibl. Nat., lat. 9176, fº 57. — Arch. d'Albi, CC 83 ; lettres du 28 sept. 1405, etc.)

2. *Appendices*, nº 3, A. Requête des habitants de la ville et viguerie d'Albi à la Chambre des comptes, du 21 nov. 1375. En ce cas et dans plusieurs autres le duc d'Anjou fait recenser les feux des villes contre le gré des habitants, nonobstant les termes exprès des instructions données par la Chambre. — Cf. Ménard, *Op. cit.*, t. II, pr. nº 171.

3. Feux de Toulouse en 1377 (*Append.*, nº 3, A), de Carcassonne (*ibid.*), de Mirepoix (Bibl. Nat., fr. 20582, nº 48 ; 13 avr. 1379), etc.

va défendre aux receveurs d'exécuter les ordres des gens des Comptes : la Chambre leur a prescrit de percevoir les subsides selon le taux ancien dans toute communauté qui n'aurait pas encore reçu d'elle des lettres de « réparation »; le duc veut au contraire que celui qu'il impose soit payé d'après le nombre récent des feux trouvés par ses commissaires [1].

Le lieutenant général est placé fort au-dessus de la Chambre : les versements que les receveurs ont effectués par ses ordres doivent être alloués à leurs comptes « sans contradiction ». Lui-même n'y rend point de comptes : arrivé au terme de son administration, il sollicite et obtient du roi son *quitus* [2].

Il peut même suspendre l'action régulière des gens des Comptes, les priver momentanément de leur office essentiel, qui était « d'ouïr » et d'apurer les comptes. C'est ainsi qu'aux États d'octobre 1356 (Toulouse) le comte d'Armagnac, en retour d'une aide que l'assemblée lui octroie, permet que les trésoriers qu'elle a chargés de la recevoir rendent leurs comptes uniquement à douze personnes, désignées par les trois ordres [3]. De même, en juillet 1359 et novembre 1360, le comte de Poitiers. Comme les receveurs des impositions

1. *H. L.*, t. X, pr. 584, art. 7. — Cf. Bibl. Nat., lat. 9175, f° 161; lettres du 13 nov. 1370, art. 4. Chaque lieu paiera sa quote-part du subside « juxta numerum focorum noviter reparatorum ». Cette clause se retrouve dans une série de lettres semblables.

2. Arnoul d'Audrehem, qui a touché, payé ou fait payer en cette qualité de fortes sommes, « nullam tamen inde racionem vel compotum in camera compotorum nostrorum reddidit, nec sciret nec posset reddere, prout dicit, licet de stilo et ordinatione regiis de eisdem omnibus et singulis sit erga nos specialiter et expresse obligatus et de hiis racionem legitimam et compotum in dicta camera compotorum nostrorum reddere debuisset Parisius et deberet ». Arnoul n'en reçoit pas moins quittance générale. (Ém. Molinier, *Arnoul d'Audrehem*, pr. n° 102.) — Cf. *H. L.*, t. X, pr. n°s 340, 407.

3. *Ord.*, t. III, p. 99; art. 4. Ces comptes ont en effet été rendus aux États d'Albi, le comte d'Armagnac étant encore lieutenant général. (Rouquette, *Le Rouergue sous les Anglais*, pp. 10 et suiv.)

et gabelles alors octroyées n'en étaient pas moins cités par
la Chambre à venir compter à Paris par-devant elle, le duc
d'Anjou les décharge de cette obligation [1].

En Languedoc et Guyenne le contrôle royal, exercé par
les gens des Comptes, était donc tardif, incertain, probablement irrégulier, assurément peu efficace.

Dans l'ordre judiciaire, les gouverneurs ont rencontré la
rivalité active et la grande puissance du Parlement de Paris.
Ils avaient même autorité souveraine. En 1423, époque où
un Parlement était installé en Languedoc, l'archevêque de
Reims, un des principaux conseillers de Charles VII, estimait que les pouvoirs du capitaine général, en matière de
justice, étaient égaux à ceux de la Cour [2].

Il est vrai que le Conseil du gouverneur a laissé de côté
les débats d'intérêt privé, qui ne l'intéressaient guère, pour
s'occuper surtout des procès politiques : cas de sédition,
rébellions envers les agents du roi, infractions aux ordonnances, etc. Dans tous ces cas, il juge au criminel et même
au civil, indistinctement, malgré les réclamations des communes [3]. Il en connaît non seulement par lui-même, mais
par voie de commission et de réformation générale. Le duc
d'Anjou donne à ses commissaires pouvoir de juger en toutes sortes d'affaire et de faire exécuter leurs jugements,
« sans tenir compte des oppositions ou appels ». Il reconnaît
à leurs actes autant de valeur qu'aux siens propres, accomplis en sa présence et dans son Conseil; d'avance il les
confirme « de sa science certaine et en vertu de l'autorité

1. *H. L.*, t. X, pr. n° 170, IX. — Bibl. Nat., lat. 9175, f° 14; 27 nov. 1360, art. 16.
— *Ibid.*, f° 74; 18 févr. 1365, art. 22. — Arch. d'Albi, CC 77; mars 1373, art. 12.
2. *Ibid.*, pr. n° 828. Le prélat ajoute : « Et potissime in cedicionariis et talibus
rebellionibus, sicut sunt ea que imponuntur ».
3. Arch. de Montpellier, arm. D, cass. 21, n° 4. Appel fait au roi et au duc
de Normandie par les communautés des sénéchaussées de Beaucaire et de Carcassonne contre Raymond de Roche, soi-disant lieutenant du comte de Poitiers,
qui fait œuvre de juge en toutes matières, même en sa propre cause, etc.
(nov. 1360, Pézenas). — Arch. d'Albi, FF 45; 2e ord., du 4 nov. 1369, art. 19.

royale qu'il possède en cette matière » [1]. Le duc de Berry
en nomme un plus grand nombre encore, munis de pouvoirs aussi amples [2]. La royauté a mis au service des deux
lieutenants généraux cette arme redoutable des réformations,
dont elle s'était autrefois réservé l'usage et qu'ensuite elle
ne confiera plus à personne [3].

Les autres procès qui viennent au Conseil rentrent pour
la plupart dans la catégorie du contentieux administratif :
différends de villes à officiers royaux, à particuliers, ou
d'une ville à une autre. Ils se rapportent en général aux
impositions et aux tailles; ils regardent surtout la section
du Conseil que forment les « gens des requêtes », puis les
généraux des aides [4].

Or, maîtres des requêtes, réformateurs et généraux des
aides jugeaient sans appel. Le gouverneur entendait que
leurs sentences fussent définitives. Qu'un grand nombre
aient été purement et simplement mises à exécution, cela
n'est pas douteux; mais il est certain que le Parlement de

---

1. *H. L.*, t. X, pr. n° 523; décembre 1365.

2. Voir, entre autres réformations, celle du 23 juillet 1405. (*Ord.*, t. IX, p. 82.)

3. Peut-être faut-il faire exception pour le comte de Foix. (Flourac, *Op. cit.*,
pr. n° 34 : 23 janv. 1427.) Encore ne voit-on pas le comte se servir du pouvoir
qu'il avait de faire « visiter les livres » des consuls et de tous ceux qui s'étaient
« entremis du fait des aides et fouages », de composer avec les usuriers, billon-
neurs, monnayeurs, etc.

4. En voici quelques exemples. En 1367, procès « in curia serenissimi principis
domini Ludovici... ac etiam [coram] metuendissimis dominis presidentibus in
eadem », entre les consuls d'Albi et ceux de Lescure, sur la question de savoir
où l'on doit contribuer, pour des biens immeubles sis en un autre lieu que celui
où l'on a élu domicile. (Arch. d'Albi, CC 62 ; 14 octobre.) En 1378, procès pendant « in curia nostra requestarum », à la Chambre des requêtes du duc d'Anjou,
entre le syndic de Toulouse et les sergents royaux qui refusent de payer les
tailles. (Arch. de Toulouse, AA 45, n° 95 ; 10 février.) En 1382, procès entre les
habitants de Saint-André et de Villeneuve-lez-Avignon, et le procureur du roi
prenant cause pour les fermiers de la rève. Par lettres du mois d'août, le duc de
Berry l'évoque « nobis et nostris requestarum gentibus ». Le 12 janvier suivant
la cause vient « à la Cour de ses requêtes », qui ajourne de nouveau le procureur
du roi, défaillant, et lui intime que, s'il ne se présente point, il sera considéré
comme ayant renoncé au procès (Bibl. Nat., lat. 9176, f°ˢ 76, 94), etc.

Paris contestait la souveraineté juridictionnelle des gouverneurs de Languedoc, que des appels ont été relevés pardevant lui, et qu'il les a reçus : ainsi en 1379, dans un procès entre les capitouls et les fermiers du salin de Toulouse[1] ; ainsi en 1405 et 1406, au détriment des généraux de la justice et des réformateurs du duc de Berry. Le duc fait casser appels et procédures, et confirmer ses conseillers dans leurs pouvoirs[2]. Mais la question reste ouverte, indécise entre le Parlement et les gouverneurs. On verra plus loin comment elle a été résolue.

En somme, pendant près d'un siècle, de Jean le Bon à Charles VII, les rois n'opposent que de faibles barrières à l'omnipotence de leurs lieutenants. Bien plus, c'est l'autorité royale que ceux-ci veulent limiter : « Il arrive, dit Charles V, et spécialement en pays de droit écrit, qu'on ne laisse pas exécuter les lettres du roi, avant qu'elles n'aient été revêtues de l'attache de notre lieutenant ou capitaine... Agir ainsi, c'est blesser la majesté royale, faire acte d'orgueil et d'erreur, s'arroger un titre de souveraineté et s'attirer notre animadversion[3]. » Telle est justement la prétention du comte de Poitiers, celle du duc d'Anjou. Tous les deux l'expriment très nettement, par mandements qu'ils adressent aux sénéchaux de leur lieutenance. Entre autres considérants, l'un allègue « la situation du royaume, celle de nosseigneurs père et frère, et celle aussi du pays de Languedoc dont l'administration nous est, dit-il, confiée, où nous avons résidé depuis un certain temps, et dont par expérience nous devons connaître l'état et les périls mieux que nosdits seigneurs le roi et le régent, qui se trouvent fort loin et vraisemblablement peuvent les ignorer[4]. » L'autre dit : « C'est à

1. Arch. de Toulouse, AA 5, n° 356.
2. Bibl. Nat., lat. 9177, f° 83. — Arch. de Toulouse, AA 37, n° 8, et le *vidimus* y attenant.
3. *Ord.*, t. VI, p. 22 ; lettres du 14 août 1374.
4. Bibl. Nat., lat. 9174, f° 311 ; lettres de Montpellier, 18 déc. 1358.

nous, en qualité de lieutenant de notre seigneur le roi. qu'il appartient de connaître et de disposer des affaires de tout le pays [1]. » Le duc de Berry décrète que les officiers royaux, s'ils ne font pas viser par son Conseil leurs lettres d'offices, ne pourront s'en servir [2]. Les gens de son Conseil. en 1401, défendent à tous ceux qui obtenaient du roi des permis pour l'exportation du blé de les mettre à profit, « si premièrement icelles lettres et mandements ne sont par nous vues et expédiées [3]. » On trouve plusieurs lettres de Charles VI, auxquelles le duc. pour les faire exécuter, a mis son attache [4].

Il ne faut donc pas prendre pour de vaines paroles les formules dont les gouverneurs ornent si volontiers leurs lettres : « En vertu des pleins pouvoirs à nous attribués en ces matières, de notre certaine science et grâce spéciale »,... « En vertu de l'autorité royale, qui nous a été remise, etc. » Ici, la pompe du langage s'accorde entièrement avec la réalité des faits. Non moins significatives sont les expressions par lesquelles on désigne alors l'administration du pays, selon qu'elle est exercée par le roi lui-même ou par son lieutenant. Dans le premier cas elle est « immédiate », « sans moyen »; dans le second les habitants sont « mis en la main » d'un autre que le roi. On dirait qu'il s'agit de la création d'un fief ou de la concession d'un apanage.

On imagine aisément quelle devait être, parmi tant de guerres, de crimes et de trahisons, la défiance des rois à l'endroit de ceux qu'ils avaient appelés à un si haut degré de puissance. Un lieutenant général n'entrait pas en charge

---

1. *H. L.*, t. X, pr. n° 517, vi. — Cf. Arch. d'Albi, CC 83. Lettres du duc d'Anjou, de Nîmes, 2 janv. 1375, ordonnant de mettre à exécution des lettres royales, de Paris, 18 sept. 1374, sur la réparation des feux.

2. Arch. de Toulouse, AA 5, n° 118; 14 avr. 1388. — De même le comte de Foix. (Flourac, *Op. cit.*, p. 121.)

3. *Ord.*, t. VIII, p. 473.

4. *H. L.*, t. IX, pp. 994, 1010, 1023. — Cf. Arch. de Toulouse, AA 35, n° 62 ; lettres de Jean, évêque de Beauvais, du 29 janv. 1346. L'évêque n'était pas alors lieutenant du roi, mais sans doute principal conseiller en Languedoc.

avant d'avoir prêté serment d'y bien servir le roi, selon la
teneur des provisions qu'il avait reçues, de lui obéir, d'agir
en toutes choses au mieux de ses intérêts, de ne faire aucune
alliance à son préjudice, etc.[1].

De certains lieutenants généraux, il y avait tout à craindre, même une usurpation complète, même de les voir passer à l'ennemi avec le pays qu'ils gouvernaient. Les rois
alliés de France et d'Angleterre nomment en 1422 Jean Ier,
comte de Foix, lieutenant en Languedoc; mais ils se réservent de « reprendre le pays en leur main » et font jurer
au comte de le « restituer », le cas échéant[2]. En 1384
Charles VI accuse le comte Jean II d'Armagnac de s'être
entendu, six ans plus tôt, avec le comte de Foix pour partager entre eux le gouvernement de Languedoc, de telle
sorte que le roi, disaient-ils, « ne y auroit rien, fors le nom
de nostre seigneur seulement ». Il lui reproche aussi d'entretenir des intelligences avec les Anglais, d'avoir engagé
les communautés à représenter qu'elles étaient incapables
de payer les aides, de s'être secrètement allié avec les Compagnies « pour faire renoncer les gens du pays au roy[3] ».

Il pouvait arriver que les habitants du Midi, accablés d'impôts dont ils ne tiraient aucun avantage, laissés en proie
aux bandes de pillards qui depuis quarante ans surgissaient
sans trêve aux frontières de Guyenne, eussent recours à
quelque protecteur dont ils auraient aussi fait leur maître.
Deux s'offraient, l'un et l'autre voisins de la terre du roi,
rivaux de longue date, chefs de grandes maisons féodales,
le comte de Foix et le comte d'Armagnac. En 1380 le bruit
courut en France que ceux de Languedoc « avoient prins à
seigneur le comte de Foix ». Tout au moins voulaient-ils
l'avoir pour capitaine général; car il leur avait promis « par

1. Bibl. Nat., *Languedoc*, 89, fos 35, 36.
2. Besse, *Recueil*, p. 332.
3. *H. L.*, t. IX, p. 920.

Dieu et le diable, de les défendre si bien que pas un habitant, paysan ou citadin, n'y perdrait une poule ». Les plus grandes villes se liguèrent avec lui contre le duc de Berry que le roi leur envoyait en qualité de gouverneur. Vingt ans plus tôt, quand le duc portait le titre de comte de Poitiers, elles avaient éprouvé sa tyrannie et son avarice; Gaston de Foix voyait en lui un ennemi personnel : « Tant que j'auray la vie au corps, écrit-il au roi, je ne souffriray en Languedoc seigneur et partie [1] ».

Et voici l'un des plus graves sujets d'inquiétude que les lieutenants de Languedoc aient donné au souverain : autorisés par leurs provisions à traiter avec les ennemis, à les ramener à l'obéissance du roi [2], ils avaient une politique personnelle; ils s'alliaient à tel grand seigneur contre un autre, se faisant des amis, mais aussi des adversaires. Jean de Poitiers, pendant sa lieutenance, s'unit si étroitement avec le comte d'Armagnac, que Gaston de Foix, ennemi du comte, se met en campagne contre tous les deux. La terre royale et ses habitants se trouvent entraînés dans une querelle qui leur est étrangère; ils font les frais de la guerre et de la paix [3]. Le duc d'Anjou au contraire prend parti pour le comte de Foix, si bien que Charles V profite d'un séjour que son frère faisait à la cour pour lui faire jurer d'être « bon ami » du comte d'Armagnac, de remplir envers lui

---

1. *H. L.*, t. X, pr. n° 652. — Cf. plus haut, pp. 238, 239, et les notes. — Le joli récit de Froissard sur cette affaire doit reproduire exactement celui que fit au chroniqueur le bon chevalier Espang de Lyon, conseiller du comte de Foix, pendant qu'ils chevauchaient ensemble entre Pamiers et Orthez ; car, chaque soir, Froissard écrivait ce que son compagnon de route lui avait conté dans la journée. Les ambitions du comte y sont voilées et son échec atténué plus qu'il ne convient; mais on y trouve cette vérité supérieure qui consiste dans la représentation fidèle de la position, des rapports et des sentiments des hommes.

2. Voy. *ap.* Tardif, *Monuments historiques*, 1866, in-4°, n° 1341, un de ces traités, du 1er oct. 1354, d'ailleurs confirmé par le roi, et cf. *H. L.*, t. X, pr. n°ˢ 550, 561, 589, etc.

3. *H. L.*, t. IX, pp. 686-710, et X, pr. n° 475. — Arch. d'Albi, *Comptes*, CC 149, 150 (ann. 1359 et 1360).

toutes les obligations contractées par le roi, de le secourir
en cas de guerre entre les deux comtes... Ce serment, solen-
nisé par lettres royales [1], n'empêche pas le duc de s'allier
quelques jours plus tard contre Jean Ier d'Armagnac au propre fils du comte, dont il fait, l'année suivante, un capitaine
général [2].

La politique des rois dans le Midi se trouvait donc à la
merci des intérêts et des sympathies de leurs lieutenants. La
politique générale en a parfois été affectée. La maison d'Armagnac doit assurément au duc de Berry les quelques dix
ans de grandeur qui forment le plus clair de sa renommée
dans l'histoire. D'elle-même, elle tenait une place importante parmi les seigneuries méridionales; mais, sous ce
puissant patronage, son nom, son influence ont passé les
frontières de Languedoc et de Guyenne; elle a pu diriger
les affaires du royaume; elle a donné son nom à l'un des
deux partis qui le déchiraient.

Les rois ont voulu prévenir la formation de liens trop
durables entre les gouverneurs et leurs administrés ou les
grands seigneurs circonvoisins : Charles V interdit au duc
d'Anjou de faire dans son gouvernement, sans autorisation,
« conquestes notables [3] ». Tous sentaient quelle cause permanente d'affaiblissement c'était pour leur autorité, que
d'en revêtir des personnages assez forts déjà de leurs propres forces, et quel péril aussi, malgré les précautions :
« Nos predecesseurs rois, dit une ordonnance de Charles VI,
... voulurent que toutes les choses qu'estoient faites en
nostredit royaume en leur temps, fussent faites par eux ou
par leurs seneschaux, baillifs, prevosts et autres justiciers

1. *H. L.*, t. X, pr. n° 585; 24 févr. 1372.
2. De Gaujal, *Ét. hist. sur le Rouergue*, t. II, p. 216. — Cf. Bonal, *Comté et comtes de Rodez*, 1885, in-8°, p. 383.
3. *H. L.*, t. X, pr. n° 604; 19 mars 1375. Ce texte est des plus remarquables. —
Le duc avait acquis ou acquit par la suite la baronnie de Lunel.

et officiers en leurs noms, sans ce qu'ils octroyassent à aucun en nostredit royaume ni en aucune partie d'icelui puissance de lieutenant [1]... ». Charles V, dès qu'il peut le faire, révoque tous ses lieutenants de Langucdoil [2]. Depuis ce règne jusqu'à celui de Louis XI, il n'y en a plus dans la France proprement dite que çà et là, rarement et de façon temporaire [3]. Ils se sont au contraire succédé régulièrement en Languedoc, parce que la royauté n'a pu se passer d'entretenir en ce lointain pays une vice-royauté qui lui fît pendant, qui fût en état d'y remplir les fonctions dont elle-même s'acquittait directement en Langucdoil.

Bien souvent les gens du pays ont eu moins encore que les rois à se louer de leurs gouverneurs. Au xvi° siècle, par un singulier oubli du passé, ils rangeaient avec orgueil parmi leurs privilèges celui d'être gouvernés par des princes du sang [4]; mais, lorsque pareil honneur leur était échu, ils avaient supplié le roi d'administrer désormais sans intermédiaire. En avril 1380, après les soulèvements parmi lesquels se termine l'administration du duc d'Anjou, les députés des communes exposent au roi les maux que les habitants du pays ont si longtemps endurés : « Qu'il daigne, disent-ils en premier lieu, relever les trois sénéchaussées des frais et dépens qu'entraîneraient l'état et la présidence d'un grand seigneur; qu'il les pourvoie plutôt de quelque capitaine, noble et bénin, qui ne s'occupe pas d'autre chose que de faire la guerre et de défendre le pays [5] ».

Les communes, qui s'étaient opposées de toutes leurs

1. *Ibid.*, pr. n° 778; 4 juill. 1403.
2. *Ord.*, t. V, p. 594; 24 févr. 1373 : « Quels qu'ils soient, de nostre sang ou autre ».
3. On remarquera que l'ordonnance générale sur les mines, de sept. 1471 (*Ord.*, t. XVII, p. 446), est adressée à toutes les Cours souveraines, Parlements, gens des comptes, aux généraux des finances, etc., et « aux gouverneurs de Languedoc, Dauphiné et Rossillon », comme s'il n'y avait de gouverneurs qu'en ces trois pays.
4. *H. L.*, t. X, note I.
5. Bibl. Nat., lat. 9176, f° 26, art. 1. — Cf. plus haut, pp. 238, 239.

forces à l'avènement du duc de Berry, ne se gênent pas,
chaque fois qu'il est destitué, pour manifester leur joie[1].
Elles se hâtent, après sa mort, de témoigner au roi que le
pays n'a pas besoin de gouverneur, et qu'il n'en désire point
d'autre que le roi lui-même[2]. Au décès du comte de Foix,
les consuls de Montpellier, et d'autres sans doute, présen-
tèrent à Charles VII, en termes semblables, une requête
aux mêmes fins[3].

Mais, en dépit des prières qui leur étaient adressées « à
genoux et la larme à l'œil » et de leur intérêt évident, les
rois n'ont employé qu'à la dernière extrémité contre les
gouverneurs de Languedoc la mesure dont ils se montraient
si prodigues envers d'autres agents, la révocation. Le duc
d'Anjou est rappelé en avril 1380, après seize ans de pouvoir, le duc de Berry en 1389. Dans les deux cas l'institution
même de la lieutenance générale est supprimée. Mais elle
est remplacée aussitôt par un équivalent, c'est-à-dire par
une commission ou Conseil, à la tête duquel sont placés un
administrateur et un capitaine général, bref un organe collectif de tous points semblable à celui par lequel les lieutenants généraux se faisaient suppléer en leur absence[4]. Les

---

1. Froissart, *Chroniques*, édit. cit., t. XIV, p. 39; ann. 1389 : « Et jà avoit-on
osté au duc de Berry le gouvernement de Languedoch et remis par membres et
par seneschauchies au proufit du roy, dont le pays des marches de Carcassonne
et de Béziers, de Narbonne, de Fougaux, de Bigorre et de Thoulouse estoit moult
resjouy. » — Cf. *H. L.*, t. X, pr. n° 795.

2. P. Dognon, *Les Armagnacs*, etc., *Loc. cit.*, pp. 436, 439, 463.

3. Voir *Appendices*, n° 4.

4. En avril 1380, point de capitaine général, mais cinq « réformateurs » (*Ord.*,
t. VI, p. 467. — Cf. les lettres citées, du 25 avril 1380). que les *Comptes* d'Albi
nomment « los senhors governadors de Lengadoc ». (CC 155, fᵒˢ 7, 37.) En mai
1389, commission analogue; autre, de janv. 1390. (Voir plus haut, p. 343 *bis*.) A
partir de sept. 1391, les « generals reformadors » qui en font partie sont qualifiés de « los senhors del cosselh del rey... e governadors del pais de Lengadoc »
(Arch. de Toulouse, *Comptes*, 1390-1391, fᵒˢ 74, 62, etc. — Cf. *Ord.*, t. VII, pp. 133,
n. *a*, 452, 464, n. *c*, 513). De même les membres de la troisième commission,
celle de déc. 1391. Les deux dernières ont pour chef Pierre de Chevreuse, qui
prend le titre de « général gouverneur de toutes finances ès pays de Languedoc

choses ne se passent pas autrement à la mort du duc de
Berry (1416), après la retraite du comte de Foix (1420)[1],
puis en 1436, au décès du comte[2]. De sorte que jamais les
rois n'ont administré réellement « sans moyen », uniquement à l'aide de leurs sénéchaux et officiers ordinaires. Les
membres du Conseil se couvrent du nom royal, l'empruntent dans leurs lettres; mais ils agissent à leur guise. D'ailleurs ces gouvernements improvisés duraient peu, un an,
quatre ans au plus. Un seul, où le maréchal de Sancerre
figurait comme capitaine général, a fonctionné près de
douze ans, de 1389 à 1401, non sans éprouver en chemin
des modifications nombreuses.

Il a fallu souvent que la royauté usât de prudence à
l'égard des gouverneurs, et qu'elle attendît l'occasion propice : ainsi Charles VII dans ses rapports avec Guillaume
de Champeaux, évêque de Laon. L'évêque n'a jamais eu le

et duchié de Guyenne ». (*H. L.*, t. IX. p. 958; 20 juill. 1391. — Cf. *Comptes*
d'Albi et de Toulouse, 1391 et 1392, *passim*.) Chevreuse est mort dans les premiers jours d'oct. 1393 (Ménard, t. III, pr. n° 27), et le Conseil ne paraît pas
lui avoir survécu, du moins sous cette forme. Le maréchal de Sancerre lui avait
été associé en qualité de « capitaine général », titre qu'il possédait avant la destitution du duc de Berry (*H. L.*, t. IX, p. 937) et qu'il garda jusqu'au temps où
le duc fut rétabli dans sa lieutenance. Le maréchal, devenu connétable, est qualifié de « capitaneus et gubernator », etc., dans un mandement du 20 janvier 1401.
(Bibl. Nat., *Languedoc*, 88, f° 4.)

1. P. Dognon, *Les Armagnacs*, etc., *Loc. cit.*, pp. 439, 493.

2. *Appendices*, n° 4. — Pour prendre possession du gouvernement direct du
pays, Charles VII y fait un voyage, accompagné du dauphin et de Charles d'Anjou, frère de la reine, en févr.-mai 1437. (Voir de Beaucourt, *Hist. de Charles VII*,
t. III, pp. 40 et suiv.) Au cours d'un second voyage en Languedoc (avril 1439), il
laisse pour y commander le jeune dauphin Louis. (*H. L.*, t. X, pr. n°s 871, 866,
II et III, etc.) Mais dans aucun acte le prince n'est qualifié de lieutenant en
Languedoc. Les lettres qu'il donne sont rendues au nom du roi, selon la formule
qu'employait toujours un Conseil royal agissant en l'absence du gouverneur : « Par
le roy, à la relation » des membres du Conseil et de leur chef. (Arch. Nat., K 65,
n° 38; 13 octobre 1439, etc.) Louis ne séjourne dans le pays que jusqu'au mois
d'octobre 1439; il nomme avant de partir plusieurs « capitaines généraux », dont
le vicomte de Lomagne. (*H. L.*, t. IX, p. 1138; X, pr. n° 875, II.) En réalité ce
sont les généraux des aides et l'évêque de Laon qui gouvernent en toutes choses
jusqu'à l'époque où Charles d'Anjou devient lieutenant général. (5 juill. 1440.)

titre de lieutenant général, mais il en a partagé les fonctions avec le comte de Foix, administrant à peu près seul
la justice et les finances. En 1436 il est chef du Conseil
royal. Durant dix-sept ans il accumule les concussions et les
abus de pouvoir, brave les plaintes de ses administrés [1], les
ordres mêmes du roi. Il sait que Charles VII a trop d'affaires
sur les bras « au pays de France » pour user de force contre
lui. Il répond à ses envoyés par des menaces, se vante de
leur résister « par voie de fait [2] », et le roi se voit obligé de
patienter jusqu'à ce que, devenu plus fort et plus libre, il le
destitue à la fin (août 1440) [3].

1. *H. L.*, t. X, pr. n° 848, col. 2088. États de Chinon, 11 nov. 1428.
2. *Ibid.*, n° 879. En nov. 1428, le Galois du Puy du Fou et Jean de Velly avaient
été interdire à l'évêque l'administration des finances. (*Ibid.*, t. IX, p. 1100.) Le
comte de Vendôme remplit ensuite une mission semblable avec le même insuccès;
mais il est difficile de dire à quelle date.
3. Voir *Appendices*, n° 5. — Cet appendice était imprimé déjà, quand j'ai
trouvé aux Archives de Toulouse une pièce curieuse, que je me décide à publier
ici *in-extenso*. (AA 80. Copie authentique, en double.) C'est une circulaire adressée aux communautés principales en avril 1440, au plus fort de la Praguerie, par
Guillaume de Champeaux. L'évêque essaie de s'appuyer sur les États du pays
pour soutenir le dauphin, sous prétexte de médiation entre lui et Charles VII.
Il était difficile que le roi victorieux pût lui pardonner une démarche aussi
hardie. Quant aux États, malgré les euphémismes dont il voilait ses desseins,
il ne paraît pas qu'ils aient consenti à s'y associer.

« Memoire à messire Johan Barriere et Phillebert de Neve de ce qu'ils ont à
remonstrer et dire à ceulx devers lesquelz ilz vont.

« Premierement, comment ainsi que chacun peut savoir, permettant nostre
Seigneur et instigant l'ennemy d'enfer, grant question et division s'est naguere
sourse et mise entre le roy, nostre seigneur, et monsieur le daulphin, à laquelle
cause se sont ensuis desja grans inconveniens, desquelz ilz pourront reciter partie, et entre les autres comment à celle cause la guerre et resistance contre les
ennemis anciens est comme habandonnée, et ont grant liberté de faire sur le
royaulme et les subgetz à leur bon plaisir, au grant et irreparable dommage du
roy et de toute sa seigneurie ; car le roy, pour reparer et pugnir l'offense qu'il
dit à luy avoir esté faicte par aucuns grans seigneurs de son sang et autres,
toutes choses arriere mises, s'est mis en armes à puissance et y employe sa personne et ceulx qui le veullent servir et fere pour luy, et les autres pour y resister
et eulx deffendre ont assemblé et assemblent gens le plus qu'ilz peuvent ; par
quoy les frontieres sont desemparées et desemparent, et n'est pourveu souffisam-
ment à la deffense et peuent lesdits ennemis fere ce que bon leur semble, comme
dit est.

« Item, diront que à cause de ladite division ce royaulme est en voye d'estre

Le comte de Foix est le dernier qui ait pu longuement

tout party; car pluseurs, tant seigneurs comme autres, ont et auront principalement leur regard au roy, et les autres à monsieur le daulphin, et se pourront courir les ungs sur les autres et user de voye de fait, etc., comme desja font et ont fait, qu'est assez pour destruire ceste seigneurie, posé qu'il n'y eust aucuns ennemis estrangiers.

« D'autres inconveniens pourroit-on dire sans nombre, lesquels chacun notable home peut en soy mesme bien penser.

« Si semble qu'il est pure necessité que chacun bon et loyal subget du roy travaille en tant qu'il devra et luy sera possible à l'appaisement desdites divisions et debatz.

« Et pour ce que le pays de Languedoc a esté tousjours tenu et ainsi est l'ung des plus notables membres de ce royaulme, et pour le temps present le plus entier, bien amé du roy, de mondit seigneur le daulphin et des autres seigneurs du royaulme, garny de notables et saiges homes, tant d'esglise comme nobles, bourgois et merchans, etc., sembleroit que le païs devroit mettre sus et envoyer notable ambaxade devers le roy premierement, et puis après par son bon plaisir devers monseigneur le daulphin pour requerir et supplier très humblement au roy qu'il luy plaise avoir pitié et compassion de ses royaulme et subgetz et luy remonstrer les maulx, perilz, inconveniens et domages qui peuent avenir à luy et à sa dite seigneurie par les causes dessusdites, et mitiguer son ire, courroux et desplaisance, et en lieu de rigueur faire doulceur et misericorde; car c'est œuvre de roy et de prince.

« Item, par le bon congié du roy pourra ladite ambaxade aler devers monseigneur le daulphin luy remonstrer ce que sera à remonstrer touchans ces matières et luy supplier très humblement qu'il vuille croyre bon conseilh et faire ce qu'il doit envers le roy son pere, tellement qu'il soit et doye estre content, et ne vouloir que en son jenne commencement soit dit qu'il soit cause de la perdition de ce royaulme, dont il est et sera vraysemblablement seigneur, heritier et chef principal après le roy son pere.

« Item, pourra ladite ambaxade remonstrer les inconveniens et perdition des seigneuries les temps passez advenues par divisions, etc., et mesmement sans aler plus loing le peut on cognoistre et veoir en ceste seigneurie du royaulme de France.

« Tous autres advis et memoires se pourront faire au bon advis et discretion de ceulx qui seront deputez pour aller en icelle ambaxade.

« Semble et doit on avoir esperance que de ladite ambaxade le roy saura tres bon gré à tout le païs, et aussi fera ledit monseigneur le daulphin, car c'est pour leur honneur, pour le bien et salvation de leur seigneurie, et eschever la perdition d'icelle.

« Doit on aussi penser que autres seigneuries particulieres de ce royaulme feront pareillement et se bouteront en ceste matiere avecques l'ambaxade du païs de Languedoc. Encores se dit desja que les troiz estatz du pays d'Auvergne ont deliberé fornir et envoyer tres notable ambaxade devers le roy pour ceste cause.

« Se on veist que aucuns grans seigneurs de ce royaulme ou d'ailleurs se meslassent dudit appaisement, le païs de Languedoc se pourroit bien passer de ladite ambaxade; jà soit ce que, qui que soit qui s'en mesle ou meslast, ne feroyent ilz

avec impunité suivre les traditions administratives des ducs
d'Anjou et de Berry.

que leur devoir de ce faire; mais il n'y a grant seigneur ne autre qu'on saiche
qui s'en mesle, ainçois dit on communement que tous, grans et petiz, sont divisez
et partis, et tiennent ung party ou autre; par quoy est plus grant necessité que
ledit pays face ce que dit est.

« Il souvient et souviendra bien à chacun de ce que a esté derrenier conclud à
Narbonne par les trois estatz dudit païs, et entre autres choses de l'ambaxade
que on devoit faire devers le roy pour requerir monseigneur le daulphin. Semble
que ledit païs ne peut mieulx faire que convertir ladite ambaxade pour et en la
maniere dudit appaisement, et seroyent leur devoir, leur grant honneur et prouffit, mesmement que aucuns parlent de la venue de mondit seigneur le daulphin
en ce païs, et doit on estre certain, s'il y vient, que ce ne sera pas sans grans
gens; et si est à doubter que le roy viengne aprés, et à plus grans gens et puissance, qui seroit la destruccion totale dudit païs sans point de ressourse.

« Sembleroit que chacune seneschancee devroit eslire quatre notables homes,
c'est assavoir ung pour l'eglise, ung pour les nobles et deux pour l'estat commun,
et prestement les faire mettre à chemin, car le delay est trop dangereux, et pourroit n'avoir point de fruit, mesmement que le feu est fort alumé en icelle mau-
dite division.

« Sembleroit encores qu'on pourroit eslire et nommer pour l'ung des ambaxadeurs, oultre le nombre de douze, monsieur l'evesque de Beziers qui est desja par
delà et est tres notable seigneur com chacun scet, et bien agreable.

« Semble que pour prestement delivrer icelle ambaxade, pour ceulx qui seront
nommez la faire se devroit faire finance de IIII^m francx pour distribuer entre
eulx selon qu'on adviseroit, et incontinent imposer et mettre sus la somme advisee et distribuee à Narbonne pour le fait de l'ambaxade qui y fut advisee, afin
d'envoyer argent aux ambaxadeurs qui yroient, tellement que pour faulte de ce
ilz n'eussent à retourner ou laysser l'œuvre commencee.

« Plusieurs ont advisé et leur semble qu'il seroit moult honneste pour le païs et
prouffitable pour la matiere qui est haulte, si grande, si pesante que plus ne peut,
car elle touche la salvation du royaulme ou perdicion, que Dieu ne vuelle, que
monsieur le cardinal de Foix feust chef de ladite ambaxade, car l'honneur et
autorité de luy y pourra moult prouffiter et valoir, mesmement qu'il est bien
aggreable à toutes les parties, et de ce est on certain, et si scet on que s'il en
est requis de part le païs il le fera et se employra tres voluntiers, ouquel cas
fauldroit avoir regard et advis à sa despense, laquelle ne celle que se fera pour
les autres homme ne doit plaindre, car de memoire deff. (*sic* dans les deux textes)
despense ne fut mieulx, plus honnorablement, ne plus prouffitablement em-
ployee.

« Item, par le moyen de ceste ambaxade et les choses bien appaisees, lesdits
ambaxadeurs pourront sentir et savoir si le roy prendra plaisir qu'on lui requiere
mondit seigneur le daulphin pour venir et estre ès païs de par deça selon qu'il
avoit esté advisé à Narbonne, ouquel cas auroyent ce qu'ilz demandent, et pour
une chose, ce est d'avoir monsieur le daulphin, en auroyent fait une plus grande
......, et non pas une seulement, maiz tant et tant qu'on ne les sauroit dire (?).

« Fait à Montpellier, xxviiie jour d'avril   G. Evesque de Laon. »

CHAPITRE IV.

L'ADMINISTRATION PENDANT LA GUERRE DE CENT ANS *(suite)*.
LES FINANCES.

La sénéchaussée est restée longtemps l'unité financière.
Au milieu du XIVe siècle ce sont les sénéchaux, les trésoriers des sénéchaussées, les receveurs ordinaires, bref les
officiers du domaine, qui imposent les subsides et qui les
perçoivent[1]. Ils ne suffisent pas à la tâche; ils sont flanqués
ordinairement de commissaires spéciaux, assistés d'agents
très nombreux qu'ils subdélèguent. Mais il n'y a pas encore
pour les finances « extraordinaires » de service séparé; il
n'existe pas non plus d'organisation financière groupant les
sénéchaussées et correspondant au pays de Languedoc.

C'est en 1350 que l'un et l'autre ont apparu, d'ailleurs à
l'état d'ébauches. Cette année-là et les suivantes, le prieur
de Saint-Martin-des-Champs, sous le nom de réformateur,
était principal conseiller et administrateur général des
finances dans le pays, Nicolas Odde, receveur général des
deniers royaux[2].

Pour confirmer ces résultats, il a fallu les désastres du
règne de Jean le Bon. Les ressources extraordinaires prennent alors tant d'importance qu'il n'est plus possible de ne
pas y préposer une administration distincte, tandis que la
séparation croissante entre le Nord et le Midi, l'union qui se
resserre entre les sénéchaussées exigent que cette administration s'étende à tout le pays et lui soit particulière.

---

1. *H. L.*, t. X, pr. nos 411 (mai 1348), 442 (1354), etc.
2. *Ibid.*, pr. nº 420. — *Ord.*, t. IV, p. 273. — Arch. de Toulouse, AA 36, nº 15.

Elle a eu deux sources, en raison des deux séries d'impôts extraordinaires que le pays a supportés : l'une est l'administration des subsides octroyés par les assemblées d'États, et l'autre celle des aides.

1º L'ADMINISTRATION DES SUBSIDES ET CELLE DES AIDES.

La première se développe sur place, spontanément, à l'occasion des guerres anglaises. Après 1350 le péril devient plus pressant. Bientôt les revers se succèdent, et avec eux les demandes de subsides. On a vu combien dans ces conditions augmentent, et la puissance des communes qui font l'octroi, et celle du lieutenant général qui a requis le subside et le reçoit en personne. Leur commune volonté domine absolument. Ils organisent l'impôt à leur gré, en vertu d'accords où le roi n'est pour rien, où son approbation n'est même pas toujours réservée. Cette organisation peut être comparée à celle que certaines assemblées d'États ont prétendu créer en Languedoil. Mais, au lieu de succomber comme l'autre, au bout d'un temps très court, sous les efforts du pouvoir central, elle dure, et longtemps reste subordonnée soit aux États, soit aux gouverneurs du pays.

Il faut en rappeler les traits essentiels. Ont été nommés par les villes, députés par le gouverneur et commis à la perception des subsides des trésoriers, un par sénéchaussée, au-dessus d'eux un trésorier général, chargé de centraliser les fonds et d'opérer les paiements, au-dessous, des receveurs dont la circonscription, depuis 1367, varie selon la nature de l'impôt : receveurs de jugerie ou de viguerie s'il s'agit de percevoir un fouage, de diocèse quand le subside accordé consiste en taxes indirectes ; en ceci les communautés ont pris pour modèle l'administration royale des aides[1].

1. Voir plus haut, pp. 276 et suiv.

La gabelle du sel reçoit une organisation à peu près semblable, mais séparée. C'était, a-t-on dit, un subside véritable; il s'élevait à quatre gros, ou cinq sols tournois, par quintal. Accordée pour un an par les États de Montpellier, en mars 1359, la gabelle a été renouvelée à plusieurs reprises par d'autres assemblées, puis octroyée annuellement au duc d'Anjou. Les émoluments en sont perçus par des trésoriers principaux, à raison d'un par sénéchaussée, et par des receveurs particuliers[1]. Aux États de novembre 1359 on institue même un trésorier général, commun à tout le pays[2].

Sur les trésoriers généraux le lieutenant du roi délivre des ordonnances de paiement dont le montant est encaissé et dépensé par les soins d'un comptable placé sous ses ordres, le « trésorier des guerres[3] ».

Quant au « gouvernement et à la distribution » des finances, au règlement des contestations que soulevaient les impôts, on a vu les États y participer, tant par les délégués, qualifiés de « généraux de Languedoc », qu'ils introduisaient dans le Conseil du gouverneur, que par les conservateurs, vendeurs de sel et autres administrateurs qu'ils ont nommés à plusieurs reprises, de 1356 à 1359[4].

Cette administration était fort instable; car elle se composait d'organismes temporaires, durant chacun deux mois, six mois, un an, autant que l'aide qui leur avait donné naissance. Mais ils se sont succédé sans interruption et chaque fois reproduits, à peu de différences près. De l'un à l'autre, les titulaires ont changé, non les titres ni les fonctions.

L'organisation adoptée par les États a donc été maintenue : voilà le premier facteur de l'administration des finances de

---

1. *H. L.*, t. X, pr. nᵒˢ 470, IX, 517, I. — Bibl. Nat., lat. 9175, fᵒ 62 ; 18 fév. 1365, art. 15, 21.

2. *H. L.*, t. X, pr. nᵒ 471.

3. C'est, en 1359, Jacques Lempereur (*H. L.*, t. X, pr. nᵒ 469, et nᵒ 471, c. 1168), en 1369 et années suivantes Étienne de Montméjan, etc.

4. Voir plus haut, pp. 276 et suiv.

Languedoc et, si l'on veut, le plus important; car, si le gouvernement royal, en établissant les aides, n'avait pas trouvé
l'union financière déjà faite dans le pays, il n'aurait pas
songé sans doute à donner au nouvel impôt l'organisation
distincte de celle de Langued'oil que par le fait il a reçue.

En décembre 1360 furent introduites en Languedoc, ainsi
que dans le reste du royaume, des taxes indirectes ou « impositions » qui devaient servir à payer la rançon du roi.
Ces « aides de la délivrance » consistaient en douze deniers
pour livre des marchandises et denrées, à la vente et à
l'achat, en un cinquième du sel, un treizième du vin et
autres boissons. Mises sans le consentement des États, elles
ont été d'abord levées à grand'peine, irrégulièrement, non
dans tous les diocèses [1]. Elles sont tenues en suspens à partir
du 1er juin 1362 [2]. D'accord avec le roi, les communes les
remplacent par des fouages devant durer six ans. Mais à
l'expiration de cette période, au début de l'année 1367,
Charles V rétablit les aides, sauf le cinquième du sel [3]. Jusqu'à la fin de son règne, elles ont été régulièrement perçues,
sans autre changement que celui du nom; car, au lieu
« d'aides de la délivrance », on ne les appelle plus depuis
1371 ou 1372 que les « aides de la guerre ».

---

1. *Ord.*, t. III, p. 436. — Cf. *H. L.*, t. X, pr., n° 478, c. 1227, 1237, etc., et n° 483,
c. 1266. — Jusqu'en mai 1362 elles n'avaient pas été levées dans certains diocèses
de la sénéchaussée de Carcassonne. (*Ibid.*, pr. n° 478, c. 1221.) Elles ne le furent
point dans les sénéchaussées de Carcassonne et de Toulouse du 16 oct. à Noël de
l'an 1361. (*Ibid.*, pr. n° 483.)

2. *Ibid.*, col. 1272.

3. Arch. de Toulouse, AA 36, n° 14. Mandement royal du 22 mai 1367, réglant
les conditions selon lesquelles seront perçus l'imposition de 12 deniers pour livre,
le treizième du vin et autres subsides, qui « *nuper* fuerint nostra auctoritate ordi-
nata levari ». — Les aides ont été établies en Quercy dès la fin de l'année 1369
(*H. L.*, t. IX, p. 811, n. 7), en Rouergue vers 1376. (Rouquette, *Le Rouergue*, etc.,
pr. n° 32.) — Toutes les villes de quelque importance avaient obtenu leur part du
produit des aides : Montpellier 1/3 (Bibl. Nat., fr. 20582, n°s 64 et suiv.), Albi
(CC 153, f° 57. Cf. CC 78, 79) et Toulouse (AA 36, n° 31) 1/4, Limoux 1/6 (Arch.
de l'Aude, liasse *Limoux*, 24 mai 1371), ainsi que Beaucaire (*H. L.*, t. X, pr.
n° 614), Le Puy (*ibid.*, t. IX, p. 824, n. 6), etc. — Cf. *ibid.*, t. X, n° 605, art. 3.

Ces impositions procédaient uniquement de la volonté du roi. Aussi n'ont-elles été perçues et gouvernées que par ses fonctionnaires. Dès le principe, elles sont organisées en Languedoc exactement comme en Languedoil. Dans chaque « cité et diocèse » deux ou trois élus les afferment et en perçoivent les émoluments [1]. Un trésorier général exerce la direction supérieure, centralise les recettes, reçoit et fait acquitter les ordonnances de paiement.

Ces fonctions ont été remises à Pierre Scatisse, ancien receveur de la sénéchaussée de Nîmes. Scatisse est un homme remarquable, et par ses qualités personnelles, et par les charges qu'il a remplies. Son nom est attaché aux origines de l'impôt royal en Languedoc. Il avait dès le mois de juin 1356 l'office de trésorier de France [2], qu'il échangea dans les derniers jours de mai 1371 pour celui de maître en la Chambre des comptes [3]. Mais il paraît avoir possédé l'un et l'autre à titre extraordinaire, étant pour ainsi dire hors cadre. Il n'est pas nommé parmi les personnages qui ont occupé, de 1356 à 1371, les trois postes — fort élevés — de trésoriers de France. On ne voit point qu'il ait agi précisément en cette qualité; car s'il est vrai qu'il a exercé en Languedoc quelques-unes des fonctions que comportait cet

---

1. Arch. d'Albi, CC 71; 7 sept. 1362. Texte portant que les consuls d'Albi de l'année précédente ont reconnu devoir « discretis viris Galhardo Golferii, burgensi Albie, et Pontio Vierna, campsori, et Petro Donadei, mercatori Albie, ut olim deputatis auctoritate regia in civitate et dyocesi Albie ad regendum, gubernandum et levandum impositionem impositam per regiam magestatem super sale, vino et aliis mercaturis et victualibus ratione redemptionis persone domini nostri regis, VIIJxx franchos auri, quos de pecunia regia impositionis predicte dicti olim deputati dicti consulibus... mutuaverant ». Il est fort possible que l'un des trois élus fit fonction de receveur (Cf. *Ord.*, t. III, p. 436). Sous Charles VI il y avait trois élus dans la plupart des diocèses. (Arch. d'Albi, CC 96. Mandement des élus d'Albi à deux sergents royaux, 29 août 1404. — Arch. de Toulouse, AA 46, n° 50; 6 mai-7 août 1407, etc.)

2. Ménard, *Op. cit.*, t. II, pr. n° 95. — Cf. n° 105.

3. Il est qualifié de trésorier de France dans un mandement royal du 24 mai 1371. (Arch. de l'Aude, liasse *Limoux.*) Il s'intitule maître des comptes le 7 juin suivant. (Arch. d'Albi, CC 78.)

office, devenu maître des comptes, il n'en a pas moins continué de les remplir jusqu'à sa mort, arrivée en 1378 [1].

Scatisse a donc présidé depuis 1361 à l'imposition et à la recette des aides de la délivrance [2]. Il en a été le trésorier général, comme d'autres l'étaient en France. « Trésorier » signifie également « receveur »; mais alors les deux fonctions commencent à se séparer. Scatisse ne s'occupe pas de réunir les fonds; il ne les garde pas entre ses mains; il ne paye pas lui-même [3]. Ces opérations, depuis 1367, sont confiées, ici comme en Languedoil, à un « receveur général des aides » qui est subordonné à Scatisse et paye sur ses mandements [4]. De 1372 à 1378, le receveur général de l'imposition de 12 deniers pour livre et du treizième du vin fut, par ordre exprès du roi, Jean le Juif, trésorier de la sénéchaussée de Toulouse [5]. En outre, par lettres royales du 9 août 1368 [6], Scatisse acquiert la juridiction souveraine des aides, soit dans les cas contentieux, dont il peut commettre

1. Quoi qu'en ait dit M. Vuitry (*Rég. fin. de la France*, t. II, p. 586) l'autorité des trésoriers de France n'a point cessé de s'exercer en Languedoc. (*H. L.*, t. X, pr. n° 478, c. 1238.) Mais il est vrai que, durant la seconde moitié du xiv⁰ siècle, il y a eu presque continuellement dans le pays un personnage dont la dignité était relevée par ce titre. Ainsi, après Scatisse, Philippe de Saint-Père, qui réside dans le Midi de 1371 à la fin de l'année 1374 (Arch. de Toulouse, AA 5, n° 168, d'Albi, CC 79, 81 ; cf. Ménard, t. II, pr. n° 2), peut-être davantage, et qui est au nombre des trois trésoriers de France. (*Ord.*, t. V, p. 454.) Mais ce n'est pas à ce titre qu'il agit, non plus que dans les années 1383-1386 (Ménard, t. III, pr. n° 13, p. 53, et n° 18), et 1389 (*H. L.*, t. X, pr. n°ˢ 712, 713), où il apparaît de nouveau en Languedoc. Jean Chauchat, receveur général des aides, s'appelle aussi trésorier de France à partir de juin 1386. (Arch. de Toulouse, AA 8, n° 74.)

2. *H. L.*, t. X, pr. n° 483, c. 1266. — *Ord.*, t. III, p. 496.

3. Il ne conviendrait pas de trop insister sur cette distinction ; elle n'est pas encore très nettement établie. Scatisse est qualifié de « thesaurarius generalis » (Germain, *Hist. du commerce de Montpellier*, t. II, p. 273. — Em. Molinier, *Op. cit.*, pr. n° 98, etc.), mais aussi de « thesaurarius noster ac (ou encore seu) receptor generalis in partibus Lingue occitane ». (Arch. de Toulouse, AA 36, n°ˢ 31, 34.) Assurément il manie des fonds ; il est comptable. — Cf. *Ord.*, t. V, p. 90.

4. *H. L.*, t. IX, p. 788; X, pr. n° 531.

5. *Ibid.*, t. X, pr. n°ˢ 588, art. 5; 607, 614. — Bibl. Nat., lat. 9175, f° 241; lettres du 13 mars 1378, art. 23.

6. *H. L.*, t. X, pr. n° 539.

aux élus la connaissance (sans doute au premier degré), soit en cas de correction à exercer sur le personnel qu'il dirige. Il est d'une part « général trésorier », de l'autre « général élu » ou « conseiller général des aides [1] ». De ces qualifications, la première a disparu vers 1372, quand les aides de la délivrance sont devenues aides de la guerre; les autres ont subsisté : Jean Perdiguier, qui succède à Scatisse, les porte toutes les deux [2].

Scatisse, de 1369 à 1371, était assisté de plusieurs « généraux conseillers sur le fait des aides [3] ». Mais ce n'était nullement de règle : en avril 1380, les députés du pays se plaignirent vivement des gages trop considérables que recevait le général des aides; évidemment, alors, il n'y en avait qu'un seul [4]. En fait, Scatisse et Perdiguier ont eu l'un après l'autre l'entier gouvernement des aides.

Il ne paraît point que cette administration se confondît avec celle qui fonctionnait en France. Elle était de tous points particulière au pays. Scatisse ni Perdiguier ne sont mentionnés parmi les généraux des aides qui siégeaient à Paris. A part d'insignifiantes exceptions [5], ni les « généraux

1. Arch. de Toulouse, AA 36, n° 33, 19 mai 1369 : « generali electo ».— Cf. Em. Molinier, *Op. cit.*, pr. n° 100, 8 juill. 1369 : « general esleu en toute la Languedoc ». — Arch. de l'Aude, liasse *Limoux;* lettres du 24 mai 1371 : « thesaurario Francie, consiliarioque nostro generali super facto subsidiorum ».

2. Bibl. Nat., lat. 9176, f° 5. Dans un mandement du 3 mai 1379, Perdiguier s'intitule « domini nostri regis et domini ducis Andegavensis, ejus germani et locumtenentis in partibus Occitanis, clericus generalis super facto impositionum XII denariorum pro libra et tretzeni vini in dictis partibus... » — Arch. de Toulouse, AA 36, n°s 60 et 68; 1er juillet, 17 septembre 1379 : « Élu general » ..., « général conseiller sur le fait de noz guerres », etc.

3. Bibl. Nat., fr. 20582, n° 52; 22 novembre 1369. — Delisle, *Mand. et actes de Charles V*, n°s 710, 799. — *H. L.*, t. IX, p. 815. Mention de lettres du roi, du 22 avril 1370, où il est question de sept « gens des comptes du roy à Paris, généraux élus dans les parties de Languedoc ».

4. Bibl. Nat., lat. 9176, f° 26; lettres du 25 avril 1380, art. 8.

5. Au dos d'un mandement royal, du 16 août 1367, relatif aux aides et adressé à Scatisse, se trouve l'attache suivante : « De par les généraux trésoriers à Paris sur les aydes pour la délivrance du roy Jehan que Dieu absoille, sire P. Scatisse, trésorier de France et général ès parties de Languedoc sur le faict desdites aydes

conseillers », ni le receveur général de France, n'ont fait
en Languedoc acte d'autorité.

Il était presque impossible que l'administration des subsides et celle des aides restassent longtemps distinctes l'une
de l'autre. Les États eux-mêmes, en raison du personnel
qu'ils employaient, contribuaient à les confondre; car s'ils
chargeaient d'organiser les impôts, d'ordonnancer et de
contrôler les dépenses des clercs, des nobles, des bourgeois,
s'ils désignaient des notables pour percevoir les subsides et
la gabelle, ils y déléguaient aussi beaucoup de comptables
royaux. Mais c'est par l'intermédiaire du lieutenant général
et d'abord à son profit que la fusion s'est accomplie.

La gestion et la perception des subsides dépendaient du
gouverneur au moins autant que de l'assemblée. Sous le
duc d'Anjou, les États perdent la part d'autorité qu'ils
exerçaient et le gouverneur s'en saisit. Depuis 1369, année
qui marque le début de la guerre de Guyenne, le duc ne se
borne plus à confirmer les nominations. Il les prépare, les
dirige et, pour agents du pays, il fait volontiers choisir les
siens. Étienne de Montméjan, son trésorier des guerres,
lève en qualité de receveur général le subside de 2 francs
et 1 gros par feu accordé par les communes en mai-juin
1369 [1]. En août de la même année Pabine de Gontaut, un de
ses conseillers, remplit les fonctions de trésorier géné-

---

et vous, Mᵉ J. Perdiguier, receveur sur ledit faict esdites parties, accomplissez ou
faictes accomplir le contenu au blanc en la fourme et maniere que le roy mande ».
(Germain, *Hist. du comm. de Montpellier*, t. II, p. 266). Les lettres ducales
du 11 mai 1377 portent que les gens des Comptes du roi, « aut generales sui
super facto financiarum, vel dilectus et fidelis consiliarius dicti domini mei et
noster, P. Scatisse » ont ordonné qu'il fût perçu aux frontières des sénéchaussées
de Carcassonne et de Beaucaire 12 deniers pour livre des marchandises expor-
tées, etc. (*Ibid.*, t. II. p. 300.) — M. Vuitry se trompe lorsqu'il dit que, sous le
règne de Charles V, « les généraux conseillers se départissent en Languedoc,
Languedoil, pays outre Seine et Yonne et Normandie ». (*Rég. finane. de la France*,
t. II, p. 606.) D'ailleurs on sait que la généralité d'Outre-Seine et Yonne date
seulement de 1436.

1. *H. L.*, t. X, pr. n° 554.

ral[1]. En novembre, aux États de Toulouse, il semble que le duc se réserve de pourvoir à cette charge, et même de nommer les trésoriers de sénéchaussée[2]. En effet, en novembre 1372, Étienne de Montméjan est dénommé « receveur général des impositions et subsides pour les frais de la présente guerre[3] ». Évidemment des attributions aussi amples, aussi stables ne lui sont pas venues de l'initiative des communautés. Enfin Ambroise Bech, trésorier de la sénéchaussée de Carcassonne, devient en 1377 « général [receveur] de toutes aides et finances ès parties de Languedoc ». Il est le « receveur général de monseigneur le duc » et, nommé par lui, reste en charge jusqu'à son départ du pays[4]. Deux points sont à considérer : le premier, que ce fonctionnaire relève uniquement du lieutenant général; le second, que la recette des aides et celle des deniers d'octroi lui sont également remises. Ce sont des revenus que l'on s'habitue à confondre sous le nom de « finances royaux ».

Alors en effet s'unissent et se mêlent deux organisations autrefois séparées. A l'administration des subsides, dont il s'est rendu maître, le gouverneur emploie le personnel de l'administration des aides. A partir d'avril 1369, Scatisse, général des aides, est au service du duc d'Anjou. Il « pourchasse la finance » en compagnie de quelques membres du Conseil ducal[5]. Il administre à la fois les aides royales et les subsides de guerre. Les deux fonctions se trouvent join-

---

1. Bibl. Nat., fr. 20582, n° 54.

2. Arch. d'Albi, FF 45; lettres cit., art. 37, 38. — Un des généraux députés par les communes est Bernard de More, maître des requêtes au Conseil ducal. (*Ord.*, t. V, p. 121.)

3. *Ibid.*, CC 78.

4. *Ibid.*, AA 44; lettres cit., art. 13. — Rouquette, *Op. cit.*, pr. n° 31 ; 3 mai 1377. — *H. L.*, t. X, pr. n° 626, etc. — Ménard, t. III, pr. n° 6; 21 avr. 1379.

5. Ménard, t. II, pr. n° 2. *Journal de Scatisse* (1369-1374). Le choix de ce personnage est significatif. C'était l'homme le plus apte à « vaquer aux besoignes du fait de la guerre » sans trop déplaire à ses concitoyens de Languedoc dont il avait la confiance. (Voir plus haut, p. 273, n. 1.)

tes. Jean Perdiguier, successeur de Scatisse, hérite de l'une
et de l'autre [1].

Ces innovations étaient des plus profitables au lieutenant
général. Elles lui permettaient d'étendre son pouvoir sur
les subsides au détriment des États, et sur les aides aux
dépens de l'autorité royale. Le duc d'Anjou, surtout à la fin
de sa lieutenance, a sous la main le corps des fonctionnaires
des aides de qui Charles V avait entendu se réserver l'obéissance. Il dispose du produit de l'impôt aussi bien que des
agents qui le perçoivent et le gouvernent.

Le duc s'est emparé de la gabelle encore plus aisément.
Les communautés réunies à Carcassonne, en février 1365,
lui avaient accordé pour un an, à partir du 1er mars, le
revenu, mais non l'administration de l'impôt du sel [2]. L'année suivante, aux quatre gros par quintal qu'elles octroyaient
de nouveau, elles ajoutèrent un gros à leur propre bénéfice [3].
Le terme de l'octroi échu (1er mars 1367), la gabelle devait
prendre fin. Le duc n'en donna pas moins ordre qu'elle
continuât d'être perçue, non aux conditions convenues, mais
sous sa main, par ses agents, et tout entière à son profit.
Cette usurpation, puis une seconde ont sans doute engagé
les villes à se dessaisir de droits qu'elles ne pouvaient plus
exercer. En février 1369, elles cèdent la gabelle au lieutenant général. Elles la lui donnent à « tenir, gouverner et
régir par lui-même ou en son nom [4] ». Elles ne gardent
pour elles que le cinquième gros [5] et la propriété de l'impôt

1. Jean Perdiguier allait imposer sur les habitants de Montpellier un subside
que le duc d'Anjou leur réclamait, quand il périt dans une émeute, avec le chancelier et plusieurs membres du Conseil ducal. (*H. L.*, t. IX, p. 885.)
2. Bibl. Nat., lat. 9175, f° 74. — *H. L.*, t. X, pr. n° 517. — Mascaro, *Lo libre*, etc.
dans le Bullet. de la Soc. archéol. de Béziers, t. I, p. 93 : « Aquel an dessus dich,
MCCCLXV se comenset ad empausar la gabela de la sal ».
3. Probablement aux États de Nimes, de janvier 1366.
4. Arch. de Toulouse, AA 45, n° 60; 20 nov. 1367. — Bibl. Nat., lat. 9175, f° 108 ;
3 mars 1369. La première usurpation a duré du 1er mars au 1er nov. 1367, la
seconde du 1er nov. 1368 au 1er mars 1369.
5. Les communautés font d'abord percevoir ce gros par leur receveur. (Arch.

du sel, droit purement fictif et bientôt perdu, parce que la possession réelle ne leur a jamais fait retour.

L'organisation du service se fixe alors et se complète. Comme autrefois, elle comporte un receveur général, des receveurs de sénéchaussée, des greniers à sel installés à portée des salins, et dont la situation, déterminée par la nature des lieux, n'a guère changé par la suite[1]. Chaque grenier est approvisionné par les marchands et propriétaires du sel[2]. Il est pourvu d'un grénetier, d'un receveur et d'un contrôleur. Bref, il n'y a de nouveau qu'un fonctionnaire, mais celui-là est le principal. Un « visiteur général » est institué par le duc d'Anjou afin de remplacer dans le « gouvernement » de la gabelle les délégués des États. Le visiteur, aidé de plusieurs lieutenants, inspecte les greniers, les salins, surveille la gestion des officiers ; il prend des décisions, connaît des actes de ses subordonnés, de leurs démêlés avec les contribuables. Bientôt sa juridiction va s'étendre aux fraudes de tout genre, à toutes les causes intéressant le « fait du sel ». Il est en Languedoc le chef de cette administration[3].

de Toulouse, AA 45, n° 77 ; 28 janv. 1372. — Arch. d'Albi, CC 77 ; mars 1373.) En juillet 1375, il est convenu que le duc leur en servira l'émolument, soit 6,000 francs d'or par an. (*H. L.*, t. X, pr. n° 605.) Ce chiffre semble prouver que le duc tirait lui-même 30,000 francs de la gabelle, et que les greniers de Languedoc débitaient alors 120,000 quintaux de sel ; car les communautés ne touchaient que les 4/5 du gros, un cinquième revenant aux propriétaires des salins. (*Ibid.*, n° 584, art. 7.) En janv. 1378, leur portion est réduite à « trois parts de gros », ou 4,000 francs. (Bibl. Nat., lat. 9175, f° 236.)

1. On en trouve seize énumérés dans une pièce de 1419 (*Annales du Midi*, t. I, p. 502) et dix-huit dans une ordonnance de 1499. (*Ord.*, t. XXI, p. 240.) Dans l'intervalle des greniers ont été créés à Pézenas (1420) et à Sommières. Sur l'organisation des greniers à sel en 1360, voir *Ord.*, t. III, p. 436, et t. IV, p. 201.

2. La vente directe du sel du marchand ou du propriétaire aux particuliers est encore tolérée, mais sous certaines conditions restrictives. (*H. L.*, t. X, pr. n° 584, art. 33.) Elle a cessé de l'être sous Charles VI. Tout le sel a passé par les greniers royaux avant d'être mis en vente.

3. En 1370, Julien Bouchery était visiteur général de la gabelle. (*H. L.*, t. X, pr. n° 637.) En octobre 1379, Jean Perdiguier le jeune était « governador de la gabella de la sal ». (*Ibid.*, t. IX, p. 885.) M. Spont s'est trompé en disant que les visiteurs

Par le général des aides, par le visiteur général des gabelles, par les receveurs généraux le lieutenant du roi gouverne donc les finances. A la fin, les États n'ont plus de pouvoir, presque plus de contrôle, et le peu qu'ils en conservent va bientôt leur échapper[1].

C'est en effet au temps du duc de Berry que l'administration des aides ou plutôt, sous le nom du roi, les fonctionnaires du gouverneur ont achevé de s'emparer des finances.

Les gabelles et les aides, abolies en 1380, après la mort de Charles V, par édit du 16 novembre[2], ont reparu peu après, le 1er septembre 1383. Elles étaient fort aggravées : la taxe de douze deniers pour livre était étendue aux vins vendus en gros; celle des vins et boissons débitées au détail passait du treizième au huitième; le droit sur le sel s'élevait à vingt francs par muid[3]. Quoique les communautés eussent été convoquées en juillet-août, à Lyon, plutôt pour les voir rétablir que pour en délibérer, c'étaient des aides royales, et non des impôts d'octroi. On les voit ensuite augmenter ou diminuer en vertu d'ordonnances générales, au gré du pouvoir souverain, sans que les communes soient consultées[4]. La gabelle n'est plus un subside qui appar-

ont été institués en 1411. (*La gabelle du sel*, etc., *Loc. cit.*, p. 435.) L'ordonnance qu'il a publiée (p. 470) ne s'occupe que de fixer et d'affermir leur juridiction. — En raison de son origine, l'office de visiteur est resté particulier au pays. Il n'y en a jamais eu en Languedoil. (Fontanon, t. II, p. 780.)

1. Cf. plus haut, pp. 278, 279.

2. Bibl. Nat., lat. 9176, f° 36. — *Ord.*, t. VI, p. 552. — Ménard, t. III, pr. n° 9, p. 32. — Arch. d'Albi, CC 155, f°s 43 v°, 76.

3. Ménard, t. III, pr. n° 13, p. 53. — *H. L.*, t. X, pr. n° 667. — Rouquette, *Le Rouergue*, etc., pr. n° 42. M. Rouquette a lu *un* franc par muid de sel ; c'est une faute pour *vingt*. — Cf. *Ord.*, t. VII, p. 746.

4. En mai ou juin 1386, à l'occasion du « passage d'Angleterre », la taxe de 12 deniers pour livre est augmentée d'un tiers; la crue dure au moins jusqu'au 31 janvier 1389. (*Ord.*, t. VII, pp. 759, 768.) Le huitième du vin est porté au quart (*ibid.*, p. 768; cf. Arch. de Toulouse, AA 36, n° 90), et ce taux ne varie point durant le règne de Charles VI, sauf de 1396 à 1398. (*Ord.*, t. VI, p. 61; VIII, p. 289.) Quant à la gabelle, il est probable qu'elle avait été rétablie en septembre 1381 par les communautés au profit du duc de Berry (Bibl. Nat. lat. 9176,

tienne aux États et qu'ils puissent concéder; les officiers royaux en font une part du « vrai et ancien domaine », et cette prétention suffit à la rendre indestructible. Elle n'a jamais cessé d'avoir cours, tandis que les aides proprement dites, supprimées en janvier 1418 par la reine et les Bourguignons, au mois d'octobre suivant par le parti du dauphin Charles, ont éprouvé de cette date au commencement de 1437 une longue interruption [1].

Voyons maintenant quels sont les pouvoirs de l'administration des aides.

Dans son département elle fait entrer la gabelle à titre d'aide : les « généraux » se subordonnent le visiteur; ils règlent la vente du sel, administrent cet impôt, jugent en dernier ressort les procès qui en découlent [2]; le receveur général des aides centralise dans sa caisse le produit des greniers à sel [3].

Elle prend aussi la haute main sur le domaine, parce que le duc de Berry s'en est fait céder la jouissance. Ses généraux reçoivent de lui pouvoir de rendre la justice « tant du domaine comme des aides ordinaires et extraordinaires »;

fo 49), de sorte que le droit de 20 francs par muid imposé à partir du 1er septembre 1383 eut pour effet de le doubler. C'est ce que les gens du pays appelaient « lo doblamen de la sal ». (Arch. d'Albi, BB 17, fo 33.) Sous le pontificat de Clément VII, le droit était de 40 francs; or, Clément VII est mort le 16 septembre 1394. (*H. L.*, t. IX, p. 974. — Cf. *Ord.*, t. VII, p. 186.) Le 28 mars 1396, le roi ordonne que « le ters qu'il prend du sel vendu en gabelle tant en Languedoil qu'en Languedoc soit dès à présent rabattu ». (Arch. de Cahors, *Chartes*, II 7. Dans les *Ord.*, t. VII, p. 61, ce texte est fautif.) Enfin, en 1411, la gabelle monte à 30 francs par muid. (Bibl. Nat., *Dout*, 56, fo 295.) — A en juger par les lettres du roi du 23 avr. 1386, les aides produisaient alors en Languedoc environ 250,000 francs par an. (Ménard, t. III, pr. no 18.) En 1396, au diocèse de Nimes, durant quatre mois, elles avaient rendu 15,296 l. 6 s. 6 d. (Bibl. Nat., fr. 8665, fos 20 et suiv.) De 1415 à 1419, la gabelle produisait environ 70,000 francs, année moyenne. (P. Dognon, *Les Armagnacs*, etc., *Loc. cit.*, pp. 502 et suiv.)

1. Arch. de Toulouse, AA 37, no 50; AA 50, no 17. — *H. L.*, t. X, pr. no 864.
2. *Ibid.*, t. X, pr. no 801. — *Ord.*, t. VIII, p. 422; t. IX, p. 625. — Spont, *La gabelle du sel*, etc., *Loc. cit.*, p. 470. — Fontanon, t. II, p. 780.
3. *H. L.*, t. X, pr. no 739. — Dognon, *Les Armagnacs*, etc., *Loc. cit.*, p. 502.

il commet ses trésoriers « au gouvernement et distribution
de toutes finances », et l'on peut être certain que les receveurs généraux « de toutes finances » perçoivent également
les revenus domaniaux. Sous Charles VII, au début même
du règne, les choses allaient de la sorte; ce n'était point une
innovation[1].

Mais voici un progrès nouveau de l'administration des
aides, et non le moins important : elle a presque entièrement accaparé la gestion et la perception des tailles. Tandis
que dans les services de la gabelle et du domaine elle occupait seulement les fonctions supérieures, laissant subsister
au-dessous d'elle les anciens offices royaux, en matière de
subsides son action ne s'arrête plus, sous le règne de
Charles VI, qu'à la limite de la commune.

Au temps du duc d'Anjou, c'étaient les communautés elles-
mêmes qui, dans la terre, la jugerie ou la viguerie, et parfois dans le diocèse, établissaient l'impôt octroyé et nommaient les receveurs. Mais déjà les élus et les receveurs des
aides s'occupaient aussi des subsides dans leur circonscription, c'est-à-dire dans le diocèse; car il était naturel que le
« général conseiller » et le receveur général, ayant cette
affaire à conduire, ces fonds à centraliser, recourussent de
préférence aux agents dont ils disposaient[2]. Or, en 1383,
ils sont les maîtres absolus et s'arrangent à leur guise; les
assemblées des communes, peu nombreuses et impuissantes,
ne sont pas pour les gêner. Le premier fouage qu'ils aient
à lever, en quatre ans, à partir du 1er mai 1384, est l'amende
de 800,000 francs dont le gouverneur a puni la courte

---

1. Bibl. Nat., fr. 20986, f° 111; 17 août 1423. Charles VII fait l'évêque de Laon,
Alexandre le Boursier et Jean de la Barre ses généraux conseillers sur le fait de
toutes finances, domaine, monnaies, greniers à sel, etc. — *Ibid.*, *Pièces orig.* 2667 :
SEAUME; 10 nov. 1425. Seaume est nommé receveur général de toutes finances
en Languedoc et Guyenne, « tant de nos domaine et monnoyes comme de nos
greniers à sel, de toutes traites, impots, tailles, aides, subsides, etc. ».
2. Rouquette, *Op. cit.*, pr. n°s 34, 35. — Bibl. Nat., lat. 9176, f° 1, et f° 26, art. 14.

révolte des villes. Beaucoup d'autres, presque tous de 1393
à 1417, seront arbitrairement imposés, répartis, perçus.
Cette tâche revient donc, dans le pays et dans chaque diocèse, aux fonctionnaires des aides. Les subsides de 1386
« pour le passage de la mer », de février 1393, de janvier
1394, etc., ont été levés par les receveurs diocésains[1]; à
partir de 1396, ce sont les élus qui répartissent sur les lieux
de leur diocèse la quote-part qui lui est fixée[2]. Ils resser-
rent et confinent à l'intérieur de la commune tout ce qui
reste aux habitants de libre gestion financière.

Voici comment on impose une aide, par exemple celle de
l'an 1404. Vers le mois de mai, le roi ordonne qu'un subside
soit levé par tout le royaume « pour résister à l'emprise
d'Henri de Lancastre ». Par délibération de son grand Conseil, il le fait « diviser... tant en nos pays de Languedoïl
comme de Languedoc, ainsi qu'il est accoustumé à faire en
tel cas ». La part du pays est fixée à 136,000 livres, non
compris les frais de perception. Le 14 juin, les généraux
des aides de Languedoc, assistés « d'aucuns du Conseil »
ducal, réunissent à Carcassonne tous les élus et partagent
avec leur concours la somme de 136,000 livres entre les diocèses. Le diocèse d'Uzès est taxé à 7,818 livres 4 deniers
tournois. Enfin, dans chaque diocèse, les élus assignent aux
villes et lieux leur part contributive. Albi devra payer
1,100 livres[3].

Les élus surveillent et accélèrent la rentrée des fonds. La
juridiction contentieuse qu'ils avaient en première instance

1. Arch. de Toulouse, *Comptes*, ann. 1385-1387. Versements faits à Th. Olivier.
« receveur ou diocese de Tholose de l'ayde ordennée pour le passage de la mer ».
— *H. L.*, t. X, pr. n° 745. — Arch. d'Albi, CC 93 et CC 159, f°ˢ 31, 33, 39, 41, 47.
2. Bibl. Nat., lat. 9176, f° 213. Lettres du 7 septembre 1396. — Voir *ibid.*, f° 226,
les instructions du 22 février 1398 sur la levée d'une aide.
3. *H. L.*, t. X, pr. n° 780. — Arch. de Toulouse, AA 37, n° 5. — Arch. d'Albi,
CC 162, f°ˢ 47 v°, 60, et BB 18, f°ˢ 1, 7 v°, 8 v°. — Cf. Arch. de Montpellier, *Pièces
notariées*, BB, 1404-1444, ann. 1404.

dans les affaires touchant les aides s'étend à celles de tailles [1].
Leur nom, que l'on rencontre rarement dans les pièces du
temps de Charles V. apparaît alors très souvent. parce qu'ils
collaborent à tous les actes importants de l'administration
des finances. Ils forment la clef de voûte du système. Aussi
le diocèse où ils siégeaient a-t-il primé en peu de temps la
jugerie. la viguerie. Il survit en 1418 à la suppression des
aides, et l'on a montré plus haut comment il a donné naissance à une assemblée politique.

Grâce à la révolution bourguignonne, les communes ont
acquis dans le diocèse une autorité analogue à celle que
jadis elles exerçaient dans le terroir ou la viguerie. Sous un
gouvernement moins dur, à la faveur d'assemblées d'États
fréquentes elles ont pu répartir l'impôt à la place des élus [2];
le receveur diocésain a été choisi par elles. Le domaine
réservé aux fonctionnaires royaux commença dorénavant
au delà du diocèse [3]; mais la haute administration resta
purement royale.

A la fin du gouvernement du duc de Berry, elle tient
toutes les branches de revenu, et dans les trois sénéchaussées, et dans les autres. L'unité se trouve faite dans la gestion et la perception des finances de Languedoc et de
Guyenne, — faite au profit, non du roi, mais du gouverneur, aussi longtemps que le duc a gardé ce titre.

1. Arch. de Toulouse, *Pièces à l'appui des comptes*, ann. 1405-1406, n° 20; AA 37,
n°s 12, 13. Il s'agit d'un procès relatif à l'aide accordée par la sénéchaussée de
Toulouse pour la délivrance du château de Lourdes. — *Ibid.*, AA 37, n° 35; lettres
du 4 sept. 1414 pour l'imposition d'une crue de 50,000 francs.

2. Pendant les six années où les élus sont rétablis ainsi que les aides, de 1437
à 1443. ils recouvrent leurs fonctions de répartiteurs, outre leur juridiction. (Arch.
Nat., K 64, n°s 29, 31, etc. — Bibl. Nat., fr. 26069, n° 4522. — Arch. de l'Hérault,
Dol., t. I, f° 87; cah. d'oct. 1441, art. 7.)

3. Il faut noter ici que les receveurs « généraux » de sénéchaussée, dont les
États avaient essayé d'obtenir la nomination (cf. plus haut, p. 281), ont été sup-
primés comme inutiles en 1437, probablement à la requête de l'assemblée. (Bibl.
Nat., fr. 25710, n° 103. — Arch. Nat., K 64, n° 29. — Cah. cit. de juin 1433, art. 9.)

A mesure qu'il accaparait les fonctions, le corps administratif, pour y mieux pourvoir, se compliquait, se divisait.

En septembre 1383, il y avait quatre généraux des aides,
nombre qui paraît avoir fréquemment varié[1]. Peut-être ces
fonctionnaires ont-ils été destitués en 1389, comme le duc de
Berry ; quant aux fonctions, il est certain qu'elles ont été
maintenues. Cette année même et les suivantes des généraux des aides coexistent avec les Conseils de gouvernement, y figurant, mais à part, gardant leur existence propre[2]. Depuis la fin de 1393 ils vaquent seuls à la gestion
des deniers royaux[3]. Peut-être l'un d'eux en est-il chargé
de façon plus particulière : tel devait être le rôle de Pierre
de Chevreuse (1389-1393), de Raoul d'Auquetonville (1400),
qui avaient la prééminence sur leurs collègues et qui portaient le titre de « gouverneurs généraux de toutes finances
aux pays de Languedoc et duché de Guyenne[4] ». Mais dans
ces contrées la gestion des finances n'a pas été séparée de

1. Ménard, t. III, pr. n° 13, p. 53 : Ce sont Ph. de Saint-Père, Raymond
Costane, P. Aimeri et le châtelain d'Aiguesmortes, G. Malepue (8 oct. 1383).
Plus tard, sont appelés généraux des aides, ou peuvent avoir eu ce titre l'évêque de Couserans, J. Aujard, Ph. Bone, le sieur de Millarès, qui figurent ensemble ou séparément dans les registres des comptes d'Albi et de Toulouse, de 1386
à 1388.

2. Les gens du Conseil s'intitulent « réformateurs généraux », « envoyés sur le
fait de toutes finances », « gouverneurs de Languedoc et de Guyenne ». De ceux-
ci il faut probablement distinguer les « généraux des aides de la guerre en Languedoc », auxquels sont adressés des mandements des 17 janv. 1390, 14 mars
1392, 4 janv. 1393 (Arch. de Toulouse, AA 46, nos 93, 103 ; AA 36, n° 108), du
24 déc. 1389 (Rouquette, *Op. cit.*, pr. n° 46), du 27 janv. 1392 (Arch. d'Albi,
CC 91). L'un de ceux-ci, Jacques Raynaud, « général conseiller sur le fait des
aides », n'est nommé parmi les membres d'aucun des Conseils royaux de Languedoc. (Arch. de Toulouse. *Comptes*, 1391-1392 : 11 nov., 26 déc. 1391.)

3. *H. L.*, t. X, pr. n° 743, col. 1838. — Cf. Ménard, *Op. cit.*, t. III, pr. n° 27.

4. *Ord.*, t. VII, p. 464, n. e. — Ménard, *Op. cit.*, t. III, pr. n° 32, p. 152. —
Arch. de Toulouse, AA 36, nos 124, 129.

la juridiction avant l'ordonnance royale du 7 janvier 1401. L'une alors est attribuée aux « généraux des finances », l'autre à des conseillers de justice, suivant la pratique que l'on suivait en Languedoïl depuis 1389[1]. Redevenu lieutenant du roi, le duc de Berry trouve cette règle en vigueur et s'y conforme. Le 8 juillet 1401, il nomme trois « généraux conseillers et gouverneurs sur la justice du domaine et des aides », et, d'autre part, des « généraux conseillers sur le fait de toutes finances » dont Morinot, seigneur de Tourzel et d'Alègre, est le principal[2]. Les deux institutions sont et restent assez distinctes pour se développer à part.

Le duc n'a pas entretenu des généraux de la justice en permanence dans son gouvernement. Au gré des événements politiques, ou pour toute autre raison, il a formé des commissions successives entre lesquelles il laissait s'écouler plusieurs mois ou plusieurs années. La première, celle de 1401, a pris fin en février 1405[3], la seconde, de juillet 1405, en 1408 (?)[4]; la troisième dure de juillet 1409 à la fin de l'an 1411[5]; la quatrième, nommée le 23 janvier 1414, se prolonge jusqu'en 1418, aussi longtemps que les aides[6].

---

1. *Ord.*, t. VII, p. 228; t. VIII, p. 409.

2. Voir plus haut, p. 352, n. 4, et cf. Arch. de Toulouse, AA 5, n° 326; AA 46, n°ˢ 31, 35, 38, etc.

3. *Ibid.*, AA 46, n°ˢ 38, 45. Ces généraux étaient Girard du Puy, Junien le Fèvre et Pierre Bussière, réformateur en 1403.

4. *Ibid.*, AA 37, n° 8. — *Ord.*, t. IX, p. 82. C'était Pierre de Montagu, Pierre de Pérols, réformateur en 1403, Léger Sabous, futur évêque de Gap, Pierre Neveu, maître des requêtes du duc de Berry, réformateur en 1403, « général conseiller sur le fait des aides » à la même époque, plus tard évêque de Lavaur (janv. 1408) et d'Albi (sept. 1410). Le duc de Berry les confirme dans leurs fonctions, le 10 juin 1407. (Bibl. Nat., *Languedoc*, 88, f° 50.)

5. *Ord.*, t. IX, p. 457. — Bibl. Nat., *Languedoc*, 88, f° 77. C'était Pierre de Pérols, Léger Sabous, Jean Audri et plus tard, en 1411, Jacques Corraud, ancien « trésorier général » du duc de Berry, receveur en Languedoc (1388), réformateur en 1403.

6. Bibl. Nat., *Languedoc*, 88, f° 135. C'était l'évêque de Gap, Jacques Corraud, Nicolas Potin. Restaient, en 1418, l'évêque de Gap et Hugues Comberel. (Arch. de Narbonne, AA 180.)

Dans cette institution encore mal assise on démêle quelques traits essentiels de la future Cour des aides. Bien qu'ils ne soient pas sédentaires, les généraux de la justice ont à Montpellier un auditoire, un local où ils se réunissent. Ils sont pourvus d'un greffier[1]. Près d'eux siège un « procureur général sur le fait des aides et autres finances[2] ». Un des généraux, Léger, évêque de Gap, s'intitule « président de la justice des aides[3] ».

Grâce à l'autorité du gouverneur qu'ils représentent, ils jugent en dernier ressort, brièvement, car la rentrée des fonds ne souffre point de retard[4], à la façon des réformateurs dont les fonctions leur sont familières. Le général des finances garde parmi eux une large part d'influence. Les provisions de 1404 portent qu'ils ne pourront procéder sans un conseiller des finances : disposition qui a été conservée. Dans le Conseil du gouverneur les fonctionnaires des deux catégories se rencontrent et s'entr'aident. Évidemment les généraux de la justice donnent leur avis sur les questions financières. Ils s'occupent d'imposer et de faire rentrer les subsides. Ils mettent les fermes aux enchères. Mais juger est plutôt leur fait : le principal de l'administration revient au général des finances.

Des deux charges, celle-ci était la plus importante. Tout le mouvement des fonds s'effectue par l'intermédiaire du général qui la remplit. A lui s'adressent les ordres de paiement. Il les expédie au receveur général, avec l'indication des recettes particulières sur lesquelles celui-ci doit y pourvoir. Seul en effet il peut examiner les « états » des officiers comptables, receveurs, grénetiers, maîtres des monnaies,

---

1. Arch. d'Albi, CC 164, f° 46 ; avr. 1406.

2. *Ord.*, t. X, p. 205 ; 6 mars 1414.

3. *H. L.*, t. IX, p. 1041. — Sur tout cela, voir aussi t. X, note XXXIV.

4. La Cour des aides de Montpellier a toujours conservé un « style » ou procédure spéciale fort expéditive. (Foutanon, t. II, pp. 758, 821.)

maîtres des ports et passages, et savoir à tout moment quels sont les fonds dont ils disposent. Il est en quelque sorte la main par laquelle le gouverneur ou le roi puisent dans le budget du pays. Enfin bon nombre de subsides sont répartis par ses soins.

Aussi le duc de Berry réservait-il des attributions aussi délicates à ses propres serviteurs, au sieur d'Alègre, son chambellan, ou bien à ses trésoriers généraux, tels que Martin Gouge, évêque de Chartres, qui succéda au sieur d'Alègre en avril ou mai 1405[1], et Macé Héron qui occupait déjà le poste en avril 1411[2].

Cette organisation, créée par le gouverneur et pour lui, s'est brisée après sa mort. Des deux parties qui la formaient, l'une a disparu pour longtemps, détruite par les guerres civiles qui ont amené la suppression des aides : il n'y a plus de généraux de la justice avant 1437. L'autre n'a repris que sept ans plus tard son ancienne forme : le 17 août 1423, Charles VII rétablit en Languedoc des « généraux conseillers sur le fait de toutes finances », en première ligne son favori Guillaume de Champeaux, évêque de Laon, président en la Chambre des comptes, puis Alexandre le Boursier et Jean de la Barre[3].

L'institution était sous la main du roi; mais elle a pris un caractère différent sitôt que le comte de Foix a été remis, en qualité de gouverneur, à la tête du pays (1425). L'évêque de Laon tenait du roi seul ses pouvoirs : il n'était pas serviteur du comte; mais il devint son allié. Étroitement unis, appuyés sur le connétable de Richemont, ils ont augmenté leur puissance. En janvier 1427, à quelques jours de date, le comte obtient la plus complète autorité sur les deniers royaux; l'évêque évince ses deux collègues et prend

---

1. Arch. de Toulouse, AA 46, n°s 38, 45.
2. Bibl. Nat., *Languedoc*, 88, f° 89. — Cf. *Ord.*, t. X, p. 202, etc.
3. Bibl. Nat., fr. 20 936, f° 111.

« seul et pour le tout » l'administration des finances[1]. Guillaume de Champeaux entre dans une longue période de suprématie, que Charles VII n'est plus maître d'interrompre. Autrefois c'était le lieutenant du roi qui, par ses généraux, disposait des finances; maintenant c'est le général, que sa charge met en mesure d'accaparer toutes les fonctions de gouvernement : « Sous ombre » de son office, il s'est attribué, dira plus tard le roi, « le total gouvernement de nostre dit pays de Languedoc par l'espace de dix-sept ans ou environ »... Pendant tout ce temps, il « a distribué nos finances de nostre dit pays... et generaulment a administré la justice, police et chose publique... ainsi que bon lui a semblé, sans avoir regard au bien de nostre service, de nostre dit pays et de nos sujets[2] ». L'ayant fait tomber du pouvoir, en août 1440, Charles VII le remplace par l'évêque de Maillezais et par Tanguy du Châtel, qu'il nomme encore généraux des finances de Languedoc et de Guyenne[3]. Mais à la faveur de cette nomination, sous le couvert de l'ancien titre, les finances du pays s'acheminent rapidement vers un nouveau régime, celui de la centralisation administrative.

3º DÉBUTS DE LA CENTRALISATION ADMINISTRATIVE.

La centralisation ne s'est pas faite tout d'un coup. Elle a commencé sous Charles VI, et plus que personne le duc de Berry a contribué à l'introduire.

Il faut rappeler que le duc, étant l'un des chefs du grand

---

1. De Beaucourt. *Hist. de Charles VII*, t. II, p. 131, n. 7. — Dans un mandement du 12 juin 1427 (Arch. Nat., K 62, nº 33), l'évêque mentionne les « autres généraux, noz compaignons, qui lors (l'an passé) estoient sur le fait et gouvernement desdites finances ». — L'un des premiers soins du comte de Foix, quand il eut pris possession de sa charge, en juin 1425, avait été de faire destituer le receveur général Nerly, sur la docilité duquel il ne pouvait compter, au profit de Jean Seaume. (Bibl. Nat., *Pièces orig.*, 2667 : SEAUME; 10 nov. 1425.)

2. *H. L.*, t. X, pr. nº 879.

3. *Appendices*, nº 5.

Conseil et résidant à Paris, a mis dans son gouvernement ou qu'il y a laissé mettre, des tailles qui faisaient partie d'impôts établis généralement sur tout le royaume.

Le produit de ces impôts était centralisé et dépensé par les soins d'un receveur général installé auprès du roi ; le receveur de Languedoc devait verser entre ses mains l'argent qu'il avait perçu : c'est ce qui fut fait à propos de l'aide du 2 août 1387, destinée à prévenir le débarquement du roi d'Angleterre, puis en mars 1396, décembre 1397, mai 1404 et années suivantes[1]. Ainsi le receveur de Languedoc fut subordonné à l'autre.

A partir de 1397 le gouvernement central a improvisé pour chaque taille générale une administration spéciale, peut-être afin de s'en assurer le produit.

A la recette il prépose, en Languedoc comme en France, des receveurs désignés exprès, qui ne sont pas receveurs généraux en titre[2]. La gestion est commise à quelques membres du grand Conseil, faisant fonction de généraux des finances du royaume; ceux de Languedoc leur sont expressément subordonnés[3]. Parfois des commissaires spéciaux

1. Aide d'août 1387 : les deniers en sont levés par le receveur général de Languedoc, Jean Chauchat, et versés par lui à Chanteprime, receveur général des aides de la guerre. (Bibl. Nat., lat. 9176, f° 154.) — Aide de mars 1396 : receveur en Languedoc Jean Naudin, qui est d'ailleurs receveur général de toutes finances en ce pays; receveur « de tous les deniers dudit aide », à Paris, Jean Duport. (Ibid., f°ˢ 209, 213.) — Aide de déc. 1397 : receveur en Languedoc, Pierre de Canteleu, « commis... à recevoir ledit aide oudit pays »; « receveur général ordonné à faire ladite recette », François Daunoy. (Ibid., f° 226). Dans ce dernier cas, ni l'un ni l'autre n'est le receveur général en titre, etc.

2. Cf. la note précédente. Pour que le receveur général en titre fît la recette d'un subside, il lui fallait une commission spéciale; c'est d'ailleurs à lui qu'elle était ordinairement adressée. L'usage opposé prévaut en 1397.

3. Bibl. Nat., lat. 9176, f° 226. Instruction relative à l'imposition de l'aide de déc. 1397, faite en Conseil du roi pour les généraux de Languedoc. Sitôt qu'ils auront fait l'assiette de l'aide, ils devront l'envoyer à l'évêque de Noyon et à Amauri d'Orgemont qui ont « le gouvernement dudit aide ». — Arch. de Toulouse, AA 37, n° 38; 13 mars 1415. Aide générale, administrée uniquement par Alexandre le Boursier et Jean Coignet.

sont envoyés en Languedoc pour imposer et répartir le subside : ainsi en novembre 1411, en février 1412, etc. La mesure en soi n'avait rien d'extraordinaire ; mais, depuis 1411,
ces commissions deviennent presque annuelles. Elles remplissent une partie, assurément importante, des fonctions
qui revenaient aux généraux de Languedoc. Or, ces commissaires, nommés en Conseil du roi, dépendaient des
« généraux commis au gouvernement dudit aide », lesquels
siégeaient à Paris; ils devaient leur envoyer les pièces et
rôles de répartition qu'ils avaient dressés[1]. Voilà quelques
germes de centralisation qui n'ont pas tardé à grandir.

Parfois aussi, mais par à-coups, intervient de la part du
gouvernement royal une décision plus énergique. L'ordonnance du 7 janvier 1401 porte que désormais la distribution
des finances appartiendra tout entière aux généraux de Languedoil. Aucun paiement ne sera fait par le receveur général de Languedoc que par leur ordre et sur décharge du
receveur général siégeant à Paris. Cette mesure radicale n'a
reçu qu'un commencement d'exécution, presque aussitôt
interrompu par le retour du duc de Berry dans sa charge de
lieutenant[2]. Mais, d'octobre 1411 au même mois de l'an 1413,
lorsque le parti bourguignon l'emporte, Charles VI, ayant
remis « en sa main » le gouvernement et les revenus du
pays, transfère la gestion des finances aux « généraux conseillers sur le fait des aides ordonnées pour la guerre tant
en Languedoil comme en Languedoc[3] ». Quand le duc meurt,
des commissaires royaux sont substitués à son général,

1. *Ord.*, t. X, p. 214. — Bibl. Nat., lat. 9 177, fº 141, etc.
2. *Ord.*, t. VIII, p. 409. Cf. *ibid.*, p. 422, des lettres royales du 16 févr. 1401,
rappelant un acte des « généraux conseillers qui naguères estoient sur le fait des
aides... en Languedoc et Guyenne », et donnant ordre de l'observer aux « généraux conseillers qui à présent sont et seront pour le temps avenir par tout nostre
royaume sur le fait desdites aides ».
3. Bibl. Nat., fr. 25 709, nᵒˢ 668-687. — *H. L.*, t. X, pr. nᵒ 801. — Arch. de Toulouse, AA 37, nᵒ 33.

Macé Héron[1]. Le dauphin, pendant sa régence, ne laisse point dans les sénéchaussées méridionales d'administration distincte de celle du Nord[2].

On a vu que de nouveau, en août 1423, la séparation s'est produite : l'évêque de Laon devient général de Languedoc. Pourtant le pouvoir royal ne renonçait pas tout à fait à des procédés dont il avait pris l'habitude. Si l'on examine année par année les mandats de paiement que Charles VII expédiait sur les deniers du pays, on en trouve toujours quelques-uns qui s'adressent aux généraux de Languedoil et de Languedoc : ceux-ci n'avaient donc perdu ni leur titre caractéristique, ni toute leur autorité. En certaines années, telles que 1428 et 1430-1432, cette catégorie de mandements est même plus abondante que l'autre.

On remarquera aussi que Guillaume de Champeaux et ses collègues, de 1423 à 1425, sont désignés spécialement comme généraux de telle ou telle aide[3]. L'évêque ensuite s'affranchit de cette formalité. Mais le roi ne la laisse pas tomber en désuétude : il s'en sert à plusieurs reprises. Les États de Chinon (novembre 1428) lui ayant accordé une aide, il en remet la gestion, non à l'évêque de Laon, mais à certains commissaires, la recette à Charrier, receveur général « en Languedoil et Languedoc[4] ». Régnier de Bouligny, son

1. *Ord.*, t. X, pp. 378, 395. — Arch. de Cordes ; lettres du 11 avr. 1416, avec attache du 7 mars 1417 donnée par les « gens des comptes de Paris, commissaires ordonnés sur le fait du domaine et des subsides royaux ».

2. Le dauphin a des « commissaires ordonnés sur le fait et gouvernement de toutes finances, tant en Languedoil comme en Languedoc ». C'est Régnier de Bouligny et Alexandre le Boursier. (Arch. de Toulouse, AA 5, n° 401 ; AA 50, n° 17. — Bibl. Nat., fr. 25 710, n°s 2, 10, etc.) Il est vrai que ce dernier s'occupe spécialement des pays de Languedoc et de Guyenne, où il semble résider. Sur ce point les preuves abondent.

3. Ils sont nommés « généraux de l'aide de 200,000 francs » octroyée à Carcassonne, en mai 1423 (Bibl. Nat., fr. 25 710, n° 30), de l'aide de 200,000 francs octroyée à Espaly-lès-Le Puy, en janv. 1425 (*ibid.*, *Pièces orig.*, 209 : BASILLAC), de l'aide de 250,000 francs octroyée à Mehun, en novembre 1425. (*Ibid.*, fr. 20 393, n°s 14, 22, etc.)

4. *Ibid.*, *Fontanieu*, 115-116 ; 12 nov. 1428. — Arch. Nat., K 63, n° 5.

général des finances « en Languedoil et Languedoc » a le maniement de l'aide octroyée à Sully, en mars 1430. L'aide est reçue par Nicolas Erlant, non par le receveur de Languedoc, Jean Seaume[1]. De même celle de juillet 1432, au sujet de laquelle Charles VII notifie au comte de Foix ses « intention et volonté », et dont Erlant fait la dépense par les « décharges » de Charrier[2].

Il y a corrélation évidente entre ces faits et les tentatives que le roi, poussé par la Trémoille, multipliait en vain pour déposséder l'évêque de Laon de sa charge. La paix conclue entre la Trémoille et Richemont et la victoire finale du connétable ont rendu tout son crédit au puissant général des finances (1433)[3]. Mais les éléments d'une centralisation financière étaient déjà préparés.

En août 1440, après la Praguerie, Charles VII les met à profit. En même temps que l'évêque, il destitue le receveur général de Languedoc, Macé Héron, successeur de Jean Seaume. Étienne Petit, « commis » au lieu de Macé Héron, est subordonné complètement au receveur général de France : il ne peut distribuer que par décharges de Jean de Saincoins les deniers de sa recette, non seulement ceux des subsides, mais les autres sans exception[4].

L'évêque de Maillezais et Tanguy du Châtel, qui remplaçaient l'évêque de Laon, n'ont pas gardé plus de deux ans

---

1. Bibl. Nat., fr. 25710, nᵒˢ 63, 67 ; *Pièces orig.*, 1053 : ERLANT. — Le roi a certainement eu, vers la fin de l'année 1428, l'intention de destituer Jean Seaume aussi bien que l'évêque de Laon. (*Ibid., Pièces orig.*, 209 : BASILLAC ; 28 juin 1428. — Cf. 1821 : MALLIÈRE ; 10 févr. 1429). Mais l'un et l'autre sont restés en place. Le curieux « compte sixiesme de Jehan Seaume » pour l'année 1430-1431 (Bibl. Nat., fr. 7879) montre qu'il a même reçu et dépensé une partie de l'aide accordée à Sully.

2. *Ibid., Pièces orig.*, 1895 : MAULOUE, et 1053 : ERLANT ; 22 juill. 1432.

3. Cosneau, *Histoire du connétable de Richemont*, 1885, in-8ᵒ, pp. 163 et suiv. — Flourac, *Op. cit.*, p. 152. La ligue secrète que Guillaume de Champeaux forma en 1432 avec le comte de Foix et la Hire était probablement dirigée contre la Trémoille.

4. *Appendices*, nᵒ 5.

leurs fonctions de généraux des finances de Languedoc et
de Guyenne. Puis l'administration revient tout entière aux
généraux de Languedoil et de Languedoc[1]. A cette époque
il y en a trois qui se partagent le royaume; chacun a sa
généralité. Celui que l'on continue d'appeler le « général de
Languedoc ». est un agent qui ne dépend nullement du
gouverneur, que le roi seul institue, qu'il charge des affaires du pays pendant un laps de temps variable, sauf à lui
assigner ensuite quelque autre « généralité »[2]. Le général
des finances voyage beaucoup ; il chevauche fréquemment
dans les trois sénéchaussées, et en Quercy, en Agenais, en
Rouergue, surtout au moment où se tiennent les États. Mais
lui et ses collègues font à Paris, à la cour, leur résidence
habituelle. C'est de là qu'ils administrent les finances du
pays, comme celles du royaume. Pour la première fois, par
leur intermédiaire, elles sont entièrement remises aux
mains du roi.

Si la centralisation a commencé par les finances, c'est que
la monarchie, en voie de croissance, tenait par-dessus tout
à les avoir à sa disposition. Quand elle s'est assuré les
revenus que le pays produisait, elle a du même coup retiré
aux lieutenants généraux la faculté d'en faire usage :

1. L'évêque de Maillezais était encore en Languedoc en octobre 1441 et assistait aux États. (Arch. de Montpellier, *Délib.*, ann. 1441; acte du 23 janv. 1442.)
Ensuite il n'y paraît plus, et tous les mandements royaux sont adressés aux
généraux de Languedoil et de Languedoc.

2. Le premier des généraux de Languedoc, au sens nouveau du mot, qui n'était
pas de la langue officielle, fut Jean d'Étampes, plus tard évêque de Carcassonne.
Il ne porte point ce titre avant 1444 (Thomas, *Les États provinciaux de la France
centrale*, 1879, 2 vol. in-8°, t. II, pr. n° 50), quoiqu'il soit employé déjà dans le pays
en mai 1443. (*H. L.*, t. X, pr. n° 884). Il le conserve jusqu'à sa mort (25 janv.
1456) ; mais il n'en est pas de même pour ses successeurs. Ainsi Jean Hébert et
Michel Gaillard, qui ont eu la charge de Languedoc sous Charles VII et Louis XI,
sont encore généraux des finances en 1484, tandis que le général de Languedoc
est Guillaume Briçonnet. (Bernier, *Procès-verb. des séances du conseil de régence
du roi Charles VIII*, 1836, in-4°, pp. 64, 183.) M. Spont a dressé une liste assez
exacte de ces fonctionnaires jusqu'en 1522, dans les *Annales du Midi*, ann. 1890,
p. 373.

c'était leur ravir la source principale de leur puissance. Quand elle a pris en main l'administration des finances, elle s'est approprié le rouage essentiel de l'organisme qu'ils avaient créé afin d'exercer leurs fonctions : c'était porter un coup mortel à cet organisme et ruiner le système de gouvernement auquel ils avaient présidé.

En même temps se produit une modification qui se lie à la précédente et qui la complète.

Une portion considérable des recettes de Languedoc provenait de l'aide octroyée par les États : ressource variable, mais plus qu'aucune autre susceptible de s'accroître, celle dont les gouverneurs avaient tiré le meilleur parti. Aussi Charles VII a-t-il laissé le moins qu'il pouvait au gouverneur du pays et au général des finances le soin d'assembler les États et d'engager avec eux des négociations financières. De 1420 à 1440, on ne trouve que six assemblées dont la convocation remonte directement, soit à Charles de Bourbon, capitaine général, soit à Jean, comte de Foix, soit à l'évêque de Laon[1]. Les autres sont mandées non seulement au nom du roi, mais par le roi. S'il ne les tient pas en personne, le gouverneur et le général des finances les réunissent par ses ordres, sur ses indications : la date, le lieu et l'objet de l'assemblée ont été fixés d'avance[2]. Ils agissent, pour ainsi dire, en qualité de commissaires. En outre, sept fois sur quinze, ils sont assistés de vrais commissaires que le roi envoie auprès d'eux[3].

Le pouvoir central continuait donc, comme au temps de

---

1. Ce sont les États de Narbonne, mai 1421, de Béziers, août 1428, de Villeneuve d'Avignon, mai 1433, de Béziers, août 1438, de Carcassonne, oct.-nov. 1438, de Narbonne, févr.-mars 1440.

2. Ainsi, au commencement de l'année 1435, le roi ordonne qu'une assemblée des trois États ait lieu en mars, à Béziers, devant le comte de Foix. (Bibl. Nat., *Pièces orig.*, 3000 : VILLA ; 25 févr. 1435.) Le comte, en effet, la convoque pour le 15 mars.

3. États de Carcassonne, août 1421, et avr.-mai 1428 (?), de Montpellier, mai 1424, de Béziers, juin 1430, juill. 1432, mars-mai 1435, mars-avr. 1438.

Charles VI, d'employer des commissaires à l'imposition des subsides, mais sous des formes différentes, à cause des sessions d'États. Ceux que nomme Charles VII ont à déclarer aux États quel est le montant de l'aide que le roi demande; ils doivent obtenir l'octroi, répartir l'aide devant eux, au lieu de l'imposer d'office. Leur action sur les assemblées et sur le pays est déjà sensible avant 1440; mais ils disparaissent encore derrière le comte de Foix et l'évêque de Laon. Les villes semblent ignorer leur existence. Les délibérations et les comptes municipaux, en mentionnant les octrois, indiquent qu'ils ont été faits au comte ou à l'évêque, ou bien au roi « en leur personne »; quant aux commissaires, il n'en est jamais question.

Le nouveau régime ne s'est dégagé de l'ancien qu'après la destitution de Guillaume de Champeaux. Il est appliqué franchement aux États de Montpellier (septembre 1440); ensuite il ne change plus. Toute assemblée a lieu sur convocation royale. Des gens du grand Conseil, venus de la cour, y « président », au nombre de quatre ou cinq. Au premier rang des commissaires, mais parmi eux, figurent le gouverneur ou son lieutenant et le général des finances[1]. Tous agissent en vertu de la même commission spéciale. Dans la mesure des pouvoirs qu'elle a déterminés, ils représentent le roi devant l'assemblée, donnent des lettres en son nom[2].

1. Aux États de Montpellier, de septembre 1440, les commissaires royaux étaient Tanguy du Châtel, lieutenant du gouverneur et général des finances, l'évêque de Maillezais, aussi général des finances, Jacques Cœur, argentier du roi, Hugues de Noé, Jean de Montmorin, Jean de Chambes, membres du grand Conseil. (Bibl. Nat., *Languedoc*, 89, f° 232.)

2. *Ibid.*, fr. 25710, n°s 150, 154, 161 : « Par le roy, à la relacion des gens de son grant Conseil estans à Montpellier, à l'assemblée des gens des trois estats du pais de Languedoc ». Les lettres de ce genre sont nombreuses, et la mention des États auxquels les commissaires royaux ont assisté n'y figure pas toujours. Aussi dom Vaissete et M. de Beaucourt ont-ils cru qu'elles émanaient d'un Conseil spécial que le roi aurait entretenu en Languedoc. Il n'en est rien, et ç'aurait été contre les règles, puisque le comte du Maine était gouverneur du pays.

Or, ces pouvoirs ne consistent pas seulement à recevoir l'octroi, à répartir l'impôt, à en organiser l'assiette et la perception dans les diocèses. L'octroi n'allant jamais sans conditions faites d'une part, sans promesses données de l'autre, les commissaires écoutent les doléances que les États leur présentent. Ils y répondent, article par article, comme avait fait autrefois le gouverneur en son Conseil : réponses tantôt négatives, tantôt favorables, souvent exprimées par les mots : « Au roy[1] ». En effet, ils ne jugent pas qu'ils puissent eux-mêmes décider en toutes matières. Ils veulent référer des plus importantes affaires au roi, en son Conseil, se bornant parfois à promettre qu'ils donneront un avis conforme aux requêtes de l'assemblée. Finalement, par leur canal, c'est au grand Conseil que parviennent les grosses questions soulevées par les États. Les « ambassades » ou délégations que l'assemblée envoie en cour deviennent beaucoup plus nombreuses : là sont mis en cause les grands intérêts du pays; c'est le pouvoir central qui les règle.

---

1. Les choses se passent déjà de la sorte en mai 1424. (*H. L.*, t. X, n° 834), en juin 1430. (Arch. de Toulouse, AA 88, f° 17.)

CHAPITRE V.

LES COURS SOUVERAINES. — LA SÉPARATION DES POUVOIRS.

La date de 1440 est assurément l'une des plus remarquables de l'histoire de Languedoc. Autour d'elle on peut
grouper assez aisément des faits qui appartiennent à deux
ordres différents, mais qui témoignent d'une même pensée,
d'une même évolution politique.

On assiste aux débuts d'une centralisation administrative
qui détruit l'omnipotence des lieutenants généraux, et qui
noue entre le gouvernement royal et la moitié méridionale
du royaume des relations beaucoup plus étroites qu'elles
n'avaient été depuis un siècle.

Dans le pays, sur place, l'autorité souveraine, au lieu de
rester concentrée aux mains du gouverneur, se partage
entre plusieurs institutions rivales. Cette division des pouvoirs est un fait nouveau, dont les conséquences, à certains
égards fâcheuses, excitèrent longtemps les plaintes des
États : « C'est, disent-ils en 1495, une chose monstrueuse à
une monarchie et pays avoir trois testes et souverainetés[1]. »
En effet il y a alors en Languedoc, outre le gouverneur ou
son lieutenant, un Parlement, une Cour des aides. François Iᵉʳ y mettra de plus une Chambre des comptes.

Deux de ces Cours souveraines, le Parlement et la
Chambre des comptes, sont issues directement, par scissi-

---

1. Arch. de l'Hérault, *Dol.*, t. I, p. 253 ; cah. de sept. 1495, art. 23. — Cf. *H. L.*,
t. XI, p. 147, où ce cahier est mentionné sous la date fausse de nov. 1492.

parité, des Cours de même nom qui fonctionnaient à Paris, auprès du roi. La troisième a pour ancêtres les généraux des aides du duc de Berry; elle provient, en somme, du Conseil du gouverneur. Toutes les trois ont conservé la marque de leur origine. La plus prospère et la plus puissante a été le Parlement de Toulouse.

1º LE PARLEMENT DE TOULOUSE.

Par l'époque à laquelle il fut institué, on peut deviner l'intention qui présidait à sa naissance. Le dauphin Charles l'établit le 20 mars 1420, étant à Carcassonne où il avait convoqué les États. Il venait de remettre la main sur les sénéchaussées méridionales, si longtemps soustraites à l'ascendant de la royauté et, depuis deux ans, totalement accaparées par les agents du duc de Bourgogne, ensuite par le comte de Foix. Sans nul doute, cette concession était l'une de celles qu'il avait promises aux gens du pays en échange de leur obéissance. Mais la nouvelle Cour souveraine était aussi destinée à implanter parmi eux l'autorité du régent, à mettre en balance le capitaine et le Conseil. Ce Parlement, éloigné de Toulouse l'année même où le comte de Foix redevint lieutenant général[1], fut supprimé trois ans plus tard : il est probable que le crédit croissant du gouverneur n'avait pas nui à la suppression d'un aussi gênant rival. Le comte mort, le roi forma une sorte de commission de justice souveraine[2], composée des généraux des aides dont

---

1. Le comte de Foix prend possession de sa lieutenance à Toulouse, en juin 1425. Le Parlement quitte cette ville pour se rendre à Béziers, à la fin d'octobre. (Arch. de Narbonne, *Comptes*, 1425, fᵒˢ 112 vᵒ, 118.) La peste qui régnait à Toulouse au mois de juillet précédent n'a probablement été que le prétexte du transfert.

2. Le comte de Foix est mort le 4 mai 1436. — En avril 1437, les États du pays, réunis à Montpellier devant Charles VII, sollicitent le rétablissement d'un

l'évêque de Laon était le chef. Ce ne fut pas un Parlement à vrai dire, ni même une Cour des aides, mais plutôt un Conseil de gouvernement. Enfin, après la disgrâce de Guillaume de Champeaux, c'est le Parlement lui-même qui est revenu à Toulouse (1443-1444).

Cette Cour prétend aller de pair avec celle de Paris. Les membres de l'une et de l'autre sont regardés comme faisant « un même Parlement [1] ». Elle se glorifie d'une origine aussi ancienne [2]; elle s'efforce d'obtenir une aussi complète organisation. Dès 1451, la grand'chambre se distingue de la chambre des enquêtes [3]. En 1494 est installée une chambre ou tournelle criminelle, « afin que la justice criminelle soit administrée comme à Paris [4] ». Au début la

Parlement en Languedoc. Cette faveur leur est accordée par lettres du 18 avril (Catel, *Mémoires de l'histoire du Languedoc*, 1633, in-f°, p. 254), qui d'ailleurs n'ont pas reçu d'exécution. Le roi se borne à confier aux généraux des aides, par lettres du 30 janv. 1438, la police, le gouvernement et la correction des officiers. De plus, il leur attribue une juridiction souveraine, mais réduite aux affaires de médiocre importance, s'exerçant au civil jusqu'à 100 livres de rentes (héritages) et 1,000 livres (meubles), au criminel allant jusqu'aux sentences de mort ou de mutilation, exclusivement. (*H. L.*, t. X, pr. n° 865.)

1. *Ord.*, t. XIV, p. 332; nov. 1454. Le Parlement de Paris ne se résignait pas à cette parité. En fait la Cour toulousaine fut considérée comme le second Parlement du royaume.

2. Bardin n'a pas inventé les légendes qu'il raconte. (*H. L.*, t. X, notes XII, LX, et, aux Preuves, la Chronique de G. Bardin.) Elles étaient de son temps et furent par la suite universellement acceptées. (Arch. de la Haute-Garonne, sér. B, *Édits*, t. I, f° 93; 23 déc. 1468.)

3. *Chronique* de Bardin, *Loc. cit.*, col. 77. — Arch. de la Haute-Garonne, sér. B, *Reg. de Malenfant*, t. I, p. 38. Arrêt indiquant, au lieu de 1451, l'année 1457.

4. *Ibid.*, *Édits*, t. II, f° 112, déc. 1491, et *Arrêts*, t. IX, f°⁵ 169, 187. Huit conseillers furent alors ajoutés au Parlement pour qu'il y eût trois chambres « besoignant constamment ». Mais les gens de la Cour, dont aucun ne tenait à faire exclusivement partie d'une chambre criminelle où l'on n'avait point « d'épices » à gagner, ne se pressèrent point de l'organiser. Plusieurs arrêts à ce relatifs montrent surtout leur mauvais vouloir. (*Ibid.*, *Arrêts*, t. IX, f° 412; t. XI, f° 85.) D'ailleurs les conseillers n'étaient pas assez nombreux, plusieurs étant éloignés de Toulouse par la maladie ou par le service qu'ils avaient à remplir auprès du roi. La tournelle fonctionne donc d'une façon tout à fait irrégulière et incomplète. Les procès criminels s'accumulent à tel point, qu'en 1504 les États se décident à solliciter du roi une augmentation du nombre des conseillers « lais » et la création définitive d'une troisième chambre. (Arch. de la Haute-Garonne, C 2276,

Cour se composait de deux présidents et de douze conseillers,
sans parler des gens du roi, avocat et procureur généraux.
Elle compte, à l'avènement de François Ier, trois présidents
et vingt-quatre conseillers. Par l'étendue de sa circonscription et le nombre de ses membres, autant que par l'éclat de
ses origines, elle garde un rang supérieur à celui des
Parlements qui ont été par la suite érigés dans d'autres
parties du royaume. Les gens de la Cour, surtout au
XVe siècle, sont de grand savoir et de réputation pure.
Se recrutant eux-mêmes, ils ne font que les choix les plus
propres à honorer et fortifier leur compagnie. Ils sont inté-
gres et durs, d'une extrême sévérité. Le prestige du Parlement de Toulouse garantit son influence.

En 1420[1], puis en 1444[2], il est investi de toutes les attributions qui étaient celles du Parlement de Paris. L'un, ainsi
que l'autre, greffe l'autorité politique sur la juridiction souveraine. Le Parlement de Toulouse connaît des causes féodales où le domaine royal est intéressé : aussi le voit-on
adjuger, par une série d'arrêts, à Charles VII et Louis XI,
tout ou partie des plus grandes seigneuries du Midi[3]. Il
connaît des matières bénéficiales et s'occupe volontiers de

f° 256. — Arch. d'Albi, AA 45, cah. de déc. 1504, art. 2.) Leur requête aurait
été favorablement accueillie, malgré l'énergique opposition du Parlement (*Arrêts*,
t. XIII, f°s 536, 588; t. XIV, f°s 1, 29, 124, 303), si des difficultés ne s'étaient
pas élevées à propos du payement des futurs conseillers. (Arch. de la Haute-
Garonne, C 2276, f°s 282, 296.) L'affaire en est restée là, après avoir duré cinq
ans, de sorte que l'édit de mai 1519, qui a réorganisé la tournelle, peut être considéré comme une seconde institution de cette chambre. (*Ibid.*, sér. B, *Édits*
t. III, f° 89.)

1. *Ord.*, t. XI, p. 59. Sur ce Parlement, qui a duré près de huit ans, Catel a
publié des pièces importantes. (*Mémoires*, pp. 217 et suiv.) Il nous reste de lui
trois registres d'appointements : l'un, de 1422-1423, se trouve aux Archives Nationales, X1ª 9808 (dont extraits dans *H. L.*, t. X, pr. n°s 824, 826, 828-830, 832, 833);
les deux autres, de 1424-25 et de 1426-27, beaucoup plus intéressants, sont aux
Archives de la Haute-Garonne.

2. *H. L.*, t. X, pr. n°s 886, 888, et note XXXIV.

3. Affaires des comtés de Comminges, Castres, Lauragais, l'Isle-Jourdain, des
baronnies de Lunel et de Sévérac, des îles du Rhône, etc.

réformer les gens d'Église[1]. Il intervient fréquemment dans l'administration des villes : à Toulouse, il en arrivera bien tôt à gouverner de compte à demi avec les capitouls.

Il exerce dans son ressort une sorte de haute police, de surveillance générale. Il dispose de la force armée pour faire exécuter ses sentences[2]. Il a sous la main les officiers royaux, en particulier ceux de justice.

Il possède un moment toute la juridiction des finances de Languedoc. Ayant le domaine à conserver, il connaît des affaires qui s'y rapportent; mais il connaît aussi des aides et des tailles.

On a vu que le Parlement de Paris avait maintenu, en concurrence avec les généraux du duc de Berry, sur les mêmes matières, sa juridiction souveraine[3]. La retraite des généraux en 1418 lui a rendu ses coudées franches. En 1420, les gens de la Cour instituée en Languedoc reçoivent expressément le pouvoir de juger les procès relatifs aux impositions, traites et subsides. Ils en usent aussi longtemps qu'ils existent en corps, et de même, après leur départ, le Parlement de Poitiers auquel ils sont réunis[4]. L'ordonnance qui a rétabli le Parlement de Toulouse a cassé en même temps les généraux des aides qui, de 1437 à 1440, avaient

1. Les procès relatifs aux prélatures et bénéfices abondent dans les registres d'appointements de 1423, 1425, 1427. — Cf. Arch. de la Haute-Garonne, sér. B, *Édits*, t. I, fº 81; déclarations de mai 1463, du 19 juin 1464; *Arrêts*, t. XI, fº 297; XIV, fºˢ 216, 257, etc. — En 1501, les États se plaignent que les gens du Parlement vaquent « le plus du temps ès causes bénéficialles ». (Arch. d'Albi, AA 45, cah. de sept. 1501, art. 3.) — Voir aussi *H. L.*, t. X, pr. nº 845, et Lafaille, *Ann. de Toulouse*, t. II, pr. pp. 2, 22, 24. En 1518, la Cour s'oppose énergiquement à la vente des indulgences et fait mettre à la Conciergerie le subdélégué du grand pénitencier romain. Le cardinal « Santiquatro », neveu du pape, menace de l'interdit les gens de la Cour et les traite de « Gascons, ne connaissans ni Dieu ni diable ».

2. *Ord.*, t. XVI, p. 540; 30 janv. 1467.

3. Voir plus haut, p. 358. — Cf. Arch. de Toulouse, AA 37, nºˢ 12, 13.

4. *Ord*, t. XI, p. 59. — *H. L.*, t. X, note XXXIV, p. 142, et pr. nº 845. — Arch de la Haute-Garonne, sér. B, *Reg. d'appointements* 1424-25, fºˢ 78 vº, 346; 1426-27, fºˢ 33 vº, 47, 475 vº.

gouverné le pays. Évidemment cette institution était sus-
pecte, soit en raison de son origine première, soit à cause
du rôle qu'elle avait joué sous l'évêque de Laon qui la présidait. Le roi la supprime et verse dans le Parlement les
membres dont elle était formée. Ils recouvrent leur titre;
mais ils sont membres du Parlement. Ils y constituent une
chambre spéciale destinée à connaître par « commission »
des appels interjetés en matière de tailles et de gabelle[1].

Cette situation, qui a duré vingt-trois ans, a permis aux
prétentions du Parlement de s'affermir par la longue possession qui était alors le meilleur fondement du droit. Lorsque la Cour des aides est érigée en corps indépendant, il
se refuse à la reconnaître[2]. Il ne peut prendre son parti de
ce démembrement; il lutte contre la Cour nouvelle, et persiste plus d'un demi-siècle à juger en matière de finances,
malgré toutes les interdictions[3].

Cependant les édits royaux ont réussi à modérer peu à
peu, sinon l'aigreur de la Cour toulousaine à l'égard de sa
rivale, du moins l'efficacité de ses ressentiments. A la fin
du règne de Louis XII les procès de finances se font rares
aux rôles du Parlement. On y conteste moins l'existence de
la Cour des aides que les attributions judiciaires dont les
gouverneurs prétendaient jouir à sa tête.

En effet la Cour de Parlement est tout de suite entrée en
conflit avec le lieutenant général. Il était, pour ainsi dire,
son adversaire né. Elle se déclare supérieure à lui, plus
directement émanée du roi. Elle proteste quand les lettres

---

1. *H. L.*, t. X, pr. n° 890; ordonnance du 21 juill. 1444. — C'est cet état de
choses que les États entendaient restaurer quand ils demandaient au roi de supprimer les généraux des aides, et d'ajouter au Parlement « ung autre nombre de
conseillers et une chambre nouvelle pour ladite matière des aydes et [matières]
criminelles ». (Arch. de l'Hérault, *Dol.*; cah. cité de sept. 1495, art. 24).

2. *Ord.*, t. XVII, p. 11.

3. Fontanon, t. II, pp. 732-741. — Les registres d'arrêts du Parlement contiennent à cet égard de nombreuses sentences.

royales le nomment avant elle, et si elle enregistre, c'est sans approbation de l'ordre de l'adresse « en tant que le gouverneur du pays est mis premier que la Cour ».

Comme autrefois le Parlement de Paris, elle entend connaître par concurrence des affaires même qui sembleraient appartenir tout spécialement au gouverneur. De plus, elle réserve « au roi et à ladite Cour le ressort et la souveraineté ». Dès 1423, elle se plaint que Charles de Bourbon, capitaine général, lui ait ravi la connaissance d'un cas de sédition. Sur le terrain de la juridiction elle livre force batailles, victorieuse ou vaincue selon que le crédit de son adversaire décline ou grandit auprès du roi, mais toujours ardente à l'accroître comme à le défendre. A propos d'une révolte survenue à Carcassonne, elle décrète de prise de corps le lieutenant du gouverneur et mande aux villes de le contraindre par les armes à relâcher un prisonnier qu'il détenait (1466). Mais alors le gouverneur, Jean II de Bourbon, est très avant dans les bonnes grâces de Louis XI qui riposte : il suspend la Cour, révoque plusieurs de ses membres et lui interdit de connaître des faits séditieux [1]. Huit ans après, le Parlement prend sa revanche. Le duc étant devenu suspect, le roi lui prodigue les persécutions : il veut s'apercevoir que l'évêque du Puy, oncle naturel et lieutenant de Jean II, rend en toutes matières des sentences définitives; il le destitue et renvoie à la Cour toulousaine, dont il proclame la supériorité, les procès pendants par devers lui [2].

---

1. *Ord.*, t. XVI, p. 474; 12 avr. 1467.   Sur cette affaire, voir Lafaille, *Annales*, t. I, pp. 232 et suiv. — *H. L.*, t. XI, p. 64. — Huillard-Bréholles, *Titres de la maison ducale de Bourbon*, t. II, nos 6360, 6363. — Arch. de la Haute-Garonne, sér. B, *Arrêts*, t. III, fos 85-122.

2. *Ibid.*, *Édits*, t. 1, fo 106; 10 juill. 1474. Ces lettres portent que de tout temps en Languedoc les baillis, sénéchaux, viguiers, juges, Cour de parlement de Toulouse ont été institués pour rendre la justice, celle-ci en dernier ressort et souverainement. Mais, « iaçoit que par les anciens statuts et ordonnances royaulx nul gouverneur et lieutenant de gouverneur, ne autre officier ou commissaire ne se puisse ou doive dire ne porter souverain, ne qu'on ne puisse appeler de lui et

Le fort du combat est sous Charles VIII. Pierre de Bour-
bon-Beaujeu, beau-frère et tuteur du roi, s'est fait donner le
pouvoir « de connaître des causes entre les habitants de
Languedoc en dernier ressort[1] ». Deux ans durant, la Cour
refuse d'enregistrer les provisions du nouveau gouverneur. Après beaucoup de remontrances, jussions et négociations, elle ne se résigne point sans insérer dans l'arrêt
d'enregistrement une clause restrictive[2]; puis elle essaie de
reprendre en détail ce que par la contrainte elle a paru
concéder. Ces querelles se prolongent à travers le XVI⁰ siècle. En somme c'est le Parlement, de qui la persévérance
active et jalouse a fini par l'emporter. Sous Louis XII, sa
prérogative judiciaire est solidement établie. Il en profite
pour s'arroger une foule d'autres attributions plus ou moins
connexes que, bon gré mal gré, le gouverneur doit partager avec lui.

Parmi les grands organes administratifs dont le pays a
été pourvu, il n'en est aucun qui entre plus avant dans ses
affaires, dans sa vie de chaque jour, aucun qui en prenne
pour une plus large part la direction. Aussi la Cour ren-
seigne-t-elle le roi, par lettres ou par députés, sur tout ce

avoir recours à nous et à nostre dite Cour de parlement et que de tout temps et
ancienneté on ait acostumé ainsi le faire, ce neantmoins pour aucun temps
l'evesque du Puy, soy disant lieutenant de nostre cher et tres amé frere le duc de
Bourbon..., sous couleur de certaines nos letres qu'il disoit avoir obtenues de nous
afin que nul ne put appeler de luy en nostre dite Cour, a erigé et mis sus une
grant court et en icelle créé officiers et prins connoissance de toutes matieres
ecclesiastiques, temporelles, civiles et criminelles et fait proces ordinaires jusques
à sentences diffinitives inclusivement, lesquelles il a equipolées à arrests », etc.
L'évêque avait par devers lui plus de 1500 sacs de procédure et plus de 300 personnes, amenées de force à Montpellier. — Cf. *Arrêts*, t. IV, fᵒˢ 56, 88.

1. *Ibid.*, *Édits*, t. II, fᵒ 88; lettres du 29 avr. 1488. — Cf. *Reg. de Malenfant*,
t. I, p. 182.

2. Huillard-Bréholles, *Titres de la maison ducale de Bourbon*, t. II, nᵒˢ 7061,
7089, 7097, 7171. — Arch. de la Haute-Garonne, sér. B, *Reg. de Malenfant*, t. I
pp. 180-182 ; arrêts des 6 et 23 juin 1489, du 29 juill. 1490. La Cour stipule que le
duc de Bourbon jouira de ses provisions « comme ses prédécesseurs gouverneurs
en ont usé ». — Cf. *Ibid.*, *Arrêts*, t. IX, fᵒˢ 227-230, 506.

qui s'y passe. Avant le règne de François Ier, elle est con
sultée par le gouvernement central sur la plupart des mesures importantes qu'il s'agit de prendre dans son ressort.

En elle le roi possède un serviteur dévoué, mais non sou-
ple, ni docile. Le Parlement de Toulouse est revêche de sa
nature. Comme la grande Cour dont il est sorti, il garde
obstinément les droits du roi contre le roi lui-même; mais
il doit à la situation particulière qu'il occupe, à la région
où il se trouve, certaines allures que le Parlement de Paris
n'a jamais connues.

Cette institution royale a été créée sur les instances des
gens du pays, conformément à leurs privilèges[1]. Elle leur
appartient en quelque sorte. Les États qui l'ont si longtemps
réclamée en font les frais[2]. Entre eux et le Parlement les
relations sont suivies, d'ordinaire amicales. L'accord s'est
conclu promptement, car il était fondé sur la communauté

1. Voir plus haut, p. 113. — On faisait communément remonter le privilège
d'avoir justice souveraine au prétendu contrat qui aurait été conclu par Philippe III avec les habitants de Languedoc. (Remontrances du Parlement à
Louis XII en 1509, dans Lafaille, *Annales*, t. I, pr. p. 116.)

2. Les gages de la Cour ont été fixés en 1448 à 6,000 livres. (*H. L.*, t. XII, pr.
n° 8.) Jusqu'en 1470 cette somme est accordée par les États avec l'aide, dans
laquelle elle est comprise. A cette époque le roi manifeste l'intention de l'affecter
à son usage et de faire payer par la ville de Toulouse le Parlement dont elle
tirait profit. (*Ibid.*, pr. n° 55; lettres du 19 mars 1470.) Vive résistance des capitouls. (Arch. de Toulouse, AA 39, n°s 10, 11, 12. et *H. L.*, t. XII, pr. n° 58.) Bientôt l'entente se fait entre le roi, la ville et les États : le pays paiera « pour partie
des gages » de la Cour 5,000 livres (*Ibid.*, n° 67), dont 3,500 à prendre sur l'aide
et 1,500 à percevoir sous forme de crue sur la ville de Toulouse. (Bibl. Nat.,
fr. 22405, f° 23 ; 22406, n° 23, et *H. L.*, t. XII, pr. n° 99.) Le reste sera fourni par
les autres sénéchaussées ou pays du ressort. Le Quercy était taxé pour sa part à
400 francs. (Arch. de la Haute-Garonne, C 968, cah. de mai 1476, art. 13. — *Ord.*,
t. XVIII, p. 34.) Après l'avènement de Charles VIII les gages du Parlement ne
sont plus mentionnés à part sur les lettres de commission ni dans les octrois: car
ils sont compris dans l'aide annuelle. En 1501 les États persistaient à tenir
« messieurs du Parlement » pour « soldoyés et stipendiés par le pays ». Il serait
plus exact de dire, comme fit en janv. 1509 l'avocat général, que le roi les payait
« sur la totalité du royaume », leurs gages étant prélevés indifféremment sur le
revenu de n'importe quelle généralité. (Arch. de la Haute-Garonne, C 2276, f°s IV,
6, 282.)

des intérêts. Les gens de Languedoc font de leur mieux pour faciliter le fonctionnement de leur Cour souveraine : ils provoquent et payent ses accroissements successifs; ils s'efforcent de garder intacte sa juridiction. C'est par l'effort commun du Parlement et des États que, pendant la minorité de Charles VIII, la royauté admet en principe que les habitants du pays ne puissent « estre tirés ou circonvenus pour quelque cause civile ou criminelle ou autrement hors des termes et limites du pays et Parlement d'icelui [1] ». Le droit d'être jugés sur place, que chaque ville, lieu ou terre avait stipulé pour ses habitants, se trouve ainsi étendu au pays entier.

De concert avec la Cour, les États combattent les empiètements du Conseil d'État, les évocations qui ruinent leur privilège. En 1509, au cours du plus grave conflit qu'une évocation ait jamais suscité, plusieurs présidents et conseillers auraient proposé, d'après un mandement de Louis XII, que l'on envoyât dire aux États de refuser l'octroi des subsides [2]. Ils l'assistent également dans ses luttes contre les commissions extraordinaires, contre la Cour des aides et le gouverneur, deux juridictions alliées. En septembre 1495, à Montpellier [3], ils décident d'envoyer au roi une délégation pour l'avertir des abus de justice commis par le seigneur de Chabannes : « Chacune fois et tant que bon lui semble, » il connaît, disent-ils, de toutes les causes « en premier et dernier ressort ». Il prend même connaissance des affaires pendantes en Parlement, tient en suspens les arrêts de la Cour, annule les appels. Il s'est constitué président « de

1. *Ord.*, t. XIX, pp. 285, 310.
2. Lafaille, *Ann. de Toulouse*, t. I, pr. p. 116. — Arch. de la Haute-Garonne, sér. B, *Arrêts*, t. XIV, fos 506-669.
3. Arch. de l'Hérault, *Dol.*, cah. cité, art. 10-14, 23. — Arch. de la Haute-Garonne, sér. B, *Arrêts*, t. IX, fo 506. Le 13 juin 1495, le Parlement envoie aux mêmes fins deux délégués en cour.

certain nombre de généraux », et juge avec eux souverainement, en matière d'aides et autres. — Quand le duc meurt,
les États de Tournon, de novembre 1503, prennent texte de
ces abus pour demander au roi « qu'il soit son plaisir suspendre ledit office de gouverneur jusqu'à ce que le pays le
requerra[1] ». Et l'office en effet est laissé vacant jusqu'en
juillet 1513.

De leur côté les gens de la Cour ne tardent pas à prendre
racine dans un sol auquel presque tous étaient d'abord
étrangers[2]. Ils y acquièrent de grandes propriétés et fondent
de puissantes familles de judicature. La cooptation permet
au Parlement de se recruter sur place[3]. Au xvie siècle,
grâce à la vénalité des offices, il n'est plus guère formé que
de Languedociens. En 1443, puis en 1500, les États avaient
demandé que les membres du Parlement fussent pris en
tout ou partie parmi les habitants du pays, afin qu'il leur
fût plus facile de « pourvoir ès causes dudit pays, les traiter
et décider selon forme de droit ainsi que le pays a coutume

1. Arch. de la Haute-Garonne, C 2276, f° 82.
2. Bardin dit dans sa Chronique (*H. L.*, t. X, pr. col. 56) que le Parlement de
1420 fut composé d'un prélat, de onze conseillers et de deux greffiers « duarum
linguarum desumptis, scilicet septem ex Lingua de Ouy et totidem ex Lingua de
Hoc ». Mais il n'en a pas été de même pour celui de 1444. (*Ibid.*, col. 70 et suiv.)
Un règlement d'avril 1457, augmentant les gages des membres de la Cour, contient, entre autres considérants, celui-ci « qu'ils ne sont pas d'icelui (pays) ».
(Arch. de la Haute-Garonne, sér. B, *Édits*, t. I, f° 60).
3. *Ord.*, t. XVI, p. 457. Lettres du 16 janv. 1465, par lesquelles Louis XI
ordonne qu' « advenant vacation », les officiers de la Cour lui désignent trois
notables personnages, avec un avis concernant celui qu'ils estiment le plus capable,
sauf à lui de pourvoir au surplus. Mais il ne fait que confirmer un ancien usage,
qu'il avait violé en 1461 (Lafaille, *Annales*, t. I, p. 224) et que le Parlement de
1420 observait déjà. (Arch. de la Haute-Garonne, sér. B, *Reg. d'appointements*,
1424-25, f° 19 v°; 1426-27, f° 401.) Le roi n'a pas toujours tenu compte des pré-
sentations faites par la Cour, surtout pour le choix des présidents. En nov. 1491,
J. de Morlhon est reçu en cet office « nonobstant que ledit de Morlhon ne soit
des trois personnages par la court nommez audit office », pourveu que ce ne puisse
estre tourné à conséquence ». (*Ibid*, *Arrêts*, t. VIII, f° 406.) De même Jean
Barrat. (*Ibid.*, t. IX, f°s 533, 547.) Les exemples contraires ne manquent pas.
(*Ibid.*, t. XII, f°s 246 et 393; t. XIII. f° 404, et XIV, f° 206.)

estre gouverné et réglé ». Le résultat qu'ils souhaitaient se trouve acquis par d'autres voies [1].

Comme personnes privées, ceux-ci participent aux charges, aux privilèges, aux besoins de leurs compatriotes. En corps, ils jugent selon la loi romaine, base du droit privé de Languedoc, principe actif et garantie de bon nombre des libertés publiques. Pour décider en faveur de ces libertés, quand elles sont en cause, il leur suffit de s'inspirer de leur jurisprudence ordinaire. Les États avaient de bonne heure stipulé que les sénéchaussées méridionales seraient régies « par droit écrit ». D'ailleurs telle était la règle selon laquelle furent jugés dès l'abord les procès des gens du Midi, soit aux cours de sénéchaussée, soit au Parlement de Paris. Le propre du Parlement de Toulouse est d'avoir fait prévaloir les maximes du droit écrit en toutes matières, même contre l'intérêt du roi. C'est ainsi que, malgré les plaidoiries du procureur royal, il confirme solennellement le franc alleu sans titre, par arrêt du 23 novembre 1495 [2]. En 1531, François Ier, répondant aux États qui voulaient opposer cet arrêt célèbre à ses prétentions, dira qu'il a été rendu contre le droit, contre le roi mal défendu : « Quand tels procès se jugent, se devroit bien regarder et penser qui sont ceux qui les jugent [3]. »

La Cour toulousaine fait corps avec le pays où elle réside. Rarement elle enregistre sans y faire d'objection les

---

1. Arch. de l'Hérault, *Dol.*, t. I, f° 28 ; cah. de févr. 1443, art. 10. — Arch. d'Albi, AA 45, cah. d'oct. 1500, art. 4 : Plaise au roi, « pour ce que principallement la Cour de parlement séant à Tholose a esté érigée et fondée sur les troys seneschaucies de Tholose, Beaucaire et Carcassonne esquelles l'on use de divers usaiges, constumes et privilleiges, que doresenavant, quant le plaisir de Dieu sera appeller aucungs des conseillers, soit d'église ou de ladite Court, soyent tenus (*sic*) nommer au lieu du trespassé ung notable personaige de chacune desdites troys seneschaucées, à ce que ladite cour puisse myeulx entendre et informer des usaiges stiles, coustumes, libertez et privilleiges de chacune desdites seneschaucées, citez et bonnes villes d'icellui ».

2. Casenenve, *Franc-Alleu*, p. 135. — *H. L.*, t. XII, pr. n° 128.

3. Arch. de l'Hérault, *Dol.*, t. II, f° 201 ; cah. de déc. 1530, art. 6.

ordonnances générales qui lui viennent de France, parce qu'elles ne peuvent s'accorder de tous points avec les institutions et le droit du Midi. Elle collabore à celles qui sont faites pour son ressort. Elle en a rédigé quelques-unes que le roi se bornait à contre-signer. Elle a maintes fois déployé dans l'exercice de son droit de remontrances une hardiesse, une opiniâtreté, un esprit d'indépendance, que ni les menaces, ni les châtiments ne faisaient fléchir. Ce Parlement est l'une des forces qui s'opposent au changement en Languedoc, qui tendent à conserver au pays sa personnalité, sa physionomie propre, à retarder la ruine de ses libertés.

2° LA COUR DES AIDES DE MONTPELLIER.

L'institution du Parlement de Toulouse répondait si bien aux besoins du pays qu'au bout de peu de temps la Cour a été acclimatée. Elle s'est développée avec une telle vigueur, les traits qui la caractérisent ont apparu si vite que, cinquante ans après sa naissance, on aurait pu la croire implantée en Languedoc depuis plusieurs siècles.

Sa croissance rapide a fait tort aux autres Cours souveraines, en particulier à la Cour des aides.

Celle-ci, quoique formée sur place avant l'introduction d'un Parlement, n'a réussi qu'à grand'peine à s'organiser en un corps indépendant et stable. Les généraux des aides créés en avril 1437 n'étaient pas des officiers, mais des commissaires [1]. En octobre 1443, les aides ont été remplacées par un droit d'équivalent, et neuf juges, dits « conservateurs », institués pour connaître en dernier ressort des litiges issus de la perception de ce droit [2]. Peu après le Parlement absorbe les généraux des aides.

1. *Ord.*, t. XIII. p. 232.
2. A partir de 1443 il y en a quinze, répartis trois par trois en cinq sièges, Toulouse, Carcassonne, Béziers, Montpellier, le Puy.

Leur Cour ne date donc véritablement que du règne de
Louis XI. Par lettres du 7 décembre 1467, le roi la sépare
du Parlement. Il la pourvoit d'officiers en titre, — cinq
généraux et un président, — d'un procureur et d'un avocat
du roi. Plus tard, en mars 1478, il la fixera dans la ville de
Montpellier, le Parlement restant à Toulouse. Voilà des
traits nouveaux, propres à distinguer une Cour souveraine[1].

D'autres sont des legs du passé. Ainsi le président est le
général des finances. Le gouverneur ou son lieutenant ont
le droit de présider la Cour des aides. Au cours de leurs
tournées, ils peuvent se faire accompagner de deux ou trois
généraux, et juger avec eux les causes de leur compétence.

C'est grâce à Jean de Bourbon, lieutenant général, à la
suite de sa querelle avec le Parlement de Toulouse, que
l'ordonnance du 7 décembre 1467 a été rendue. Lui et ses
successeurs soutiennent constamment la Cour des aides
contre les ruses des plaideurs, les usurpations du Parlement
et les requêtes des États. Si les gens du pays, au début du
règne de Charles VIII, en obtiennent la suppression, le duc
de Bourbon la fait rétablir moins de deux ans après
(8 mars 1485, 5 octobre 1486). Sous le titre officiel de « conservateur » de la Cour, il fait augmenter de deux le nombre
des généraux. Il veille au maintien d'une juridiction dont il
profite[2]. L'évêque du Puy, le seigneur de Chabannes rendaient la justice à Montpellier « par le moyen » des généraux des aides.

La juridiction de la Cour des aides est très étendue. Les
protestations du Parlement n'empêchent pas que ses sentences aillent « jusques à condemnation et exécution corpo-
relle et mesmement de mort et abcission de membres ».
Tout le contentieux des tailles, de la gabelle, des traites et

---

1. *Ord.*, t. XVII, p. 10. — *H. L.*, t. XII, pr. n° 88.

2 Gasceneuve. *Charles*, pp. 43 et suiv. — *H. L.*, t. XI, p. 131; t. XII, pr. n⁰ˢ 119,
122. — *Ord.*, t. XX, p. 476; XXI, p. 480, 522. — Fontanon, t. II, p. 744.

impôts quelconques lui appartient. Elle connaît en dernier
ressort du contentieux de l'équivalent dont les juges conservateurs subsistent, mais rabaissés au-dessous d'elle[1]. Il faut
joindre à ces cas tous ceux dont elle s'empare : en 1513, les
États se plaignent que les généraux des aides « commencent à cognoistre de tout, comme ils faisoient du temps du
feu roy Louis[2] ».

Quand un conseil de ville, une assemblée diocésaine veulent refaire une « estime » ou cadastre des biens imposables,
c'est par autorité des généraux qu'ils y procèdent. Ceux-ci
reçoivent les plaintes des gens ou lieux qui se disent lésés;
ils revisent au besoin l'estime tout entière. Quand les États
s'occupent du régime de l'équivalent, c'est aux généraux
qu'ils ont affaire autant qu'aux commissaires du roi.

Peu à peu, la Cour s'affranchit de la tutelle du gouverneur. Au milieu du XVIe siècle elle entre déjà en rivalité avec lui, connaît des affaires de vivres et de garnisons,
et condamne « à grosses amendes » les plaignants qui ont
eu l'imprudence de s'adresser à son ancien protecteur[3]. Elle
se développe avec une indépendance presque comparable à
celle dont jouissait le Parlement de Toulouse.

La compétence de la Cour des aides, le nombre de ses
membres, son importance dans le pays vont s'accroître à
mesure que l'impôt royal ira se compliquant afin de produire davantage, et qu'un plus nombreux personnel aura
charge de l'exploiter[4].

---

1. L'ordonnance du 7 déc. 1467 les réduit au nombre de dix, ou deux par siège;
mais sur ce point elle n'a peut-être pas été exécutée. Les États se plaignent
tantôt de leur manque d'assiduité, tantôt des empiètements qu'ils commettent au
détriment des juges ordinaires : le roi ordonne aux généraux des aides de faire
une enquête sur les actes incriminés. (Arch. de l'Hérault, *Dol.*, t. II, f° 67, cah.
de déc. 1505, art. 18; f° 87, cah. de déc. 1509, art. 7; f° 239, cah. de nov. 1546,
art. 22.)

2. *Ibid.*, f° 125; cah. de nov. 1513, art. 15-17.

3. Arch. de la Haute-Garonne, C 968, f° 19; cah. de nov. 1546, art. 11.

4. Fontanon, t. II, p. 742; juin 1552. La cour connaîtra des « levées de che-

3º LA CHAMBRE DES COMPTES.

Des Chambres des comptes ont été installées en quelques parties du royaume plus tôt qu'en Languedoc. Mais aucune, en tant qu'institution royale, ne remonte aussi haut par les origines que la Chambre de Montpellier.

En principe, tous les officiers ou commissaires qui avaient eu le maniement des deniers royaux devaient compter à Paris. Une section spéciale, composée de deux « clercs », siégeait dans la Chambre des comptes, afin « d'ouïr » et d'apurer les comptes de Languedoc[1]. Les États de 1419, ayant imposé une crue sur le sel d'accord avec le comte de Foix, étaient avertis par leurs délégués « d'aviser pour le temps à venir. Un jour, disaient-ils, voudra connaître le roi, notre seigneur, ou monsieur le dauphin, son fils et héritier, de tout le fait de la recette de ladite crue, et où et pour quoi elle a été baillée et employée, et c'est règle générale que de tout fait de finance ordinaire ou extraordinaire, en quelque manière que se lève, par autorité et licence du roi ou de son lieutenant, il convient et est expédient de rendre compte et raison en la Chambre des comptes[2]. »

---

vaux, charrettes, pionniers, bœufs, moutons, etc., solde de 50,000 hommes, augmentation de solde de nostre gendarmerie, décimes et dons gratuits..., munitions, garnisons, estappes, fortifications et avituaillement des villes, deniers communs par octroys et impostz tant par nous que par les communautez, etc. » ; des procès relatifs aux « débets et exécutoires de nostre chambre des comptes et autres exécutoires délivrés et ordonnés par les trésoriers généraux de nos finances... », aux « dons par nous faits, récompenses, assignations, gages, amendes adjugées par elle ou nostre Cour de parlement de Toulouse, fournissement de greniers et réformation de gabelles... » ; des contrats entre fermiers munitionnaires..., associations pour le fait de nos aydes, munitions, impositions et gabelles ». Elle s'appellera « Cour de nos aydes et finances à Montpellier ». Elle comptera dix généraux conseillers et deux présidents. — Cf. *ibid.*, pp. 746-755, huit autres « déclarations » ou édits, de 1553-1559, en faveur de la Cour des aides.

1. Besse, *Recueil*, p. 231 ; lettres du 22 juill. 1418.
2. P. Dognon, *Les Armagnacs*, etc., *Loc. cit.*, p. 507.

On a vu cependant que l'autorité de la Chambre a souvent fléchi devant celle du gouverneur. La distance lui créait aussi des difficultés que les guerres ont aggravées. Les comptables ne réussissaient pas toujours à gagner Paris avec leurs livres, ou n'y parvenaient qu'après beaucoup de fatigues et de dépenses. L'envoi de réformateurs ne parait qu'en partie à ces inconvénients. Les vérifications qu'ils exécutaient n'étaient pas définitives; ils ne pouvaient « clore » les comptes. En 1392, le gouvernement royal a essayé d'un autre système : les receveurs particuliers des aides et les grénetiers ont été invités à compter par devant les généraux des aides, tandis que le receveur général des finances et les trois trésoriers des sénéchaussées continueraient de se rendre à Paris, où ils apporteraient « clos et scellés » les comptes vérifiés sur place[1]. La future Cour des aides prenait ainsi les fonctions de Chambre des comptes.

Cette tentative intéressante n'a pas duré au delà de quelques années. Vers 1408, la Chambre des comptes s'arrête au parti que le Parlement de Paris avait autrefois adopté[2]; mais, à la différence du Parlement, elle y persiste plus d'un siècle. Tous les huit ou dix ans, ou bien à plus court intervalle, l'« auditoire de Languedoc » est délégué dans le pays[3]. Un ou deux auditeurs viennent en commission à Montpellier, où se tenaient habituellement les gens des finances[4]. Ils examinent et closent les comptes les plus

---

1. *H. L.*, t. X, pr. n° 789.

2. Portal, *Levée d'un subside dans le diocèse d'Albi, en 1407, pour le rachat du château de Lourdes*, dans les Annales du Midi, 1891, p. 74. Le receveur des aides dans le diocèse va rendre ses comptes pour cette aide et pour celles de 1404 et de 1406 devant « Guillaume Garnier et Mathieu Sarrebourse, commissaires sur ce députés par la Chambre des comptes », le 9 mars 1409.

3. Il s'y rend en 1409, en 1414 (*Ord.*, t. X, p. 214), en 1421 (Bibl. Nat., fr. 25 710, n° 12), vers 1435 (Arch. Nat., K 64, n° 3), en 1441-42 (de Beaucourt, *Hist. de Charles VII*, t. III, p. 479), et dans les années 1449-50, 1462-64, 1467, 1471, 1498, 1511, 1519. Cette liste n'est pas complète.

4. *H. L.*, t. IX, p. 1176; t. XII, pr. n° 88.

nombreux, les plus longs à vérifier, mais les moins importants, ceux dont les généraux des aides avaient un moment
connu [1]. François Ier, en 1523, n'a fait que séparer cet auditoire de la Chambre des comptes et le fixer en Languedoc.
L'érigeant en Cour souveraine, il l'a doté d'un personnel
nouveau — un président, deux maîtres, trois auditeurs, un
procureur, etc., — mais non de droits plus amples [2]. Jusqu'en 1589, malgré quelques requêtes des États, le receveur
général et les trois receveurs ordinaires ont compté par
devant la Chambre de Paris [3].

La Chambre des comptes de Montpellier est la moindre
des grandes institutions languedociennes dont elle ferme la
liste. Pourtant elle n'est pas insignifiante. Malgré sa compétence limitée, elle n'a point laissé d'avoir quelque influence
sur la vie politique des populations du ressort. Les receveurs diocésains qui comptent devant elle sont fonctionnaires des diocèses en même temps qu'agents du roi. Ses vérifications peuvent atteindre le budget spécial des assemblées
diocésaines, leurs frais particuliers. Les consuls sont parfois obligés de soumettre à son examen les comptes municipaux. Elle contribue selon ses moyens, avec le Parlement
et la Cour des aides, à fortifier dans le pays l'autorité du

1. Sur le travail dévolu à cet auditoire, voir l'ordonnance de déc. 1511. (*Ord.*,
t. XX, p. 457.)

2. *H. L.*, t. XII, pr. n° 158. — *Catalogue des actes de François Ier*, n°s 1776-77,
1783, 1786, 1788. — Le ressort de la Chambre des comptes ne comprenait point,
comme ceux du Parlement et de la Cour des aides, tout le gouvernement de Languedoc et de Guyenne. En effet, au temps des auditeurs des comptes, il avait
subi la même diminution que la généralité des finances. On verra que Louis XI a
restreint celle-ci aux trois sénéchaussées. Mais, sous Charles VII, Étienne de
Cambray et Mathieu Savary s'intitulaient « clercs du roy nostre sire en sa
Chambre des comptes et par ledit seigneur commis à l'audition et closture des
comptes de Languedoc et duché de Guienne ». (*H. L.*, t. XII, pr. n° 4.)

3. Arch. de l'Hérault, *Ordonn. et arrêts*, t. V, n° 1; lettres d'avril 1589. Henri III
allègue, entre autres considérants, « la difformité qu'il y a en ladite Chambre de
Languedoc pour n'avoir que la connaissance en partie des comptes dudit pays, ce
qui ne se voit en toutes les autres Chambres ».

roi. A l'exemple de ces Cours souveraines, elle prend une part, si petite qu'elle soit, des pouvoirs que le gouverneur avait accumulés entre ses mains[1].

Après l'avoir reçue, le pays possède un ensemble complet de corps constitués se limitant les uns les autres.

Du XIIIe au XIVe siècle, il consistait en circonscriptions juxtaposées, nullement unies, régies par des sénéchaux que le roi surveillait avec peine, au moyen d'enquêteurs et de commissaires. Au siècle suivant, durant les guerres anglaises, il s'organise sous un gouverneur tout puissant, et par moments forme dans le royaume une sorte d'État distinct. La troisième phase de son développement s'étend entre les règnes de Charles VII et de Louis XII. Les pouvoirs locaux se divisent, et d'autre part s'opposent à l'action exclusive du pouvoir central. Tous se font à peu près équilibre.

Mais cette phase est assez courte, cet équilibre bientôt rompu. Le temps où naît la Chambre des comptes ne convient déjà plus au groupe d'institutions dont elle fait partie. Il semble que le pays, ayant achevé d'acquérir les organes essentiels d'une administration qui lui soit propre, puisse mieux que jamais se suffire à lui-même, vivre à part de la Languedoil. Mais la distinction n'a déjà plus de sens. Il n'y a plus de frontière qui partage le royaume en deux régions équivalentes. Auprès de celles-ci, à leurs dépens, ont surgi d'autres unités administratives, gouvernements et généralités. La puissance efficace, les éléments d'action se sont amassés au centre, auprès du roi, en un corps qui l'emporte sur tous les pouvoirs locaux et qui les ruine, le grand Conseil, devenu le Conseil d'État.

1. Arch. de l'Hérault, *Dol.*, t. II, f° 239; cah. de nov. 1546, art. 14.

QUATRIÈME PARTIE

LA CENTRALISATION ADMINISTRATIVE DU XV° AU XVI° SIÈCLE

CHAPITRE PREMIER

SITUATION NOUVELLE DU PAYS DANS LE ROYAUME

Les institutions politiques et les institutions administratives que l'on vient de décrire se sont prêté un mutuel appui. Elles ont conspiré vers une même fin, qui était d'isoler dans le royaume une vaste région, de la tenir séparée de la France septentrionale. Mais toutes n'ont pas à la même époque atteint leur plein développement. Les unes n'étaient pas nées que d'autres montraient déjà les symptômes de la décadence.

Les mœurs, les institutions se dérobent par la continuité de leur évolution et par leur complexité infinie aux cadres où l'on essaie de les enfermer. En présence des phénomènes historiques, dans le travail de synthèse et d'abstraction qu'il poursuit, l'esprit a besoin de limites nettes, de contours arrêtés, de tableaux définis. Il est obligé de grouper les faits selon leurs affinités naturelles, d'assigner à ces différents groupes un point où ils commencent, un autre où ils prennent fin. Cela ne peut aller sans arbitraire et sans artifice; car dans la réalité rien ne commence ni ne finit d'une façon absolue. Jamais à un ordre de choses un nouvel ordre ne succède tout d'un coup, tout entier; l'un s'en va morceau par morceau, l'autre s'en vient de même. Le passé prépare le présent, mais de plus il s'y prolonge et s'y mêle. L'unité vivante que l'on appelle pays, nation, se trouve faite à chaque moment de son histoire d'une foule d'éléments hétérogènes, de forces qui se meuvent selon des tendances particulières et fréquemment opposées.

A la fin du xv⁰ siècle se rencontrent ensemble la plupart des institutions auxquelles le pays doit son caractère propre, consulats, assiettes diocésaines, assemblées d'États, gouverneur et Cours souveraines. A la faveur de la séparation des pouvoirs, la somme des libertés de Languedoc qui s'était réduite au minimum sous le gouvernement du duc de Berry, au temps où l'autorité centrale avait abdiqué le plus complètement au profit du lieutenant du roi, s'accroît au point de devenir plus grande que jamais. États et privilèges s'organisent, se consolident. Mais si l'on examine un à un les éléments de l'individualité du pays, on s'aperçoit que plusieurs, et des plus importants, ont perdu leur valeur première.

Les fortes traditions municipales qui sont la cheville ouvrière des assemblées d'États et des privilèges ont fléchi depuis un siècle. La constitution des villes est ébranlée et déjà menace ruine.

Les lieutenants généraux ne conservent plus qu'un débris de la puissance quasi royale à l'ombre de laquelle les États, le pays s'étaient constitués.

Le pays même est fort diminué.

Depuis le règne de Charles VII le royaume a subi une série de modifications territoriales, qui pour la plupart ne touchaient le pays de Languedoc qu'indirectement, par contre-coup, mais qui lui ont fait perdre la place qu'il tenait autrefois. Le voilà réduit au même rang que plu-

sieurs autres, qui lui sont assimilés et qui sont pourvus
d'une organisation semblable.

La centralisation administrative a commencé. Elle ne fera
que croître. Viennent les grandes réformes des Valois-
Angoulême, et comme les autres gouvernements celui-ci
sera fortement rattaché à l'administration centrale.

Les événements, d'ordres divers, qui ont fait la France
au sens moderne du mot, ont tous plus ou moins affaibli,
effacé l'ancienne Languedoc, ses institutions, ses usages et
le souvenir même de ce qu'elle avait été dans la monarchie
durant les siècles antérieurs.

1° LE ROYAUME S'AGRANDIT. — L'ÉTENDUE ET L'IMPORTANCE DU GOU-
VERNEMENT DE LANGUEDOC ET DU PAYS DIMINUENT.

Deux cartes du royaume, dont l'une aurait été dressée
vers 1437, après les premiers succès et la rentrée de Charles VII à Paris, l'autre au début des guerres d'Italie, en 1492,
le montreraient bien différent aux deux époques. Dans l'intervalle, en un demi-siècle, il n'a pas seulement doublé de
surface, il s'est transformé. Il a pris l'aspect d'une masse
territoriale compacte, continue, s'étendant entre les trois
mers. A part la Flandre, les États vassaux, comtés et
duchés-pairies, grands fiefs distincts, en fait indépendants
de la couronne, s'y trouvent tous incorporés. L'ancien
royaume de Burgondie est entamé au point que le roi de
France peut, sans sortir de chez lui, passer de la Seine à
la Saône et se rendre par l'une ou par l'autre rive du Rhône
jusqu'à la Méditerranée. Dans le Nord, après trente ans
de domination anglaise, la Normandie a fait retour à la
France (1450), puis en 1477 la Picardie, autrefois « engagée » à Philippe le Bon. Le duché de Bourgogne a été con-

quis par la force des armes, celui de Bretagne au moyen
d'un mariage.

Cependant, au Midi, les annexions allaient du même pas.
Celles-ci ont eu naturellement pour le pays de Languedoc
des conséquences bien plus considérables que les précédentes. Quand Louis XI a pris possession de la Provence (1481), il a fait avancer du Rhône aux Alpes le
royaume, qui ne les avait encore atteintes que par la haute
vallée de la Durance (Briançonnais). Le littoral méditerranéen qu'il possédait s'est augmenté du double, presque du
triple. Or la côte rocheuse et découpée de Provence offre
des ports excellents qui devaient, sitôt acquis, faire délaisser
les graus envasés de Languedoc. Ainsi le pays a perdu la
meilleure part de l'importance qu'il avait aux mains des
rois de France, lorsqu'il offrait, soit au commerce de leurs
sujets, soit à leur influence politique l'unique voie qui les fît
arriver à la Méditerranée.

Mais le fait capital est l'annexion de la Guyenne (1451-
1453), que la France et l'Angleterre se disputaient depuis
trois siècles. Ce vaste duché, baigné par la mer qui portait
à Bordeaux les flottes anglaises, était, sous la domination
de puissants princes étrangers, un péril permanent pour le
royaume, une garantie d'indépendance pour les seigneurs
de Foix, d'Albret, d'Armagnac et autres de moindre enver-
gure que le roi de France était obligé de ménager, et dont
il payait cher la fidélité douteuse. Les Anglais partis, les
grands seigneurs méridionaux restent seuls, réduits à leurs
propres forces. Charles VII et Louis XI, à la première occasion, les brisent sans effort. Ainsi tombe la maison d'Armagnac (1455, 1473, 1477). Celle d'Albret n'échappe au même
sort que grâce à la prudente souplesse d'Alain le Grand,
son chef. Le petit-fils d'Alain qui réunit aux domaines
d'Albret ceux de Foix, de Navarre et la meilleure partie
des dépouilles d'Armagnac, malgré ses grands biens, son

titre de roi de Navarre et son mariage avec la sœur de
François Ier, est le serviteur pensionné du roi, son lieutenant général en Guyenne.

A l'ouest comme à l'est, du côté de la sénéchaussée de
Toulouse comme vers celle de Nimes, le pays de Languedoc,
enveloppé de régions annexées, a cessé d'être pays frontière. Seule, la sénéchaussée de Carcassonne reste ouverte
aux invasions militaires des Espagnols par le Roussillon et
la Cerdagne, incursions d'ailleurs rares, aisément repoussées. La guerre perpétuelle qui régnait aux confins du
Rouergue, du Quercy, de l'Agenais ayant pris fin, ce pays,
autrefois l'un des plus exposés du royaume, entre dans une
longue période de paix, de relative prospérité matérielle,
mais aussi de décadence politique.

Ce n'est pas tout. A mesure que croissait le royaume, le
gouvernement de Languedoc a diminué de surface. Avant
la conquête de la Guyenne il s'étendait jusqu'à la Dordogne ;
après, vers 1466, il est réduit aux trois sénéchaussées. La
généralité et recette générale, c'est-à-dire la contrée sujette
aux subsides et autres impôts qui se levaient en Languedoc,
suit ce mouvement de recul[1]. Définitivement cette grande
circonscription se trouve ramenée aux limites de celle dont

1. De 1454 à 1461 le comte de Clermont, depuis duc de Bourbon sous le nom
de Jean II, est lieutenant général en Guyenne. (*Ord.*, t. XIV, p. 270. — De la
Mure, *Histoire des ducs de Bourbon et des comtes de Forez*, 1868, 3 vol. in-4°,
t. II, p. 200 et suiv. — Cf. *Titres de la maison duc. de Bourbon*, n°s 6101, 6103.)
Peut-être le comte du Maine ne cesse-t-il point pour cela d'être « gouverneur en
Languedoc et Guyenne ». Il porte ce titre en 1462 (*ibid.*, n° 6187) et le comte de
Foix le reçoit en 1465. (Arch. des Basses-Pyrénées, E 444. — *H. L.*, t. XII, pr.
n° 39.) De même, le 22 juill. 1465, Nicolas Erlant devient receveur général « de
Languedoc et duché de Guyenne » au lieu d'Étienne Petit, décédé. (Bibl. Nat.,
Pièces orig., 1058 : ERLANT.) La scission entre les deux gouvernements n'a pas
tardé à se produire. Le 5 juin 1466 le duc de Bourbon est nommé lieutenant
général en Languedoc. (*H. L.*, t. XII, pr. n° 42. — Cf. *Titres de la maison
duc.*, etc., n°s 6328-29, 6338.) En mai 1472 son frère, Pierre de Beaujeu, est fait
gouverneur de la Guyenne, qui venait d'être durant trois ans tenue en apanage
par le duc Charles, frère du roi. (De la Mure, *Op. cit.*, t. II, pp. 292 et suiv.)

les représentants se réunissaient en « États généraux ». Seuls, le Parlement de Toulouse et la Cour des aides de Montpellier conservent leur ancien ressort[1]. En 1469 le « gouvernement et généralité », déjà rétréci de la sorte, subit une nouvelle et considérable amputation. Louis XI abandonne à son frère, le duc de Guyenne, presque toute la partie des jugeries de Rivière et de Verdun qui se trouvait à l'ouest de la Garonne[2]. Le duc mort, le pays malgré ses réclamations ne recouvre point le territoire qu'il a perdu[3].

Bref, comme gouvernement, comme généralité et recette générale, comme pays d'États, une région qui avait compté environ trente-quatre diocèses se trouve réduite à vingt-deux seulement. Quelques-uns sont très petits, simples fragments de diocèses restés en Languedoc, par exemple le diocèse de Montauban, « diocèse basse », dont la ville capitale et plusieurs autres appartenaient à la sénéchaussée de Quercy, ceux de Rieux, de Comminges[4].

Le gouvernement de Languedoc, quelques pertes qu'il ait subies, reste l'une des principales portions du royaume. A ne tenir compte que de la surface matérielle, il est inférieur au seul gouvernement de Guyenne; mais en réalité il vaut bien davantage par la richesse, par l'étendue du domaine et par le nombre des sujets directs que le roi y possède.

Quant à la puissance contributive, il le cède à quelques-

1. Voir ci-dessus, p. 289. — La création d'une Cour des aides à Périgueux en 1554 fait perdre à celle de Montpellier toute la partie de la Guyenne que comprenait son ressort. Mais, dès le mois de nov. 1556, les choses sont remises en l'état. (Fontanon, t. II, p. 750.)

2. *H. L.*, t. XII, pr. n°s 52, 58, 59. — *Ord.*, t. XVII, pp. 209, 255. — Spont, *La taille en Languedoc*, dans les Annales du Midi, t. II, p. 372.

3. *H. L.*, t. XII, pr. n° 74. Les habitants de Languedoc ont eu gain de cause sous François Ier relativement au comté de Carmaing. (*Ibid.*, n° 205). Mais l'ordonnance du roi n'a pas été exécutée. Les plaintes des États duraient encore en 1559.

4. D'après les tables de 1530, sur 100,000 livres imposées en Languedoc, Montauban payait seulement 1562 l. 16 s. 1 d., Rieux 810 l. 13 s. 1 d., Comminges 1841 l. 16 s. 1 d. Ces diocèses étaient les moins imposés du pays.

uns seulement, et de peu. Durant la seconde moitié du règne de Charles VI, avant l'expédition victorieuse et les conquêtes d'Henri de Lancastre, les trois sénéchaussées paraissent avoir supporté régulièrement un sixième des aides ou tailles générales mises sur le royaume[1]. Mais pour connaître la taxe totale de la généralité de Languedoc et Guyenne, il faudrait ajouter à cette quote-part celle des pays de Guyenne, séparément taxés parce qu'ils tenaient séparément leurs assemblées d'États[2]. Sous la régence et dans les premières années du règne de Charles VII, la proportion s'élève, car la région septentrionale du royaume est tombée presque tout entière aux mains des Anglais; mais elle est moins fixe, dépendant, même en Languedoil, de la libéralité des États. A prendre les chiffres les plus aisément comparables, ceux des années 1421, 1423, 1425, 1428, elle atteindrait en moyenne un quart[3].

Lorsque les États généraux se réunissent à Tours, en 1484, les principales annexions sont accomplies, celle entre autres

1. En févr. 1412, aide générale de 600,000 francs : la quote-part du pays est seulement de 80,000. Mais, en mars 1414, puis en juillet 1416, pour le même chiffre de taille, il paye 100,000 fr.; en sept. 1414, pour 300,000 fr , 50,000. Les lettres royales auxquelles ces indications ont été puisées sont les seules qui mettent en regard de la taille du pays celle du royaume.

2. Arch. de Cahors, *Livre noir*, f° 56 v°. Le Quercy a été taxé pour sa part de la crue de 300,000 francs imposée en sept. 1414 à 4,500 livres, soit 1 livre 10 sols %. Il faudrait connaître aussi les quotes-parts du Rouergue, de l'Agenais et du pays de Bigorre.

3. Dans ce calcul il n'a pas été tenu compte des sommes fournies, sous forme de décimes, par le clergé de l'une et de l'autre région. En 1421 les États de Languedoil, réunis à Clermont, en Auvergne, octroient 700,000 fr. (mai), ceux de Languedoc, à Carcassonne, 200,000 (septembre). En 1423, janvier, États de Languedoil, à Bourges : ils accordent 440,000 fr.; ceux de Languedoc, tenus en avril, à Carcassonne, 200,000. En 1425, oct.-nov., les États de Languedoil, à Poitiers, accordent 700,000 livres, ceux de Languedoc, à Mehun, 250,000. En sept. 1428, à Chinon, assemblée générale : elle octroie 500,000 fr., dont le pays de Languedoc porte 200,000. Ainsi, durant ces quatre années, non compris les octrois du clergé, la région du Nord paie en subsides extraordinaires 2,340,000 fr., le pays de Languedoc 850,000. Restent des inconnues, qui sont les quotes-parts du Dauphiné, du Rouergue et du Quercy.

de la Normandie, le plus riche pays du royaume. Charles VII et Louis XI ont habitué leurs sujets au payement de tailles annuelles. Dans le tableau de répartition de l'impôt la généralité de Languedoc prend place au quatrième rang, après les trois autres « grandes généralités ». Relativement à elles, le pays supporte à peu près dix pour cent de la taille, et sous François Ier, relativement à tout le royaume, environ six et demi pour cent[1].

2° COMMENT LE PAYS A ÉTÉ RÉDUIT A L'ÉTAT DE PROVINCE.

Mais si grand, si riche qu'il soit encore, malgré la noblesse de ses origines, ses titres historiques si différents de ceux des pays dont la réunion forme désormais la France, il n'est plus que l'un d'eux, et non la moitié méridionale du royaume. Quant à la Langued'oil, séparée des pays d'Outre-Seine et Yonne et de la Normandie, elle n'existe à la fin du règne de Charles VII que sous forme de généralité, qui achèvera de se dissoudre au XVIe siècle, sous Henri II. La vieille constitution dualiste du territoire, la division en Languedoc et Langued'oil parmi tant d'annexions n'a plus de raison d'être; car chaque duché ou comté nouvellement acquis, au lieu de se fondre avec l'une ou l'autre de ces deux parties, s'est agrégé à la masse à la façon d'un corps étranger, en gardant ses limites anciennes et ses libertés particulières.

Les habitants de Guyenne et de Normandie, de Bourgogne, de Provence, de Bretagne sous les rois anglais, sous leurs ducs ou leurs comtes, maîtres moins impérieux que le roi de France, avaient conquis des privilèges dont le principal consistait à ne point payer de subsides sans les avoir

1. Voir plus bas, V^e partie, chap. II.

accordés au préalable en assemblée d'États. Ils en ont obtenu
garantie et ratification solennelle, lorsqu'ils sont devenus
sujets du roi. Ainsi en Normandie, Bourgogne, Provence,
Bretagne et dans plusieurs parties du duché de Guyenne les
États sont convoqués, à peu près comme en Languedoc, pour
octroyer l'impôt. Ce dernier pays n'est plus seul possesseur
d'« États généraux », par opposition à la Languedoil, où
cette institution politique n'avait fait que de rares et courtes
apparitions. Il rentre dans la catégorie, d'ailleurs peu nombreuse, des pays d'États.

Chacun de ces duchés et comtés possédait en propre un
ensemble d'institutions administratives qui ne différaient
pas notablement de celles du royaume, parce que toutes
avaient pour fonds commun les idées, les traditions en matière de gouvernement qui avaient prévalu au moyen âge.
La conquête les a pour la plupart respectées. Elles n'ont
subi que les changements indispensables, une sorte d'assimilation. Telle est l'origine du Parlement de Bordeaux,
dont la création suit de près celle de la Cour toulousaine
(1462), des Parlements plus modernes de Dijon, de Rouen,
d'Aix, de Rennes (1477-1554). Telle aussi l'origine de la
Cour des aides de Normandie (1450), que l'on pourrait à la
rigueur tenir pour l'aînée de celle de Montpellier. Bien
avant que soit établie une Chambre des comptes en Languedoc, les Chambres de Bourgogne, de Bretagne ont reçu
l'institution royale. Celle de Provence naît plus tard, en
1555.

Les pays annexés, que ce fût de gré ou de force, avaient
tous été d'abord occupés par les troupes françaises. Tous
étaient placés aux frontières du royaume. En conséquence
ils furent d'emblée pourvus de gouverneurs, et les gardèrent par la suite : ainsi la Guyenne, la Picardie, la Bourgogne, la Provence, la Bretagne. Pendant les guerres du
règne de Louis XI, le roi, par mesure de défense ou de

faveur, a créé dans la Languedoïl même plusieurs gouvernements. Il y en avait eu jadis, mais de limites très variables et sans durée. Cette fois ils s'établissent solidement et
subsistent : gouvernements de Paris et Ile de France, de
Normandie, de Champagne et Brie [1], de Lyonnais, de Bour-
bonnais et Auvergne, ceux-là soumis à de nombreuses vicissitudes [2], de Touraine enfin, le bailli de Touraine ayant
obtenu de Louis XI confirmation du titre de gouverneur
qu'il s'arrogeait [3].

Telles étaient, Languedoc et Dauphiné compris, les treize
circonscriptions dotées de gouverneurs que comptait le
royaume ; elles en formaient la plus grande part. Déjà très
stables au temps de Charles VIII, où la charge de gouverneur était une sorte d'office [4], elles étaient devenues au milieu du XVIᵉ siècle les plus importantes qu'il y eût. C'est
par gouvernements que le Tiers aux États d'Orléans rédigea
ses cahiers, que se fit l'élection des députés aux États de
Pontoise, que ceux de Blois délibérèrent.

Les cadres des gouvernements ont été fournis par les
duchés, comtés, pays, qui apparaissaient alors comme les
divisions naturelles, les « provinces » du royaume de
France. Dans la langue officielle du temps, le mot de « province » s'applique parfois encore d'une manière distincte à
la sénéchaussée [5]. Le plus souvent il est employé dans un

---

1. *Ord.*, t. XVI, pp. 307, note *c*, et 338, note *c*; t. XVII, p. 516, note *a*; t. XVIII,
pp. 63, 281. — Cf. Bibl. Nat., fr. 20494, n° 64, et *Ord.*, t. XIX, p. 152, t. XX, p. 426.
2. *Catal. des actes de François Iᵉʳ*, nᵒˢ 283, 4200, 4627, 4636, 5806, 8665, 14435.
Ces gouvernements avaient été réunis aux mains du duc de Bourbon (*Titres
de la maison duc. de Bourbon*, nᵒˢ 6293, 6592), puis séparés, etc.
3. *Ord*, t. XIX, p. 104. — Cf. *Catal. des actes de François Iᵉʳ*, n° 13404.
4. Office susceptible d'être transmis par vente et par achat. (*Ord.*, t. XX, p. 544.)
5. Arch. de Toulouse, AA 88, fᵒˢ 137 et suiv.; 30 nov. 1560. Le receveur ordinaire de la sénéchaussée de Toulouse est appelé « trésorier de la province ». —
Douais, *Rapports inédits sur l'état du clergé, etc., dans les diocèses de Narbonne
de Montpellier et de Castres en 1573*, dans les Mémoires de l'Acad. des sciences, etc., de Toulouse, 1891, p. 355. Les juges-mages « quy sont les présidentz de
la province. »

autre sens. Le roi dira en général : les « gouverneurs des provinces », les « provinces de nostre royaume », entendant exprimer ainsi toutes les parties, toutes les unités historiques qui le composent, si différentes qu'elles soient d'origine, de nature et d'étendue ; mais, s'il veut indiquer nommément chacune d'elles, il la qualifiera du nom qui lui convient en propre, pays, duché, comté[1]. Soumises à l'autorité des gouverneurs, elles sont devenues « provinces » au sens originel du mot, qui implique l'idée de circonscription administrative, d'unité pareille à l'unité voisine. Si bien que peu à peu se glisse, d'abord dans la langue courante, puis, sous Henri III, dans les actes émanés des agents du roi le terme de « province de Languedoc », que les contemporains de Charles V n'auraient pas compris[2]. Il sera d'usage exclusif sous le règne d'Henri IV. Pendant les guerres de religion, on dit encore de préférence : pays, gouvernement de Languedoc[3].

Ce « gouvernement », malgré que d'autres, analogues, aient surgi dans le royaume et même en son voisinage, est fort éloigné de leur ressembler de tous points.

A se borner aux pays d'États, on n'en pourrait citer un seul où les libertés municipales aient au même point fleuri, aucun dont les trois ordres se soient plus régulièrement réunis et trouvés mieux en mesure de défendre leurs privilèges, aucun enfin dans lequel aient existé les assiettes diocésaines, ces utiles intermédiaires entre les communautés et

---

1. Isambert et Decruzy, *Recueil général des anciennes lois françaises*, 1827, in-8°, t. XII, nos 206, 221, 308, 356, 399 ; t. XIII, nos 14 (p. 19), 47, 119, etc.

2. *H. L.*, t. XII, col. 1090, 1095, 1250, 1288, etc. — Arch. de l'Hérault, *Dol.*, t. supplém., f° 293 ; cah. d'avr. 1590 : « Les deputtez des trois estatz de la province de Languedoc. » Les États ont été les derniers à adopter cette expression.

3. Dans le langage ordinaire du xvie siècle on rencontre très souvent l'expression « le Haut » ou bien « le Bas-Languedoc », ou « le Languedoc ». Elle a fait fortune. Maintenant nous serions tentés de la prendre pour un solécisme, Languedoc étant un mot féminin. En réalité c'est une ellipse. Le mot « pays » était sous-entendu.

l'assemblée d'États. En Languedoc, toutes ces institutions
sont étroitement unies. Nées sous l'égide de la monarchie et
dans leurs parties principales existant depuis un temps fort
long, elles ont pour elles l'autorité de la chose vingt fois,
cent fois jugée, les habitudes prises par les administrés et,
ce qui importe davantage, par les gouvernants. La Bretagne
n'aurait à montrer rien de tel, ni la Provence, encore moins
la Bourgogne, où les États se réunissaient de trois années
l'une, ni la Normandie, pays d'élections dont l'assemblée
annuelle ne fut jamais que d'apparat.

De son passé, le pays gardait aussi l'ample organisation
administrative, le bel ensemble de Cours souveraines qui
permet, même à la veille des guerres de religion, de reconnaître en lui l'ancienne moitié du royaume, sœur de la
Languedoil. Il n'y avait encore en 1560 que cinq gouvernements, celui-là mis à part, qui eussent leurs Parlements
spéciaux, trois leurs Chambres des comptes, un seul une
Cour des aides ; nulle part d'organisation complète, une ou
plusieurs pièces manquant aux mieux pourvus. Il est difficile d'admettre que ces Parlements nouveau-nés, que ces
gouverneurs privés de la force qu'une longue tradition procure aient été d'emblée aussi puissants dans leur ressort que
ceux de Languedoc, et capables au même degré d'action
spontanée, d'indépendance relative à l'égard du pouvoir
central. De sorte que les pays de récente conquête ont dû,
somme toute, se montrer moins rebelles à l'assimilation
administrative et politique, que ne fit une contrée unie
depuis le xiiie siècle à la couronne.

CHAPITRE II

RÉFORMES DANS L'ADMINISTRATION, PRINCIPALEMENT SOUS FRANÇOIS Ier ET HENRI II.

Les historiens ont maintes fois décrit l'œuvre d'unifi-
cation que la royauté victorieuse des Anglais, installée à
nouveau dans sa capitale, a commencé d'accomplir avec
Charles VII, et que depuis elle n'a jamais abandonnée.
Énergiques efforts pour ramener tous les pouvoirs aux mains
du roi, pour assurer sur place aux ordres partis d'en haut
obéissance prompte, exécution complète, tendance à tenir
peu de compte des institutions locales, régionales, volonté
marquée de gouverner au moyen d'ordonnances générales,
également applicables aux diverses parties du royaume, tel
est à peu près le spectacle que présente chaque règne. Ce travail se poursuit d'une façon continue, comme un phénomène
de la nature. Si parfois il semble se ralentir, par exemple
sous Charles VIII, déjà son activité se réveille au cours du
règne suivant. Sous les Valois-Angoulème, il devient aussi
rapide qu'en aucune période de l'ancien régime : ceux-ci
peuvent passer en un certain sens pour des révolutionnaires,
des niveleurs.

1° ESPRIT POLITIQUE DE LA ROYAUTÉ. — VÉNALITÉ DES OFFICES.

François Ier hérite d'une fortune toute faite. Son royaume
est déjà porté presque aux limites naturelles, mais formé de
pièces disparates. Son pouvoir est très fort, étant fondé sur

le consentement universel; mais il est loin de s'exercer partout dans les mêmes conditions. Deux règnes ont suffi pour faire des Bretons, des Bourguignons, des Provençaux, de loyaux sujets du roi de France, non des Français pourtant. Ces peuples ne se rangent pas encore à la loi commune, ne se fondent point avec ceux de l'ancienne Languedoil; ils restent attachés à leur petite patrie. Leurs statuts particuliers, que la royauté a sanctionnés, lui causent une gêne de tous les instants, compliquant au point de l'énerver, son action administrative, réduisant les ressources fiscales qu'elle pourrait attendre de ses acquisitions nouvelles.

Louis XII s'en accommodait, soit par modération naturelle, soit parce que le souvenir de la conquête et des contrats intervenus était trop présent encore à la mémoire des hommes. Le gouvernement de François Ier, sûr d'être obéi, a moins de scrupules. Par principe, il est ennemi de la diversité. Soucieux d'imposer à tous des règles uniformes, il en proclame la nécessité, même dans les affaires de faible conséquence. Voici quelques-uns des considérants dont la chancellerie royale, à propos de tabellions, fait précéder un édit : « Comme ce soit chose très exquise et très utile en l'administration de la chose publique, mesmement ès monarchies, de faire, statuer et establir loix et ordonnances qui soient générales pour tous les subjects, sans aucune diversité, division ou particularité qui ne peuvent communément apporter fors obscurité, confusion, querelles et procez, afin que par ce moyen soit baillé à tous une lumière et clarté commune..., » et plus loin : « Considérans... ladite première et ancienne forme (de passer les contrats)... observée en nosdits pays régis et gouvernés par la coustume estre la meilleure et plus certaine..., considérans aussi nosdits pays de Languedoc, Dauphiné et Provence estre jà longtemps unis et incorporez à nostredite couronne et n'estre le tout qu'une seule monarchie, par quoi est très raisonnable et

très utile d'estre régis par une mesme forme... » Et ainsi
de suite [1]. Tel est l'esprit selon lequel l'administration royale
sera remaniée.

Le nouveau gouvernement est aussi plus magnifique, plus
entreprenant que celui de Louis XII, partant très dépensier.
Les raisons pratiques qui pouvaient l'engager à briser
comme des entraves les constitutions des « provinces »
acquièrent de ce chef une force nouvelle.

Les grandes guerres qui ont commencé avec l'expédition
de Charles VIII en Italie, se font au delà des frontières du
royaume. Elles n'y détruisent pas la matière imposable
comme autrefois les guerres anglaises et le fléau des grandes compagnies. Si les rois, à l'exemple de leurs prédécesseurs, ont besoin de beaucoup d'argent, ils peuvent en trouver chez eux. Ils ne sont pas, ainsi que Charles VII, arrêtés
dans leurs exigences par la nécessité de se concilier les
esprits, par le risque de jeter leurs sujets entre les bras
d'un autre prétendant à la couronne. Ils sont rois de France
aux yeux de tous, sujets ou étrangers. Leurs ennemis sont
ceux de tout leur peuple. De là vient que la taille, impôt
dit « extraordinaire » au xvᵉ siècle, sans difficulté devienne
tout à fait ordinaire, s'enfle énormément, s'enrichisse de
nombreuses annexes, que l'administration des finances se

---

1. Isambert, *Recueil*, etc., t. XII, p. 790; nov. 1542. — La contre-partie de cette
thèse se trouve dans les doléances rédigées par les États d'Annonay : « Est bien
requis et necessaire, disent-ils, selon toute forme de droyt et rayson, pour la conservation de la chose publique, que quand le bon plaisir dudit seigneur (roi) est
de ordonner à faire loy nouvelle, tant sur la creation d'officiers que autres choses,
que les provinces subjectz audit seigneur en soient adverties ; car plusieurs foys
ung edict ou office est requis et necessere a une province que n'est pas en l'autre,
lesquelz, quant en sont advertiz, cognoissent la evidente utilité et divergente
necessité que pourroit survenir à la chose publicque, et a ceste cause l'on a veu
evidemment que quant les predecesseurs dudit seigneur faisoient aucunes ordonnances generalles pour le bien de tout le royaulme, ilz appelloient gens lectrez
et aultres notables personnages de chacune desdites provinces. » (Arch. de la
Haute-Garonne, C 993, fᵒ 207; cah. d'août 1515, art. 2.) Les choses en effet se
passaient toujours ainsi sous Charles VIII et Louis XII.

transforme... C'est comme un édifice neuf qui s'élève, plus régulièrement construit que l'ancien, mieux disposé pour que du centre on en surveille aisément toutes les parties.

Les impôts, si fort augmentés, ne suffisant pas encore, François Iᵉʳ, dès le début de son règne, se met à vendre les offices. Ce trafic, dissimulé d'abord sous le nom d'emprunt, se pratique bientôt ouvertement. En 1522 est institué, pour recevoir l'argent qui doit en provenir, le bureau dit « des parties casuelles », par euphémisme, car cette ressource, d'usage commode autant que pernicieux, n'est rien moins que casuelle. Elle devient pour trois siècles la planche aux assignats de la royauté. On crée des charges tout exprès pour les vendre. Jusqu'alors l'administration s'était modifiée peu à peu, selon les besoins du moment. Elle est coup sur coup démesurément accrue et bouleversée; car il n'y a guère, sous François Iᵉʳ ni sous Henri II, d'édits uniquement destinés à rapporter la somme ronde, comme on en verra tant par la suite. La plupart visent également un but d'ordre politique, la réforme des institutions existantes; ils apportent avec eux une foule de mesures « énervatives » des privilèges des pays, des villes, propres à y faire prévaloir le contrôle et la volonté du roi.

A la vérité le pays de Languedoc réussit mieux que d'autres à se tenir à l'abri des innovations. Sa constitution ne s'altère qu'à la longue. L'opposition du Parlement, celle des États, la protection efficace de gouverneurs puissants à la cour lui épargnent quelques-unes des épreuves qui s'appesantissaient sans ménagement sur la plus grande partie du royaume. Jusqu'à l'époque des guerres de religion, les États rachètent et font supprimer bon nombre d'offices, les plus nuisibles. Ensuite ils sont obligés de reconnaître leur impuissance[1]. Il se résignent et se contentent de recourir aux

1. Déjà, en févr. 1525, les États décident « par édict perpétuel et irrévocable que doresenavant ledit pays et gens des Estats ne fairont aulcung rembourse-

protestations, aux doléances, moyens non moins inutiles,
mais moins coûteux.

2º CHANGEMENT DES MŒURS JUDICIAIRES. — DÉSORGANISATION DE L'ANCIENNE COUR DE SÉNÉCHAUSSÉE.

Soumises à ce régime délétère, les diverses parties de
l'ancien organisme administratif ne pouvaient que se cor-
rompre et s'affaiblir, en particulier l'administration de la
justice, à laquelle la vénalité des charges fut ce que la
simonie était à l'Église.

Les rois dans leurs ordonnances ne trouvent aucun terme
assez fort pour exprimer l'importance qu'ils attachent à la
bonne distribution de la justice : l'assurer est leur premier
devoir envers leurs sujets, envers Dieu [1]. Mettre à prix les
offices de judicature, abandonner à l'acheteur ignorant ou
indigne cette chose sacrée, cela parut d'abord — à leurs propres yeux — une sorte d'impiété [2].

En effet le système de cooptation que Charles VII et
Louis XI avaient réglé pour le plus grand bien de la justice
n'était pas compatible avec la vénalité des charges. Il dis-

ment pour l'extinction d'aulcungs autres offices nouveaulx quelz qu'ilz soient,
mais poursuivront virilement la suppression et abolition d'iceulx partout où il
appartiendra, et employeront telles et si grosses sommes qu'il sera necessaire
pour la deffence et conservation des privilèges et libertez dudit pays ». (Arch. de
la Haute-Garonne, C 2277, f° 297 v°.) Mais ils reviennent ensuite, à plusieurs
reprises, sur leur résolution. En oct. 1565, pour la dernière fois, ils projettent de
faire abolir les présidiaux moyennant 40,000 livres. Ce contrat, ou projet de contrat, ne paraît pas avoir abouti. (Ibid., C 2281, f° 288 v°. — Cf. Arch. de l'Hérault, Del., t. des supplém., f°⁵ 30 et suiv., art. 23: f°⁵ 44 et suiv., art. 17.)

1. Voir le préambule de l'ordonnance de juin 1510. (Ord., t. XXI, p. 420.)

2. Louise de Savoie, gravement malade, prie son fils de pourvoir aux offices
« de personnages sçavans, experimentez et de bonne conscience, liberalement et
sans aucun prest ne profit ». Le roi ajoute que, sitôt après cette requête, « sa
maladie commença à diminuer en sorte que, graces à Dieu, elle se porte tres
bien ». (H. L., t. XII, pr. n° 163; 31 mars 1521.)

paraît, et l'on cherche, mais vainement, pour y suppléer à rendre plus rigoureux l'examen préalable que devaient subir les nouveaux magistrats[1]. L'office devient la propriété de l'acheteur. Le roi reconnaît formellement qu'il ne peut priver de sa charge sans le rembourser celui qui l'a payée. En qualité de propriétaire, le magistrat la lègue à ses héritiers, la résigne par survivance[2]. Ces mœurs n'accroissent point l'indépendance des Cours de justice; car elles y introduisent, un à un ou par fournées, des hommes d'intelligence moins cultivée, de moralité plus faible, par suite de caractère moins fier, plus prompt à plier en temps utile. Chez eux l'esprit de corps étouffe les idées générales. Ils ne tiennent à rien tant qu'aux charges, qui souvent ont coûté toute leur fortune[3]. Ils finissent par ne voir dans leurs magistratures que des biens de rapport, susceptibles de produire un bon revenu. Or les gages sont si faibles qu'ils ne nourriraient pas leur homme. Le roi les acquitte quand il peut, de façon fort irrégulière. Aussi les magistrats ont-ils soin de se payer eux-mêmes aux dépens des plaideurs. De longue date les

1. Isambert, t. XII, p. 912; ordonnance d'août 1546, art. 3. — D'ordinaire le Parlement de Toulouse se borne à présenter trois personnes pour la charge de premier président. Mais jusqu'en 1561 ses candidats sont régulièrement écartés. (Lafaille, *Ann. de Toulouse*, t. II, pp. 56, 104, 108, 246.) L'office de premier président était le seul auquel il fût gratuitement pourvu.

2. Isambert, t. XII, p. 762; ordonn. du 26 déc. 1541. — Cf. Laroche-Flavin, *Treize livres des Parlements de France*, 1621, in-4°, pp. 120, 122.

3. Le seigneur de Rotières s'engage à remettre au sieur de Mirepoix la sénéchaussée de Carcassonne « pour le prix de 6,000 escus sol ». (Arch. du château de Léran, B¹ 927.) Un office de conseiller à la cour du sénéchal de Toulouse coûte 400 livres. (Arch. de la Haute-Garonne, C 2277, f° 483 v°; proc.-verb. déc. 1530.) Sous François Ier une charge de conseiller « lai » au Parlement de Toulouse vaut 4,000 livres, puis 6,000 livres, une charge de conseiller « clerc » 2,000 livres seulement. (*Ibid.*, sér. B, *Reg. de Malenfant*, t. III, pp. 196, 199, 209; t. IV, p. 66. — Lafaille, *Op. cit.*, t. II, pp. 18, 19, 125.) Aussi n'y a-t-il plus guère à la Cour que « conseillers lais tenans lieu de clercs » : en 1547, seulement six conseillers clercs proprement dits, et deux évêques du ressort qui avaient siège et voix en la grand chambre, mais sans gages, ni distribution de procès. (*Ibid.*, t. II, pr. p. 20. — Laroche-Flavin, *Op. cit.*, pp. 99, 103. — Arch. de la Haute-Garonne, sér. B, *Édits*, t. VI, f° 55 v°; févr. 1549.)

rapporteurs prenaient des épices pour compulser à domicile les dossiers des causes qu'ils avaient à rapporter.
Au XVIᵉ siècle tous les juges qui siègent dans une affaire
participent, selon le tarif, aux bénéfices qu'elle comporte.
Ils s'étudient à multiplier les incidents, à rendre le procès
« immortel[1] ». De là ces ordonnances sur l'« abréviation des
procès », où la violence des considérants contre l'« avarice »
des juges n'a d'égale que la minutie des précautions prises
à leur endroit, et dont le nombre atteste assez l'inutilité.

Toutes les Cours de Languedoc subissent les effets de la
contagion, mais à des degrés divers. Le Parlement de Toulouse est le moins atteint. Il est devenu très nombreux, bien
malgré lui. De vingt-quatre qu'ils étaient en 1515, les gens
de la Cour se trouvent portés, en 1559, au chiffre de quatre-
vingts, sans compter un procureur et deux avocats généraux[2]. Au lieu de trois présidents « à mortier », il y en a

---

1. « Quia, quod emerunt in globo, vendunt in minuto », ou « qui achapte en
gros, vent à tail », disent les États. — Sur les gages, ceux des gens du Parlement
en particulier, voir Bibl. Nat., fr. 4523, fº 16. Ils ont été sensiblement relevés
depuis le commencement du XVIᵉ siècle, surtout en 1505 et en 1539. Le premier
président, au lieu de 925 livres qu'il recevait en 1500, jouit en 1559 du même traitement que le premier président de Paris, soit 2,074 l. 8 s. 6 d., et d'une pension
de 500 l. Les gages des autres présidents à mortier ont été portés de 725 l. à
1,200. L'un d'eux, le fameux Guy du Faur, sieur de Pibrac, a mêmes gages que le
premier président, par faveur spéciale. Les deux présidents des requêtes touchent chacun 800 l. Les deux présidents des enquêtes, outre leurs gages de conseillers, perçoivent 400 l. chacun sur les amendes de la Cour. Les « gens du roi »
bénéficient d'une augmentation très rapide : leurs gages passent de 300 l. à
1,500 : encore les deux avocats du roi ont-ils 400 l. de pension. Mais les conseillers, clercs et lais, touchent peu de chose, les uns 320 l. 10 s. 3 d., les autres
395 l. 7 s. 11 d. Ceux qui siègent en la chambre criminelle, tous lais, reçoivent
80 l. de plus que les autres, ceux qui siègent aux requêtes 375 l. seulement. Les
gages des juges inférieurs sont beaucoup moindres. Or, Laroche-Flavin nous
apprend que ses gages de 800 livres ne faisaient pas le quart de sa dépense, fort
modérée. (Op. cit., p. 270.) — Sur l'irrégularité des paiements, voir H. L.,
t. XII, pr. nᵒˢ 57, 58; Arch. de la Haute-Garonne, sér. B, Édits, t. IV, fº 143, etc.

2. H. L., t. XII, pr. nº 153. — Lafaille, t. II, pr. p. 45. — Le second avocat,
créé par lettres du 25 août 1523 (Arch. de la Haute-Garonne, sér. B, Édits, t. III,
fº 197), n'a été reçu que le 13 nov. 1526, après quatre jussions. — Sous Henri II
un office de second procureur général avait été érigé; mais les États le firent

six ; au lieu d'une chambre des requêtes il y en a deux[1] ; de plus une tournelle criminelle[2], une chambre des requêtes[3], organes importants, utiles sinon nécessaires ; mais ce sont les besoins du roi, non ceux du pays, qui les ont fait naître.

Les nouveaux offices ont été pour la plupart achetés par les parents des magistrats en charge, gens aptes à soutenir le bon renom de la Cour, parce qu'ils sortaient de familles où le travail et l'intégrité étaient de tradition. Ce bien relatif n'allait pas sans inconvénients. Les survivances aidant, les « alliances et parentèles » fleurissaient à la Cour ; elle en était « composée[4] ». Les familles y formaient des ligues et des contre-ligues « au grand hasard des parties ». Enfin dans le nombre se glissaient des conseillers, voire des présidents, légers de science et surtout de scrupules. La rigoureuse observation des « mercuriales » ne suffit plus à prévenir certains actes de concussion que le Parlement réprime avec vigueur, mais dont sa réputation, si pure autrefois, ne reste pas moins ternie[5]. On critique son administration ; on doute

supprimer presque aussitôt. (*Ibid.*, C 2280, f° 37. — *Ibid.*, sér. B, *Édits*, t. VII, f° 113 ; sept. 1556.)

1. *Ibid.*, t. V, f°⁵ 41, 54 ; 21 mars et mai 1543.

2. *Ibid.*, t. III, f° 40, mai 1519, et t. V, f° 203, 17 nov. 1546.

3. *Ibid.*, t. V, f° 92 ; février 1543. Cette chambre, que les États voyaient de fort mauvais œil (*ibid.*, C 2278, f°⁵ 295, 309 v°; C 2279, f°⁵ 46 v°, 107 v°, 129), a été supprimée à leur requête en juill. 1547 (*ibid.*, sér. B, *Édits*, t. V, f° 203 ; VI, f° 33), non sans résistance de la part du Parlement. Elle est rétablie en avr. 1558 (*ibid.*, t. VII, f° 183), de nouveau abolie en juill. 1560 (*ibid.*, f° 256), finalement rétablie par édit de nov. 1573 (*ibid.*, t. X, f° 112.)

4. Bibl. Nat., iat. 9181, f° 22 ; cah. d'oct. 1554, art. 1 : « Dans chaque chambre, disent les États, il y a père, fils, trois ou quatre beaux-frères, tellement que tout l'estat de la justice est entre leurs mains. » François Ier proscrit les alliances, à propos de la mise en vente d'offices de conseillers, jusqu'au quatrième degré inclusivement. (Arch. de la Haute-Garonne, sér. B, *Édits*, t. V, f° 42 ; mai 1543.) Les États obtiennent de son successeur sur le même sujet un édit qu'ils tiennent en réserve pour s'en servir, le cas échéant. (*Ibid.*, C 2280, f° 18 ; proc.-verb. sept. 1555.) Les occasions ne leur ont pas manqué, le roi donnant à chaque instant des dispenses dont ils se plaignent amèrement. (*Ibid.*, f°⁵ 122, 190, 200.)

5. Lafaille, *Annales*, t. II, pp. 65, 104, 121. — Laroche-Flavin, *Treize livres*, etc., pp. 274, 276.

de son équité, et l'on ne peut douter de l'improbité de quelques-uns de ses membres[1].

Plus avides encore sont les généraux des aides. Bien que
leur nombre n'ait guère augmenté, leurs « épices » montent
plus haut que celles de tout le Parlement de Toulouse[2].

Quant aux cours inférieures, immédiates ou médiates,
elles sont réformées au point d'être transformées, sans
aucun profit pour les justiciables. Tandis que les Cours souveraines conservent leur constitution, leur ressort, celles-ci
perdent l'une ou l'autre, parfois l'une et l'autre; leur
ancienne physionomie s'altère, s'efface; mais leur moralité
n'y gagne point, tant s'en faut.

Après les guerres anglaises, les rois n'avaient touché à
ces cours, de tout temps accessibles à la corruption, qu'afin
de les assainir et de les fortifier. La grande ordonnance
de 1453, celle de 1490, particulière au pays de Languedoc,
leur consacrent de nombreux et sages articles[3]. Quant à la
mise en pratique, le gouvernement pouvait s'en rapporter à
la fermeté vigilante du Parlement[4].

1. Le brigand d'Olmières, poursuivi par les États du pays, trouve de l'appui
dans le Parlement de Toulouse, où il avait des parents. Une longue querelle s'en
suit. En nov. 1558 et 1559 les États supplient le roi d'exempter leur syndic de la
juridiction de la Cour, « attendu les poursuites qu'à luy et ausdictz officiers dudit
pays convient faire contre les gens tenant ladite Court, tant en particulier que
en général. » (Arch. de la Haute-Garonne, C 2280, fos 285, 386.) Ils demandent
aussi que, dans les causes où le pays aura intérêt, le syndic puisse récuser les
présidents et conseillers de la Cour de Parlement, ou autres. (Arch. de Toulouse,
AA 88; cah. de nov. 1558, art. 6.) — Cf. H. L., t. XII, pr. col. 1079.

2. Laroche-Flavin dit « presque au double ». — L'ordonnance de juin 1552 a
fait passer le personnel de la Cour des aides de un à deux présidents, de huit à
dix généraux conseillers. (Fontanon, t. II, p. 742.)

3. Ord., t. XIV, p. 253 (art. 81-98); t. XX, p. 258, ordonn. de Moulins. Cette
grande ordonnance, longuement préparée, est un véritable code de l'administration de la justice en Languedoc.

4. Règlements généraux ou particuliers sur les juridictions du ressort, aux
Arch. de la Haute-Garonne, sér. B, Arrêts, t. IV, fo 7; t. VI, fo 11; t. VII, fos 109,
353, etc. — Cf. t. IX, fos 153, 202, 274 : R. Fabre, juge de Béziers, est condamné
par la Cour à 300 liv. d'amende et un an de suspension pour excès commis contre
deux communautés. Il obtient du roi des lettres de grâce. La Cour refuse de les

Dans les cours de sénéchaussée, d'attributions si variées, un partage des pouvoirs était intervenu. La distinction s'était faite entre les officiers chargés de juger, clercs ou de robe longue, et ceux qui avaient en main la force armée, lais ou de robe courte. C'est ainsi que dans le courant du xve siècle le sénéchal, ordinairement homme d'épée et vaquant aux occupations que cette qualité suppose, avait dû céder au juge-mage son autorité judiciaire[1]. Le juge-mage, depuis 1468, put seul présider aux assises où la cour présidiale rendait la justice[2]. Il porta le titre de « lieutenant-né » du sénéchal et fut chef de la justice dans la sénéchaussée. Des trois autres lieutenants du sénéchal, l'un étant lai — de rang inférieur au juge-mage — ne se mêlait pas de procès ni de sentences; deux étaient clercs et gradués, le lieutenant dit « principal » et le « commissaire à l'université des causes », tous deux véritables officiers de justice[3] : au lieu qu'ils avaient jadis dépendu entièrement du sénéchal qui les désignait à titre temporaire et répondait de leurs actes, ils recevaient maintenant du roi des fonctions distinctes et permanentes[4].

Ces modifications étaient le fruit d'une évolution naturelle. Tout en réduisant notablement le rôle du sénéchal, elles n'altéraient pas le cadre, la composition ni le fonctionnement de la cour de sénéchaussée.

Au contraire, après Louis XII, les offices s'y multiplient. Dès le mois de février 1515, création d' « enquêteurs et examinateurs », à raison de deux par cour présidiale, d'un

entériner et de rendre l'argent (1493-1494). Il ne manque pas d'exemples de sentences semblables.

1. Lafaille, *Op. cit.*, t. I, p. 107. — *H. L.*, t. X, pr. n° 875.
2. Arch. de la Haute-Garonne, sér. B, *Édits*, t. I, f° 94; 23 déc. 1468. — Cf. *Ord.*, t. XVII. p. 56.
3. Arch. de la Haute-Garonne, sér. B, *Édits*, t. VI, f° 237; nov. 1553.
4. *Ord*, t. XIV, p. 284; XXI, pp. 177, 420. Grandes ordonnances de 1453, art. 87, 88; de 1498, art. 47-53; de 1510, art. 41.

par cour inférieure, officiers destinés à faire les enquêtes
à la place des gradués que les juges avaient jusqu'alors
librement choisis [1]. Les États les font supprimer sept ans
après, non sans peine [2]. En mai 1519, innovation analogue,
mais beaucoup plus grave : une centaine de conseillers sont
établis, à titre d'office, dans les cours de sénéchaussée, de
jugerie, de viguerie, dont vingt-quatre dans celle de Toulouse [3]. Plusieurs fois supprimées [4], ces charges renaissent
tantôt sur un point, tantôt sur l'autre [5], jusqu'à ce que l'édit
fameux des présidiaux vienne les fixer et bouleverser l'ancien système (janvier 1552). D'une part, les cours présidiales sont exclusivement formées d'officiers royaux, personnel nombreux qui ne tardera pas à s'accroître; de l'autre,
elles deviennent des Cours souveraines au petit pied, jugeant
en dernier ressort au criminel les gens sans aveu, au civil
des affaires assez considérables, jusqu'à 1.000 livres de
capital, 50 livres de revenu [6].

1. Isambert, t. XII, pp. 19, 111.

2. Caseneuve, *Chartes*, p. 154 ; lettres de mai 1522. Quelques jours après, le roi
prétend que c'est par erreur que ces offices, « donnés à Monsieur l'Amiral », ont
été supprimés, de sorte que les États, sur son invitation, se voient obligés de les
racheter à part, pour 12,000 livres. (Arch. de la Haute-Garonne, C 2277, fˢ 224 vᵒ,
234 ; proc.-verb. août 1522.)

3. *Ibid.*, sér. B, *Édits*, t. III, fᵒˢ 40, 67.

4. Caseneuve, *Chartes*, p. 178; Contrat de mai 1522. — Arch. de la Haute-
Garonne, sér. B, *Édits*, t. V, fᵒ 105 ; juill. 1544, etc.

5. Dès 1523, offices nouveaux érigés dans les cours de sénéchaussée. (*Ibid.*,
C 2277, fᵒˢ 264, 268 vᵒ; proc.-verb. déc. 1523.) — Conseillers créés dans celle de
Toulouse. (*Ibid.*, fᵒ 399 ; proc.-verb. nov. 1528, et fᵒˢ 444, 473 vᵒ, 482 vᵒ.) L'affaire
durait encore en nov. 1535. (*Ibid.*, C 2278, fᵒ 14.) — Conseillers et autres officiers
créés dans les sénéchaussées de Beaucaire et de Carcassonne. (*Ibid.*, fᵒ 55 vᵒ;
proc.-verb. nov. 1537, et fᵒˢ 100, 164.) — Cf. sér. B, *Édits*, t. IV, fᵒ 117 ; lettres
portant érection de seize offices de procureurs en la sénéchaussée de Beaucaire,
18 avr. 1537. — Malgré le contrat de 1544 les conseillers du siège présidial de
Nimes subsistent (Arch. de la Haute-Garonne, C 2279, fᵒˢ 146, 160, 161 vᵒ, 210 vᵒ),
et d'autres sont institués près celui de Carcassonne. (*Ibid.*, fᵒ 282, et sér. B,
Édits, t. VI, fᵒ 115 ; juill. 1551.)

6. Fontanon, t. I, p. 333, janv. 1552, et p. 355, juin 1557. — Cf. Arch. de la
Haute-Garonne, sér. B, *Édits*, t. VI, fᵒˢ 150, 169 ; édit d'organisation, propre au
pays de Languedoc (mars 1552).

De là des conséquences également nuisibles à l'administration de la justice, à la vie municipale, au pays entier. Ces praticiens, docteurs, licenciés, bacheliers qui siégeaient au conseil de la sénéchaussée, vivant des fonctions que le sénéchal les appelait à y remplir, étaient la lumière des tribunaux et celle aussi des villes qu'ils habitaient. Leur science du droit, leur expérience des affaires, leur influence personnelle faisaient d'eux l'élément essentiel, la force des municipalités. Ils opinaient les premiers aux conseils de ville; ils rendaient la justice, besogne malaisée dont les marchands et gens de métier n'auraient pu s'acquitter sans dommage pour la juridiction municipale. Ils étaient délégués aux Etats, souvent par les nobles eux-mêmes. Ils fournissaient au pays des serviteurs habiles, greffiers, procureurs et syndics. Par l'édit de 1552, ils se trouvent, ou bien écartés des tribunaux, ou contraints d'acheter des offices. Cela n'est pas vrai seulement des présidiaux, mais aussi des cours subalternes qui se peuplent d'officiers royaux [1].

Or les officiers ont commencé déjà de séparer leurs intérêts de ceux de leurs concitoyens, de former dans le tiers-état une classe distincte. La tradition l'emportait encore; ils continuaient de figurer aux assemblées des diocèses, des

1. Tout édit portant érection d'offices dans les sièges présidiaux ou subalternes interdit aux gradués de remplir les fonctions auxquelles sont appelés les officiers nouveaux : enquêtes, rapports, procurations, exécutions d'arrêts ou autres commissions royales. — Cf. un édit spécial rendu à cet effet vers 1540. (Arch. de la Haute-Garonne, C 2278, f° 134 v°.) — Les doléances des États mettent en lumière avec beaucoup de force cette conséquence funeste : « C'est, disent-ils, la toutelle destruction de sciences, et cause de débouter et expeller les docteurs et licenciés, grans clers et bien experimentez, dudit pays de Languedoc... Les priver des dietz rapportz, vacations et façon de vivre est leur tollir et oster leur estat et vie, et les faire venir à mendicité contre toute équité et bonc raison. » Et ailleurs : « Le cuer des pauvres jeunes gens [est] reffroydy de vaquer a l'estude, prevoyans ne pouvoir espérer aulcung gaing ou proffit, s'ilz ne sont officiers royaulx ». (Arch. de la Haute-Garonne. C 993, f° 385; cah. de déc. 1519, art. 1. — Caseneuve, Chartes, p. 172; cah. de mai 1522. — Arch. de l'Hérault, Dol., t. II, fº 239; cah. de nov. 1546, art. 23.) — Voir aussi Puech, Les anc. juridict. de Nîmes, dans les Mém. de l'Acad. de Nîmes, 1889, pp. 182 et suiv.

sénéchaussées, aux États généraux, dans les consulats et
les conseils de ville. Après l'édit, tel n'est plus le cas des
magistrats présidiaux. En qualité de juges souverains,
appelés à décider en dernier ressort d'intérêts privés et publics, ils cessent d'être admis aux États, aux assiettes diocésaines; ils ne font plus partie des corps municipaux[1].
Voilà retenus loin des charges électives les hommes qui
étaient les plus capables de les exercer avec honneur et prudence. Bon gré, mal gré, désertant les institutions populaires, ils vont grossir l'armée des fonctionnaires du roi.

Cependant, autour des présidiaux tombent l'une sur l'autre des juridictions très vieilles, très compliquées, dont le
tort est de ne pas s'accorder avec eux ni entre elles, ou qui
doivent leur faire place. Henri II réunit en un siège celui
du viguier et celui du juge ordinaire de Toulouse, parce
que les deux n'en faisaient qu'un dans le reste du pays[2].
Dans la même ville, le juge d'appeaux des causes criminelles avait été supprimé dès 1516[3]. Le juge d'appeaux des
causes civiles, maintenu dans ses fonctions en 1552, suc-
combe à son tour six ans après[4]. Montpellier était partagée
en deux territoires soumis à deux juridictions distinctes,
celle du « recteur de la part antique », celle du « bayle »,
ayant jadis représenté l'un l'évêque, l'autre le seigneur;
une troisième leur était superposée, celle du gouverneur.
Toutes trois dataient d'une époque antérieure à l'annexion
de la ville par les rois de France. Des deux cours inférieures, Henri II fait une viguerie semblable aux autres.
Le gouverneur garde son titre, mais rien de plus. Sa cour
devient un présidial dont le ressort emprunte à la séné-

1. *Ibid.*, C 2279, f° 358, proc.-verb. nov. 1553, et C 2280, f° 12, sept. 1555.
2. Arch. de la Haute Garonne, sér. B, *Édits*, t. VII, f°° 24, 26; juill. et nov. 1554
3. *Ibid.*, t. V, p. 201.
4. *Ibid.*, t. VI, p. 180, 28 sept 1552, et *Reg. de Mal'nfant*, t. VII, p. 146, déc.
1558.

chaussée de Nîmes trois vigueries et plusieurs bailliages [1].

La vigilance des États ne peut empêcher qu'en 1529 l'unité de la sénéchaussée de Béziers et Carcassonne ne soit compromise par l'établissement à Béziers d'un siège de sénéchal [2]. En 1552, le roi y met un présidial, ce qui revenait à peu près à la création d'une sénéchaussée nouvelle. En Lauragais, comté que possédait la reine, c'est bien une sénéchaussée, avec sénéchal et siège présidial, qui est établie aux dépens de celle de Toulouse (mars 1551) [3]. Un peu plus tard (octobre 1558), une autre toute pareille est érigée en Velay [4]. Les trois anciennes sénéchaussées se démembrent. On voit en quelques années se briser les cadres dans lesquels, trois siècles durant, le pays avait vécu, où s'étaient formés les États [5].

Les présidiaux, à peine installés, ont été remaniés, accrus, dotés d'organes annexes. En chacun d'eux, le juge-mage avait naturellement pris la première place [6]. Bientôt le roi le flanque d'un « président présidial », chef du tribunal, restreint, il est vrai, à des fonctions purement judiciaires,

---

1. D'Aigrefeuille, *Hist. de Montpellier*, t. I, pp. 573, 626, etc. — Arch. de la Haute-Garonne, sér. B, *Édits*, t. VI, pp. 105, 191. — D'Escorbiac, *Recueil général des édits, déclarations, arrests et règlements notables*, 1638, in-f°, pp. 377, 384.

2. Arch. de la Haute-Garonne, C 2277, f°s 399, 410, proc.-verb. nov. 1528, et sér. B, *Édits*, t. III, f° 215, 1er mai 1529. — Dès le début du XVIe siècle, le sénéchal de Carcassonne, afin de ne plus se rendre à Béziers, avait établi dans cette ville un lieutenant, chargé de connaître des appels. (Noguier, *Rech. sur les anc. juridict.*, etc , dans le Bullet. de la Soc. archéol. de Béziers, 1877, 2e livr., p. 267.)

3. Arch. de la Haute-Garonne, sér. B, *Édits*, t. VII, f°s 29, 36.

4. *Ibid.*, f° 189. Les habitants du Velay, dès 1526, cherchaient à obtenir une cour particulière de sénéchaussée. (*Ibid.*, C 2277, f° 313.) Le siège créé en 1558 a été supprimé peu après, puis rétabli en juin 1560 (*ibid.*, sér. B, *Édits*, t. VII, f°s 224, 253, 260), moyennant 31,480 livres payées par les gens du Puy. — Cf. Bibl. Nat., fr. 16222, f° 26.

5. Les États se répandent en doléances sur la « division et éclipsement des sénéchaussées du pays ». Ils se refusent à tenir compte dans leur assemblée des sénéchaussées nouvelles et s'opposent aux efforts des habitants de Lauragais pour avoir un syndic. (Arch. de la Haute-Garonne, C 2279, f° 334 ; 2280, f°s 142, 181 v°, 189.)

6. *Ibid.*, sér. B, *Édits*, t. VI, f° 237 ; nov. 1553.

mais rival si gênant pour le juge-mage, que celui-ci engage
une lutte de prééminence ou tâche d'acheter pour l'unir au
sien le nouvel office [1].

Bien plus importante est l'organisation de la justice criminelle. Dans les présidiaux Henri II la sépare totalement
de la justice civile. Il crée en chaque siège un « juge » ou
« lieutenant criminel » à titre d'office distinct et incompa-
tible [2]. La juridiction des lieutenants criminels, en dépit de
tous les règlements, reste ambiguë, à la fois d'appel et de
première instance, propre à susciter les différends. Ils rencontrent l'hostilité, les empiètements de tous les magistrats
établis avant eux. Avec les consuls les contestations sont
« infinies ». Des deux côtés même juridiction, par concurrence. Le lieutenant criminel a ressort sur les tribunaux
consulaires; il connaît sans appel des sentences rendues
par les consuls, mais non des condamnations à des peines
graves : en ce cas l'appel doit aller au Parlement, et le cas
est souvent douteux [3]. Concurrence, appel sont autant de
sources de conflits dans lesquels les justices municipales
subissent de nombreux échecs, ébrèchent leur autorité, perdent leur raison d'être.

Pour plus de complication, le pays possède aussi d'autres
officiers criminels, les « prévôts des maréchaux ». Ceux-ci
ont été créés en 1513, à raison d'un par sénéchaussée, afin
de réprimer les pilleries des gens de guerre [4], puis suppri-

1. Fontanon, t. I, p. 355; juin 1557.
2. Fontanon, t. I, p. 359. — Arch. de la Haute-Garonne, sér. B, *Édits*, t. VI
f° 176; mai 1552. L'édit se réfère à une autre ordonnance en tout semblable, du
14 janv. 1523, qui n'avait pas été appliquée en Languedoc. (Fontanon, t. IV,
p. 647.) Celle de nov. 1554, modifiant l'organisation de la justice criminelle, ne
paraît pas l'avoir été davantage. (*Ibid.*, t. I, p. 418.)
3. D'Escorbiac, *Régl. not.*, pp. 185, 186 et suiv. — Donais, *État du diocèse de
Saint-Papoul, etc., en 1573*, dans les Mém. de l'Acad. des sciences, etc., de Toulouse, 9e série, t. II, p. 473.
4. Arch. de la Haute-Garonne, C 2276, f° 383 v°; proc.-verb. août 1513. C'était
une mesure générale; car le roi indique parmi ses dépenses, dans les lettres de

més en 1517. Ils sont ensuite rétablis chaque fois que le besoin s'en fait sentir et, sous Henri II, deviennent une institution permanente[1]. Dès 1522, il n'y a pour le pays entier qu'un seul prévôt, celui du gouverneur, aidé de lieutenants et d'archers[2]. Des édits successifs de 1538, 1511, 1549, 1563 étendent la compétence du prévôt et de ses acolytes des gens de guerre et vagabonds aux domiciliés : ils en viennent à connaître sans appel des délits de chasse, puis des vols et agressions à main armée, plus tard des crimes d'usure et d'hérésie, de fausse monnaie et de sédition[3].

Quoiqu'elle n'eût pas accès dans les villes closes, cette juridiction sommaire fût promptement devenue redoutable à celle des consuls, si les États, après avoir soutenu contre elle en faveur des domiciliés une lutte peu fructueuse[4], n'avaient pas trouvé le moyen le plus sûr de la contenir. Ils allouent au prévôt des récompenses annuelles, des primes pour ses captures, le lient petit à petit, et finissent par le mettre en demeure de présenter à l'agrément de chaque assiette diocésaine un lieutenant et un greffier destinés à résider dans le diocèse, soumis au contrôle des habitants et des États (septembre 1557)[5]. Mais les prévôts des maréchaux

commission du 5 oct. 1513, une somme de 30,000 livres employée « pour la soulde de II[c] archiers mys pour garder la pillerie par le royaulme et des gentilshommes servans de cappitaines ou prevosts des mareschaulx ». (*Ibid.*, C 993, f° 114 v°.) Cette dépense ne figure pas dans les lettres précédentes.

1. *Ibid.*, C 993, f° 295, cah. d'août 1517, art. 8. — Même en 1546 ils ne restaient pas encore en permanence en Languedoc. (Arch. de l'Hérault, *Dol.*, t. II, f° 239 ; cah. de nov. 1546, art. 10.)

2. Sous le connétable de Bourbon, c'est Antoine de Thélis (*Catal. des Actes de François Ier*, n° 17492), sous Montmorency, le sieur de la Voulte, gentilhomme de Languedoc. (*H. L.*, t. XII, pr. n°s 168, 177. — Arch. de la Haute-Garonne, C 2277, f° 558 v° ; proc.-verb. oct. 1532, etc.) Vers 1552, la Voulte est remplacé par Jacques Lagasse, sieur de Parejolz. (*Ibid.*, C 2279, f° 326.)

3. Fontanon, t. I pp. 390, 393, 398. — Girard et Joly, *Trois livres des offices de France*, 1645, 2 vol. in-f°, t. II, p. 1222.

4. Arch. de la Haute-Garonne, C 2278, f°s 105, 164 v°, 291 v°, 313 v° ; C 2279, f°s 141 v°, 421, 435 ; C 2280, f°s 280, 333.

5. *Ibid.*, f°s 205, 217 v°, 292 v°. — Cf. C 2279, f°s 43, 140 ; proc.-verb. oct. 1547,

restent en concurrence et en lutte avec les lieutenants criminels.

De telles modifications ne s'accomplissent point sans léser, outre les intérêts du pays, une foule d'intérêts privés. Elles se poursuivent à coups de lettres de jussion, parmi les refus d'obtempérer du Parlement, les oppositions des syndics, les querelles et les procès entre compétiteurs mis en présence. Dans la bagarre les justiciables récusent leurs juges, opposent un tribunal à l'autre, et parviennent à se soustraire aux peines qu'ils ont méritées. Les germes de discorde que le gouvernement royal a semés comme à pleines mains lèvent ici mieux qu'ailleurs; car les gens tiennent de leurs institutions, de leur demi-liberté des habitudes batailleuses; ils ne cèdent jamais qu'après une longue résistance. Sur les divisions d'ordre administratif et politique les divisions religieuses se grefferont aisément.

3° LES OFFICES DE FINANCE. — DIVISION DU PAYS EN DEUX GÉNÉRALITÉS.

Les offices de finance, accrus dans de moindres proportions que les autres, ont apporté moins de trouble dans le pays. Sauf exceptions, les États ne s'en occupent point. Ils semblent se désintéresser des réformes en ce genre les plus importantes.

C'est qu'il était de règle que le roi prît sur lui la solde des agents qu'il préposait au maniement et à la gestion de ses

oct. 1549. Les États allouent 15 livres, puis 20 par voleur capturé. Dès 1532, ils avaient commencé d'accorder au prévôt et à ses lieutenants des gratifications de 100 livres à 100 écus. — Fourquevaulx représente les prévôts diocésains comme gens « de condition basse et abjecte, qui ne sçavent lire ny écrire ». S'ils « ne voyent le proffit et salaire devant la main n'est possible de les faire marcher. » (*H. L.*, t. XII, pr. col. 1077.)

deniers. Que leur nombre ou leur rétribution fussent augmentés, le pays n'était pas mis en cause, tandis que la réforme des présidiaux, par exemple, avait attiré une nouvelle
« crue » du sel aux habitants de Languedoc. Ils ne lui
coûtaient pas non plus l'énorme supplément de gages que
représentaient les épices des magistrats.

Ceux d'entre les nouveaux offices qui furent estimés contraires aux libertés du pays, devinrent, sitôt créés, l'objet
de rachats à frais publics. L'érection d'élus et de receveurs
dans chaque diocèse en 1519, puis celles de 1544 et de 1555
sont restées sans effet parce que chaque fois les États se
hâtaient de négocier et de conclure avec le roi un contrat
« onéreux », qui supprimait les offices avant qu'ils eussent
été pourvus de titulaires [1]. Les contrôleurs des deniers communs établis dans les villes au mois de mars 1515 ont duré
un peu plus longtemps, étant moins dommageables [2]. Pourtant ils sont également supprimés en mai 1522, après sept
ans d'une existence traversée et précaire. Quand ils reparaissent, en 1544, leur compte est réglé sans délai; de même,
en 1555, celui des contrôleurs dits « généraux superinten-
dants sur le fait des deniers communs des villes [3] ». Les
receveurs des tailles, créés en juillet 1553 [4], sont abolis par

1. Les commissaires royaux, en présentant aux États de nov. 1519 les lettres
d'érection des élus et receveurs, protestent que le roi entend continuer les assemblées d'États et ne « mettre sus aucuns deniers » sans en avoir fait la demande.
Les États rachètent ces offices moyennant 71,800 livres, qui sont couchées aux
frais. (Catal. des Actes de François Ier, nº 1089. — Arch. de la Haute-Garonne,
C 2277, fos 138-158, et C 993, fo 392.) Quant aux deux autres contrats, voir ibid.,
C 2278, fos 281, 306 vo et C 2280, fos 43 vo-70 vo. — Les receveurs des décimes, de
la solde de 50.000 hommes et des deniers casuels érigés à raison d'un par diocèse
en juin 1557 (Fontanon, t. II, p. 888) ont à peine le temps d'entrer en fonctions.
Les États et le clergé s'unissent pour les faire abolir. (Arch. de la Haute-Garonne, C 2280, fo 195 vo; proc.-verb., nov. 1558. — Arch. de l'Hérault, B 349,
fos 135, 189.)
2. Fontanon, t. II, p. 1129.
3. Créés en juin 1555. (Ibid., t. II, p. 1131.)
4. Ibid., t. II, p. 886.

contrat de septembre 1555, sans avoir réussi davantage à prendre pied en Languedoc.

La conduite des États est fort intelligible. Qu'ils s'en remissent aux magistrats intéressés du soin de racheter, le cas échéant, les offices de judicature, qu'ils en vinssent, de guerre lasse, à tolérer dans l'administration de la justice des innovations préjudiciables au pays, les principes essentiels de sa constitution n'en demeuraient pas moins intacts. Ces principes auraient au contraire subi les plus rudes atteintes si des élus et des receveurs royaux avaient été installés dans les diocèses, si les communautés avaient perdu le droit de gérer librement leurs deniers communs. Les privilèges financiers des villes et ceux des diocèses devaient être sauvés à tout prix. Aussi les offices de finance qui les mettaient en danger ont-ils été, pour ainsi dire, écrasés dans l'œuf.

Les autres, quoi que les États pussent en penser, n'étaient rien moins qu'indifférents.

Dans cette administration, du haut au bas, avant et pendant le XVIᵉ siècle, l'improbité règne sans remède. Le premier, à la tête des finances, Sully, resté honnête homme, y fera pénétrer la lumière, imposera quelque réserve à ses subordonnés ; c'est sa véritable originalité, son meilleur titre de gloire. En augmentant le nombre des officiers, le gouvernement ne pouvait que grossir la bande des voleurs de deniers publics : réforme dont les contribuables ne manquèrent point de se ressentir, car ils en firent les frais.

Les États n'ont même pas aperçu les conséquences du principal changement qui ait alors été introduit dans le personnel et dans les cadres de l'administration des finances, à savoir la réforme des généralités.

A la fin du règne de Charles VII on comptait quatre généralités : Languedoc, Languedoïl, Outre-Seine et Yonne et Normandie. La généralité d'Outre-Seine et Yonne avait été

constituée en 1436, celle de Normandie en 1450[1]; de sorte
que leur apparition coïncide avec la reconquête des régions
septentrionales du royaume. Au début du règne suivant, la
généralité de Languedoc comprenait encore la Guyenne,
qu'elle ne tarda pas à perdre au profit de la Languedoil[2];
mais elle engloba vers le même temps — avant 1471 — les
pays de Lyonnais, Forez et Beaujolais[3]. Vers 1477 ont été
ajoutées aux anciennes généralités celles de Picardie et de
Bourgogne; puis, de Charles VIII à François Ier, celles de
Provence, Dauphiné, Bretagne, Guyenne, tantôt placées
séparément, tantôt groupées à deux ou trois sous l'administration d'un général des finances, mais en tous cas distinctes,
pourvues chacune d'un receveur général. La division du
royaume en généralités était alors assez conforme à son développement historique.

A cette division, les ordonnances de Cognac (décembre
1542) et de Blois (janvier 1552) en substituent une autre
plus commode peut-être, mais purement arbitraire[4]. Le
royaume est partagé en dix-sept généralités, comme plus
tard en départements. La vaste généralité de Languedoil,
déjà démembrée à plusieurs reprises, achève de se désagré-
ger : elle en forme quatre; celles de Normandie et d'Outre-
Seine et Yonne, deux chacune. Les annexes de la généralité de Languedoc en sont détachées pour former celle de
Lyon. Elle-même se dédouble en généralités de Montpellier
et de Toulouse, de façon que l'une corresponde au bas-Languedoc, et que tout le haut pays soit compris dans l'autre[5].

1. De Beaucourt, *Hist. de Charles VII*, t. III, p. 466. — Vallet de Viriville,
Histoire de Charles VII, 1865. 3 vol. in-8°, t. III, p. 206.

2. Vers 1466. Voir plus haut. p. 399.

3. Bibl. Nat., fr. 20491, f° 88; 20493, f° 79; 20497, f°s 22, 23. — Cf. Vaesen et
Charavay, *Lettres de Louis XI*, t. IV, p. 365.

4. Isambert, t. XII, p. 796; t. XIII, p. 236.

5. Chacune contenait onze diocèses : celle de Montpellier les diocèses de Saint-
Pons, Narbonne, Béziers, Agde, Lodève, Montpellier, Nîmes, Uzès, Viviers,

Chacune possède un trésorier-général, un receveur général, plus tard un second receveur alternatif (1553)[1], puis un contrôleur général (1555)[2].

L'organisation des présidiaux n'a brisé que le cadre des sénéchaussées. Celle des généralités est d'une tout autre portée. Les circonscriptions nouvelles accusent en effet la division du pays en deux régions, partage que la nature indiquait et que divers événements survenus au cours des guerres de religion ont rendu plus sensible encore. Or, dans l'ancienne monarchie, nul service n'est aussi favorisé que celui des finances. On lui rapporte tout, parce que l'État dépend de l'aisance et de l'activité régulière avec laquelle il fonctionne. La généralité, dont les limites se confondent d'ordinaire avec celles du gouvernement, est déjà devenue sous François Ier la plus importante des divisions administatives. Quand le pays en forme deux au lieu d'une seule, son unité reçoit une sérieuse atteinte. Assurément, cette unité persiste. Le pays reste uni comme gouvernement et ressort de trois Cours souveraines, sans parler du lien plus solide encore que lui procurent les assemblées d'États. Mais à cette époque le pouvoir central, toujours plus fort et mieux organisé, travaille à se substituer, soit au Parlement, soit au gouverneur. Dans la pratique il ruine d'année en année et

Le Puy, Mende; celle de Toulouse les diocèses de Toulouse, Lavaur, Rieux, Comminges, Montauban, Saint-Papoul, Carcassonne, Aleth et Limoux, Mirepoix, Albi, Castres.

1. Fontanon, t. II, p. 827; août 1553. — Un édit d'oct. 1554 rend alternatifs presque tous les offices des comptables (*Ibid.*, t. II, p. 1137). Mais bon nombre ont été remboursés par les anciens officiers, par exemple en Languedoc les grénetiers et les contrôleurs alternatifs des greniers à sel, en sept. 1555. (Arch. de l'Hérault, B 349, f° 351.)

2. Fontanon, t. II, p. 831; févr. 1555. — Quant aux deux collecteurs établis en juin 1555 dans chaque recette générale pour poursuivre les comptables et fermiers en retard (*Ibid.*, t. II, p. 887), les États les font supprimer, au mois de septembre suivant, dans l'intérêt des receveurs particuliers des diocèses. — Il est à remarquer que, malgré cette réorganisation, le très ancien office de trésorier du domaine subsiste dans chaque sénéchaussée.

leur puissance et la valeur effective de la vieille circonscription qu'ils occupaient.

CHAPITRE III

LE CONSEIL D'ÉTAT. — PROGRÈS DE SON AUTORITÉ EN LANGUEDOC.

Une monarchie qui tend à devenir absolue s'accommode de
la séparation des pouvoirs, non de la dispersion de l'autorité souveraine. L'une lui rend l'administration plus facile,
l'autre va contre son principe, en vertu duquel un acte souverain doit émaner de la personne royale.

Les gouverneurs de Languedoc, quoiqu'ils ne fussent pas
tout à fait souverains en théorie, le furent longtemps dans
la pratique. Les Cours, telles que Parlement de Toulouse,
Cour des aides et Chambre des comptes de Montpellier
étaient souveraines et de droit et de fait. Les uns et les
autres siégeaient fort loin des lieux où d'ordinaire le roi
séjournait. Séparés du gouvernement central, en partie
soustraits à son influence, ils subissaient d'autant plus
facilement celle du pays — doté d'une organisation si personnelle et si vivante — qu'ils avaient à administrer. Lorsque le Parlement de Toulouse prétendait identifier et confondre avec la sienne propre l'autorité du monarque, c'était
en vertu d'une sorte de fiction, et la fiction devenait
insoutenable lorsqu'il libellait au nom du roi des arrêts
directement contraires aux décisions royales.

Plus il y eut dans le royaume de gouverneurs, de Parlements et d'autres Cours, plus on vit le pouvoir souverain
réagir, afin de recouvrer l'unité qui était dans sa nature.

Il reflua de ces institutions lointaines vers le Conseil d'État qui se tenait auprès du roi. Seul, ce corps fut vraiment souverain, parce qu'il recevait du monarque lui-même ou de ses agents immédiats l'inspiration, le mouvement.

1º LE GRAND CONSEIL ET LE CONSEIL PRIVÉ.

Plusieurs auteurs ont montré, aussi clairement que le permet la matière, comment, de Charles VII à Henri II, le Conseil du roi s'est partagé en sections afin de mieux pourvoir à la multitude croissante des affaires de toute espèce qu'il ne cessait d'attirer à lui[1]. Dès le commencement du règne de Louis XI, le « grand Conseil », comme on l'appelait depuis plus d'un siècle, avait des occasions si nombreuses d'exercer sa juridiction qu'une partie des membres dont il se composait fut habituellement réunie en Cour de justice. Ce fut une Cour suprême, principalement destinée à connaître par tout le royaume des conflits de juridiction entre Cours souveraines et des causes évoquées par le roi. En elle s'est perpétué le nom de grand Conseil. Sous Charles VIII et Louis XII, elle s'organise et se distingue du reste du Conseil au point de se transformer par degrés en une sorte de Cour souveraine.

Cette dissociation est un événement de grande portée parce qu'elle indique un accroissement d'activité de la part du gouvernement royal, un changement dans son esprit et dans sa politique. En Languedoc on en a promptement

---

1. Voir entre autres : Rodolphe Dareste, *La justice administrative en France*, 1862, in-8º. — Aucoc, *Le Conseil d'État avant et depuis 1789*, 1876, in-8º. — Decrue, *De consilio regis Francisci I*, 1885, in-8º. — Surtout N. Valois, *Le Conseil du roi et le Grand Conseil pendant la première année du règne de Charles VII* dans la Biblioth. de l'École des Chartes, 1882, 1883; Introduction à l'*Inventaire des Arrêts du Conseil d'État*, 1886, in-4º; *Le Conseil du Roi aux* XIVe, XVe *et* XVIe *siècles*, 1888, in-8º.

éprouvé les effets; mais elle restait au dehors des moins
apparentes. Les États du pays n'en tiennent aucun compte.
Jusqu'au règne de François Ier ils ne connaissent et ne nomment dans leurs procès-verbaux et dans leurs requêtes que
les gens du grand Conseil, entendant par là, selon l'ancien
usage, tous les conseillers du roi. En novembre 1513, les
instructions des délégués qu'ils envoient en cour portent
qu'ils s'adresseront au duc de Bourbon, gouverneur, à messieurs d'Albi et de Saint-Malo « pour avoir audience devers
le roi et son grand Conseil, où il serait bon pour le pays que
nosseigneurs du sang et prélats et autres fussent présents,
pour faire les remontrances et doléances du pays. » Il est
clair que ce grand Conseil n'est pas la Cour de justice [1]

Dans l'assemblée de novembre 1531, pour la première fois,
il est fait mention du « Conseil privé » [2]. Ce nom, que d'ailleurs on associe encore à celui de grand Conseil, désigne la
section du Conseil d'État qui va s'occuper de la façon la plus
directe et la plus active de l'administration intérieure, à
laquelle vont aboutir toutes les causes d'intérêt public, toutes
les doléances du pays. A partir de 1539, dans les rapports
des États avec le pouvoir royal, il n'est plus question du

1. Arch. de l'Hérault, *Del.*, t. II, f° 125.
2. Arch. de la Haute-Garonne, C 2277, f° 184 v°. Procès par devant « le grand
Conseil et privé du roy, nostre sire ». — La même assemblée charge le sieur Bertrandi, ancien syndic, devenu conseiller du roi en son grand Conseil, de poursuivre les affaires et procès du pays « tant envers le roy, son Conseil privé et
grand Conseil, aussi à la Cour de Parlement de Toulouse ». Aux États suivants,
d'octobre 1532, Bertrandi rapporte qu'il a dû suivre la cour en Bretagne, et
comme « monseigneur reverendissime légat, chancellier, et monseigneur le
grand maistre ne se assemblerent, ne leur peult communicquer iceux afferes et
obtenir les provisions necessaires, jusques feurent au lieu du Verger ». Ainsi le
« privé Conseil » est constitué lorsque Duprat et Montmorency se réunissent.
(*Ibid.*, f° 513.) Le sieur de la Terrasse, envoyé en cour par les États d'oct. 1536,
rapporte à l'assemblée suivante les réponses faites aux doléances « par messieurs
du Conseil estroit, signées Bayard ». (*Ibid.*, C 2278, f° 46; proc.-verb. nov. 1537.)
Il ne paraît donc pas qu'il y eût alors quelque différence entre le Conseil étroit
et le Conseil privé.

grand Conseil [1]. Le Conseil privé se dégage aussi, vers le
même temps ou peu après, du « Conseil des affaires », plus
restreint, consacré particulièrement aux grandes affaires de
l'État, à la politique étrangère [2].

Le phénomène d'adaptation qui se produit au sein du
Conseil du roi résulte des progrès du pouvoir central et les
favorise. Le Conseil privé se forme pour diriger l'administration qui se complique et s'augmente, pour remplir les
attributions enlevées aux autorités locales, bref, pour donner
à toutes les parties du royaume l'impulsion maîtresse,
unique [3].

2° RAPPORTS DU CONSEIL AVEC LES COURS SOUVERAINES. — ÉVOCATIONS.

On a vu que les habitants de Languedoc, une fois pourvus
de Cours souveraines, tinrent qu'ils étaient dorénavant justiciables d'elles seules et qu'on ne pouvait les contraindre à
plaider hors de leur ressort.

Cette conclusion, très fondée au regard de leurs besoins,
était en droit moins solidement établie, bien que les Cours
intéressées eussent employé toute leur autorité soit à la traduire en faits, soit à la réduire en principe. En effet, les
rois ne cessèrent point de se réserver le pouvoir de faire
juger les causes où bon leur semblait et de les évoquer

---

1. En 1540 le roi retient la connaissance d'un procès relatif aux tailles « en
son Conseil privé, privativement à tous Parlements et au grand Conseil », et le
termine par lettres du 17 juin de la même année. (*Ibid.*, f° 128 v°.)

2. Decrue (*De consilio*, etc., p. 69) indique pour dates les années 1542 et 1543.
— C'est à ce conseil que l'épithète d'« étroit » est restée. — Cf. Chéruel, *Diction-
naire historique des Institutions*, au mot CONSEIL D'ÉTAT; règlement de 1547.

3. De là, disent au roi les États dans leurs doléances, « viennent les premiers
mouvements de l'administration et direction de cestuy vostre royaume, comme
de la principalle fontaine et source ». (Arch. de l'Hérault, *Dol.*, t. supplém.,
f° 93; cah. de déc. 1568, art. 15.)

devant eux, en leur Conseil [1]. Il y avait au fond de ces prétentions opposées tout autre chose qu'une rivalité de juridiction. En un temps où les procès entre clercs, seigneurs,
villes, diocèses et pays avaient si souvent une portée politique, où la justice administrative, le contentieux et la justice civile et criminelle étaient réunies entre les mêmes
mains, où les points de droit public les plus importants
étaient fixés par décisions judiciaires, les Cours souveraines
participaient à la puissance politique de la royauté qu'elles
limitaient d'autant. Il s'agissait de savoir si, dans leur ressort, celle-ci leur abandonnerait entièrement, sans conteste,
avec l'exercice de la justice souveraine une large part du
pouvoir législatif et du gouvernement.

De telles concessions ne convenaient guère aux traditions
monarchiques, encore moins aux événements qui se succédèrent du xvᵉ au xviᵉ siècle. Il suffisait que le royaume
eût été partagé en plusieurs ressorts pour qu'il devînt
nécessaire d'en faire observer les limites. Entre Cours souveraines des conflits s'élevaient que le roi seul avait qualité pour régler : par exemple, à propos de la traite foraine,
de la gabelle du sel. Nombre de maisons féodales dont les
fiefs étaient disséminés se trouvèrent placées en différents
ressorts, relevant à la fois de divers Parlements ou Cours
des aides, — à plus forte raison, grâce à l'extrême dispersion des bénéfices, la plupart des évêchés, abbayes,
aumôneries, hôpitaux. Pour éviter les contestations et les
frais, seigneurs et gens d'Eglise sollicitèrent du roi des
lettres de *committimus*; chacun d'eux obtint que tous ses
procès fussent remis à une seule Cour, au détriment des
autres. Certaines catégories de personnes étaient même soustraites à la juridiction des Cours régionales : les pairs de

---

1. *Ord.*, t. XIII, p. 49; juill. 1463. — Lafaille, *Annales de Toulouse*, t. I, p.
p. 116, etc.

France ne plaidaient qu'au Parlement de Paris, les officiers, « domestiques et commensaux » du roi qu'aux Requêtes de l'Hôtel.

Mais voici le point principal : les Cours de Languedoc sont devenues quelque peu suspectes à la royauté, suspectes de nourrir un attachement trop vif à l'endroit des libertés du pays. Ces grands corps, fidèles à leurs traditions, ne se départaient pas volontiers des règles juridiques qu'ils avaient une fois adoptées. Mêlés comme ils étaient aux affaires du pays, grandes et petites, ils avaient étendu ces règles à tous les principaux points du droit public et administratif. D'ordinaire ils les avaient conçues dans un esprit conforme au droit, aux mœurs et coutumes qu'ils trouvaient en vigueur dans l'étendue du ressort. Aussi la royauté, lorsqu'elle a prétendu réagir contre ces mœurs et privilèges, a-t-elle rencontré devant elle en bien des cas la jurisprudence du Parlement de Toulouse. Pour écarter l'obstacle, elle s'est bornée à accaparer les causes dont le Parlement aurait dû décider, à trancher les questions importantes sans que désormais il y fût admis.

D'ailleurs, les magistrats étaient pour la plupart d'humeur guerroyante. Ils ne manquaient pas d'ennemis et ne les ménageaient point. En corps, ils se montraient parfois incapables de faire prévaloir la justice ou l'intérêt public sur leurs intérêts et sur leurs passions privées. Ce fut bien pis, quand la vénalité des offices eut diminué leur valeur intellectuelle, abaissé leur moralité, généralisé les « parentèles ». Les plaideurs qui avaient à craindre la puissance de quelque ligue formée au profit de leurs adversaires, ou ceux qui ne se fiaient pas à la bonté de leur cause, eurent à leur disposition force motifs ou prétextes de suspicion contre les membres du Parlement, contre les généraux des aides. Ils les récusaient en masse et s'efforçaient de faire porter leurs procès au grand Conseil, tantôt afin d'y trouver des juges

plus équitables, tantôt pour accabler de longueurs et de
frais la partie adverse; car au grand Conseil un procès
durait vingt ans et plus[1].

Les évocations semblent assez rares au milieu du XVe siècle. Charles VII défend à son Conseil de connaître des
« débats de partie à partie ». Le Conseil refuse de s'ériger
en juge au-dessus de la Cour de Parlement, « qui, dit-il, est
souveraine. » Il repousse les requêtes à fin d'évocation, ou,
s'il les accueille, c'est pour transférer le procès d'une Cour
à une autre, par exemple, du Parlement de Toulouse à celui
de Paris[2].

Il faut rapporter à Louis XI et surtout aux gens de son
entourage l'initiative d'évocations très différentes, qui ont
amené procès et plaideurs par-devant la section judiciaire
qui commençait à s'organiser au sein du Conseil d'État[3].
Ensuite elles sont devenues de plus en plus fréquentes. Les
« innumérables évocations » forment l'un des principaux
thèmes de doléances aux États de 1482, 1483, puis à toutes
les autres assemblées. Dans les actes d'octroi du temps de
Louis XII revient cette formule, que les gens du pays accordent les subsides à condition que « la souveraineté et dernier ressort sera gardé et entretenu à la Cour de Parlement

1. Bibl. Nat., lat. 9181, fo 22; cah. d'oct. 1554. Tous étant parents, disent les États, « l'un récusé, les autres sont récusables », etc. — Arch. de la Haute-Garonne, sér. B, Arrêts, t. XIV, fo 390, etc.; Édits, t. IV, fo 224; V, fo 190; VII, fo 63. Ordonnances du 14 avril 1540, de mai 1546, du 21 mars 1554 contre les récusations dans le ressort du Parlement de Toulouse. Toutes constatent la facilité avec laquelle on admettait les allégations produites à propos d'alliances et degrés de consanguinité entre membres des Cours souveraines du pays, ou contre leur honneur, ou contre leurs intentions présumées. — Cf. l'édit général de la Bourdaisière, dans Isambert, t. XII, p. 312, et celui de juill. 1539. (Ibid., p. 575.)

2. N. Valois, Fragment d'un registre du grand conseil de Charles VII (mars-juin 1455), dans l'Ann.-Bulletin de la Soc. de l'Hist. de France, 1882, p. 279; 1883, pp. 220, 210. — Encore le Parlement de Toulouse refuse-t-il obstinément d'obtempérer aux lettres d'évocation. (Arch. de la Haute-Garonne, sér. B, Arrêts, t. I, fos 133, 277.)

3. Ord., t. XIX, p. 285.

de Toulouse, et que les évocations énervatives de leurs privilèges cesseront et seront cassées, sans à icelles obtempérer[1] ».

Il n'y a pas de niveau, de mesure certaine qui permette d'évaluer avec exactitude le flot montant des évocations; mais, sans contredit, il s'élève sous François 1er plus vite qu'autrefois, sans que la résistance des Parlements ni les ordonnances royales parviennent à le ralentir. Au temps du chancelier Poyet, le Conseil privé entre en concurrence avec le grand Conseil, et bientôt attire à lui toutes sortes d'affaires. Au lieu d'un ennemi, les anciennes Cours en ont deux, dont le dernier venu sera le plus redoutable. En mai 1519, le Parlement de Toulouse pouvait faire une longue énumération des jugements dont il était à ce moment frustré[2]. Une liste analogue, dressée en mars 1554, ne comprend pas moins de seize cas[3]. Le Parlement se voyait arracher sa juridiction pièce à pièce, moins en vertu d'articles de lois que par l'usage quotidien. Resté de nom souverain, il passait effectivement à l'état de cour subalterne.

Les évocations ont été fréquemment données, même en matière criminelle, au grand scandale du Parlement et des États, qui voyaient les coupables s'assurer ainsi l'impunité[4].

---

1. Arch. de la Haute-Garonne, C 993, f° 79.

2. Arch. de l'Hérault, *Ordonnances et Arrêts*, t. IV, n° 29.

3. Arch. de la Haute-Garonne, sér. B, *Édits*, t. VII, f° 63.

4. Sous Louis XI, le grand Conseil attirait à lui déjà des procès criminels du ressort du Parlement de Toulouse. Un de ces procès, inséré tout au long dans les registres du Parlement (*ibid.*, t. I, f° 147 v°; 1er mars 1481), n'est pas moins curieux pour l'étude des mœurs du temps que pour celle de la procédure suivie au grand Conseil. — Quant au XVIe siècle, voir *ibid.*, C 2277, f° 239 v° et C 994, f° 300, cah. de déc. 1523, art. 11. Aux plaintes des États de janv. 1523 François 1er répond : « Ledit seigneur (roi) a très odieuses les evocacions et luy deplaist grandement quand luy en convient bailler ». Il ajoute que, de son règne, il n'en a octroyé qu'une en matières criminelles. (Arch. de l'Hérault, *Dol.*, t. II, f° 153; art. 15). — Cf. *Catal. des Actes de François 1er*, n° 8243; Arch. de la Haute-Garonne, sér. B, *Arrêts*, t. XIV, f°s 216, 257 et suiv., 390, etc.; l'édit de la Bourdaisière, art. 8; l'édit de nov. 1535. (*Catalogue*, etc., n° 8179).

Elles n'ont pas seulement attiré au grand Conseil, au Conseil privé, les procès naissants ou restés en litige, mais aussi les causes jugées. Les conseillers du roi ne se font pas faute de reviser les arrêts du Parlement et des autres Cours. Ils les déclarent entachés d'erreurs matérielles ou bien opposés au texte des ordonnances, à d'autres arrêts, à leur propre jurisprudence. Ils les cassent, les annulent; les évocations suivent, celles-là véritablement subversives de l'ordre antérieur, destructives de la souveraineté des Cours de Languedoc[1]. Moins d'un demi-siècle après qu'elles ont été créées, les plaideurs méridionaux ont déjà repris le chemin de Paris et des résidences royales.

Si de menues affaires, n'intéressant que les particuliers, étaient débattues aux Conseils royaux, à plus forte raison en fut-il ainsi pour les grandes, où l'intérêt public et celui du roi pouvaient paraître engagés. Dès le début du règne de Charles VIII la tradition sur ce point était établie. L'édit qui renvoie à chaque Parlement les causes évoquées en excepte « les procès d'importance », dont les gens du grand Conseil auront à connaître[2]. Louis XII constate que par-devant eux ont été et sont introduites les principales affaires du royaume « tant héréditaires, bénéficiales qu'autres[3] ».

Bon nombre des débats si fréquents et si compliqués que faisaient naître les successions féodales, les droits seigneuriaux, ont été transportés hors du pays. Plus important était l'objet en litige, plus il y eut de chances pour que le Parlement de Toulouse en fût dessaisi[4].

1. Caseneuve, *Chartes*, p. 52. — Cf. l'ordonnance citée de mars 1554 et celle du 21 nov. 1559 (Arch. de la Haute-Garonne, sér. B, *Édits*, t. VII, fº 236. — Cas particuliers, *ibid.*, C 2276, fº 320 vº, janv. 1511; *Catal. des Actes de François Iᵉʳ*, nº 361; Bibl. Nat., fr. 18153, fº 229 vº, 29 avr. 1551, etc.

2. Arch. de la Haute-Garonne, sér. B, *Édits*, t. II, p. 47, 8 mars 1484.

3. *Ord.*, t. XXI, p. 56; 13 juill. 1498.

4. Arch. de la Haute-Garonne, sér. B, *Arrêts*, t. I, fᵒˢ 137, 277; t. III, fᵒˢ 78 147, 148, etc. Les exemples abondent à tel point qu'il est difficile de faire un choix dans la masse.

Cette Cour, à la première période de son existence, puis après son rétablissement, avait connu de toutes les matières bénéficiales, des procès considérables que soulevaient dans le ressort d'ardentes et continuelles compétitions pour les bénéfices. Sous Louis XI, ils sont si souvent évoqués au grand Conseil, qu'en 1484 le roi transforme l'usage en une règle précise, que plusieurs édits ont confirmée au cours du siècle suivant[1].

Les contestations engagées à propos d'offices échappent au Parlement de bonne heure, avant l'époque où, rendues innombrables par la vénalité et la multiplication des charges, elles auraient le plus aisément établi son influence sur l'administration, et le mieux servi son autorité politique[2]. C'est justement pour cette cause que la royauté l'empêche d'en connaître. Elle a soin de se réserver les affaires qui intéressent le gouvernement politique et les droits de l'État.

Les causes relatives au domaine, où les droits du roi se trouvaient en présence avec ceux des particuliers, des villes, du pays, sont ramenées en 1543-1544 à la Chambre du Trésor, qui venait d'être créée au sein du Parlement de Paris. Toutes y vont en appel, les principales en première instance. Peu après, les gens de Languedoc obtiennent pour leur compte la révocation de ces mesures[3]. Mais la juridiction de leur Parlement n'en prospère pas davantage. En effet, dès le règne de Louis XI, les causes domaniales de

1. Voir les ordonnances citées des 8 mars 1484, 13 juill. 1498. — Cf. celles des 24 juill. 1527, 9 juill. 1549, sept. 1552 (Isambert, t. XII, p. 275 ; XIII, pp. 101, 284) et, aux Arch. de la Haute-Garonne, sér. B, les affaires relatives aux évêchés de l'amiers (*Arrêts*, t. III, f° 317), de Montauban (t. VIII, f° 558), de Tarbes et du Puy (t. XVI, f° 146 v°), de Cahors (t. XVI, f° 312), etc.

2. Voir l'ordonnance du 8 mars 1484, et celles du 25 oct. 1529, d'août 1539 (Isambert, t. XII, f°s 332, 592).

3. Fontanon, t. II, pp. 245, 247, 248 ; mai 1543, janv. et févr. 1544. — Arch. de la Haute-Garonne, sér. B, *Édits*, t. V, f° 189 ; mai 1546. — *Ibid.*, C 2278, f° 228 v° ; juin 1544.

quelque importance ont été évoquées presque sans exception : au xvie siècle, la règle est absolue, surtout quand les privilèges du pays sont en jeu. Voici quelques exemples : en 1522, transfert au grand Conseil du procès des francs-fiefs et amortissements; en 1539, évocation au Conseil privé de l'éternel procès des francs-alleux[1]. En 1543, les États faisaient poursuivre au grand Conseil un procès concernant la traite foraine[2]. François 1er en évoque un autre, alléguant que les magistrats du Parlement sont favorables à l'une des parties, aux riches marchands de Toulouse, « et journellement marient leurs fils avec ceulx desdits marchands[3]. »

Au Conseil du roi vont les affaires de gabelles, d'équivalent, toutes celles qui touchent aux tailles, aux emprunts, en général aux deniers royaux. Qu'il s'agisse de borner un ressort, de fixer la généralité dans laquelle les habitants d'une terre ou paroisse seront contribuables, qu'une personne ou catégorie de personnes prétendent à quelque exemption de tailles, c'est le grand Conseil qui juge; plus tard, le Conseil privé. Tandis que les décisions en pareille matière remplissaient au xve siècle les registres du Parlement et des généraux des aides, au siècle suivant la première des deux Cours n'en prend plus guère, l'autre beaucoup moins[4]. Ainsi pénètre en Languedoc la règle uniforme, imposée d'en haut. Le gouvernement central par-

---

1. Arch. de la Haute-Garonne, C 2277, f° 208; C 2278, f° 94.

2. *Ibid.*, C 993, f° 124. — Cf. *H. L.*, t. XII, pr. n° 152.

3. Arch. de Toulouse, *Reg. des trésoriers généraux*, . II, f° 913. — Cf. Arch. de la Haute-Garonne, C 2277, f° 380; C 2278, f° 289 v°.

4. Telle est l'impression qui se dégage de faits d'ailleurs trop nombreux pour que l'on puisse les énumérer. Elle résulte d'un examen attentif des procès-verbaux des États, des arrêts du Parlement de Toulouse, des registres de la Chambre des comptes de Montpellier, des arrêts du Conseil d'État. Ceux-ci ne commencent, il est vrai, qu'en 1566 (Bibl. Nat., fr. 16221 et suiv.); mais voy. *ibid.*, le registre de Bochetel, secrétaire des finances (5127, f° 47). La Chambre des comptes elle-même voyait infirmer ses arrêts (*Catal. des Actes de François Ier*, n° 6780).

vient à régler de la façon la plus directe les affaires de
finances, celles où ses intérêts les plus pressants étaient
engagés, celles aussi qui, se multipliant par suite de l'accroissement des impôts, devaient lui donner la plus forte
prise sur les contribuables. Il suffit, pour que le Conseil
d'État s'empare d'une contestation financière, qu'un nombre
plus ou moins grand de personnes, que des communautés
ou le pays y soient mêlés, sans que d'ailleurs le roi y soit
pour rien. Qu'un seigneur ait maille à partir avec ses sujets
à propos de droits utiles, le Conseil intervient, la plupart
du temps à la requête de l'une des parties. Quant aux
péages seigneuriaux, des édits exprès en ont remis la connaissance au grand Conseil [1].

La prééminence absolue du Conseil royal, sa maîtrise sur
les Cours souveraines est donc un fait acquis à la fin du
règne d'Henri II. Son action s'étend de la sentence judiciaire
à la décision administrative, aucune frontière entre l'une et
l'autre n'ayant encore été tracée. Très souvent ses arrêts
s'expriment sous forme de lettres patentes et de mandements,
qui ne se distinguent des ordonnances que par l'objet plus
spécial et par l'étendue moindre. Il administre en même
temps qu'il juge, et légifère en même temps qu'il administre.

Pourtant cette prééminence est encore loin de porter
toutes ses conséquences pratiques. Les Cours de Languedoc,
et particulièrement le Parlement de Toulouse, ont conservé
au xvie siècle, plus qu'il ne semblerait au premier abord,
de l'indépendance et de l'autorité; car leur puissance faisait
partie d'un système politique qui ne pouvait tout d'un coup
disparaître au profit du système nouveau. Souvent le gouvernement royal hésite entre l'un et l'autre, de sorte qu'aux
édits les plus défavorables à la Cour de Parlement succè-

---

1. Édits des 28 sept. 1531, 23 juill. 1537, cités dans l'ordonnance de septembre 1552.

dent des édits opposés qu'elle a mis à profit pour retarder les progrès de ses adversaires. L'ordonnance du 8 mars 1484 interdit absolument en Languedoc les évocations de toute espèce, bien qu'un édit général, rendu le même jour, contienne à cet égard des réserves fort importantes. L'édit de la Bourdaisière, du 18 mai 1529, et plusieurs autres tendent à restreindre le « nombre effréné » des évocations. Le 15 mai 1546, le 21 mai 1549, le roi défend que personne en Languedoc, même ses officiers domestiques. soit admis à se servir de lettres de *committimus*[1]. En mars 1547, il rend aux Cours souveraines leur compétence en matière bénéficiale[2]. Toutes ces dispositions ont été renouvelées à plusieurs reprises : ainsi. en mars 1554, dans une ordonnance considérable, particulière au pays. Toutes furent plus ou moins directement inspirées par le Parlement et les États, prises à leur requête.

Les magistrats toulousains comptaient moins sur leurs propres efforts que sur ceux de leurs « très chers et honorés seigneurs et frères, messieurs les gens des trois États du pays de Languedoc[3] ». Chaque année, l'un d'eux, ou le procureur général, ou le syndic de la sénéchaussée de Toulouse, venait dénoncer à l'assemblée les évocations et la prier d'agir afin que les gens de la Cour ne fussent point à la fin contraints d'obtempérer aux ordres du Conseil, « que seroit. disait-il, dommage irréparable audit pays. » Les États n'y manquaient pas et parfois obtenaient gain de cause. Le Parlement doit à leur appui, pour la plus grande part, les demi-succès qu'il a remportés. Mais il savait aussi se défendre lui-même, châtiant sévèrement ceux qui osaient appeler de ses sentences, obligeant un notaire à faire amende

---

1. Arch. de la Haute-Garonne, sér. B, *Édits*, t. V, fo 187 vo ; VII, fo 110. — Arch. de l'Hérault, *Ord. et Arrêts*, t. IV, nᵒ 29.

2. Isambert, t. XII, p. 908.

3. Telle était la suscription des lettres que le Parlement adressait aux États

honorable à genoux, et décrétant que l'acte d'appel dont il
s'était rendu coupable serait devant lui « rompu et dila-
nié[1] ». Il résistait aux évocations avec tant d'énergie, qu'en
1509 le paternel Louis XII le menaça d'envoyer à Toulouse pour se faire obéir le sieur de la Trémoille avec
deux cents hommes d'armes et cinq cents archers de sa
garde[2]. Bien qu'ensuite elle n'osât plus pousser à tel point
les choses, la Cour n'a pas cessé de connaître des causes
évoquées au Conseil.

Parmi tant d'édits contraires, elle ne tenait pour valables
que ceux qui confirmaient ses droits. Quant aux autres, elle
ne les insérait même pas dans ses registres, et feignait volontiers d'en ignorer l'existence. Le Conseil du roi pouvait lan-
cer des lettres d'évocation, rendre des sentences provisoires
ou définitives. A les faire exécuter il n'avait pas toujours
beau jeu. Le Parlement ne souffrait pas qu'elles fussent
appliquées dans son ressort sans sa permission et ses lettres
de *pareatis*, qu'il faisait attendre longuement. Cependant, le
procès se plaidait devant lui, jusqu'à ce que, l'affaire terminée, il pût débouter de sa requête le commissaire du Conseil[3]. Il s'en faut que, malgré la supériorité de sa puissance,

---

1. Arch. de la Haute-Garonne, sér. B, *Arrêts*, t. V, f° 215. — La Cour faisait
régulièrement prendre au corps et mettre en prison, à la Conciergerie, les porteurs ou exécuteurs de lettres d'évocation. En 1515, 4 août, le procureur général
et l'avocat du roi lui représentent vivement les inconvénients personnels que
leur attirent ces procédés sommaires, et la Cour décide d'y renoncer. (*Ibid.*
t. XVI, f°⁸ 146, 200, 220, 225.)

2. Sur cet épisode vraiment remarquable voir, outre les pièces publiées par
Lafaille (*Ann. de Toulouse*, t. I, pr. p. 116), les *Arrêts* de la Cour, t. XIV, f°⁸ 386,
566 et suiv., 571, 578-593, 639-642, 649, 669 (févr. 1510-févr. 1511).

3. La Cour faisait écrire au bas de chaque lettre d'évocation la formule : « Os-
tendatur procuratori regis, syndico patrie et parti »; car elle voulait que la lettre
fût « débattue ». Aussi défendait-elle aux huissiers de les « exploiter » sans
« préalablement les lui avoir communiquées et exhibées ». (Arch. de la Haute-
Garonne, sér. B, *Arrêts*, t. XVI, f° 312.) Dans l'arrêt cité, du 4 août 1515, tout en
concédant que « dorénavant les exécuteurs des évocations ne seroient pris au
corps » elle décidait « que lesdites lettres d'évocation seroient prises et retenues
devers la Cour, et qu'elle, nonobstant quelconques évocations et interdictions,

ce dernier corps ait eu dans tous les cas raison de la résistance opiniâtre ou de la force d'inertie que lui opposaient les Cours souveraines favorisées par les traditions, la distance et la complicité du pays. Il n'a triomphé qu'après une longue lutte, aux multiples péripéties, en somme après les guerres de religion.

Enfin les lettres patentes, les pièces de portée législative qui manifestaient la volonté royale et les décisions du Conseil privé n'acquéraient de valeur légale qu'après avoir été enregistrées par le Parlement, par la Cour des aides, par la Chambre des comptes, de sorte qu'elles étaient soumises à la censure et au visa de ces Cours ou de l'une d'elles. A la fin du XVe siècle, les sévères leçons infligées par Louis XI ont porté leurs fruits. Le Parlement de Toulouse ne risque plus un refus absolu de publier les lettres qui lui déplaisent. Mais, avant de s'y résoudre, il se laisse encore, sous François Ier et sous Henri II, adresser trois ou quatre jussions. Il a soin, le cas échéant, de prévenir les États ou l'un des syndics du pays, afin de recevoir leur opposition et d'en étayer la sienne. Si donc le Parlement ni les États ne sont plus appelés, sauf exceptions très rares, à concourir à l'œuvre législative, ils peuvent, quand ils la jugent contraire à leurs intérêts, la ralentir, l'arrêter même, au point d'en atténuer et parfois d'en supprimer les effets.

Mais à mesure que l'on avance dans le XVIe siècle, on voit s'affaiblir la bonne entente qui avait autrefois régné entre la Cour et l'assemblée. Les efforts incessants des magistrats pour s'affranchir de la taille, leur conduite souvent contraire au bien de la justice comme à celui du pays, le déclin de la confiance qu'ils s'étaient attirée, tout conspire à graduellement écarter d'eux les États. Ceux-ci, malgré leur

feroit et administreroit justice à tous ceux qui la requerroient ». De même en 1425. (*Ibid.*, t. XX, fo 570 ; XXI, fo 6, 10, 12.) — Cf. Isambert, t. XIII, p. 459 ; septembre 1555.

peu de goût pour les évocations, n'hésitent pas à s'adresser
au grand Conseil, au Conseil privé, à « se pourvoir de tous
les remèdes de justice », même contre les arrêts du Parlement de Languedoc[1]. De leur côté, les Cours souveraines
commencent à publier les édits royaux, sans que le syndic
du pays ait reçu d'elles aucun avis préalable[2]. Comme elles
prennent l'habitude de céder plus facilement à la volonté du
roi, les États se lassent de formuler en Parlement ou ailleurs
des « oppositions » inutiles. Ils suivent le conseil que leur
donnait en 1541 le chancelier de France : leurs réclamations
s'adressent au roi, c'est-à-dire au Conseil d'État, devant
lequel se terminent les plus gros procès, qui dispense les
faveurs politiques et administratives[3].

Dès le début du xvi° siècle, peut-être avant, les États
ajoutent aux procureurs qu'ils entretenaient près les Cours
du pays un procureur, puis en 1535 un solliciteur au grand
Conseil[4]. Vers 1541 ces agents sont commis « au grand et

1. *Ibid.*, C 2277, f° 81 ; proc.-verb. oct. 1516. — Dans le cahier cité, d'oct. 1554,
les États conviennent que « plusieurs parties plaidans sont constrains fere evoc-
quer leurs procès de ladite Cour, tellement que les principaux procès d'icelles et
d'importance sont aujourd'huy évocqués et relevés ailleurs » ; car autrement on
ne pourrait « obtenir justice ». — Voir plus haut, pp. 414, 415.
2. Arch. de Toulouse, AA 88, cah. de nov. 1558, art. 5, 6. Les États demandent
au roi, non sans quelque naïveté, qu'il enjoigne aux Cours souveraines de ne point
publier « de lettres, edits ne autres provisions où le pays puisse avoir interest
sans appeler ledit syndic, et recevoir où besoin sera son opposition pour deduire
et remonstrer les interests du pays, les infractions et contraventions aux privileges d'iceluy ».
3. Arch. de la Haute-Garonne, C 2278, f° 216. Le capitoul de Toulouse, que les
États avaient délégué à Lyon, auprès du roi, leur rapporte qu'il a dit à M. le
chancelier « que la Cour de Parlement et autres juges avoient désiré ouyr l'avocat et syndic du pays de Languedoc pour remonstrer les commodités des edictz
et ordonnances faictz par le roy, envoyés audit pays pour les publier, et que
mondit seigneur le chancelier luy avoit respondu qu'il ne seroit requis d'en faire
plaincte aux Courtz souveraines, mais se falloit retirer au roy et son Conseil
privé ... pour y estre pourveu par ledit seigneur comme de raison ».
4. Le procureur était d'abord désigné par les procureurs ou syndics des sénéchaussées (*ibid.*, C 2276, f° 62 v°; oct. 1502), et recevait une indemnité annuelle
de 10 livres seulement, « sans conséquence ». (*Ibid.*, C 993, f°ˢ 129, 164 v°.) Le
solliciteur eut 100 livres de gages. (*Ibid.*, C 2278, f° 12 v°; oct. 1535.)

privé Conseil ». Leur nombre variait selon la quantité des
affaires engagées. Le plus important fut bientôt le solliciteur
au Conseil privé. En mars 1515 le secrétaire du comte d'En
ghien, gouverneur de Languedoc, occupait cette charge[1].
Les États avaient soin de recommander le solliciteur aux
grands personnages que leurs fonctions passées ou présentes invitaient à s'occuper plus spécialement des affaires
du pays. Ils voulaient qu'il eût entrée au Conseil, qu'il y fût
bien reçu, qu'il pût, avec des chances de succès, y soutenir
les intérêts qui lui étaient confiés, y remontrer leurs doléances[2].

Les grandes villes imitent cet exemple. Depuis 1553
Toulouse dépense annuellement 200 livres pour avoir un
solliciteur à la cour[3].

États et villes s'évertuent à gagner des appuis au sein du
Conseil. Outre leurs agents officiels, il se ménagent auprès
du roi des protecteurs dont ils achètent le droit de solliciter
le concours : c'est le gouverneur, par exemple, ou le général
des finances, le gouverneur surtout.

3° COMMENT LE POUVOIR DES GOUVERNEURS S'EST AFFAIBLI ET TRANSFORMÉ.

Au XVI° siècle le gouvernement de Languedoc, bien que
singulièrement diminué d'étendue, restait hors de pair.
Il était classé, mais non confondu parmi douze autres. La
maison ducale de Bourbon qui le posséda de 1466 à 1523
était issue des fleurs de lys et la mieux pourvue de seigneuries qu'il y eût dans le royaume. L'un de ses chefs,

1. *Ibid.*, C 2278, f°s 194 v°, 242 v°, 338 v°, 361, etc. — Ce solliciteur a été supprimé deux fois, en 1556 et 1559, mais pour un temps très court.
2. *Ibid.*, C 2280, f° 207 ; sept. 1557. — Cf. C 2279, f° 203 ; oct. 1550.
3. Arch. de Toulouse, BB 10, f° 301 v°.

Pierre, connu sous le nom de Beaujeu, fut pendant la minorité de Charles VIII le chef de l'État.

Après la rébellion du connétable de Bourbon, François Ier
fait gouverneur son propre fils, le dauphin, sachant, dit-il,
« que en main de personne de plus grand efficace et autorité ne le saurions mettre, ne qui plus soit agreable au pays
que luy » ; car le gouverneur de Languedoc « est de nostre
royaume le plus grand et autorisé ». Cette charge « a esté
toujours baillée par nos prédécesseurs roys aux princes plus
prochains de leur sang et couronne[1]. » Dès lors le véritable gouverneur au nom du dauphin, le seul à partir du
23 mars 1526[2], a été Anne de Montmorency, maréchal,
grand-maître, puis connétable, celui qui allait être, après le
roi, le personnage le plus important de France, et dont la
grandeur a duré sous François Ier quinze années (1526-1541),
puis autant que le règne d'Henri II.

Ce choix cachait sans doute une arrière-pensée politique.
Car Montmorency, quelque riche et noble seigneur qu'il fût,
n'était pas un prince apanagé comme les ducs d'Anjou et de
Berry, ni le possesseur d'un grand État féodal comme les
comtes d'Armagnac et de Foix, comme les Bourbons, ses prédécesseurs immédiats. C'est principalement en qualité de
courtisan, de favori, de premier serviteur qu'il a fait sa for
tune politique et matérielle. Il n'a jamais eu d'autre puis-

1. Arch. de Toulouse, AA 90, f° 140 v°; 19 juin 1524.
2. *H. L.*, t. XII, pr. n° 164. Dom Vaissete croit que ces provisions sont les
premières que Montmorency ait reçues. (*H. L.*. t. XI, p. 223.) M. Decrue est d'un
avis contraire (*Anne de Montmorency*, 1885, in-8°, p. 75) ; mais il ne connaît pas
les lettres du 19 juin 1524 qui attestent l'erreur commise par le savant bénédictin. En réalité Montmorency n'a pas rempli sa charge de gouverneur, occupé
qu'il était en sept. et oct. 1524 à conduire une armée de France en Italie. Les
lettres du 22 sept. 1524, pour la tenue des États, lui sont adressées (Arch. d'Albi,
AA 46.) Mais dès le mois d'août précédent M. de Lautrec, gouverneur de Guyenne,
avait été nommé lieutenant général en Languedoc. (*H. L.*, t. XI, p. 216. — Cf.
Arch. de la Haute-Garonne, C 2277, f° 289 v°.) En octobre 1525 il avait déjà pour
lieutenant le sieur de Clermont, qui plus tard exerça les mêmes fonctions sous
Montmorency. (Arch. d'Albi, AA 46, rôle des frais des États.)

sance que celle qu'il tenait du roi, puissance instable qu'une disgrâce pouvait lui ôter et qu'il perdit en effet durant cinq années.

Il semble aussi que de plusieurs manières la royauté ait cherché à rabaisser la charge qu'elle lui confiait. Elle réduit le traitement du gouverneur, signe matériel de son importance. Montmorency touche 12,000 livres de pension, mais pour son « état » 6,000 livres seulement, comme les autres gouverneurs[1]. Les pouvoirs qu'il reçoit sont entourés d'une obscurité voulue. Point de provisions explicites susceptibles de gêner le gouvernement central, d'inculquer au gouverneur des idées trop précises au sujet de son autorité[2]. Il est vrai qu'en 1527 Montmorency se fait donner par lettres patentes le droit de « connaître de toutes causes en dernier ressort » et celui d'ouvrir ou de fermer la traite des blés, denrées et marchandises. Mais sur le premier point il se contente d'une satisfaction platonique ; sur le second il se garde bien de pousser trop loin ses avantages[3].

La révolution de palais de 1541, qui coûte au connétable son gouvernement et son autorité dans l'État, fait tout à coup clairement apparaître la volonté royale. Le gouverneur du pays est mis à la portion congrue. Dès le 26 août, défense à lui comme à tous autres de rien accepter des gens des États[4].

---

1. *Catal. des Actes de François Ier*, n° 4861 et n°s 4943, 5010, etc. — Cf. Bibl. Nat., fr. 4523, f° 26. Les lettres du 23 mars 1526, en cela fort inexactes, lui attribuent les mêmes gages qu'à ses prédécesseurs. Celles du 19 juin 1524 disaient plus justement : « Tels gaiges et pensions que lui seront pour ce par nous tauxés ».

2. Le roi fait Montmorency gouverneur « sans qu'il soit besoin autrement spécifier et déclarer lesdits droits, autorités et prééminences dudit office ». Si l'on en requiert plus ample déclaration, « en avons relevé et relevons notredit cousin ».

3. Arch. de la Haute-Garonne, C 2277, f° 365 v°; proc.-verb. d'août 1527. — *Ibid.*, sér. B, *Reg. de Malenfant*, t. II, p. 329 ; arrêt du 31 juill. 1527. — *H. L.*, t. XII, pr. n°s 177, 167, 169. — Bibl. Nat., fr. 3064, f°s 77, 167 ; 3073, f°s 21, 37, 113.

4. Arch. de l'Hérault, B 342, f° 151. — Cf. *ibid.*, B 344, f° 28, d'autres lettres du 13 nov. 1547 par lesquelles Henri II révoque les précédentes, considérant « que lesdits dons et présents sont très bien employés aux dessusdits gouverneur, son lieutenant », etc. En effet Montmorency est redevenu plus puissant que jamais.

Le 21 mai suivant, les pouvoirs de « certains » lieutenants généraux sont révoqués jusqu'à nouvel ordre comme exorbitants, obtenus par surprise, tendant à la diminution de l'autorité royale, à l'oppression du peuple[1]. Le surlendemain une série de lettres viennent les confirmer et les renouveler ; mais aucune ne concerne le gouverneur de Languedoc, car c'était lui que l'on voulait atteindre[2].

Les provisions du successeur de Montmorency, — M. de Montpezat, un assez mince personnage, — ne ressemblent pas à celles des anciens gouverneurs. Elles indiquent qu'il aura la « totale charge et administration » du pays ; mais, les premières, elles ne mentionnent et n'énumèrent expressément que des pouvoirs militaires[3]. Elles représentent donc un nouveau type, selon lequel quelques autres seront rédigées : ainsi les provisions de M. de Burie, du 17 décembre 1564[4]. Elles éclairent et réduisent à leur valeur véritable les lettres qui s'écartent de cette formule, et qui reproduisent encore celle de mars 1526[5]. Seules, en effet, elles expriment avec fidélité la conception que le gouvernement royal se fait du rôle des gouverneurs de provinces : il ne veut plus guère voir en eux que des chefs destinés à garder les frontières, qu'il convient de tenir à l'écart du pouvoir civil[6].

L'administration des gouverneurs de Languedoc explique et révèle le déclin de leur autorité mieux que les textes offi-

1. Isambert, t. XII, p. 779.
2. *Catal. des Actes de François Ier*, nos 12526-29.
3. Arch. de Narbonne, AA 105, fo 114 vo ; prov. du 12 août 1541. — Arch. de la Haute-Garonne, sér. B, *Édits*, t. IV, fos 230, 231 ; prov. du 30 avril 1542. — Montmorency faisait encore acte de gouverneur le 1er sept. 1541. (*Ibid.*, C 2278, fo 176.)
4. *Ibid.*, sér. B, *Édits*, t. V, fo 214.
5. Provisions du comte d'Enghien, 15 déc. 1544 ; du grand écuyer Ginouilhac, 23 févr. 1546. (*Ibid.*, t. V, fos 141, 172.)
6. *Catal. des Actes de François Ier*, nos 14430, 14435. — Isambert, t. XII, p. 892.

ciels plus ou moins clairs, plus ou moins conformes aux faits, qui semblent la définir. Depuis la mort de Jean Ier, comte de Foix, jusqu'aux guerres de religion, aucun d'eux ne réside dans le pays, pas même les ducs de Bourbon, si proches voisins par leurs domaines. Ils n'y viennent qu'en passant, sans que jamais le roi les invite à s'y rendre[1]. D'ailleurs, aucun événement grave, guerre civile ou guerre étrangère, ne rend leur présence indispensable. Un lieutenant suffit à tout.

Le lieutenant du gouverneur, son « lieutenant général », le remplace donc d'une façon tellement permanente qu'il devient sur les lieux le gouverneur véritable. Ainsi Tanguy du Châtel, puis Clermont de Lodève sous le comte du Maine, les évêques du Puy, d'Albi sous Jean de Bourbon, etc. Ces lieutenants, bien que revêtus de tous les pouvoirs de celui qu'ils suppléaient, n'ont pas eu même qualité pour en faire usage. Simples seigneurs ou prélats du pays, ils ne pouvaient agir avec l'aisance et l'autorité d'un prince du sang. A leur égard le pouvoir royal ne se gênait guère; les gens du Parlement déployaient toute leur audace. Quand l'évêque du Puy prétendit juger, et rendre des sentences définitives, il fut révoqué par Louis XI. Il n'avait pourtant fait que mettre en pratique un droit strict des gouverneurs.

A la fin, poussé par le progrès naturel de la division des pouvoirs, fatigué des conflits que soulèvent les Cours souveraines, en butte aux doléances des États, aux menaces de certains édits, le lieutenant finit par céder presque tout le terrain qu'on lui conteste. Lorsque le seigneur de Tournon, lieutenant de Charles de Bourbon, vient présenter au Parlement de Toulouse les lettres de gouvernement que le duc tenait de

---

1. Montmorency durant sa longue carrière de gouverneur, en 34 ans, ne fait en Languedoc que cinq voyages, dont trois au moins pour des causes tout à fait étrangères aux intérêts du pays. (Decrue, *Anne de Montmorency*, pp. 209, 242, 332, 354; *Anne, duc de Montmorency*, 1889, in-8°, p. 61.)

François Ier, il essuie les remontrances en quatre points du procureur général, interprétant à sa manière ou combattant le texte des provisions qui lui sont soumises. Sa réponse n'en est pas moins pacifique : Le duc, dit-il, « entend vivre avec la Cour en bonne paix et union. » Finalement la Cour lui déclare que les lettres ne sont pas en forme convenable, qu'elles devront être refaites. Il y consent, et conclut que tout ira bien, que l'on finira par s'entendre[1]. Clermont-Lodève, lieutenant de Montmorency, a beau lui mander que les gens de la Cour sont « à demy desperés » des lettres « déclaratives » de sa charge, qu'il leur a « toujours tenu redde », qu'ils se plaindront plutôt de lui que lui d'eux[2], sa curieuse correspondance laisse voir qu'il se borne à connaître des crimes et délits commis par les gens de guerre ou par le « gibier » du prévôt[3], qu'il tâche de ne point réveiller, comme il dit, « les autres querelles que par le passé ont esté entre le gouverneur et ladite Cour ». Il tolère même qu'à Toulouse et villes voisines, d'une façon presque exclusive, la police appartienne au Parlement[4].

D'ailleurs, le lieutenant a dépendu toujours davantage du roi dont les mandements lui parvenaient sans intermédiaire, et toujours moins du gouverneur dont l'action devenait fort peu sensible en Languedoc.

1. Arch. de la Haute-Garonne, sér. B, *Arrêts*, t. XVI, f°s 183-193. Voici les quatre propositions du procureur : 1° Le pouvoir d'administrer la justice « indistinctement », tel que les provisions l'indiquent, irait contre les institutions judiciaires et les priviléges du pays. Il doit s'entendre non de rendre la justice « de partie à partie », mais des affaires « concernans le fait de l'office » du gouverneur. 2° De même celui d'octroyer lettres et provisions de justice, qui ferait éprouver de grandes pertes au domaine, 3° et celui de punir les malfaiteurs, qui ruinerait l'autorité des juges ordinaires. 4° Quant au pouvoir de remettre les crimes, de donner les biens confisqués, etc., il appartient « nuement » au roi qui ne saurait le déléguer, car il le tient « de Dieu omnipotent », etc. (27 juin-3 juillet 1515.)

2. *H. L.*, t. XII, pr., n°s 167, 169, 177, 178, etc. — Cf. Decrue, *Anne de Montmorency*, pp. 75 et suiv.

3. Bibl. Nat., fr. 3073, f°s 55, 185 ; 3064, f° 107, 167.

4. Bibl. Nat., fr. 3073, f°s 37, 113 ; 3064, f° 77.

Aussi longtemps que les Bourbons sont restés en charge, le gouverneur, après s'être assuré de l'agrément du roi, nommait son lieutenant qui prêtait serment entre ses mains, des actes duquel il répondait, qu'il payait sur ses propres gages[1]. Louis XI rompt avec la tradition. Ayant destitué l'évêque du Puy, il le remplace par l'évêque d'Albi que le duc de Bourbon, bien à contre-cœur et toute responsabilité déclinée, mais « ensuivant le bon plaisir et vouloir » du roi, doit ensuite créer son lieutenant général[2]. Sous Charles VIII, la nomination faite par le gouverneur est suivie des lettres du roi[3]. Sous François Ier, elle en est d'abord précédée[4], puis elle tombe en désuétude. Désormais le lieutenant est une sorte d'officier royal. Il émarge à l'état annuel des gages et pensions. C'est le gouvernement central, dont il tient ses pouvoirs, qu'il sert à poste fixe, au lieu qu'un siècle plus tôt il n'était que le représentant temporaire et le fondé de pouvoirs du gouverneur.

1. Arch. d'Albi, EE 21. Provisions données au sieur de Tournon, le 31 juill. 1514, par le duc Charles de Bourbon. — Le lieutenant recevait aussi une pension du roi. En 1466 celle de Geoffroy de Chabannes, sieur de Charlus, lieutenant de Jean de Bourbon allait à 1,200 livres. (Champollion-Figeac, *Documents historiques inédits*, t. II. p. 463.)

2. *H. L.*, t. XII. pr. nos 78, 82 ; 6 mars, 9 oct. 1474. Il était si contraire à la coutume que le roi nommât lui-même le lieutenant du gouverneur, que Louis XI ne l'a point violée ouvertement. Il a préféré prendre un biais. Il commet l'évêque à présider aux États, fonction qu'en effet le roi conférait chaque année par lettres spéciales, mais toujours au lieutenant du gouverneur. Il profite de l'ordinaire union des deux charges en faveur d'un même personnage pour donner à l'évêque d'Albi la seconde sous le couvert de la première. A cet égard la conduite de Louis XI a singulièrement varié, sans doute selon les besoins de sa politique générale. Le 16 janv. 1475 il nomme lieutenant général pour le duc de Bourbon l'évêque de Mende : « Sommes informés, dit-il, que nostredit frere et cousin veult et desire plus que nostredit conseiller exerce en son absence icelle lieutenance que nul autre. » (Arch. de la Haute-Garonne, sér. B, *Édits*, t. I, fo 112.) Mais le 19 décembre suivant, l'évêque d'Albi reçoit de nouvelles provisions, très complètes, sans que cette fois le roi paraisse s'inquiéter des vœux et de l'agrément de son « tres cher et tres amé » cousin. (*Ibid.*, t. I, fo 117.)

3. Huillard-Bréholles, *Titres de la maison duc. de Bourbon*, nos 6880, 6890. — Cf. Arch. de la Haute-Garonne, sér. B, *Arrêts*, t. VI, fo 313.

4. *Ibid.*, *Édits*, t. III, fos 194 et suiv.

Le « lieutenant général » ne remplit donc plus que les
fonctions dont l'administration supérieure lui permet de
s'acquitter. Entre ses mains les pouvoirs du gouverneur
tombent en non-valoir faute d'usage. Le cercle tracé par les
provisions à son activité finit par être beaucoup plus large
que celui dans lequel il se meut. Pas plus qu'il ne rend la
justice, il ne dispose des finances. Les mandats de paiement
qu'il expédie ne portent que sur une faible part des deniers
qui chaque année vont de Languedoc au Trésor, sur des
sommes distinctes, spécialement affectées à l'entretien des
places, au paiement des troupes, à l'achat des vivres et
munitions, fixées d'avance et placées aux mains des trésoriers des guerres[1]. Il perd l'un après l'autre les moyens
d'influence qu'il avait sur le pays. Il cesse d'octroyer des
lettres d'anoblissement, de légitimation, de grâce, des foires
ou marchés, des consulats[2].

On a vu que, depuis 1410, le gouverneur ne convoque plus
les États. Il conserve auprès d'eux le titre de principal commissaire; mais, à part quelques exceptions, il abandonne à
son lieutenant cette fonction comme les autres. Accompagné
de plusieurs collègues, celui-ci assiste aux États. Mais, après
Charles VII, la part d'initiative laissée aux commissaires est
des plus restreintes. La mission est plus décorative, plus
lucrative aussi pour ceux qui la remplissent, qu'elle ne leur
donne de pouvoir. Louis XI ne leur permet pas de rien
céder du chiffre de la taille; tout au plus accordent-ils des

1. La correspondance du sieur de Clermont de Lodève avec Montmorency
prouve assez qu'il ne disposait pas de l'argent du roi. Il réclame à chaque instant
pour payer les gens de guerre des assignations qu'on lui fait longuement attendre. — Cf. Arch. de l'Hérault, B 348, f° 20. Lettres du roi, de nov. 1564, contre
les receveurs qui font des paiements sur ordonnances des gouverneurs, sans que
ceux-ci aient « pouvoir ne mandement spécial de nous pour ce faire. »

2. En 1495 M. de Chabannes en octroie encore (Arch. de l'Hérault, Dol., t. I,
f° 253, art. 10), ce que Louis XII interdit par plusieurs ordonnances. (Ord.,
t. XXI, p. 177, mars 1499, art. 70; et p. 420, juin 1510, art. 42.) — Voir plus haut,
p. 149, n. 1.

sursis qui laissent aux États le temps de porter devant le
roi leurs réclamations. Sous François Ier, ils se risquent à
peine à allonger les termes de paiement. Quant aux articles
des doléances, ils y répondent par de vagues promesses, ou
bien s'en réfèrent au roi. Leur rôle est de les transmettre au
Conseil plutôt que d'y satisfaire.

Les États, à la fin, s'irritent et se lassent de cette inertie.
Ceux de Nîmes, en 1513, chargent leurs députés de représenter à Louis XII que, quelques « grandes remonstrances
et complaintes » qu'ils aient faites chaque année « par-
devant les commissaires deputez... pour avoir allégement et
rabais, espérant qu'ils le remonstrassent au roy, ce nonobstant, jamais n'en ont peu, ne en peuvent avoir aucun..., et
croit ledit pays que aucune remonstrance n'en a esté faicte
par lesdits commissaires ». En 1523, ceux de Pont-Saint-
Esprit somment les commissaires de pourvoir efficacement
aux doléances, d'user de leurs pouvoirs : « Autrement il leur
seroit impossible paier la somme par ledit seigneur (roi)
demandée, et si une autre fois ledit seigneur leur en deman-
doit, il seroit impossible l'accorder[1]. »

C'est au Conseil qu'il faut aller chercher des réponses fermes, des solutions décisives. Aussi les États envoient-ils en
cour des délégations plus fréquentes. Il arrive qu'une assemblée rédige deux cahiers, l'un qu'elle présente aux commissaires, l'autre de fond semblable, mais plus détaillé, plus
complet, qu'elle réserve au roi, qu'elle lui fait tenir par une
« ambassade »[2]. De 1525 à 1538, il en est ainsi presque chaque année. Ensuite, les articles de doléances échappent tout
à fait à l'examen des commissaires : ils sont uniquement
soumis au Conseil privé. La substitution commencée au

1. Arch. de l'Hérault, Dol., t. II, f° 125 ; art. 2. — Arch. de la Haute-Garonne,
C 994, f° 300.
2. Ainsi en sept. 1501, en nov. 1513, en déc. 1519, en mars 1522, etc. Évidemment, sous Louis XII le fait est déjà fréquent.

temps de Charles VII touche alors à son terme. Auprès des États le Conseil prend la place qu'autrefois le lieutenant général avait seul occupée[1].

La paix intérieure à peu près assurée, la guerre étrangère rejetée hors des frontières de Languedoc, tels sont les faits dont la longue durée, compensant un siècle de luttes sanglantes, a ruiné et désagrégé le faisceau des pouvoirs que la guerre avait permis aux gouverneurs de grouper autour de leurs fonctions militaires.

Leur action locale, celle qu'ils exercent sur place, par l'intermédiaire de leurs lieutenants est donc fort affaiblie. Est-ce à dire que leur influence personnelle ait cessé de se faire sentir dans les affaires du pays? Nullement, mais elle a changé de forme et s'est déplacée. Le gouverneur réside d'ordinaire à la cour, où vont les doléances. Il peut y procurer aux délégués de Languedoc un favorable accueil. Les États, qui n'étaient pas prodigues, lui font des dons considérables afin de reconnaître les services qu'il a rendus et d'en préparer d'autres, « afin, disent-ils, que en leurs affaires les ayt toujours plus recommandez envers le roy[2]. » Il agit donc moins par lui-même que sous le couvert du roi et de son Conseil, moins en vertu de son autorité que dans la mesure du crédit qu'il possède en cour. Il devient une sorte de défenseur attitré, dont les gens de Languedoc cherchent à tenir en éveil la bienveillance efficace. On les voit au XVIe siècle se targuer d'un droit prétendu d'avoir pour gouverneur un prince du sang; car leur avantage consiste alors à l'avoir tel et si haut placé qu'il puisse maintenir leurs priviléges : il n'aurait plus aucun intérêt à les laisser détruire; il est payé pour les garantir. Entre les États et lui se forme une sorte de contrat que chaque assem-

---

1. Arch. de la Haute-Garonne, C 2278, f° 116 v°.
2. *H. L*, t. XII, pr. n° 28. — Arch. Nat., K 691, n° 24. — Bibl. Nat., fr. 22406, n°ˢ 16, 21, etc.

blée sanctionne et renouvelle, qui s'exprime par le don annuel et par les conditions qui l'accompagnent. Au fond des lettres du 26 août 1541, par lesquelles était interdit et annulé tout don fait aux lieutenants généraux et gouverneurs sans l'autorisation royale, il y a justement la volonté de rompre ce contrat et l'alliance tacite qui en résultait.

Ni l'un ni l'autre ne se manifestent encore très nettement sous le comte du Maine, ni sous les Bourbons qui s'inquiétaient assez peu des gens de Languedoc et ne se firent guère aimer d'eux. Au contraire, au temps de Montmorency, rien de plus visible. Celui-ci tenait à grand honneur de succéder dans le pays à tant d'hommes de rang illustre. Jamais les charges multiples dont la confiance du roi l'accablait ne lui firent négliger son gouvernement. Il y portait une part notable de son activité laborieuse; il trouvait à y satisfaire l'amour du gain qui le distinguait. Faute de pouvoir aller en Languedoc il entretenait avec son lieutenant une correspondance assidue[1]. A chacune des grandes assemblées d'États il avait soin d'envoyer quelqu'un dont il fût sûr, Christofle, la Mairie ou M. de Maigny, gens habiles qui avaient à lui rendre compte des hommes et des choses, des dispositions de l'assemblée, de l'état du pays[2]. Son messager ou représentant était porteur de lettres missives, où le gouverneur se déclarait « très marri » de ne point assister aux

---

1. Clermont savait très bien au besoin lui remettre le pays en mémoire : « Je vous prie, Monsieur, lui écrit-il, ne pensez pas tant aux autres endroiz que ne vous souvieigne de vostre principalle charge qu'est vostre gouvernement. » (Bibl. Nat., fr. 3073, f° 11.) Il sentait que Montmorency manquait sur ce point d'expérience personnelle. Il écrit, le 6 avril 1528 : « Je suis très aise que faictes ceste honneur au païs de Languedoc de venir veoir quelz vins l'on y boit... et mais que ayez une foiz veu et suyvy vostre gouvernement. Ce vous sera ung contentement, et plus aisement entendré toutes choses que l'on vous escript. » (Ibid., fr. 3061, f° 99.) Le voyage projeté n'eut pas lieu.

2. Dans une lettre du 19 nov. 1529, Clermont lui mande qu'aux États de Montpellier « il y a eu plusieurs menées, comme sçaurez amplement par vostre maistre d'hostel la Merye, à son retour ». (Ibid., fr. 3074, f° 161.)

États, et promettait « que là où il pourroit faire ou faire faire aulcung bien et soulaigement audit pays, il s'y employeroit de tout son pouvoir. »

Montmorency charge ordinairement une ou plusieurs personnes de recueillir en son nom, sur place, les plaintes des habitants [1]. Il se fait expédier en double le cahier de doléances des États [2]. Il leur prêche l'économie : inutile qu'ils envoient à grands frais des délégués à la cour; il leur suffira de l'avertir, de lui écrire. Ils le trouveront prêt à pourvoir à leurs requêtes « d'aussi bon cœur que le père fairoit pour ses enfants [3] ».

Ce n'étaient pas là de vaines promesses. Le pays a de mille façons éprouvé les effets bienfaisants dont elles étaient suivies. Il n'eut jamais, proportions gardées, autant de gendarmes en garnison que les autres parties du royaume [4]. Comme les États en 1532 voulaient à prix d'argent le débarrasser de ces hôtes incommodes, ils reçurent de Montmorency le prudent conseil de ne point faire les frais d'un privilège aussi fragile : car, leur écrivait-il, « sous couleur de nécessité de guerre que gît au seul savoir du prince, auroient aussi les garnisons ». Il avait, quant à lui, d'en soulager le pays si bonne volonté que, « sa vie durant, leur vauldroit autant que ledit privilège [5]. » Sous Henri II ce quasi-protectorat devint en quelque sorte officiel. Emmenant avec lui Montmorency, le roi donnait ordre en son absence au cardinal de Lorraine de prendre en main les affaires de Languedoc et de « s'y employer d'affection ». Il avisait les États de présenter leurs remontrances au cardinal, « comme

1. Arch. de la Haute-Garonne, C 2277, f° 479 v°; proc.-verb. nov. 1531.

2. Bibl. Nat., fr. 3064, f° 165. Lettre de Clermont-Lodève à Montmorency, du 2 nov. 1534.

3. Arch. de la Haute-Garonne, C 2278, f° 131; C 2279, f° 316 v°.

4. Ibid., C 2277, f°s 398 v°, 445, 478, 525 v°, etc.

5. Ibid., f° 515.

avez accoustumé, dit-il, faire à nostredit cousin le connétable [1]. »

En règle générale, les périodes de bien-être dont le pays
a joui sous les deux premiers Valois-Angoulème correspondent à celles où Montmorency dirigeait les affaires du
royaume. C'est, en effet, parce qu'il gouvernait l'État qu'il a
pu devenir si puissant en Languedoc. Comme il était la première personne de l'administration centrale, il a tenu les
fils qu'elle avait réunis, et s'en est servi pour faire tout
mouvoir à sa guise dans le pays auquel son titre de gouverneur l'avait particulièrement attaché.

Un tel régime était sous certains rapports plus favorable
que nuisible aux progrès de la centralisation. Montmorency
n'a pas contribué médiocrement à faire accepter des États
les mesures générales qu'il ne pouvait leur épargner. Souvent il les prie d'accorder « libéralement » ce que le roi leur
demande. S'agit-il de l'octroi de 20,000 livres destinées aux
fortifications, il leur écrit : « Je mettrai peine de les faire si
bien employer que vous n'aurez, comme je l'espère, regret
de les avoir octroyées », — d'un emprunt forcé, celui de
1545, il pourvoit et veille au remboursement [2]. Grâce à son
influence, aux ménagements qu'il emploie, les doléances acri-
monieuses et violentes, présage peut être de quelque révolte,
que les États faisaient entendre vers 1523, s'adoucissent,
s'apaisent, et le pays finit par supporter sans trop de plaintes ni de peine toutes les charges nouvelles que la royauté
lui imposait.

D'autre part, les affaires de Languedoc portées à Montmorency ont été par cela même débattues en Conseil privé.

---

1. *Ibid.*, C 2280, f° 163 v°. Le pays ne paraît pas avoir gagné au change. S'il
faut en croire les doléances adressées par les États au connétable rentrant en
France, il avait été « grandement grevé durant le temps de son absence »
(f° 296).

2. *Ibid.*, C 2279, f°ˢ 193, 316 v° ; proc.-verb. oct. 1550, sept. 1552, etc.

Qu'elles y aient afflué de la sorte, les moindres aussi bien
que les principales, le fait s'explique en partie par les habitudes que le connétable gouverneur avait prises et fait
prendre à ses administrés : mœurs relativement nouvelles,
qui se sont profondément implantées et qui depuis ont
persisté.

4° CENTRALISATION FINANCIÈRE. — LES TRÉSORIERS-GÉNÉRAUX. —
LES AGENTS COMMISSIONNÉS DU CONSEIL D'ÉTAT.

Les grandes institutions, gouverneur et Cours souveraines,
par lesquelles la royauté s'était fait autrefois suppléer en
Languedoc, survivent donc par divers moyens et résistent
tant bien que mal au nouveau régime. Le Conseil d'État,
même sous Henri II, doit compter avec elles. L'organisme
central est loin d'avoir accaparé dans le pays tout le gouvernement politique; mais il y possède entièrement l'administration des finances.

A partir de 1440, date à laquelle l'évêque de Laon tombait
en disgrâce, tout le revenu de Languedoc a pour ainsi dire
été capté au profit du Trésor royal.

Alors se groupent autour du roi les « gens des finances »,
généraux de Languedoil et Languedoc, trésoriers de France,
membres de la Chambre des comptes et d'autres encore. La
plupart ont entrée et voix au grand Conseil auquel, dans
les questions de leur compétence, ils prêtent des lumières
alors peu communes [1]. Il arrive aussi qu'ils soient séparément réunis, consultés, qu'ils forment un Conseil spécial,
expressément ou non [2]. Dans l'un et l'autre cas, en matière
de finances, la décision leur appartient.

1. N. Valois, *Le Conseil du roi*, etc, in-8°, pp. 148, 156, 170, 172.
2. *H. L.*, t. XII, pr. n° 63. — Un très grand nombre d'ordonnances des règnes
de Louis XI, Charles VIII, etc., sont suivies de la mention Un tel, général des

« Par délibération de son grand Conseil[1] » le roi fixe le
montant total de la taille annuelle, ou bien d'une crue, puis
les quotes-parts des divers pays et généralités, dont celle de
Languedoc. « Messieurs des finances », qui ont préparé cette
répartition, dressent ensuite par recette générale un « rôle »
ou « état des parties à payer ». Ils mettent en regard de la
recette une liste de dépenses auxquelles le receveur devra
satisfaire, non sans spécifier les parties qui au besoin pour
raient être retranchées, et rester en souffrance[2]. Outre l'état
annuel, qui le protège au besoin contre les exigences des
grands personnages, le receveur général reçoit des mandats
de paiement, successivement expédiés par le roi lui-même.
Mais qu'il paye au prorata de son rôle ou sur le vu de ces
mandats, les choses se passent d'une manière invariable :
sur l'ordre du roi, les généraux des finances enjoignent au
receveur général, par « décharge » attachée aux lettres
royales, de payer sur telle recette particulière telle somme,
à telle personne, pour tel objet, après que leur décharge aura
été visée par le contrôleur général de Languedoc[3].

Le temps n'est plus où les deniers du pays alimentaient la
puissance des gouverneurs, celle des ducs d'Anjou, de
Berry, celle même du comte de Foix. Si le lieutenant général
vient à interrompre l'ordre régulier des « assignations » et
fait mettre à sa disposition par les receveurs une somme
quelconque, c'est dans un cas grave, d'ailleurs très rare, de

---

finances, et autres présents. — Les articles des cahiers de doléances qui concernent les deniers royaux sont renvoyés d'ordinaire « au roi et à messieurs des
finances ».

1. *H. L.*, t. XII, pr. nos 55, 77. — Bibl. Nat., fr. 20.582, no 73 ; 22.406, nos 28, 29.
2. *Chroniques de Mathieu d'Escouchy*, éd. de la Soc. d'hist. de France, 1863-
1864, 3 vol. in-8°, t. III, p. 251. — *Bullet. de la Soc. d'hist. de France*, 3e série,
t. II, pp. 123, 143. — Bibl. Nat., fr. 20.499, fos 77, 77. — Cf. Champollion-Figeac,
Doc. hist. inéd., t. II, p. 463.
3. *H. L.*, t. XII, pr. nos 12, 15, 29, 49, etc. — Bibl. Nat., fr. 20.496, 20.497,
passim.

l'avis des officiers royaux et de la Cour de Parlement[1]. Le roi n'en est pas moins, sans restriction ni contrôle, le maître et le dispensateur de toutes les ressources que le pays lui fournit. Il les emploie indifféremment à tous usages. Quand une assignation n'a pu être acquittée, faute de fonds, par une recette quelconque, elle est rétablie l'an d'après sur la recette de Languedoc et réciproquement. L'argent du pays sert à solder les dépenses les plus variées, les plus étrangères à son bien particulier, aux événements qui s'y déroulent, de même que les frais le concernant peuvent être acquittés par quelque autre partie du royaume.

Pourtant le budget de Languedoc, en recettes et en dépenses, est encore distinct. Longtemps il a continué d'être préparé, administré en regard de ceux des autres généralités, mais à part. Dans la pratique, la gestion des finances du pays revient presque entièrement au général qui en a la charge. Sauf le produit net du domaine, très faible d'ordinaire[2], les fonds sont employés sur place par le « trésorier et receveur général de Languedoc » ou par les receveurs particuliers sur ses « décharges[3] ».

En 1523 une réforme décisive supprime jusqu'à cette séparation tout extérieure et superficielle. Déjà, lors de la chute de l'évêque de Laon, Charles VII nommant en Languedoc un nouveau trésorier général, avait voulu le subordonner à

1. *H. L.*, t. XII, pr. n° 39.

2. Voir plus haut, p. 28, n. 4. — D'après l'ordonn. de Saumur, 25 sept. 1443 (*Ord.*, t. XIII, p. 372), le revenu net du domaine était reçu par le changeur du Trésor, à Paris.

3. *Ord.*, t. XIII, p. 414, ordonnance de Nancy, 10 févr. 1445, art. 10, 11 ; p. 516, ordonnance de Bourges, 27 nov. 1447, art. 10. — *H. L.*, t. XII, pr. n°s 55, 56, etc. — Deux pièces de comptabilité qui se complètent l'une l'autre (Bibl. Nat., fr. 22405, f°s 7-24, et 24090, f° 35) donnent une idée exacte de la façon dont s'opérait en Languedoc le mouvement des fonds. Dans l'année financière courant du 1er sept. 1473 au 31 août 1474 le receveur général débourse 366,641 l. 13 s. 8 d. t., chiffre qui représente, à 50,000 livres près, la totalité des sommes dont il est comptable.

Jean de Saincoins, « receveur général de toutes finances
tant en Languedoil comme en Languedoc », de façon qu'il
ne pût distribuer les deniers de sa recette que par décharges
de ce receveur. Mais, à l'application, la règle se trouva
plus incommode qu'utile; moins de cinq ans après elle
n'existait plus[1]. François Ier, pressé d'argent, va beaucoup
plus loin. Il décrète que tous les deniers « revenans bons »
soit du domaine, soit des aides, tailles, équivalents, gabelles, etc., seront versés à l'Épargne, sorte de caisse spéciale
qui de longue date avait été créée afin de subvenir aux
dépenses privées du roi. Le trésorier de l'Épargne en fera
désormais l'encaisse et la distribution. Il payera toutes les
dépenses, ordinaires et extraordinaires, les unes au moyen
d'assignations qu'il donnera « par quartiers » (ou trimes-
tres) sur les officiers comptables, conformément à « l'état
général » annuel, les autres en vertu de rôles ou de mandements émanés du roi. Les deux évaluations de recettes que
devront lui fournir les trésoriers de France et les généraux
des finances, l'une au début de l'année, l'autre à la fin,
l'une état de prévision, l'autre état « au vrai », lui permettront de vérifier la rentrée des fonds. Ses registres de recette
et de dépense en résumeront le mouvement.

D'une part tous les revenus du royaume sont centralisés,
confondus, réunis « en une seule main », près du roi,
d'abord à Blois, puis au Louvre. De l'autre, François Ier
et son Conseil prennent en main plus directement qu'ils
n'avaient fait la gestion des finances. Le trésorier de l'Épargne, qui n'était en somme que le premier des agents comptables, est leur instrument. A chaque instant, par l'examen
de ses registres et des états qui lui ont été remis, ils peu-

---

1. Voir plus haut, p. 371, et *Appendices*, n° 5. Charles VII contrevient à chaque
instant à cette disposition. (Bibl. Nat., fr. 20583, n° 53; 25711, nos 134, 140.)
L'ordonnance de Saumur la laisse en vigueur (art. 5 à 8); celle de Nancy la
détruit (art. 10, 13).

vent se rendre un compte exact de l'état du Trésor et des
ressources dont il dispose. Un nouvel ordre de choses commence, dont le roi célèbre les bienfaits, où il se plaît à
reconnaître le fruit d'une « inspiration divine [1] ». Quant aux
États de Languedoc, au début de la réforme, aux mesures
préliminaires, ils manifestent quelque défiance et font des
réserves; puis ils s'en désintéressent, ayant une longue habitude d'ignorer ce que devenait l'argent qu'ils avaient une
fois accordé [2].

Plusieurs ordonnances ont ensuite fortifié l'autorité du
Conseil d'État, réglé ses travaux en matière de finances,
multiplié à son profit les moyens de surveillance et d'information [3]. Par contre, les trésoriers de France, les généraux
de Languedoil et de Languedoc ont déchu de la situation
prépondérante qu'ils occupaient au siècle précédent. Sous
Charles VIII cette oligarchie financière commençait à dégénérer en gouvernement d'un seul. Relativement à Guillaume Briçonnet, sorte de surintendant sans qualité officielle
ni lettres spéciales, les autres généraux étaient des subalternes, et plus encore à l'égard du sieur de Semblançay qui reçut

1. *Catal. des Actes de François Ier*, n° 1927 ; 15 nov. 1523. — Isambert, t. XII,
p. 222; ordonn. de Blois, du 28 déc. 1523. Cf. pp. 230, 356, et t. XIII, p. 4. —
De Boislisle, *Semblançay et la surintendance des finances* dans l'Ann.-Bullet. de
la Soc. de l'hist. de France, t. XVIII (1881), pp. 245, 252, 255. M. de Boislisle
voit dans le trésorier de l'Épargne, Babou, le successeur de Semblançay. Il serait
plus exact de le présenter comme ayant recueilli à long intervalle l'héritage du
receveur général de Languedoil et de Languedoc du temps de Charles VII. Car
il n'a point, comme avait eu Semblançay, « la charge, connaissance et inten-
dance du fait et maniement » des finances royales. Pour employer les termes du
« Bourgeois de Paris », cité par M. de Boislisle, toutes les finances passent par
ses mains, mais il n'en ordonne point. Cela regarde le Conseil du roi, sans
lequel « rien ne se fait plus ».

2. Arch. de la Haute-Garonne, C 2277, f° 271 v°; proc.-verb. 28 déc. 1523.

3. Le règlement de 1547, cité par Chéruel (*Dict. des Instit.*, au mot CONSEIL
D'ÉTAT) dispose que le Conseil s'assemblera le matin pour traiter « des matières
d'État et de finances », le soir pour ouïr « les requêtes des poursuivants », et que
les secrétaires des finances assisteront à l'une et à l'autre séance. Cf. ordonnances
du 7 sept. 1542, art. 9, 10, 12, 13, 22 (Isambert, t. XII, p. 796), de janv. 1552,
art. 2, 10, 13, 17. (*Ibid.*, t. XIII, p. 236.)

de François Ier et garda cinq années les pouvoirs, sinon le
titre de surintendant[1]. D'après l'édit de 1523, trésoriers et
généraux doivent parcourir deux fois l'an leurs circonscriptions[2]. En 1542, à l'occasion de la répartition nouvelle des
recettes générales, il leur est prescrit d'entretenir en chacune d'elles un commis à poste fixe[3], en 1546, de résider
« dans les limites de leurs charges[4] ». Les voilà mis hors
de l'administration centrale, en attendant que l'ordonnance
de 1552 achève de dénaturer leurs fonctions[5].

Celle-ci crée des « trésoriers-généraux ». Pour eux elle
réunit, comme leur nom l'indique, deux branches de l'administration des finances qui jusqu'alors étaient restées distinctes : celle du domaine, celle de « l'extraordinaire[6] ». Elle
les fixe dans les recettes générales à raison d'un par recette,
— de sorte qu'il y en eut deux en Languedoc. — Héritiers
des anciens trésoriers, des anciens généraux, ils représentent pourtant une institution vraiment neuve par la qualité
d'officiers provinciaux qui leur est définitivement dévolue,
par les pouvoirs qu'ils reçoivent, par l'esprit qui les anime.

Les trésoriers-généraux surveillent sur place la gestion
des agents comptables. Ils peuvent informer contre eux, les
frapper de suspension. Ils vérifient sommairement, de quartier en quartier, leurs états de recette et de dépense, et de
plus, à la fin de chaque année, l'état que leur présentent les

1. De Boislisle, *Loc. cit.*, et *Notice sur Etienne de Vese, sénéchal de Beaucaire*
dans l'Ann.-Bullet. de la Soc. d'hist. de France, t. XVI (1879), pp. 304, 305 et
suiv.

2. Ordonnance de Blois, art. 4.

3. Ordonnance de Cognac, art. 4.

4. Isambert, t. XII, p. 902, ordonn. du 1er mars 1546, art. 8.

5. Ordonnances de janv. 1552 (Isambert, t. XIII, p. 236); de sept. 1552 (Fontanon, t. II, p. 63).

6. En août 1557, dans chaque généralité, l'office de trésorier de France est
séparé de celui de général des finances. (Arch. de la Haute-Garonne, série B,
Edits, t. VII, f° 157). Cette séparation, d'importance tout à fait secondaire, a
duré vingt ans, jusqu'à la création des « bureaux des finances ».

receveurs généraux. Ils veillent et pourvoient à la conservation du domaine, des salins et greniers à sel, des droits
royaux. Ils procèdent à l'adjudication des fermes, ou du
moins préparent les baux, et tranchent les débats qui en
découlent. Bref, ils supplantent en partie le Parlement, en
partie la Cour des aides, et rendent presque entièrement
inutile la Chambre des comptes de Montpellier. Ce sont eux
encore qui s'occupent de faire parvenir les fonds au trésorier de l'Épargne ou de les faire distribuer par ses mandements, de façon qu'il n'en reste rien aux mains des receveurs. Les commissions relatives aux levées de deniers leur
sont adressées. Ils sont dans la généralité les chefs de l'administration financière, mais des administrateurs dociles,
institués non pour discuter à la façon des Cours souveraines
les lettres et édits royaux, mais pour les mettre à exécution :
« Les trésoriers-généraux, dira plus tard Henri III, ne sont
que ministres et exécuteurs de la volonté du roy, et ne leur
est permis de prendre aucune connaissance de cause en ce
qui concerne l'exécution des commissions qui leur sont
envoyées par Sa Majesté[1]. » En effet, ils se montrent propres
à transmettre fidèlement aux extrémités l'impulsion venue
du centre, prompts à imposer l'obéissance en des matières
où le roi avait besoin, plus qu'en toutes autres, d'être absolument obéi. Les syndics de Languedoc n'ont pas accès
auprès d'eux.

Les trésoriers-généraux se trouvent donc placés à l'égard
du Conseil d'État dans une étroite dépendance. Suspendent-
ils après enquête un officier comptable, ils doivent faire à
ce sujet un rapport au Conseil. Ils lui adressent à la fin de
l'année un procès-verbal de leurs propres actes, l'état par
eux vérifié des receveurs généraux, au début l'état de la

---

1. Arch. de l'Hérault, *Dol.*, t. supplém., f° 256 ; cah. d'oct. 1582, art. 19. — Cf.
Ibid., f° 208 ; cah. d'avril 1579, art. 21, 35.

valeur présumée de leurs généralités. Ils sont les agents
d'information du Conseil d'État. Ce corps, décidant de toutes les affaires de finances, a constamment besoin des renseignements les plus divers : état d'une paroisse qui sollicite un dégrèvement d'impôt, valeur réelle d'une ferme sur
laquelle le fermier réclame un rabais, projets de baux à
ferme, rendement d'une imposition, d'un ou plusieurs greniers à sel, d'une partie du domaine, prix des vivres, etc.
Pour les obtenir, c'est aux trésoriers-généraux qu'il s'adresse.
De là vient que leurs registres abondent en utiles documents
statistiques, les plus précis, les plus complets sans doute,
dont la royauté ait encore disposé[1].

On assiste alors à la naissance des procédés de l'administration moderne. Les trésoriers-généraux sont déjà des fonctionnaires au sens moderne du mot. Aussi le gouvernement
se sert-il d'eux volontiers, sans relâche. Ce sont les officiers
les plus actifs, ceux qui sans trop de bruit font le plus de
besogne.

Ajoutons que, comme toute centralisation, celle-ci avait
moins de réalité que d'apparence. Le Conseil était obligé de
voir par les yeux des trésoriers-généraux, de se rapporter
à leurs avis. La décision lui appartenait; mais ceux qui
l'avaient inspirée ont eu peut-être autant de puissance effective, comme en témoignent les sollicitations dont ils étaient
assaillis, les pots-de-vin dont on ne tarda pas à leur payer
des avis favorables. Le service des finances touche à tous
les intérêts et pénètre dans tous les autres services. Les
trésoriers-généraux qui le dirigeaient, ont pu, dans la

1. Quelques-uns de ces registres ont été conservés aux Archives de l'Hérault.
Ils se rapportent aux années 1570-1571, 1580-1581, 1584, 1585, 1586, 1587, 1590,
1591, etc. — Cf. *Ibid.*, B 349, f° 83, de curieuses lettres de commission du 12 févr.
1573, confiant aux trésoriers de France et aux généraux des finances une sorte
d'enquête générale sur la valeur du domaine et « de tout ce qui en dépend ». —
Cf. Bibl. Nat., fr. 16221 et suiv.; registres du Conseil d'État sous Charles IX et
Henri III.

seconde moitié du xvi⁰ siècle, étendre incessamment leur
autorité.

Mais, comme la plupart des agents royaux, ce sont des
officiers. Ils ont acheté et possèdent leurs offices. Pour cette
cause ils se rendront peu maniables; à la longue ils incli-
neront à se gouverner par volontés particulières, à différer
ou refuser la vérification des ordonnances. Alors la royauté,
sans les faire disparaître, les poussera peu à peu à l'écart et
les remplacera dans la pratique par d'autres fonctionnaires,
commissionnés cette fois, les intendants.

Déjà, pendant plusieurs années, François Iᵉʳ avait voulu
pourvoir par commissaires à la surveillance des comptables,
à l'évaluation des recettes, des fermes, des greniers et surtout au recouvrement des fonds. En 1534, le roi se déclarait
très satisfait d'avoir tenté cette expérience. Il l'a prolongée
au moins jusqu'en 1539 [1].

En général les commissions extraordinaires surgissent en
grand nombre à cette époque. Elles n'étaient point rares sous
Charles VIII et sous Louis XII; car le gouvernement central ne pouvait s'en passer. Puis elles se multiplient. Il y a
force officiers nouveaux qu'il faut installer malgré la résistance des premiers pourvus, une foule d'édits fiscaux qu'il
s'agit d'appliquer, d'impôts à mettre en vigueur. Ces commissions se distinguent des réformations anciennes par leur
objet précis et limité : recherche des droits de gabelle, des
droits domaniaux, des biens vacants ; impositions extraordinaires, emprunts, aliénations du domaine, des aides, tailles
et gabelles; réparation des places fortes, des chemins et passages; monnaies, etc. Certaines comportent une information
sur les actes des officiers de finances et peuvent avoir pour
eux les suites les plus graves, en un temps où la potence ne

---

1. Bibl. Nat., fr. 3020, f⁰ 118. — Arch. de l'Hérault, B 341, f⁰ˢ 38, 42. — *Catal.
des Actes de François Iᵉʳ*, nᵒˢ 5297, 7475, 10405.

leur était pas épargnée. En novembre 1553 le sieur Portal, trésorier général de la généralité de Toulouse, appelant au Conseil privé de deux commissaires sur le fait des monnaies, accuse l'un d'eux de s'être vanté « qu'il lui cousteroit 20,000 escuz, ou il feroit mourir ledit Portal »[1].

Beaucoup de commissions étaient remplies par des officiers locaux, tels que sénéchaux, membres du Parlement, trésoriers-généraux. Mais les plus importantes ont compris d'ordinaire un ou plusieurs maîtres des requêtes de l'Hôtel. Ces personnages, placés auprès du Conseil d'Etat, y rapportant la plupart des affaires, étaient en effet très aptes à faire prévaloir ses vues, à exécuter ses décisions. Sous Henri II, les tournées des maîtres des requêtes deviennent régulières, annuelles. D'abord répartis selon les ressorts des Parlements (1553), puis, deux ans après, par généralités, ils « entendent » à la justice et aux finances[2]. Ce sont de véritables inspecteurs, l'œil du Conseil d'État que leurs rapports éclairent. Ils ne peuvent pas toujours accomplir entièrement leur mission. Ils sont de peu de poids en présence des Cours souveraines, du Parlement surtout[3]. C'est probablement sur les agents comptables et sur les trésoriers-généraux que leur attention se porte de préférence et que s'exerce leur droit d'enquête. Il n'en est pas moins vrai que dès lors le pouvoir

1. Bibl. Nat., fr. 5779, f° 21; 18513, f° 408.
2. Aucoc, Le Conseil d'État, pp. 34, 71. — N. Valois, Inrent. des Arrêts du Conseil d'Etat, Introd., p. CXVI. — Rod. Dareste, La justice administrative, pp. 102 et suiv. — Chéruel, Dictionn. des Instit., au mot INTENDANTS. — G. Hanotaux, Les premiers intendants de justice dans la Revue historique, mai-juin 1882, p. 3.
3. Arch. de la Haute-Garonne, sér. B, Reg. de Malenfant, t. VII, f° 128 v°. Le 28 août 1557, la Cour avertie que Me Pierre de Saint-Martin, conseiller et maître des requêtes ordinaire du roi, a entrepris, malgré les défenses à lui faites, d'entrer dans la grande salle du Plaidoyer, de donner « avis tels que bon lui a semblé » et d'installer un second procureur général, ordonne que le roi sera averti de cet attentat, interdit au sieur de Saint-Martin d'y persévérer, à l'avocat général, au substitut du procureur général (alors absent), aux greffiers, huissiers, etc., de lui prêter leur concours.

royal possède en eux les auxiliaires indispensables de tout
gouvernement centralisé.

Aucune des règles qui précèdent n'était particulière au
pays de Languedoc. Le système financier qu'elles constituaient, appliqué dans les généralités de Montpellier et de
Toulouse, le fut aussi en même temps dans les quinze autres.
Décrire l'organisation de l'une d'elles, c'est les faire connaître toutes. La généralité était à la lettre une « province »,
comme on l'a dès l'abord appelée[1], cadre uniforme dans lequel la royauté a fait entrer les anciens pays, duchés, comtés, presque toujours en les brisant. C'est par les finances
que, sous Charles VII, la centralisation avait été commencée,
par là que, sous les Valois-Angoulême, le pays de Languedoc cesse totalement de s'appartenir. La constitution administrative qui lui était propre, qui le séparait du reste du
royaume, montrait d'ailleurs mainte et mainte fissure. Mais
de ce côté s'ouvre une large brèche par où plus aisément pénètre le pouvoir central, par où fuit et se perd l'individualité
du pays.

1. *Ibid.*, *Édits*, t. VI, f⁰ 221 v⁰; VII, f⁰ 155. « Provinces et généralités de Toulouse et de Montpellier ». — Cf. Bibl. Nat., fr. 5128, f⁰ˢ 280, 284, etc.

CINQUIÈME PARTIE

DÉCADENCE DE LA CONSTITUTION DU PAYS

CHAPITRE PREMIER.

MISE EN TUTELLE DES COMMUNES.

Tant de choses ont changé d'un siècle à l'autre, maximes politiques, législation, habitudes administratives, que les mœurs publiques ont changé aussi. En Languedoc les gens ne pensent ni ne parlent au xvie siècle comme ils faisaient sous Charles V, sous Charles VII. Le nouvel esprit de gouvernement qui a brisé ou réformé les anciens cadres, qui a détruit ou gravement altéré au profit du pouvoir central les institutions royales propres au pays, a pénétré dans la société même. Sous cette influence certains sentiments se sont atténués en elle, que jadis elle avait éprouvés très vivement; ses vieilles traditions d'autonomie ont faibli. Elle s'imprègne alors d'idées plus propices à l'exercice direct de l'autorité monarchique en Languedoc. La communauté, les États cessent d'inspirer aux habitants dans la même mesure qu'autrefois l'attachement, la confiance. L'indifférence s'accroît à l'égard des institutions de liberté qui avaient créé le pays, sur lesquelles il reposait, tandis que l'action désorganisatrice et les progrès du pouvoir royal leur ôtent l'utilité, la vertu dont elles avaient fait preuve. De ces causes connexes provient leur décadence. Au sein d'un monde nouveau qui ne leur convient plus, elles dépérissent ou se modifient comme les plantes meurent ou se transforment à la suite d'un changement de climat.

La communauté a fléchi la première, parce qu'elle était plus faible que les États, plus ancienne aussi, partant moins apte à s'accommoder aux conditions d'existence que du XVe au XVIe siècles lui a faites la royauté.

Celle-ci, comme on l'a vu, s'était en quelque sorte approprié les institutions municipales qu'elle trouvait établies en Languedoc. Elle les avait favorisées et répandues afin d'en tirer parti. Guillaume de Nogaret, dressant pour la ville de Figeac un projet de coutumes, lui donnait « bon nombre de libertés nouvelles, très utiles pour elle et sans dommage pour le roi, propres à mettre un frein à l'arbitraire des officiers royaux » : « J'ordonnais, disait-il, en plusieurs articles de juridiction dont les consuls s'acquittent mieux que les officiers royaux, que les consuls eux-mêmes fussent officiers et ministres du roi et fissent perpétuellement usage de son nom »[1]. Dans les moindres communautés comme dans les plus grandes, consuls et capitouls se paraient du titre d'officiers royaux, souffrant avec impatience qu'on le leur osât contester[2]. Ils en tiraient prestige et vanité. Ils cherchaient la source de leur autorité dans le pouvoir royal, et nullement dans la puissance populaire.   •

Pendant plus d'un siècle, du XIIIe au XIVe, les corps con-

---

1. N. Valois, *Etabl. et org. du régime municip. à Figeac*, dans la Bibl. de l'Éc. des Chartes, t. XL (1879), pp. 406 et suiv.

2. Arch. de Toulouse, BB 5, f° 19. Un huissier envoyé par le receveur diocésain enjoint aux capitouls de garder les arrêts dans la maison commune. Ceux-ci l'avertissent de prendre garde, « eo quia domini erant officiarii regii et non debebant sic tractari : qui respondit in effectu quod ipse erat melius officiarius regius quam domini de capitulo, pro eo quia ipse erat officiarius perpetuus et ipsi non erant officiarii nisi per unum annum... ». Les capitouls trouvent qu'il passe les bornes, et le font mettre en prison.

sulaires paraissent avoir joui d'une grande liberté d'allures
à l'intérieur des communautés qu'ils gouvernaient. Pourvu
qu'ils eussent la sagesse de ne point empiéter sur les droits
du roi, de ne pas se brouiller avec quelque officier royal
capable de leur nuire, de payer aux époques fixées les aides
et les subsides, ils pouvaient juger, faire la police, administrer, lever des tailles, et cela presque sans contrôle. Il arrivait que les sénéchaux, les réformateurs, les lieutenants
généraux, le roi ou son Parlement intervinssent pour régler
à nouveau telle ou telle question en litige : mode des élections, assiette de l'impôt, reddition des comptes des consuls, etc.[1]. Les ordonnances qu'ils rendaient, souvent
analogues à des sentences arbitrales, modifiaient les statuts
des communautés sans introduire chez elles, à demeure, un
pouvoir supérieur à l'autorité consulaire. Elles les faisaient
vivre selon des formes quelque peu différentes, mais les laissaient à part, indépendantes après comme avant en tout ce
qui concernait les affaires locales.

Pourtant il ne faudrait pas croire que ces interventions
réitérées fussent sans danger pour l'autonomie communale.
Le gouvernement des consuls s'en trouvait toujours affaibli,
matériellement ou moralement. Les gens du peuple, victimes d'une injuste répartition des charges, apprenaient par
là qu'ils avaient un protecteur naturel, auquel il leur était
aisé de recourir. Les occasions passagères qui permettaient
aux officiers royaux d'examiner les comptes des consuls et
de condamner leur gestion leur inspiraient la tentation de
continuer cette surveillance, en usant des mêmes moyens. Ils
prétendaient aussi les empêcher de lever à leur gré la taille.
Ces empiètements, repoussés avec énergie, étaient de simples incidents, mais qui sont devenus de plus en plus fréquents au cours du xive siècle[2]. Il y a même un point sur

1. Voir plus haut, pp. 169 et suiv.
2. Compayré, *Etudes hist.*, etc., p. 224 ; lettres de 1305 et de 1325. Albi. —

lequel l'administration royale, dès le règne de Philippe VI, a limité en permanence l'arbitraire des consuls[1]. Il ne leur a plus été permis de mettre des impositions à l'entrée et à la sortie des villes, à la vente et à l'achat, sans l'autorisation du roi ou de son lieutenant.

Une date décisive dans l'histoire des communautés est celle du voyage que Charles VI a fait dans le Midi en 1389.

Alors elles gisent à terre, criblées de dettes, accablées d'impôts, désorganisées. Sous le gouvernement des ducs d'Anjou et de Berry, les notables qui les régissaient ont fait face à d'incroyables exigences fiscales par les pires moyens, — emprunts forcés, saisies de la vaisselle d'or et d'argent, mise en gage des objets sacrés[2], — et surtout au moyen de tailles répétées[3] et d' « impositions » sur les subsistances. De là tant de révoltes sanglantes de la part du menu peuple, puis des condamnations, des amendes écrasantes infligées à tous les habitants des villes coupables, indistinctement[4].

De pareilles secousses étaient faites pour ébranler les institutions municipales et pour jeter sur elles le discrédit. Elles mettaient en pleine lumière les défauts qui leur étaient inhérents. Elles en exagéraient les fâcheuses conséquences. Le

---

Invent. des titres et privil., etc., dans les Annales de la Société du Puy, 1850, pp. 606, 631, 692, 703, 717, 742. Le Puy. — Bibl. Nat., lat. 9175, fos 211, Beaucaire, 214, Lunel ; 9176, fo 200, etc.

1. Arch. de Toulouse, AA 35, nos 62, 79, 86 ; AA 45, no 21.

2. Jolibois, *Albi au moyen âge*, p. 26. — Cf. Arch. de Toulouse, *Comptes*, ann. 1383-1385, fo 20 vo.

3. A Albi, en 1377, on impose 86 « comus » ou tailles, puis 14 autres. (Arch. d'Albi, BB 16, fos 97, 103) Il est vrai qu'il s'agit d'une année exceptionnelle. De 1374 à 1378, en cinq ans, on impose 45 « comus » par an, environ. La ville était si appauvrie qu'un « comu » ne rapportait guère plus de 60 francs.

4. Après la révolte des communautés contre le duc de Berry, Toulouse doit payer en quatre ans 100,000 francs d'amende (Arch. de Toulouse, *Comptes*, ann. 1385-1387, fo 45). Nimes 30000, Uzès 15000, Bagnols, 10000, Montpellier 10000, etc. (Bibl. Nat., fr. 24093). Les sommes qui précédent font partie des 332000 francs spécialement imposés sur les villes les plus coupables. Mais les mêmes villes supportent aussi leur part de l'amende de 468000 francs à laquelle est condamné le pays en général. (Besse, *Recueil*, p 15.)

gouvernement royal avait beau jeu à rendre les consuls responsables de maux dont lui-même était en partie l'auteur.

Afin de prévenir de nouveaux désordres, Charles VI rend
à Toulouse, le 17 décembre 1389, une ordonnance remarquable, qui fait un contraste frappant avec les règlements partiels, les empiètements insensibles dont la royauté était coutumière; car elle est générale et s'applique à tous les
consulats du pays simultanément[1]. Des deux articles dont
elle se compose, l'un, qui diminuait le nombre des consuls,
a bientôt été détruit par une foule de mesures de détail[2],
l'autre n'est que la promulgation officielle de la loi déjà
établie quant à l'imposition des aides sur les vivres à l'intérieur des communautés. Mais à la fin du premier article se
glisse une disposition nouvelle, d'autant plus importante
qu'elle a été depuis assez exactement suivie. Elle porte que
les consuls ne pourront tenir le conseil de ville qu'en présence du sénéchal, ou du viguier, ou du juge, ou de leurs
lieutenants.

Malgré quelques tempéraments apportés à cette règle[3],

1. Arch. de Toulouse, AA 36, n° 93; Cf. AA 5, n°ˢ 39, 40, 41, et Mascaro, *Chronique*, *Loc. cit.*, p. 142, etc. — L'ordonnance vise comme les autres les consulats
qui ne relevaient pas du roi directement, car elle est rendue « de voluntate baronum et prelatorum in eorum terra ». (*Ord.*, t. VIII, p. 27.)

2. A Toulouse les capitouls sont portés au nombre de six, puis de huit (Arch.
de Toulouse, AA 36, n° 101, 23 mars 1391; AA 5, n° 40, mars 1392), puis de douze,
comme autrefois. (*Ibid.*, AA 46, n° 30, 8 oct. 1401.) — A Albi il y a six consuls à
partir de sept. 1408, en vertu de lettres royales de décembre 1405 (*Ord*, t. IX,
p. 101), et huit à partir de sept. 1420. (Arch. d'Albi, *Comptes*, CC 166, 176.) —
Toutes les grandes villes du pays, à beaux deniers comptants, font rétablir au
nombre ancien leurs corps consulaires.

3. Les consuls de Cordes reçoivent vers la fin de 1392 la permission de tenir
leur conseil « ses presiden ». (Arch. d'Albi, *Comptes*, CC 158, f° 76.) — Les consuls d'Albi voudraient seulement « tener lors cossellis ses pena, presen hun
officier temporal de mossenhor d'Albi o son loctenen, per hun an ». (*Ibid.*, CC 162,
f° 43.) — Ceux de Montpellier sont autorisés à s'assembler avec 24 prud'hommes
sans l'assistance des officiers du roi, qui est limitée aux conseils généraux. Telle
est dans cette ville l'origine du conseil des Vingt-quatre. (Germain, *Hist. de la
comm. de Montpellier*, t. II, pr. n° 19; 18 août 1390.) De même les syndics de
Beaucaire. (Eyssette, *Hist. de Beaucaire*, t. II, pr. n° 31; 15 avril 1390.)

les délibérations principales vont être dans chaque ville présidées par un agent du roi, soumises à sa surveillance. Les décisions que l'on y prendra ne s'accorderont peut-être pas davantage avec l'intérêt général; mais, à coup sûr, elles seront moins libres qu'autrefois. Au lieu d'améliorer les constitutions municipales, le pouvoir royal préfère s'y introduire à leur détriment. Sous prétexte qu'il « représente la chose publique », il commence à mettre les communautés en tutelle.

L'ordonnance de Toulouse n'est pas un acte isolé. Elle a servi de signal et de point de départ à toutes sortes de perquisitions dirigées contre les actes des consuls, — enquêtes auxquelles la royauté prit goût, parce qu'elle sut dès l'abord les rendre aussi productives pour elle-même qu'elles étaient peu profitables aux villes qui en furent l'objet.

Par ordre de Charles VI ou des « réformateurs généraux », à Toulouse, à Montpellier et autres villes, tous les papiers de la maison commune sont saisis, mis sous scellés, et les comptes des dix années précédentes examinés par les gens des comptes et trésoriers qui suivaient le roi. Vérification faite, il est prouvé qu'à Toulouse, de 1380 à 1390, les capitouls ont reçu 26,000 livres de plus qu'ils n'ont dépensé, et qu'il leur reste à percevoir 14,000 livres. Au lieu de les punir en conséquence, le conseil royal ordonne que la ville versera 8,000 livres au roi ou à son receveur général, et qu'elle fera recouvrer le demeurant sur les contribuables afin de payer en partie ses dettes, qui montent au double[1]. Les consuls de Carcassonne, de Montagnac, et sans doute tous ceux qui ont été soumis à pareille enquête, s'en tirent de même, à bon compte[2].

1. Arch. de Montpellier, arm. A, cass. 5, n° 1 ; lettres du 29 mars 1392. — Arch. de Toulouse, Lettres des réformateurs royaux, non inventoriées, du 28 avr. 1390, et *Comptes* 1391-92, f° 91 v°.

2. *H. L.*, t. X, pr. n°ˢ 727, 728.

Maintes fois le fait se renouvelle. En 1402 et 1403 le duc de Berry fait prendre par ses commissaires les écritures et registres des villes, et par deux maîtres des monnaies la vaisselle d'argent, les livres, caisses, poids et balances des marchands[1]. Au bout de trois ans les registres de Toulouse n'avaient pas encore été restitués, si bien que les capitouls, faute de leurs livres d'estime, ne pouvaient asseoir une taille[2]. En 1405 autre « réformation » : celle-ci coûte à la ville de Toulouse 4,500 écus d'or, à celle d'Albi 300, à Limoux 100, etc.[3]

On voit aussi, tantôt dans un consulat, tantôt dans un autre, les officiers royaux intervenir, spontanément ou à l'appel de quelques mécontents, se faire montrer les livres des consuls, vérifier leur gestion[4]. A Toulouse les réformateurs de 1390 ont pris force précautions pour rendre ce contrôle facile[5]. Il y devient quasi régulier, car le sénéchal ou le viguier assistent à la reddition des comptes du trésorier de la ville, et pourtant cette formalité annuelle n'exclut pas des inspections plus approfondies[6].

Aucune ville n'a été surveillée d'aussi près, ni régentée

1. Arch. d'Albi, CC 94. Missives des capitouls de Toulouse aux consuls de Carcassonne, et de ceux-ci aux consuls d'Albi, des 10 et 14 déc. 1403. Cf. *Comptes*, CC 162, f° 42. — Ménard, *Hist. de Nimes*, t. III, pr. n° 35. — Arch. de Montpellier, *Pièces extraites des minutes des notaires de la ville*, liasse de 1404 : « Memoriale domino Johanni de Vitrolis, etc. ».

2. Arch. de Toulouse, AA 46, n° 44; 22 févr. 1405.

3. *Ord.*, t. IX, p. 82. — Arch. de Toulouse, AA 46, n° 59. — Arch. d'Albi, *Comptes*, CC 164, f° 33; *Délib.*, BB 18, f°° 43 v°, 44 v°, 47. Les consuls d'Albi suivent l'exemple que leur avaient donné Narbonne, Béziers et autres lieux de la sénéchaussée. — Arch. de l'Aude, liasse *Limoux*, lettres du 19 juin 1406.

4. Arch. d'Albi, *Délib.*, BB 18, f° 68. Le juge des crimes de Carcassonne étant venu à Albi pour faire compter devant lui les consuls des quatre années précédentes, le conseil de ville s'assemble, délibère et conclut que « ad evitar maior despens e que la vila non intres en consequentia, ni en malencorias, ni devesios, que la vila li dones x o xii l. t., o mens se per mens ho podian far, e que s'en tornos » (7 nov. 1407).

5. Arch. de Toulouse, AA 3, n° 253; 24 avr. 1390, art. 3, 5, 9, 15, 17.

6. *Ibid.*, *Comptes*, 11 nov. et 26 déc. 1391 (à la date); *Délib.*, BB 7, f° 50, 4 janv. 1437.

aussi durement que Toulouse par le gouvernement royal.
Elle n'était pas seulement la plus populeuse et la plus riche
des communautés de Languedoc, mais celle aussi qui avait
à sa tête les hommes les plus considérables et les plus éclairés, nobles, légistes et marchands, formés à l'Université,
issus de grandes familles, où l'habitude de conduire les
affaires du public avait été fixée par la quasi-hérédité des
fonctions municipales. Elle jouissait parmi les autres d'une
réelle prépondérance politique; ses conseils, son exemple
étaient généralement suivis. Il importait à l'autorité supérieure de la maintenir dans une exacte obéissance : dispo-
sant de l'influence de Toulouse, elle parvenait à manier plus
aisément le reste du pays.

Quand le duc de Berry eut été nommé gouverneur d'une
contrée qui ne voulait pas de lui, l'un de ses premiers actes
fut de proroger les capitouls en exercice, afin de leur préparer des successeurs qui fussent à sa dévotion. Les procédés
arbitraires, mais commodes, qu'il avait inaugurés ont été
par la suite employés presque à chaque élection capitulaire,
tant par le duc que par Charles VI et ses officiers[1]. Le comte
de Foix en faisait aussi grand usage. Il voulait assister en
personne aux élections : apparemment ceux qui devaient y
procéder ne se risquaient point à lui déplaire[2]. Le gouverneur se faisait ainsi très souvent l'électeur véritable, les
capitouls étant nommés indirectement par lui, à charge de
servir ses intérêts.

Il arrivait en temps de crise aiguë que des précautions
analogues fussent prises dans les villes principales. En septembre 1417, sous la menace de la guerre civile, la cour
royale d'Albi enjoignait par cri public aux électeurs qu'ils

---

1. *Ibid.*, AA 6, nᵒˢ 145, 147-152 : AA 36, nᵒˢ 101, 122 ; cf. *Comptes* 1383-85,
1385-87. Les capitouls nommés en déc. 1383 restent en fonctions près de deux ans,
jusqu'en oct. 1385, ceux d'oct. 1385 jusqu'en févr. 1387, etc.

2. *Ibid.*, AA 6, nᵒˢ 158-161, et *Délib.*, BB 6, fᵒ 33, 20 nov. 1429.

eussent à ne choisir pour consuls que les plus riches et notables habitants, ceux de qui elle attendait le plus de docilité et de prudence[1].

Sous Charles VI la tutelle administrative existe donc en Languedoc. Mais elle vient de haut et de loin, du roi, du gouverneur; elle ne s'exerce qu'à l'occasion, par intervalles et par endroits, selon les besoins de la politique, de façon violente, mais temporaire.

Ce sont les Cours souveraines qui, sitôt établies dans le pays, commencent à la rendre permanente.

Tandis que les lieutenants généraux se désintéressent et s'éloignent de leur gouvernement, délaissant la « surintendance et police » des villes qui formait une de leurs attributions essentielles, le Parlement de Toulouse, la Cour des aides et la Chambre des comptes de Montpellier travaillent avec une persévérance infatigable à plier les consulats à leur suprématie. Le Parlement surtout, devant lequel affluaient les contestations les plus diverses, se trouve appelé fréquemment à porter ses enquêtes, à imposer ses arrêts dans les affaires municipales. Tantôt, à propos d'une querelle entre une communauté et son seigneur, il modifie, de son autorité, les transactions qui jadis étaient intervenues entre l'une et l'autre[2]. Tantôt viennent devant lui des procès issus des élections consulaires, pour cause de fraudes, de violences, etc. Non contente de sévir contre les coupables, la Cour approuve telle liste de consuls, annule telle autre, et parfois nomme des consuls de son choix[3]. Elle réforme aussi les constitutions municipales, les statuts relatifs à l'élection des consuls ou bien à leur puissance admi-

---

1. Arch. d'Albi, *Comptes*, CC 173, f° 24 v°.

2. Arch. de la Haute-Garonne, sér. B., *Arrêts*, t. IX, f° 136, arrêt du 1er juill. 1493, relatif à Châteauneuf-de-Vaux ou Castelnau-de-Montratier, f° 247, 10 mars 1494, Carmaing; t. XV, f° 527, 2 juin 1514, Aubenas, etc.

3. *Ibid.*, t. VIII, f° 362, 1er juillet 1491, Carmaing; t. IX, f° 36, 18 janv. 1493, Béziers; t. XI, f°s 68, 472, 10 mai 1499, 13 août 1501, Limoux.

nistrative : ainsi à Limoux en 1446 et 1529[1], à Montpellier
en 1470[2], à Narbonne, à Moissac en 1484 et 1489, par la
main du premier président B. Lauret[3], à Montauban en
1493, à Toulouse en 1504, à Béziers en 1550, etc.[4]. Tous les
remaniements qu'elle opère ont pour but de prévenir les
brigues, de répartir plus équitablement le pouvoir consulaire entre les classes, de le limiter, de le soumettre au contrôle du conseil de ville : mesures en un sens utiles à
l'institution des consulats, qui par endroits l'ont rajeunie,
mais plus nuisibles encore parce qu'elles étaient accompagnées de l'incessante immixtion de la Cour dans les affaires
des villes, parce qu'elles étaient imposées et, somme toute,
bien faites pour diminuer l'indépendance des consuls.

En 1425 le Parlement ne pouvait se faire obéir à Toulouse, où il siégeait. Moins d'un demi-siècle plus tard, il y
est devenu le plus tracassier et le plus impérieux des maîtres.

Comme ils représentent sur les lieux la « main souveraine », les magistrats de la Cour se voient obligés, et plus
souvent que d'abord ils n'auraient voulu, d'intervenir dans
les élections capitulaires. Il ne se passe guère d'année, sans
que les capitouls sortants, le viguier, le sénéchal ou d'autres officiers royaux ne se présentent devant eux pour protester contre les opérations électorales. Sollicitée d'agir, la
Cour prend l'habitude de présider elle-même aux élections
par le moyen de deux conseillers, ou de désigner les capitouls d'office, « par manière de souveraineté[5] ». Si des

1. Arch. de l'Aude, liasse *Limoux*. — Cf. Buzairies, *Cout. de Limoux*, pp. 110,
113.

2. Arch. de la Haute-Garonne, sér. B, *Arrêts*, t. III, f° 316, 22 août 1470. —
Cf. Germain, *Hist. du comm. de Montpellier*, t. II, pr. n° 224.

3. Mouynès, *Invent.*, Ann. de la sér. AA, n° 187, 25 juin 1484. — Lagrèze-
Fossat, *Hist. de Moissac*, t. II, p. 198.

4. Arch. de la Haute-Garonne, sér. B, *Arrêts*, t. IX, f° 110 v°; t. XII, f° 467;
t. XLIV, f° 14. — On pourrait citer beaucoup d'autres exemples.

5. Il est vrai que le fait n'est pas très fréquent. Je trouve de 1460 à 1510 sept

mesures exceptionnelles ne lui semblent pas nécessaires, elle enjoindra aux électeurs de ne nommer que « gens notables », sous peine d'une forte amende[1]. Dans une élection toulousaine, au milieu du xvie siècle, la volonté des habitants compte pour peu de chose; celle des gens du roi importe bien davantage; enfin le Parlement reste toujours maître de l'élection.

Il faut voir avec quelle promptitude, à sa déférence des premières années envers les capitouls[2], la Cour a fait succéder un ton dur, sévère et même outrageant. Dans ses arrêts abondent les imputations de fraude, de concussion, de négligence. Elle cite les capitouls à sa barre, les tance vertement et leur notifie des ordres qu'ils doivent recevoir « avec révérence » et exécuter incontinent. Ces injonctions touchent aux parties les plus diverses, aux moindres détails de la police et de l'administration : assemblées illicites, vagabonds, tavernes, prisons, maladies contagieuses, hôpitaux, écoles, ponts, vivres, fortifications, garde des murailles, « estimes » ou assiette de l'impôt, revenus et finances de la ville, etc. Régulièrement, un ou plusieurs conseillers sont commis à surveiller l'exécution des arrêts. De même qu'aucun impôt d'intérêt municipal ne se lève sans l'autorisation de la Cour, aucun n'est réparti sans l'intervention de ses délégués. Les « conseils généraux » de Toulouse ne se tiennent plus guère qu'en leur présence[3]. Tandis que les capitouls de l'an 1445, à l'occasion d'attaques dont ils avaient été l'objet de la part d'un groupe d'habitants, pouvaient encore consentir bénévolement et « sans consé-

exemples de nomination par la Cour du corps capitulaire tout entier, aux années 1462, 1465, 1478, 1488, 1494, 1503, 1506, et quelques exemples de désignations partielles.

1. Le premier arrêt de ce genre date du 28 nov. 1458. (Arch. de la Haute-Garonne, sér. B, *Arrêts*, t. II, f° 83 v°.)

2. *Ibid.*, t. I, f° 17 v°; 1er mars 1445. L'arrêt est fort curieux.

3. *Ibid.*, t. IV, f°s 264, 303; t. VI, f° 116, etc.

quence » à laisser voir leur comptes par la Cour, ceux de
1523, accusés aussi d'avoir malversé, sont jetés en prison
sans autre cérémonie. La Cour fait saisir leurs papiers,
nomme des commissaires pour les examiner, les condamne
à diverses amendes et restitutions ; un de leurs receveurs
est pendu[1].

Ainsi se constitue à Toulouse une administration municipale étrange et peut-être sans analogues. Une Cour souveraine y tient le premier rang après s'être subordonné étroitement les autres pouvoirs locaux. Elle n'y tolère aucune
autorité rivale. Elle tire enfin de la très grande ville qu'elle
gouverne une bonne part de son influence sur le reste du
pays.

D'ailleurs les faciles conquêtes que les Cours souveraines
ont faites aux dépens des corps municipaux ne sont que
l'une des formes sous lesquelles se manifeste un fait d'ordre
plus général, l'invasion continue de l'administration royale
dans un domaine, qui avait été jusqu'alors réservé à la
libre activité des habitants. Après les guerres anglaises cette
administration acquiert une supériorité par trop écrasante.
Les villes les plus puissantes ne pèsent plus rien devant
elle. Elle a la force, la masse imposante, la certitude et la
durée en face de corps municipaux petits, faibles, annuels.
Elle attire à elle et draine à son profit les hommes instruits,
actifs et ambitieux, tandis que dans les villes les administrateurs capables commencent à faire défaut.

Rien de plus significatif que le dédain que la plupart des
officiers royaux, dès la fin du xve siècle, professent à
l'égard des fonctions municipales.

Ils avaient été presque partout et de tout temps admis à
siéger parmi les consuls, ou du moins dans le conseil. On
les traitait en concitoyens plus qualifiés que d'autres pour

1. *Ibid., Reg. de Malenfant*, t. II, pp. 246, 257 ; 27 janv., 22 mars 1524.

s'occuper de la chose publique. C'est une tâche dont ils s'acquittaient volontiers. A Toulouse, ils formaient l'un des « trois états » de la ville; les capitouls ne manquaient pas de les convoquer aux délibérations importantes; ils opinaient parmi les premiers. Mais voici que peu à peu ils se détournent de charges qu'ils jugent décidément trop modestes pour des serviteurs du roi. A Toulouse ils se dispensent d'assister aux conseils généraux[1]. A Montpellier ils abandonnent le consulat aux gens « de petite qualité »[2]. Ceux même qui voudraient encore accepter ou briguer de semblables charges rencontrent des difficultés autrefois inconnues. Déjà sous Charles VII les gens du roi contestaient aux fonctionnaires royaux le droit de « servir deux maîtres »[3]. En 1476, le procureur général au Parlement de Toulouse requiert qu'il leur soit défendu par édit d'être capitouls[4]. La Cour fait de son mieux pour qu'il n'en passe plus[5]. Les capitouls se plaignaient fort. Ils prédisaient en 1541 que, les officiers une fois retranchés « du résidu du commun populaire », on ne trouverait plus annuellement huit personnages aptes à gouverner la ville[6].

Pourtant la question restait légalement indécise. En octobre 1547 Henri II la résout au détriment des corps municipaux. Par ordonnance générale, il interdit d'y pénétrer aux gens « de robe longue », c'est-à-dire aux officiers de justice, ainsi qu'aux avocats et procureurs placés près les cours royales[7]. C'étaient justement ceux dont le concours était le

1. Arch. de la Haute-Garonne, sér. B, *Reg. de Malenfant*, t. II, p. 300; 2 oct. 1525.

2. Germain. *Hist. du comm. de Montpellier*, t. II, p. 488; lettres du 25 févr. 1545.

3. Ménard, *Hist. de Nîmes*, t. III, pr. n° 97 (1452); cf. *H. L.*, t. X, pr. n° 863.

4. Arch. de la Haute-Garonne, sér. B, *Arrêts*, t. IV, f° 254.

5. *Ibid.*, t. III, f° 4; t. VII, f° 143; t. XII, f° 470. — Arch. de Toulouse, AA 6, n° 185.

6. *Ibid.*, et AA 5, n° 152.

7. Isambert, t. XIII, p. 34.

plus précieux aux villes, et le plus habituel; les autres
n'importaient guère. Les États protestent, mais faiblement[1].
A force d'instances les capitouls de Toulouse obtiennent, par
faveur spéciale, certaines atténuations à la rigueur de
l'édit[2]. Les autres communautés sont obligées de se soumettre. Dans chacune d'elles les officiers royaux, à mesure
qu'ils se retirent du personnel dirigeant, laissent un vide
d'autant plus sensible qu'ils sont devenus plus nombreux.
D'ailleurs, si les mœurs et la loi les séparent du reste des
habitants, ils ne se désintéressent pas pour cela des affaires
municipales. Ils y participent d'une autre manière, en faisant succéder une tutelle jalouse à la collaboration d'autrefois.

Le gouvernement d'Henri II ne cache point son désir de
voir les villes de Languedoc régies de la même façon que
toutes celles du royaume; ce qui subsiste d'indépendance et
d'originalité dans leur constitution lui déplaît. Un édit,
portant que dans les grandes villes les magistrats municipaux ne seraient plus renouvelés que par moitié chaque
année, n'avait pas été mis en vigueur à Toulouse; en 1553
le roi s'en étonne, exige qu'il soit appliqué[3]. Sur les doléances des États et des capitouls il réduit ensuite au quart la
proportion numérique des magistrats destinés à rester en
fonction d'une année à l'autre[4]. Ce n'en était pas moins une

1. Arch. de la Haute-Garonne, C 2279, f° 65 v°; proc.-verb. févr. 1548; cf.
f° 421 v°.
2. Arch. de Toulouse, AA 6, n° 188. Lettres du 23 juill. 1548, permettant que
chaque année deux personnages de robe longue puissent être nommés capitouls.
Les lettres du 15 mars 1549, qui supprimaient toute restriction en faveur de la
ville de Toulouse, n'ont été enregistrées par le Parlement que sous la réserve
qu'il ne serait pas loisible d'élire les officiers et rapporteurs en l'auditoire du
sénéchal. (Ibid., AA 6, n° 193.)
3. Arch. de la Haute-Garonne, sér. B, Édits, t. VI, f° 236; 6 nov. 1553.
4. Ibid., t. VII, f° 77, 26 nov. 1554, et C 2279, f° 421 v°, proc.-verb. sept. 1554.
— Déjà en 1504, puis à plusieurs reprises, le Parlement de Toulouse avait maintenu en fonctions deux capitouls sur huit, afin d'introduire l'esprit de suite dans
l'administration capitulaire. (Ibid., sér. B, Arrêts, t. XII, f° 467, t. XIII, f° 6.)

première tentative pour enfermer le capitoulat toulousain,
en attendant les autres, dans le moule uniforme auquel la
royauté prétendait soumettre les villes, et de plus une mesure bien propre à faire obstacle au recrutement des capitouls, puisque nul ne se souciait de conserver deux ans une
charge plus lourde encore qu'elle n'était profitable.

A ce régime les corps municipaux s'anémient, s'appau-
vrissent en hommes. Les forces vives les abandonnent. Ils
commencent à mériter le discrédit qui les atteint.

Parmi leurs attributions, la plus délicate et la plus périlleuse a toujours été la juridiction, qu'un si grand nombre
possédaient. Ils s'en acquittaient fort mal. C'est par là qu'ils
prêtaient le flanc à l'administration royale, soulevant les
réclamations, les appels, s'attirant de fortes amendes. Sous
Charles VIII le Parlement de Toulouse défend à tous les
consuls du ressort de rendre la justice sans se faire aider,
c'est-à-dire remplacer, par de « bons assesseurs[1] ». Ses registres abondent en condamnations prononcées contre eux.

En ce temps de déclin de l'autonomie communale, on ne
saisit plus bien le sens et la valeur de la prérogative judiciaire, qui avait paru aux habitants des communes féodales
la plus solide garantie de leur indépendance et de leur sécurité : c'est un don du roi, au nom de qui les consuls administrent la justice; ils l'apprécient surtout comme un droit
utile, une source de revenus[2]. Mais beaucoup de gens y
voient une source d'abus intolérables. Tel est en 1531 l'avis
des États eux-mêmes. Ils menacent les consuls du pays
toulousain de supplier le roi qu'il leur enjoigne de rendre
bonne justice, à moins qu'il ne préfère les priver de leur
juridiction[3]. François Ier n'aurait pas mieux demandé que

1. Cet arrêt, du 12 févr. 1487, est mentionné dans deux autres arrêts postérieurs, relatifs à Châteauneuf-de-Vaux, en Quercy, et à Carmaing. (*Ibid.*, t. IX,
fᵒˢ 136 vᵒ, 247; 1ᵉʳ juill. 1493, 10 mars 1494). Je n'ai pu le retrouver.
2. Arch. de l'Hérault, *Dol.*, t. II, fᵒ 215; cah. d'oct. 1539, art. 3.
3. Arch. de la Haute-Garonne, C 2277, fᵒ 500; cf. C 2279, fᵒ 13, nov. 1546.

de faire droit à la seconde partie de la requéte. Ses actes en
témoignent. Par édit de Moulins, de 1537, il prétend donner
aux consuls pour assesseurs « nés » les plus proches juges
royaux [1], — mesure qui aurait eu pour effet de leur enlever
tout pouvoir judiciaire, si le Parlement ne l'avait rejetée,
alléguant que les juges royaux se seraient trouvés de la
sorte rabaissés au-dessous des consuls.

Malgré cet échec, suivi de plusieurs autres, le roi persiste
dans son dessein. En octobre 1545 paraît l'édit de La Fère,
celui-là décisif et plus remarquable encore par les considérants que par le fond [2]. Chaque ligne y trahit en termes
injurieux envers les consuls l'espèce de mépris jaloux qu'ils
inspiraient aux fonctionnaires royaux. Ce sont, dit l'ordonnance, de « pauvres paysans, gens ignorants qui n'ont
aucun assesseur, mais seulement un notaire de leur mesme
qualité et ignorance, par lequel ils font faire les procès sans
garder aucune formalité ordinaire ni style ». La plupart
n'exercent pas la justice « pour en faire leur devoir, car ils
ne savent pas où en cest endroit consiste leur devoir, mais
seulement tendent par cela à eulx magnifier et faire appa-
roistre au peuple, pour en tirer une obéissance et s'en prévaloir en quelques endroicts pour leur prouffit particulier ».
On étale crûment les vices habituels de leur administration :
procédures irrégulières, complaisances à l'égard de leurs
amis, et des amis de leurs amis, marchandages, usurpations de justice en matière civile, etc. Leur privilège ex-

1. Arch. de la Haute-Garonne, C 2278, f° 100 v°, proc.-verb. d'oct. 1539; cf. le
cah. de dol. cité ci-dessus. — Dans quelques communautés, et par exemple à Riscle, en Armagnac, cet usage était depuis longtemps en vigueur. (*Comptes consulaires de la ville de Riscle*, dans les Archives hist. de la Gascogne, 1886, fasc.
XII, p. 68, et Introd., p. 42.)

2. *Ibid.*, sér. B, *Édits*, t. V, f° 195. — Cf. *ibid.*, *Reg. de Malenfant*, t. IV,
p. 158, et V, p. 91, deux importants arrêts du Parlement, des 10 sept. 1547 et
30 août 1553. Ils tempèrent quelque peu la rigueur de l'édit en ce qui concerne
la juridiction civile des consuls. On a vu d'ailleurs que beaucoup n'avaient que
la juridiction criminelle.

clusif de juridiction criminelle dans l'étendue des villes et
territoires est aboli. Dans chaque lieu le juge ordinaire
pourra désormais connaître des mêmes cas par prévention
et procéder sans autorisation des consuls. Au civil toute
compétence leur est déniée, sauf dans les matières de police,
les seules où il leur soit encore permis de faire eux-mêmes
acte de juges.

La juridiction des capitouls de Toulouse, que l'on désirait
ménager, échappe à ce demi-naufrage [1]. Les autres en sortent désemparées, livrées sans défense aux entreprises des
juges royaux, surtout à celles des juges criminels que fait
surgir à foison la vénalité des charges.

En « limitant » avec une telle rigueur les justices municipales, le gouvernement royal n'atteint pas seulement les
communautés dans l'autorité morale et politique de leurs
consuls, mais aussi dans leur bourse. Car il ne tient pas
moins à l'argent qu'au pouvoir, et d'ordinaire vise un double but. C'est ainsi qu'il essaye dans chaque ville de substituer au sceau municipal celui du roi, aux greffiers et
notaires que nommaient les consuls des officiers en titre,
afin d'accaparer les droits de sceau, d'enregistrement, le
produit du bail à ferme des greffes [2].

François Ier fait main basse sur les recettes municipales.
En 1527 les villes de Languedoc reçoivent l'ordre de verser
au profit des places frontières du royaume la moitié du
produit des impositions que les rois leur avaient jadis accordées pour l'entretien de leurs propres murailles. Les États

---

1. Elle est expressément exceptée de l'édit de La Fère, puis confirmée par lettres de déc. 1554. (Arch. de la H.-G., *Édits*, t. VII, f° 62, et *Malenfant*, t. V, p. 91.)
2. *Catal. des Actes de François Ier*, n°s 1221, 7971. — Arch. de l'Hérault, *Dol.*,
t. II, f° 148 ; cah. de déc. 1519, art. 8. — Arch. d'Albi, AA 46 ; cah. d'oct. 1538,
art. 6. — Arch. de la Haute-Garonne, sér. B, *Reg. de Malenfant*, t. III, f° 155,
arrêt du 15 déc. 1536, et IV, f° 158, 10 sept. 1547. — *Ibid.*, C 2278, f° 159 v° ;
2° cah. du 20 sept. 1541, art. 11. — *Ibid.*, f° 264 v° ; proc.-verb. d'oct. 1543. —
Arch. de Toulouse, AA 80, cah. d'oct. 1551, art. 19; AA 50, n° 45, 7 fév. 1552, etc.

sont tellement irrités de cette exigence, qu'à Montpellier ils
refusent de faire l'octroi avant qu'elle n'ait été retirée, et
qu'à Pézenas les commissaires royaux sont obligés d'accorder un sursis d'exécution. Grâce à l'influence de Montmorency, le différend se termine à l'amiable, par une « composition » qui coûte au pays 2,000 livres[1]. En 1536 seconde
composition, cette fois de 4,000 livres, le roi ayant demandé
les revenus d'une année entière[2]. Mais en 1541 il repousse
toute transaction, bien qu'en même temps les villes soient
contraintes de former et d'entretenir à leurs frais des approvisionnements de salpêtre[3]. Henri II agit de même en 1554,
en 1555[4].

Le plus précieux privilège des corps municipaux était de
pouvoir seuls imposer des tailles, chacun dans l'étendue de
son consulat : de là sont venues les assemblées d'États ;
c'était le fondement et la garantie des libertés du pays. Que
les tailles fussent accordées au roi et perçues à son profit,
ou bien levées au profit de la communauté, celle-ci en était
seule maîtresse. De même qu'elle les avait votées dans la
personne et par la main de ses représentants, elle en faisait
la répartition, en percevait les deniers et les employait aux
usages prévus, dépenses intérieures ou paiement des subsides royaux.

Or ce privilège a cessé dès le XIVe siècle d'être d'accord

1. Bibl. Nat., fr. 3064, fos 121, 167. — *H. L.*, t. XII, pr. no 187. — Arch. de la
Haute-Garonne, C 2277, fo 397; proc.-verb. de nov. 1528. — Arch. de Toulouse,
BB 9, fos 61, 75 vo.
   2. *Catal. des Actes de François Ier*, no 7826. — Arch. de Toulouse, AA 13,
no 219. — Arch. de la Haute-Garonne, C 2278, fo 31 vo, proc.-verb. d'oct. 1536.
   3. *Ibid.*, C 2278, fo 159 vo, 1er cah. du 20 sept. 1541, art. 6, et réponses, art. 7. —
Cf. Arch. de Toulouse, AA 40, no 29. — *Catal. des actes*, etc., nos 9956, 9910 et
suiv., etc.
   4. Arch. de Toulouse, AA 78. Requête des capitouls et réponse du Conseil privé,
22 nov. 1554. — *Ibid.*, AA 41, no 41, 24 févr. 1556. — Arch. de la Haute-Garonne,
C 2280, fos 42 vo, 110 vo; proc.-verb. de sept. 1555 et sept. 1556. — Toulouse avait
été taxée à 3,000 livres, dont remise lui fut accordée en considération du pont
qu'elle construisait.

avec les prétentions de l'autorité souveraine. Charles V considère le pouvoir d'imposer comme un droit exclusif du roi[1]. La théorie ne fait encore que s'ébaucher; elle n'atteint pas les communes. Mais le gouvernement de Charles VII va lui donner une ampleur nouvelle.

On affecte alors, et non sans raison, de distinguer dans une ville le corps consulaire du peuple, d'opposer l'un à l'autre, de protéger celui-ci contre celui-là. C'est à ce propos que la royauté invoque ses droits supérieurs. L'évêque de Laon défend aux consuls de Montpellier de lever une taille destinée à subvenir aux frais de l'ambassade qu'ils envoyaient au roi contre lui : « Nul, dit-il, ne peut mettre sus aide, taille, impost ou subside sur le peuple du roy sans son exprès congé et licence, ou de son lieutenant... » De pareils impôts sont également dommageables au roi et à ses sujets; car les consuls en emploient une grande partie à leur profit, et le reste à toute autre chose qu'à l'utilité publique[2]. Telle est en effet l'accusation qui va se répéter dans les édits de Charles VII, de Louis XI, de François Ier. On n'y tarit pas sur les malversations des consuls et de leurs receveurs, sur les défauts de leur administration financière. Ils exagèrent les tailles, dit l'ordonnance d'octobre 1449, et lèvent beaucoup plus que ne monte la quote-part des deniers royaux que doit supporter leur ville, afin d'embourser la différence; ils détournent de leur destination les deniers communs octroyés par le roi; ils mettent sans permission des taxes sur les denrées et les marchandises, etc.

En 1428 les consuls de Montpellier se sentaient déjà menacés dans leurs franchises par une interdiction générale de lever des tailles sans l'autorisation du roi[3]. Mais c'est aux

---

1. Arch. de Toulouse, AA 5, nº 307. Mandement du 9 juill. 1366.
2. Arch. de Montpellier, BB; *Délib.*, reg. 1427; lettres du 17 nov. 1427.
3. *Ibid.*, arm. O, cass. 10, nº 3. — *H. L.*, t. X, pr. nº 848, art. 11.

lettres d'amnistie d'octobre 1449, que remonte le premier
texte précis qui ait eu pour objet les communautés elles-
mêmes. Il est défendu formellement aux consuls de rien
imposer de plus que le roi ou ses commissaires ne leur auront mandé[1]. La règle est désormais posée. Certaines villes
ont pu s'en départir, d'autres l'esquiver, la violer parfois : la
royauté l'a toujours maintenue. Louis XI la confirme[2].
François Ier achève de l'acclimater en Languedoc : « A nous
seul, déclare-t-il dans un édit remarquable, à nous seul et
non à autre appartient permettre et donner congé à nos sujets de imposer, mettre ne asseoir... sur eulx ou aucuns d'eulx
aucuns deniers, et pour ceste cause faire assemblées et con-
gregations en maisons privées ou publicques[3] ». A la fin du
xve siècle les villes ne s'y risquaient guère qu'après avoir
eu recours au roi, au sénéchal ou, le plus souvent, au juge
royal, en présence du procureur du roi[4]. Pour plus de précaution, François Ier décide qu'elles devront s'adresser à lui,
directement, qu'elles ne pourront plus rien imposer sans
lettres de sa chancellerie (1541). Il est vrai que trois ans
après, à force d'objecter « l'ancienne et louable coutume »,
les frais qu'entrainera la moindre imposition, les États obtiennent pour les villes la permission de revenir à leurs usages[5]. L'édit de 1541 n'en laisse pas moins des traces ; il

1. Arch. de la Haute-Garonne, sér. B, Élits, t. I, fo 50 vo. La pièce est fausse-
ment datée de mai 1448 dans les Ord., t. XIV, p. 16. — Bibl. Nat., lat. 9178,
fo 85, etc.
2. Arch. de la Haute-Garonne, sér. B, Élits, t. I, fo 75 ; sept. 1463. Dans les
Ord., t. XVI, p. 23, cette pièce est fort incomplète et porte une date inexacte.
3. Arch. de la Haute-Garonne, sér. B, Édits, t. IV, fo 223 ; avr. 1541.
4. Ibid., Arrêts, t. VI, fo 116 ; 15 févr. 1483. — H. L., t. XII, pr. no 44, etc.
5. Arch. de la Haute-Garonne, C 2278, fos 155, 159 vo, 196 ; proc.-verb. sept. 1541,
et 1er cah. de même date, art. 7 ; cf. fo 237. — Albisson, Loix municip., t. VI, p. 4.
Édit de juillet 1541. Les villes sont autorisées à s'imposer pour les étapes et pour
le service du roi par-devant les juges royaux, par leur permission. Quant à « leurs
autres affaires et imposts communs », elles pourront « garder la forme ancienne »,
c'est-à-dire imposer les deniers communs « par-devant les sénéchaux et autres
juges royaux, appelé le procureur du roi ». (Arch. de la Haute-Garonne, C 2278,
fo 343 vo.) Mais les « syndicats » entre communautés, pour leurs procès par exem-

établit une tradition, qui sera reprise sous Charles IX, en
1564[1].

Du droit d'impôt qu'elle se réserve, la royauté ne tarde
pas à tirer le droit d'examiner en détail si les sommes à
percevoir ont été « bien et légalement » réparties, « bien et
duement » employées, conformément aux lettres d'octroi.
Sous Charles VII, Louis XI et Charles VIII la reddition des
comptes municipaux est encore un fait d'ordre intérieur dans
les communautés. Les consuls sortants, ou bien les receveurs, comparaissent à cette fin devant les nouveaux consuls ou devant les auditeurs que, directement ou non, les
habitants ont nommés. Les agents royaux ne procèdent à la
vérification des comptes que rarement, en cas de suspicion
légitime, par ordre du roi ou bien en vertu d'arrêts spéciaux
du Parlement, des généraux des aides. Les villes et les
États leur opposent une vive résistance[2]. Consuls et « clavaires » savent leur échapper à force de subtilités juridiques.

François Ier met fin aux oppositions comme aux subterfuges. Son édit d'avril 1511 oblige absolument les consuls et
leurs receveurs à rendre chaque année à la fin de leur administration « bon compte et reliquat par-devant nos juges des
lieux, appelé, dit le roi, nostre procureur et autres qui pour
ce seront à appeler ». Voilà le contrôle royal installé à demeure, par un texte formel, dans chaque communauté.

Cette surveillance serait à la vérité peu gênante, et les
villes pourraient l'accepter aisément. Les officiers qui en
ont la charge participent en quelque mesure à la vie municipale ; ils connaissent les besoins, les affaires et les ressources des lieux où ils font résidence. Malheureusement pour

ple, ainsi que les impositions destinées à y subvenir, continuent d'être subordonnés à l'autorisation royale. (*Ibid.*, C 2279, fo 110 vo; proc.-verb., sept. 1556.)
1. Arch. de la Haute-Garonne, C 2281, fo 239; proc.-verb. oct. 1564.
2. Arch. de l'Hérault, *Dol.*, t. I, fo 94, cah. du 29 avr. 1449, art. 8, 22-24, et
fo 18, cah. de févr. 1498, art. 1. — Arch. de la Haute-Garonne, sér. B, *Arrêts*,
t. VIII, fo 195, 2 avr. 1490.

les villes leur administration financière trouve d'autres cen-
seurs, placés plus haut et plus loin.

C'est d'abord la Chambre des comptes. Les auditeurs que
la Chambre de Paris déléguait en Languedoc avaient porté
parfois leurs investigations jusque dans les recettes et dépenses des communes. Sitôt qu'ils ont été remplacés par une
Chambre permanente, celle-ci a prétendu examiner à sa
guise et apurer les comptes municipaux[1]. Deux lettres patentes lui confirment ce pouvoir, si deux autres le lui dénient[2]. Elle en a constamment usé, malgré les menaces des
États, exigeant des consuls et de leurs officiers une régula-
rité d'écritures dont ils étaient peu capables, imposant aux
villes des frais disproportionnés au montant de leurs budgets.

Puis intervient le pouvoir central. En 1539 tous les consuls du pays sont obligés d'envoyer à Paris leurs comptes
des trois années précédentes et les titres en vertu desquels
ils levaient les « deniers communs[3] ». En 1552 le Conseil
privé s'attribue indirectement le contrôle de l'état de dépenses que dressaient annuellement les capitouls de Toulouse.
Il règle par un arrêt l'assiette de la taille dans cette ville[4].
On approche de l'époque où le Conseil du roi régentera avec
une active sollicitude le budget de toute communauté importante, où Charles IX, afin de réprimer la dépense « effrénée »
qu'elles faisaient en délégations, ordonnera avec force précautions minutieuses que les frais de chaque voyage soient
taxés en « son privé Conseil », selon la qualité des personnes[5].

1. Arch. de la Haute-Garonne, C 2277, fº 597 vº, proc.-verb. d'oct. 1534 ; C 2278,
fº 8 vº, oct. 1535; fº 52 vº, nov. 1537.
2. Ibid., C 2278, fºs 80, 155, 174 vº ; lettres de 1538 et de 1541. — Ibid., sér. B,
Édits, t. IV, fº 145. et C 2278, fº 266 ; lettres du 20 avr. 1539, du 16 mai 1543.
3. Ibid., C 2278, fºs 94, 129. — Arch. de l'Hérault, Dol., t. II, fº 215, cah. d'oct.
1539, art. 5, et Arch. d'Albi, A A 46. Il semble que cet examen général des comptes
des consuls ait servi à préparer l'édit d'avril 1541.
4. Arch. de Toulouse, A A 41, nº 23, 14 juill. 1552 ; cf. nº 15, 27 juin 1551.
5. Bibl. Nat., fr. 16 221, fº 215 ; 6 déc. 1566.

Empêcher les consulats de s'imposer et de dépenser à leur guise, c'était les réduire à l'impuissance, et leur ôter la vie avec la spontanéité. Sans argent, ils ne pouvaient rien entreprendre, ni travaux publics, ni procès ; ils ne pouvaient récompenser des services, envoyer des délégués, attaquer ni se défendre. L'officier royal de qui dépendait l'imposition, qui surveillait la dépense, en examinait les motifs ; c'était sa décision, substituée à celle des consuls, qui commençait à donner le mouvement à la commune. La tutelle qui s'organisait ainsi n'était pas uniquement inspirée par des vues d'intérêt général, par le déplaisir que le roi pouvait éprouver à voir, selon les termes d'une ordonnance, « ses pauvres sujets foulés et pillés » par les consuls. Quand François Ier et son successeur essayaient, d'ailleurs en vain, d'instituer dans les villes des « contrôleurs », puis des « généraux surintendants des deniers communs[1] », ils entendaient plutôt se ménager les revenus qu'elles possédaient que les protéger contre la fraude. Le gouvernement royal a cherché constamment à se réserver la matière imposable. A l'origine de tous ses progrès politiques, il y a le déficit qu'il tâchait en vain de combler.

Certes, il ne faudrait pas confondre le règne de François Ier avec celui de Louis XIV. Les vieilles traditions n'ont pas si aisément fait place aux règles nouvelles. La loi ne s'applique pas encore avec l'exactitude et la précision, en quelque sorte mécaniques, qui seront plus tard obtenues. A Narbonne, jusqu'en 1551, consuls et clavaire continuent de rendre leurs comptes à l'ancienne mode, et non devant les juges royaux[2]. Mais peu à peu les exceptions disparaissent. Les villes se courbent sous la règle commune et ne tentent même plus de se défendre.

Au temps des grandes guerres, la communauté de Lan-

---

1. Voir plus haut, p. 424.
2. Arch. de Narbonne, AA 112, fo 105.

guedoc, exposée continuellement aux agressions des routiers, des Anglais, aux exigences des agents royaux, se
retrempait, se sentait vivre dans le danger et dans la lutte.
En elle subsistait encore quelque chose de l'ancienne seigneurie, de la commune féodale. Elle avait un vif sentiment de son individualité, et le manifestait par ses actes.
Alors, les consuls, le conseil de ville sont toujours en avant,
sur la brèche, dans un mouvement incroyable de délibérations, de négociations, de procès, de voyages, d'ambassades.
Vers 1440 le péril anglais est passé; la paix qui se lève va
durer plus d'un siècle. La communauté s'endort dans une
existence tranquille, dont les querelles locales et les exigences du roi rompent seules la monotonie. Plus de grands
intérêts, de grands devoirs, bientôt plus de réelle puissance.

Placés dès leur nomination dans la dépendance des agents
du roi, privés, ou peu s'en faut, du droit de rendre eux-
mêmes la justice, obligés pour mettre un impôt d'en obtenir
la permission et de rendre par la suite à ceux qui l'avaient
donnée un compte exact des dépenses, chargés de répartir
la taille et de la percevoir, d'exécuter les ordres émanés du
pouvoir central, les consuls sont devenus des officiers royaux
d'une espèce particulière, subordonnés à tous les autres et
responsables devant eux.

Longtemps les notables avaient à peu près seuls occupé
les fonctions municipales. De ce chef ils avaient encouru de
graves responsabilités personnelles; ils s'étaient exposés à
de véritables périls. Mais ils avaient du retour. Ils se faisaient honneur d'exercer le pouvoir; ils savaient en tirer
profit. Depuis Charles VII le pouvoir et ses avantages diminuent; les inconvénients subsistent, certains même s'aggravent. La classe des notables commence donc à délaisser le
consulat. Elle va chercher dans l'administration royale les
gains et les traditionnelles satisfactions d'amour-propre
que les institutions libres ne suffisent plus à lui procurer.

Le goût des affaires publiques décroît en elle, ou dévie, et comme elle était dans les villes l'élément actif et intelligent, le sens de la solidarité, de l'effort et des intérêts communs y baisse à proportion.

La communauté se laisse absorber par l'État. Elle se dissout lentement en individus égaux, qu'il protège les uns contre les autres, mais qui sont également mal protégés contre lui.

Une ville était si bien autrefois une sorte de personne, que le receveur des deniers royaux, en cas de retard dans le paiement, s'en prenait, non pas aux particuliers débiteurs, mais aux conseillers, aux consuls, c'est-à-dire aux représentants responsables de la communauté. C'était leur affaire d'asseoir la taille sur les gens solvables, de se pourvoir d'un bon clavaire, d'opérer les versements en temps voulu[1]. La charge qui pesait sur eux était une conséquence directe de l'autonomie dont jouissait leur consulat. A mesure que l'impôt royal s'accroît et se régularise, elle commence à leur sembler trop lourde. Les États ne se lassent pas d'en dénoncer l'injustice; car, disent-ils, « nul ne doit estre vexé pour la debte d'autrui[2] ». En effet la règle fléchit à la fin du XVe siècle et disparaît, ou peu s'en faut, au cours du siècle suivant[3]. C'est un des symptômes, et non le moindre, de la

1. Arch. de la Haute-Garonne, sér. B , *Reg. d'appoint.* 1426-27, fº 35 : « A consulibus debet procedi exequtioni contra populares, et a receptoribus contra consules, et iste est ordo observatus ab antiquo in materia subcidiorum. » C'est une règle que l'on commence alors à violer.

2. Arch. de l'Hérault, *Dol.*, t. I, fº 28, cah. de 1442, art. 13; fº 36, sept. 1444, art. 14; fº 130, déc. 1459, art. 18 ; fº 201, mai 1476, art. 9; fº 237, juin 1481, art. 12. — *II. L.*, t. XII, pr., nº 99 ; cah. de mai 1482, art. 11, etc.

3. Les commissaires royaux ordonnent, en réponse aux doléances des États, que les « exécutions » auront lieu d'abord contre les receveurs des diocèses et leurs cautions, puis, à leur défaut, contre les consuls et clavaires, enfin sur les particuliers. Au XVIe siècle, les receveurs généraux ne s'en prennent plus aux consuls. Une seule fois, en nov. 1546, les États signalent quelques infractions à la coutume établie. (Arch. de l'Hérault, *Dol.*, t. II, fº 289; cah. de nov. 1546, art. 13.) Les villes n'ont affaire qu'aux receveurs diocésains, qu'elles nomment, par lesquels elles se font consentir des avances, moyennant intérêts. On peut être certain que, du règne de Louis XII aux guerres de religion, les receveurs n'ont

désagrégation progressive de la communauté. Elle cesse de
faire corps dans la plus importante affaire qui la mette en
rapport avec l'autorité royale.

Enfin dans le pays elle ne tient plus la même place. Au-
dessus d'elle se sont constitués les États, les assiettes diocésaines. Tandis que les États, au xiv⁰ siècle, n'étaient guère
que la réunion fortuite des villes tenant conseil, échangeant
leurs vues, puis se séparant, recouvrant leur indépendance
jusqu'à ce qu'une autre occasion vint de nouveau les rap-
procher, sous Charles VII ils prennent forme d'institution.
Comme ils décident à la majorité des voix, ils dominent
chaque ville en particulier, et tendent à les soumettre toutes
aux lois qu'ils ont adoptées. Que telle ou telle cherche à s'y
soustraire, et ils défendront contre elle les intérêts généraux.
Qu'une autre soit lésée, et ils la soutiendront autant que
l'exigera la protection des libertés du pays. Dans l'assemblée, le Tiers se rencontre avec la noblesse et le clergé, qui
autrefois y siégeaient si rarement. Il y conserve la prépondérance; en cas de conflit entre les ordres, il a toujours le
dernier mot. Mais la présence ordinaire de gentilshommes
de haute lignée, de prélats instruits, éloquents, ne laisse pas
d'influer sur les délibérations des États. Dans les cahiers de
doléances, jadis consacrés uniquement à protéger les intérêts des villes, apparaissent des articles en faveur des deux
autres ordres, de leurs privilèges dûment constatés et reçus.
Bref les « États généraux de Languedoc » rejettent les villes
dans l'ombre. Ils leur adressent des injonctions, les couvrent devant l'administration royale. Ils représentent le
pays entier et parlent au roi en son nom.

---

guère sévi contre les consuls; car ceux-ci n'auraient pas manqué de se plaindre.
Si d'autre part on considère le poids des impôts, les innombrables « exécutions »
qui s'en suivaient, attestées par tous les cahiers de doléances, il faut conclure
qu'elles ont été dirigées à peu près uniquement contre les particuliers. Quelquefois les consuls avancent encore eux-mêmes une partie des tailles (Germain, *Hist.
du comm. de Montpellier*, t. II, pr. n⁰ 224) ; mais c'est un fait exceptionnel.

CHAPITRE II.

LES ÉTATS ET L'IMPÔT ROYAL DU XVᵉ AU XVIᵉ SIÈCLE.

Tandis que les communautés tombaient en décadence, d'autres unités plus vastes, le pays et les diocèses, sont allées se fortifiant. Celles-ci ont opposé à la centralisation monarchique une force de résistance évidemment supérieure à celle des consulats, parce qu'elles représentaient une somme d'intérêts beaucoup plus considérable.

Cependant, sous plusieurs rapports, elles étaient moins bien armées, moins aptes à se défendre.

Un consulat était un organisme permanent, capable à chaque instant d'agir et d'entrer en lutte. Pays et diocèses ne manifestaient leur existence que par des assemblées temporaires ; les assiettes diocésaines duraient quelques jours de l'année, les États quelques semaines ou par exception quelques mois, en plusieurs sessions. Les unes et les autres ont essayé de se survivre. On les a vues, du XVᵉ au XVIᵉ siècle, se donner des officiers, receveurs, procureurs, syndics, chargés de servir en leur absence les intérêts des diocèses et du pays. Les États ont même créé un comité consultatif, espèce de conseil de permanence. Ils se sont organisés, affermis, mais sans trouver autre chose que des palliatifs au défaut de stabilité qui était inhérent à leur nature.

Quand la royauté française pénétra dans le Midi, les communautés vivaient en personnes féodales, plus ou moins indépendantes de leurs seigneurs respectifs. Les assemblées d'États n'ont pas connu cette indépendance. Elles sont nées d'un acte de la volonté royale ; elles ont grandi sous la tutelle de la monarchie, en un temps où la tradition monarchique avait jeté déjà dans le sol méridional de si profondes racines, que les agitations les plus violentes ne pouvaient plus l'ébranler. Dans un grand nombre de communautés, et surtout dans les principales, les consuls et le conseil ont joui pendant longtemps de la pleine liberté de leurs délibérations. Les États ne l'ont jamais eue.

Sous Charles VII, ils se réunissent, conformément à la coutume, devant le roi ou ses agents. Les commissaires royaux n'assistent pas aux débats; mais ils les surveillent, et la plupart se terminent par un accord intervenu entre eux et l'assemblée. Ils homologuent ses votes, ou bien les rejettent, ou bien en réfèrent au roi. D'ailleurs, les États n'ignorent pas les moyens de se concilier la faveur des commissaires. Ils mesurent les gratifications à leur complaisance et à leur crédit. En cas d'opposition de leur part, d'actes contraires aux décisions qu'ils ont eux-mêmes adoptées, ils n'hésitent pas à faire appel au souverain[1]. Les hautes protections que l'assemblée a su se ménager, les nombreux cadeaux qu'elle distribue avec discernement lui donnent prise sur les conseillers royaux. Il n'en est pas moins vrai que la validité de ses résolutions dépend en dernier ressort des commissaires et du roi. La liberté dont elle jouit n'est, en somme, qu'un point de fait.

Quant à l'assiette diocésaine, petite assemblée de répartition, et non d'octroi, comment ne serait-elle pas liée plus étroitement encore? A la fin de chaque réunion d'États généraux les commissaires du roi choisissent eux-mêmes ceux qui tiendront l'assiette. Ils leur font délivrer par un greffier spécial[2] les lettres nécessaires à la répartition de l'impôt et

---

1. Ainsi en 1538. (Arch. d'Albi, AA 46; cah. d'oct. 1538, art. 12. — Cf. Albisson, *Loix municip.*, t. VII, p. 7; lettres du 20 avr. 1539.)

2. Ce greffier des commissaires, ou du roi, comme on dira plus tard, est celui qui signe au bas des cahiers de doléances les réponses qui y sont faites : ainsi

des instructions détaillées dont ils ne devront pas s'écarter[1]. Peu de délibérations durant l'assiette; d'ailleurs elles se font en présence des commissaires. Ceux-ci d'abord étaient des officiers locaux, juges, viguiers, châtelains, des consuls, des syndics pris parmi ceux qui avaient assisté aux États. Mais, à la fin du règne de Charles VII, les commissaires du roi affectent de craindre de leur part des complaisances fâcheuses à l'égard des diocésains. Sans les exclure, ils leur adjoignent, ou plutôt placent au-dessus d'eux, quelque personnage important, un homme dont ils soient sûrs[2]. C'est un point sur lequel ils refusent énergiquement de céder aux réclamations des États, et même aux édits royaux[3].

Les États et les assiettes ont subi dès le principe le contrôle et, au besoin, la pression de l'autorité souveraine. Mais avec le temps la pression devient irrésistible, et c'est justement dans les plus grosses affaires, dans les questions d'impôt qu'elle s'exerce de préférence; car il n'en est point qui touchent de plus près le gouvernement royal.

Le droit d'accorder l'impôt était la raison d'être des États et la clef de voûte de la constitution du pays. C'était pour faire l'octroi que les trois ordres avaient été réunis, parce

de Voisines en avril 1449, les deux Richier, secrétaires du roi, de 1456 à 1481 environ, etc.

1. L'une des plus anciennes instructions date du 25 avr. 1486. (Bibl. Nat., fr. 22406.)

2. Arch. de Cordes, *Assiettes du dioc. d'Albi*, ann. 1451 et suiv. — Arch. de l'Hérault, *Dol.*, t. I, f° 130; cah. du 18 déc. 1459, art. 8, 9. — *Ibid.*, f° 237, cah. du 14 juin 1481, art. 5. Aux plaintes des États les commissaires royaux répondent qu'ils continueront de mettre dans chaque diocèse un commissaire de leur choix, « affin que aucuns abuz ne se y facent ».

3. Caseneuve, *Chartes*, p. 165. Réponses du roi au cahier de mars 1522. — Albisson, *Loix municip.*, t. VI, p. 4; édit de juill. 1544. — Arch. de la Haute-Garonne, C2280, f°s 110, 129 v°, 134 v°, 192, 259. Malgré les lettres du roi, celles de Montmorency, du 31 août 1556, les commissaires ne cèdent point. Une seconde jussion, du 18 août 1557, et une troisième, du 12 oct. 1558, ne paraissent pas avoir eu de résultats décisifs. Cependant, depuis 1552, dans le diocèse de Toulouse, la plupart des assiettes extraordinaires sont faites par le vicaire général de l'archevêque, assisté des consuls et du syndic.

qu'il fallait l'obtenir de leur bonne volonté qu'ils avaient pu poser des conditions, protéger, conserver, étendre leurs franchises. L'octroi dégénérant en inutile simulacre. l'assemblée devait déchoir; ce privilège essentiel supprimé ou affaibli, il était inévitable que les autres privilèges, du moins ceux qui pouvaient gêner l'autorité royale, éprouvassent le même sort. Or, il est aisé de voir qu'il a périclité, qu'il a été restreint de règne en règne, sinon aboli formellement.

1° AIDE, ÉQUIVALENT, OCTROI, CRUES.

Pour observer ces changements depuis leur origine, il convient de se placer au milieu du règne de Charles VII; car c'est après la disgrâce de l'évêque de Laon, en 1440, que les relations du roi avec l'assemblée, que la demande et l'octroi de l'impôt ont pris une allure régulière et définitive.

Il existe alors deux espèces d'impôts, « l'aide » et « les aides[1] ». L'aide est requise et accordée annuellement. Elle est imposée sous forme de taille. Les aides ont été octroyées au roi pour trois ans par les États réunis à Béziers, en janvier et février 1437[2]. Elles portaient sur la consommation et consistaient dans une imposition « foraine » de 6 deniers pour livre, dans le huitième du vin vendu au détail, enfin en une taxe de 12 deniers pour livre sur toutes les marchandises et denrées, à la vente et à l'achat. Ces droits ont été maintenus par la suite, malgré les protestations des États[3]. Mais en 1443 le roi, acceptant les offres des assemblées de Béziers et de Montpellier, les changeait en une redevance annuelle, dite équivalent[4].

---

1. Voir plus haut, IIIe partie, chap. IV.
2. *H. L.*, t. X, pr. n° 864.
3 *H. L.*, t. X, pr. n° 871, art. 17. — Arch. de l'Hérault, *Dol.*, t. I, f°s 28 et 31 v°; cah. de nov. 1442, art. 1, et règlement sur les aides.
4. *H. L.*, t. X, pr. n° 884. — Arch. de Toulouse, AA 38, n° 43.

L'équivalent des aides leur ressemblait beaucoup, étant levé sinon sur les marchandises, du moins à la vente de certaines denrées, comme la chair, le poisson et le vin. Il était également accordé pour trois ans : telle est l'origine du bail à ferme triennal dont il fut l'objet. La différence était que l'équivalent constituait un revenu certain. Le pays garantissait au roi une somme fixe de 80,000 livres, qui fut ensuite augmentée de 3,000 livres, afin de remplacer l'imposition foraine, dont il obtint l'abolition (mars-mai, septembre-octobre 1443). Il s'engageait à compléter cette somme dans le cas où les droits imposés n'auraient pas suffi. C'est précisément ce qui s'est produit chaque année. Il a fallu bien souvent recourir à la taille pour combler les déficits que laissaient les droits d'équivalent. En 1452 le roi prend le parti de remettre au pays 10,000 livres des 80,000 qu'il devait lui fournir[1]. Quant aux 3,000 livres de l'imposition foraine, qui appartenait à la reine Marie, il semble que Louis XI en ait fait abandon[2].

Les gens de Languedoc n'avaient pas entendu concéder l'équivalent à titre d'impôt perpétuel. Il est pourtant devenu tel, malgré eux. C'est la première redevance permanente et fixe qu'ils aient payée. Quand ils supplient le roi de les en décharger, celui-ci réplique qu'il ne demande pas mieux que de rétablir les aides. Il s'étonne qu'on ose le requérir « d'estre content de son domaine ». Jamais, dit-il, aucun

1. Arch. de la Haute-Garonne, C 2182, fº 85 ; lettres du 13 avril 1452. — Ce rabais était déjà fait depuis 1449, mais à la condition que chaque année les 10,000 livres remises sur l'équivalent fussent imposées sous forme de taille. (Arch. de l'Hérault, Dol., t. I, fº 94 ; cah. de janv. 1449, art. 4. — Bibl. Nat., lat. 9178, fº 94. — Arch. Nat., K 691, nº 9.)

2. Au commencement du XVIe siècle les États soutiennent et perdent contre la reine Anne un grand procès au sujet de l'imposition foraine qu'elle réclamait. Ils retrouvent trop tard l'acte d'abolition de cette imposition par Louis XI, et le font soigneusement serrer dans le « coffre » du pays, en cas de nouveau différend avec les reines futures. (Arch. de la Haute-Garonne, C 2276, fº 370.) — Cf. Spont, L'équivalent aux aides en Languedoc, dans les Annales du Midi, 1891, p. 232.

pays du royaume, quelque charge qu'il ait supportée, n'a présenté semblable requête[1]. Quand les États de Toulouse, de février 1455, essaient de supprimer sans autorisation l'équivalent, le roi le fait affermer par ses commissaires[2].

L'aide est plus longtemps restée à la disposition des États. Les commissaires de Charles VII ont fort à faire pour l'obtenir. A Montpellier, en octobre 1441, ils demandent d'emblée 200,000 livres, puis s'en tiennent à 160,000, pour se contenter, après un mois et demi d'altercations et de délais, des 126,000 francs qui leur ont été offerts[3]. De même les années suivantes[4].

En 1445 et 1446 survient une innovation considérable. L'aide annuelle avait jusqu'alors été imposée et accordée en vue des dépenses de la guerre. A cette cause passagère d'impôt Charles VII en ajoute une autre, celle-là permanente. Il réclame la taille pour entretenir, même en temps de paix, et pour organiser régulièrement un certain nombre de gens d'armes. Aux États de Languedoc il présente l'aide comme le paiement d'un privilège unique, celui de ne pas loger 500 lances et 1000 archers, soit un quart des troupes qu'il a conservées[5].

---

1. Arch. de l'Hérault, *Dol.*, t. I, f° 9; cah. d'oct. 1445, art. 5.

2. Caseneuve, *Chartes*, p. 117; cah. de mars 1456, art. 26.

3. Arch. de l'Hérault, *Dol.*, t. I, f° 87; cah. d'oct. 1441, art. 20. — Il est vrai que les commissaires réservent le consentement de Charles VII, et que dans l'aide de 100,000 francs accordée en avril suivant figure la somme de 34,000 livres « que leur demandions, dit le roi, de l'aide précédent, et de laquelle... ilz se soubzmidrent à nostre bonne voulenté ». (Bibl. Nat., fr. 25711, n° 150.)

4. En avril 1442, demande de 110,000 francs, octroi de 100,000.

En sept. 1444,   »   200,000 francs,   »   160,000.

En oct. 1445,   »   200,000 francs,   »   120,000.

Encore les États de 1445 demandent-ils une remise sur cet octroi. Le roi se dit « fort émerveillé » d'une telle requête, vu que les trois États « luy deussent liberalement avoir octroyé la somme de II° m. francx laquelle il leur avoit fait requérir, et se sont bien avancés les commissaires de accepter si petite somme, considéré ses grans afferes et les charges et instructions qu'il leur avoit sur ce baillées ». (Arch. de l'Hérault, *Dol.*, t. I, f° 28; cah. d'oct. 1445, art. 3.)

5. Les intentions du roi, très clairement exposées dans sa réponse au cahier

La lance garnie coûtant 31 livres par mois, 500 lances seraient revenues à 186,000 livres par an[1]. Or le gouvernement de Charles VII ne s'en est jamais tenu à ce chiffre.

Au besoin, en cas de guerre, il demandait bien davantage : en mars 1447, 150,000 francs, outre le prix de l'exemption du logement des gens d'armes; en 1449, 240,000 livres, tout compris, et 200,000 livres en 1451[2].

En temps de paix, il a demandé beaucoup moins : 130,000 livres en janvier 1456, 150,000 livres en avril 1457, 120,000 en décembre 1459[3].

Si ces dernières exigences, que l'on peut considérer comme normales, restaient inférieures à celles que le roi avait formulées en 1446, c'est assurément qu'il prenait en considération l'équivalent dont le pays était chargé. Un impôt complétait l'autre, à peu près : tous deux concouraient ensemble à former le revenu que le roi prétendait tirer de Languedoc; mais chacun des deux gardait sa physionomie propre et son autonomie.

Charles VII, dans ses mandements, représente volontiers les subsides qu'il requiert comme « la part du pays de l'aide levée sur tout le royaume[4] ». Les lettres d'imposition données par Charles VI contenaient déjà cette expression remarquable. On la rencontre dans celles de 1397, de 1404 et dans

d'oct. 1445 (Arch. de l'Hérault, *Dol.*, t. I, f° 9; art. 4), sont mises à exécution l'année suivante. (*H. L.*, t. XII, pr. n° 5; 25 avril 1446.) En janvier 1449 les États continuent d'octroyer l'aide sous la condition expresse qu'ils seront exempts de loger des gens d'armes. (Arch. de l'Hérault, *Dol.*, t. I, f° 92; art. 4. — Cf. Arch. Nat., K 691, n° 7; *H. L.*, t. XII, pr. n° 9, etc.)

1. Arch. Nat., K 691, n° 4. Lettres des commissaires royaux près les États de Montpellier, 16 février 1447.

2. Arch. de Toulouse, AA 88, f° 65, cah. de mars 1447, art. 2, 3 ; AA 89, cah. de mars 1451, art. 2, 5. — Arch. de l'Hérault, *Dol.*, t. I, f° 94; cah. d'avril 1449, art. 1-3.

3. Caseneuve, *Chartes*, p. 118. — Arch. de l'Hérault, *Dol.*, t. I, f° 115, art. 1, et *ibid.*, f°130; art. 7.— De même, durant les trois premières années du règne de Louis XI, demandes de 130,000 livres en mars 1462, de 150,000 en mars 1463. (Arch. de Toulouse, AA 89.)

4. *Ibid.*, AA 88, f° 65.

toutes les autres jusqu'à l'insurrection bourguignonne, jusqu'en 1417[1]. Elle avait alors une valeur effective. Le pays supportait réellement la part qui lui était assignée.

Mais, s'il est vrai que sous Charles VII la taille ait été répartie entre les généralités selon une proportion quelconque, fixe ou prétendue telle, il est plus certain encore que les États n'ont jamais accordé entièrement la somme qui leur était demandée, la part qui de droit semblait revenir au pays. Ils n'en laissent passer aucune sans en rabattre quelque chose, 10,000, 20,000, 40,000 livres ou davantage. Ils persistent dans cet usage de réductions arbitraires au-delà même du règne de Charles VII, jusqu'en 1463[2]. A la différence de l'équivalent, l'aide reste donc un impôt malléable. Elle continue de varier au gré du pays qui la paye.

Les choses ont changé sous Louis XI, en 1461. Le roi, qui venait d'échouer dans la tentative de remplacer la taille par des droits de consommation[3], consent à la rétablir, mais sur des bases nouvelles. Il entend que l'aide et l'équivalent réunis produisent exactement les frais de l'entretien de 500 lances. Les deux impôts sont liés l'un à l'autre. Le pays s'engage à verser annuellement comme deniers du roi une somme ronde, totale, payable en partie au moyen de l'équivalent, en partie au moyen de la taille, de sorte que par un abonnement nouveau, plus étendu, l'aide à son tour s'immo-

---

1. Bibl. Nat., lat. 9176, fᵒ 226; 9177, fᵒ 67 vᵒ. — Arch. de Toulouse, AA 37, nᵒ 5. — Arch. de Montpellier, sér. BB, *Pièces notariées*, 1404-1444, liasse 1404.

2. Spont, *La taille en Languedoc de 1450 à 1515*, dans les Annales du Midi, 1890, p. 485. En 1463 l'aide moyenne est évaluée à 110,000 francs seulement (Arch. de l'Hérault, *Dol.*, t. I, fᵒ 139; cah. du 26 juillet 1463, art. 1-4, 6). En 1449, 29 avril, les États avaient répondu à une demande de 240,000 livres par l'offre, acceptée, de 150,000 livres : Moyennant quoi, disent les commissaires, « seront deschargés de logeiz de gens d'armes, ainsi comme ont esté les années passées ». (*Ibid.*, fᵒ 94, art. 4.)

3. Sur cet essai, pratiqué durant l'année 1463-1464, voir Spont, *L'équivalent aux aides, Loc. cit.*, pp. 243 et suiv. — Nicolas Borracier avait affermé pour 186,000 livres par an les droits nouveaux et ceux de l'équivalent réunis. (Bibl. Nat., fr. 23915, fᵒ 83.)

bilise. Ses variations apparentes ne dépendent plus de la
volonté des États, mais des variations du produit de l'équivalent. Les États font « bon au roy » de 186,000 livres au
lieu de 70,000. Dans le contrat intervenu il n'est pas dit que
l'équivalent devra rapporter une somme donnée. Les commissaires royaux se bornent à prendre l'assurance qu'au
moyen des deux impôts, quoi qu'il arrive, de quelque façon
qu'ils soient combinés ensemble, les 186,000 livres promises
seront régulièrement acquittées[1]. Cette somme était déjà, en
mars 1474, portée à 187,975 livres, chiffre désormais invariable[2].

On conçoit que par l'effet d'une telle réforme le caractère
primitif de l'équivalent et celui de l'aide tendissent à s'effacer. Les contemporains n'y voyaient plus qu'un impôt permanent, levé sous deux formes différentes.

Louis XI ne s'en est point contenté. Il a exigé pour frais
de guerre, pour entretien d'un plus grand nombre de lances,
des tailles supplémentaires, des « crues ». Son père l'avait
fait avant lui. Mais sous Louis XI la crue se distingue nettement de l'aide. Elle constitue un troisième élément d'impôt. C'est une surcharge inopinée et payable d'avance, qui,
chaque année, se représente et s'accroît. La crue passe progressivement de 23,375 livres (mars 1467) à 157,744
(mars 1474)[3]. Elle est de 326,424 livres 15 sous 11 deniers
dans les deux dernières années du règne, après s'être une
fois élevée au delà de cet énorme chiffre[4]. Les contribuables

1. *H. L.*, t. XII, pr. n°s 34, 38, 40. — Arch. de Toulouse, AA 84. — Arch.
d'Albi, AA 44 : « Adviz pour trouver au roy la somme de 186,000 livres tournois,
que demande ».

2. Tardif, *Monum. hist.*, n° 2540. — Ménard, *Hist. de Nîmes*, t. III, pr., p. 5
(Chronique nîmoise).

3. Bibl. Nat., lat. 9178, f° 181. — *H. L.*, t. XII, pr., n° 77. Cf. Chronique citée,
dans Ménard, et Bibl. Nat., fr. 24405, f°s 7-24.

4. Voir un bon tableau des crues de 1475 à 1483, dans les *Annales du Midi*,
1891, p. 491. La crue qui fut demandée aux États de juin 1481 s'élevait à
346,164 l. 10 s. 10 d.

de Languedoc supportent alors, malgré leur extrême pauvreté, des charges presque égales à celles que, plus riches, ils auront à subir sous François Ier et sous Henri II.

Parviennent-ils du moins à obtenir des rabais ? En aucune façon. Les États ont beau se débattre, tracer des tableaux lamentables de la misère du peuple, faire appel au bon vouloir et à la compassion du roi : leurs démarches aboutissent parfois à retarder l'imposition des crues, non à les écarter, ni à les diminuer[1]. Leur obéissance est tellement assurée, que le roi et les généraux des finances donnent couramment des assignations sur la crue qui sera accordée aux prochains États[2].

Pourtant le nouvel impôt présente encore quelque apparence de mobilité. Le chiffre change d'une année à l'autre. Les gens du pays le tiennent pour une charge surérogatoire : si par le fait ils sont contraints de l'acquitter intégralement, ils ne s'y croient pas moralement obligés.

Il a pris un caractère différent après les États du royaume, tenus à Tours en mars 1484. Dans cette assemblée la taille de Languedoc avait été fixée à 145,803 livres. L'aide étant cette année-là de 124,345 livres, à cause du prix auquel l'équivalent se trouvait affermé, le surplus, soit 21,458 livres, fut imposé à titre de crue : crue modeste assurément en comparaison de celles que Louis XI avait appesanties sur le pays, mais désormais permanente. Elle n'a pas exclu d'autres crues additionnelles, jusqu'à ce que les États de Montpellier, de novembre 1488, aient cessé de les tenir sépa-

---

1. En mars 1474, « nonobstant toutes repulces, tielles que estoit possible de faire à tout humain cors », quoique les commissaires eux-mêmes semblent intercéder en sa faveur, le pays est obligé de payer entièrement la crue. (*H. L.*, t. XII, pr. n° 79.) En avril 1475, après avoir requis deux crues, l'une de 151,944 livres, l'autre de 90,000, les commissaires ajournent l'imposition de la seconde jusqu'à ce que les États aient remontré au roi « leurs pauvretés ». Le roi répond qu'il ne peut s'en passer (*H. L.*, t. XII, pr. n° 84), etc.

2. Bibl. Nat., fr. 23915, f°s 136 et suiv. — *H. L.*, t. XII, pr. n° 100.

rées. Ils les accordent en bloc. Elles forment l' « octroi » à partir de l'année suivante. L'assemblée de décembre 1498 met cet « octroi » aux mêmes termes que l'aide, l'impose pour la même année, règle dorénavant suivie. L'octroi n'a plus rien de l'ancienne crue, précipitamment demandée et perçue. La dernière trace de son origine disparaît. Il représente de tous points une portion de la taille annuelle, et la plus forte de beaucoup [1].

En effet, tandis que l'aide et l'équivalent réunis faisaient une somme invariable, l'octroi était susceptible d'augmenter. Là s'est porté le gros des accroissements de l'impôt royal.

On a vu que l'octroi n'était que la crue consolidée; c'est aussi par l'adjonction de crues successives qu'il s'est gonflé constamment. Elles font d'abord l'objet de demandes particulières; des assemblées sont convoquées spécialement pour les accorder : ainsi de 1509 à 1513, de 1519 à 1528, de 1544 à 1547. Puis le gouvernement royal les incorpore à l'octroi, sauf à en imposer ensuite de nouvelles, qui le grossiront à leur tour. Grâce à ce système, l'octroi, qui de 1490 à 1498 s'était maintenu à 107,092 livres 12 sols 6 deniers, monte à 164,413 l. 4 s. 6 d. en 1514. En 1518 les généraux des finances le ramènent à 141,203 l. 4 s. 4 d., mais par un simple artifice de comptabilité, sans rien retrancher du total de la taille. Il atteint 227,063 l. 2 s. en 1528, 285,736 l. 12 s. 10 d. en 1536. Sous Henri II, en 1548, il passe à 338,713 l. 13 s. 2 d., y compris une crue; car les crues, quoique mentionnées à part sur les lettres royales, sont alors demandées en même temps que l'octroi; il faut les y joindre. En novembre 1552 il y en a deux pareilles, chacune de 3 sols pour livre, et trois en septembre 1557. Elles font, cette année-là, monter le principal de la taille à 459,601 livres

. 1. Dognon, *La taille en Languedoc*, etc., dans les Annales du Midi, 1891, pp. 345, 352.

1 sol 10 deniers, tandis que l'aide, réduite par les plus-values de l'équivalent, tombait au chiffre insignifiant de 22,725 livres[1]. Depuis les États de Tours, où il apparaît en germe, jusqu'à la fin du règne d'Henri II, l'octroi a plus que vingtuplé.

En même temps que cet impôt, dans l'assemblée de Tours, il s'est produit une autre nouveauté : c'est que le pays est entré définitivement dans le concert financier du royaume.

Peu de faits dans l'histoire de Languedoc ont autant de portée. Les délégués du pays s'étaient déjà rencontrés avec ceux de Languedoil, mais non aussi longuement qu'à Tours, ni dans de telles circonstances ; jamais non plus ces rencontres, très rares et passagères, n'avaient eu pareil résultat. Les États de Tours sont les grandes assises, où l'unité de la France, longuement préparée, se révèle, éclate librement. Elle se manifeste en particulier par un essai de péréquation des charges.

Si Louis XI et même Charles VII à la fin de son règne avaient le plus souvent requis la taille en Languedoc à titre de portion « de plus grant somme de deniers mise par tout le royaume », il est permis de croire que cette portion était calculée de façon assez arbitraire, à la convenance du roi[2]. L'octroi par lequel se terminaient les sessions d'États conservait l'aspect d'un don gratuit, personnel, propre au pays qui l'avait fait. L'assemblée s'occupait bien plus de le soumettre à discussion et de le modifier à son avantage, que de

_____

1. Tous ces chiffres sont tirés des procès-verbaux des États.
2. *H. L.*, t. XII, pr., n° 77. Lettres du 4 janv. 1474, mandant aux commissaires royaux d'imposer en Languedoc une crue de 157,744 livres, « qui est beaucoup moindre somme que ce que en pourtent nos autres pays ». — Sous Louis XI le chiffre de la taille générale n'est jamais indiqué. Mais il figure dans toutes les lettres d'imposition de ses successeurs, et permet de constater les inexactitudes ou les variations singulières que, sous Charles VIII et Louis XII, se permettaient encore « Messieurs des finances » en calculant les crues. Voir à ce sujet mon article cité, p. 347, et le tableau de la taille de 1484 à 1515, publié par M. Spont, dans les *Annales du Midi*, 1891, p. 492.

savoir ce qui s'était passé à la même occasion dans le reste
du royaume.

Pourtant, dès 1459, la crainte que les habitants du pays
ne soient plus chargés que les autres sujets du roi perce dans
un cahier de doléances [1]. Les députés réunis à Tours s'inquiètent par-dessus tout d'obtenir une équitable division des
1,500,000 livres qu'ils octroient entre les généralités. Celle
de Languedoc, non compris les annexes, est taxée à 9,72 %,
soit 9,750 livres 4 sols 8 deniers pour 100,000 livres de
taille [2]. Tel est le premier taux normal, le premier tarif de
répartition ostensible, dont les intéressés aient pu se réclamer.

Il est vrai qu'il ne satisfaisait aucun d'eux, le gouvernement royal moins que personne.

Celui-ci aurait voulu que les seules généralités de Languedoil, Languedoc, Normandie, Outre-Seine et Yonne fussent comprises dans la répartition, non celles de Picardie et
de Bourgogne. Les États une fois dispersés, il s'est hâté de
revenir sans bruit sur la concession qu'il avait dû faire. La
taille générale dont le pays payait sa part a donc pesé, non
sur tout le royaume, malgré la formule usitée, mais sur
l'ancien royaume tel que l'avait fait Charles VII, sur les
quatre grandes généralités [3]. En 1518, elle ne s'élevait même

1. Arch. de l'Hérault, *Dol.*, t. I, f⁰ 130; cah. du 18 déc. 1459, art. 6. Les États
soutiennent qu'en Languedoil le plus chargé de taille ne paye au plus que 30 l.
pour une aide, si forte qu'elle soit, « et toutes foiz on trouvera au pais de Lenguedoc cent hommes habitans qui portent ung chacung pour ung ayde 125 ou
150 l. t., et communément 50 ou 40 l. t. »

2. Bernier, *Journal des États généraux de France tenus à Tours en 1484*, etc.,
p. 462. — Cf. Arch. de la Haute-Garonne, C 993, f⁰ 1.

3. Bibl. Nat., fr. 22406, n⁰ 46; lettres du 12 juin 1490, mandant aux généraux
des finances de faire lever en Languedoc 31,740 l. 10 s., part du pays d'une certaine somme imposée « par toutes les quatre charges et généralités de nostre
royaume ». — Cf. mon article cité, p. 348, et celui de M. Spont, dans les *Annales
du Midi*, 1891, p. 487. — La création de 17 généralités sous Henri II n'a rien
changé à cet état de choses. La taille dite générale a continué de s'appliquer
exclusivement aux généralités issues des quatre anciennes circonscriptions financières.

pas aux deux-tiers du véritable chiffre total de la taille[1].

En Languedoc on s'est promptement et de plus en plus écarté du tarif de 1484.

En le dressant, les généraux des finances n'avaient eu en vue que la taille. Ils n'avaient pas fait entrer en ligne de compte l'équivalent, contrairement aux règles adoptées sous Louis XI. Pour se servir commodément d'un tarif ainsi fait, il n'aurait pas fallu admettre que la taille continuât de se diviser en aide et en octroi (ou crue), ni que le chiffre de l'aide suivît dans ses variations celui de l'équivalent. A combiner deux systèmes aussi peu compatibles, on risquait d'aboutir à la confusion, ce qui ne manqua point d'arriver.

D'ailleurs, le gouvernement royal a calculé les crues, non d'après ce tarif, mais sur d'autres fort variables, d'ordinaire plus élevés[2]. Il est résulté de là que « l'octroi », formé de crues accumulées, a subi une majoration importante, d'autant plus sensible qu'il ne devait pas tarder à faire la plus grosse part de la taille du pays.

Les États soupçonnent, dénoncent à plusieurs reprises ces aggravations de charges, dont ils se plaignent au hasard, sans les évaluer exactement et sans en saisir la cause[3]. Deux fois le gouvernement royal essaye de leur donner satisfaction.

En 1491 Charles VIII décide qu'une « recherche » ou ap-

---

1. Taille des quatre grandes généralités à cette date, 2,400,000 l. (Arch. de la Haute-Garonne, C 2277, f° 112.) Taille totale, 3,692,920 l., y compris la taille de Picardie, le fouage de Bretagne (420.000 l.), l'aide de Provence, l'aide de Dauphiné, l'octroi de Bourgogne. (Bibl. Nat., fr. 4525, f° 93.) La même pièce évalue à 7,139,520 l. la recette ordinaire totale.

2. En 1485, crue générale de 463,500 l. Le pays de Languedoc a été taxé à 48,500 l., somme qui, d'après les lettres royales, « n'estoit pas excessive, eu regard à la charge des autres quartiers et provinces de nostre royaume ». (Bibl. Nat., fr. 22406, n° 29.) En 1494, crue de 575,000 livres; part du pays 54,716 l. 18 s. 1 d. (H. L., t. XII, pr. n° 124.) En 1498, crue de 300,000 livres; part du pays 29,880 l. 6 s. 3 d. (Bibl. Nat., fr. 22406, n° 51.) En novembre 1503, crue de 477,906 livres; part du pays 47,753 l. 19 s. 4 d. (ibid., n° 60), etc.

3. Voir mon article, Loc. cit., pp. 354 et suiv.

préciation générale des biens et des personnes contribuables
à la taille aura lieu dans les quatre généralités : entreprise
remarquable, inouïe, mais ardue et trop considérable pour
le temps. Elle échoue ; en deux ans on n'en peut venir à
bout, et l'unique usage que le gouvernement royal fasse des
résultats acquis est de remettre aux gens de Languedoc, à
déduire de l'aide, la somme de 20,000 livres par an [1]. Le
rabais équivalait presque à la dixième partie de la taille
annuelle du pays [2]; il était assez fort, mais fixe, partant destiné à devenir insignifiant à bref délai, puisqu'il ne pouvait
s'accroître avec la taille et la réduire à proportion [3].

La seconde solution intervient au commencement du règne de François Ier, en 1516 et 1518. Elle est cette fois
arbitraire et d'exécution beaucoup plus simple qu'une « recherche » générale.

Les relations de l'aide, de l'octroi et de l'équivalent
s'étaient embrouillées à tel point sous Louis XII, grâce aux
pratiques d'une comptabilité incohérente, que le Conseil du
roi, assailli de réclamations, finit par trancher la question,
faute de pouvoir autrement se tirer de difficultés à peu près
inextricables. Il adopte un tarif de hasard, que les États
avaient fait admettre à propos d'une crue, et qui s'était
introduit ensuite dans le calcul de l'« octroi » (1511-1513) :
9,972 l. 4 s. 8 d. pour 100,000 livres, soit un tant pour cent
notablement plus élevé que celui de 1484. Il s'en sert pour

1. Ménard, *Hist. de Nîmes*, t. III, pr. p. 8. — Bibl. Nat., lat. 9179, f° 198. —
Caseneuve. *Chartes*, p. 94.

2. En 1497, par exemple, les quatre généralités portant 2,300,000 l. de taille, la
part du pays est seulement de 211,437 l. 12 s. 7 d., soit 9,192 l. 18 s. 9 d. pour
100,000 livres.

3. Aussi les États de nov. 1513 demandent-ils qu'on achève la « recherche »
commencée sous Charles VIII : « Là, disent-ils, où les Normands portent 56 sous
pour feu, ceulx de Languedoil 19 s. 11 d., Oultre-Seine 26 s. 6 d. par feu, ceulx
de Languedoc portent IIII l. 9 s. et plus. » (Arch. de l'Hérault, *Dol.*, t. II, f° 125,
Instructions, art. 10. — Cf. Spont, dans les *Annales du Midi*, 1891, p. 488.) — Ils
s'imaginent et répètent à satiété jusqu'en 1528 que les 20,000 livres du rabais de
1494 ne sont pas remises au pays, etc.

déterminer, d'après la taille générale, *toute* la quote-part du pays. Quant au premier élément de la taille, à savoir l'octroi, il l'obtient en déduisant de la quote-part totale la somme consacrée de 187,975 livres. De celle-ci il retranche ensuite 1° la plus-value de l'équivalent, c'est à-dire ce que cet impôt produit ou pourra produire au delà d'une somme de 69,850 livres, arbitrairement fixée et dépourvue de tout fondement historique, 2° les 20,000 livres remises au pays par Charles VIII : la différence sera l'aide [1].

Ces règles sont définitives. On les a observées exactement durant le XVIe siècle. Le nouveau tarif s'est appliqué à toutes les crues. En 1553 l'exemption de tailles accordée aux terres du vicomte de Turenne le relève quelque peu, jusqu'à 9,994 l. 10 s. 9 d. pour 100,000 livres, soit 10 % ou peu s'en faut [2]. D'ailleurs, ce qui importe, c'est qu'à partir de 1518 l'ordre règne dans la répartition de l'impôt. La taille générale étant donnée, les contribuables de Languedoc savent d'avance quelle somme ils auront à payer.

Dès lors, comment leur droit de consentir l'impôt n'au-

---

1. Voir mon article cité, pp. 359 et suiv. M. Spont (*Annales du Midi*, 1891, p. 482) regarde ces questions de « comptabilité » comme peu importantes. Je ne sais pas de cet avis. Il n'était pas indifférent pour les gens du pays de payer environ 9,192 l. pour 100,000, comme en 1497, ou 9,972, comme en 1516 ; car la différence se soldait à leur détriment par une forte aggravation de la taille. Il importe de montrer — ce qu'ils n'ont jamais pu découvrir — comment cette aggravation s'est produite. Il est utile pour l'histoire générale de savoir qu'avant 1516 la répartition générale de la taille se faisait assez arbitrairement, qu'ensuite il existe un tarif certain, définitif, selon lequel la taille est calculée, non par à peu près, mais exactement, pour le pays de Languedoc. Enfin il est utile de connaître les rapports qui se sont établis entre les trois parties de l'impôt, octroi, aide, équivalent, afin de ne pas écrire comme a fait M. Spont (*ibid.*, p. 486) : « Si l'aide diminue, l'octroi augmente ; de là le peu d'intérêt qu'il y aurait à trop s'appesantir sur leurs variations respectives. » Car, de cette proposition, la première partie est une erreur, puisée aux doléances des États qui fourmillent en assertions fantaisistes sur des questions où ils ne voyaient goutte ; la seconde n'est pas moins erronée, puisque ce sont les variations respectives de l'aide et de l'octroi qui finalement ont fait adopter le tarif de répartition *majoré* de 1516-1518.

2. Arch. de la Haute-Garonne, C 2279, f° 342 et suiv.; C 996, f° 318.

·rait-il pas dégénéré en formalité pure? L'octroi, les crues cessaient de prêter à la critique, aux réclamations, aux rabais. Une assemblée des États du royaume, comme celle de Tours, aurait pu les réduire en diminuant le chiffre de la taille générale; c'est ce dont les États de Languedoc devenaient incapables. Malgré le titre de « généraux », dont ils se paraient encore, ils tombaient au rang d'États particuliers. Le pays, portion du royaume, était obligé d'accepter sa quote-part des charges imposées, de même que le diocèse la part qui lui revenait des charges du pays. Devant le fisc il était désormais une province, et rien de plus.

Les États accordent intégralement à Charles VIII et Louis XII, à plus forte raison à leurs successeurs, les tailles qu'ils exigent, et même les plus lourdes. Selon leur habitude ils murmurent et protestent; mais ils ne tentent plus d'obtenir des rabais dont les contribuables de Languedoc auraient seuls le bénéfice. Une fois par exception, en décembre 1523, l'assemblée pressent les commissaires, afin d'apprendre d'eux si le roi ne se contenterait pas « à moindre somme ». Elle ne réussit qu'à se faire mettre aux arrêts[1].

Faute de mieux, les États s'attachent donc à éviter toute « surcharge ». Ils font régulièrement vérifier, depuis 1511, la quote-part du pays et la rectifient au besoin[2]. S'ils ne recherchent point de faveurs spéciales, du moins en ce genre, ils soutiennent que le roi serait mal fondé à leur demander un impôt qui ne pèserait pas également sur les autres parties du royaume.

En 1509, 1512 et 1517, ils s'opposent, avec plus d'énergie

---

1. Arch. de la Haute-Garonne, C 2277, fos 268 et suiv. — D'ailleurs l'assemblée déclare que, ces arrêts étant contraires aux privilèges du pays, elle ne s'occupera plus des affaires du roi jusqu'à ce qu'ils aient été levés. Les commissaires cèdent le lendemain.

2. Arch. de l'Hérault, Dol., t. II, fo 215, cah. d'oct. 1539, art. 15. Erreur de 4,874 l. 17 s. 8 d. au détriment du pays. Elle est en effet reconnue par la Chambre des comptes (Catal. des Actes de François Ier, no 11537), etc.

que de succès, à l'établissement d'un subside destiné à l'entretien des places fortes de la frontière[1] : subside assez faible, mais contraire au principe qu'ils voudraient faire prévaloir. Lorsqu'il reparaît, en janvier 1523, porté de 10,000 et 20,000 livres à 25,000, les États refusent net de l'octroyer : « Quand le bon plaisir du roy, disent-ils, sera imposer sur tout le royaume aucune somme pour les fortifications, le pays en payera sa quote-part, et non autrement ». Ils subissent les arrêts sans démordre des résolutions qu'ils ont prises, jusqu'à ce qu'il leur soit démontré par le trésorier de Languedoc que la requête avait d'avance reçu satisfaction[2].

L'impôt des fortifications, confondu en octobre 1525 avec le principal de la taille, s'y superpose de nouveau dix ans plus tard, il est vrai comme portion d'une crue générale[3]; mais, en 1538 et années suivantes, il devient et reste tout à fait spécial au pays[4]. Que si les États recommencent à se plaindre, le roi leur ferme la bouche en répliquant que la somme accordée sera employée exclusivement aux réparations de Narbonne, d'Aiguesmortes et de Leucate, places de Languedoc[5].

Il se produit alors un singulier chassé-croisé d'arguments et d'idées. Les habitants du pays se réclament volontiers du principe de l'égale répartition de l'impôt, parce qu'ils y

1. Arch. de la Haute-Garonne, C 2276, fos 264 vo, 281, 293, 349 ; C 2277, fo 106, vo. En janv. 1508 le roi avait déjà fait demander aux États 20,000 livres pour achat de « galères subtiles ».

2. Ibid., fos 248 et suiv. — Pour éviter que leur consentement ne tire à conséquence, les États imposent aux « frais » les 25,000 livres. La somme imposée sur tout le royaume pour les fortifications s'élevait à 261,000 livres. (Catal. des Actes de François Ier, no 1732.)

3. Ibid., C 2278, fo 1. La crue est d'un sol pour livre de la taille, soit 13,119 l. 4 s.

4. De 1538 à 1540 la crue est de 20,000 l. Il n'y en a point en 1541. Elle est de 10,000 l. en 1542-1545, de 20,000 l. en 1546-1547, de 12,000 en 1548-1551, de 20,000 en 1552-53, de 12,000 en 1554-1557, de 15,000 en 1558-1559.

5. Arch. d'Albi, AA 46, cah. d'oct. 1538, art. 2 ; cf. la réponse, Arch. de l'Hérault, Dol., t. II, fo 211. — Arch. de la Haute-Garonne, C 2278, fos 159 vo et 196, cah. de sept. 1541, art. 5, et 2e cahier, art. 13.

voient un frein à l'arbitraire, et pour les contribuables une
garantie, dont l'accroissement rapide des charges fait impérieusement sentir la nécessité. C'est un privilège de plus,
qu'ils greffent sur un article de la grande charte de leurs
libertés, sur l'ordonnance de mars 1481[1]. — Étrange « privilège » cependant que celui d'être traités en province semblable aux autres ! — Au contraire le roi, pour augmenter
l'impôt, s'arme de leur ancienne doctrine que le pays pourvoit de son argent à sa propre défense, et conclut qu'il doit
y pourvoir. Des deux côtés aucun souci de s'en tenir à l'une
ou à l'autre théorie; on les emploie indifféremment, selon
l'occurrence. Quand les États prétendent, à propos d'une
charge nouvelle, que l'intérêt du pays n'est pas en jeu, le
roi répond par l'intérêt général. Invoquent-ils le droit de ne
rien payer que leur part des charges générales, c'est de leur
intérêt particulier que le pouvoir central argue. Et, comme
toujours, la raison du plus fort l'emporte.

2° ANTICIPATIONS.

L'acte d'octroi n'a donc plus rien de libre au XVIᵉ siècle.
S'il est de pure forme dans sa partie principale, celle qui
concerne le fait même de l'impôt et le chiffre auquel il doit
monter, il sera tel aussi dans les autres, dans les articles
accessoires destinés à déterminer à quels termes et par quelles
fractions se paiera la somme accordée.

Les États avaient grand soin de régler ces détails, d'accord
avec les commissaires. Sous Charles VII, pendant la seconde
moitié du règne, il y avait d'ordinaire trois termes, compris
entre juillet et décembre et le plus souvent inégaux. A partir

---

1. Caseneuve, *Chartes*, p. 74. Le texte porte : « Item, que quand aucune somme
de deniers se mettra dores en avant sus de par nous sur nos sujets, qu'elle soit
départie et esgalée par tout nostre royaume... »

de 1466 l'aide fut payable à quatre termes « par quarts et égales portions », à la fin de novembre, de février, de mai et d'août[1].

Les termes étaient distribués dans les limites de l'année pour laquelle était octroyé l'impôt. Or l'année financière du pays ne coïncidait pas avec celle du royaume. L'une allait du 1er septembre au 31 août, l'autre commençait au 1er janvier. La première a été d'usage exclusif en Languedoc de 1464 à 1505[2]. La seconde, que Charles VII avait déjà mise en pratique, y prend pied de 1506 à 1513, et finalement en 1528 remplace l'année locale[3]. Elle s'applique uniformément aux quatre généralités.

La « taille aux quatre quartiers », compris dans une même année, a passé à l'état de règle. Les États en faisaient la première condition de l'octroi[4]. Ils s'y attachaient fermement; car une « anticipation » des termes aurait accru de façon notable les frais de recouvrement des fonds. Diocèses et receveurs étaient liés ensemble par un contrat. Que ceux-ci eussent à faire des avances, et ceux-là se trouvaient forcés de les dédommager à gros intérêts.

Malheureusement pour le pays, les exceptions sont nées en même temps que la règle et se sont fait place auprès d'elle. Les crues, sous Louis XI, sont toujours demandées,

1. Arch. Nat., K 691, n° 24. — Cf. *H. L.*, t. XII, pr. n° 38.

2. Il n'est pas douteux que cet usage ne provienne de l'organisation qui fut donnée en 1464 à l'aide et à l'équivalent. Les deux impôts une fois liés l'un à l'autre, il fallut adopter pour tous deux l'année selon laquelle se faisait le bail de l'équivalent, c'est-à-dire l'année de Languedoc. Elle partait en recette du 1er septembre, en dépense du 1er octobre. (Bibl. Nat., fr. 20199, f° 77, etc.) Cet intervalle d'un mois entre la recette et la dépense se nommait le « mois des receveurs », parce qu'il assurait aux receveurs des diocèses le temps de faire face aux assignations et « décharges » dont leur recette était grevée. Les États stipulent dans tous leurs actes d'octroi que le mois des receveurs sera dûment observé.

3. Bibl. Nat., fr. 22406, n° 8. — Arch. Nat., K 691, n° 7. — Cf. mon article, *Loc. cit*, p. 350, et *Appendices*, n° 6. L'adoption du 1er janvier comme premier terme de paiement en 1528 résulte d'une série d'anticipations.

4. Arch. de l'Hérault, *Dol.*, t. I, f° 94; cah. du 29 avril 1499, art. 5. — *H. L.*, t. XII, pr. n° 114; ann. 1489, etc.

non comme l'aide, c'est-à-dire pour l'année financière qui
suit l'assemblée d'États, mais à bref délai, « aux deux derniers termes de l'aide courant ». Elles constituent autant
d' « anticipations », dont les États réussissent rarement à
faire atténuer la rigueur. Tel est l'octroi jusqu'en 1498,
telles toutes les crues des règnes de Louis XII et de François Ier. Le laps de temps est parfois si court entre la date
des lettres d'imposition d'une crue et le premier ou l'unique
terme du paiement, qu'elle devient exigible avant d'avoir été
votée [1].

Mais alors les États ne récriminent plus. Ils subissent une
sorte de nécessité supérieure. En effet, du moment que le
pays doit supporter sa part des augmentations de taille qu'il
plaît au gouvernement de mettre sur le royaume, il ne saurait se flatter d'échapper à des anticipations qui sont, elles
aussi, des mesures générales. Toutes les pratiques fiscales,
auxquelles peut se livrer une monarchie sans contrôle, passent donc comme de plain-pied des pays d'élections dans ce
pays d'États.

Au XVIe siècle, il arrive que la taille normale, aide et
octroi, soit, du moins en partie, exigée par anticipation, à
la façon d'une crue : ainsi, continuellement, de 1514 à 1528
et de 1552 à 1557 [2]. Encore ces avances, que l'on demande au
pays, lui sont-elles annoncées; les États les acceptent et les
insèrent dans leur « octroi » officiel. Mais il peut arriver bien
pis : le roi n'observe pas toujours les conditions, si dures,
qu'il a faites. François Ier anticipe sur les anticipations
mêmes, sans que les États soient le moins du monde appe-

---

1. Les États réunis à Béziers, le 2 octobre 1514, accordent une crue demandée
pour le 15 septembre, ceux d'Annonay, tenus le 1er juin, une crue payable le
jour même. (Arch. de la Haute-Garonne, C 2277, f°s 23, 38 ; C 993, f°s 149 v°, 187.)
Les exemples sont très nombreux.

2. *Appendices*, n° 6. — On remarquera que sous Henri II, à partir du 1er janvier 1549, la crue est mise aux mêmes termes que l'octroi. A partir de 1552 elle
est levée par anticipation comme lui, mais plus que lui.

lés à y consentir. Le 16 mai 1523, deux jours après s'être
interdit les anticipations par lettres patentes, rendues à la
requête du pays[1], il enjoint aux diocèses d'imposer et de
payer en une fois, le 1er juillet, deux quartiers de la taille[2].
En 1524, il lève tout entière, le 15 août, une crue qui était
payable aux premiers jours des mois d'octobre et de janvier
suivants[3].

Les frais de recouvrement s'élèvent en conséquence : sous
Charles VIII, l'« octroi », en qualité de crue, a coûté d'ordinaire aux diocésains 15 deniers pour livre au lieu de 12;
par la suite, il continue d'être perçu au même prix. Régulièrement, durant les périodes d'anticipations, les receveurs
touchent pour avances des gages plus élevés, par exemple, à partir de 1513, des gratifications variant de 300 à
500 livres[4].

En outre, les impôts s'accumulent. Ils enjambent les
années financières et chevauchent les uns sur les autres.
Chaque année, le roi, pressé d'argent, avance un peu la date
de la session d'États et davantage les termes de paiement,
jusqu'à ce qu'il lui soit facile d'intercaler entre la date primitive et celle où l'on est parvenu une session supplémentaire, anormale, et par conséquent une taille indue.

Charles VIII, en mars 1496, demande l'octroi par avance,
et cela ne l'empêche point, en janvier 1497, d'en réclamer
un troisième : si bien qu'au 31 août 1499 le pays a payé
cinq octrois en quatre ans[5]. Au lieu de la taille et de la crue

---

1. Caseneuve, *Chartes*, p. 184.
2. Arch. de la Haute-Garonne, C 994, f° 247 *bis*.
3. *Ibid.*, f° 247 v°.
4. Arch. de la Haute-Garonne, C 993, *passim*.
5. Du 1er septembre 1495 au 31 août 1499. Cf. le tableau dressé par Spont
(*Annales du Midi*, 1891, p. 492). — Les États réunis à Cordes, en octobre 1499,
disent avec quelque exagération : « Quasi toutes les années l'on a enjambez et
entrelaissez les aides et octroiz et les crues et Estaz de ce present pays en façon et
manière que dedans deux années s'est recouvré et levé dudit pays la charge et
subsides de troys années. » (Arch. de l'Hérault, *Dol.*, t. I, f° 268.)

annuelles, François Ier, en huit ans, de 1521 à 1528, impose
neuf tailles et douze crues[1] : « Plaise au roy, nostre sire,
disent les États en octobre 1524, avoir pitié et compassion
du pauvre peuple ou de prendre leurs biens et propriétés
que Dieu leur a donnés ». On ne trouve plus, ajoutent-ils,
de receveurs ni de consuls. — A leurs nombreuses doléances, François Ier se borne à répondre que le mal est sans
remède, et les renvoie à la prochaine paix[2].

Parfois enfin apparaît un autre procédé plus arbitraire, et
qui viole plus ouvertement le privilège du pays. Le roi fait
lever d'office un impôt, sauf à le demander quelques mois
plus tard aux États.

Louis XI, à plusieurs reprises[3], Charles VIII au moins
une fois, en 1490[4], avaient opéré de la sorte, mais à propos
de légères crues. Henri II, qui de 1552 à 1558 a pratiqué
tous les genres d'anticipation, ordonne directement aux diocésains de répartir et de payer d'avance des sommes considérables, des crues de 80,000 et de 120,000 livres. Il est obéi
sans contradiction, et s'il oublie de demander aux États un
simulacre de ratification, ceux-ci ne semblent pas s'en apercevoir[5].

---

1. *Appendices*, n° 6.
2. Arch. de la Haute-Garonne, C 994, f° 389 v° ; cah. d'oct. 1524, art. 1, 2. —
Cf. Arch. de l'Hérault, *Dol.*, t. II, f° 153 ; cah. de janv. 1523, art. 5, etc.
3. Imposition directe de 10,600 l. en 1463 (Arch. Nat., K 691, n° 19), de 14,000
en mars 1467 (*ibid.*, n° 23, et Bibl. Nat., lat. 9178, f° 181, cah. du 20 mars 1467,
art. 4), de 12,000 en mars 1468. (Arch. Nat., K 691, n° 29.)
4. Bibl. Nat., fr. 22406, n. 46; 12 juin 1490. Lettres d'imposition de 31,740 l.
10 s.
5. *Appendices*, n° 6. On remarquera qu'en 1558 la crue de 119,934 l. 8 s. 8 d.
levée en vertu de lettres du roi, du 4 août, n'est point demandée aux États de
novembre suivant. Celle de 79,956 l. 15 s. 3 d. est constamment perçue durant six
années (1553-1558); pourtant il n'en est question qu'une fois dans les procès-
verbaux des États, en septembre 1555; les cinq autres lettres d'imposition ont
été directement expédiées aux assiettes diocésaines.

3° GABELLE, CRUES DU SEL.

Dans le cours du XVI⁰ siècle, le pouvoir royal s'est adressé de plus en plus aux assiettes diocésaines, dociles instruments de répartition de l'impôt, ou bien aux faibles, tels que villes, clergé, particuliers. La formalité de l'octroi lui devenait une gêne. Une assemblée délibérante qui a des traditions, qui se sent appuyée, qui ne craint pas de se faire entendre, peut toujours en quelque mesure faire obstacle à l'arbitraire. Les rois d'humeur despotique, François I⁰ʳ lui-même, ont ménagé les États, cédant sur quelques points s'ils persistaient sur d'autres, évitant avec soin de pousser les choses à bout. Au lieu de demander à la taille octroyée tout ce dont ils avaient besoin, ils ont préféré se procurer de l'argent par des voies détournées, moins apparentes et plus sûres.

Pourtant il ne conviendrait pas de prêter au gouvernement des desseins trop arrêtés, ni une sorte de machiavélisme. Il a presque toujours agi en vertu de mesures générales ; il n'a fait qu'appliquer aux habitants de Languedoc le même traitement qu'à ceux des autres parties du royaume : c'était la réponse ordinaire, la fin de non-recevoir par laquelle il accueillait leurs doléances. Mais, comme il éprouvait ici plus de difficulté qu'ailleurs à mettre ces mesures en pratique, comme il rencontrait à chaque pas quelque privilège plus ou moins avéré, plus ou moins affermi, et, derrière, les États prêts à la résistance, il avait un particulier avantage à se passer de leur consentement, à éviter des refus, une opposition directe et, par suite, la nécessité de la vaincre.

On a vu que la gabelle du sel, revenu purement domanial à l'origine, fut au XIV⁰ siècle généralisée, transformée, puis concédée à titre d'aide par les États. Le duc d'Anjou, puis

Charles VI en avaient pris l'administration; le roi la percevait directement, comme les aides; c'était un impôt permanent, au sujet duquel Charles VII consentait bien à écouter
les réclamations des États, mais qu'il ne leur demandait
plus. En 1422, en 1440, elle était fixée au chiffre de 10 s. 6 d.
par quintal de sel [1]. Ce droit fut considéré par la suite comme
« ancien », normal, les autres n'étant que des « crues »
temporaires, très légères au xve siècle, destinées aux travaux d'intérêt public ou mises au profit des reines douai-
rières.

Or, sous Charles VIII, après la mort de la reine Charlotte,
les États, s'aidant de la consécration solennelle qui venait
d'être donnée à leur privilège d'octroyer l'impôt, ont ressus-
cité des traditions perdues depuis plus d'un siècle. Ils ont
eu l'habileté de faire abolir toutes les « crues » imposées
sur le sel, et de faire reconnaître en termes exprès qu'il
n'en pourrait être mis aucune sans leur consentement
(12 mai 1488)[2].

En effet l'assemblée générale de janvier 1497 accorde une
crue[3]. Les États d'octobre 1500 obtiennent de Louis XII qu'il
en supprime une autre, qu'il avait omis de leur demander[4].

En février 1523 François Ier commet le même oubli : il
impose sur le sel 5 s. 3 d. par quintal, à percevoir pendant
quatre ans, pour la défense du royaume et le paiement des
Cours souveraines[5]. Sur les remontrances des États, longuement motivées, il reconnaît leur privilège[6]; mais en même

1. Arch. de Toulouse, AA 80; cah. du 28 juill. 1422, art. 2. — Spont, *La gabelle
du sel en Languedoc au quinzième siècle*, dans les Annales du Midi, 1891, p. 437.

2. *H. L.*, t. XII, pr. n° 113.

3. Arch. de la Haute-Garonne, C 2276, f° v v°.

4. Arch. d'Albi, AA 45, cah. d'oct. 1500, art. 1, et les cahiers suivants. —
H. L., t. XII, pr. n° 138; 21 sept. 1503.

5. *Catal. des Actes de François Ier*, n° 1748. Ces lettres sont datées du 5 février 1523; mais il y en avait d'antérieures, puisque les États, réunis à Beaucaire,
au mois de janvier précédent, se plaignent de la crue.

6. Arch. de l'Hérault, *Dol.*, t. II, f°s 153, 179; cah. de janv. 1523, art. 7, et

temps il le viole. La crue est levée deux années durant[1], puis définitivement établie en 1537, à raison de 5 s. par quintal. Cette fois elle devait être uniquement employée à solder les gages des magistrats des Cours souveraines[2]. Les États allèguent, non sans raison, qu'elle produira bien plus qu'il ne faudrait. Ils soutiennent que le pays, par l'octroi annuel, fait déjà les frais des Cours souveraines, — ce qui n'était en partie vrai que du Parlement de Toulouse. — Mais le roi passe outre; car l'édit est général et s'impose à tous[3].

Henri II suit cet exemple. Lorsqu'il organise les présidiaux, il les paye au moyen d'une crue de 3 sols par quintal, de sorte que par les deux crues le prix du sel se trouve doublé. Après cela il n'importe guère que le produit de la seconde soit perçu par les receveurs des villes à sièges présidiaux, que les « deniers revenans bons » soient employés au profit du pays[4]. Les États n'en ont pas moins perdu prise sur la gabelle.

Annexe. — Caseneuve, *Estats generaux de Languedoc*, p. 32; lettres du 14 mai 1523. La crue ne sera supprimée, dit le roi, que « passé le temps pour lequel elle a esté mise, ou cessans lesdits grans et urgens affaires » qui en ont amené l'imposition.

1. *Catal. des Actes de François Ier*, n° 2115. Lettres d'abolition, du 1er février 1525.

2. Arch. de l'Hérault, B 341, f° 84; juin 1537. Le Parlement de Toulouse est assigné sur 12 greniers, pour 21,262 livres, la Chambre des comptes de Montpellier sur 4, pour 2,340 l., la Cour des aides sur 2 pour 2,220 l. : dépense totale 25,822 l., portant sur 18 greniers seulement.

3. Arch. d'Albi, AA 46, cah. d'oct. 1538, art. 9. — Arch. de l'Hérault, *Dol.*, t. II, f° 211. Réponses du roi.

4. Ce maigre privilège est toujours à la veille de disparaître, même sous Henri II. En juin 1555 le roi crée des offices de receveurs et payeurs des gages des officiers présidiaux (Isambert, t. XIII, p. 448); mais par lettres du 18 août 1557, il remet les choses en l'état. (Arch. de Toulouse, AA 50, n° 73.)

4° CRÉATIONS ET RACHATS D'OFFICES. — EMPRUNTS ET ALIÉNATIONS.

Charles VIII et Louis XII les avaient consultés sur les réformes de l'administration de Languedoc. Lorsque François Ier s'est mis à créer en foule et à vendre les fonctions publiques, les gens du pays se sont empressés d'ériger un usage récent en règle et en privilège. Nul office nouveau, disent-ils, ne peut être établi sans leur agrément[1]. Il est vrai que le roi ne tient nul compte de cette prétention mal fondée. Or, parmi les nouveaux offices, il y en a de si nuisibles, de tellement contraires à la constitution du pays que les États, n'ayant pas d'autre alternative, se décident à les racheter.

De là huit ou dix contrats « onéreux ». Le premier, conclu en décembre 1519, coûte 71,800 livres. Puis viennent d'autres « compositions » : 50,000 livres en mars-mai 1522, plus un don de 12,000 livres au mois d'août suivant, 4,000 en 1525, 100,000 en 1544, autant en 1555[2]. Dans les cas de moindre gravité les États traitent avec le roi au profit d'une sénéchaussée, pour celle de Toulouse en 1530, pour celles de Carcassonne et de Beaucaire vers 1538[3]. Parfois, avec leur appui, les fonctionnaires intéressés poursuivent la suppres-

---

1. Arch de la Haute-Garonne, C 993, fo 207; cah. du 28 août 1515, art. 3. — Ibid, C 2277, fo 294 vo, proc.-verb. de févr. 1525.

2. Voir les procès-verbaux, aux dates. Les États parlent à plusieurs reprises, ainsi que le roi, d'un contrat de suppression qui aurait eu lieu en 1526, pour 30,000 l. (Arch. de Toulouse, AA 50, no 15.) Il convient de révoquer en doute un fait dont on ne trouve pas d'autre trace.

3. Arch. de la Haute-Garonne, C 2277, fos 444, 173 vo, 182 vo, 183 vo; C 2278, fo 55 vo. D'après les États, le traité relatif à la sénéchaussée de Beaucaire aurait été conclu pour 42,000 livres. (Arch. de l'Hérault, Dol., t. II, fo 215; cah. d'oct., 1539, art. 6.) Dans ce cas, le prix du rachat était payé exclusivement par les diocèses de la sénéchaussée. — Cf. Arch. de la Haute-Garonne, C 996, fo 88.

sion de certains offices, sauf à rembourser eux-mêmes ceux qui les ont achetés[1].

Les créations d'offices tournent donc en impôts, d'autant plus vexatoires que les charges abolies ne tardent pas à renaître. Les rois ne se soucient nullement de respecter les traités qu'ils ont consentis, généraux ou particuliers. Henri II, dans une lettre jointe au contrat de 1555, a lui-même indiqué le peu qu'ils valaient à ses yeux : il n'y avait guère apparence, disait-il, que le contrat précédent (celui de 1544) conclu pour 100,000 livres, « deust tenir pour si foible somme », quand, à vendre les offices, on en eût tiré beaucoup plus[2].

Le pays n'est pas resté davantage à l'abri des emprunts royaux. Ni les rois, ni les gouverneurs au temps de leur puissance ne s'étaient abstenus d'emprunter en Languedoc. Presque toujours l'emprunt était forcé; mais c'était une espèce d'anticipation, une simple avance à laquelle les « bien aisés », officiers et gens d'église, notables bourgeois et marchands contribuaient à tant par tête, sauf à la recouvrer sur la plus prochaine taille. Les communautés n'empruntaient pas chez elles, sur les habitants, d'une autre façon que le roi.

Dans la seconde partie de son règne Charles VII paraît avoir renoncé tout à fait à cette ressource[3]. Louis XI y recourut assez souvent, empruntant d'office, mais de faibles sommes, et remboursant presque aussitôt les prêteurs au moyen d'une crue spéciale ou bien de la taille ordinaire[4].

---

1. Arch. de la Haute-Garonne, C 2279, fos 146, 161 vo.

2. *Ibid.*, fos 43 vo et suiv.

3. Arch. de l'Hérault, *Dol.*, t. I, fo 94, cah. du 29 avr. 1449. Les commissaires royaux déclarent (art. 6) que le roi n'a pas fait d'emprunts depuis cinq ans et qu'il entend s'en dispenser à l'avenir. — Cf. Arch. de Toulouse, AA 89, cah. du 18 mars 1463. Les États se plaignent des emprunts faits par Louis XI, « ce que jamais ne fut accoustumé oudit pays, pour quelque necessité que le roy feust en ses affaires ».

4. Ainsi en 1462 et 1463 deux emprunts de 20,000 et 10,100 livres. (Cah. cité, du

Les États trouvaient toujours les emprunts trop fréquents
et trop considérables. Bernard de Rosergue, parlant en leur
nom devant Charles VII en 1440, s'élevait avec véhémence
contre la coutume perverse de contraindre les gens à prêter
leur argent au roi[1]. La plupart des cahiers de doléances
contenaient un article préventif contre les emprunts, et
l'une des conditions de l'octroi était qu'il n'en fût point fait
de toute l'année[2]. Sous Charles VIII, les États obtinrent des
lettres en forme, exemptant à jamais d'emprunts les contribuables de Languedoc (3 juillet 1497)[3].

C'est justement à partir de cette époque que les emprunts
ont été se multipliant et qu'ils ont changé de nature. Alors
naît la dette publique. Les prêts, sauf exceptions, ne sont
plus comme autrefois remboursables à bref délai; ils se font
à long terme ou sans terme aucun. En retour, le roi donne
des garanties et sert des intérêts à ses créanciers. Il aliène
en leur faveur une part de son domaine, ou plutôt il la leur
engage, puisque le domaine est inaliénable; il leur assigne
des rentes à 8 ou 10 % sur les revenus domaniaux, sur les
gabelles et les traites, puis sur l'équivalent, la taille, le
tout à réméré perpétuel. Ces emprunts pour la plupart ne
sont pas particuliers au pays, mais communs à tout le
royaume et répartis comme une taille entre les généralités.

Comment le pays ferait-il prévaloir son privilège de fraîche date sur les besoins impérieux du Trésor et sur la tendance du pouvoir à gouverner partout selon des règles uniformes? Il ne lui sert de rien d'invoquer les lettres de

18 mars 1463. — Arch. Nat., K 691, n⁰ˢ 9, 19.) En 1468 emprunt de 66,000 livres.
(Bibl. Nat., fr. 22406, n° 21.) En 1479 emprunt de 8,000 écus. (Bibl. Nat., lat. 9179,
fᵒˢ 9, 11.)

1. A. Thomas, *Le Midi et les États généraux sous Charles VII*, dans les Annales
du Midi, 1892, p. 23.

2. Cah. cit. d'oct. 1441, art. 23, du 30 sept. 1444, art. 6, du 29 avr. 1449,
art. 6, etc.

3. Caseneuve, *Chartes*, p. 101.

Charles VIII[1]. Aliénations et emprunts se succèdent et se confondent. Ils allaient déjà leur train vers 1491, et à la fin du règne de Louis XII[2]. Sous François Ier ils prennent un développement inouï. Il y en a un en 1519, un autre en 1521 et deux l'année suivante, d'autres en 1537, en juillet 1542, en mars et juin 1544. Sous Henri II, c'est pis encore : il n'y en a pas moins de huit, sans compter les emprunts particuliers, et bon nombre s'élèvent, en capital, à plus de 100,000 livres. Les États de novembre 1558 évaluent à 240,000 écus les emprunts de l'année courante[3].

Ceux qui ont à les subir ne sont pas tant les nobles, les gens d'église, que les habitants aisés des villes principales, contribuables cependant, soumis à tous les impôts[4]. Parfois l'emprunt est une sorte de capitation; parfois il se lève « à sol et livre »[5].

Si François Ier n'indique point expressément que le prêt sera obligatoire, ses commissaires n'entendent jamais autrement les lettres qu'ils exécutent : au besoin le roi leur ôte toute difficulté d'interprétation. Il y a dans la généralité de Toulouse, déclare Henri II, des gens riches, « lesquels sont si durs envers nous et si peu regardans l'utilité et défense

1. Arch. de la Haute-Garonne, C 993, f° 385, cah. de déc. 1519, art. 5; C 2277, f° 190 v°, proc.-verb. sept. 1521. — Arch. de l'Hérault, Dol., t. II, f° 153, cah. de janv. 1523, art. 2.

2. Arch. de la Haute-Garonne, sér. B, Édits, t. II, f° 123, oct. 1491. Aliénation du domaine, jusqu'à 120,000 écus d'or. — Cf. Arrêts, t. IX, f° 303, emprunt de 10,000 l. sur les « bien aisés » de Toulouse. — Ibid., Édits, t. II, f° 274, 10 juin 1513, aliénation du domaine pour 100 000 l.; f° 276, 27 janv. 1514, autre pour 600 000 l. t., y compris le revenu des aides, gabelles, etc.

3. Appendices, n° 7.

4. Toulouse prête au roi 20,000 l. en 1537 (Arch. de Toulouse, AA 13, n°s 237 244; AA 40, n° 27; BB 9, f°s 283, 313), 28,237 l. 18 s. en 1542 (ibid., BB 9, f° 350), autant en 1544 (ibid., BB 10, f° 25). Elle achète 7,000 l. de rentes en 1552 (ibid., f° 259 v°). prête à titre gratuit 17,320 l. 16 s. en 1553 (ibid., f° 344), autant en 1555 (ibid., f° 352), etc. — Spontanément, les habitants prêtent fort peu. Ce sont les capitouls qui, sur l'avis du conseil général, dressent une liste des prêteurs et les taxent selon leurs moyens.

5. Arch. de la Haute-Garonne, C 2280, f° 275 v°; proc.-verb., nov. 1558.

de la chose publicque... », qu'ils ne veulent acheter aucune portion du domaine, « encores qu'ils ayent leur argent oisif et ne leur rende aulcung profiet ». Et le roi conclut que s'ils persistent à ne point prêter « librement », il conviendra de les y forcer par tous les moyens, comme pour « ses propres debtes »[1]. Pour peu qu'à Toulouse le conseil de ville semble « restif », les commissaires royaux se hâtent de l'amener à résipiscence en décernant contre les principaux bourgeois des lettres de cachet[2].

On se borne donc à critiquer la façon dont les opérations sont conduites, l'arbitraire qui préside à la répartition, le défaut d'assignations valables, de paiement des rentes ou de remboursement. On se plaint des rachats et reventes du domaine, espèces de conversions lucratives dont les premiers acheteurs faisaient les frais[3]. On maudit les emprunts comme la taille : on n'en conteste plus le principe. Considérez, dit un des capitouls au conseil général de Toulouse, que le roi ne veut pas surcharger son peuple. « Usant de grant clémence et bénignité accoustumée », il préfère lui vendre de son domaine. Et pourtant « le roy souverain justement et sainctement peut imposer nouvelles charges et subsides sur sesdits subjects pour résister aux entreprises de ses ennemis »[4].

1. Arch. de Toulouse, BB 10, f°s 259 et suiv.; lettres du 25 avr. 1552.
2. *Ibid.*, f°s 325 v° et suiv.
3. Arch. de la Haute-Garonne, sér. B, *Édits*, t. IV, f° 107, 16 janv. 1538; t. VI. f° 9, nov. 1547, etc. Les parties aliénées du domaine sont mises aux enchères. Le plus offrant devient adjudicataire, si toutefois son offre dépasse le prix pour lequel l'aliénation a eu lieu. Il rembourse le premier acheteur au prorata de la somme que celui-ci avait payée, et l'excédant revient au Trésor royal. On voit combien cette opération lésait les créanciers du roi, ceux surtout aux mains desquels le domaine avait acquis une plus-value.
4. Arch. de Toulouse, BB 10, f° 324, 5 avr. 1554.

5⁰ BAN ET ARRIÈRE-BAN. — DÉCIMES. — SUBVENTION DES VILLES CLOSES.

Visiblement les idées des gens de Languedoc, ainsi que
leur langage, se sont modifiées avec le régime politique et
maintenant s'y accommodent. Mais ce changement profond.
si favorable au despotisme, est aussi le résultat d'un mouvement libre et spontané des esprits. Il se peut qu'ailleurs,
en Languedoil, en Normandie, on ait supporté les charges
uniquement pour la raison qu'elles étaient imposées. Ici,
tout en se plaignant, on les tolère plus facilement qu'on
n'aurait fait dans d'autres circonstances, parce qu'on en
sent l'utilité.

Durant ces grandes guerres d'Italie qui, plus de soixante
ans, mettent la France et l'Espagne aux prises, on vit en
Languedoc dans la peur presque continuelle de voir les
ennemis paraître. Deux fois ils sont arrivés d'Italie à Marseille. Les Espagnols sont tout près, en Roussillon. Les
villes se fortifient à la hâte, et non seulement les plus exposées comme Leucate, Narbonne, Aiguesmortes, mais aussi
Carcassonne, Toulouse et autres « clefs » du pays. Chacun
peut voir que le gouvernement, s'il exige beaucoup, remplit
en retour son office. A part quelques villages brûlés à la
frontière, point d'invasion espagnole. Les gens n'ont plus
à se plaindre, comme autrefois sous Charles VII, « d'être
abandonnés par le roi ». La crainte de l'ennemi et le respect
inné, mêlé de confiance, que leur inspire la majesté royale,
concourent au même effet. Leur intérêt immédiat les engage
à « accepter la volonté du prince », même au détriment de
la fortune et des libertés publiques.

Tout le monde a souffert des charges de la guerre, y compris les ordres privilégiés.

Le service de ban et arrière-ban, qui avait donné lieu à

divers abus dès le xvᵉ siècle et surtout au temps de Louis XI, devient très dur sous François Iᵉʳ. M. de Clermont-Lodève, lieutenant de Montmorency, ménageait de son mieux les gentilshommes de Languedoc, dont il faisait partie[1]. Mais, après lui, les nobles ont parfois à répondre jusqu'à quatre ou cinq convocations dans l'année; on les retient jusqu'à quatre ou cinq mois, servant à leurs frais[2]. Les États auraient voulu que la durée du service fût limitée à quarante jours, comme en Auvergne. Les édits généraux, qui bientôt abondent, la fixent à trois mois au dedans du royaume, à quarante jours au dehors[3].

Les roturiers de Languedoc possédaient beaucoup de fiefs nobles, très petits pour la plupart et de faible revenu. Ils s'acquittaient en argent du service militaire; mais Louis XI et Charles VIII avaient accordé dispense de contribuer ou de servir au ban aux propriétaires de fiefs valant moins de 25 livres de rentes[4]. François Iᵉʳ décide au contraire qu'ils y prendront part, mais uniquement de leur bourse[5]. Sous son règne, la convocation du ban n'est souvent qu'un prétexte; le ban ne marche point, mais une taxe est levée, à laquelle les gentilshommes sont soumis comme les roturiers[6]. L'antique service d'ost dégénère en impôt sur les ter-

1. *H. L.*, t. XII, pr. n° 183. — Bibl. Nat., fr. 3073, f° 1.

2. Arch. d'Albi, AA 46, cah. d'oct. 1538, art. 11.

3. Isambert, t. XII, p. 846. Édit du 3 janv. 1544. — Cf. Fontanon, t. III, pp. 61 et suiv. Les édits règlent uniformément la matière, imposant aux gentilshommes une tenue coûteuse, une suite, etc., les enrégimentant en quelque sorte.

4. Arch. de la Haute-Garonne, C 968, cah. du 1ᵉʳ mai 1476, art. 9. — *Inventaire des titres et privil. du Puy*, dans les Annales de la Soc. du Puy, ann. 1850, p. 700; lettres du 11 déc. 1477. — Caseneuve, *Chartes*, p. 51, cah. de mars 1484; cf. p. 74. — Arch. de Toulouse, AA 17, n° 38.

5. Ord. citée, du 4 janv. 1544, art. 4. — Cf. *Invent. des titres et privil. du Puy, Loc. cit.*, p. 713, 5 oct. 1541; et Arch. de la Haute-Garonne, sér. B, *Édits*, t. V, f° 115, 29 févr. 1544.

6. Arch. de la Haute-Garonne, C 994, f° 300, cah. de déc. 1523, art. 8. — Caseneuve, *Chartes*, pp. 169, 181. — Arch. de Toulouse, AA 88, cah. de nov. 1558, art. 2, 3, 21. — Arch. de l'Hérault, *Dol.*, t. des suppléments, f° 16, cah. d'oct. 1559, art. 8.

res nobles : impôt écrasant, sous quelque forme qu'il ait été perçu, parce que la noblesse du pays n'était pas riche, et que, s'attachant de plus en plus à vivre « noblement », sans aucune industrie, elle ne put réparer les brèches que le roi faisait à sa fortune.

L'église n'est pas mieux traitée. Quand les prélats et clercs ont payé au roi la taille pour leurs biens ruraux, le service personnel, ou plutôt un équivalent pécuniaire, pour leurs biens nobles, ils ne sont pas encore quittes envers lui. Ils figurent en cas d'emprunt parmi ses victimes de prédilection. Enfin, l' « ancienne dot » de l'église n'est pas épargnée, malgré la déclaration royale de 1181[1].

L'imposition des décimes sur les bénéfices, assez fréquente au XVe siècle, pratiquée plusieurs fois par Louis XII, forme l'une des ressources, dites « extraordinaires », dont François Ier et son successeur usent le plus volontiers.

Par la décime de 1516, qui devait aider le pape à délivrer « les chrétiens de l'empire de Grèce », par celles de 1522, de 1537 et de 1542, destinées ouvertement aux dépenses de guerre, le nouvel « octroi caritatif » entre dans les mœurs et s'installe au budget[2]. Depuis 1541, il revient de façon régulière, à raison de quatre décimes par an[3].

Les États essayent d'abord d'empêcher que « l'église du pays » ne soit rendue « tributaire et taillable ». Ils rachètent la décime de 1522. S'il faut que les ecclésiastiques contribuent à la défense du royaume, ils veulent que ce soit « du consentement à tout le moins des principaux conseillers du

---

1. Caseneuve, *Charles*, p. 45.

2. *Catal. des Actes de François Ier*, n°s 512, 1859, 1870, 1875, 8900, 12536. Il est inutile de mentionner ici les quatre décimes qui furent levées pour la rançon du roi en 1528-1529. En les accordant, le clergé remplissait un devoir féodal, comme firent aussi la noblesse et le tiers état.

3. *Ibid.*, n°s 13688, 13779-80. — Arch. de l'Hérault, *Dol*, t. II, f° 254, cah. de nov. 1548, art. 4, etc.

pays[1] ». Mais ni François Ier, ni Henri II ne l'entendent de
la sorte. Sur les décimes ils ne consultent aucune assemblée
générale, pas plus celle de Languedoc que l'assemblée du
clergé de France. Chaque évêque reçoit d'eux l'ordre direct
de réunir en nombre suffisant les ecclésiastiques du diocèse,
de leur exposer les affaires du roi, ses besoins et de leur
demander une ou plusieurs décimes, soit une certaine
somme, payable à termes fixes[2]. C'est une seconde assiette
diocésaine qui s'organise, non moins obéissante que l'autre,
disciplinée par le Concordat.

Or la décime de 1516, selon laquelle seront perçues toutes
les autres, a été fortement majorée au détriment du pays et
portée à 58,000 livres environ[3]. Quatre décimes font 230,000
ou 240.000 livres. La somme est considérable, eu égard aux
revenus de l'église, et particulièrement aux charges ordinaires dont ils étaient grevés. Les ecclésiastiques, disent
les États, doivent employer un tiers des fruits de leurs bénéfices aux aumônes, un tiers à la réparation des édifices
sacrés, un tiers à leur propre entretien. Quand ils ont à
payer quatre décimes, ils sont réduits à mendier, à moins
qu'ils n'aillent vivre chez leurs parents[4]. A la veille des
guerres de religion, le service divin a cessé en beaucoup

---

1. Caseneuve, *Chartes*, pp. 161, 176 ; cah. de mars 1522.

2. Bibl. Nat., fr. 22405, n° 39 ; 4 févr. 1546.

3. *Ibid.*, *Dupuy*, 543, f°s 21, 23. Exactement 57,765 l. 5 s., au lieu de 33.458 l.
en 1500, pour les vingt-deux diocèses de Languedoc. Certains diocèses, tels que
Montauban, Rieux, Comminges n'appartenaient au pays qu'en partie. Néanmoins
la décime de Languedoc s'est plutôt maintenue au-dessus qu'au-dessous du chiffre
indiqué ; car elle a été légèrement relevée sous François Ier. Pour quatre décimes, le diocèse de Carcassonne paye en 1528-1529 11,761 l. 15 s. 8 d., celui de
Nîmes en 1546 14,192 l., au lieu de 10.940 et 13,832 l. qu'ils auraient dû supporter
selon le tarif de 1516. La décime du royaume monte alors à 400,000 l., tandis
qu'elle ne valait en 1516 que 379,651 l. 12 s. 8 d. — Le clergé de Languedoc ne
cesse pas de se plaindre de la « très excessive » imposition de 1516. Il payait en
effet près du sixième de la dîme totale. (Caseneuve, *Chartes*, p. 163. — Cf. *H. L.*
t. XII, pr., n° 327. Mémoire de Fourquevaulx, 1574.)

4. Cah. cit. de nov. 1548, art. 4, d'oct. 1549, art. 2, etc.

d'endroits et, malgré les arrêts du Parlement, « la charité se meurt », les églises tombent en ruines.

Les villes de Languedoc étaient contribuables à l'équivalent et aux tailles comme la campagne, le « plat pays ». Une seule ville importante, la cité de Carcassonne, avait joui de toute antiquité d'une immunité complète. Deux autres reçurent fort tard des immunités partielles : ainsi Toulouse depuis 1463 [1], Narbonne à partir de 1533 [2]. La fiscalité royale n'en a pas moins inventé spécialement pour les villes une contribution qui se superposait à la taille, mais qui d'abord en différa beaucoup, la solde des gens de pied.

En Languedoc, sous Louis XI et sous Charles VIII, on s'était refusé énergiquement à soudoyer des troupes; on n'avait point voulu des francs-archers. Dans une autre occasion les États s'excusèrent tant et si bien auprès des conseillers de Charles VIII, qu'ils firent exempter le pays, par lettres en forme, de toute solde de gens de pied (5 août 1486) [3]. François Ier, après les avoir requis d'en équiper et d'en payer 2,000, reconnut implicitement ce privilège en les recevant à composition [4].

Mais le gouvernement avait déjà trouvé un biais commode. Il s'était adressé à chacune des « grosses villes »,

---

1. Arch. de Toulouse, AA 3, n° 275. La ville payait au roi par abonnement une taille de 2,500 livres. D'ailleurs elle supportait l'équivalent et contribuait à tous les frais du pays. Sous Henri II elle se fit exempter du taillon. (*Ibid.*, AA 50, n° 41.)

2. Arch. de Narbonne, AA 112, f°s 54 v°, 88. Narbonne jouit d'abord d'un rabais de 3,000 l. sur la taille, puis en 1549 elle reçoit exemption complète, même de l'équivalent. Il faut ranger parmi les exempts quelques bourgs épars, peu importants, comme Baix-sur-Baix en Vivarais, Cordes en Albigeois, 62 villages des pays de Sault, Fenouilhèdes (dioc. d'Aleth), Haute et Basse Corbière (dioc. de Narbonne), qui avaient été ruinés par les Espagnols et affranchis en 1530. Il y en avait de cette sorte quelques-uns dans chaque diocèse.

3. Caseneuve, *Chartes*, p. 87.

4. *Ibid.*, f° 176 ; cah. de mars 1522. — Cependant, en oct. 1535, les États consentent, sur les remontrances du grand-maître, à imposer 30,000 livres pour habiller les 6,000 hommes de pied de la légion de Languedoc. (Arch. de la Haute-Garonne, C 2278, f° 9; cf. f° 21.)

assez nombreuses dans le Nord, qui étaient franches de taille,
en Languedoc à Toulouse et à quelques autres. Tantôt il
exigeait d'elles un subside quelconque, sauf à le réduire
après négociations : c'est ainsi que Toulouse, de 1512 à 1519,
versa presque annuellement au Trésor royal de 4,000 à
8,000 livres[1]. Tantôt il leur imposait une taxe déterminée, représentant la solde et l'entretien d'un certain nombre
d'hommes : Toulouse, en 1522, paya 18,000 livres, pour solder 500 hommes durant 6 mois[2]. Aux doléances d'une assemblée d'États qui prenait la défense de la ville et soutenait
qu'elle n'était point ville franche, François Ier répondait :
« Où il y a quelque chose au pays de Languedoc concernant
profit, ceulx de Toulouse se mettent du nombre ; mais où
il y a quelque chose concernant à charge, se disent estre
exempts... ». Paris, Rouen, Orléans, Lyon contribuent à la
solde. « Il se fault ayder, non excuser, veu le temps »[3].

La solde a été de nouveau imposée en mars 1538, à raison
de 20,000 hommes de pied[4], puis en février 1543, portée à
120,000 livres afin de payer 50,000 hommes pendant 4 mois.
Dans le premier cas l'impôt atteignait uniquement les grandes villes, telles que Nîmes, Albi ; dans le second il s'applique à toutes les villes closes : son assiette est tellement

1. Arch. de Toulouse, AA 13, nos 54, 36, 66, 86, 47. Sauf en 1514 et 1518. —
Cf. *ibid.*, AA 13, no 170, 28 juill. 1524 (10,000 livres) ; BB 9, fo 61, 28 juin 1527
(1,000 livres), etc.

2. La ville avait été d'abord imposée à 1,000 hommes de pied, comme Paris et
Rouen, c'est-à-dire à 36,000 livres. (*Ibid.*, AA 13, nos 112, 114.) Elle obtint d'être
traitée comme Lyon, Orléans, etc., villes de second ordre. (*Ibid.*, nos 114-120, et
cah. cit. de janv. 1523, art. 12.) Mais le roi ne la tint pas quitte à si bon marché,
et lui redemanda 18,000 livres l'année suivante ; elle s'en tira pour 6,000. (Arch.
de Toulouse, AA 13, nos 152, 162, 163.)

3. Cahier cité de janv. 1523, art. 13.

4. Soit 480,000 francs. La part de la généralité de Toulouse (Lyonnais, Forez et
Beaujolais compris) fut fixée à 3,470 hommes, payables pendant quatre mois, à
raison de 20,820 l. par mois ; celle de Toulouse à 1,500 hommes, soit 36,000 l. en
tout, comme en 1522 (Arch. de Toulouse, BB 9, fo 300 vo) ; celle de Nîmes à
400 hommes, ou 9,600 l. (Ménard, *Hist. de Nîmes*, t. IV, p. 138) ; celle d'Albi à
200 hommes. (Arch. d'Albi, CC 118.) — Cf. cah. cit. de 1538, art. 4, de 1539, art. 2.

étendue qu'il prend l'aspect d'une taille, mais d'une taille inégalement répartie, distribuée entre les sénéchaussées, et non par généralités. La sénéchaussée de Beaucaire est taxée à 18,000 livres[1], celle de Carcassonne à 12,000[2]; celle de Toulouse, où la plupart des bourgs s'étaient murés autrefois par crainte des Anglais, supporte tout entière, y compris ses annexes de Guyenne, 108,000 livres, la onzième partie de la solde totale[3].

Au taux ordinaire, la « subvention des villes closes » a coûté au pays plus de 100,000 livres par an. De 1513 à 1559 trois années seulement se passent sans qu'elle soit levée, à savoir 1547, 1549, 1551. Elle n'est diminuée que trois fois : d'un tiers en 1545, de la moitié en 1516, des deux tiers en 1550.

Dans la sénéchaussée de Toulouse, évidemment surchargée, on a cherché d'abord quelque soulagement en répartissant la subvention, le plus souvent qu'on pouvait, « à sol et livre » entre les terres, jugeries et diocèses; on l'a assise également, et sur les villes closes, et sur le plat pays[4]. En outre, la sénéchaussée engageait de violentes discussions avec les deux autres, soutenait contre le pays et contre elles de coûteux procès[5]. Elle a finalement obtenu en 1555 que la

---

1. Arch. de Toulouse, BB 9, f° 371. Le *Catal. des Actes de François I*[er], n° 12873, indique seulement le chiffre de 7,680 livres. Il est probable que la taxe dont il s'agit est celle d'une portion de la sénéchaussée.

2. *Ibid.*, n° 12874.

3. *Ibid.*, n° 12877. — Dans le diocèse de Toulouse, ville non comprise, il y avait 104 villes closes sur 188 lieux contribuables à la taille. (Arch. de la Haute-Garonne, C 996, f°s 44 et suiv.) — La partie de la sénéchaussée sise dans le comté de Foix n'a pas été soumise à la subvention. (*Catal.*, n° 13159.) Le territoire sis en Guyenne en a supporté environ le tiers, soit 37,841 l. 4 s. 4 d. en 1543, et 33,071 l. 17 s. 7 d. en 1544. (Arch. de Toulouse, BB 9, f° 372; BB 10, f° 12 v°.)

4. Dans le diocèse de Toulouse et sans doute dans la sénéchaussée entière, à partir de 1545, la subvention n'est perçue en tout qu'une fois sur les seules villes closes. Sauf en 1548, le plat pays paye sa part, malgré les lettres du roi. (Arch. de Toulouse, AA 40, n° 37. Lettres du 20 mai 1544. — Arch. d'Albi, CC 119. Lettres du 14 avr. 1543.)

5. Arch. de la Haute-Garonne, C 2279, f° 12 v°, proc.-verb. nov. 1516; f° 115 v°, oct. 1554; C 2280, f° 124 v°, sept. 1556.

part de chacune fût déterminée à peu près « à sol et livre »,
selon le mode usuel de répartition [1].

La subvention des villes closes devient alors officiellement, généralement, une véritable taille. Elle ne se distingue plus de l'octroi annuel que par le nom, et par l'imposition, qui continue de se faire directement, sur lettres du roi,
sans que les États y prennent aucune part [2]. Ceux-ci travaillent de leur mieux à la faire abolir. En 1549 le roi leur
en avait fait la promesse, par lettres qu'il déchira au bout
d'un an [3]. L'assemblée d'octobre 1550 lui offre 60,000 livres
pour le renouvellement du privilège des francs fiefs, ou
100,000 livres, s'il veut de plus exempter le clergé de décimes, le peuple des emprunts et de la subvention des villes
closes [4]. Mais tous ces « deniers extraordinaires et casuels
forment déjà dans le budget un groupe particulier ; ce sont
des revenus classés, des ressources assurées, auxquelles le
gouvernement royal songe si peu à renoncer qu'en juin 1557
Henri II établit dans chaque diocèse un receveur à titre
d'office, chargé de les percevoir [5].

1. Arch. de Toulouse, AA 16, n° 19 ; 11 nov. 1555. Règlement général, relatif à
la solde. La quote-part des généralités de Toulouse et de Montpellier, des diocèses du Puy, de Mende et de Viviers, c'est-à-dire la part du pays de Languedoc,
restera la même, mais sera répartie de la façon suivante : 1° On en déduira les
25,000 l. que paye ordinairement Toulouse. 2° On répartira le reste (76,000 l.
environ) sur les trois sénéchaussées, non compris le territoire extérieur au pays.
3° A la part, ainsi déterminée, de la sénéchaussée de Toulouse, on ajoutera celle
de la ville capitale, soit 17.138 l. 11 s. 4 d. + 25,000 l. 1" La somme totale, soit
42,138 l. 11 s. 4 d., sera imposée à sol et livre sur Toulouse et sur les diocèses. —
Cf. ibid., AA 91, f° 1. Répartition faite sur la sénéchaussée selon le nouveau
règlement.
2. Ibid., AA 41, n° 42. — Arch. de la Haute-Garonne, C 998, f°ˢ 76, 193, 291.
3. Cah. cité de nov. 1548, art. 1. — Arch. de Toulouse, BB 10, f° 144.
4. Arch. de la Haute-Garonne, C 2279, f° 197.
5. Fontanon, t. II. p. 888. En Languedoc l'édit ne paraît avoir été appliqué
qu'au diocèse ecclésiastique, à la recette des décimes. (Cah. cité de nov. 1558,
art. 1.)

Ce n'est pas tout. A côté des charges que fait peser sur le
pays l'expresse volonté du roi, d'autres prennent place qui
naissent des circonstances immédiates, de la force des choses, des besoins que la guerre engendre.

Les gens de Languedoc avaient accordé la taille à partir
de 1445 pour être exempts de loger les « lances » de Charles VII. Ils ne désiraient pas moins tenir à l'écart les troupes en marche; car elles causaient autant de mal que les
autres, et s'arrêtaient volontiers en route. Jusqu'à la fin du
xvᵉ siècle, ils ont su se préserver des garnisons. Quant aux
passages de gens de guerre, ils étaient bien obligés de les
subir à l'occasion et de fournir les vivres nécessaires; mais
ils voulaient être payés de leurs fournitures, et souvent ils y
réussirent.

Les choses ont changé avec les guerres d'Italie. Les
troupes affluent alors en Languedoc, soit qu'elles s'acheminent de là vers l'Italie, soit qu'elles viennent garder la frontière de Roussillon. Depuis 1503, il y a presque toujours
des gens d'armes dans les diocèses de Carcassonne, d'Aleth,
de Narbonne, etc. Sous François Iᵉʳ, ils résident en permanence dans le pays. Ceux qui n'auraient qu'à le traverser
marchent avec tant de lenteur, qu'on dirait une garnison.
Les uns et les autres pillent, violent, massacrent; parfois ils
prennent d'assaut les villes qui se ferment à leur approche.
Ils se font donner gratuitement et largement le vivre et le
couvert; car, disent-ils, le roi ne les paye point[1].

1. Arch. de la Haute-Garonne, C 993, fᵒ 256 vᵒ, cah. d'oct. 1516, art. 5. — Cah.
cités de janv. 1523, art. 9, de déc. 1523, art. 6, d'oct. 1524, art. 2, de févr. 1525 (1),
art. 3, de févr. 1525 (2), art. 2, etc. Chaque cavalier exige en argent 6 s. 3 d. par

Chaque assemblée retentit de doléances. En novembre 1503, tous les diocèses crient à la fois; les États se fâchent si fort, qu'ils menacent de refuser l'octroi[1]. Louis XII ne nie point que les plaintes ne soient fondées : il souhaiterait que les dépenses des gens de guerre fussent acquittées et les vivres dûment payés. François Ier rend même à cet effet, le 14 mai 1523, une ordonnance que les États avaient sollicitée. Son lieutenant, M. de Lautrec, fixe le taux des vivres que les troupes devront acheter[2]. Quant à leur faire observer le tarif ou l'édit, il ne semble pas que ceux qui en avaient la charge s'en soient beaucoup inquiétés[3]. Eussent-elles voulu s'y soumettre, qu'elles ne l'auraient pu, faute d'une solde qui leur fût régulièrement servie, et, même dans ce cas, les gages des hommes d'armes auraient été d'une insuffisance notoire, en un pays où les foins et les avoines étaient « horriblement » chers[4].

En 1527, les habitants ont renoncé à tout espoir de remboursement. Les règlements qu'ils acceptent consacrent le fait accompli. Sous forme de vivres, de logement, d'ustensiles, ils ont à fournir un supplément de solde aux compa-

jour, chaque homme de pied 3 s. 4 d., et de plus la fourniture des ustensiles. Les États se plaignent du gaspillage, un homme d'armes dépensant jusqu'à 22 s. par jour. Trois, disent-ils, coûtent plus cher que douze ne devraient faire. Ils évaluent successivement les pertes du pays à dix tailles, à trois tailles par an, à 200,000 écus en six mois.

1. *Ibid.*, C 2276, f°s 75 v°, 87 v°. — *H. L.*, t. XII, pr. n° 142; cah. de nov. 1503, art. 2 et suiv.

2. Casenauve, *Chartes*, p. 187. Lettres du 14 mai 1523. — Cahiers cités de févr. 1525. Chaque homme d'armes devait payer 5 s. par jour pour ses vivres, etc., tarif « bien petit », disent les États.

3. Cahier cité de déc. 1523, art. 6. Les commissaires répondent aux doléances des États que les habitants seront remboursés de leurs fournitures, « quand le temps le pourra porter », etc.

4. *H. L.*, t. XII, pr. n° 172. — Bibl. Nat., fr. 3074, f° 207. — La solde à cette époque est encore celle du temps de Charles VII, 15 livres par hommes d'armes et par mois, 7 l. 10 s. par archer. En 1533 on l'a relevée à 20 l. pour le quart des hommes d'armes, soit 25 par compagnie, et à 10 l. par archer pour les deux tiers ou 100 par compagnie. (Bibl. Nat., fr. 4523, f° 43 v°.)

gnies qui séjournent chez eux, ainsi qu'aux troupes de passage[1]. Ils payent un impôt dont ils s'étaient rachetés autrefois et se rachetaient chaque année, un subside nouveau que
les États n'ont point voté.

Le pays a donc logé et nourri, comme les autres parties
du royaume, un certain nombre de lances : 580 en octobre 1525, au fort de la guerre[2]. Mais de longtemps il ne
put s'y résigner. Les États multipliaient les offres et les
négociations pour le débarrasser de ces hôtes gênants[3]. S'ils
n'y sont point parvenus, du moins, avec l'aide de Montmorency, ont-ils fait réduire les garnisons au chiffre minimum,
à 150 lances environ jusqu'au traité de Cambrai, à 14 et 40
par la suite, de sorte que pendant dix années il y en eut
moins en Languedoc que dans aucun autre gouvernement;
mais elles sont revenues au nombre de 150 après la disgrâce
du connétable[4].

Les États cherchaient aussi à égaliser cette charge, à la
rendre tolérable. En 1527 et 1528 ils décident que les diocèses entretiendront une garnison trois mois chacun, à tour
de rôle[5]. Ils font diminuer autant que possible le tarif des
frais quotidiens, par homme et par cheval[6]. Ils surveillent

1. Caseneuve, *Chartes*, p. 189; févr. 1527. — Bibl. Nat., lat. 9180, f⁰ˢ 185, 191.
2. Arch. de la Haute-Garonne, C 2277, f⁰ 322. La reine-mère et son Conseil
promettent d'en ôter 240.
3. *Ibid.*, f⁰ˢ 427, 433, 482. Ils offrent, si les garnisons sont supprimées, de donner 6,000 livres au grand-maître, 2.000 à M. de Clermont, 1,000 au général de
Languedoc, etc., en outre de remettre au roi près de 60,000 livres qu'il devait au
pays. — Cf. *H. L.*, t. XII, pr. n⁰ 203.
4. Arch. de la Haute-Garonne, C 2277, f⁰ˢ 445, 478, 525 v⁰, 594 v⁰, et C 2278,
f⁰ 68 *bis*. Le connétable fait savoir aux États (oct. 1538) que selon « le desparte-
ment general » des garnisons, le pays devrait recevoir 200 hommes d'armes. Il
en a fait retrancher 160. — Cf. *ibid.*, C 2278, f⁰ 286; proc.-verb. de juin 1544.
5. Bibl. Nat., lat. 9180, f⁰ 191. — *H. L.*, t. XII, pr. n⁰ˢ 165, 188, et Bibl. Nat.,
fr. 3073, f⁰ 199. — Le même ordre paraît avoir été suivi presque constamment;
sauf faveurs particulières faites par le roi ou le gouverneur à tel ou tel diocèse.
Les États tenaient fort à ce que « equalité feust gardée ».
6. *H. L.*, t. XII, pr. n⁰ˢ 188, 192, 198. — Arch. de la Haute Garonne, C 2278.
f⁰ˢ 195, 267. — Arch. de Narbonne, AA 112, f⁰ˢ 34 v⁰, 69 v⁰.

de près la gendarmerie, réunissant les informations, puis se plaignant si haut qu'on y prend garde, et que nulle part elle ne cause aussi peu de dégâts[1]. La fourniture des vivres coûte en 1549, pour 150 hommes d'armes, 59,100 livres environ[2]. Mais on en a pris l'habitude. L'impôt reste aux mains de ceux qui le supportent. Il est administré par leurs soins, acquitté en nature.

Henri II en a fait toute autre chose. En 1549 il change la fourniture des vivres et, deux ans après, celle des ustensiles en une contribution pécuniaire, destinée à relever d'autant la solde des gens d'armes. A raison de 150 hommes, le pays se trouve taxé d'abord à 71,743 livres 4 sols, puis à 82,543 livres. Les États commencent par se débattre. La première année ils réussissent à n'imposer que la somme à laquelle, selon leur estime, montait la « commutation » proposée. La seconde, ils cèdent, malgré leurs justes défiances, aux pressantes invitations du roi[3]. Ils sont obligés de ne point « se rendre en cela dissemblables aux autres ». La taille en Languedoc, comme celle du royaume, acquiert une nouvelle annexe, qu'on appellera le « taillon »; les garnisons passent à la charge de l'ensemble du pays.

Au contraire l'entretien des gens de guerre en marche est resté essentiellement affaire diocésaine. Ces passages, quoique fréquents, n'étaient pas assez réguliers pour donner prétexte à l'imposition d'une taille annuelle. Certaines années, il n'y en avait presque point, tandis qu'ils se multipliaient à d'autres époques : ainsi en 1503 pour le siège de Salses en Roussillon, en 1521 durant la guerre de Navarre, en 1536 et 1542 à l'occasion des camps formés autour d'Avignon et

1. *H. L.*, t. XII, pr. n° 167. — Bibl. Nat., fr. 3073, f° 37; 3064, f° 81; 3074, f° 161.
2. Arch. de la Haute-Garonne, C 2279, f° 148 v°.
3. *Ibid.*, et C 996, f° 102 — Bibl. Nat., fr. 18513, f° 118, 119, 255. — Cf. Arch. de la Haute Garonne, C 2279, f° 174 et suiv.

devant Perpignan, en 1548 lors de la révolte de Bordeaux.

Afin d'y pourvoir, on a mis en vigueur le service des « étapes », qui fut réglé en collaboration, de 1523 à 1527, par les États et le gouverneur, avec l'approbation du roi. L'édit de février 1527 et les arrêtés ultérieurs portent que les troupes, en traversant le pays, devront suivre un itinéraire fixé et marcher à raison de quatre lieues par jour au moins; qu'en certains points désignés, situés sur leur chemin, les consuls ou syndics prépareront les vivres nécessaires; enfin que les villes et lieux qui en auront fait l'avance seront indemnisés aux dépens du diocèse entier[1].

Certains diocèses étaient, par position, presque toujours affectés par les mouvements de troupes; d'autres restaient à peu près indemnes. Il en résultait une frappante inégalité de charges, que les États ont essayé de faire disparaître. En 1515 et 1522 ils avaient déjà décidé que les diocèses se porteraient mutuellement secours. En août 1527 ils ordonnent que chacun d'eux leur enverra désormais le compte de ses « foules » ou dépenses d'étapes, pour que le total, dûment vérifié, soit ensuite également réparti sur tous, à sol et livre : les moins « foulés » rembourseront les autres jusqu'à ce que l'équilibre ait été rétabli entre eux[2].

Le système était peu pratique, et l'on s'en est vite aperçu. Tantôt les comptes des diocèses n'étaient que confusion, tantôt ils faisaient défaut au moment voulu. Des contestations éclataient : vers 1557 le haut et le bas pays ne pouvaient plus s'entendre; ils plaidaient l'un contre l'autre à la Cour des aides, devant le gouverneur, en Conseil privé[3]. Les remboursements s'opéraient tardivement, de la façon la plus irrégulière, quelquefois quinze ans après la dépense faite.

1. Caseneuve, *Chartes*, pp. 187, 189. — Bibl. Nat., lat. 9180, f° 185, etc.
2. Arch. de la Haute-Garonne, C 2277, f°s 38 et 57, proc.-verb. de juin et de sept. 1515; f° 211 v°, proc.-verb. de mars 1522; f° 370, d'août 1527.
3. *Ibid.*, C 2279, f°s 49, 67.

et quelquefois point du tout[1]. Des abus dangereux apparaissaient : fraudes de la part des diocèses, impositions
faites d'office sur le pays entier au profit d'une ville, d'un
diocèse par le roi ou par ses commissaires[2]. Les États, à
plusieurs reprises, ont renoncé à leurs projets équitables. En
1552 ils laissent définitivement aux diocèses la charge de
leurs propres « foules »[3].

Évidemment cette charge était très lourde : les étapes du
camp d'Avignon, par exemple, durent monter en tout à plus
de 200,000 livres[4].

Pourtant elle n'allait guère seule. Il fallait faire vivre les
troupes qui étaient ainsi venues s'amasser dans la région
méridionale du royaume.

Sous Charles VII, Louis XI et Charles VIII, le pays avait
déjà fourni des approvisionnements aux armées de Guyenne
et de Roussillon[5]. En 1495 il dut en envoyer jusqu'à

1. La ville de Toulouse commence seulement en juin 1541 à imposer ce qu'elle
doit pour les « foules » de 1536 (camp d'Avignon). La ville de Réalmont (diocèse d'Albi) est remboursée en oct. 1551 des frais qu'elle a faits à la même occasion. En 1554 plusieurs villes ou diocèses réclament le paiement d'étapes fournies dix ans plus tôt. Les États s'y refusent.

2. Arch. d'Albi, AA 46, cah. d'oct. 1538, art. 12. — Cf. Albisson, *Loix municip.*,
t. VII, p. 7, lettres du 20 avr. 1539. Le roi blâme fort ses commissaires d'avoir
imposé au chapitre des « frais » du pays 3,900 l. après le départ des États. Mais
lui-même en 1540 veut que les frais de charrois faits par les habitants de Narbonne soient répartis sur le pays entier. L'affaire dure cinq ans, grâce à la résistance du syndic de Languedoc et des États; mais elle se termine par leur soumission. (*H. L.*, t. XII, pr. n° 215. — Arch. de la Haute-Garonne, C 2278, f°s 159
v° et suiv., 2e cah. du 20 sept. 1541, art. 13. — Arch. de Narbonne, AA 112,
f° 152 v°. — Arch. de la Haute-Garonne, C 986, f°s 2, 53.)

3. Arch. de la Haute-Garonne, C 2277, f°s 403 v°, 407 v°, proc.-verb. de nov.
1528; C 2278, f° 55 v°, proc.-verb. de nov. 1537; C 2279, f° 313, 419, etc.

4. D'après la part de Toulouse, fixée indépendamment des frais propres à la
ville à 7,000 l. 18 s. (Arch. de Toulouse, BB 9, f° 300 v°). — Narbonne reçoit des
autres diocèses en 1541 25,000 livres. — Les « étapes » de 1544-46 coûtent à
Béziers près de 17,000 livres. — En mars 1554 le diocèse du Puy dépense en
onze jours 6,000 livres à nourrir environ 1,800 hommes de pied.

5. Arch. de l'Hérault, *Dol.*, t. I, f° 28; cah. de nov. 1442, art. 19. — Ménard,
Hist. de Nîmes, t. III, pr. p. 6. Cf. *H. L.*, t. XII, pr. n° 69. — Arch. de la Haute-
Garonne, C 992, f° 362.

Naples[1]. De même, en 1503, il alimente de blé, vin, viande,
fourrage, etc., les troupes qui assiégeaient Salses[2]. En 1522
la sénéchaussée de Toulouse ravitaille l'armée de Bayonne,
malgré la distance et les frais énormes du transport[3]. Jusqu'alors, le roi promet et les États réclament que tout soit
remboursé; mais de règne en règne, l'engagement est moins
fidèlement tenu[4]. On n'en parle plus en 1524, quand il s'agit
d'approvisionner l'armée de Provence, et pas davantage à
propos des camps d'Avignon et de Perpignan[5].

Chacune de ces opérations impose donc au pays une
grosse dépense. Si l'on peut en juger par les frais que
Toulouse a supportés en 1542, pour vivres et charrois au
camp de Perpignan, les vingt-deux diocèses ont dû débour-
ser de ce fait 350,000 livres, soit le montant d'une taille.

Tout se passe pourtant sans que les États soient jamais
consultés. Le roi ne leur demande point l'octroi des fournitures. Les commissaires royaux en font eux-mêmes la répartition sur les diocèses, auxquels leur commission s'adresse,
disent-ils, et non pas aux États. C'est également par voie de

1. Arch. de la Haute-Garonne. C 992, f°s 242, 264 v°. Envoi de blé, victuailles,
harnais, chapeaux, chausses, etc. Le transport, se faisant par mer, ne coûte au
pays que 2,600 livres environ.

2. *Ibid.*, C 2276, f°s 75, 85, proc.-verb. de juill. 1503. — *H. L.*, t. XII, pr.
n° 142, cah. de nov. 1503, art. 3-5. — Arch. d'Albi, AA 45, cah. de déc. 1504,
art. 6. 14.

3. Arch. de la Haute-Garonne, C 994, f° 63 v°, cah. de sept. 1521, art. 3;
f° 202 v°, cah. de mars 1522, art. 12, etc. Elle dut fournir 3,000 charges de blé,
autant d'avoine et 1,200 pipes de vin.

4 Voir les textes cités, et cf. le cahier de janv. 1523, art. 13 François Ier
répond aux plaintes des États que les habitants de Limousin et d'Auvergne qui
ont porté des vivres à Bayonne ont été « remboursez de leurs pertes sur le pays »,
sans doute pour les inviter à faire de même. Il se contente de payer, tant bien
que mal, le port des vivres.

5. Arch. de la Haute-Garonne, C 994, f° 389 v°, cah. d'oct. 1524, art. 3. — Arch.
d'Albi, AA 46, cah. d'oct. 1525, art. 2. — Arch. de la Haute-Garonne, C 995, f° 2
et suiv. (« frais » de l'assiette). — Arch. de Narbonne, AA 112, f°s 44 v°, 45. —
Arch. de Toulouse, BB 9, f°s 346 v°, 348, 361 v°. La ville de Toulouse dépense
12,131 l. 18 s. 6 d. à l'occasion du camp de Perpignan, soit 7,716 l. 8 s. pour les
vivres et 4,415 l. 10 s. 6 d. pour le transport.

réquisition directe que se lèvent les pionniers, les terrassiers, les animaux de trait, les charrettes, et que s'imposent
les corvées nécessaires aux travaux de siège et de fortifica-
tion, au transport de l'artillerie [1].

La règle souffre ensuite quelques exceptions. En octobre
1544 les États sont sommés d'envoyer à Marseille 20,000
charges de blé ; mais le gouverneur du pays a d'ores et déjà
reçu et transmis l'ordre d'imposer le tout sur les diocèses [2].
Plus respectueux de leurs privilèges ou plus sûr de leur
obéissance, Henri II les convoque en assemblée spéciale
pour se faire accorder 12,000 charges de blé, à destination
de la Corse [3].

Enfin, en 1522, le roi leur a demandé d'entretenir des
vivres à Narbonne, de fournir la « munition morte » de la
place ; car il n'aurait guère pu se passer de leur adhésion,
la charge devant être à peu près permanente [4]. Ce service
dure de 1522 à 1530 [5], puis de 1536 à 1538 [6]. Les États
cette fois ayant fait quelque difficulté de le reprendre, le roi,
en 1540, le met directement à la charge des diocèses, qu'il
oblige par surcroît d'approvisionner Aiguesmortes. Les
États ont peine à recouvrer leur droit d'y pourvoir par imposition générale [7]. La « munition morte » a pu coûter

1. Bibl. Nat., fr. 22406, n° 40 ; acte du 12 févr. 1488. — Arch. de la Haute-
Garonne, C 2276, f° 87 v° ; proc.-verb. de nov. 1503. Levées de pionniers, etc. —
D'autres ont lieu en 1522 (ibid., C 2277, f° 239 v° ; proc.-verb. de janvier 1523),
en 1524. (Cah. cit. d'oct. 1524, art. 5.) — Arch. de Toulouse, AA 40, n° 21, 3 juin
1536. Mandement au gouverneur de Languedoc de répartir 53,000 journées de
corvées sur les diocèses du pays, etc.
2. Arch. de Narbonne, AA 112, f°s 36-41. — Arch. de la Haute-Garonne, C 2278,
f° 276. Les lettres du roi sont du 25 avril 1543, la répartition se fait dans le courant de septembre, et les États ne sont réunis qu'au commencement d'octobre.
Le pays devait être remboursé du blé fourni, ce qu'il ne parvint jamais à obtenir.
3. Ibid., C 2280, f° 234 ; proc.-verb. du 3 janv. 1558.
4. Ibid., C 2277, f° 228 v° ; août 1522.
5. Ibid., f° 445 ; proc. verb. de déc. 1530.
6. Ibid, C 2278, f°s 30 v° et 39 v° ; proc.-verb. d'oct. 1536.
7. Ibid., C 2278, f° 159 v° et suiv., Pr cah. du 20 sept. 1544, art. 3. et 2e, art. 12

environ 60,000 livres de première mise, sans compter l'entretien [1].

Si l'on veut maintenant jeter un coup d'œil en arrière, on saisira sans trop de peine l'enchaînement des faits ; les progrès de l'impôt royal et leurs conséquences politiques apparaîtront clairement.

Les États ont perdu définitivement en 1481 le pouvoir de modifier, à quelque degré que ce fût, le chiffre de la taille. Ils continuent de l'accorder, mais telle que le gouvernement l'a fixée et la demande. Ils n'ont plus qualité pour l'empêcher de s'accroître ; car la taille du pays n'est plus un don gracieux qu'ils font au souverain ; c'est une part, calculée exactement, de la taille du royaume.

Les deniers octroyés par les États s'élevaient en mars 1484 à 209,403 livres, y compris le produit de l'équivalent. Ils passent en octobre 1514 à 319,866 livres 7 sols 10 deniers, en novembre 1548 à 521,563 l. 13 s. 2 d., en septembre 1557 à 724,869 l. 5 s. 10 d.

D'autre part naissent ou grandissent une foule d'impôts qui sont perçus directement, en vertu des mandements royaux, sans le consentement des États et du pays, au mépris de leur droit essentiel : crues du sel, taxes du ban, décimes, subventions, fournitures de toutes sortes, sans parler d'opérations qui sont presque aussi onéreuses au peuple de Languedoc, et qui échappent tout de même à la

---

cf. fos 242, 243, vo. — Arch. de Toulouse, AA 50, no 74, 15 mars 1560. Décharge en faveur du pays de la munition morte de Narbonne.

1. De 1522 à 1560 la munition de Narbonne se composa de 12,000 setiers de blé (dont trois faisaient une charge ou « asnée »), 3,000 setiers d'avoine, 1,800 charges de vin, 100 quintaux de fromage, 300 quintaux de lard, 15,000 qu. de foin, 15,000 de paille (le quintal pesant 100 livres), de 4,000 moutons à 25 s. pièce, de 3,00 bœufs à 11 livres pièce. Ces vivres étaient répartis sur les diocèses, fournis par eux, puis entretenus par un ou plusieurs « munitionnaires », liés par contrat avec le pays.

volonté des États, telles que créations d'offices, emprunts, aliénations.

Sous Charles VIII et Louis XII, les impôts appartenant à cette catégorie n'augmentent pas beaucoup les ressources de la royauté ni les dépenses du pays. Ils ne sortent décidément de l'état embryonnaire que sous les Valois-Angoulème; mais dès lors ils se développent suivant une progression beaucoup plus rapide que les impôts octroyés. Ce sont des charges que le pouvoir central, en évitant de les soumettre au contrôle des États, dissimule et masque en partie; tout au plus s'expose-t-il à des récriminations tardives. Rien d'étonnant qu'il en abuse.

Pour l'an 1557, en ajoutant aux crues du sel, aux décimes, à la subvention des villes closes une crue de la taille, imposée sur les diocèses par mandement du roi, on obtiendrait un chiffre supérieur à 500,000 livres. A ce chiffre précis il faudrait additionner les sommes considérables, mais incertaines, que produisaient les emprunts, la vente des offices, celles que représentaient les dépenses du ban, des étapes et autres frais analogues. Au total, elles porteraient aussi haut, plus haut peut-être que les deniers d'octroi, ceux que le roi exigeait à son profit sans en avoir fait la demande aux délégués du pays.

Veut-on évaluer en Languedoc l'augmentation de l'impôt? Ce n'est point tant l'octroi rédigé par les États qu'il faut examiner, que les comptes d'un diocèse. A ce fait on peut reconnaitre les progrès de l'arbitraire. Dans un budget diocésain on les voit exprimés en chiffres. L'assiette du diocèse de Toulouse, en 1511, imposait pour le roi une somme de 14.533 l. 11 s. 7 d., dont chaque partie avait été l'objet d'un octroi régulier, fait en assemblée d'États. Au contraire, en 1548, sur un total de 46,337 l. 15 s. 3 d., assis en quatre assiettes dans le même diocèse, 18,797 l. 14 s. 5 d. sont imposés par le roi, directement, pour subvention des villes closes, remboursements divers, étapes, munition de Narbonne, suppression d'offices, etc. : cela fait environ deux cinquièmes de l'impôt, dont les États n'ont pas connu.

La royauté attire, absorbe sans obstacle la meilleure part de la « substance du pays », et commence à l'épuiser.

Cette contrée s'était repeuplée et fort enrichie pendant les règnes de Charles VIII et de Louis XII. Pour s'en assurer, il suffit de consulter la liste des baux à ferme de l'équivalent, impôt de consommation, portant sur les denrées de première nécessité. En 1485 il était affermé pour 63,630 livres, prix un peu inférieur à celui qu'il avait atteint vingt ans plus tôt, sous Louis XI; en 1518 il monte au double, soit 124,755 livres, bien que les États aient pris pour l'alléger une foule de mesures qui devaient en diminuer le rendement; en 1557 il rapporte 145,000 livres. Mais, dans l'intervalle, la découverte de l'Amérique a produit ses effets, et le pouvoir de l'argent a tellement baissé, que le léger accroissement que l'on remarque entre les deux dernières dates équivaut à une réelle et sensible diminution. C'est un signe certain que déjà le bien-être et les facultés contributives ont décliné en Languedoc.

CHAPITRE III.

FRAIS DU PAYS ET DES DIOCÈSES.

Au temps de Charles VII les États délibéraient longuement sur l'impôt qu'on leur demandait; ils en fixaient, d'accord avec les commissaires, et non sans contester beaucoup, la quotité, les termes de paiement, l'assiette, parfois l'emploi : c'était le « fait principal », l'objet essentiel de l'assemblée.

Sous Henri II tous ces points sont réglés d'avance, soit par l'usage, soit par la volonté du roi ; d'ordinaire les États font l'octroi en un tour de main. En revanche, l'assemblée écoute ses syndics, exposant l'état des affaires ; elle accueille les observations ou les plaintes de ses membres particuliers ; elle examine en détail une foule de questions qui intéressent le pays : les procès-verbaux témoignent de discussions prolongées. Tantôt la délibération aboutit à des décisions fermes, tantôt à la rédaction d'articles de doléances, qui seront ensuite adressés aux commissaires ou au roi.

Si donc les gens du pays n'ont plus de pouvoir sur l'octroi, ils gardent pourtant quelque chose de leur libre activité; à certains égards elle augmente. Le budget royal leur échappe; mais, auprès de celui-là, d'autres budgets se sont formés, ceux du pays, des diocèses, que les États et les assiettes ont à leur disposition. De là vient ce qui leur reste de puissance et d'influence. On ne fait rien sans argent : s'ils décident en plusieurs cas, c'est qu'ils ont la faculté d'engager une dépense; s'ils rédigent des doléances, c'est qu'ils ont les moyens, et partant, l'espoir d'en assurer le succès.

Examinons ces budgets : en énumérer les articles, c'est
mesurer l'autorité que conservent les assemblées, les ressources qui leur permettent de protéger contre le roi les privilèges du pays.

1º INDEMNITÉS ET GRATIFICATIONS.

Toute assemblée entraînait des dépenses variées. Dès le
principe, les délégués qui se rendaient aux États furent
défrayés entièrement : « Nul n'est tenu, disait-on, de servir
à ses frais, dommaiges et despens. » Au xiv⁰ siècle, les
représentants des villes étaient indemnisés, ou par la sénéchaussée entière, ou par les jugeries et vigueries, ou par
les villes elles-mêmes. Au milieu du siècle suivant, les
États allouent encore des gratifications aux prélats et aux
seigneurs qui sont venus à l'assemblée et qui l'ont servie
de leur influence personnelle[1]; mais c'est sur le diocèse que
portent ou que vont porter les frais de cette nature, qu'il
s'agisse d'une assiette ou d'une assemblée d'États.

Aux assiettes diocésaines, les indemnités d'assistance
étaient d'abord réservées à deux ou trois consuls, chargés
de présider à titre de commissaires : tous les assistants sont

---

1. Il n'est pas facile de dire qui les leur alloue, si c'est le roi, ses commissaires,
ou bien si c'est l'assemblée; car les dépenses de ce genre, jusqu'en 1484, sont
toujours faites en vertu de lettres des commissaires ou du roi. Quand elles sont
assignées sur les « espices », il est probable que les chiffres ont été arrêtés
d'avance entre les États et les commissaires. (Bibl. Nat., *Pièces orig.* 1172 : Foix,
nᵒˢ 68, 82, 89; *ibid.*, 2 027 : MONTLAUR, ann. 1461, 1464; *ibid.*, 78 : ARCHIER,
ann. 1469, etc.) Quand elles sont assignées sur l'aide, c'est un don du roi, qui
récompense les prélats et les barons de ses deniers pour avoir « tenu la main à
l'octroy de ce présent aide ». (*Rôles* de 1449 et de 1451, dans le Bullet. de la
Soc. de l'hist. de France, 3ᵉ sér., t. II, pp. 123, 143.) — On ne voit pas plus clairement s'il s'agit de rémunérer au moyen d'épices des services spéciaux, rendus
au pays, ou seulement de payer des frais de route et de séjour. Les textes, très
nombreux, allèguent l'un ou l'autre de ces motifs. — Au xvɪᵉ siècle il n'y a plus
de dépenses semblables parmi les « frais des États ».

ensuite indemnisés, sans exception; ils touchent 2, 4 ou
6 livres selon le diocèse et le cas[1]. En Vivarais, Velay,
Gévaudan, aux États particuliers, les comtes et les barons
reçoivent jusqu'à 200 et 500 livres, quand ils sont présents
en personne[2]. De plus, dans chaque réunion, on mange, on
boit à frais publics, beaucoup moins que ne prétendaient les
détracteurs du système d'imposition adopté en Languedoc,
mais assez pour qu'en repas et collations le diocèse de Toulouse ait dépensé par an de 80 à 100 livres.

Les assemblées d'États, durant plus que les assiettes et
causant de plus longs déplacements, coûtaient aussi bien
davantage. Les députés étaient choisis parmi les plus notables habitants; ils marchaient avec une suite; on les payait
grassement, selon leur qualité. Les quatre personnages que
la ville de Toulouse a envoyés aux États du Puy, en 1434,
reçoivent pour cette cause 755 livres 15 sous[3]. Le diocèse
d'Albi alloue, sous Charles VII, à ses deux délégués de 20
à 30 sols par jour[4]; celui de Carcassonne, qui en a trois en
1500, donne 2 livres aux deux premiers et 1 livre au troisième[5]. Tel est presque partout le chiffre de l'indemnité[6];

1. Arch. de la Haute-Garonne, C 992, f° 12 v°. Assiette du 12 sept. 1486
36 livres aux consuls des neuf villes représentées ; cf. les suivantes. Les envoyés
des gens d'église et des nobles, qui bientôt ne paraîtront plus à l'assiette, reçoivent chacun de 8 à 10 l. t. — Dans les diocèses d'Albi en 1505, de Castres en
1536, l'ancien usage persiste. (Rossignol, *Petits États d'Albigeois*, p. 103; *Ass. du
dioc. de Castres*, p. 68.)

2. Bibl. Nat., *Pièces orig.* 2027 : MONTLAUR; 7 avr. 1462. Vivarais. — Dans
le diocèse du Puy, à l'assiette de janv. 1507, les nobles et les clercs reçoivent
en tout pour leur assistance 525 l. (Médicis, *Chroniques*, t. II, p. 298), à celle de
nov. 1550 100 l. seulement, en vertu d'un arrêt du Parlement de Toulouse ; mais
le vicomte de Polignac, qui préside, touche 400 l. (Bibl. Nat., *Languedoc* 90,
f° 150 et suiv.) — Cf. Arch. de la Haute-Garonne, C 2280, f° 152 ; proc.-verb.
sept. 1556.

3. Arch. de Toulouse, *Comptes*, 1434, f° 113.

4. Arch. de Cordes, *Assiettes*, 1437-1458.

5. Bibl. Nat., fr. 22 406, n° 52.

6. *H. L.*, t. XII, pr. n° 6. Diocèse de Saint-Pons. — Rossignol, *Petits États
d'Albigeois*, p 105 ; *Ass. du dioc. de Castres*, p. 68, — Arch. de la Haute-Garonne,

mais elle est plus élevée dans les diocèses à États : par
exemple, en 1507, les États de Velay donnèrent 120 livres
au représentant du clergé, autant à celui de la noblesse;
quant aux consuls du Puy, qui représentaient seuls le Tiers,
ils étaient payés par la ville[1].

Bon nombre d'assistants reçoivent des rémunérations
supplémentaires; car ils ont travaillé pour le diocèse ou le
pays; c'est grâce à leur activité que l'une et l'autre assemblée ont pu s'acquitter de leur tâche : « taxes » aux consuls
qui ont nommé les délégués du diocèse aux États généraux,
à ceux qui ont assis ou réparti l'impôt avec les commissaires, à ceux qui ont été chargés de l'audition des comptes,
des vérifications, des enquêtes, des voyages. Les États n'ad-
mettent point que les gens qui les ont servis refusent une
récompense; ils l'imposent en quelque sorte[2]. Sur ce point
comme sur tant d'autres, ils s'inspirent des traditions que
suivaient les communautés.

A leur président ils donnent, du moins au XVIe siècle,
200 livres s'il est évêque, et la moitié seulement s'il est
vicaire général[3].

C 992 et suiv. Le diocèse de Toulouse, d'avril 1486 à déc. 1490, dépense 894 l.
pour délégations aux États.

1. Bibl. Nat., fr. 26009, nº 4478, et *H. L.*, t. XII, pr. nº 7. Gévaudan (1442,
1447). — Médicis, *Chroniques*, t. II, p. 298. Velay. Cf. Bibl. Nat., *Languedoc*, 90,
fº 150. En 1484 le vicomte de Polignac, ayant « vaqué pour la part des nobles »
aux États de Languedoc, reçoit 400 l.

2. Arch. de la Haute-Garonne, C 2279, fº 22. Les États ayant alloué 2,570 l.
10 s. au baron de Rieux, au sieur de la Terrasse et au juge-mage de Toulouse,
pour vérification des frais de la gendarmerie, ceux-ci ne veulent rien recevoir
jusqu'à nouvel ordre. On conclut que « ladite somme sera couchée et mise au
rolle des fraiz et sera par eulx prinse et levée sans avoir esgard à leur dire; car
les gens des Estatz veulent et entendent qu'ilz soient recompencés de leur
salaire, attendu qu'ilz ont travaillé pour le pays, suivant la teneur des lettres de
commission dressées à nosseigneurs les commissaires depputés par le roy, le bon
plaisir desquels sera authorizer ladite taxation ».

3 Arch. d'Albi, AA 45; frais d'oct. 1502, de déc. 1504. — Arch. de la Haute-
Garonne, C 993, fº 66; frais de juill. 1512, etc. Il faut observer que dans les sessions extraordinaires les dons sont réduits au moins de moitié.

Une de leurs grosses dépenses est celle de l'« ambassade » qui porte en cour les doléances. Sous Charles VII ces délégations coûtaient fort cher, 5,000 livres et davantage[1]. Comme elles sont devenues plus tard annuelles, ou peu s'en faut, on les a faites à moindres frais, pour 2,638 livres en novembre 1544, pour 300 écus en 1550. Invités par le roi à se montrer économes, les États obéissent quelquefois, et ne délèguent auprès de lui que leur syndic[2].

Les hommes qui sont placés à la tête du pays, notables et consuls des villes, nobles mêmes et prélats, ont donc un intérêt direct et personnel au maintien des institutions existantes. Nul doute que parmi eux ce ne soit le petit nombre qui sache apprécier à leur juste valeur les libertés dont ils jouissent. En revanche, ils s'enorgueillissent de figurer à l'assiette et aux États; ils sont friands d'indemnités, et tiennent à continuer d'en recevoir. Ces mobiles, assez bas, n'en étaient pas moins puissants; ils ont entretenu longtemps l'habitude et le besoin que l'on tenait du passé de se gouverner soi-même.

Or, les États et les assiettes s'entendent parfaitement à intéresser de même au maintien de leurs privilèges les serviteurs du roi, ses officiers, ses commissaires; ceux qui peuvent le plus pour eux sont les mieux récompensés.

Et d'abord les commissaires : ils sont dédommagés de leurs frais de voyage et de séjour, payés des peines qu'ils ont prises. Les diocèses sous Charles VII leur allouaient des sommes variables, assez fortes en général[3] : vers 1480, sur

---

1. Arch. de l'Hérault, *Dol.*, t. I, f° 92 v°. — Bibl. Nat., fr. 23915, f° 49 : 5,400 livres en 1442, etc.

2. Arch. de la Haute-Garonne, C 2278. f° 322; 2279, f° 216. — Cf. *ibid.*, C 2277, f° 131, et Arch. de l'Hérault, *Dol.*, t. I, f° 253; cah. de sept. 1495, art. 4.

3. Arch. de Cordes, *Assiettes*, 1447 : 15 l. t. au juge royal d'Albi, 8 à un consul d'Albi, 8 à un consul de Rabastens, tous les trois commissaires. En 1454 : 30 l. à un seul commissaire. — *H. L.*, t. XII, pr. n°ˢ 30, 31. Diocèses de Montauban, de Toulouse. — Cf. Arch. de l'Hérault, *Dol.*, t. I, f° 36, sept. 1444, art. 9; f° 130, déc. 1459, art. 8, 9; f° 160, mars 1467, art. 15; f° 201, mai 1476, art. 5. La taxe,

les instances des États, elles sont réduites uniformément à
25 l. t. pour le commissaire extraordinaire et à 12 l. 10 s.
pour l'ordinaire, viguier ou juge du lieu où se tenait l'assiette[1]. Quant aux États, ils font aux commissaires des dons
vraiment « gratuits », qu'ils augmentent ou diminuent selon
la qualité des personnes, le zèle et la complaisance dont elles
ont fait preuve, enfin selon les services que l'on peut attendre
d'elles, et leur influence à la cour. Ces dons au temps de
Charles VII étaient très considérables, et formaient presque
la totalité des frais des États. Ils ne tardent pas à décroître
avec le pouvoir des commissaires : de 6, 60, 7,000, 10,000 livres, ils tombent sous Louis XI fort au-dessous de ce chiffre,
puis à 1,200 ou 1,500 livres, ou même moins, à 800, 600,
400 livres sous François Ier. A la fin du règne les États se
dispenseraient volontiers de leur faire aucun cadeau[2].

Ils semblent croire au contraire qu'ils ne sauraient se
montrer trop généreux envers le gouverneur du pays et le
lieutenant du gouverneur. Au comte du Maine, aux ducs de
Bourbon on se contentait d'allouer de temps en temps une
grosse somme, à leur « joyeux avènement », ou bien en
retour de quelque service[3]. Mais avec Charles de Bourbon,
connétable de France, les dons deviennent annuels : celui-ci
reçoit en moyenne 4,500 livres par an. Montmorency est

sous Charles VII et Louis XI, était de 25 s. par jour ; mais les États se plaignent
à chaque instant que les commissaires contraignent les diocésains à l'outrepasser
à leur profit. — Les baillis, les sénéchaux, du moins au XVe siècle, reçoivent aussi
des « dons gratuits » des assiettes.

1. *Ibid.*, t. I, f° 237; cah. de juin 1481, art. 5.

2. Ces chiffres sont tirés soit des procès-verbaux, soit des « frais des États »
qui figurent à la suite des assiettes du diocèse de Toulouse, de 1511 à 1524. — En
juin 1544 les États trouvent dans les lettres de commission des commissaires
royaux mandement d'imposer « les sommes à quoi se pourroient monter leurs
voyages, taxations et frais ». Ils répondent « nonobstant aux dits sieurs, que ne
leur sera rien taxé ». (Arch. de la Haute-Garonne, C 2278, f° 296.)

3. Bibl. Nat., fr. 23915, f° 49; 1442 : 16,000 l. au comte du Maine. — *Ibid.*,
fr. 20616, n° 38, 18 déc. 1460, et 22406, n° 17, 13 mars 1462 : au même 4,000 et
3,000 l. — Arch. Nat., K 691, n° 21; 7 août 1466 : 10,000 l. au duc de Bourbon, etc.

mieux traité encore : les États imposent pour lui de 10,000
à 20,000 livres, cadeau qu'ils lui font tenir au plus vite, en
écus au soleil, « afin que ledit sieur soyt mieulx content
quand il l'aura receu[1] »; car il faut que l'argent précède les
doléances.

Le lieutenant du gouverneur, à la même époque, a 2,000 livres et jusqu'à 6,000. Puis viennent en quantité des gratifications moins régulières : au général des finances (500-
1,200 livres), au premier président du Parlement de Toulouse, au trésorier de Languedoc, etc. Au besoin, madame
de Bourbon recevra 3,000 livres, « madame la générale de
Languedoc », 300[2]. Le pays donne à tous ceux dont il attend
quelque bien. Ses libéralités vont du plus grand au plus
petit, de « Mr le bailly du Palais, qui est intercesseur et
fort bon amy du pays » aux officiers de l'hôtel de Montmorency, des secrétaires du roi aux clercs et aux secrétaires
du général de Languedoc. Aussi, outre les gens de Languedoc, y en a-t-il beaucoup d'autres, et des plus haut placés, qui travailleront au besoin à la conservation des privilèges du pays, parce que la disparition, l'impuissance ou
l'inimitié des États leur fermeraient une source de bénéfices
faciles.

2º GAGES DES OFFICIERS ET DÉPENSES ADMINISTRATIVES. — COMMENT
LES ÉTATS SONT DEVENUS UNE ASSEMBLÉE PROVINCIALE.

Les assiettes et les États ont des officiers qu'ils payent et
par lesquels ils agissent.

Leur dépense la plus forte, conséquence de leur attribution principale, consiste à recouvrer l'impôt. Elle regarde le
diocèse.

---

1. Voir les proc.-verb. — Bibl. Nat., fr. 3074, fº 165. — Arch. de la Haute-
Garonne, C 2279, fº 333.
2. *Ibid.*, C 993, fº 127, nov. 1513; fº 299, août 1517.

Les gages du receveur, qui levait toute la taille du diocèse, étaient taxés à tant pour cent par l'assiette diocésaine ;
aussi dépendaient-ils moins de la volonté de l'assiette que
du montant de l'impôt et des exigences du roi. Sous Charles VII, les receveurs prennent seulement 10 ou 15 livres
pour 1,000 [1]. Pourtant ils font déjà des avances aux contribuables, et reçoivent en retour un supplément de salaire [2].
A mesure que les sommes sur lesquelles ils opéraient ont
atteint un plus haut chiffre, et que se sont multipliées les
« crues » exigibles à bref délai, la perception de l'impôt est
devenue si difficile, qu'ils ont pu imposer aux diocésains
des conditions beaucoup plus dures. A la fin du siècle, ils
touchaient, au lieu de 1 ou de 1,50, 5 et 6,25 % de leur
recette [3] ; en cas d'anticipations, le diocèse leur demandait
des avances considérables, sauf à les reconnaitre ensuite au
moyen de « dons gratuits » de 300 à 500 livres [4]. Les contribuables trouvaient leur compte à ce système, et le receveur
aussi ; les uns étaient soulagés, l'autre réalisait des gains si
importants, que ses gages forment parfois la presque totalité des dépenses de l'assiette : en moyenne, dans le diocèse
de Toulouse, ils vont à plus de 1,700 livres de 1520 à 1524,
et de 1555 à 1559 à 3,252 livres par an.

Le receveur avait à diviser sa recette en trois parts fort
inégales : la plus grosse était par lui versée au Trésor royal ;

1. Arch. de l'Hérault, Dol., t. I, f° 87, cah. d'oct. 1441, art. 29 ; f° 36, cah. de
sept. 1444, art. 11. — Arch. de Cordes, Assiettes, 1449. — Arch. de Toulouse, BB 8.
Proc.-verb. d'une assiette du diocèse de Toulouse, de 1454. Le receveur offre de
servir « sine vadiis ».

2. Ibid., et Arch. Nat., K 691, n° 17. Diocèse de Saint-Pons.

3. Soit 12 deniers pour livre de l'aide et 15 d. pour livre de l'octroi, qui était
exigible à bref délai. (Cf. plus haut, p 516.) — Voir Bibl. Nat., fr. 22406, instruction du 25 avr. 1486, et ibid., n° 52, 5 déc. 1500. — Le salaire du receveur du diocèse de Toulouse est exceptionnellement abaissé à 10, 7, 9, 12 d. pour livre en
1552-53, 1556-57.

4. Arch. de la Haute-Garonne, C 993, 994, passim. Le fait se produit presque à
chaque assiette de 1513 à 1525, mais rarement sous Henri II.

la seconde en importance était celle de l'assiette, dont elle alimentait les « frais »; il en faisait la dépense; la troisième était affectée aux « frais du pays », c'est-à-dire des États; au xvi⁰ siècle, il la remet aux mains du receveur de la bourse du pays.

Celui-ci n'est pas alors le personnage important qu'il deviendra plus tard; ses fonctions, son budget viennent de naître; il n'a point d'avances à faire. Toutefois, sous Henri II, il coûte déjà au pays, à raison d'un sou pour livre de sa recette, environ 1,800 livres par an [1].

Les autres traitements sont très modestes, de 10 à 25 livres, car ils ont été fixés sous Louis XI, à une époque où les fonctionnaires que les diocèses et le pays entretenaient étaient loin d'employer tout leur temps à ce service [2]. Mais les matières dont ils avaient à traiter devenant plus nombreuses, ils ont dû prendre plus de peine, faire de longs voyages, des frais de toutes sortes. On leur a remis de l'argent, ou bien ils en ont avancé. De là des « vacations » extraordinaires, qui sont payées à part, des avances toujours croissantes, remboursées avec intérêts. Tous les officiers reçoivent de fortes indemnités, et surtout le syndic, qui ne tarde pas, dans le pays, dans le diocèse, à prendre en main la direction générale des affaires. Sous Henri II, les vacations du syndic général durent toute l'année, et quand il se rend en cour, ses voyages lui sont payés 6 livres par journée [3]. A la fin du xv⁰ siècle, le syndic du diocèse de

---

1. Arch. de la Haute-Garonne. C 2279, f⁰ 277; 2280 f⁰ 293.

2. Au contraire, le solliciteur du pays au Conseil privé, institué au xvi⁰ siècle, reçoit un traitement de 200 livres

3. Voici quelques chiffres relatifs aux indemnités que reçoit le syndic général : au syndic de Vaux, 400 l. en 1502 ; 181 l. 5 s. pour avances et 175 pour vacations en janv. 1512; 793 l. à raison de 2 l. par jour en oct. 1514 ; 600 l pour sept mois de vacations en nov. 1520. (Arch. d'Albi, AA 45. — Arch. de la Haute-Garonne, C 993, f⁰ 35 ; 994, f⁰ 28.) En sept. 1555 au syndic Durant 300 écus, puis 271 l. 4 s. (*Ibid.*, C 2280, f⁰⁵ 75, 223 v⁰.)

Toulouse ne touchait presque rien, hormis ses gages de
10 livres ; puis ses « vacations et avances » augmentent à
tel point qu'en 1555, 1557 et 1558 les diocésains lui allouent
jusqu'à 2,500, 4,200 et 3,000 livres. Les États, les assiettes
ont donc fait de leurs syndics de vrais agents comptables,
maniant de grosses sommes qu'ils fournissaient, dépensaient et dont ils rendaient compte devant l'une ou l'autre
assemblée afin d'en être remboursés.

Autrefois rien de semblable : ce sont là des innovations
dont on trouverait le point de départ sous le règne de Charles VIII. Elles indiquent un changement profond et continu
dans les occupations des assemblées. Les États eux-mêmes
deviennent, ainsi que les assiettes, un corps administratif,
dont le syndic est l'agent. La monarchie les poussait dans
cette voie. En se déchargeant sur les habitants du pays d'un
grand nombre de services, tels qu'entretien des garnisons,
fourniture d'étapes, de vivres, de charrois, réparations de
forteresses, elle leur a laissé le soin d'y pourvoir et d'y
veiller. Il s'agissait d'impôts nouveaux, dont quelques-uns
se percevaient en nature, d'impôts employés sur place, pour
la défense du pays, pour son bien immédiat ; il était naturel
d'appliquer en pareil cas la maxime d'après laquelle ce que
les gens de Languedoc prélevaient sur « leur substance »
devait être perçu et administré par eux.

Les comptes des syndics permettraient, mieux que tout
autre document, de voir quelle activité s'est ainsi développée dans le pays et surtout dans les diocèses. En effet ces
fonctionnaires, sous les Valois-Angoulême, ne chôment plus
un instant.

Faut-il loger des garnisons? Les diocésains dont le tour
est venu d'entretenir une compagnie envoient leur syndic
vérifier le nombre des hommes d'armes, imposent les vivres
nécessaires, examinent la gestion des « vivandiers » qu'ils
ont nommés. C'est pour eux une lourde charge; les dépenses

d'assiette, de recette et d'administration s'élèvent quelquefois au septième du prix des vivres [1].

En cas d'étapes, il faut que le syndic, assisté des commissaires du diocèse, les fasse préparer, qu'il se procure de
l'argent, qu'il veille à la distribution des vivres. Les
assiettes désignent des gens qu'elles chargent de conduire
les troupes en marche, d'autres qui auront à vérifier et enregistrer les dépenses faites à ce propos, soit par le syndic,
soit par les communautés. Tous sont payés en conséquence [2].

Ont-ils à ravitailler une armée? Les diocésains traitent
avec des marchands, des vivandiers, qui transporteront les
provisions et les vivres, ou qui les fourniront eux-mêmes,
selon que l'imposition est faite en nature ou en argent. Ils
se chargent de réunir les terrassiers, les charrettes, les chevaux réquisitionnés. Ils engagent constamment leur responsabilité, leurs finances [3]. Aussi, lorsque les diocèses cesseront de donner aux garnisons les vivres et les ustensiles,
les États recevront-ils en échange le droit de nommer — et
l'obligation de salarier — un receveur général du « taillon »
ou supplément de solde des gens d'armes : privilège mal
assis, qui n'a pas duré longtemps [4].

On a vu que les États s'occupaient des frais causés par les
étapes et les « foules ». Quand ils veulent les répartir sur le
pays entier, ils désignent, de concert avec le roi, des com-

1. Arch. de la Haute-Garonne, C 995, fos 17 (1537). 103 (août 1546).
2. Ibid., fo 2, oct. 1536; C 996, fo 88, 9 déc. 1548. — C 2278, fo 267.
3. Ibid., C 992, fo 242. Vivres portés à Naples en 1495, etc. — Cf. les faits énumérés, pp. 537 et suiv., et les textes qui s'y rapportent. — Dans les comptes des
diocèses, aucune de ces dépenses ne figure parmi les deniers du roi.
4. Arch. de la Haute-Garonne, C 2279, fos 205, 208 vo; proc.-verb. d'oct. 1550.
Cf. fo 422, et C 2280, fo 289. La recette du taillon fut adjugée à Étienne du Mois,
puis à son fils, à raison de 4 d. pour livre, soit 1,375 livres de gages. L'ordonnance de juillet 1553, qui érigeait un receveur du taillon dans chaque recette
générale, a été abolie en Languedoc avant d'avoir été mise à exécution, par contrat d'octobre 1555; mais elle reparaît et s'applique pendant les guerres de religion.

missaires qui ont charge d'examiner les comptes des diocèses. Ils leur allouent des rétributions importantes[1].

Pour ravitailler Narbonne et autres places, ils traitent
avec un munitionnaire dont ils font ouïr les comptes par
leurs délégués, qu'ils poursuivent en cas de malversations,
qu'ils soumettent à partir de 1549 à un contrôle régulier, et
qu'ils payaient en dernier lieu 775 livres par an[2].

Quant aux réparations des places fortes de la frontière, les
États avaient stipulé plusieurs fois, et par exemple en
juin 1524, que la somme accordée à cet effet serait reçue et
dépensée par des délégués de leur choix[3]. Mais c'est seulement plus tard, depuis 1547 environ, qu'ils ont pu nommer
chaque année un receveur de l'impôt des fortifications, agent
qui faisait la recette et la dépense des sommes que le pays et
le roi, chacun de leur côté, consacraient à l'entretien des

---

1. Arch. d'Albi, AA 46, oct. 1538 : 1,000 livres à Mᵣ de Sᵗ Victor. — Arch. de
la Haute-Garonne, C 2279, fᵒ 22, nov. 1546 : 2,570 livres 10 sols à trois personnes, commises par les États, etc.

2. Vendreil fils était munitionnaire en 1530. Il paraît avoir malversé ; il a été
mis en prison. Les États refusent de se séparer avant qu'il n'ait rendu ses comptes. (Ibid., C. 2277, fᵒ 467.) En 1542 la charge de « rafreschir » les vivres de Narbonne est adjugée, pour 300 livres par an, à Étienne Fabre, qui n'a pu la garder
en qualité d'habitant de cette ville. (Ibid., C 2278, fᵒˢ 212, 251. Cf. Arch. de Narbonne, AA 112 fᵒ 48.) En nov. 1546, le munitionnaire Boysson a malversé. Les
États le poursuivent et veulent faire casser le contrat passé avec lui pour six
ans. (C 2279, fᵒˢ 5, 50, 103.) Nouvelle afferme, le 29 oct. 1549, pour dix ans au
sieur du Mois, moyennant 775 livres de gages annuels. Les diocèses lui fournissent en argent les bœufs et les moutons, en nature tout le reste. (C 2279, fᵒ 152.
Cf. C 994, fᵒ 171 vᵒ ; assiette des vivres de Narbonne sur le diocèse de Toulouse,
21 mai 1523.) Selon le contrat passé avec du Mois, les délégués des États visi-
tent annuellement et mesurent au besoin les approvisionnements amenés à Narbonne. (Ibid., et fᵒ 425 : C 2280, fᵒ 211.) Enfin les vivres avariés sont vendus au
profit du pays, ainsi que tout l'approvisionnement, quand le pays, à la fin de la
guerre, s'en trouve déchargé. Chaque diocèse est alors remboursé au prorata de
ce qu'il a fourni.

3. Ibid., C 2277, fᵒ 289 vᵒ. — Voir aussi les cahiers de mars 1522, art. 10, de
déc. 1523, art. 12, d'oct. 1524, art. 5, les deux cahiers de février 1525, art. 6 et 5,
celui d'oct. 1525, art. 3. Les États se plaignent des virements qui ont été faits sur
les sommes accordées pour les fortifications, et le roi ne les nie point. Ils rappellent que leur receveur, Bruneau, a été « osté de ladite administration », dont il
s'était acquitté « autresfoys... bien et honnestement ».

forteresses; il comptait à Montpellier devant la Chambre
des comptes, mais en présence des consuls de la ville et du
syndic général[1].

Les États prennent l'habitude d'entreprendre et de surveiller des travaux publics : ils vont passer des fortifications
à d'autres œuvres plus utiles à la prospérité du pays; de leur
propre mouvement ils font entrer dans le cercle de leurs discussions et de leur action administrative des objets dont ils
n'avaient traité jusqu'alors que sous forme de doléances. Il
semble qu'ils aient voulu, dès 1523, détourner au profit du
port d'Aiguesmortes une part de l'argent que l'on destinait
aux réparations des murailles[2]. De 1532 à 1534 ils emploient
18,000 livres à restaurer ce port et à rouvrir le bras du
Rhône qui le desservait : le roi de son côté donnait une
somme égale. Ils examinent même et jugent praticable la
réunion de l'Aude à la Garonne[3].

Ils veillent tout spécialement à l'entretien des ponts et des
routes. Ce soin regardait les propriétaires de leudes et de
péages; mais, au lieu de s'en acquitter, ils préféraient se
réserver entièrement les revenus dont ils jouissaient. On
obtient contre eux des lettres du roi[4]; puis le syndic du pays
est chargé de poursuivre les récalcitrants[5]. Ces mesures ne
suffisant point, les États de novembre 1548 en prennent
d'autres, plus efficaces. Ils décident que les petits chemins
et ponts seront réparés aux dépens des consulats, les voies
plus importantes et les ponts jetés sur des fleuves navigables
par les diocèses où ils sont situés, jusqu'à concurrence de

---

1. Arch. de la Haute-Garonne, C 996, f⁰ 18 v⁰; C 2279, f⁰ 323. — Cf. Arch. de
l'Hérault, Del., t. II, f⁰ 239; cah. de nov. 1546, art. 6.

2. Cahier de déc. 1523, art. 12.

3. Arch. de la Haute-Garonne, C 2277, f⁰ˢ 513, 576; C 2278, f⁰ 11; proc.-verb.
d'oct. 1539.

4. Caseneuve, *Chartes*, p. 114; lettres du 9 octobre 1501. D'autres sont données
en 1519, en 1535, etc.

5. Arch. de la Haute Garonne, C 2278, f⁰ 138; proc.-verb. d'oct. 1540.

40 l. par an s'il s'agit d'un village, de 80 pour une ville maîtresse, de 400 pour un diocèse. S'il faut imposer au moins 2,000 livres, tous les diocèses d'une sénéchaussée y contribueront avec l'assentiment des États. En retour le pays jouira des péages et pontanages à la place des propriétaires, jusqu'à restauration entière des routes et des ponts où ces droits étaient perçus [1].

L'ordonnance a été tout aussitôt mise en vigueur. Tous les ans, sauf en 1550, les États ont autorisé les sénéchaussées à s'imposer de 2,000 à 3,000 livres chacune. De 1518 à 1559 le diocèse de Toulouse a payé de ce fait 6,743 livres. A ces dépenses s'ajoutaient des frais d'assiette et de perception qui s'élevaient à plus de la moitié des sommes imposées [2], des frais d'administration assez considérables ; car diocèses et sénéchaussées avaient des receveurs, des contrôleurs attachés à telle ou telle entreprise, comptables par devant leurs délégués. Les États se faisaient aussi rendre compte de l'emploi des deniers dont ils avaient permis l'imposition. Le syndic général allait constater sur place l'urgence des travaux projetés, assistait aux adjudications, à la confection du cahier des charges, etc. Les États, à plusieurs reprises, ont essayé d'obtenir que le roi prît part à ces dépenses, mais, semble-t-il, inutilement [3].

Ils suppléent à l'insuffisance ou stimulent le zèle défaillant de la police royale : à partir de 1547 ils donnent 15 li-

---

1. Arch. de la Haute-Garonne, C 2279, f° 104 v°. — Arch. de Narbonne, AA 112, f° 83 v°. Lettres du roi à ce sujet. — Quand les dépenses à faire par un consulat pour ses ponts et chemins dépassaient 40 ou 80 livres, l'excédant lui était remboursé, tantôt par tout le pays, tantôt par le diocèse. (Arch. de la Haute-Garonne, C 996, f°s 102 et suiv.; nov. 1549.) — Les États se sont surtout attachés à la réédification des ponts, comme plus urgente; mais la viabilité n'a pas été négligée. De 1556 à 1559, ils font aussi creuser le canal d'Aiguesmortes (ibid., C 2280, f°s 343 v°, 350), rectifier le cours de l'Hers et celui du Girou (f° 139).

2. Ibid., C 997, f° 185 ; nov. 1555. Pour lever 592 l. 16 s. 4 d. on dépense 306 l. 9 s. 10 d. La proportion n'a rien que d'assez ordinaire.

3. Ibid., C 2279, f°s 104 v°, 380.

vres, puis 20 par voleur pris et exécuté [1]. Parfois ils engagent à grands frais des poursuites en règle contre quelque
brigand dangereux : ainsi contre un sieur d'Olmières, dit
Bussac, qui, retiré dans le fort de Rocquelètes, en Gévaudan, pillait impunément les localités d'alentour [2]. Dès juillet
1523 ils allouent au prévôt des maréchaux une récompense
qui devient à peu près annuelle, et l'on a vu que, par délibération de 1557, les lieutenants de prévôt entrent dans la
dépendance des diocésains et passent à leur solde. Chaque
diocèse a le sien, plus un greffier et cinq ou six archers [3].

États et assiettes, depuis le XVe siècle, font des aumônes à
divers ordres religieux. Vers le milieu du siècle suivant,
ils traitent quelquefois de l'instruction publique, en attendant qu'ils aident de leurs deniers les écoles et les collèges [4].
Quant à l'agriculture, au commerce et à l'industrie, ils les
servent de leur mieux par leurs délibérations et doléances ;
mais ils n'engagent pas encore de dépenses à ce propos.

Ainsi s'organisent, ou paraissent en germe, avant les
guerres de religion, divers services administratifs que le
pays et les diocèses ont créés, spontanément ou sous la
pression de l'autorité royale, qu'ils développent, dont ils

1. Arch. de la Haute-Garonne, fos 43, 140 ; C 2280, fos 74, 145.
2. *Ibid.*, C 2279, fo 365 ; proc.-verb. d'oct. 1553. Cf. C 2280, fos 42, 130. Les
frais énoncés, 1,500 livres d'une part, 3,200 écus de l'autre, ne sont certainement
qu'une partie de ceux qui ont été faits à cette occasion.
3. La décision des États n'a été exécutée que peu à peu, de 1558 à 1567 environ. Cf. Rossignol, *Petits États d'Albigeois*, p. 110 ; *Ass. du dioc. de Castres*
p. 77. — Voir plus haut, p. 422.
4. Arch. de l'Hérault, *Dol.*, t. II, fo 239 ; cah. de nov. 1546, art. 24. Ils appuient
auprès du roi une pétition tendant à obtenir des gages que les docteurs régents
de l'Université de Toulouse leur avaient adressée, et le prient d'y pourvoir. Il
leur est répondu que cela regarde la ville de Toulouse. Au fond, eux-mêmes ne
pensaient pas autrement. En novembre 1553 ils se plaignent fort d'une imposition de 1,200 livres, faite sur les diocèses de la sénéchaussée de Beaucaire pour
l'érection du collège de Nimes : « Que ceulx, disent-ils, qui voudront instituer
collèges... le facent aux despens de leurs villes, et non du pays. » (Arch. de la
Haute-Garonne, C 2279, fo 373 vo) Mais les diocèses vont se mettre à subven-
tionner les écoles et les collèges. (Rossignol, *Ass. du dioc. de Castres*, p 91.)

prennent la direction, qui alimentent leur activité et en
élargissent le cercle. Si dans les questions essentielles l'influence des États est réduite à peu de chose, s'ils votent
presque passivement tous les impôts qu'on leur demande et
s'ils ne peuvent empêcher que d'autres ne soient perçus
qu'on ne leur a pas demandés, un champ nouveau est ouvert
à leur esprit d'initiative. Ils se tournent vers d'autres objets,
moins apparents sans doute, mais fort importants pour le
bien public, d'une médiocre valeur politique, mais tout à
fait dignes d'attirer et de retenir leur sollicitude.

Ajoutons qu'États et assiettes plaident incessamment,
tantôt pour la défense des privilèges du pays et tantôt en
raison des affaires dont ils ont charge. C'est un trait de
plus par lequel ils se rapprochent des municipalités des
villes : par là, par leur compétence administrative, par les
officiers qu'ils emploient, ces corps semblent en effet des
municipalités agrandies. Les États avaient commencé par
être un Parlement, au sens qu'à pareille époque le mot
prenait en Angleterre. Ils sont demeurés tels aussi longtemps que la guerre a tenu le Midi à part, dans un état
d'autonomie relative. Puis l'unité se fait dans le royaume;
la centralisation financière, administrative et politique
change les conditions d'existence des États, et ils entrent
désormais dans le rôle d'assemblée provinciale qu'ils ont
gardé jusqu'à la fin de l'ancienne monarchie.

Les dépenses que causaient aux diocèses et au pays ces
attributions variées, anciennes ou nouvelles, étaient imposées d'ordinaire avec les impôts dont elles dépendaient, sans
s'y mêler pourtant. On a vu qu'elles formaient deux budgets particuliers : « frais du pays », « frais de l'assiette ».
Mais le mot de budget n'est pas ici très exact; c'étaient deux
rubriques vagues, deux chapitres susceptibles de s'allonger
indéfiniment. Longtemps on y a fait entrer les dépenses les

plus disparates. Les États y déversaient les sommes qu'ils ne voulaient pas octroyer en forme, de peur de créer des précédents, mais qu'ils n'osaient pas refuser : par exemple celles que le pays eut à payer à la reine Anne pour la dédommager de divers droits qu'elle réclamait, l'impôt des fortifications jusqu'en 1525, à plusieurs reprises des frais de rachat d'offices, etc.[1]. Les diocèses y mettaient parfois une partie des charges que le roi leur imposait. Bref, la comptabilité était fort embrouillée et irrégulière.

Le total des « frais du pays » change donc d'une année à l'autre. Il passe sans transition du simple au quadruple, au septuple même[2]. A la fin du règne de François Ier, sous Henri II surtout, ces variations s'atténuent. Le chapitre ne s'ouvre plus aussi facilement aux articles inopinés. De novembre 1548 à septembre 1558, les frais ne s'abaissent point au-dessous de 32.000 livres, et ne s'élèvent pas au delà de 47,000. La moyenne annuelle est alors de 38,140 l. 2 s. 5 d., en augmentation constante, mais légère depuis le commencement du siècle, à peine supérieure à celle que fournit la période comprise entre 1442 et 1451, si l'on tient compte de la différence du pouvoir de l'argent entre l'une et l'autre époque[3].

1. De même, lorsque dans un diocèse une « folle enchère » se produit sur l'équivalent, et que les États se voient obligés de répondre au roi de la perte, la somme nécessaire est par eux imposée aux frais : 1,125 l. en décembre 1519 à cause de la « folle enchère » du diocèse de Mende, 1,800 l. en novembre 1533 pour celle du diocèse de Toulouse. (Arch. de la Haute-Garonne, C 993, f° 392; C 2227, f° 582.)

2. Les frais sont de 6,000 livres en avril 1446 et de 36,000 en mars 1448, de 3,400 en juin 1465 et de 15,526 l'année suivante, de 10,257 livres en octobre 1518 et de 77,827 l. 8 s. en décembre 1519, à cause d'un rachat d'offices.

3. De mai 1442 à mars 1451, la moyenne est de 21,000 livres par assemblée, les frais de dix d'entre elles étant connus; de mai 1452 à juillet 1463, pour dix assemblées, elle est de 6,955 l. 4 s., et à peu près semblable sous Louis XI. De juillet 1512 à novembre 1520 elle s'élève à 19,632 l. 12 s. 9 d. par an, puis à 10,224 l. (sept. 1521-nov. 1529), à 17,852 l. 13 s. (déc. 1530-oct. 1547 : treize assemblées seulement dont les frais soient connus), à 38,140 l. 2 s. 5 d. (nov. 1548-sept. 1558).

Il faut de préférence étudier les « frais des assiettes » pour se rendre un compte exact de la progression des charges particulières que, volontairement ou par nécessité, les gens s'imposent en Languedoc. C'est là, en effet, que chaque impôt laisse sa trace en apportant son contingent de dépenses accessoires.

Très faibles au début, presque réduites au salaire du receveur[1], ces dépenses ont augmenté de façon lente et continue jusqu'à la fin du règne de Louis XII[2]. Puis le mouvement s'accélère : le diocèse de Toulouse, de 1511 à 1515, s'impose, année moyenne, de 1660 livres, de 1521 à 1525, de 2,500 livres environ, en 1518 de 3,213 l. 16 s. La moyenne de la période quinquennale 1550-1554 est de 4,350 l. 4 s. 6 d., celle de la période suivante (1555-1559) de 7,311 l. 5 s. 5 d.

On peut admettre selon ces données que, pour le pays entier, les frais d'assiette ont alors atteint le chiffre de 120,000 livres par an.

Les États et les assiettes imposent donc ensemble, à titre de frais, près de 160,000 livres. Tel est le budget particulier du pays. On pourrait le grossir de quelques autres sommes[3]. Il formerait un peu plus de la neuvième partie du budget des recettes que, directement ou non, le roi prélevait en Languedoc.

---

1. Arch. de Cordes, *Assiettes* citées. — Arch. Nat., K 63, n° 11, 30 juin 1430. Assiette du diocèse de Nîmes : l'imposition monte à 10,826 l. 14 s. 9 d., les frais à 257 l. 1 s. 3 d. ; mais il semble que les gages du receveur n'y soient pas compris. — *Ibid.*, K 691, n° 16, ann. 1455. Assiette du diocèse d'Agde : imposition de 2,893 l. 7 s. 6 d., frais 408 l. 10 s.

2 Bibl. Nat., fr. 20582, n° 56 ; 11 juill. 1482. Diocèse de Montpellier : l'imposition est de 14042 l. 11 s. 5 d., les frais d'assiette de 1,601 l. 10 s. — *Ibid*. fr. 22406, n° 52 ; 5 déc. 1500. Diocèse de Carcassonne : imposition 6,883 l. 5 s. 11 d., frais 1,008 l. 2 s. 2 d. — Rossignol, *Petits États d'Albigeois*, p 52 ; 1505. Diocèse d'Albi : imposition 12,055 l., frais 1,191. — Médicis, *Chroniques*, t. II, p. 298 ; 1507. Diocèse du Puy : imposition 10,355 l. 18 s 2 d., frais 1,988 l. 4 s. 10 d. — Cf. les assiettes du diocèse de Toulouse, depuis 1486.

3. Par exemple des dépenses que les États faisaient en travaux publics, soit environ 8,000 livres par an, qui s'imposaient par sénéchaussées.

Ces chiffres n'ont pas une valeur absolue ; car les deux budgets se rattachent l'un à l'autre, sans qu'il soit toujours possible de les distinguer nettement. Ils ne donnent pas une idée complète des dépenses qui étaient faites dans l'intérêt général, et qu'à ce titre l'État supporterait de nos jours ; car les seigneurs, le clergé et principalement les villes avaient des frais de ce genre. Par exemple, le clergé levait lui-même les décimes; la perception de toutes les tailles incombait aux communautés en premier lieu : c'était leur plus grosse dépense. Au XVᵉ siècle une ville comme Toulouse ne trouvait pas de collecteurs, clavaires ou receveurs, qui consentissent à lever une taille en répondant de la recette, à moins de 6 ou 10 %[1]. Sous François Iᵉʳ, ils prenaient de 13 à 25 %. L'adjudication, qui se faisait aux enchères, était souvent entachée de fraudes. Les États avertis décident, en novembre 1528, que les villes et paroisses n'adjugeront pas la recette à plus de 20 deniers pour livre (8.33 %), et que s'il ne se présente à ce prix aucun receveur, chacune devra désigner d'office, annuellement, un collecteur d'impôts[2]. A supposer — chose invraisemblable — que la prescription ait été rigoureusement observée, les communautés, de ce chef, auraient néanmoins déboursé près de 100,000 livres par an[3].

---

1. Arch. de la Haute Garonne, série B, *Arrêts*, t. I, fᵒˢ 17 vᵒ et suiv.; 12 mars 1445.

2. *Ibid.*, C 2277, fᵒˢ 409 vᵒ, 597 vᵒ.

3. En résumé, à la fin du règne de Henri II, le roi tire chaque année du pays pour son service, non compris le revenu des droits domaniaux, une somme que l'on peut évaluer avec quelque certitude à 1,225,000 livres. Mais il faut probablement la porter à 1,500,000 livres, au moins, si l'on veut tenir compte des ressources qui provenaient de la vente des offices, des emprunts, du ban et arrière-ban et de celles que représentaient les fournitures de vivres, munitions, charrois, corvées faites par le pays à propos des étapes, camps, etc. — Les États font lever pour les travaux publics de 7 à 9,000 livres ; ils dépensent en « frais » 38,000 livres, et les diocèses 120,000 : soit, en tout, 170,000 livres environ, dont 50,000 passent à percevoir l'impôt royal. — Les communautés consacrent au même usage 100,000 livres, au minimum.

3° CONTRÔLE EXERCÉ PAR LA ROYAUTÉ SUR LE BUDGET DU PAYS ET SUR
CEUX DES DIOCÈSES. — ELLE CHERCHE A LES RÉDUIRE.

Les budgets des États et des assiettes ne se sont pas développés librement, comme autrefois ceux des communes.
Soumis dès l'origine au contrôle de la royauté, ils ont éprouvé
de ce fait mainte péripétie.

Les frais les plus anciens ou « espices » des États, ceux
du règne de Charles VII, ont été établis par lettres du gouverneur ou des commissaires royaux[1], ceux du diocèse par
lettres des commissaires de l'assiette[2]. Les gens du pays
pouvaient croire que, réunis, les consulats gardaient le droit
de s'imposer eux-mêmes que chacun avait en particulier;
mais par le fait ils n'osaient pas engager spontanément une
dépense quelconque[3].

Charles VII, dès qu'il l'a pu, a transformé l'usage en règle.
Le chapitre des frais est loin d'avoir sous ce règne l'ampleur qu'il prendra plus tard; pourtant le roi le juge inutile,
nuisible même; il ne souffre qu'à regret que l'on puise à
côté de lui dans la bourse du « pauvre peuple ». En 1443 s'il
parle de supprimer les États, c'est qu'ils sont, dit-il, « de
très grant coust, despense et dommaige ». Si le pays, comme
ils s'en plaignent, est accablé de dettes, la cause n'en est
point la taille, mais les frais qu'ils font dans leurs assem-

---

1. Bibl. Nat., *Pièces orig.* 1172 : Foix, n° 68, etc. Cf. plus haut, p. 546, n. 1. —
Quelques-unes de ces lettres sont très étendues : ainsi celles du 2 juin 1447 (Bibl.
Nat., fr. 20594, n°ˢ 35, 36), de 1456 et de 1459 (*ibid.*, fr. 22406, n°ˢ 12 et 20), de
1460. (*Ibid.*, fr. 20616, n° 38.) — Cf. Arch. Nat., K 691, *passim.*

2. Arch. Nat., K 63, n° 11, juin 1430, etc.

3. *H. L.*, t. X, pr. n° 881. — Bibl. Nat., fr. 20385, n°ˢ 11, 12, 18. Les États, dit
le roi, ont donné la somme de 16,000 l. à Charles d'Anjou, gouverneur; « mais ilz
ne l'oseroient mectre sus ne lever en icellui païs, se ilz n'avoyent sur ce congié
et licence de nous » (1443).

blées[1]. L'autonomie naissante des diocèses est tolérée ; mais
le roi l'abolirait avec plaisir. En décembre 1459, les États
ayant protesté contre certaine procédure des receveurs de
diocèses, les commissaires leur répondent qu'on y renoncera
volontiers, pourvu qu'ils consentent eux-mêmes à se dessaisir en faveur du roi du droit de nommer les receveurs[2].
Ceux d'avril 1449 disaient à propos d'une taille imposée en
Gévaudan par les États du diocèse : « Le povre pays a tant
esté travaillé de telles tailles, et y a eu tant de mengeries
par ceulx du pays mesmement, que c'est pitié, et se n'estoit
pour mettre fin à telles destructions, on ne s'en vouldroit
mesler... ; mais tousjours en y a qui ne requierent que mettre
tailles nouvelles, ce que on [ne] leur veult souffrir[3]. »

En 1449 Charles VII défend aux assiettes ainsi qu'aux
communautés, à tous en général, « que doresenavant ils ne
mettent ou asseoient sur eulx aucunes sommes de deniers...,
fors seulement, dit-il, celles que par nous ou par nostre
ordonnance leur sera mandé mettre et imposer ». De même
Louis XI, en septembre 1463[4].

Les « épices » des États, soumises à l'approbation du roi
dans les moindres détails, imposées par son ordre, ne tardent pas à éprouver une réduction notable : d'une moyenne
de 21,000 livres par an de 1442 à 1451, elles tombent à 6,000
ou 7,000 livres durant les dix années suivantes.

Quant aux dépenses des assiettes, on les divise en deux
catégories : celles qui dépendent de l'aide, et celles que les
diocésains affectent à leur usage propre, par exemple à la
poursuite de leurs procès. Les premières sont imposées par
l'avis des commissaires des assiettes et selon les taxes qu'ils

1. Arch. de l'Hérault, *Dol.*, t. I, f° 28, cah. de nov. 1442, art. 23, et f° 9, cah.
d'oct. 1445, art. 1, 2.
2. *Ibid.*, f° 130 ; art. 18.
3. *Ibid.*, f° 94 ; art. 24.
4. Voir plus haut, p. 488, et les notes.

ont ordonnées[1]; les autres dépendent de la volonté du roi[2]. Le commissaire principal, celui qui préside à l'assiette, est alors un délégué extraordinaire, que les commissaires royaux qui ont tenu les États destinent à réprimer les écarts des diocésains. Il a reçu leurs instructions, qu'il doit suivre de point en point[3]. Il limitera le nombre des assistants, l'indemnité qui leur est allouée[4], la rétribution des délégués aux États, les gages des receveurs. Dès 1449, les États crient à l'injustice : nul, disent-ils, mieux que les gens du pays, ne peut connaître la valeur du temps de leurs députés, et c'est « trop dure chose que du leur ne les puissent payer ». Et quant aux receveurs, sous peine de n'en point trouver, il faut leur donner « bons gaiges, tant pour supporter le povre peuple qu'autrement[5] ».

Enfin, au cas où les diocésains, malgré les précautions, réussiraient à s'entendre avec les commissaires au détriment du public, la Chambre des comptes est là. Depuis 1418[6] les auditeurs qu'elle envoyait en Languedoc, en examinant les comptes des receveurs, ont passé du chapitre concernant les deniers royaux à celui où figuraient les recettes et les

1. Arch. Nat., K 691, n° 19; lettres du 22 nov. 1463. — Arch. de Toulouse, AA 89; cah. de mars 1463, art. 20. — Arch. de l'Hérault, Dal., t. I, f° 177; cah. de févr. 1468, art. 24.

2. Ibid., f° 139, cah. de juillet 1463, art. 21. Les États prient les commissaires de permettre que les diocésains puissent rétribuer ceux qui sont venus de leur part à l'assemblée. Ceux-ci répondent qu'ils « n'ont pas puissance permettre ne donner congié de imposer aucune chose par manière de taille ». Ils s'emploieront à leur faire obtenir du roi l'autorisation nécessaire.

3. Voir plus haut, pp. 496, 497.

4. Cah. cité d'avr. 1449, art. 8. — En 1500, dans le diocèse de Carcassonne, étaient représentées à l'assiette 16 villes, chacune par un délégué. Le commissaire stipule que « doresenavant n'y aura des quatre quartiers du diocèse que huit depputez, que seront deux depputez de chacun quartier, que auront seulement chacun depputé quarante solz t., et non plus ». (Ass. citée.)

5. Cah. cité d'avr. 1449, art. 22, 23; cf. ceux de mars 1451, art. 41, 42, de févr. 1456, art. 2, de févr. 1468, art. 24, etc.

6. La date est très précise. (Cah. cité d'avr. 1449, art. 8, 22-24. — Arch. de Cordes, Assiettes, 1449.)

dépenses de l'assiette. En marge de tout article qui leur semblait inutile ou exagéré ils ont écrit la formule : *recupere-
tur, quia nimis habuit* ; en un mot, ils ont déclaré valable la
recette, annulé la dépense, et condamné à solder au roi la
différence le receveur, ou plutôt les diocésains responsables
envers lui : ces derniers payaient ainsi deux fois pour le
même objet.

Plus le gouvernement royal a levé d'impôts pour son propre usage, et plus il s'est efforcé de réduire ceux qui venaient
des assiettes et des États. La surveillance qu'il exerce sous
Louis XI est beaucoup plus sévère que sous le règne précédent. En 1481 défense est faite aux États de consacrer à
leurs affaires plus de 2,000 livres [1]; les assiettes disposeront
à cette fin d'une somme déterminée, qu'elles ne pourront
dépasser : ainsi les États de Velay et ceux de Vivarais d'une
somme de 500 livres [2].

Si Charles VIII avait suivi la politique de son père, les
budgets particuliers des diocèses et du pays auraient couru
grand risque de disparaître, et le pays, faute d'argent, se
serait trouvé sans défense. Mais il s'est produit au contraire
une minorité, à la faveur de laquelle les assemblées de Languedoc ont fait reconnaître leur droit, si précaire jusqu'a-
lors, d'imposer des frais à leur guise. En mars 1481, le
Conseil royal promet que les gens des Comptes admettront
sans difficulté les dépenses ordonnées par les États du pays,
pour quelque usage que ce soit; il suffira que l'imposition
ait été faite en présence du gouverneur, du lieutenant ou
des autres commissaires, et que le rôle des frais ait été
revêtu du seing du président de l'assemblée. Même liberté

1. Arch. de l'Hérault, *Dol.*, t. I, f° 237; cah. de juin 1481, art. 6. Mention d'un
mandement du roi, du 1er mai précédent, « contenant trois chiefz, c'est assavoir
que lesdits des Estaz doresenavant n'ayent à octroyer ne mectre sus plus avant
que 2,000 livres et au dessoubz... ».
2. Arch. de la Haute-Garonne, sér. B, *Édits*, t. II, f° 19, juill. 1481, et *Arrêts*,
t. VI, f° 56. — Médicis, *Chroniques*, t. II, p. 78.

est laissée aux diocésains, pourvu que le rôle des frais soit
signé du commissaire et qu'un officier royal ait assisté à
l'assiette[1].

Alors, à la faveur d'une longue période de monarchie tem-
pérée, les « frais » se régularisent et prennent forme de
budgets. Puis ces budgets s'amplifient; on les charge constamment de quelque nouvel article. Les États ne souffrent
pas que les commissaires royaux y puissent rien ajouter, et
de même ils leur dénient le droit de rien retrancher des
sommes qu'ils ont affectées à l'usage du pays[2]. Ils les ont
couchées à part, en une pièce qui désormais émane d'eux
directement. Le receveur qui les manie rend des comptes à
l'assemblée, et nullement aux gens du roi.

Plus petite et plus faible que les États, l'assiette diocésaine
n'a pas tiré aussi bon parti de l'ordonnance de 1484. Elle
reste dans la dépendance des commissaires royaux : ceux
qui tiennent les États continuent de fixer par instructions
au commissaire qu'ils délèguent les frais qu'il pourra permettre[3]; si l'assiette veut engager une dépense inopinée,
non prévue dans les instructions, il faut qu'elle ait recours
aux commissaires qui tiendront la prochaine assemblée
d'États, et qu'elle obtienne d'eux une permission spéciale,

1. Caseneuve, *Chartes*, p. 68; cah. de mars 1484. — *H. L.*, t. XII, pr. n° 103.
— Arch. de la Haute-Garonne, sér. B, *Édits*, t. II, f° 40.

2. Arch. de la Haute-Garonne, C 2276, f° 119 proc.-verb. déc. 1504. — C 994.
f° 28, frais de nov. 1520. A M. de Viviers 100 livres, en retour de pareille somme
qui lui avait été retranchée en août 1517, « contre les priviléges du pays ». —
C 2278, f° 336, proc.-verb. mars 1545. Les commissaires faisant difficulté d'admettre les frais conclus aux États de novembre précédent, on poursuivra déclaration du roi portant qu'ils devront « recevoir et mettre sus les frais arrestés et
concludz par les Estatz pour le faict du pays ».

3. Bibl. Nat., fr. 22406. Instructions du 25 avril 1486. — Arch. de la Haute-
Garonne, C 993, 994, *passim*. Les instructions distinguent deux catégories de
frais, ceux qui dépendent de l'imposition de la taille, lesquels doivent être
« modérés et raisonnables », et ceux que les diocésains ont le pouvoir de faire en
sus, qu'elles spécifient avec soin.

sous forme de lettres patentes[1]. Les permissions viennent
donc tard, six mois, un an parfois après que les diocésains
ont projeté les dépenses. Elles viennent cependant. Il semble
que les commissaires n'en fussent pas très avares ; car ces
frais pour la plupart étaient la conséquence des exigences
du roi ; ils naissaient à propos de garnisons, d'étapes, de
réquisitions de vivres, etc. D'ailleurs les États, où figurait
la députation du diocèse, s'employaient en sa faveur. Ils
font parfois modifier par les commissaires les instructions
qu'ils ont données à leurs délégués aux assiettes[2].

Les gens des Comptes étaient moins flexibles, et les préve-
nances des États n'avaient pas de prise sur eux[3]. Ils continuent d'opérer après 1481 les « radiations » accoutumées,
biffant les dépenses que les diocésains ont faites sans l'autorisation des commissaires royaux, et, pour peu qu'ils les
estiment « nuisibles au pays », celles qui ont été imposées
selon toutes les règles, celles même qui résultent des décisions des États[4]. La Chambre de Montpellier s'avancera
davantage ; car elle prétendra voir les comptes des syndics,
outre ceux des receveurs des diocèses[5].

Ainsi, à côté du privilège des États et des assiettes, tandis
qu'il s'enracine et s'étend, subsistent les éléments d'une
tutelle administrative qu'il dépend du pouvoir royal de ren-

1. Arch. de la Haute-Garonne, C 993, fos 49 vo, 240, 318 et suiv.; C 994, fo 272 vo
et suiv.; C 996, fo 217 ; C 997, fos 1, 158, etc.
2. Instruction citée de 1486. Les commissaires permettent que les diocésains
donnent aux receveurs 3 d. de plus par livre de l'octroi. — Arch. de la Haute-
Garonne, C 993, fo 138. Instruction de nov. 1513, les autorisant à faire « quelque
don gratuit » aux receveurs qui avanceront les deniers de la crue. — Cf. C 994,
fos 110 vo, 440, instructions rédigées dans le même sens.
3. Ibid., C 2277, fos 151, 155; C 993, fo 392. On leur alloue, aux frais, 200 livres
dans l'espoir de les adoucir.
4. Ibid., C 993, fo 335 vo, cah. d'oct. 1518, art. 4. — Arch. de l'Hérault, Del.,
t. I, fo 18, cah. de févr. 1498, art. 1 ; fo 268, cah. d'oct. 1499, art. 3; t. II, fo 118,
janv. 1511, art. 14. — Arch. de la Haute-Garonne, C 2276, fos 321 vo et suiv.;
C 2277, fos 151, 155 ; C 993, fo 385, cah. de déc. 1519, art. 6, etc.
5. Ibid., C 2280, fo 73 vo. — Cf. Albisson, Lois municip., t. IV, p. 164.

dre lourde ou légère, selon le caractère du monarque, sa
politique et ses besoins. Charles VIII et Louis XII l'ont
adoucie; mais François Ier l'aggrave.

Lorsque les gens du pays, gênés jusque dans l'imposition
de leurs modestes « frais de bouche[1] », se tournent vers le
roi, lui rappellent leur privilège, représentent qu'ils en
usent « pour obéir à ses mandements », ils trouvent fort
mauvais accueil : « Le privilège par abus se perd », leur
répond-il[2]. Une autre fois, il défend aux diocèses de rien
imposer sans un ordre émané de lui. En 1545 il fait vérifier
toutes les dépenses qu'ils ont faites depuis cinq ans en vivres,
munitions, charrois. etc., afin de « découvrir les coupables »;
les diocèses voient leurs papiers saisis et les recouvrent à
grand'peine[3]. Leurs libertés essentielles sont mises en question par des offices d'élus, receveurs, greffiers, procureurs,
contrôleurs que le roi institue en chacun d'eux, mais que le
pays rachète[4]. En 1541, à l'occasion de la disgrâce du connétable de Montmorency, les États eux-mêmes sont frappés
dans leur privilège : défense au gouverneur et à ses lieutenants de recevoir aucun don, aux États de rien imposer
outre les sommes qui se lèvent pour le service du roi[5]. Les
frais de l'assemblée qui avaient atteint près de 29.000 livres
en 1540, descendent cette année-là à 1,373 livres..

1. Arch. de la Haute-Garonne, C 993, f° 351 v°. En octobre 1518 ceux du diocèse de Toulouse sont obligés de jurer que Trialh, qui leur a fourni des vivres
pour 90 livres, « ne se pouvoit sauver à moindre somme ».

2. Cah. cité de janv. 1523, art. 3, 4. — Il est vrai que l'année suivante Louise
de Savoie et le Conseil de régence, sur de nouvelles plaintes des États, leur font
savoir que les gens des Comptes ont reçu règlement « tant pour le passé que
pour l'advenir de ce qu'ils en doivent faire, de sorte que lesditz des Estatz auront cause d'eulx contenter ». (Cah. cité d'oct. 1524, art. 7.) En effet, depuis lors,
les plaintes diminuent.

3. Arch. de Toulouse, BB 10, f° 51 v°; lettres du 30 janv. 1545. — Arch. de la
Haute-Garonne, C 995, f° 58 ; C 2279, f° 13. — Arch. de Narbonne, AA 112,
f°⁵ 45, 46.

4. Albisson, Loix municip., t. IV, pp. 211 et 251 ; t. VI, p. 4. — Cf. plus haut,
p. 424.

5. Arch. de l'Hérault, B 342, f° 151 ; 26 août 1542. — Cf. plus haut, p. 446.

Ils se relèvent promptement[1]. A l'avènement de Henri II, Montmorency retourne au pouvoir. Un nouvel édit abroge celui de 1541, qui déjà tombait en désuétude : très explicitement, il consacre le privilège des gens de Languedoc et leur droit de s'imposer[2]. Mais, encore une fois, de ce qui s'est passé il reste quelque chose. Les ordonnances de François Ier, pour n'avoir pas eu de durée, n'en présagent pas moins des mesures analogues qu'un autre gouvernement appliquera d'une main plus ferme. Les tendances centralisatrices sont représentées à la cour; autour du cardinal de Lorraine se groupe un parti puissant, qui les approuve, les partage, et qui regrette hautement que sous le précédent règne elles ne se soient pas fait jour autrement que par échappées, par actes qui passaient ainsi qu' « un oraige d'esté ».

Un mémoire important sur la réforme financière, inspiré par le cardinal, combat avec vigueur cette théorie, qu'il soit bon de laisser au peuple le soin de s'occuper d'affaires de finances et d'y commettre des officiers : « Car le peuple et les estats de France ne sont propres à ung estat politique comme ont esté les Romains et sont de présent les Véniciens ». L'auteur cite à l'appui de son dire les abus qui, selon lui, règnent en Languedoc. Les gages des receveurs y montent, dit-il, à plus de 30,000 livres, soit cinq fois davantage à proportion que dans le reste du royaume. On a beau alléguer les avances qu'ils font pour soulager le peuple : ne faut-il pas en fin de compte que celui-ci paye tout? Les

---

1. En octobre 1543, 3,634 livres; en novembre 1544, 6.858 ; en novembre 1545 28.120. Mais les choses ne se passent plus comme autrefois. En nov. 1544 les États « offrent » 3 000 écus au sieur de Montpézat, l'année suivante 10,000 écus au nouveau gouverneur, le comte d'Enghien, pourvu que chacun d'eux « en aura déclaration de la volonté du roy, au préalable à luy de le prendre et au pays de luy bailler ». (Arch. de la Haute-Garonne, C 2278, f°s 320, 364 v°.) Beaucoup de personnages, qui savent d'où souffle le vent, refusent à cette époque les dons qui leur sont offerts.

2. Arch. de l'Hérault, B 344, f° 28; 13 nov. 1547.

« grandes et longues assemblées » qui se font dans chaque
diocèse coûtent bien plus que des élus. On a trouvé, pièces
en main, que « l'assemblée pour asseoir et departir une
somme de 1,200 livres en l'eveché de Comminges avoyt
cousté 2,800 livres tournois de despences de bouche et
soulleries des delleguez avant qu'on se feust peu accorder ».
Ceux qui assistent aux assiettes et qui en tirent profit « ont
imprimé au peuple que ce seroit perdre leur liberté et contre
leurs privilleges, s'ils souffroient que le roy y mist officiers,
qu'ilz porteroient six foys plus de tailles qu'ilz font ». Aussi
les induisent-ils aisément à rembourser les offices d'élus et
de receveurs, chaque fois que le roi veut en mettre dans les
diocèses. Comme « l'erreur commune faict souvent le droict,
et que c'est chose de si longue main continuée audit pays et
tant de foys debattue, mise en termes et empeschée, on s'en
rapporte à ce qui en est[1] ».

Peu importent ici les chiffres et les faits. Les allégations
sont évidemment erronées. Ce qu'il faut considérer, c'est
l'opinion qui s'en dégage; c'est la nette formule dont l'idée
se revêt. Or, le parti qui la soutient, vers 1557, époque où
fut rédigé ce mémoire, contrebalançait déjà l'influence du
connétable. Bientôt, avec François II et la reine-mère, il
gouvernera librement et pourra réaliser une partie de ses
vues en Languedoc.

Au XIVe siècle et même au XVe, les habitants du pays
avaient pu mesurer ou subordonner l'octroi aux concessions
qu'ils réclamaient. Mais, à l'époque où nous sommes parvenus, l'octroi n'est plus que le prétexte de la convocation des
États. Si le pays exécute des travaux, s'il entreprend des
démarches, des oppositions, des procès, s'il achète des in-
fluences, s'il se défend et se maintient, c'est qu'en dépit des
restrictions du présent, des menaces de l'avenir il peut s'im-

---

1. Bibl. Nat., fr. 4528, fos 50-60.

poser lui-même. Tel est le secret de la vitalité persistante
dont il donne tant de preuves ; c'est par là qu'il a fait durer
une constitution que l'on dénonçait déjà comme une ano-
malie, comme une hérésie politique : elle décline assurément, mais elle végète encore, à la façon d'un arbre que les
racines secondaires ne laissent pas d'alimenter, après que
la sève a tari dans la racine maîtresse.

CHAPITRE IV.

LA DÉFENSE DES PRIVILÈGES.

Si maintenant on considère les relations des États et du gouvernement royal, les demandes, les réponses qu'ils échangent chaque année, on constatera qu'en effet entre les doléances et l'octroi il n'y a plus aucun lien.

Autrefois l'assemblée, requise d'accorder une aide, faisait ses conditions sous forme de « supplications très humbles »; les commissaires royaux étaient obligés d'y pourvoir avant que l'octroi n'eût lieu. Cet usage a persisté jusqu'en 1538. Les réponses des commissaires étaient d'ailleurs insignifiantes, et les États n'ignoraient pas que les seules décisives étaient celles que le roi leur faisait quelques mois plus tard, en Conseil privé, après que les deniers d'octroi étaient répartis et perçus[1]. Mais les formes étaient sauves; l'octroi en apparence restait conditionnel.

François Ier ne peut souffrir même l'apparence. Les commissaires qu'il envoie aux États d'Albi, d'octobre 1538, ont ordre de ne point répondre aux doléances avant que l'octroi n'ait été fait entre leurs mains. L'assemblée proteste, puis s'avise d'un moyen terme. Elle conclut ses doléances la veille du jour où les subsides seront accordés et les fait porter directement au roi, sans plus s'adresser aux commissaires. A ce changement le pays ne perd point de garanties : il n'en tirait plus de l'octroi[2]; quelque chose cepen-

1. Voir plus haut, p. 452.
2. Il arrive quelquefois, durant la première moitié du règne de François Ier, que les États refusent d'accorder un seul denier avant d'avoir obtenu certaines satisfactions : par exemple en 1525, lors de la captivité du roi (Arch. de la Haute-

dant achève de disparaître, à savoir la dernière trace de
l'octroi conditionnel [1]. Lorsqu'une nouvelle assemblée, réunie à Montpellier, le 20 septembre 1541, veut avant tout
présenter au roi, alors de passage à Lyon, ses requêtes les
plus urgentes, les commissaires s'indignent : il est « mer-
veilleux », disent-ils, que les États agissent de la sorte,
« sans au préalable avoir fait l'octroy, ce qui ne sera trouvé
bon »; l'un d'eux les accuse de « contester contre le vouloir
du roy ». Pour que leur délégué puisse se mettre en route,
les États sont obligés de donner « assurance de bouche de la
somme demandée par ledit seigneur ». Encore éprouvent-ils
auprès du roi un échec à peu près complet : sur sept articles
qu'ils lui font soumettre, il en rejette six [2]. Le succès ou
l'insuccès du cahier de doléances ne dépend pas plus de la
libéralité des États que le montant de l'octroi ne tient aux
réponses qu'ils reçoivent. Le roi accueille ou repousse leurs
requêtes selon son bon plaisir.

C'est justement en marge des doléances qu'il faut chercher les déclarations les plus formelles des principes selon
lesquels le gouvernement se dirige. Entre les unes et les
autres éclate le plus souvent une espèce d'antinomie. Deux
conceptions politiques s'y rencontrent : l'une est celle dont
les États sont pénétrés; elle dérive du passé, de l'époque où
la structure du royaume se prêtait à l'existence d'un vaste
pays distinct, relativement autonome; l'autre est l'idée nouvelle, qui veut une France unie, uniformément gouvernée.

Les États ayant demandé que le pays fût exempt de garnisons, conformément à son privilège, reçoivent la réponse

Garonne, C 2277, f⁰ˢ 317, 322, 323), et en 1527. (Cf. plus haut, p. 486.) Mais ils
ont la prudence de prendre cette attitude dans des questions peu importantes,
sur lesquelles les commissaires ou le roi céderont sans trop de peine.

1. Arch. de la Haute-Garonne, C 2278, f⁰ 59 v⁰, proc.-verb. de nov. 1537; f⁰ˢ 82,
112, 116 v⁰, oct. 1538, oct. 1539; cf. f⁰ˢ 128, 141, oct. 1540. Dans ce dernier procès-
verbal il n'est plus du tout question d'adresser les doléances aux commissaires.

2. *Ibid.*, f⁰ˢ 159 v⁰, 162 v⁰ et suiv. 196.

suivante : « Le royaulme est ung corps et monarchie. » Entre
les membres dont il se compose le roi veut observer l'égalité, « d'aultant qu'il estime et ayme » également tous ses
sujets et que « l'affranchissement des ungs seroyt surcharge
et oppression des autres ». — Aussi les surcharge-t-il tous,
équitablement. — Réclament-ils en faveur du « pur et franc
alleu » sans titre, François Iᵉʳ, qui se prépare à le contester,
réplique : « Il y a ordonnance en France qui est generale
et n'a vertu ny effect plus en ung pays qu'en l'autre, par
laquelle est dict que nul ne peult tenir héritage sans adveu
en tout le royaulme de France. » D'ailleurs, « ne seroit raisonnable qu'il (le roi) exhibast son droict à ses subjectz ». —
Un détail de moindre valeur, significatif pourtant. Les États
voudraient que, selon la coutume, les gentilshommes pauvres fussent autorisés à prêter le serment d'hommage aux
mains des sénéchaux, au lieu de faire en cour un voyage
coûteux. Point du tout, dit le roi ; car « les vassaulx n'auroient occasion de venir veoir leur roy et seigneur, et par
descougnoissance n'auroient à luy l'amour et reverence telle
qu'ils doibvent avoir[1] ».

Ou bien encore, pour repousser les plaintes, pour excuser
ou légitimer de nombreuses violations des libertés du pays,
le gouvernement royal trouve une raison plus simple et plus
péremptoire : « La necessité du temps en a esté cause. » Il
s'exprime très clairement : « En temps de necessité tous privilèges cessent, et non seulement privilèges, mais loix communes, d'aultant que necessité n'a pas de loy ». A la paix,
promet-il, tout sera réparé[2].

Il est peu probable que de telles assurances aient été tout
à fait sincères : les guerres, se suivant à courts intervalles,
ont eu bientôt fait d'en effacer le souvenir. Si les guerres

---

1. Arch. de l'Hérault, Dol., t. II, fᵒ 201 ; cah. de décembre 1530, art. 1, 6, 7.
2. Cahier cité de janvier 1523, art. 1, 2, 7, 13.

anglaises, intérieures et presque civiles, en isolant le pays, avaient favorisé son indépendance, son développement individuel, original, la rivalité de la France et de l'Espagne a contribué presque autant à le ramener à la loi commune. Cette lutte tout extérieure, qui n'enlève au roi aucune parcelle de son autorité sur le royaume, le porte à en abuser. La nécessité qu'il invoque n'est pas un vain mot, mais un fait réel, presque permanent. Les dispositions du monarque et les circonstances politiques, à l'extérieur comme à l'intérieur, s'unissent contre le pays, s'accordent à le faire déchoir de la situation exceptionnelle qu'il avait occupée pendant deux siècles.

Pas un privilège qui ne soit contesté, menacé, atteint, si l'on excepte les coutumes qui sont indifférentes, ou utiles au gouvernement royal, par exemple celles qui touchent à l'assiette de la taille. Tantôt le privilège est restreint ou aboli formellement, par ordonnance, comme la juridiction des consuls, le droit des habitants de s'imposer eux-mêmes, etc.; tantôt on n'en tient pas compte et l'on se borne à passer outre : c'est ainsi que François Ier, Henri II font des anticipations, augmentent le prix du sel, mettent des impôts d'office. Le pays, s'écrient les États dès 1522, est traité « comme si jamais n'avoit eu ne acquitz lesditz privileges[1] ».

Quelle est donc l'autorité de l'assemblée auprès du pouvoir central? A quoi servent les doléances? Souvent à fort peu de chose. Quand il s'agit des intérêts du Trésor, François Ier ne cède point; car il a besoin d'argent. Mais comme il innove et qu'il sent les inconvénients de tant de nouveautés fâcheuses, comme il n'est pas sûr de son droit ou craint d'en avoir abusé, il admet que les États protestent, même vivement; d'ordinaire, ses réponses ne marquent pas

---

1. Arch. de la Haute-Garonne, C 994, f° 202 v°; cah. de mars 1522, art. 1.

d'impatience. Aussi transigera-t-il, non sur la somme qu'il réclame, mais sur les moyens par lesquels il voulait se la procurer. Si, « pour avoir deniers », il a créé de nouveaux offices, les gens du pays obtiendront de les racheter à leurs frais. C'est un point très important, puisque les États ont pu écarter des diocèses des offices dangereux, tels que ceux d'élus et de receveurs. Ils réclament cinq ans de suite la suppression des enquêteurs : en 1520, le roi, fatigué de leurs remontrances, leur enjoignait de n'en plus parler; ils ont insisté cependant, et bien leur en a pris, puisque deux ans plus tard ils sont arrivés à leurs fins[1].

Leur conduite était avisée, prudente et par-dessus tout obstinée. Ils ne se lassaient point. En abandonnant un article de doléances, ils auraient craint de paraître accepter le fait accompli. Ils attendaient patiemment une occasion propice. Or la politique royale, sur toute autre question que celle de l'impôt, est sujette aux revirements. En général elle tend à affaiblir au profit du pouvoir central les institutions politiques particulières au pays, à soumettre à la tutelle des officiers royaux ses institutions représentatives, mais non d'une volonté constante et d'un effort continu. Le gouvernement procède par boutades, par à-coups : on en a vu de nombreux exemples. Point de système, de règles fixes. Les États peuvent toujours espérer. Ils ne pensent pas un instant à refuser l'octroi; mais ils multiplient les députations, les intrigues; ils s'adressent à leurs protecteurs avérés; leur syndic sollicite et paie partout des complaisances. Que le vent tourne en haut lieu, et peut-être l'assemblée, les petits moyens aidant, aura-t-elle le dernier mot[2].

1. Arch. de l'Hérault, Del., t. II, f° 148; cah. de déc. 1519, art. 2. — Cf. plus haut, pp. 416, 424.

2. L'une des confirmations les plus amples de ses franchises que le pays ait obtenues date de mai 1522. Caseneuve, qui l'a publiée, l'intitule, sans doute d'après le manuscrit : « La grande charte de plusieurs beaux priviléges du pays de Langne loc ». (Chartes, p. 154.) — Voir plus haut, pp. 440, 488.

Ne nous méprenons pas sur la valeur des succès qu'elle remporte : ce sont des victoires à la Pyrrhus, qui n'excluent pas de lourdes pertes; telles quelles cependant, elles maintiennent debout, solide encore en apparence dans ses parties principales, la constitution du pays.

Enfin les doléances touchent à toutes sortes d'intérêts. Les États ne s'occupent pas seulement de conserver les privilèges; ils traitent des questions d'ordre administratif, économique, sur lesquelles il n'existe entre eux et la royauté aucune opposition foncière de tendances ni de besoins.

Chaque année leur sont rapportés les fautes, les abus commis par les officiers royaux, depuis l'huissier et le sergent jusqu'au lieutenant du gouverneur et au Parlement de Toulouse. L'assemblée recueille les plaintes et les réunit en articles, qu'elle insère dans son cahier. Nul n'échappe à sa censure, et personne ne se soucie de l'encourir; car le roi sera averti, et le roi n'a pas avantage à tolérer les extorsions, les concussions, la négligence. Les États sont une puissance avec laquelle tout fonctionnaire doit compter. Le lieutenant de Montmorency, M. de Clermont-Lodève, triomphe auprès du gouverneur de l'attitude qu'ils ont prise au cours de ses démêlés avec le Parlement touchant la juridiction : La Cour, lui mande-t-il, aurait voulu que le pays prît fait et cause pour elle; « mais tous les Estatz ont conclut qu'ilz ne se veullent empescher de la juridiction de la Court de parlement et vostre, et qu'ilz ont treuvé justice aux choses dont vous avez la charge[1] ». Comme il est responsable de la conduite des gens d'armes, il constate, en 1529, avec grande satisfaction, qu'il « n'a esté pourté contre eux une seule information aux derniers Estatz, ce que ne se veist il y a trente ans en Languedhoc. De quoy, ajoute-t-il, je en ay bien voulu prendre acte et certiffication pour la vous

1. Bibl. Nat., fr. 3064, f° 167; 19 août 1527.

porter ». C'est un résultat dont il est d'autant plus fier que
« la condition de nostre païs est souvent de bien crier sans
grande occasion[1] ».

« Crier » n'est donc pas inutile. En « criant » à propos
de l'industrie des laines, du commerce du Levant, d'Espagne, d'Angleterre, les États renseignent le roi, disent le
mal, suggèrent le remède : pourquoi le Conseil privé refu-
serait-il de conclure dans le sens qu'ils ont indiqué? En
marge de maint article on lit : « Raisonnable », « Accordé »,
ou bien : « Auront lettres sur ce ». L'assemblée a eu gain
de cause. Au XVIᵉ siècle, à raison des fonctions nouvelles
dont le pays s'est chargé pour le service du roi, elle débat
et règle avec le Conseil, par voie de doléances, une multitude d'affaires : tarif des vivres des gens d'armes, étapes,
logement des garnisons, ravitaillement et réparation des
places, remboursement d'emprunts, de fournitures.

L'activité des États n'a pas cessé d'être efficace, mais
d'une efficacité qui désormais est limitée à des objets secondaires; elle est profitable aux habitants du pays, mais ne leur
procure point l'avantage qu'ils apprécieraient entre tous,
celui d'être un peu moins maltraités comme contribuables.

Plus que toute autre circonstance, l'accroissement de l'im-
ôt royal a fait entrer dans les esprits, avec le sentiment de
l'impuissance des États, celui de l'omnipotence du roi, de
son Conseil, de ses agents financiers. Il est donc fort naturel
que les gens ne soient plus unis et solidaires au même point
qu'autrefois : comme ils n'attendent plus grand bénéfice
de l'union, ils y renonceraient sans peine afin d'alléger
leurs charges. Pour peu qu'une question d'impôt les mette
aux prises, ils parlent de se séparer.

La ville de Toulouse, que les États voudraient obliger à
payer sa part du taillon, s'y refuse et, pour jouir paisible-

---

[1] Bibl. Nat., fr. 3074, fᵒ 161; 19 nov. 1529.

ment de ses immunités particulières, tàche de se faire retrancher du pays[1]. En 1556, à propos de la « subvention des
villes closes », se rencontrent aux États de Lavaur plusieurs
syndics des diocèses de la généralité de Toulouse, hommes
d'expérience, qui « voyant la rudesse et maulvaix traictement
que les habitans de la generalité de Montpellier leur font, et
toutes leurs poursuittes mesmes sur le faict de la reduction
de la solde, jusques à entierement se formalizer » contre eux,
décident de poursuivre « que, tout ainsi que le pays est
divisé en generalitez », il plaise au roi de les « séparer et
distinguer des autres..., avec pouvoir [de] soy assembler et
tenir leurs Estatz en la generalité et seneschaussée de Tho-
loze ». A leur compte, on y trouvera un notable bénéfice ; la
part d'équivalent que supporte la généralité de Toulouse suffira pour acquitter entierement sa part de l'aide, et même au
delà : en tout, c'est une somme de 23,282 l. 6 s. 11 d. dont
la généralité de Montpellier s'aide, disent-ils, aux dépens de
sa voisine. Si chacune avait ses États, au lieu d'être réunies,
beaucoup d'argent serait épargné que l'on perd en voyages
et autres frais inutiles ; « les affaires seroient traictées plus
doulcement ». Bref, ils chargent le sieur Ducèdre de solliciter en cour la séparation projetée, lui recommandant de
faire de son mieux et de n'y rien épargner.

1. Arch. de Toulouse, BB 10, fᵒ 167 ; 13 juillet 1550. — Le 23 avr. 1578 la ville
de Narbonne obtient aux mêmes fins un arrêt du Conseil privé, auquel le duc de
Montmorency oppose un « avis », du 24 févr. 1581 : Le pays de Languedoc, depuis
son union à la couronne, est, dit-il, « ung corps misticque et conjoinct... ne repre-
sentant que une mesme chose, comming en obeyssance à son prince souverain
soubz mesme gouvernement de ses lieutenans generaulx et gouverneurs, mesmes
justices souveraines, pareil regime de droict escript, jouyssance de mesmes privileges, uz et prerogatives, tant dans ledit païs et par tout le royaume que d'hors,
deffendu par mesme syndic ; et quoyque entre les villes dudict pays y ayt en tousjours quelque difference de plus ou de moings pour leurs diverses facultez, gran-
deurs, franchises, libertés et commodittés, sy n'a il esté jamays mis en avant par
aulcunes desdictes villes dudict pays se vouloir separer et distraire de la com-
munaulté et corps d'icelluy et sosietté divine et humaine ». (Bibl. municip. de
Toulouse, ms. 613, nᵒ 43.)

Le conseil de Toulouse, qu'ils consultent et qui les approuve, sent bien comme eux que la difficulté principale sera de gagner le connétable gouverneur, de le convaincre que « ses auctorité et preheminences ne seront en rien diminuées pour raison dudict eclipsement ». Il est probable qu'en cette occurrence, c'est Montmorency qui s'est opposé, dans son intérêt personnel, aux desseins des syndics, et qui a préservé le vieux pays de Languedoc, « la patrie occitanienne », du démembrement que ses propres fils avaient médité contre elle [1].

Les assemblées des diocèses et du pays étaient essentiellement des réunions d'envoyés des villes. Elles tiraient leur force et leur vie des communes ou, pour mieux dire, de la classe des notables qui gouvernait les communes. Celles-ci ayant plié sous la tutelle administrative, celles-là n'ont pas tardé de s'affaiblir à leur tour. Les bourgeois qui délaissaient le consulat et le conseil pour se porter vers les offices étaient disposés à admettre que l'autorité souveraine agît seule en toutes choses. L'esprit monarchique dont s'imprègnent alors les hommes menace d'étouffer en eux l'ancien esprit communal. Ils se soucient moins qu'autrefois de leurs libres institutions; car ils n'en voient plus nettement l'utilité, mais ils savent ce qu'elles coûtent. Entre l'administration des assiettes et des États et l'administration royale, ils font des comparaisons qui ne tournent pas toujours en faveur de la première.

A la fin du XIVᵉ siècle, époque où commençait à se ralentir le zèle qui avait porté les villes à rechercher les consulats, il se formait dans leur sein des partis favorables aux seigneurs, hostiles aux libertés obtenues : les franchises municipales ne servaient, prétendaient-ils, qu'à enrichir quelques particuliers au détriment de tous les autres. De

---

1. Arch. de Toulouse, BB 10, fᵒ 450.

même, au milieu du xvɪᵉ siècle, on trouverait en Languedoc
« assez de gens de bien » pour confesser que les assiettes diocésaines sont plus nuisibles qu'utiles, et qu'il vaudrait bien
mieux que les officiers royaux eussent entièrement l'administration des finances[1].

Le tiers état de la sénéchaussée de Toulouse, réuni le
30 novembre 1560 pour élire ses députés aux États généraux de France, rédige en cette occasion solennelle un long
cahier de doléances, et voici comment il s'exprime au sujet
des États de Languedoc : La convocation des gens des trois
ordres, « introduicte sous quelque apparence de bien et pro-
fict, ne sert aujourd'huy que de frais, despens et surcharge
audict populaire ». Toute assemblée coûte 150,000 livres. Il
en résulte des brigues, des inimitiés, et « peu de gens s'y
trouvent qui n'ayent exposé quelque affection particuliere
pour eulx ou pour les villes et dioceses qui les ont envoyés,
sans avoir esgard au bien universel dudit pays[2] ».

1. Bibl. Nat., fr. 4528, fᵒ 52 (mémoire cité).
2. Arch. de Toulouse, AA 88.

CONCLUSION

A l'heure où la classe sur laquelle reposaient en Languedoc les libertés politiques, la seule qui pût les défendre, commence à s'en détacher, il semble que la royauté n'ait plus qu'à étendre la main pour les confisquer à son bénéfice. C'est le dessein qu'elle laisse voir et qu'elle aurait accompli peut-être sous Charles IX, si les guerres de religion en très peu de temps ne l'avaient frappée d'impuissance, tandis qu'elles déchaînaient une anarchie de trente années, où États, villes et diocèses, livrés à eux-mêmes, durent se reprendre à vivre et à agir. En leur donnant un regain de vie, en paralysant le pouvoir central, cette longue crise a retardé de trois quarts de siècle l'affaissement définitif des libres institutions du pays.

D'ailleurs le passé contient une vertu secrète. Les institutions, après avoir cru lentement, dans le milieu qui leur convient, parmi des circonstances favorables, acquièrent une force propre; elles engendrent autour d'elles les conditions qui leur permettront de durer; elles résistent aux causes de décadence en vertu des habitudes qu'elles ont imprimées aux hommes et qu'elles nourrissent en eux.

Celles du pays plongeaient leurs racines au cœur de l'époque féodale. Elles ont eu pour germe aux XIIᵉ et XIIIᵉ siècles la seigneurie, devenue communauté, puis consulat.

Le consulat n'était point une démocratie de petites gens; c'était essentiellement une oligarchie de nobles et de bourgeois, la limite entre les deux classes étant incertaine et les intérêts communs. Ces notables avaient reçu du seigneur une large part de l'autorité publique; ils l'ont exercée en son nom; ils en ont eu la réalité, ne lui laissant en beaucoup de cas que la supériorité apparente. A l'ouest la plupart des seigneuries, à l'est un plus petit nombre étaient ainsi gouvernées : par l'assemblée des prud'hommes, ancienne cour plénière, par les conseillers des consuls et par les consuls, eux-mêmes anciens conseillers du seigneur, représentant distinctement les quartiers, les corporations, les classes, se renouvelant d'année en année, le plus souvent par cooptation. Cet organisme pourvoyait à la législation, à la police, à la défense du territoire; il mettait sur la commune des tailles et autres charges ; les ressources communales étaient placées à sa disposition; il avait enfin sur l'administration de la justice une influence prépondérante.

Si la monarchie française, mise en possession du Midi, avait trouvé le pouvoir aux mains d'une aristocratie, arrogante et batailleuse, il est probable que tôt ou tard elle aurait été poussée à s'en saisir de vive force. Au contraire elle pouvait s'accommoder du gouvernement consulaire. Ce régime était combiné de telle sorte, que la supériorité y fût réservée au seigneur sur les consuls. Or le vrai seigneur dans toute commune devait être bientôt le roi : les consulats du domaine sont entrés naturellement dans sa dépendance, par sujétion directe; quant aux autres, comme ils étaient en lutte continuelle avec leurs seigneurs, ils se portèrent au devant du suzerain, sollicitant sa protection, offrant en retour leur obéissance, lui subordonnant de plein gré les pouvoirs qu'ils avaient acquis. Cette alliance tacite, la jouissance de ces droits supérieurs, dont les prélats et les barons ne profitaient guère à raison de leur faiblesse et de l'hostilité que leur marquaient les consuls, ont fait la solidité de la domination royale : elle résiste en Languedoc aux plus redoutables épreuves.

La royauté ne mettait donc pas obstacle à la multiplication des communes consulaires, — elle l'a plutôt hâtée; — mais elle a interrompu leur évolution naturelle. Entre l'autorité supérieure, désormais dévolue au roi, et celle de la commune elle marquait une limite : il y eut une somme de pouvoirs, une demi-autonomie que nul consulat ne put dépasser. Elle arrêtait les luttes de classes; elle pacifiait la commune : c'était y tarir les sources de vie et de renouvellement. Les nobles se retirèrent du consulat et des conseils; le menu peuple n'y pénétra guère; ainsi le gouvernement resta aux mains de la bourgeoisie, classe voisine du peuple, plus ou moins mêlée avec lui, mais restreinte sinon fermée. Elle était riche, avisée; elle servit ses intérêts souvent au profit et quelquefois aux dépens de l'intérêt général.

Imaginons des communes, en très grand nombre, dirigées par des bourgeois, fort attachées à leurs libertés, mais portant un profond respect à la majesté royale, conciliant les deux tendances dans leur conduite grâce à l'esprit politique qu'elles tenaient d'une habitude prolongée de se régir elles-mêmes, résistant parfois, mais aussi sachant plier à propos : voilà quelle est en Languedoc l'institution fondamentale.

A la fin du XIIIᵉ siècle, la portion du Midi qui dépendait de la couronne était une région naturelle parlant des langues, usant de coutumes à peu près semblables entre elles, différentes de celles du Nord; les communes étaient plus fortes, il s'y trouvait plus d'éléments de liberté que dans le reste du royaume; mais le pays n'existait pas, et il aurait pu arriver qu'il ne se formât jamais; c'étaient là des raisons très fortes, mais non suffisantes de son développement.

Pendant un siècle, après la conquête, le Midi resta une vaste collection de seigneuries, que les rois avaient réparties en sénéchaussées, vigueries, bailliages, etc., et qu'ils administraient, en dépit de l'éloignement, à peu près comme la France, avec les mêmes moyens. Quand ils ont voulu prendre conseil des trois ordres, c'est auprès d'eux qu'ils les ont mandés, en réunion générale. Ils auraient sans doute persévéré sans l'accident des guerres anglaises.

Cette longue querelle de deux dynasties pouvait ne pas éclater, ou se dérouler sur une autre scène. Si Louis VII avait gardé la Guyenne, si Louis IX ou quelqu'un de ses successeurs directs l'avaient enlevée aux Anglais, la guerre eût été rejetée hors du royaume ; le Midi n'eût pas été à demi séparé du Nord, mais au contraire rattaché à lui plus étroitement par l'effort d'une commune résistance. Les institutions, les faits sociaux se modifient sous l'action d'accidents extérieurs, par des rencontres d'événements qui de leur nature sont étrangers à l'histoire constitutionnelle ; celle-ci, considérée isolément, serait incompréhensible. Dans le royaume, sous Philippe IV, tout tendait à l'unité ; les guerres anglaises ont changé la marche des faits et procuré aux sénéchaussées du Midi une sorte d'autonomie.

En effet la guerre a contraint les rois de les réunir ensemble, à part de la Languedoil, sous un lieutenant général, chef des troupes et de l'administration, véritable vice-roi. En faveur de ce personnage ils renonçaient presque entièrement au gouvernement direct ; ils lui abandonnaient la majeure part des ressources financières, entre autres les deniers d'octroi. Désormais plus d'assemblées générales du royaume : les Méridionaux furent convoqués devant le lieutenant général, et ce fut à lui qu'ils accordèrent des subsides. Ainsi se forma l'assemblée des États de Languedoc, et avec elle le pays.

Par ses origines, l'institution des États se rattachait aux habitudes féodales qui, dans chaque sénéchaussée, amenaient près du sénéchal, sur sa convocation, les prélats, les barons et les communes ; directement, elle résulta de deux innovations : la demande de subsides faite aux personnes féodales en assemblée, et non plus en particulier, la fréquente réunion de plusieurs sénéchaussées, jusqu'à sept, assez souvent quatre, constamment trois à partir du traité de Brétigny. Réduit aux sénéchaussées de Beaucaire, de Carcassonne et de Toulouse, le pays n'équivalait plus au gouvernement « de Languedoc et de Guyenne »; mais il en était la principale portion, celle où les coutumes méridionales, sous la protection des États, purent le mieux se maintenir et portèrent les plus beaux fruits.

Le Midi, après la croisade, n'était plus apte à engendrer une religion ni une littérature. Pour qu'un peuple dans ce domaine s'élève spontanément à des conceptions nouvelles, il faut qu'il soit indépendant, ou qu'il garde un vif souvenir de l'indépendance passée. La conquête française lia la vie spirituelle du Midi à celle du Nord, ainsi que ses destinées politiques. Mais elle y laissait subsister les usages, les franchises communales, les formes particulières de la vie matérielle : comme le Midi en cela restait lui-même, c'est dans cet ordre de faits qu'il se montra créateur.

Le pays de Languedoc, avec ses États, ses assiettes diocésaines et le corps de ses privilèges, est assurément une œuvre originale et remarquable. Il ne faut pas le comparer avec la Bretagne, vivant sous ses ducs nationaux, la Bourgogne indépendante; car le pays et sa constitution se sont fondés et développés sous la domination d'une monarchie qui, dans la moitié septentrionale du royaume, étouffait soigneusement les germes de liberté. C'est la seule région de ce royaume où des institutions libres, des assemblées représentatives, dues en partie à l'initiative des rois, aient grandi, prospéré, duré, et le fait n'a pu se produire que parce qu'elle était à demi soustraite à leur administration.

Aux communautés s'ajoutèrent les États, aux États sous Charles VII les assemblées diocésaines. Les uns et les autres ne reposaient en réalité que sur une classe; c'étaient essen-

tiellement des réunions des communes, des principales, et
non de toutes, la prépondérance étant assurée aux plus puissantes : elles étendirent aux diocèses, au pays entier la
faculté de se gouverner soi-même, la spontanéité qui distinguait la commune méridionale, et son esprit politique, oligarchique et bourgeois.

Ces institutions n'ont pas atteint leur plein développement, parce que l'autonomie administrative du pays n'était
pas complète. Si les États n'avaient trouvé devant eux que
le lieutenant général, ils auraient poussé plus loin leurs
conquêtes; avec leur autorité se seraient accrus l'intérêt et
l'empressement de tous à prendre part aux assemblées :
celles-ci en auraient été modifiées et probablement élargies.
Mais, derrière le lieutenant, il y avait un monarque qui
tirait du Nord, où il gouvernait despotiquement, le meilleur
de sa puissance : après 1440 le lieutenant dut s'effacer, et
les États furent mis, comme les villes, en contact immédiat
avec l'autorité royale. De là vient que leur constitution intérieure ait éprouvé peu de changements, qu'au lieu de se
transformer dans un sens démocratique ils se soient plutôt
resserrés. C'est pour la même raison qu'ils ne sont jamais
devenus un Parlement véritable. De leur pouvoir initial d'octroi ils n'ont retiré que deux droits bien définis : celui de
déterminer la nature de l'impôt et celui de le répartir. Point
de droit de perception; aucun contrôle sur l'emploi des
fonds octroyés. Les États n'eurent pas non plus la puissance
législative; ils n'agissaient sur les lois qu'indirectement,
par les doléances ou conditions, plus ou moins impératives,
dont ils entouraient l'octroi. Quant à l'assiette, elle se bornait à répartir l'impôt entre les communes et à le faire
recevoir, sous sa responsabilité.

Que l'on considère les communes ou le pays, on ne voit
en Languedoc que des formes de liberté imparfaites, inachevées : elles ont suffi cependant à faire de cette contrée

un être distinct, un corps animé d'une même vie, pourvu d'intérêts communs, apte à les faire prévaloir. Réuni en assemblées, le tiers ordre étendit au pays entier les règles qu'il avait déjà, dans la plupart des communes, établies à son profit. Ces règles indiquent un état social assez éloigné de la conception féodale, moderne à plusieurs égards : ainsi par l'organisation de la propriété foncière, par l'assiette de la taille. A cette époque il n'y avait rien dans le royaume qui s'accordât au même point avec nos idées sur la justice et l'égalité que le système d'impôt sur le capital, de taille réelle, qu'avaient introduit les consulats et que les États consacrèrent; dans la constitution du pays de Languedoc il n'y avait aucune partie qui fût aussi bien venue, aussi complète, aussi durable. Par la suite les libres institutions ont fléchi sous la pression du pouvoir royal, non celles-là; car l'égalité ne gênait pas la monarchie, mais seulement la liberté.

La guerre anglaise terminée, cette vie somme toute subordonnée et d'importance secondaire, qu'elle avait allumée dans le Midi, ne fit plus que décliner.

Tout y conduisait, et les changements qui se faisaient autour du pays, et ceux dont il fut le théâtre.

Ses libertés politiques étaient fondées sur son indépendance administrative, celle-ci sur l'autorité souveraine que le gouverneur exerçait. Or l'installation d'un Parlement à Toulouse, sous Charles VII, a détruit cette omnipotence. C'était un acte conforme aux vœux des Méridionaux, aux idées de dualisme, de partage du royaume en Languedoil et Languedoc, qui dominaient encore dans les esprits : par le fait le Parlement et les autres Cours souveraines dont le pays fut doté ont concouru à protéger et à prolonger son existence individuelle. Mais la Cour de parlement représentait le pouvoir royal au même degré que le gouverneur; il était inévitable que l'une se mît avec l'autre en rivalité, en conflit. Le Parlement accapara toute la juridiction; il prit, aux dépens du gouverneur, sur les villes, sur les États une large part d'autorité politique.

Cependant, autour du pays s'élargissaient les possessions effectives des rois de France. C'était jadis une bande assez étroite de territoire, traversant l'ancienne Gaule de la Manche à la Méditerranée : en un demi-siècle, de Charles VII à Louis XII, elles vinrent du nord au sud confiner à l'Océan, tandis qu'à l'est, par l'annexion de la Provence, elles s'étendaient jusqu'aux Alpes.

L'importance relative du gouvernement de Languedoc et de Guyenne diminua en raison de ces rapides accroissements. D'ailleurs, la Guyenne ayant été constituée en gouvernement distinct, celui de Languedoc fut restreint aux trois grandes sénéchaussées. Peu après, la création éphémère d'un apanage ducal en Guyenne le rejetait à droite de la Garonne. Au total il perdit le tiers ou le quart de son ressort.

Il se trouvait maintenant enveloppé de territoires de conquête, mis à l'abri des risques de guerre. Cette raison, à défaut d'autres, aurait suffi pour affaiblir le lieutenant général. Il avait été préposé à la défense du territoire, et c'est de la guerre qu'il avait tiré son pouvoir : pour la conduire il avait eu la libre disposition des finances, il avait tenu les États. La guerre cessant, les rois ramenèrent au Trésor les ressources du pays : la tendance est déjà visible sous le règne de Charles VI ; Charles VII, depuis 1440, eut entière-ment sous sa main les finances de Languedoc ; il convoqua seul les trois ordres et fit tenir l'assemblée par ses commissaires.

Le pays fut réduit, malgré la différence des origines, à des conditions analogues à celles où vécurent après l'annexion la Provence, la Bourgogne, la Bretagne et autres pays d'États. Tous étaient distribués sur le pourtour du royaume, extérieurs par rapport à la vaste région qui en formait la partie centrale, plus petits qu'elle, d'ailleurs distincts, séparés les uns des autres : ils furent donc incapables d'arrêter dans ses progrès l'omnipotence royale, déjà fondée en Languedoïl. La monarchie put suivre sa pente, réformer l'administration, réunir et faire aboutir au centre tous les fils du gouvernement.

Pour qu'elle y fût portée et qu'elle y parvînt, il suffisait de sa puissance supérieure, irrésistible. Bientôt les guerres d'Italie, en l'obligeant à des efforts et à des frais continuels, vinrent lui faire une loi de la centralisation administrative. Par nécessité autant que par goût, François Ier et Henri II multiplièrent ces mesures générales, à la fois fiscales et politiques, ces créations d'offices qui bouleversaient et altéraient l'ancienne administration, brisant les sénéchaussées, divisant le pays même en deux généralités.

En même temps le pouvoir se déplaçait ; des extrémités il refluait vers le centre ; des Cours souveraines, du lieutenant général il passait au Conseil d'État qui se tenait auprès du monarque, au Conseil privé, organe essentiel du gouvernement. Grâce aux fréquentes évocations des procès devant le Conseil, le Parlement se vit rabaissé au rang de cour subalterne. Quant au gouverneur, qui se contentait de se faire représenter en Languedoc par un lieutenant et qui n'y paraissait plus, il devenait pour le pays un protecteur, un intercesseur en cour. Son autorité, aux mains de Montmorency, fut confondue en quelque sorte avec celle du Conseil dont celui-ci était le chef. Au roi et à son Conseil furent adressées les requêtes des villes et des États ; car ils avaient intérêt à les présenter au seul corps qui eût qualité pour y faire des réponses décisives. Là désormais furent réglées les affaires du pays comme celles du royaume. Enfin le Conseil prenait la direction des finances. Sur place, dans les généralités, il eut des instruments sûrs, les trésoriers-généraux, dociles exécuteurs des ordres du roi, vrais fonctionnaires, et bientôt les plus actifs, les plus utiles, tandis que ses maîtres des requêtes, par leurs tournées annuelles, lui permettaient de surveiller le personnel administratif et de faire en toutes choses prévaloir sa volonté.

La constitution politique du pays ne pouvait s'accommoder de la centralisation administrative.

Déjà l'institution fondamentale, c'est-à-dire la commune, avait souffert de la formation des États et du pays; car c'était un organisme féodal, un petit monde indépendant et fermé, qui ne pouvait s'agréger à d'autres, se subordonner à un organisme plus étendu, sans y perdre quelque chose de sa spontanéité. L'action du gouvernement central lui fut beaucoup plus funeste, parce qu'elle comprimait ou altérait et faussait les manifestations de la vie municipale. Qu'il s'agît de faire les élections ou d'administrer la justice, la police, les finances communales, les officiers royaux, les Cours souveraines, le Conseil privé tendirent à substituer leurs décisions à celles des consuls et du conseil. Les consulats auraient pu sans grand dommage perdre leurs droits juridictionnels, mais non les autres, et notamment leurs pouvoirs financiers. Les limiter sur ce point, c'était inévitablement les réduire à l'atrophie; c'était aussi empêcher la bourgeoisie de tirer profit des fonctions qu'elle remplissait. Elle alla où se trouvaient le pouvoir réel et les bénéfices qu'il procure, et délaissa les charges municipales pour les offices royaux. La puissance et le personnel gouvernant firent défaut à la fois à l'institution consulaire. Entre l'époque où la personne féodale, la commune dépositaire des libertés, seule capable devant l'État d'exister politiquement, commençait de se désorganiser et celle où les individus ont conquis des droits politiques, il y a eu place pour trois siècles de despotisme.

Les communautés fléchissant sous l'arbitraire royal, le pays et les États, qui n'étaient au fond que l'ensemble et la réunion des communes, devaient avoir le même sort. Le droit d'octroi devint illusoire, quand toute taille fut générale et répartie selon une exacte proportion sur tous les pays du royaume, quand les mesures fiscales furent appliquées partout, uniformément, et quand le roi put lever des sommes considérables par l'intermédiaire du clergé, des villes, des diocèses, sans les demander aux États.

L'assemblée se maintenait cependant par la force des traditions et plus encore peut-être à cause des fonds dont elle disposait. Les sommes qu'elle avait pris l'habitude d'imposer à titre de frais et de dépenser elle-même lui permirent d'intéresser autour d'elle beaucoup de gens à la conservation de ses privilèges, de se donner de puissants patrons. C'est ainsi que ses doléances, inutiles protestations chaque fois qu'elle opposait le bien du pays aux intérêts du Trésor, trouvèrent sur d'autres points bon accueil auprès du Conseil et gardèrent quelque chose de leur efficacité. D'ailleurs les États, et au-dessous d'eux les assiettes diocésaines, affectaient aussi des fonds à divers objets d'intérêt public, par exemple à des travaux de voirie. Politiquement impuissants, ils étaient réduits au rôle utile, mais secondaire, d'assemblée administrative.

Dans la France de Henri II, unie, uniformément gouvernée, le pays de Languedoc est déjà une province, circonscription qui assurément reste différente des autres, mais qui leur ressemble encore plus qu'elle n'en diffère, où les esprits et les institutions ont perdu la meilleure part de leur originalité et de leur ressort, — corps que la centralisation administrative travaille à dissoudre, qu'elle dépouille de ses franchises, de son individualité, et qu'elle fond peu à peu avec le reste du royaume.

Les germes du pays, non le pays même, existaient au XIIIᵉ siècle; il se constitue au siècle suivant, à la faveur des guerres anglaises; il s'affermit et prospère entre l'insurrection bourguignonne de 1418 et le règne de Louis XII; à la veille des guerres de religion, il est en pleine décadence.

APPENDICES

APPENDICE I.

SUR LE CONSULAT DE PAMIERS AU XIVᵉ SIÈCLE.

Le roi a fait usage des droits supérieurs qu'il s'arrogeait sur l'administration des villes, même lorsqu'elles n'étaient pas situées dans
son domaine. A cet égard aucun exemple n'est aussi décisif que
l'affaire du consulat de Pamiers. Cette partie de l'histoire de la ville
est assez peu connue. La *Notice historique* publiée par J. Ourgaud
(1865, in-8°), ne s'étend pas jusqu'à l'époque où se sont produits les
événements dont le récit va suivre. M. de Lahondès, dans ses excel-
lentes *Annales de Pamiers* (1882-1884, 2 vol. in-8°), n'y touche qu'en
passant, non sans quelque inexactitude. On peut les exposer avec
plus de clarté et de détail depuis que les archives de l'évêché de
Pamiers, transportées à Foix par les soins intelligents de M. Pasquier,
archiviste de l'Ariège, sont devenues accessibles au public.

Le *castrum* de Pamiers formait une communauté et possédait un
consulat avant l'année 1228, date où lui fut accordée la charte qui
consacra son autonomie. Les consuls avaient autant d'autorité que
ceux de Toulouse ou de Montauban. Ils exerçaient la justice civile et
criminelle dans le château et dans les localités circonvoisines, sur un
territoire assez étroit, soigneusement délimité. (Ourgaud, pr. n° 8.)

La ville vécut dans une liberté d'autant plus grande qu'elle avait
deux seigneurs, acharnés ennemis, et qu'elle s'alliait tantôt à l'un,
tantôt à l'autre, selon ses intérêts. Le plus ancien était l'abbé du
monastère de Saint-Antonin, lequel fut fait évêque de Pamiers
lorsque le pape Boniface VIII créa ce diocèse, en 1295; l'autre était
le comte de Foix. Entre eux un pariage avait été conclu dès 1111,
renouvelé, rompu à plusieurs reprises, finalement restauré par sentence arbitrale, en 1297, et déclaré perpétuel. Ce pacte ressemblait

aux pariages ordinaires par l'institution d'une cour commune, destinée à recevoir les appels des sentences du tribunal consulaire, par le partage des droits de justice, etc. Il en différait en ceci que le comte tenait à fief de l'évêque le château et les fortifications, dont il avait la garde, tandis que l'évêque conservait la Tour Neuve. (Ourgaud, pr. n° 63. — De Rozière, *Le pariage de Pamiers*, dans la Biblioth. de l'Éc. des Chartes, t. XXXII, p. 1.)

L'accord de 1297 ne mit pas fin aux troubles. Les gens des partis adverses se dressaient des embûches. Des rixes éclataient qui ne se terminaient guère sans effusion de sang. On avait une telle habitude de recourir à la violence, qu'en 1315 les chanoines de Pamiers, à la suite d'un différend avec l'évêque Pilefort, mirent dans la cathédrale une troupe d'hommes armés afin de l'attaquer, lui et sa suite. Comme il voulait se réfugier de son palais épiscopal dans la ville, il dut requérir main-forte des consuls. (Arch. de l'évêché, liasse XVII. n° 1.)

Cependant l'anarchie régnait au comté de Foix. Après la mort du comte Roger-Bernard III. il y eut deux minorités successives, celles de Gaston Ier (mars 1302-décembre 1314), mort à vingt-cinq ans, et de Gaston II qui n'en avait que sept quand il succéda à son père. Une inimitié irréconciliable, origine de deux factions, existait entre Marguerite de Béarn, mère et tutrice de Gaston Ier, et sa femme, Jeanne d'Artois, qui le gouverna toute sa vie et qui parvint, lui mort, à se faire attribuer la tutelle de Gaston II. On peut juger de l'administration de la comtesse Jeanne par le portrait peu flatté, mais ressemblant que traçait d'elle, en 1347, le procureur de sa belle-mère : « Elle est, disait-il, de vie et de mœurs déréglées, méchante, dure, injuste et volontaire, prodigue et négligente. Elle passe presque toutes les nuits en jeux, bouffonneries et autres divertissements indignes de sa condition, et presque toutes ses journées à dormir. Elle en oublie tout ce qui est nécessaire, utile, opportun. Qu'une idée lui vienne en tête, elle s'y tient opiniâtrement, si peu raisonnable qu'elle soit, etc. » (*H. L.*, t. X, pr. n° 200.)

Les officiers du roi eurent donc beau jeu. Les occasions ne leur manquèrent pas de s'immiscer dans les affaires du comté en général, et spécialement dans celles de Pamiers.

Ici une tradition s'était établie en faveur de l'intervention royale. L'abbé de Saint-Antonin avait profité de la croisade des albigeois pour substituer au comte de Foix dans le pariage les Montforts, puis le roi : la substitution dura de 1209 à 1229, jusqu'au traité de Meaux. Il avait provoqué l'expédition de 1272, à la suite de laquelle Philippe III confisqua sur Roger-Bernard les droits qu'il possédait à Pamiers. Le roi ne les rendit pas au comte avant 1285. Par ses lettres, il se réservait « le ressort et la souveraineté... du défaut et de l'appel dudit conte et de sa cort » et promettait de ne pas prendre « compagnie ne donation sans la volonté du devant dit conte et de ses hoirs » dans la ville et dépendances. (Ourgaud, pr. nᵒ 52. Cf. nᵒˢ 56-57.) Enfin, en 1308, Philippe le Bel termina sa fameuse querelle avec Bernard Saisset, premier évêque de Pamiers, en faisant pariage avec lui et son église pour la forêt de Boulbonne, pour trente lieux, villages et châteaux et pour le faubourg, attenant à la ville, où se trouvait l'évêché, l'ancien monastère. (*H. L.*, t. X, pr. nᵒ 453. — Barrière-Flavy, *Le pariage de Pamiers*, 1891, in-8ᵒ.)

Le pariage nouveau ne semblait causer aucun tort au comte de Foix. Le roi, dans une lettre adressée au pape Clément V, avait soin de faire observer qu'il s'agissait uniquement de territoires extérieurs à Pamiers, et non de la ville elle-même. (*H. L.*, t. X, pr. nᵒ 455.) Mais il ajoutait que l'évêque et l'église, forts de sa sauvegarde, jouiraient de beaucoup de biens dont ils étaient autrefois privés. En effet, par sa protection, ils furent soustraits au danger permanent que leur faisait courir le puissant coseigneur qu'ils avaient dû, bon gré mal gré, associer à la possession de la « cité » appaméenne. D'ailleurs une cour commune était instituée à peu de distance, au village des Allemans, un juge d'appeaux commun dans la ville : gênant voisinage pour le tribunal consulaire et pour la cour de l'autre pariage, celui de l'évêque et du comte. Les consuls et le procureur du comte élevèrent à l'envi des réclamations, les uns soutenant que le faubourg Saint-Antonin était compris dans leur juridiction (Ourgaud, pr. nᵒ 12), l'autre invoquant à tort ou à raison, mais avec persévérance, l'engagement par lequel Philippe III se serait interdit tout contrat de cette nature.

Peut-être les consuls reçurent-ils satisfaction. Peut-être aussi le juge d'appeaux commun ne fut-il jamais installé. Philippe de Valois, le 21 janvier 1336, ordonna même à ses officiers d'observer « inviolablement » la promesse que son grand-père avait faite. (Arch. de l'évêché, l. x, nᵒ 104.) Mais le pariage et la viguerie des Allemans, après comme avant, subsistèrent : c'est ce qu'attestent un grand nombre d'actes. La ville de Pamiers, serrée de près par les officiers royaux, fut soumise à leur influence.

A chaque instant particuliers, confréries, consuls même eurent recours aux lettres de sauvegarde qu'ils donnaient au nom de leur maître. Le sénéchal de Carcassonne en accordait sans avoir pris connaissance de cause, sans avoir entendu les officiers du comte. Sur les maisons, dans les champs, sur les places publiques il faisait apposer les pannonceaux du roi, et dès lors ces biens et leurs propriétaires étaient soustraits à la juridiction seigneuriale. (*Ibid.*, l. II, n° 115, 17 mars 1332; l. (?), n° 105, 7 nov. 1334; l. xx (?), n° 92, 10 déc. 1344.)

Le délit de port d'armes était des plus fréquents. A elles seules, les élections consulaires auraient suffi pour fournir chaque année un ample contingent d'affaires de ce genre. En octobre 1306, le lieutenant du juge-mage de Carcassonne vint juger sur place un procès de port d'armes. En réponse aux protestations du procureur du comte, il déclara que « dans tout le royaume et spécialement dans la séné·chaussée de Carcassonne, même dans les terres des barons, comtes ou autres seigneurs, quels que fussent leur rang et leur autorité, la connaissance et la punition du port d'armes appartenaient au roi et à sa cour. » (*H. L.*, t. X, pr. n° 439.)

En vertu de ce droit, non contente d'attirer à elle les causes, la cour royale incriminait les consuls. Elle les accusait de ne pas maintenir la paix, de ne pas poursuivre les malfaiteurs. Il faut convenir qu'en un temps pareil, dans un pays voisin des montagnes et de la frontière d'Aragon, ce n'était point tâche facile. Les consuls n'en furent pas moins obligés, le 20 juin 1310, d'entrer en composition avec le procureur du roi, c'est-à-dire de verser au Trésor une certaine somme, de racheter leurs fautes envers le suzerain dont l'autorité les frappait ainsi directement, et passait par dessus la tête de leurs seigneurs immédiats.

En refusant de « financer », ils se seraient attiré quelque châtiment plus grave. Bientôt ils cessèrent d'avoir l'alternative.

En 1330, les 15 et 17 septembre, le sénéchal envoyait à Pamiers trois commissaires, dont le « connétable » et le viguier de Carcassonne, avec ordre d'interdire le port d'armes dans la ville et le territoire, d'opérer la saisie du consulat, de pourvoir à l'administration de la justice et des affaires publiques, d'ajourner à ses assises neuf consuls et leur assesseur... Quelques jours après, le connétable et le viguier arrivaient sur les lieux. En leur présence, le procureur du comte de Foix protesta longuement. Les droits du comte étaient, disait-il, « énormément lésés ». C'était à lui et à l'évêque qu'il appartenait de punir, s'il y avait lieu, les négligences des consuls et les défauts de justice, à eux qu'il aurait fallu d'abord s'adresser et que, dans tous les cas, la

« commise » du consulat aurait dû être donnée. D'ailleurs, la procédure suivie était contraire au droit; car on ne pouvait passer à l'exécution sans qu'un jugement préalable fût intervenu, ni priver les consuls de leur office avant la condamnation. Son appel ne fut pas admis
par le sénéchal. L'acte qui le repoussait porte que des crimes «énormes, abominables » avaient été laissés impunis par les consuls — en
trente ans plus de quarante homicides, dit un arrêt postérieur, sans
parler des maisons prises d'assaut et pillées en plein jour. — Parfois
les gens du roi envoyés à Pamiers avaient été battus, leurs lettres
lacérées. Les consuls mettaient des accusés à la torture, nonobstant
appel. Certains étaient restés en charge jusqu'à huit années au lieu
d'une. Le mal s'était aggravé sans que les coseigneurs eussent rien
fait pour y porter remède. Bien plus, ils avaient « notoirement et pu-
bliquement reçu et soutenu les malfaiteurs, et continuaient de les recevoir et soutenir ». Le sénéchal devait donc les suppléer, «comme
étant leur supérieur, en droit canon et civil ». (Arch. de l'évêché,
l. XXII, nᵒ 2. — H. L., t. X, pr. nᵒ 341.)

La comtesse Jeanne fit alors, au nom de son fils, appel au roi de
France. Le sénéchal s'était donné le tort de ne pas observer la procédure légale. Aussi reçut-il l'ordre de remettre les choses en état et de
rendre aux consuls leur juridiction. (Arch. de l'évêché, l. XXII, nᵒ 148;
29 déc. 1330.) Mais le procès n'en fut pas arrêté. Il suivit son cours
régulier, alla du sénéchal au Parlement de Paris, et se termina, le
22 décembre 1340, par une sentence qui supprimait à perpétuité le
consulat de Pamiers et condamnait la ville à payer au Trésor royal
une amende de 4,000 livres. (H. L., t. X, pr. nᵒ 341.)

Les consuls n'ignoraient pas ce que signifiaient ces confiscations
dites perpétuelles. C'était un moyen sûr de tirer de l'argent des villes
qui en étaient atteintes. Ils offrirent une forte somme, 20,000 livres,
afin de recouvrer tous leurs pouvoirs et prérogatives : au mois d'août
suivant, Philippe VI accepta leurs offres.

Aucun arrangement ne pouvait être plus préjudiciable aux coseigneurs. Ils avaient dû souffrir que le consulat fût aboli sans leur consentement ; mais s'il était restauré de la même manière, ils perdaient
à Pamiers toute autorité politique. Les habitants n'auraient pas manqué de prétendre qu'ils le tenaient du roi « seul et pour le tout », selon la formule usitée. Les consuls auraient fait profession de ne dépendre que de lui, de juger en son nom. Les officiers royaux aidant,
la juridiction seigneuriale et les profits qu'elle donnait auraient été
bientôt réduits à peu de chose.

Le comte Gaston, devenu majeur, intervint à propos. Sitôt le consulat confisqué, il l'avait demandé pour lui-même. La guerre était engagée en Guyenne. Le comte venait d'entreprendre au service du roi « des travaux immenses ». L'évêque de Beauvais et le comte de Valentinois, lieutenants en Languedoc, s'empressèrent d'accéder à ses désirs. En avril 1341, ils lui cédèrent le consulat de Pamiers, sauf approbation royale et sous réserve d'hommage, ressort et souveraineté. De son côté, il abandonnait un revenu de 500 livres que Philippe VI lui avait assigné sur la sénéchaussée de Bigorre. (Arch. de l'évêché, l. II, nº 19.)

Assurément il avait eu l'intention de traiter pour lui seul, non pour son coseigneur; mais quand on apprit que la ville allait racheter le consulat, l'évêque s'émut à son tour et tous deux s'entendirent. Ils représentèrent au roi le tort qui leur était fait : ils seraient, disaient-ils, obligés de plaider contre leur suzerain. Le comte se rendit à Paris. L'évêque de Beauvais se chargea de prouver par une enquête que les habitants, en majorité, désapprouvaient l'accord passé par leurs procureurs. Pour en finir, les coseigneurs offrirent du consulat et de la juridiction qui en dépendait 20,000 livres, autant que la ville. Il était inévitable qu'à prix égal ils eussent la préférence. Le 4 mai 1442 le roi mandait à trois commissaires de les mettre en possession du consulat. (Arch. de l'évêché, l. XXII, nº (?). — H. L. t. X, pr. nº 354.) Le 10 juin, sur la place du Mercadal, les habitants assemblés reçurent communication des lettres royales. L'évêque, puis le comte leur promirent, chacun pour sa part, de les maintenir dans leurs privilèges. (Arch. de l'évêché, l. XXII, nº 14; II, nº 128.) La communauté subsista; mais le consulat disparut. Les coseigneurs laissèrent huit syndics gérer les affaires de la ville; mais ils se réservèrent exclusivement la justice, qu'un viguier et un prévôt communs rendirent en leur nom. Les bénéfices qu'elle donnait, ainsi que les frais d'achat, furent partagés également entre eux. Seulement, comme l'évêque avait obtenu que le chapitre payât une moitié des 10,000 livres qu'il avait à fournir, il dut lui céder en retour la moitié de ses profits, soit un quart des revenus de la juridiction.

On vient de voir le roi supprimer de son autorité propre et confisquer un consulat sur lequel il n'avait point de seigneurie directe, aucun autre pouvoir qu'un droit de suzeraineté dont il arguait pour veiller partout à la bonne administration du royaume. Pour qu'il s'en emparât, il avait suffi que les consuls eussent mal rendu la justice. L'arrêt qui les frappait avait aussi dépouillé de leur bien les coseigneurs de Pamiers, puisqu'en théorie féodale ils étaient propriétaires du consulat et de la juridiction dont la ville était possesseur. Or ce n'étaient pas de minces personnages : l'un était évêque, l'autre le chef de la plus puissante maison féodale qu'il y eût dans le Midi. Il est si vrai que les deux parties étaient également atteintes par la confiscation, que les seigneurs avaient dû racheter le consulat fort cher, pour éviter qu'il ne fût revendu à la ville et possédé de nouveau par elle, mais cette fois au nom du roi.

La suite de l'histoire de Pamiers n'est pas moins curieuse. Voici maintenant le gouvernement royal refusant de tenir pour valable une concession de consulat qu'il n'a pas confirmée, et l'annulant sans que les seigneurs qui l'ont faite résistent autrement que par des plaidoiries.

A la fin du XIVᵉ siècle, la maison de Foix a subi une crise dangereuse. La lignée des anciens comtes s'est éteinte avec Gaston-Phœbus, lequel mourut le 1ᵉʳ août 1391. L'héritier légitime était Mathieu, vicomte de Castelbon; mais Gaston, qui ne l'aimait pas, avait l'année précédente fait donation de tous ses biens à Charles VI. Pour devancer un rival aussi redoutable, Mathieu en toute hâte vint prendre possession de l'héritage. Quand il fut devant Pamiers, « les plus principaux des habitans qui desja avoient eu le consentement dudit evesque pour créer consulat, vindrent en grand nombre au devant dudit conte, et lui requirent qu'il leur donnast et octroiast ledit consulat, ou autrement il ne entreroit pas en ladite ville, ne le recognoistroient ou recevroient à seigneur; et si avoient ja yeeulx habitans fait establir les murs, portes, entrees et passages de ladite ville de grant foison de gens armez pour resister audit conte ou cas qu'il ne vouldroit consentir à l'octroy dudit consulat. Dont peut estre que ledit conte, veant yeeulx habitans pour lors moult esmeuz à procéder par voye de fait, advisa que s'il ne consentoit à leur requeste il pourroit estre empesché en son entree, et que les autres lieux et subgez de ladite conté y prendroient mauvais exemple, attendu que ladite cité estoit le chief et le plus principal lieu qu'il ait oudit païs ».

En effet, le 20 août 1391, l'évêque et le comte transférèrent solennellement aux syndics et au peuple, réunis dans l'église de Sainte-Marie-de-Mercadal, le consulat et la juridiction. Ils confirmèrent en leur faveur la charte de 1228, non sans y ajouter quelques privilèges : c'est ainsi que les consuls reçurent le pouvoir de lever pour les besoins de la ville des impositions et des tailles de leur autorité propre, sans la permission des seigneurs. (Arch. de l'évêché, l. XXII, nᵒ 15; cf. 26, 29.)

Là-dessus nouveau procès, car le chapitre se trouvait frustré. Ayant contribué aux frais d'acquisition du consulat, il voulait conserver sa part des revenus de justice. La cause fut portée au Parlement de Paris. Le procureur du roi, conservateur naturel de ses droits et domaine, se joignit au chapitre et prit des réquisitions contre la ville.

Les habitants comptaient sur l'appui de l'évêque et du comte, qui leur avaient promis de se porter défendeurs avec eux. Ce dernier avait encore besoin de ses sujets. Quoiqu'il eût obtenu de Charles VI l'abandon des prétentions royales sur les États de Gaston-Phœbus, on le traitait volontiers à la cour de France de « soi-disant comte de Foix ». Sa conduite fut pleine d'ambiguïté et de détours. Il tint d'abord sa promesse. Puis, le 4 mars 1394, il fit lire en Parlement par son procureur un factum où il déclarait, en termes à peine voilés de quelques « peut-être », que les gens de Pamiers lui avaient extorqué l'octroi d'un consulat, qu'en prenant pour eux fait et cause il avait de nouveau cédé à leur « importune requeste », qu'il avait agi « à son préjudice et de la chose publique ». Mieux conseillé maintenant, il avait résolu de se joindre à la partie adverse. En conséquence, un arrêt de la Cour le mit hors de cause. (Arch. de l'évêché, l. XXII, nos 1 et 3.) Pourtant, l'année suivante, les deux coseigneurs rendirent une longue ordonnance organisant le consulat et réglant l'administration de la justice. On ne s'expliquerait pas cette volte-face du comte, si dans l'intervalle aucun fait nouveau n'était survenu. Mais nous savons qu'en juin 1394 le pape avait ratifié la concession faite par l'évêque à la ville, et que les consuls avaient obtenu de Charles VI une décision favorable, au moins en apparence, sans doute quelque appointement provisoire, donné sans préjudice du procès pendant à la Cour. (De Lahondès. *Ann. de Pamiers*, t. I, p. 124.)

L'affaire traîna cinq ans encore. Mathieu mourut avant la sentence, le 5 août 1398. Son beau-frère, Archambault, qui lui succéda, était sénéchal de Guyenne pour le roi d'Angleterre et très désagréable à la cour de France. Entre lui et le roi la guerre ne tarda pas à éclater. Archambault et sa femme Isabelle avaient trop de ménagements à garder envers les villes pour leur refuser des privilèges. Ils confirmèrent ceux de Pamiers dès le 1er septembre. Mais c'était ailleurs, à Paris, que s'agitait le sort du consulat.

En décembre 1400, la cause fut jugée. Le procureur du roi affirmait que la justice était mieux rendue, et de façon plus utile au pays, par

un prévôt et par un viguier que par dix consuls. Il rappelait l'arrêt
de 1340, arrêt de confiscation perpétuelle. Or « il appartenait au roi
seul d'instituer des consulats... Il n'était point vrai qu'en Languedoc
les hauts-justiciers eussent un tel pouvoir. S'ils avaient parfois créé
des consuls, c'était avec la permission du roi, cet acte étant de droit
royal. » La Cour lui donna raison. La concession du consulat fut
annulée, les défendeurs condamnés aux dépens. (Arch. de l'évêché,
l. XXII, n° 1. Arrêt du 28 déc. 1400.)

D'après M. de Lahondès, une confiscation aurait été prononcée,
« parce que les consuls n'avaient pas poursuivi un criminel prévenu
d'homicide ». C'est qu'il n'a point connu le texte de l'arrêt. Le consulat fut aboli pour l'unique raison qu'il ne procédait pas de la volonté
royale. Il n'y eut pas de confiscation : le consulat était supprimé,
rien de plus; la ville et les seigneurs étaient ramenés à l'état de choses
qui existait avant 1391. Ceux-ci ne s'en plaignirent pas. Au fond ils y
trouvaient leur avantage. La ville dut se soumettre. Elle ne réussit
pas avant 1494 à recouvrer le consulat que, durant le XIVᵉ siècle, elle
avait deux fois perdu.

APPENDICE II.

LISTE DES ASSEMBLÉES D'ÉTATS DE LANGUEDOC DE 1356 A 1400.

La catalogue qui suit contient toutes les assemblées connues,
qu'elles aient compris les trois ordres, ou deux, ou un seul, les États
d'une seule sénéchaussée ou ceux de plusieurs, réunies ensemble.
Il rectifie ou complète en beaucoup de points les données fournies
par l'*Histoire de Languedoc;* mais il laisse subsister des lacunes,
des obscurités et peut-être des erreurs, que de nouveaux documents
permettraient seuls de combler ou de faire disparaître.

Pour rendre ce long appendice vraiment utile, il était indispensable de citer les textes, quitte à l'allonger encore. Mais on a réduit
autant que possible l'espace donné aux citations au moyen d'abré-
viations, dont voici les principales : *H.* = *Hist. de Languedoc.* —
Ord. = *Ordonn. des rois de France.* — Mén. = Ménard, *Hist. de
Nîmes.* — Rouqu. = Rouquette, *Le Rouergue sous les Anglais.* —
Tard. = Tardif, *Monuments historiques.* — B. N. = Biblioth.

Nationale. — Arch. Toul. = Archives de Toulouse. — Arch. Montp. = Arch. de Montpellier. — Arch. Narb. = Arch. de Narbonne. — Arch. Albi = Archives d'Albi.

1356

26 mars-avr., *Toulouse.* Les communes des sénéchaussées de Toulouse, Carcassonne, Beaucaire, Périgord-Quercy, Rouergue. Elles accordent 5 d. pour livre des ventes et 1 agneau d'or par feu pour un an. (Mén., II, nº 94. — *H.,* IX, 656; X, nº 447.)

Mai. Deux assemblées consécutives des états de la sénéchaussée de Carcassonne. La seconde promet 5 s. par feu, à déduire dudit agneau. (*H.,* IX, 658.)

17 mai, environ, *Béziers.* États de la sénéchaussée de Nîmes. Même promesse. (*Ord.,* III, 111; art. 7. — Mén., II, pr. p. 172.)

Mi-octobre, *Toulouse.* Les trois états des sénéchaussées de « Toulouse, Carcassonne, Beaucaire, Rouergue, Quercy, Bigorre et autres provinces de Languedoc ». Octroi de 13000 chevaux et 2000 fantassins, pour un an, à payer au moyen d'un capage de 3 d. t. par semaine sur chaque chef de maison roturier, de 6 d. t. par noble non sujet aux tailles, et d'une taille sur les biens des roturiers. Cet octroi annule les précédents, mais non l'imposition de 6 d. pour livre. (*Ord.,* III, 88, 111. — Mén., II, nos 101, 102, 103. — *H.,* IX, 665.)

1357

1er janvier, *Toulouse.* Assemblée d'États. (Rouqu., 10.)

1er mars, *Béziers.* États « de la Languedoc », devant le comte d'Armagnac. Sommés de fournir les troupes promises au mois d'oct. précédent, ils répondent qu'ils ne trouvent pas moyen de les solder par « accroissement de capage », mais sur le produit des monnaies, ce qui est conclu. (*Ord.,* III, 121, 152.)

Mai, *Toulouse.* Les trois ordres devant le comte d'Armagnac. Ils font un octroi pour la guerre. Sédition à Toulouse à propos du capage, que le comte promet d'abolir. (Rouqu., 11-13. — *H.,* X, nº 455.)

Juillet, *Albi.* Les communes du pays. Elles apurent les comptes de leurs trésoriers. (Rouqu., 13. — *H.,* IX, 673.)

7 déc., *Albi.* États de Languedoc convoqués. On ne voit pas si l'assemblée a eu lieu. (Rouqu., 13.)

1358

Janv., *Lyon*. Les communes, entre autres celles de Rouergue, devant le comte de Poitiers. (Rouqu., 14. — *H.*, IX, 677.)

18 févr., *Montpellier*. Les communes de la sénéchaussée de Nimes devant le comte de Poitiers. Elles avaient été mandées à Nimes, le 4 janv., par le sénéchal; mais ce sont peut-être deux assemblées différentes. Elles accordent un capage pour deux mois ou quatre au plus, si la guerre dure. (Mén., II, n° 109. — *Ord.*, III, 689.)

Avril, puis mai. *Toulouse*. Les trois ordres des sénéchaussées de Toulouse, Carcassonne, Beaucaire, Rouergue, Quercy. Ils octroient pour deux mois (juin-juill.) 1000 hommes d'armes et 1000 piétons. (Rouqu., 15. — *H.*, X, n° 462. — Arch. Montp., arm. E. cass. 7, n° 26.)

Juillet, *Toulouse*. Les communes et sans doute les deux autres ordres des sénéchaussées de Toulouse, Carcassonne, Beaucaire, Rouergue, devant le comte de Poitiers et l'évêque de Thérouanne, chancelier de France. Elles octroient respectivement 50000, 90000, 70000, 6000 moutons d'or, soit 1 par feu, pour la délivrance du roi. Les nobles de la sénéchaussée de Carcassonne promettent 1/10 de leurs revenus, ceux de la sénéchaussée de Beaucaire 15000 m. d'or. Ces octrois n'ont pris effet qu'après le traité de Brétigny, du 8 mai 1360. L'assemblée décide de plus d'offrir 10000 m. au roi et envoie à cet effet une ambassade en Angleterre. (*Ord.*, IV, 187, 191. — Mén., II, pr. pp. 203, 206. — *H.*, IX, 683; X, n°s 464, IV-VI, 465, 466 et 478, c. 1213, 1228, 1237, 1240. — *Mém. Soc. archéol. Montp.*, 1892, 437 et suiv. — Rouqu., 25.)

4 nov., *Carcassonne*. Convocation sans résultat (?) des États de Languedoc. (*H.*, IX, 687.)

1359

25 févr., *Alais*. Les trois ordres de la sénéchaussée de Nimes devant le comte de Poitiers. (Mén., II, n° 116.)

Mars, *Montpellier*. Les trois ordres des sénéchaussées de Toulouse, Carcassonne, Beaucaire, Rouergue, Périgord et Quercy, Agenais, Bigorre. Octroi d'une gabelle de 4 gros t. d'argent par quintal de sel, pour un an, et d'autres impositions. (Mén., II, pr. pp. 189, 216-219. — *H.*, X, n°s 470, II, VIII, etc., 471.)

25-30 mai, *Carcassonne*, puis 31 mai-9 juin, *Toulouse*. Les trois états de plusieurs sénéchaussées. Prêt de 100,000 florins à recouvrer sur le produit de la gabelle et des impositions. (*H.*, X, nᵒ 470, vi. — Arch. Albi, CC 149, fᵒ 35.)

Fin juillet, *Nîmes*. Les communes de la sénéchaussée de Beaucaire. Elles délibèrent sur la levée de leur part du prêt susdit, part qui est de 30,000 florins. (*H.*, X, nᵒ 470, v, vi. — Mén., II, nᵒ 121.)

6-12, puis 17-24 juillet, *Carcassonne*. Les communes de la sénéchaussée de Carcassonne. Elles entendent des nouvelles venues d'Angleterre et accordent 6 s. 9 d. t. par feu. (Arch. Albi, CC 149, fᵒ 45 vᵒ.)

15-23 août, *Béziers*. Les trois états de Languedoc. Ils traitent des 400000 fl. que demande le comte de Poitiers et d'une somme à fournir au roi de Danemark qui propose de faire une descente en Angleterre. (*Ibid.*, fᵒ 36 vᵒ. — Mén., II, pr. pp. 220-222. — Rouqu., 17.)

1ᵉʳ sept., *Nîmes*. Les communes de la sénéchaussée, pour pourvoir à la défense de la contrée. (Mén., II, pr. p. 222.)

8-24 sept., *Toulouse*, puis *Grenade*. Les communes et les gens d'Église de Languedoc. Promesse de 200,000 fl. d'or pour favoriser la descente en Angleterre du roi de Danemark, à qui l'assemblée enverra une ambassade de sept personnes. (*H.*, IX, 703. — Rouqu., 17. — Arch. Albi, CC 149, fᵒˢ 36 vᵒ, 37. — Mén., II, pr. p. 224. — Germain, dans les *Mém. Soc. archéol. Montp.*, 1858.)

20 oct.-15 nov., *Carcassonne*. Les trois ordres des sénéchaussées de Toulouse, Carcassonne, Beaucaire, Quercy, Rouergue. Ils prolongent la gabelle pour un an, jusqu'à Noël 1360, sauf à la prolonger de nouveau si c'est nécessaire, jusqu'à entier remboursement du demi mouton par feu que les villes ont prêté. Excepté la gabelle, toutes les autres impositions sont abolies. Octroi de 1 m. d'or par feu, en 4 termes, du 1ᵉʳ janv. 1360 au 31 déc. 1361. (*H.*, X, nᵒˢ 470, vii-ix, xi; 471. — B. N., lat. 9174, fᵒ 327. — *Ord.*, IV, 199. — Arch. Albi, CC 149, fᵒ 37.)

1360

5 avr.-10 mai, *Toulouse*, puis *Carcassonne*. Les communes de Languedoc. (*Ibid.*, fᵒ 40.)

Juin-juill., *Pamiers*. Les délégués des communes des trois grandes sénéchaussées. — Ils promettent, devant le maréchal de Bouciquaut, 200000 fl. d'or au comte de Foix, dont la moitié payable de suite, le reste à la Noël 1360 et au 24 juin 1361. — Ils traitent avec Bouciquaut pour le versement du premier terme de la « finance du roy » octroyée en juill. 1358. (Arch. Albi, CC 150, f⁰ˢ 27, 31 v⁰, 41 v⁰. — *H.*, X, n⁰ 475.)

25 juill.-5 août. *Sommières.* Les communes de Languedoc, devant les comtes d'Armagnac et de Poitiers. Elles accordent à l'un 200000 fl., autant qu'au comte de Foix, à l'autre la prorogation de la gabelle jusqu'à la Noël 1361, soit pour « son état », soit pour s'en aider elles-mêmes. (Arch. Albi, CC 150, f⁰ 35 v⁰. — *H.*, IX, 711. — *Ord.*, IV, 199.)

27 août-5 sept., *Rodez.* Les communes de Languedoc. Le comte d'Armagnac leur remet la moitié de la somme qu'elles lui ont pro-mise. (Arch. Albi, CC 150, f⁰ˢ 40, 43 v⁰. — Cf. *H.*, X, n⁰ 500.)

13-26 sept., *Montpellier*, puis *Lunel.* Les communes, devant les lieutenants du comte de Poitiers. (Mention *ap.* B. N., lat. 9175, f⁰ 14.)

Fin oct.-27 nov., *Pézenas.* Les communes des trois sénéchaussées. Elles abrogent les accords de Sommières et de Lunel. Le reste du subside sera payé les 2 mars et 17 mai 1361. Le comte de Poitiers jouira de la gabelle jusqu'au 2 mars, puis les communes jusqu'à la Noël. (*Ibid.* — Arch. Montp., arm. D, cass. 21, n⁰ 4. — Arch. Albi, CC 150, f⁰ˢ 42 v⁰, 43 v⁰.)

Octobre. *Béziers* (?). Les communes de la sénéchaussée de Carcas-sonne, pour leur défense. (*Ibid.*, f⁰ˢ 42, 43 v⁰.)

1361

14 avr., *Lunel.* Les trois états de la sénéchaussée de Beaucaire. Ils accordent au connétable de Fiennes 19000 fl. d'or, pour reprendre Pont-Saint-Esprit aux routiers. (B. N., lat. 9175, f⁰ 24.)

Octobre. *Béziers*, puis *Carcassonne.* Les communes des trois séné-chaussées. Offres de 64000 fr. d'or et de 35715 fr. par an, pendant six ans, pour la rançon du roi, faites par les sénéchaussées de Carcas-sonne et de Toulouse. Ordonnance de 1500 glaives et de 3000 piétons contre les routiers. Octroi de la gabelle du sel pour un an. (*Ibid.*, f⁰ 32. — *H.*, X, n⁰ˢ 482, 483, 484, i. — Em. Molinier, *Arnoul d'Au-drehem*, pr., n⁰ 31.)

1362

18 janv., *Béziers.* Les communes des trois sénéchaussées. Octroi de la gabelle du sel pour deux ans. (*H.*, X, n⁰ 484, ii.)

Avant le 24 mars, *Nimes*. Les communes de la sénéchaussée. Elles accordent au maréchal d'Audrehem 10000 fl., soit 2 gros par feu, pour payer un mois de solde aux Espagnols. (Mén., II, pr. pp. 242, 243.)

Avril, *Toulouse*. Les communes de la sénéchaussée. Elles traitent de l'abolition des aides et de l'expulsion des routiers. Octroi de 7140 fl., « pour faire la guerre au lieu de Barran ». (Arch. Toul., *Comptes*, 1362-69, f° 7.)

24 avr.-5 mai, *Lunel* et *Pézenas*. Les communes de la sénéchaussée de Nimes, devant Arn. d'Audrehem, Scatisse et l'évêque de Meaux. Elles traitent de l'abolition des aides et de l'expulsion des routiers. (Mén., II. pr. p. 243.)

Fin de mai, *Montpellier*. Les communes de Languedoc. Elles vendent la gabelle du sel pour se procurer des ressources contre les routiers. Les sénéchaussées de Toulouse et de Carcassonne offrent au lieu des aides, pour la rançon du roi, l'une 35715 fr. par an pendant six ans, l'autre 64000 fr. pour la première année et 70000 pour les cinq suivantes, — offres définitivement acceptées. (*H.*, X, n°s 478, *passim*, 483, 484, III.)

10 juin, *Pont d'Avignon*. Les communes de la sénéchaussée de Nimes. Elles promettent à Scatisse et à l'évêque de Meaux de payer pour la rançon du roi 50000 m. pendant cinq ans ; plus tard le roi a prorogé le contrat pour une sixième année, et de plus exigé 40000 m. une fois payés. (Mén., II, pr. p. 244. — *H.*, X, n° 478, c. 1237, 1240, 1244, 1245. — B. N., lat. 9175, f°s 37, 87 ; cf. 28, 30.)

1er sept., *Beaucaire*. Les communes de la sénéchaussée. Répartition d'un subside de 100000 fl., imposé par le roi sur le pays de Languedoc, le bailliage de Mâcon, l'Auvergne, pour en faire sortir les routiers. (Mén., II. pr. p. 247. Cf. *H.*, X, n° 493.)

1363

Janv., *Carcassonne*. Les communes de la sénéchaussée. Elles octroient 4 gr. par feu pour chasser les Espagnols. (Arch. Albi, CC 72 ; 19 janv. 1363. — B. N., *Doat*. 157, f° 459. Cf. *H.*, X, n° 478, *passim*.)

Janv., *Villeneuve d'Avignon*. Les communes de la sénéchaussée de Nimes, devant le roi. Même octroi. (Mén., II, pr. p. 247. — Sur la sénéchaussée de Toulouse, cf. *H.*, X, pr. col. 1234.)

21 janv.-1er févr. Les communes de la même sénéchaussée. Répar-

tition du quart de florin par feu demandé pour expulser Perrin Boias. (Mén., II, pr. p. 251.)

20 avril, *Villeneuve-d'Avignon*. Les trois états de la sénéchaussée de Nimes, devant le roi. Ils accordent la gabelle du sel pour deux ans, plus, en cas de besoin, d'autres impositions, jusqu'au mois de nov. suivant, pour la défense du pays. (*Ord.*, III, 618.)

Avril (?). Les communes de la sénéchaussée de Carcassonne. Elles accordent un demi-florin d'or ou 6 gros d'argent, payables en trois mois, pour la guerre. Évidemment, les autres sénéchaussées ont fait un semblable octroi. (Arch. Albi, CC 73; 28 août 1363. — Mén., II, pr. p. 253. — Arch. Toul., *Comptes* 1362-69, f° 7.)

Août (?). *Carcassonne*. Les communes des sénéchaussées de Toulouse et de Carcassonne, devant le maréchal d'Audrehem. Elles lui accordent un subside pour l'entretien de ses troupes, pour quatre mois, sept.-déc. (Arch. Albi, CC 73; 21 nov. 1363.)

10 oct., *Nimes*. Les trois états de la sénéchaussée. (*H.*, X, n° 507, I; cf. IX, 759, n. 5.)

1364

9 févr., *Nimes*. Les communes de Languedoc. (Mén., II, pr. p. 250.)

15 mars, *Carcassonne*. Les communes des sénéchaussées de Toulouse et de Carcassonne. Elles sont convoquées pour pourvoir à la défense du pays contre les Compagnies. Assemblée douteuse. (*H.*, X, n° 507, II.)

31 mars, *Lunel*. Les communes de la sénéchaussée de Nimes. Elles lèvent des gens d'armes. (*H.*, IX, 763.)

Août (?), *Nimes*. Les communes de la sénéchaussée, devant Scatisse et autres commissaires. Elles mettent sur pied contre les routiers 1 450 hommes pendant un mois. (*H.*, X, n° 507, III, IV.)

7 nov., *Béziers*. Les communes de Languedoc. Assemblée douteuse. (*H.*, X, n° 507, V.)

1365

Première moitié de févr., *Carcassonne*. Les communes de Languedoc. Elles accordent au duc d'Anjou pour les trois mois d'été 600 hommes d'armes, et 200 pour les six mois suivants. Ces troupes seront soldées de la gabelle du sel, qui est imposée pour un an, à partir du 1er mars. (*H.*, X, n° 517, I, II; cf. IX, 769, n. 1. — B. N., lat. 9175, f°s 62, 75.)

Mai, *Montpellier*. Les mêmes, en petit nombre. (*H.*, X, nº 517, IV.)

Juin-juill. (?), *Nimes* et *Montpellier*. Les mêmes, à propos de l'évacuation du château d'Anse près Lyon, occupé par Seguin de Badefol. Elles accordent à cette fin et pour la défense du pays 50000 flor. d'or. (*H.*, X, nº 517, III. — Arch. Albi, CC 75; 16 août 1365. — B. N., lat. 9175, fº 96. — Arch. Toul., *Comptes* 1362-69, fº 7.)

1366

22 janv., *Nimes*. Les mêmes, devant le duc d'Anjou. On traite de la gabelle. (*H.*, X, nº 517, VI. — B. N., lat. 9175, fº 96.)

18 avr., *Béziers*. Les communes de la sénéchaussée de Carcassonne. Elles accordent au duc les émoluments de la gabelle, moyennant exemption du rachat du lieu d'Anse. (*Ibid.* — *H.*, IX, 781, n. 6.)

19-23 juin. *Montpellier*, puis *Aiguesmortes*. Les communes de la sénéchaussée de Beaucaire, à propos des réparations à effectuer au port d'Aiguesmortes. (Pagézy, *Mém. sur Aiguesmortes*, p. 411.)

1367

Juin (?), *Nimes*. Les communes de Languedoc. Convocation sans résultat.

Sept. (?), *Béziers*. Les mêmes. (*H.*, IX, p. 790. — Arch. Toul., AA 45, nº 60.)

Nov., *Beaucaire*. Les mêmes. Elles accordent au duc d'Anjou la gabelle pour un an. (*Ibid.*; cf. *H.*, X, nº 533. — B. N., lat. 9175, fº 108.)

1368

Févr.-mars, *Nimes*, puis *Beaucaire*. Les mêmes, devant le duc d'Anjou. Elles accordent 1 fr. par feu, payable 1/2 en mai, 1/4 en juill., 1/4 en sept., pour la guerre de Provence. L'octroi de la gabelle est renouvelé, une ambassade envoyée au roi. (*H.*, IX, 792, 793, 795; X, nº 535, I, II : cf. 538. — Arch. Albi, CC 151, fºs 41, 55.)

2 sept.-9 oct., *Toulouse*. Les mêmes, devant le duc. Elles octroient 160000 fr. d'or, payables de la Toussaint à mai suivant, soit celle de Carcassonne, 52000 fr., celle de Toulouse 42000, celle de Beaucaire 2 fr. par feu, et toutes ensemble 40000 fr. à répartir entre elles et à payer en cas de besoin. De plus elles imposent 1 gros par feu pour Bertrand Duguesclin. (*H.*, IX, 799; X, nºs 543, 547. — Arch. Albi,

CC 151, fos 42, 57 vo, et CC 77, 10 oct. 1368. — Arch. Toul., *Comptes* 1362-69, fo 8.)

1369

5-22 févr., *Toulouse*. Les mêmes, devant le duc. Elles octroient un demi-franc par feu et la gabelle pour deux ans. (*Ibid.* — Arch. Albi, CC 151, fo 60 vo. — Em. Molinier, pr. no 97. — B. N., lat. 9175, fo 108.)

28 avr.-10 mai, *Toulouse*. Les mêmes, devant le duc. Elles lui accordent : 1o un prêt de 2 fr. 1/2 par feu qu'il demande; 2o un subside dont le prêt devra être défalqué. Le subside est de 2 fr. 1 gros par feu, soit pour la sénéchaussée de Carcassonne 67 000, *alias* 71 000 fr. (*H.*, X, nos 551, 552, 557; cf. IX, 804. — Arch. Albi, CC 151, fos 62 et vo, 145 et vo, 154 vo, 155 vo; CC 85, 30 août 1369. — Em. Molinier, pr. no 101. — B. N., *Doat*, 157, fo 205.)

Juin-juill., *Toulouse*. Les mêmes, devant le duc. Confirmation de l'accord intervenu. (*Ibid.* — *H.*, X, no 551. — Arch. Albi, CC 151, fos 140, 145 vo; FF 45, cah. du 20 juill. 1369.)

Sept.-oct.-nov., *Carcassonne*, puis *Toulouse*. Les mêmes, devant le duc. Elles lui accordent 430 000 fr. d'or, pour un an, à percevoir au moyen de droits de 1/20 sur le blé porté au moulin et de 3 gr. ou davantage sur le vin. (Arch. d'Albi, FF 45, cah. du 4 nov.; CC 151, fos 156, 157 vo, 167. — *H.*, X, no 559. — *Ord.*, V, 424. — Arch. Toul., AA 45, nos 68, 69.)

1370

Févr., *Toulouse*. Les mêmes. Elles accordent 330 000 fr. d'or pour un an, somme payable au moyen d'un subside de 3 fr. par feu et de taxes de 1/2 fr. d'or par tonneau de vin et 1 gr. d'argent par charge de fruits et de raisins. (*H.*, X, nos 570, 573. — Arch. Albi, CC 152, fos 48 vo-51 vo, 55. — B. N., lat. 9175, fo 154. — Arch. Montp., arm. E, cass. 7, no 23.)

13 nov., *Toulouse*. Les mêmes. Elles accordent 1 fr. 1/4 par feu pour quatre mois, déc.-mars, moyennant la suppression des « impositions » précédemment établies, et envoient une délégation au roi (*Ibid.*, no 35. — B. N., lat. 9175, fo 161. — Arch. d'Albi, CC 152, fos 64, 65; CC 69, 20 févr. 1371. — Em. Molinier, pr. no 107.)

1371

8-14 janv., *Nîmes*. Les mêmes, devant le Conseil ducal. Octroi de

2 fr. par feu pour le siége de Montpont, payables les 25 janv. et févr.
(Mém., II, pr. p. 3. — Arch. Albi, CC 152, f°s 64 v°-72 v°, 78.)

Mars (?). Les principales communes, devant le duc d'Anjou. Elles
imposent un demi-franc par feu. (*H.*, IX, 828.)

1er-23 août, *Toulouse.* Les communes de Languedoc. Elles accordent 1 fr. 1/4 par feu pour la guerre, probablement payables en
sept.-oct. (B. N., lat. 9175, f° 189. — *H.*, X, n° 578.)

1372

14-28 janv., *Carcassonne*, puis *Béziers.* Les mêmes. Elles ratifient
un accord fait entre le roi, dans son Conseil, et les communes de la
sénéchaussée de Toulouse, le 20 nov. précédent, en présence du duc
d'Anjou. Le pays paiera pour un an, à partir du 1er déc., 350 000 fr.,
au moyen : 1° d'un subside de 3 fr. par feu ; 2° d'une part du produit
du domaine royal, de la décime ecclésiastique, de la gabelle du sel,
part qui est cédée aux communes. La gabelle est octroyée au duc pour
un an, à partir du 1er févr. (*H.*, X, n°s 584, 588, art. 2. — Arch. Toul.,
AA 36, n° 35 ; AA 45, n°s 76, 77. — B. N., lat. 9175, f° 176.)

Juin, *Toulouse.* Les mêmes. Octroi de 1 fr. par feu, payable fin
sept. (Mém., II, pr. p. 4. — Arch. Albi, CC 78 ; 7 juin 1371.)

28 sept.-8 oct., *Carcassonne.* Les communes des sénéchaussées de
Toulouse et de Carcassonne devant le duc d'Anjou. Octroi de 2 fr. par
feu. (Mém., II, pr. pp. 4, 5. — Arch. Albi, CC 78 et 82 ; BB 16, f° 3.)

25 oct., *Nîmes.* Les communes de cette sénéchaussée, qui, bien que
convoquées, ne s'étaient pas rendues à Carcassonne. Même octroi.
(Mém., II, pr. p. 5.)

1373

4-24 mars, *Narbonne.* Les communes de Languedoc. Elles accordent au duc d'Anjou 4 fr. par feu, en quatre termes dont le dernier
est le 1er nov.; de plus la gabelle du sel pour un an, à partir du
1er mars. (Arch. Albi, CC 77, cahier ; CC 82 ; BB 16, f°s 8 v°-45. —
Arch. Toul., AA 45, n° 84.)

Décembre, *Nîmes.* Les mêmes, devant le duc d'Anjou. Octroi de
2 fr. par feu, payables en quatre termes, janv.-avril. (Mém., II, pr.
pp. 6, 319. — Arch. Albi, CC 81, 82 ; BB 16, f° 17 v°.)

1374

Avril, *Toulouse*. Les mêmes, devant le duc. Les consulats de Rouergue sont présents. Octroi de 2 fr. par feu, payables en deux termes, juin-août. (*Ibid.*, CC 81, 82; CC 153, fo 43. — *H.*, X, col. 1515. — Rouqu., 275.)

13-20 juin, *Toulouse*. Les mêmes, devant le duc. Octroi de 3 fr. par feu, pour 6 mois, sept.-févr. (Arch. Toul., AA 45, no 88, cahier; BB 1, fo 7. — Arch. Montp., arm. E, cass. 7, no 37. — Arch. Albi, CC 153, fo 61.)

1375

Avril, *Toulouse*. Les mêmes, devant le Conseil ducal. Octroi de 3 fr. par feu. (*Ibid.*, fo 60. — *H.*, IX, 846.)

10-29 juill., *Villeneuve-d'Avignon*. Les mêmes, devant le duc. Elles accordent 2 fr. par feu « réparé », pour un an, en cinq termes; de plus la gabelle du sel jusqu'au 1er mars 1377. (*H.*, X, no 605. — Arch. Toul., BB 1, fo 25.)

1376

Avril, *Toulouse*. Les communes de la sénéchaussée, devant le Conseil ducal, pour lever et solder des troupes. (*Ibid.*, fos 33, 35, 37 vo.) Peut-être celles de la sénéchaussée de Carcassonne ont-elles été réunies en mars et ont-elles accordé 2 fr. 1/2 par feu. (Arch. Albi, CC 154, fos 7, 9.)

Juill.-août, *Nîmes*, puis *Pont-Saint-Esprit*. Les communes de Languedoc. Elles accordent 2 fr. par feu, pour un an, à percevoir de sept. à févr.; de plus la gabelle du sel jusqu'au 1er mars 1378. (*H.*, X, pr. nos 613, 614. — Arch. Albi, BB 16, fos 46 vo, 53; CC 85, 6 janv. 1377. — Arch. Narb., *Comptes* 1376-77, fos 81, 158 vo.)

Décembre, *Narbonne* (?). Les mêmes. Octroi de 2 fr. par feu, payables en quatre termes, à partir de févr. (*Ibid.*, fos 82, 84. — Arch. Albi, BB 16, fo 53. — *H.*, IX, 855.)

1377

Mars, *Narbonne*. Les mêmes, devant le Conseil ducal. Octroi de 2 fr. 1/2 par feu, payables en cinq termes, jusqu'en oct. (Arch. Narb., *Comptes*, 1376-77, fos 84, 160, 168.)

8 août-8 sept., *Carcassonne*. Les mêmes, devant le Conseil ducal. Octroi de 2 fr. par feu : 1er terme, 29 sept. Les doléances, transmises au duc d'Anjou, sont par lui pourvues de réponses à Saint-Macaire, près Langon, qu'il assiégeait. (*Ibid.*, fos 85, 164 vo. — B. N., lat. 9175, fo 236, art. 32; fr. 20582, no 48. — Arch. Albi, CC 154, fo 7; BB 16, fo 66 vo. — Arch. Toul., BB 1, fos 40, 42.)

Décembre, *Toulouse* (?). Les mêmes, devant le duc d'Anjou. Elles accordent 5 fr. par feu, soit 1 fr. par feu et par mois, de déc. à avril. (*H.*, X, no 633. — Arch. Albi, CC 154, fo 7. — Arch. Toul., BB 16, fos 44, 46.)

1378

1er-20 mars, 5-15 avril, *Carcassonne*, puis *Béziers*, puis *Toulouse*. Les mêmes, devant le duc d'Anjou. Elles lui accordent de nouveau des « impositions ». Le 20 avr. le duc promet de les abolir, si le pays consent à lui payer 50000 fr. d'or. (B. N., lat. 9175, fo 241. — *H.*, X, no 625; 7 avr. 1378, et non 1377. — Arch. Albi, CC 154, fos 51 vo, 53, 66 vo; BB 16. fo 72 vo. — Arch. Toul., BB 1.)

Mai, *Montpellier*. Les mêmes. Accord définitif et octroi de 40 gros d'argent pour le mois d'avril, plus 5 fr. par feu pour les cinq mois suivants, mai-sept., à percevoir au moyen de taxes sur la mouture, sur le vin vendu au détail (1/4), sur la viande (2 s. pour livre) : on impose aussi 1/2 gros par grosse charge de vendange. (Arch. Albi, AA 44, texte de l'accord; CC 154, fos 51 vo, 56; BB 16, fos 76, 77. — B. N., lat. 9176, fo 1. — Mén., III, nos 2, 4, etc.)

1380

3-9 avril, *Carcassonne*. Les mêmes, devant le duc d'Anjou. Aucun résultat. (Arch. Narb., *Comptes* 1379-80, fos 148 vo, 164.)

26 juin-4 juill., *Béziers*. Les mêmes, devant les réformateurs de Languedoc. Elles accordent 3 fr. par feu. payables à partir de janv. suivant. Elles confirment l'accord fait entre leurs délégués et le roi, à Paris, le 25 avr. précédent, quant à l'imposition d'une double gabelle, soit 8 s. parisis par quintal de sel. (*Ibid.*, 1380-81, fo 148 vo. — Arch. Albi, CC 155, fo 7; BB 16, fo 97. — *H.*, IX, 879.)

15-20 août, 28 août-5 sept., *Carcassonne*. Les mêmes, devant les réformateurs. Ceux-ci veulent lever par anticipation, d'abord le 1er franc par feu, ce qu'elles accordent, puis le 2e et le 3e, ce qu'elles refusent. (Arch. Toul., BB 1, fo 56. — Arch. Albi, CC 155, fo 75 et vo. — Arch. Narb., *Comptes* 1380-81, fo 148 vo. — Mén., III, pr. p. 27.)

1381

4 janv., *Narbonne*. Les trois états de la sénéchaussée de Carcassonne, devant le sénéchal. Ils accordent 4 gr. par feu pour la défense du pays contre les routiers et s'opposent à ce que les aides, abolies par édit du roi, continuent d'être levées. (Arch. Albi, CC 155, fos 44, 76. — Arch. Narb., *Comptes* 1380-81, fos 132 vo, 133, 149. — II., X, no 653.)

Fin de déc.-janv., *Pont-Saint-Esprit*. Les trois états de la sénéchaussée de Nîmes, devant le sénéchal, pour les mêmes causes. Décision semblable relativement aux aides. (Mén., III, pr. p. 32.)

Même date, *Toulouse*. Les trois états de la sénéchaussée. Les envoyés du comte de Foix se présentent à l'assemblée. Elle prie le roi de faire le comte capitaine général. (II., X, no 653. — Cf. *Mém. Acad. sciences, etc., Toulouse*, 1871, p. 372.)

15-26 janv., *Carcassonne*. Les trois états de Languedoc, devant les réformateurs. Ils refusent de laisser courir les aides et le subside. Ils envoient au roi une délégation. (B. N., lat. 9176, fo 36. — Mén., III, pr. p. 32. — Arch. Narb., *Comptes* 1380-81, fo 149. — Arch. Albi, CC 155, fos 45 vo, 76 vo; BB 16, fo 104.)

20 avr., *Carcassonne*. Les communes de la sénéchaussée. Elles délibèrent si elles se rendront à Mazères, où le comte de Foix les a convoquées. Décision en ce sens. (*Ibid.*, CC 155, fo 77.)

22 avr., *Montpellier*. Les trois états de la sénéchaussée de Nîmes. Même sujet, même décision (?), malgré la défense faite par le sénéchal. (Mén., III, pr. p. 34.)

24 avr.-5 mai, *Mazères*. Les communes de Languedoc, devant le comte de Foix. Celles de la sénéchaussée de Carcassonne lui accordent 4000 fr. pour un mois, afin d'arrêter les ravages des routiers. (*Ibid.*, p. 35. — Arch. Albi, CC 155, fos 49, 77; BB 16, fo 103.)

16 mai, *Montpellier*. Les trois états de la sénéchaussée de Nîmes, devant le sénéchal, pour la défense du pays. (Mén., III, pr. p. 34.)

13 juin, *Mazères*. Les communes de Languedoc, devant le comte de Foix. (Arch. Albi, CC 155, fos 51, 77 vo.)

16-22 sept., *Carcassonne*. Les mêmes, devant le duc de Berry. Elles lui accordent 4 fr. par feu et peut-être une gabelle sur le sel. (B. N., lat. 9176, fos 49, 157. — Arch. Albi, CC 156, fo 38. — *Petit thalam. Montp.*, p. 403.)

22 sept.-18 oct., 26 oct.-16 nov., *Mazères*. Les mêmes, « ou quel-

ques-unes d'entre elles », devant le comte de Foix, avec l'autorisation du duc de Berry. Elles délibèrent 1° sur une union à faire entre elles ; 2° sur un subside demandé par le duc pour frais d'entretien de gens de guerre; 3° sur l'envoi d'une délégation au roi. (Arch. Narb., AA 176, 177. — Arch. Albi, BB 16, f⁰ˢ 112, 115, 121. — B. N., lat. 9176, f⁰ 49.)

1382

29 janv.-1ᵉʳ avr., *Béziers*. Les trois états de Languedoc, surtout les gens des sénéchaussées de Nimes et de Carcassonne, devant le duc de Berry. Ils lui accordent 4 fr. 1/2 par feu pour faire sortir les gens d'armes du pays. (Arch. Albi, CC 156, f⁰ 44. — B. N., lat. 9176, f⁰ 57. — *H.*, X, n⁰ˢ 658, 111, 660, 661.)

12-26 avr., *Carcassonne*. Les mêmes, ou les communes, devant le chancelier de France, pour pourvoir au gouvernement du pays. (Arch. Albi, CC 156, f⁰ˢ 48, 51. — Arch. Narb., *Comptes* 1381-82, f⁰ 206 v⁰.)

30 mai, *Limoux*. Les communes. Accord entre les trois sénéchaussées ; elles le font connaître au pape, le 5 juin. (*Ibid.*, f⁰ 211 v⁰.)

18 juin, *Villeneuve-d'Avignon*. Les mêmes, devant le duc de Berry et le pape. Elles promettent 40000 fr. pour que les routiers sortent du pays, à percevoir au moyen d'« impositions » ou d'un subside de 1 fr. 1/2 par feu, avec lequel se confondra le subside imposé précédemment à Béziers. Elles donnent des otages au duc en garantie de payement. (*H.*, X, n⁰ˢ 661, 663.)

8-26 juill., *Carcassonne*. Les mêmes, par ordre du duc de Berry. Octroi définitif de 4 fr. 1/2 par feu. (Arch. Albi, CC 156, f⁰ 4. — Arch. Narb., *Comptes* 1381-82, f⁰ 175 v⁰.)

Fin oct.-nov., *Carcassonne*. Les mêmes. Cette assemblée est appelée à plusieurs reprises dans les *Délib.* d'Albi « cosselh tengut per los comus de las III senescalcias ». Elle accorde 2 fr. par feu et envoie une délégation au roi. (Arch. Albi, BB 17, f⁰ˢ 4 v⁰, 7, 9. — Mén., III, pr. pp. 49, 52.)

29 nov., *Nimes*. Les communes de la sénéchaussée. Elles règlent des frais de délégation à diverses assemblées. (B. N., lat. 9176, f⁰ 81.)

1383

Juill.-août, *Lyon*. Les mêmes, convoquées par le roi ainsi que « mot d'autres comus del realme ». Mais il semble qu'elles se soient assem-

blées à part, devant les gens du roi. Les aides sont rétablies, à savoir
12 d. pour livre des marchandises vendues et achetées et du vin
vendu en gros, 1/8 du vin vendu au détail, 20 fr. par muid de sel.
Les communes de la sénéchaussée de Toulouse traitant pour obtenir
l'abolition de leurs méfaits moyennant une amende de 800,000 fr.,
applicable à tout le pays. (Mén., III, pr. p. 53. — Arch. Albi, BB 17,
fo 18 vo. — *H.*, X, nos 667, 672. — Rouqu., no 42.)

1384

Avril, *Nîmes*. Les trois états de Languedoc. Ils ont à délibérer
sur les conclusions arrêtées à Paris, en févr. précédent, entre les
gens du roi et une délégation très nombreuse des communes du pays,
et relatives à l'amende de 800,000 fr. : il a été dit que les villes les
plus coupables paieraient en 4 ans 332000 fr. et toutes indistinctement 468000 fr. (Mén., III, pr. pp. 50, 53. — Arch. Toul., *Comptes*,
1383-85, fo 14. — Besse, *Recueil*, pr. p. 45. — B. N., lat. 9176, fo 89.)
L'assemblée impose pour acquitter cette dernière somme 6 fr. par
feu. Il est aussi question de 3 fr. par feu accordés au duc de Berry.
(*Ibid.*, fo 99, et *Doat*, 60, fo 188. — Arch. Toul., *Comptes* 1383-85,
fo 45.)

1385

23 juin, *Avignon*. Assemblée, devant le duc de Berry et le pape.
(*Ibid.*, fo 46.)

Août, *Béziers*. Assemblée, devant le duc de Berry. (*Ibid.*, fo 47.)

1386

27 juin, *Béziers*. Les communes de Languedoc, devant des commissaires royaux. Octroi de 4 fr. par feu pour le passage d'Angleterre. « pro passagio maritimo ». (Arch. Albi, BB 17, fo 71 vo. — *H.*,
IX, 928, n. 4.)

1387

6 juill., *Rodez*. Les trois états de Languedoc, Quercy, Rouergue,
Auvergne, devant le comte d'Armagnac. Les trois sénéchaussées,
moins le Velay et le Gévaudan, accordent 2 fr. 1/2 par feu, soit
57500 fr., pour obtenir l'évacuation du pays par les Anglais et les

routiers. (*H.*, X, n° 697. — Arch. Albi, BB 17, f°s 92, 93, 96. — Arch. Toul., *Comptes* 1387-88, f° 83 v°, 142 v°, etc. — Tard., n° 1683.)

1388

5 mars, *Albi*. Les communes de Languedoc, devant le comte d'Armagnac et autres. C'est probablement alors qu'est octroyé le subside de 2 fr. 1/4 par feu, pour résister à l'entreprise du duc de Lancastre. (Arch. Albi, BB 17, f°s 95 v°, 98. — Tard., n° 1687. — *H.*, IX, 937.)

Oct.-nov., *Montpellier*. Les mêmes. Elles accordent un subside, sans doute de 5 fr. par feu, à raison de 1 fr. par feu et par mois. (*H.*, IX, 937, n. 8; X, n° 713.)

1389

15 juill., *Nîmes*. Les mêmes, devant les généraux réformateurs. Octroi de 5 fr. par feu, impôt avec lequel se confondra celui de 1 fr. par feu que le duc de Berry avait établi arbitrairement : à percevoir en deux termes, 15 août et 1er nov. (*H.*, X, n° 713. — Arch. Narb., *Comptes* 1389-90, f°s 148 v°, 189.)

Oct., *Mende*. Les mêmes, pour faire sortir du pays les gens d'armes du comte d'Armagnac. (*Ibid.*, f° 190 v°, 191.)

1390

Nov., *Carcassonne*. Les trois états de Languedoc. Ils accordent au maréchal de Sancerre 1 fr. par feu pour chasser les gens d'armes du pays. (*Ibid.*, f°s 180 et v°. — Arch. Toul., *Comptes* 1390-91, f°s 54, 56; AA 46, n° 27. — *H.*, X, n° 741.)

1392

28 janv., *Carcassonne*. Les communes de Languedoc, devant le maréchal de Sancerre. C'est là probablement qu'est octroyée une somme de 60,000 fr. (Arch. Narb., *Comptes* 1392-93, f° 151 v°. — *H.*, IX, 965.)

1393

1er-13 févr., *Carcassonne*, puis *Toulouse*. Les mêmes, devant le maréchal. Octroi de 2 fr. par feu, payables en mars-avr., pour le siège d'Ambres. (*H.*, X, n° 745. — Arch. Narb., *Comptes* 1393, f°s 98-101.)

1394

18 avril, *Nîmes*. Les mêmes, devant le maréchal, à propos d'un subside de 16 s. par feu, imposé arbitrairement pour l'évacuation du château de Castelculier. (Arch. Albi, CC 159, f° 39; cf. CC 93.)

1399

Juin, *Nîmes*. Les communes de la sénéchaussée de Nimes, à propos d'un subside de 3 fr. par feu imposé en mai précédent par le connétable de Sancerre. (Mén., t. III, pr. pp. 149-150. — Cf. Arch. Narb., *Comptes* 1399, f° 120.)

APPENDICE III.

SUR L'ASSIETTE DE L'IMPÔT.

A. *Variations du sens du mot « feu » du XIIIe siècle au XVe.*

Dans le recueil des *Ordonnances*, au bas d'un édit du règne de Jean le Bon, on lit que le mot « feu » en Languedoc désignait un territoire plus ou moins étendu, selon sa fertilité, son rapport, une certaine quantité de biens formant une unité contributive (t. III, p. 337, n. *b*). Secousse, l'auteur de la note, tenait ce renseignement des Bénédictins, et, sur la foi d'une autorité si haute, la plupart des historiens ont cru devoir l'accepter tel quel, sans contrôle. Ainsi M. Vuitry (*Op. cit.*, t. II, p. 467), M. Spont (*Ann. du Midi*, 1890, p. 375) et autres. Cependant, on aurait pu remarquer que le t. III des *Ordonnances* a paru dix ans plus tôt que le t. IV de l'*Histoire de Languedoc*, où la question des feux se pose. Quand il a renseigné Secousse,

dom Vaissete n'avait pas encore de notions historiques sur le feu : il
se bornait à dire ce qu'on entendait par ce mot de son temps, au
XVIIIᵉ siècle, non en Languedoc, mais dans la généralité de Montauban, comme l'indique la note des *Ordonnances*. Il serait facile d'en
appeler de dom Vaissete mal informé au même auteur mieux informé ;
car, à la fin de son t. IV (voir éd. Privat, t. IX, p. 1172), il dit que le
feu, au XIVᵉ siècle, était « une famille qui avoit au moins 10 l. t. de
revenu en fonds de terre, et au dessus ». Cette définition même contient encore une part d'inexactitude : on la trouverait rectifiée dans
le Discours qu'Albisson a mis en tête du t. IV de ses *Loix municipales* (p. 21). Mais une définition est insuffisante, car le mot a
changé de sens fréquemment, et ces variations ont une grande
importance pour l'histoire de l'impôt.

Le feu, *ignis*, *focus*, est d'abord une maison et le ménage qui
l'habite. La coutume d'Espalion (Rouergue) de 1266, art. 2, porte que
toute maison ayant compté pour un feu continuera d'être taxée
comme telle, même si le propriétaire a cessé de l'habiter ; celle de
Mauvezin (Fezensaguet), de 1276, art. 26-29, veut que tout habitant
paye au seigneur 6 d. pour un feu, c'est-à-dire pour la maison où il
loge, les autres n'étant pas comptées, à moins qu'elles ne soient habitées par des ménages particuliers ; celle de Mirande (Astarac), de
1288, accorde au roi 6 d. t. « a quolibet igne, id est a qualibet domo
in qua fuerit habitator », etc.

Pourtant ces feux ou ménages, ou « chefs d'hôtel », n'avaient pas
tous même puissance contributive ; il y en avait de riches, d'aisés,
de pauvres, et leur valeur relative a dû différer de plus en plus ; car
les progrès de la classe roturière ont favorisé l'inégalité des fortunes.
La communauté soumettait donc les chefs de maison à des taxes
différentes, selon les biens qu'ils possédaient ; afin d'établir les
taxes, elle pratiquait des estimes ou évaluations des biens. En général n'étaient sujets à l'estime que les « chefs d'hôtel » ayant un certain capital, regardé comme minimum : à Albi, en 1245, 300 s.; à
Cahors, en 1271, 15 livres de Cahors ; à Auch, en 1301, 10 l. de Morlaas; à Toulouse, en vertu d'habitudes invétérées, c'était 10 l. t.

Ainsi une commune comprenait des feux « estimés » et d'autres
qui ne l'étaient point. On conçoit qu'il lui fût très avantageux, dans
l'accomplissement de ses devoirs pécuniaires envers le seigneur, par
exemple dans le paiement d'une taille à tant par feu, d'être taxée
uniquement à raison des feux « estimés ». La plupart y sont parvenues. La coutume de Montcuq (Quercy), datée de 1224, mais qui pré-

sente des traces de remaniements postérieurs, réserve au seigneur, c'est-à-dire au roi, une redevance annuelle de 6 s. parisis par feu « ayant en faculté 10 l. t. et 1 s. cahorsin », en d'autres termes plus de 10 livres (art. 4). En 1336 les consuls et habitants de Narbonne demandent au roi « qu'à l'occasion des impôts qui sont levés par feux au profit du fisc, ne soient comptés à Narbonne que ceux qui possèdent au moins 8 l. parisis (= 10 l. t.); car autrement la charge de la ville serait trop lourde pour qu'elle la pût supporter. » (Mouynès, Invent.. Ann. de la sér. AA, p. 280.) C'est sur ce pied que les gens de Cordes payaient la taille en 1343. (Rossignol, Instit. de l'arr. de Gaillac, p. 148.) En 1346 la tradition était établie au profit du pays entier. Au mois de juin de cette année, en imposant un subside, le duc de Normandie, lieutenant du roi, ordonna au sénéchal de Carcassonne de faire « de nouvel enquerre, savoir et escrire veritablement le nombre des feux solvables et au-dessus de 10 livres. » (H. L., t. X, pr. n° 395.)

L'unité contributive n'était donc pas une « abstraction fiscale », comme a dit M. Vuitry, mais un ménage, un chef de maison possédant 10 livres ou davantage. Il s'agissait non d'un revenu, comme l'a cru dom Vaissete, mais d'un capital de 10 livres. C'étaient là les feux « solvables » ou « taillables », selon le nombre desquels la commune était imposée; devant l'impôt royal les autres ne comptaient pas.

Les preuves sont innombrables. En 1366, à l'occasion du premier recensement ou « réparation » des feux qui ait eu lieu en Languedoc, le juge royal d'Albigeois se rendit à Cordes; il examina les livres d'estimes et registres de la commune et constata qu'il s'y trouvait 419 habitants, c'est-à-dire chefs de maison, possédant 10 livres ou davantage, et 1181 qui possédaient moins, « 1181 feux ne s'élevant pas à 10 livres », non compris les mendiants et vagabonds, car les domiciliés étaient seuls en cause. En conséquence il réduisit au nombre de 419 les feux imposables de la ville et du territoire. (Arch. de Cordes.) Il en fut de même à Montpellier (Bibl. Nat., lat. 9475, f° 98), Nîmes (Ménard, t. II, pr. n° 171) et dans le reste du pays. Les commissaires ne faisaient en cela qu'exécuter les instructions que les gens des Comptes avaient données et qu'ils ont régulièrement reproduites à chaque réparation : ainsi en 1397 et en 1405, années sous lesquelles nous en possédons le texte. (H. L., t. X, pr. n° 764. — Ménard, t. III, pr. n° 39.)

Par conséquent un chef de maison, eût-il vaillant 3000 livres ou

davantage, n'était compté que pour un feu, comme celui qui en avait
dix. Au premier abord ce système paraît inique. Mais il faut se
représenter que le feu à cette époque, sauf de rares exceptions,
n'était pas un moyen de répartition ou d'assiette de l'impôt dans l'intérieur de la commune; il servait uniquement à le répartir entre les
communautés, à fixer leurs quotes-parts; chacune, pour payer cette
quote-part, s'imposait ensuite à sa guise. Un subside était levé à
raison de tant par feu imposable. Par exemple, en 1370, Albi comptait 655 feux de 10 l. et au-dessus; elle paya donc pour l'aide de 3 fr.
par feu 1965 fr. (Arch. d'Albi, CC 152, fº 48 vº); à partir de 1375 elle
fut taxée à raison de 247 feux (*ibid.*, CC 83) : il en résulta pour elle
une charge de 247 fr. par mois en 1378, quand le duc d'Anjou leva
un subside de 1 fr. par feu et par mois. (*Ibid.*, BB 16, fº 76.)

A la fin du xiiiᵉ siècle, les fouages étaient perçus sans que le nombre des feux de chaque terre ou commune eût été constaté avec précision. Alfonse de Poitiers recommande à ses sénéchaux de ne pas se
laisser tromper, de vérifier, d'après les feux des communes, si les
offres qu'elles font sont suffisantes et acceptables (*Correspondance*,
publ. par A. Molinier, 1894, in-4º, nᵒˢ 350, 545); mais il semble que
le seigneur dût s'en remettre le plus souvent au témoignage des contribuables. (*Ibid.*, nᵒˢ 267, 533.) Les consulats des sénéchaussées de
Nîmes et de Carcassonne, accordant en 1304 une aide à Philippe le
Bel, stipulèrent « quant à la déclaration des feux existant dans chaque ville ou château et territoires qui en dépendent, qu'ils seraient
crus sous serment, selon la coutume constante. » (Ménard, t. I, pr.
nº 125. — H. L., t. X, pr. nº 131, iv.) On peut penser que les consuls,
dans leurs déclarations, n'étaient pas toujours véridiques. Ceux de
Montauban, en 1321, furent accusés, entre autres crimes, d'avoir
trompé Philippe le Bel et Louis X : « Circa numerationem focorum
dicte ville se habuerunt maliciose et fraudulenter. » (*Actes Parl.
Paris*, nº 6502.)

Cependant, au Conseil du roi, dès 1303, on avait eu l'idée et l'intention de « fere escrire tous les feus du reaume » (*Ann. du Midi*,
1890, p. 384), et il est certain que les officiers royaux, sous Philippe
de Valois, procédèrent dans tout le pays à des dénombrements complets : M. Aug. Molinier a publié le rôle des feux de la sénéchaussée
de Rouergue en 1341; le texte plus haut cité, de 1346, montre que le
trésorier royal de chaque sénéchaussée avait alors une liste des feux
qu'elle contenait.

A cette date la sénéchaussée de Carcassonne était taxée pour

90000 feux, puisque, à raison d'un homme d'armes par cent feux, elle dut en fournir 900. En mai 1358 elle promit 90000 moutons, soit un par feu, pour la délivrance du roi; celle de Beaucaire, à la même occasion, offrit 70000 moutons; celle de Toulouse 50000; l'une comptait donc 70000, l'autre 50000 feux : conjecture qui est pleinement confirmée par d'autres textes contemporains. (*Append.*, nº 2. — Mascaro, *Lo libre*, etc., *Loc. cit.*, t. I, pp. 92, 93. — *H. L.*, t. X, pr. nºˢ 471, 478, col. 1230, 1231. — *Ord.*, t. III, p. 496. — Bibl. Nat., lat. 9175, fº 87.) Comme aucune « réparation » n'a eu lieu de 1346 à 1358, il faut admettre que dès la première date tel était le nombre officiel des feux imposables de chaque sénéchaussée. En 1358, celle de Rouergue s'engagea pour une somme de 6000 m. d'or; d'où l'on peut conclure qu'elle était taxée ordinairement à raison de 6000 feux. Le rôle de 1341 lui en attribue de huit à neuf fois davantage, soit 50425 (*Bibl. de l'Éc. des Chartes*, t. XLIV, p. 453); mais il est probable que dans le nombre étaient compris les feux non solvables, ceux qui valaient moins de 10 l., et les non-valeurs, c'est-à-dire les lieux à qui leurs seigneurs ne permettaient pas de payer des impôts au roi. Enfin, il y avait sans doute en Rouergue des localités qui contribuaient, non à tant par feu, mais par taxe, « in tacha », par abonnement, et pour une somme assez faible.

Ce point est intéressant : Carcassonne, Béziers, Narbonne, Limoux, le comté de Castres et toute la terre que le comte de Vendôme avait dans la sénéchaussée de Carcassonne ne s'acquittaient pas autrement envers le roi; la terre du comte contribuait en bloc et par taxe, comme si elle avait compté 4383 feux. En 1351 les officiers royaux prétendirent l'imposer selon le nombre réel; elle résista; il s'ensuivit un procès qui durait encore à la fin du règne de Jean le Bon. A ce moment la terre comtale voulait bien payer par feux, mais seulement pour 2619 (*alias* 2519); au contraire les receveurs de la rançon du roi Jean soutenaient qu'elle en contenait 7560. Peut-être transigea-t-on à 4000; peut-être les sujets du comte eurent-ils le dernier mot. (Arch. de Castres, AA 2. — *H. L.*, t. X, col. 1223, 1224, 1226, 1246, 1249. — Compayré, *Ét. hist.*, p. 508.)

Le nombre de feux selon lequel le roi percevait l'impôt sur une commune pouvait donc n'être pas d'accord avec celui des chefs d'hôtel possédant 10 l. ou davantage qui s'y trouvaient réellement. Ce désaccord a grandi sous le règne de Charles V.

Depuis longtemps les sénéchaussées appauvries par les incursions des Anglais, par les pillages des routiers et plus encore par les sub-

sides réclamaient une « réparation » générale, ou revision du nombre
des feux. Jean le Bon leur en avait fait la promesse avant la bataille de
Poitiers; en avril 1359 le régent avait confirmé les lettres du roi son
père, qui les renouvela lui-même à Paris, le 14 mai 1362. (*Ord.*, t. III,
pp. 397, 565.) Scatisse et trois autres personnages eurent mission de
compter les feux des villes et lieux qui consentiraient en retour à
payer 1 mouton par feu, à raison du nombre ancien. Une opération
de ce genre était donc de bon rapport; c'était, dès 1350, l'une de celles
que pouvait faire un réformateur général afin d'« amasser finances ».
(*Ord.*, t. II, p. 481.)

Les « réparations » commencèrent en 1364 (*Ord.*, t. III, p. 667; IV et
V, *passim*) et devinrent continuelles. La seconde, décidée en juin 1372,
fut appliquée presque aussitôt, deux années avant que la première
eût pris fin. (*Ord.*, t. V, pp. 505-633, *passim*; VI, pp. 43, 205.) La troisième commença en vertu de lettres du 12 avril 1376 (*Ord.*, t. VI,
p. 184); pourtant les feux de Lunel, en 1382, n'avaient encore été
qu'une seule fois « réparés ». Les « réparations » générales ou particulières n'ont pas cessé sous Charles VI, comme en témoignent des
lettres d'août 1383 (Arch. d'Albi, CC 83), d'avril 1393 (*Ord.*, t. VII,
p. 559), les instructions déjà citées de 1397, de juillet 1405, et les lettres de commission données par le duc de Berry à cette dernière date.
(*Ord.*, t. IX, p. 82.) On en trouve une, faite à Narbonne, en juin 1415.
(*Ord.*, t. X, p. 238.)

Voici quelques-uns des résultats de ces opérations.

En 1370, la première réparation étant à peu près achevée, la sénéchaussée de Carcassonne fut réduite à 35 623 feux, celle de Beaucaire
à 23 478 (*alias* 22 637). Toulouse à 24 830, soit pour le pays un total
de 82 000 à 83 000 feux imposables. (*H. L.*, t. X, pr. n° 573. — *Petit
thalam. de Montp.*, p. 365.) En 1378, après deux autres réparations, il
se trouva 15 082 feux dans la sénéchaussée de Carcassonne, 7 382 ½
dans celle de Beaucaire, — 12 000 selon Mascaro, de qui le chiffre
paraît plus exact — et 8 324 dans celle de Toulouse. A la fin du règne
de Charles V le pays comptait sept fois moins de feux imposables
qu'au début, de 30 000 à 35 000. En 1387 il n'y en eut plus que 23 000,
non compris ceux de Velay et de Gévaudan.

Cependant les charges des habitants ne diminuaient guère : au lieu
de 1 franc, de 2 francs par feu, le roi ou son lieutenant en imposaient
jusqu'à 12; les réparations étaient pour eux tout bénéfice, et c'est
pour cela qu'ils les prodiguaient. Parfois le duc d'Anjou les a rendues
obligatoires; mais c'étaient d'ordinaire les communes qui sollicitaient

spontanément une revision ; quelques-unes prenant les devants, les autres devaient les suivre, sous peine de payer une quote-part beaucoup plus forte, à proportion, que celle des lieux réparés.

Le tableau qui suit indique les réductions successives du chiffre des feux dans les communes principales ; jusqu'à un certain point, il permet de les comparer pour la richesse et l'importance.

Toulouse, *1369*, 3000 feux ; *1373*, 2700 ; *nov.* *1377*, 1000.

Montpellier, *1340-1366*, de 10100 à 6000 feux ; *1367*, 4520 ; *1373*, 2300 ; *1379*, 4000 ; *1412*, 334.

Béziers, *1305*, 3619 feux ; *1360*, 2404 ; *1369*, 1495 ; *1380*, 600.

Carcassonne (bourg), *1305*, 1273 feux ; *1360*, 3874 ; *1378*, 500 ; *1401*, 300.

Narbonne, *1340*, 2500 feux ; *1378*, 873 ; *1393*, 500 ; *1398*, 281 ; *1415*, 70.

Limoux, *1360*, 4000 feux ; *1372*, 800 ; *1382*, 500.

Nîmes, *1367*, 800 feux ; *1384*, 400 ; *1398*, 200 ; *1405*, 100.

Albi, *1360*, 1333 feux ; *1366*, 655 ; *1375*, 247 ; *1378*, 140 ; *1406*, 77.

Au cours de ces « réparations » l'idée attachée au mot de feu se modifiait de plus en plus, et de deux manières.

Au lieu de compter comme feux les seuls ménages qui possédaient au moins 10 livres, les commissaires royaux en réunissaient volontiers plusieurs, et nommaient feu le groupe de biens, valant au total 10 livres qu'ils avaient ainsi formé. (*H. L.*, t. X, pr. col. 1538.) C'était aller contre les instructions données par la Chambre des comptes. Plusieurs villes protestèrent et se firent rendre justice : ainsi Albi, dont la requête, écrite en mauvais français, est pourtant suffisamment claire. En voici le texte :

« A nosseigneurs de la Chambre des comtes supplient humblement
« les pouvres habitans de la cité et de la viguerie d'Albi et les habi-
« tans de la viguerie d'Albigois en la seneschaussée de Thoulouze
« que, comme par le roy Jehan nostre seigneur, que Dieux absoille,
« fust ordenné que le païs de Lenguedoc, adfin que mieulx peust
« aidier, paier et pourter les subcides du roy, seroit repparé selon
« certaines instructions ordennés par ledit roy Jehan nostre seigneur
« et passées et verifliées par vous, nosseigneurs, et avec ce les choses
« dessusdites ont esté confirmées par le roy nostre seigneur que à
« presens est et son Conseil ; et il soit ainsi que, entre les autres ins-
« tructions octroiées ou peuple par ledit roy Jehan et confermées par

40

« le roy nostre seigneur que est à present, soit contenu que nulle
« personne, quel qu'elle soit, ne sera contée pour feu taillable se non
« qu'il aie vaillant en biens 10 l. t., et avec ce est contenu esdites
« instructions que ceulx qui n'auront en vaillance 10 l. t. ne seront
« en riens tailliez, mais de ce qu'ils aideront ce sera pour soup-
« pourter les autres, adfin qu'ilz puissent mieulx payer les aydes et
« subcides du roy nostre seigneur, il est advenu que comme le roy
« nostre seigneur aie ordenné que lesdites repparations seront faitez
« oudit païs par le mandement et commissaires ordennez par le Con-
« seil de monseigneur d'Anjou, sur lesquelles choses ledit Conseil de
« monseigneur d'Anjou a ordenné certains commissaires, lesquelx
« commissaires veulent repparer ledit païs sans guarder les instruc-
« tions dessusdites ; car lesditz commissaires veulent que ceux qui n'on
« pas vaillant 10 l. t., que leurs biens soient contez selon leur valeur
« jusques à tant que d'aucuns n'auront vaillant autant comme om
« paie par feu, laquelle chose est contre lesdites ordenances, et se
« ainssi se faisoit, ledit pueple seroit moult grevé, car la charge d'un
« cousturier ou labouraour ou d'autres simples gens qui n'ont gueres
« vaillant et se remuent de jour en jour (sic), et ainssi les autres
« habitans demouroient chargez de leur partie, laquelle leur faudroit
« paier, et ce seroit contre la grace que le roy nostre seigneur a faicte
« audit pueple, comme dict est, et aussi que ledit païs a soufry et
« soufre de tonzjours et fait ce qu'il puet pour le roy nostre seigneur,
« et avec ce considerer la grant famine et pestilence que a esté audit
« païs et encor n'est pas du tout passée. — Qu'il vous plaise, consi-
« déré ce que dict est dessus, de mander à sire Pierre Castisse et à
« tous autres commissaires sur le fait des repparations qu'ilz reppa-
« rent ledit pays selon les instructions antiques, sans y plus riens
« adjouster ne ouster, et qu'ils ne vuellent innover, et de la instruc-
« tion de nouvel fait par ledit Conseil de monseigneur d'Anjou ne
« vueillent le pueple grever, lequel est assez grevé, mais vueillent
« aller avant selon lesdites antiques instructions par vous, nossei-
« gneurs, sur ce ordennées, sans aucun contradit, et ce aucune chose
« avoit esté faite au contraire, qu'il vous plaise mander qu'elle soit
« repparée et ilz prieront Dieux pour vous. Item supplient les dessus-
« diz qu'il vous plaise mander audit sire Pierre Castisse et à touz
« autres, qu'ils ne vuellent nulz lieux repparer se non qu'ilz soient
« requis. Item supplient les dessusditz, qu'il vous plaise mander audit
« sire Pierre Scatisse et à tous autres que en cas que pour l'instruc-
« tion faite pour eulx comment leur a semblé tant de biens de ceulx

« qui n'ont pas vaillant 10 l. t. jusques à tant que vaillent un feu, que
« en cas que n'auront riens levé, qu'ilz le vuellent rendre à ceulz
« qu'il leur appartiendra estre deu, ou au moins recompenser celle
« somme que pour lesdiz suppliant sera deue. »

Lettres d'attache. — « Les gens des Comptes du roy nostre sire à
« Paris à sire Pierre Scatisse, conseiller du roy nostre dit seigneur, et
« à tous commissaires deputez ou à deputer à faire la seconde repara-
« cion des feux des lieux des seneschancées de Thoulouse, Carcas-
« sonne et Beaucaire, salut. Veu et consideré le contenu en la requeste
« à laquelle ces presentes sont attachées soubz l'un de noz signez,
« nous vous mandons et enjoingnons de par le roy nostredit seigneur
« et de par nous et à chascun de vous si comme à lui appartiendra,
« que en faisant ladite seconde reparation és villes et lieux dudit pays
« qui recquerront et voldront estre repparez vous procedez selon les
« instructions pieça faictes sur la maniere de proceder en la premiere
« reparation accordée et octroyée par le roy Jehan nostre seigneur, que
« Diex absoille, et depuiz confermées par le roy nostredit seigneur et
« enregistrées en la Chambre de ses diz comptes, en cessant de con-
« traindre ad ce ceulz qui ne vodroient ou requerroient estre repparez.
« Et si aucune chose avez fait au contraire, si le remettez et faictes
« remettre à estat deu, et ou cas qu'il plairoit à monseigneur le duc
« que ladite seconde repparacion feust faicte d'office, si la faictes et
« faictes faire aus despens du roy, en gardant les instructions et
« ordonnances sur ce faictes, en telle maniere que le pays n'ait cause
« de s'en plaindre.

« Donné à Paris, le xxiⁱᵉ jour de novembre, l'an mil ccclxxv,

                                  « O. DE TRIGNY. »
(Arch. d'Albi, CC 83.)

Il est probable que beaucoup de petits lieux ont accepté, de gré ou
de force, le mode de recensement que repoussaient les gens d'Albi;
car on en voit, dans le dénombrement des feux de la sénéchaussée
de Nîmes en 1384, qui sont cotés à tant de feux et une fraction :
1 feu 1/2, 3 feux 1/2, 3/4 de feu, etc. (Ménard, t. III, pr. nᵒ 47.)
Pour que le fait pût se produire, il fallait que le feu fût un lot de
biens, représentant une certaine valeur, et non, comme autrefois, un
ménage.

D'autre part, les grandes villes profitaient de leur influence pour
obtenir des dégrèvements excessifs. En achetant la faveur des com-

missaires, celle du lieutenant du roi, elles ont fait réduire leurs feux
à un nombre très inférieur à celui qu'elles avaient réellement. Beaucoup de lieux, dit un mandement ducal de l'an 1405, sont « moult
« amendriz et diminuez de gens et de chevances, et tellement qu'ilz
« ne pourroient bonnement tolerer le grand nombre de feux ausquel
« ilz sont de present, et mesmement car aucunes villes et lieux leurs
« voisins se sont faiz repparer une foiz ou plusieurs et ont en com-
« missaires à main, qui en faisant lesdictes repparacions ont pro-
« cedé favorablement, en deschargeant les villes et lieux devant diz
« du nombre des feuz estant en iceulx plus largement qu'ilz ne
« deussent. » (Arch. d'Albi, CC 83.)

Les capitouls de Toulouse en 1377 (nov.) promirent au duc d'Anjou, qui leur demandait un subside sans avoir mandé les communes,
1 fr. par feu et par mois pendant cinq mois, s'il voulait réduire leurs
feux de 2 700 à 1 000. Le duc, ayant besoin de leur soumission et de
leur silence, s'empressa d'y consentir; ce fut un acte de sa volonté,
qui n'avait été précédé et ne fut suivi d'aucune recherche (Arch. Toul.,
BB 1, fo 46; AA 45, no 94; cf. no 96). De fait, à Toulouse, en 1386,
après une période de désastres exceptionnels, le nombre des chefs de
maison « mis en extimacion de x livres et au-dessus » était de 2 774.
(*Ibid.*, *Comptes.*)

On pourrait citer une multitude de faits. C'est aussi sans information que les feux de Carcassonne furent réduits à 500, puis à 300,
puis à 200 (*H. L.*, t. X, pr. no 775; *Ord.*, IX, 460); ou bien, comme
à Nimes, l'enquête avait lieu pour la forme, afin de légitimer une
diminution décidée d'avance, qui fut de moitié chaque fois. A la fin,
des villes telles que Nimes, Albi, Narbonne ne contribuaient respectivement que pour 100, 77 et 70 feux, tandis que le petit consulat de
Malast, près Montolieu, après réparation, payait encore pour 43.
(Bibl. Nat., *Doat*, 159, fo 12.)

Les énormes réductions qui ont été effectuées dans ce demi-siècle
(1364-1415) ne témoignent donc nullement d'une aggravation proportionnelle de la misère et de la dépopulation. Assurément le pays
s'est appauvri de biens et d'hommes: mais dans ces mesures précipi-
tées il y avait une large part d'arbitraire et d'artifice : elles étaient
l'œuvre de la fiscalité royale répandant à profusion des grâces qui
lui rapportaient beaucoup et ne pouvaient la gêner, l'œuvre des
villes importantes, incessamment occupées à diminuer leurs quotes-
parts au détriment des lieux voisins. On ne saurait croire qu'à Narbonne, en 1415, il ne restât que 70 feux valant 10 l. ou davantage,

quand on voit la ville payer des subsides de 1000 à 1500 livres et faire, entre autres dépenses, des cadeaux de 300 écus.

Ainsi dans les grandes villes le feu imposable ne correspondait plus à rien de réel. En Rouergue et en Quercy cette évolution s'est continuée : en 1518 Montauban était taxée pour 5 feux ; mais elle payait par feu 193 l. 5 s. (E. Forestié, *La vie municip. au XVIe siècle*, 1887, in-8°, p. 9). Il est facile de comprendre que dans ces conditions le mot de feu ait pris le sens signalé à Secousse par dom Vaissete et adopté par M. Vuitry, que le feu soit devenu une pure « abstraction fiscale ». Mais en Languedoc on n'en est pas arrivé là. Au commencement du XVe siècle ce signe dont on se servait pour répartir la taille entre les communes était tellement arbitraire, il donnait lieu à tant d'injustices, que, les circonstances aidant, en quelques années, le pays dut l'abandonner.

De lui-même il ne s'y serait pas décidé. Ce sont les généraux des aides et les élus qui, sans le consulter, en juin 1404, ont adopté un autre système. Ils ont réparti l'aide imposée à cette époque sans tenir compte du nombre des feux « auquel les cités, villes ou châteaux avaient été récemment réduits » ; ils ont assigné à chaque commune une quote-part qu'ils avaient eux-mêmes déterminée. — Sur quelles bases, nous le savons par une requête des consuls de Montpellier. — Les élus du diocèse de Maguelonne s'étaient enquis du nombre des habitants et des « facultés » de chacun, « que ne feut oncques mays veu », disent les consuls. (Arch. Montp., *Pièces not.*, 1. 1404.) — Malgré les plaintes des villes et les défenses du roi, ils sont revenus plusieurs fois à ce mode de répartition, et notamment en nov. 1411. L'aide étant de 40000 fr., Toulouse fut imposée à la somme nette de 3266 l. 18 s., soit à la moitié de la quote-part du diocèse, tandis que d'après le nombre des feux elle n'aurait pas déboursé, tous frais compris, plus de 2500 livres. (Arch. Toul., AA 79. — *H. L.*, t. X, pr. n° 796.)

Ensuite les élus persévérèrent : en 1418 la répartition par feux était tombée en désuétude. C'est ce qu'expriment les lettres de Charles VII, d'Issoudun, 18 févr. 1426 (Bibl. Nat., lat. 9477, f° 237) : En Languedoc, dit le roi, au cours des réparations de feux antérieures, on n'a pas enregistré les nombres vrais, « à la tres grant « et excessive charge d'aucuns et descharge des autres », si bien que « par trait et laps de temps ...a esté du tout delaissié l'usaige de « mettre et imposer par maniere et quantité de feux les aydes que « nous ont esté octroyez oudit païs ; car par le regart que les habi-

« tans de plusieurs villes et autres lieux avoient un petit nombre et
« estimacion de feux, auquel ilz avoient esté reduiz favorablement,
« comme dict est, leur sembloit leur portion de chacun aide levé
« oudit païs estre importable, et que c'estoit mettre grant somme
« d'argent pour feu : où toutesfois si le vray nombre desdicts feux
« eust esté enregistré, ce feust, au regart de chacun, revenu à peu
« de charge; et pour ce ont esté faiz les impostz en departant la
« somme totale par senescalssies et par dyoceses. »

En effet, les communes principales, chargées depuis 1418 au lieu
des élus de répartir les subsides, n'ayant pas d'autre tarif à leur
disposition que celui qu'ils avaient créé, durent s'en servir, sauf à
s'avantager elles-mêmes autant que possible : « Dont s'est ensui,
« continue le roi, que par ceste maniere les habitans des meilleurs
« villes de chacun dyocese ont departi à chacun des mendres lieux
« de son dyocese telle part et portion que bon leur a semblé, et le
« plus souvent en deschargeant leurdite meilleur ville, et de tant
« plus que raison chargoient les autres petitz lieux, par quoy a
« convenu et convient que les habitans és povres petis lieux, qui
« petit ou neant de voix ont eu audit despartiment ayent porté la
« charge des riches, dont est advenu et advient que plusieurs des
« habitans desdiz petiz lieux ainsi chargiez laissent iceulx lieux
« inhabitables, et s'en vont les aucuns hors de notre royaulme et
« les autres se sont fait bourgois ou habitans desdites grosses villes
« pour estre participans dudict relievement; par quoy toute la charge
« demoure sur les habitans demourans sur lesdilz petis lieux, dont
« se sourdent souvent plusieurs parolles et grans debaz... »

Le moyen que Charles VII voulait employer pour établir entre ses
sujets l'égalité devant l'impôt était que les aides et subsides fussent
« assiz et distribuez par nombre de bellugues et chiefz d'ostel » sur
les cités, grosses villes, châteaux, paroisses et villages de Languedoc.

Par « belugue », étincelle, il faut entendre un feu, mais au sens
primitif du mot, un ménage domicilié, « beluga sive focus ». Les commissaires royaux devaient en relever le nombre dans chaque lieu,
« forts et faibles mis ensemble », puis évaluer les « facultés et chevances » de chacun, de façon à déterminer la puissance contributive
du lieu.

C'étaient Jean Gentien, premier président au Parlement de Languedoc, Arnaud de Marle, maître ordinaire des requêtes de l'hôtel, et
Jean de la Tilhaye, conseiller du roi, auxquels par la suite fut
adjoint Jean Baubignon. Eux-mêmes ou par délégués ils examinè-

rent les livres d'estime, les registres des recettes, interrogeant les
curés pour connaître le chiffre exact des habitants, faisant vérifier
sur place, directement, quels étaient les exempts et les contribuables.
(Arch. du Tarn, E 411, fos 36 et suiv., etc.) Bref leurs recherches,
comme autrefois celles des élus, avaient pour but d'appliquer à la
répartition des subsides entre les villes le principe de l'estime, d'après
lequel depuis longtemps chacune d'elles à part soi faisait l'assiette de
l'impôt.

Rien n'était plus équitable que cette mesure. Elle fut pourtant mal
accueillie par les communes, qui voulaient bien d'une « réparation »,
mais à condition de l'exécuter elles-mêmes. Les États de Montpellier
(juin 1426) protestèrent que ce serait la destruction du pays, que
selon le droit écrit « impôt de tailles se doit faire par feux et non
par belugues » : ils envoyèrent au roi une délégation. (Arch. Montp.,
Pièces not., 1. 1426. — Arch. Albi, CC 181, fo 46 vo. — Arch. Toul.,
BB 5, fo 13 ; AA 78.) Les communautés principales, que les commissaires royaux visitaient de préférence, refusaient de leur fournir des
éléments d'information et faisaient appel de leurs procédures. (*Ibid.*,
BB 5, fo 104. — Arch. Albi, CC 182, fo 74, etc.) Il est possible qu'un
certain nombre aient fait assez de résistance pour échapper à la
« réparation » ; quant aux petites localités, il est peu probable que
les commissaires aient eu le temps de s'occuper d'elles ; car ils ne
mirent qu'un an à s'acquitter de leur tâche. (Bibl. Nat., *Fontanieu*,
115-116 ; 15 sept. 1427. — *H. L.*, t. X, pr. no 844.) Beaucoup de quotes-
parts durent rester telles qu'elles étaient sous Charles VI.

Pourtant le feu « réparé » n'était plus la base avérée, officielle de
la répartition. L'estime des biens, non moins conforme à la tradition
et plus équitable, que les villes appliquaient pour répartir l'impôt
chez elles, entre les particuliers, régla désormais la situation des
unes par rapport aux autres et celle de chaque diocèse par rapport
aux diocèses du pays.

B. *L'assiette de la taille à Toulouse, Albi, Narbonne et Béziers.*

Pour prendre une idée exacte de l'assiette de la taille, il faut l'étudier à l'intérieur de chaque communauté, puisque asseoir l'impôt,
jusqu'à la seconde moitié du XVe siècle, était exclusivement l'affaire
de la commune, et que chacune à cet égard avait ses usages particuliers.

Deux points sont à considérer : 1o l'estime ou détermination des

biens des chefs de maison, donnant des résultats variables, susceptible de modifier l'assiette de la taille selon les procédés par lesquels
elle était effectuée; 2° la répartition proprement dite de l'impôt.

Toulouse. Le seul règlement que nous ayons sur l'estime date de
1459. (Arch. Toul., AA 5, n° 259, et Sarrazy, *Rerch. sur Albi*, p. 353.)
Les immeubles y sont évalués à 1 livre de 50, de sorte qu'une terre
ou une maison valant 50 l. figure pour une livre dans l'estime. Les
rentes foncières sont évaluées à 1 l. de 40, et de même les biens meubles, déduction faite de $1/_{30}$ de leur valeur. Ainsi, par le fait même
qu'elles sont estimées diversement, les deux sortes de propriétés portent des charges inégales.

Sont inscrits dans l'allivrement, selon une tradition constante, les
chefs d'hôtel possédant 10 l. ou davantage; ceux qui possèdent
moins, mais cependant quelque chose, sont dits *nichil solvabiles;*
quoique contribuables, ils ne sont pas « en estime ». Par ces 10 livres
il faut entendre un chiffre fictif, correspondant à une réelle valeur
de 500 l. par exemple, s'il s'agit d'un propriétaire d'immeubles,
de 400, si la fortune de l'estimé consiste en rentes foncières, etc.
Aussi, en 1435, n'y avait-il à Toulouse que 910 estimés, figurant sur
l'allivrement pour 29,123 l., et 853 *nichil solvabiles.* En 1386 les
uns étaient au nombre de 2,774, ayant au total 468,125 l., les autres
au nombre de 2,982. (Arch. Toul., BB 6, f° 44; *Comptes*, 1385-87,
f°s 28-107).

Les différences que l'on remarque entre ces deux séries de chiffres
n'indiquent point que dans l'intervalle la ville ait perdu presque
toute sa richesse et les deux tiers de ses habitants. Elles proviennent
surtout de changements introduits dans les procédés d'estime: car
on pouvait par ce moyen augmenter ou diminuer à volonté le nombre des *nichil*, celui des estimés et le chiffre cadastral qui représentait leurs biens. Nous savons que l'estime fut refaite complètement,
et sur des bases nouvelles, en 1390-1391 ; elle le fut derechef en 1436
(*Ibid., Comptes*, 1390-91, f°s 46 v°, 47, etc., et BB 7, f°s 19, 54; 8,
f° 23 v°.)

Quant à la répartition des taxes, au XIV° siècle, elle différait d'un
capitoulat à l'autre. Les quartiers sous ce rapport étaient autonomes.
Dans son quartier chaque capitoul imposait à sa façon la taille
ordonnée par le conseil; il la faisait percevoir par ses « communa-
liers »; ceux-ci versaient aux trésoriers de la ville une partie de leur
recette et dépensaient eux-mêmes le reste par ordre des capitouls.

Peu à peu l'administration des finances municipales a été centralisée. Après 1415, c'est le conseil tout entier ou les capitouls en corps qui assoient la taille sur la commune, sans faire de différence entre les capitoulats.

En règle, la première livre d'estime est lourdement imposée; elle acquitte une sorte de capitation, un impôt dit *pro capite*, frappant tout estimé également, quelle que soit sa fortune : la taxe est de 65 s. dans le quartier de la Dalbade en mars 1387. (*Ibid.*, *Comptes* 1387-88, f° 86.) Il est très rare qu'elle augmente avec la fortune des contribuables. Il y a pourtant un exemple de ce fait relatif au capitoulat de Pont-Vieux : là, en mars 1388, les estimés, au nombre de 228, étaient partagés en quatre catégories : les plus riches, estimés à 600 l. et au-dessus, — il y en avait 112, — payaient à titre de capitation quatre fois plus que les moindres, estimés de 10 l. à 25, — il y en avait 24. — (*Ibid.*, f° 83.)

À cette taxe s'en ajoute toujours une autre, proportionnelle, à tant par livre, *pro libra*, relativement légère. Ainsi au capitoulat de la Daurade, en oct. 1386, on impose 20 s. t. sur la première livre d'estime, — c'est la capitation, — et sur chacune des autres 2 d. $^{1}/_{4}$ seulement. (*Ibid.*, *Comptes* 1385-87, f° 1.)

Les *nichil* qui peuvent payer sont assujettis à une capitation, impôt unique, mais très lourd, s'élevant au quart ou à la moitié de la capitation des chefs d'hôtel estimés, et le plus souvent égal : l'égalité est de règle au xve siècle.

La répartition de l'impôt est donc tout en faveur des riches. Pourtant, sous le règne de Charles VII, elle devient plus équitable. La taxe proportionnelle, à tant la livre, est notablement accrue, tandis que la capitation reste à peu près au même point. (*Ibid.*, BB 5, f°s 7, 53 : 6, f°s 13, 31, 44 ; 7, f° 5.) Peut-être doit-on voir dans ce changement graduel un des résultats de la pression que les officiers royaux commençaient à exercer sur les décisions du conseil de ville et des capitouls.

Albi. Les archives de cette ville conservent plusieurs allivrements, — dont un, de 1343, a été publié en partie par Sarrazy (*Op. cit.*, pp. 75 et suiv.), — mais aucune pièce qui nous apprenne selon quelles règles ces allivrements étaient faits, si les chiffres qu'ils contiennent sont purement cadastraux, ou s'ils représentent la valeur vraie des immeubles estimés.

Il est certain que chacun payait « de tot lo moble » qu'il avait, tandis que le « possessoire » (immeubles) était réduit à l'estime de moitié, 10 l. de possessoire étant estimées à 5 livres et taxées en conséquence. (Arch. d'Albi, BB 16, fᵒ 23; 1374; cf. 1378, 1409.) En 1406 les immeubles furent portés dans l'estime au quart seulement de leur réelle valeur. (*Ibid.*, BB 18, fᵒ 39 vᵒ.)

L'impôt se composait de deux éléments : une capitation dite « comu de la testa », une taxe à tant par livre.

La capitation portait sur tous les chefs de maison, même sur ceux qui n'avaient rien, les femmes (telles que veuves, etc.) payant moitié moins que les hommes, 1 s. par exemple au lieu de 2. De nombreux remaniements attestent le poids et l'incommodité de cette taxe. Tantôt le conseil de ville décide de la diminuer de moitié « per amor de la gen paubra » (1374); tantôt les consuls font des grâces particulières en faveur des gens âgés et des pauvres, qui ne gagnent rien en hiver (1411); quelquefois, mais très rarement, le « comu de la testa » n'est pas imposé. (*Ibid.*, BB 16, fᵒ 7 vᵒ; 2 juin 1373.) En 1377 on parlait de le supprimer entièrement. (*Ibid.*, fᵒ 59.)

La taxe à tant par livre s'appliquait diversement au possessoire et au meuble, l'un étant moins chargé que l'autre. Le « taill » du 1ᵉʳ mars 1398 fut de 10 s. par tête d'homme, 5 s. par tête de femme (chef de maison), 3 d. par livre du possessoire, 4 d. par livre du meuble. (*Comptes*, CC 160, fᵒ 23.) Telle était la règle constante. Cette inégalité de traitement était aggravée au détriment des possesseurs de biens meubles par l'inégalité d'évaluation que l'on a signalée plus haut.

En 1405 le conseil de ville avait décidé d'adopter le système d'imposition qui était suivi à Toulouse; en effet, l'année suivante, sans se conformer entièrement à ce système, les gens d'Albi l'accommodèrent à celui dont ils avaient l'habitude. La capitation fut plus équitable, les chefs de maison qui n'avaient ni possessoire ni biens meubles étant distingués de ceux qui figuraient dans l'estime pour 1 livre au minimum; elle fut aussi plus légère. La taxe à tant par livre atteignit sans distinction, également, le possessoire et le meuble. En mars 1421 on imposait 2 s. par tête d'homme, 1 s. par tête de femme (chefs de maison non estimés), 3 s. pour la première livre, et pour chacune des autres 1 d. 1/2. (*Ibid.*, BB 19, fᵒ 18 vᵒ.)

Narbonne. Nous avons sur la confection des estimes à Narbonne d'assez nombreux renseignements.

C'est d'abord une sentence arbitrale relative au bourg, d'oct.-nov. 1204 (*ap.* Mouynès, *Invent.*, Ann. de la sér. AA, nᵒ 107). Elle porte que tout homme, si peu qu'il ait, doit être mis en estime pour 1 denier, toute femme pour une maille, c'est-à-dire un demi-denier — il ne s'agit, bien entendu, que des chefs d'hôtel. — De 20 à 50 l., l'homme y figure pour 3 mailles, la femme pour 1 denier; de 50 à 100, l'un pour 2 deniers, l'autre pour 3 mailles; à 150 l., l'un pour 3 d., l'autre pour 2 d. 1/2. Au delà, on est taxé à raison d'un denier par 50 l. On voit que la proportion observée n'était pas précisément à l'avantage des pauvres. Le « tailh » ainsi disposé, les consuls et le conseil imposaient tant par denier, 1, 2, 3 livres ou davantage, selon les besoins de la commune. Les *Comptes*, dont le plus ancien registre est de 1352, nous permettent d'affirmer que telle était la pratique invariable. Mais comment étaient traités respectivement le possessoire et le meuble? A chaque estime, dit la sentence, l'argent, *pecunia* (c'est-à-dire les biens meubles), sera taxé deux fois plus que les biens-fonds, *possessiones*.

Ces règles, sur plusieurs points importants, ont ensuite été modifiées. Nous possédons deux « tailhs » ou estimes relatifs au « tersen » ou quartier d'Aude (bourg), et un autre, fait pour « la Morguier », qui était un quartier du bourg. Les deux premiers, des 29 mai 1327 et 10 avr. 1332, se bornent à indiquer la taxe de chaque chef de maison par deniers, mailles et pogèses, la pogèse étant le quart du denier. Le troisième est plus explicite : les meubles de chaque habitant chef d'hôtel y sont évalués en gros, les immeubles en détail; au chiffre ainsi obtenu est ajoutée à titre de capitation, pour le « personal » de l'estimé, une somme fixe, non indiquée dans le texte. Le total est traduit ensuite en deniers, pogèses et grains, le grain valant 1/10 de pogèse. Par exemple, Pierre Trobat, pareur de drap, possède en meubles 500 l., en immeubles 1050 : y compris sa cote personnelle il est taxé à 4 deniers, 2 pogèses et 5 grains. (Arch. Narb., *Compoix*, non inventor.)

Évidemment le denier à cette époque ne correspondait plus, comme en 1294, à 50 l. d'estime; il a dû changer mainte et mainte fois de valeur. En 1423 il valait 400 l., la pogèse 100, le grain 10; cela résulte d'un procès qui fut plaidé au Parlement de Toulouse. (Arch. Nat., X¹ᵃ, f⁰ 142 v⁰.) Le compoix de 1453, qui contient tous les quartiers, toutes les îles ou subdivisions du quartier, tous les noms des chefs d'hôtel, montre les choses ainsi réglées. (Arch. Narb., non inventor.) En voici un échantillon (f⁰ 2 v⁰).

Bartholomieu Mathieu, bastier (Ile Saint-Just).

Moble et cabal cent l........................... 100
Et per son personal (taxe fixe)................... 75
Et per son possessori........................... 366
                                Total........... 541
        Pagara 1 d. 1 pog. 4 gr.

En 1453 on leva 2 fr. par denier. Voici, d'après les *Comptes* de cette année (f° 5 v°), la taxe de B. Mathieu.

Bertomyeu Matieu, bastier : 1 d. 1 pog. 1111 gr. a 11 fr. per denier... 11 liv. x1111 s.

Un changement considérable est celui qui se rapporte à l'évaluation des biens meubles. Après avoir été, au x111e siècle, chargés deux fois plus que le possessoire, ils sont au contraire mieux traités au siècle suivant. Le « talh » de 1363 donne à penser qu'ils n'étaient plus estimés qu'à la moitié de leur valeur, et cette indication est expressément confirmée par les allégations produites au cours du procès, déjà cité, de 1423.

Béziers. Au milieu du x1ve siècle les tailles sont imposées à tant par tête (taxe fixe) et tant par denier : ainsi en 1353 on lève « per testa 1/2 escut, et 1/4 d'escut per denier ». Toutes sont faites par denier depuis 1355, à la suite de violentes dissensions, dans lesquelles les réformateurs royaux avaient pris parti pour le menu peuple. (Mascaro, *Lo libre*, etc., *Loc. cit.*, pp. 78, 80, 81 et suiv.)

En 1435-1436 la taille est de nouveau divisée en deux parties, tant par tête et tant par livre. La capitation est très lourde. On lève, par exemple, 1 écu d'or par tête et 2 s. 6 d. par livre, 1 l. par tête et 1 s. 8 d. par livre, etc. (*Délib.*, dans le Bullet. de la Soc. archéol., t. II, pp. 262, 274, 297, etc.)

Sur les estimes, nous n'avons aucun détail.

C. Tables de répartition de la taille entre les diocèses.

Des trois séries de chiffres qui composent ce tableau, la première est le tarif de répartition qui fut dressé vers 1428, à la suite de la réparation dont on a parlé plus haut. Elle figure sous la date fausse de 1444 (lire 1442) dans le ms. latin 9478, f° 67, de la Bibliothèque Nationale, et la partie de ce tarif qui concerne la sénéchaussée de Nîmes se trouve aussi aux Archives de la Haute-Garonne, C 903. Une étude attentive des lettres d'imposition expédiées aux diocèses sous Charles VII a permis d'en vérifier la complète exactitude.

La seconde présente le résultat de l'estime générale de 1464. Elle a été calculée d'après la répartition d'un impôt de 5.000 livres, de mai 1469 (Bibl. Nat., fr. 20406, n° 21), et vérifiée comme la première.

La troisième provient d'un tableau de répartition de 1510. (Arch. de la Haute-Garonne, C 993, f° 11 v°.) Elle correspond aux opérations d'estime effectuées en Languedoc de 1481 à 1483. Elle coïncide à peu près avec la table arrêtée en 1530 et publiée par Albisson. (*Loix municip.*, t. V, p. 807.) Celle-ci n'avait été précédée d'aucune « recherche », mais seulement d'une vérification de chiffres opérée par le greffier des États.

Les chiffres indiquent, en livres, sols et deniers, la part de chaque diocèse de 100 000 livres tournois.

		1442.	Mai 1469.	1510.
Toulouse.....	ville.........	13 286	....	3 543.11. 4
	diocèse......		7 906.11. 8	6 139 .
Lavaur...................		3 975	4 295.16. 8	4 552. 4.10
Saint-Papoul............		3 841	2 050	2 332. 9
Montauban.		1 186	1 349. 8. 4	1 562.16. 1
Auch et Lombez...........		1 285		
Rieux...................		1 125	1 141.13. 4	810.13. 1
Comminges..............		792	165. 8. 4	185. 8
Carcassonne..............		6 017.18. 4	4 479. 3. 4	4 097. 7.10
Narbonne................		6 186.17. 6	6 150	6 280.19.10
Béziers..................		6 142.14. 2	6 090.13. 4	6 322. 4. 7
Lodève..................		2 868. 2. 6	2 809. 7. 8	2 796.15. 4
Agde....................		2 241.13. 4	2 845.16. 8	2 873.13. 8
Alet et Limoux...........		5 258.10.10	3 720. 6. 8	3 291.13.11
Mirepoix................		4 070	2 246.16. 8	1 692.15. 2
Albi....................		4 600	6 808. 6. 8	7 389. 3.11
Castres.................		4 189. 3. 4	4 532.16. 8	4 330.13. 9
Saint-Pons-de-Thomières.....		2 535	2 970.16. 8	2 791.13.11
Nimes...................		6 732.18. 4	6 969. 6. 8	7 217. 1. 1
Montpellier..............		6 266.11. 9	6 015. 7	5 636.17. 9
Uzès....................		5 800	6 258. 6. 8	6 312. 9. 5
Viviers.................		5 733. 6. 8	7 920	8 347. 8. 1
Le Puy.................		4 245. 6. 8	5 618.15	6 158. 9. 6
Mende.................		2 221.16. 8	5 058. 6. 8	5 335. 2. 2

APPENDICE IV.

REQUÊTE PRÉSENTÉE A CHARLES VII PAR LES VILLES DE LANGUEDOC
A PROPOS DE LA MORT DE JEAN Ier, COMTE DE FOIX.

Le comte de Foix, gouverneur de Languedoc, mourut le 4 mai 1436. A cette nouvelle, les consuls de Montpellier résolurent de s'entendre avec les autres villes pour demander à Charles VII qu'il ne donnât point de successeur au comte. Voici les instructions qu'ils remirent au délégué qu'ils envoyaient dans ce but à Toulouse, à Carcassonne, à Narbonne, etc. Elles étaient assurément destinées à servir de base à la requête qui serait ensuite présentée au roi. Il faut les dater des 8, 9 ou 10 mai environ.

Les mots écrits en italiques ont été ajoutés au texte rédigé par les consuls. Ils sont d'une autre encre et d'une autre langue que le reste de la pièce.

« Memoria al noble et honorable home, sire Jean de la Teilhaye, senhor de Montareau, loqual los senhors consols de Montpellier trameton als senhors cappitols de Tholosa, consols de Carcassona, de Narbona et de Bezes et autres per advisar et deliberar amb elz e cascun dels si seria bon de advertir lo rey, nostre sobeyran senhor, sus lo fact del govern de son present pais de Lengadoc, pueys que a Dieu a plagut de apelar a sa part monsenhor de Foix, son luoctenent et governador del dich pays, al qual Dieu mercy fassa.

« Et premieyramens de baylar als dessus nommatz las letras de crezenza, etc., et explicar la crezensa tot al lonc.

« Item de lur explicar en la dita crezensa que coma monsenhor lo compte de Foix al qual Dieu perdon, en sa vida luoctenent general per lo Rey nostre dich senhor en lodit pays de Lenguadoc, sia anat de vida a trespassamen, losditz consols am lur conselh de Montpellier avian emaginat per lo ben et profiech del rey et de son dich pays *et de celluy de Guienne*, et descargar lodich pays loqual es devengut en tres grant extremitat et paubretat tant per mortalitatz, guerras, subsidis cant autramen de despensas et chargas, que seria expedien et ben fach que lodich pays prestamens trameses al rey ung ou dos notables et sages homes per lo advertir cossi a semblat et sembla alsditz consols et conselh, etc., estre bon et util aldict pays que plassa a la sienna gracia de tener et governar en sa man et non per autra lodich pays, et sens y far alcun luoctenent *general*, car lo pays no desira autre que lo rey et lur a semblat et semblo que per la

gracia de Dieu de present non ha bezonh de luoctenen, provesit que
plagues al rey de y far qualque cappitani bon, savi, sufficient et
poderos. loqual ame lo ben et la honor del rey e desdichs pays per
gardar las frontieyras d'aquel una an los senescales et autres officiers reals deldit pays al menre cost et despens que far se poyra, et
que, si far se pot ne ples a la voluntat del rey, lodich cappitani sia
deldich pays, al mens prochan vezin del pais, affin que lo aia plus
per recommandat et lo garde de totas oppressions per so que plus
laugieyramens puesca subvenir al rey en sos affaires. Et en aysso
fazent lo rey peura plus grant profiech en lodict pays per secorrir a
sos affaires, et estalbiara on se gazanhara los *trop* grans gatges que
prendria cascun an 1 loctenen *et les siens*, et estalbiara gran cop
d'autres charjas et despensas que lo pays suffertaria si y avia loctenen en moutas manieyras.

« Item que moustre als dessus dichs la menuda de las letras lasquals
losditz consols et conselh de Montpellier an avisat per trametre al
rey per las causas dessus dichas, affin que se bon lur sembla las
avison, corregiscon et esmendon ayssins coma bon lur semblara, et
per so que la causa a grant cocha et requier seleritat, y avison prestamens, et se lur sembla expedien, elegiscon hun home per lo pays
part dela; car aytal fara lo conselh de Montpellier per la senescalcia
de Belcaire et lo pays part desa, ou 1 per cascuna senescalcia, o 1 per
tot lo pays per anar dever lo Rey prestamens als despens de las
III senescalcias per avertir lo de las causas dessus dichas, *ou chacune desdites villes escripve au roy telles letres que leur plaira
et les communicque par leurs messagés ou autrement comme bon
leur semblera.*

« Item, per so que los consols et conselh de Montpellier son certif-
ficats que aleuns an levat et levon cascun jorn tres grant quantitat et
quasi totas las lanas que podon trobar per speransa de las portar et
traire foras del dich pais, loqual causa es en tres grant dampnatge
deldich pays et poyria esser total deseretamen, specialmens del pays
que mays no usa, et perdition de las fieyras d'aquel lasquals son los
melhors menbres del pais, que advertisca los dessus nomnatz de
avisar al remedi sus aysso necessari.

« Item que de las causas dessus dichas et de la deliberacion dels
dessus nomnatz, affin que la bezonha aia bona et breva expedicion
coma lo cas requier, certiffique prestamens lo coselh de Montpellier.
De precepto dominorum consulum et ex deliberacione consilii ».

JORDANI.

(Arch. de Montpellier, AA 9. Original.)

Nous ne pouvons pas affirmer que les villes consultées aient accueilli la proposition qui leur était faite. Nous n'avons point de preuve absolue qu'une ambassade se soit rendue de leur part auprès de Charles VII. En tout cas, la pièce ci-dessous ressemble fort à une réponse que le roi aurait donnée aux députés ou aux messagers venus de Languedoc. La date qu'elle porte (Bourges, 1er juin) correspond fort bien au temps qu'ils ont dû mettre à faire le voyage.

« A noz chiers et bien amez les consuls, bourgoys et habitans de nostre ville de Montpellier.

« De par le roy. Chiers et bien amez, après ce que nous avons sceu le trespassement de feu beau cousin le comte de Foix, dont nous avons esté et sommes bien desplaisans, avons euz pour sondit trespas plusieurs advis et considerations sur la provision et gouvernement de nostre païs de Languedoc. Et après grant et meure deliberacion de Conseil avons ordonné, deliberé et conclut tenir nuement soubz nostre main icelluy nostre pays et le fere doresenavant gouverner par noz officiers sans autre moyen, ainsi que d'ancienneté fait a esté. Pourquoy voulons, vous mandons et commandons bien expressement que à nostre amé et feal conseiller l'evesque de Laon et à noz officiers estans par delà, seneschaux et autres, à chacun en son office, sans quelconque moyen, vous obeissiez entierement doresenavant et leur faciés et donniez toute, plaine et entiere obeissance, tellement que en doyez estre plus recommandez envers nous. Donné à Bourges, le premier jour de juing. Ainsi signées : par le roy, Charles, et Courtinelles. »

(Arch. de Montpellier, AA 8. Copie.)

C'est une lettre circulaire, car les consuls de Narbonne la reçurent aussi. On lit dans le registre des comptes de leur clavaire (Ann. 1436, fo 128) : « A xiii de jun, a Syro Robynet, per unas letras que portet del rey als senhos cossols sus lo fait del govern del pays de Lengadoc cant mossenhor de Foys fone mort, que no volya que i ages autre governador que el ..., ii escutz d'aur. »

Cette prompte décision, si conforme aux vœux des habitants du pays, s'explique par les deux succès décisifs que Charles VII venait de remporter. Il avait conclu avec le duc de Bourgogne une paix que les villes de Languedoc apprirent en janvier 1436, et qu'elles célébrèrent par d'unanimes réjouissances (Arch. d'Albi, CC 187, fo 9. — Arch. de Narbonne, Comptes, ann. 1436, fo 122). Paris avait fait sa soumission. Le roi se jugeait assez fort pour n'être plus obligé de conférer à personne l'autorité dont le comte de Foix avait joui durant une période moins favorable à l'exercice direct du pouvoir royal en Languedoc et Guyenne.

APPENDICE V.

SUR LA DATE ET LES CIRCONSTANCES DE LA DESTITUTION DE L'ÉVÊQUE DE LAON.

Dom Vaissete a publié à ce sujet deux actes remarquables qui se rapportent l'un et l'autre à la fin de l'année 1441. Le second est daté du 31 décembre. C'est un mandement royal destiné à faire signifier à Guillaume de Champeaux, évêque de Laon, la sentence qui l'a suspendu de l'office de président en la Chambre des comptes et qui a mis en la main du roi le temporel de son évêché. (*H. L.*, t. X, pr. nº 879.) Mais il suffit de parcourir les deux pièces pour s'apercevoir qu'à l'époque où elles ont été rédigées l'évêque de Laon avait depuis longtemps perdu la charge de « général conseiller sur le fait et gouvernement de toutes finances aux pays de Languedoc et duché de Guienne ». La date de sa destitution est fort importante. Quelques documents tirés des Archives de Cordes, en Albigeois, vont nous permettre de la fixer plus exactement que ne l'a fait le religieux bénédictin. Ils nous fourniront aussi un échantillon curieux des procédés que se permettait l'évêque, tant à l'égard du roi qu'envers ses administrés.

Les habitants de Cordes se disaient exempts des tailles royales. En effet, le dauphin Louis passant par leur ville, le 26 octobre 1439, les tint quittes des subsides passés moyennant 500 écus d'or, qui lui furent dûment payés, le 27 janvier suivant, à Fontenay-le-Comte. Le receveur des tailles ne laissa pas de poursuivre les gens de Cordes. Il les traita si durement que ceux-ci risquèrent la grosse dépense de recourir à Charles VII. Ils eurent gain de cause. Par lettres datées d'Angers, 15 janvier 1440, le roi donna ordre à son général des finances, c'est-à-dire à l'évêque, de les maintenir en leurs immunités.

Or Guillaume de Champeaux ne l'entendait pas ainsi. Un second mandement du roi nous raconte quel accueil avait reçu le précédent. Le 27 juillet 1440, Charles VII étant à Charlieu écrit en termes très vifs à l'évêque : « A icelles lettres, dit-il, n'avés voulu obtempérer, ne icelles auxdits supplians veriffier ne expedier...; mais avez fait prendre et detenir prisonnier ung escuier appellé Jehan de Rabastans, consul de ladite ville, et ung autre appellé Jehan Barraut, marchand d'icelle ville, et leur avez osté leurs dites lettres par force et violence, et avecques ce envoiez chacun jour sergens et commissaires audit lieu de Cordes et esdits villages, lesquels prennent, lievent et emmenent où bon leur semble les biens d'iceux supplians à leur très grant grief, prejudice et dommaige, et leur ont esté et seroient nosdites lettres de nulle valeur se par nous ne leur estoit sur ce pourveu de nostre grace. » Il lui enjoint expressément de relâcher les prisonniers, ainsi que de vérifier et d'exécuter ses lettres.

Quatre ou cinq mois avaient dû s'écouler entre l'époque où s'étaient produits les faits que le roi reproche au général des finances et celle où les lettres du 27 juillet arrivèrent à destination. Dans l'intervalle, Jean de Rabastens avait été élargi. Quant à Jean Barrau, un mandement postérieur (du 1er avril 1441) nous apprend qu'il fut « mené prisonnier au chastel de Nimes où il fut par aucun temps, et pareillement en nostre ville de Montpellier par autre temps, pendant lequel icellui de Rabastenx retourna devers nostredit conseiller et president: mais sitost qu'il l'apperceut, le fist mectre prisonnier avec ledit Barrau..., pour ce qu'il lui raporta que lesdits supplians ne vouloient paier leurdict impost. Et deppuis, pour aler encore parler ausdietz supplians, fut derechief eslargi ledit de Rabastenx parmy ce qu'il promist de revenir et soy rendre prisonnier à certain jour, et ad ce s'obliga sur peine de l. mares d'argent. » Mais il ne put revenir au jour fixé, ayant été contraint par le sénéchal de Toulouse de marcher contre les Anglais qui assiégeaient Tartas. Jean Barrau profita un jour de la permission qu'il avait eue d'aller à la messe pour retourner à Cordes.

L'évêque cependant ne lâchait point prise. On eut beau lui présenter le nouveau mandement du roi, daté de Charlieu : il refusa d'obéir. « Qui plus est », il ajourna Jean de Rabastens et ses deux cautions à comparaître devant lui ; leurs biens furent inventoriés, mis en la main du roi. Les gens de Cordes n'étaient pas au bout de leurs peines. Quinze mois plus tard, ils étaient encore « mangés » par les sergents. Ils avaient dépensé en démarches et procès trois ou quatre cents livres. Une moitié des habitants avait quitté la ville, et les consuls n'osaient pas imposer de tailles de peur de faire partir l'autre moitié. Du moins avaient-ils goûté le plaisir d'assister à la disgrâce de leur persécuteur.

En effet, « tantost après l'octroy de nosdites lettres (du 27 juillet), nous pour aucunes causes désappoinctasmes ledit evesque de Laon de toute l'administration et gouvernement de nosdictes finances en nosdits pays et duchié ». Ainsi s'exprime Charles VII dans un mandement destiné à faire rendre aux habitants de Cordes entière et définitive justice (du 4 novembre 1441). C'est donc en août 1440 que le général des finances a dû être frappé de destitution.

On peut, à l'aide d'autres sources, corroborer l'assertion qui précède, la préciser davantage et montrer dans quelles circonstances la destitution fut prononcée.

Il y a un rapport évident entre les troubles de la Praguerie et cet acte de vigueur plusieurs fois différé. De la fin de juin au 15 juillet, le roi a reçu en grâce le duc d'Alençon, le dauphin et plusieurs autres conjurés. Il reste maître du terrain.

Dès le 5 juillet, il a nommé lieutenant général en Languedoc et en Guyenne Charles d'Anjou, comte du Maine, son beau-frère, qui avait sa confiance et qui la méritait (*H. L.*, t. X, pr. n° 876). Le 13 août, à Saint-Pourçain, se présentent devant lui les députés de Languedoc, qui depuis plus de six mois attendaient audience. En compagnie de Charles d'Anjou et d'autres grands personnages, il écoute leurs doléances, exposées en latin par Bernard de Rosergue. L'orateur a pris soin d'y glisser un éloge de l'évêque de Laon, qui a, dit-il, délivré des routiers la sénéchaussée de Carcassonne, à grands frais, avec beaucoup de peine, « comme votre bon et fidèle serviteur » (Thomas, *Le Midi et les États généraux sous Charles VII*, dans les *Annales du Midi*, ann. 1892, p. 22). Ces quelques mots sont significatifs; ils prouvent que les intentions du roi à l'égard de l'évêque avaient transpiré, mais que rien de définitif n'était encore fait. Charles VII répond en prenant des engagements qui malheureusement ne nous sont pas connus, sauf un seul concernant l'abolition des réformateurs. En revanche, nous pouvons énumérer une série de mesures qui ont été prises à la suite de cette entrevue.

Le 15 août, le comte du Maine nomme Tanguy du Châtel son lieutenant en Languedoc et lui donne la charge de défendre les habitants du pays contre les Anglais et gens de compagnie (Bibl. Nat., *Collect. de Languedoc*, 89, f° 227). C'est alors, ou peu de jours après, que l'évêque est remplacé dans les fonctions de général des finances par le même Tanguy du Châtel et par l'évêque de Maillezais, conseiller du comte du Maine. Des lettres du 15 décembre 1440 montrent qu'alors tous deux les remplissaient « puis aucun temps en ça », en vertu d'autres lettres patentes, « et pour les causes contenues en icelles » (Bibl. Nat., fr. 25740, n° 134. — Cf. 20594, f° 34). Or, ils étaient en Languedoc, sans doute au même titre, avant le 7 novembre (*Ibid.*, *Collect. de Languedoc*, 89, fº 232), et ce sont eux évidemment qui s'intitulent généraux des finances dans des lettres du 30 septembre 1440 données à l'occasion des États de Montpellier (*H. L.*, t. X, pr. nº 87). Ils sont venus du Berry; ils ont assisté à l'assemblée. Tant en voyage qu'en session, ils ont dû passer plus d'un mois, ce qui reporte à la seconde quinzaine d'août la date de leur nomination et, par conséquent, celle de la destitution de Guillaume de Champeaux.

En même temps est révoqué Macé Héron, qui était encore, au 5 juillet, trésorier et receveur général des finances en Languedoc et Guyenne (*H. L.*, t. X, nº 876). Il a pour successeur Étienne Petit, que des lettres du 10 avril 1441 (Bibl. Nat., *Pièces orig.*, 2248 : dossier 50962 : PETIT) qualifient de « naguères (c'est-à-dire depuis peu) commis à la recette générale de toutes finances » en Languedoc et en Guyenne. Petit était déjà en fonctions le 15 décembre 1440 (*Ibid.*, fr. 25709, nº 134); tout fait croire qu'il y est entré lorsque Tanguy du Chastel et l'évêque de Maillezais sont devenus généraux des finances. Il a reçu l'aide octroyée à Montpellier, en septembre 1440 (*Ibid.*, fr. 25968, nº 695). S'il est qualifié simplement de « commis », c'est qu'il ne peut, dit le roi, « distribuer les deniers de sa recette, sinon par les descharges de nostre amé et feal Jehan de Xaincoins, receveur general de toutes nos finances tant en Languedoil comme en Languedoc. »

C'est un indice entre beaucoup d'autres que, dans le remaniement complet que la haute administration de Languedoc a éprouvé en août 1440, les changements de fond ont été plus importants encore que ceux des personnes.

APPENDICE VI.

SUR LES ANTICIPATIONS.

Les deux tableaux ci-dessous ne sont pas destinés à donner idée des sommes que François Iᵉʳ et Henri II ont tirées annuellement du pays de Languedoc. A cet égard ils seraient fort incomplets, surtout le deuxième. Mais ils montrent avec précision comment, en rapprochant les termes de paiement les uns des autres, le gouvernement royal est parvenu à imposer plus d'une taille par an et plus d'une crue.

Dans le tableau B figurent des crues imposées sans l'assentiment des États, uniquement en vertu de lettres de Henri II.

A. *Tableau de la taille et des crues du 1er janvier 1521 au 31 décembre 1528.*

	TAILLES ET CRUES.	TERMES DE PAIEMENT.	DATES des ASSEMBLÉES D'ÉTATS.
1er janv. 31 déc. 1521.	Taille (²/₃) .... 122 948 l. 16 s. 3 d.	1ers mars, juin, sept.	Nov. 1520.
	Crue 39 888 8 10	1ers mars, juin.	Fév. 1521.
	Crue 39 888 8 10	1er sept.	Sept. 1521.
	Taille (¹/₃) 61 474 8 1	1er déc.	Id.
1er janv. 31 déc. 1522.	Taille (²/₃) .... 122 948 l. 16 s. 3 d.	1ers mars, juin, sept.	Sept. 1521.
	Crue 59 832 1 3	1ers avr., juin.	Mars 1522.
	Taille (¹/₂) 92 589 2 2	1ers sept., déc.	Août 1522.
1er janv. 31 déc. 1523.	Taille (¹/₂) .... 92 589 l. 2 s. 2 d.	1ers mars, juin, sept.	Août 1522.
	Crue 59 832 4 4	15 janv., 1er mars.	Janv. 1523.
	Taille (partie) 172 070 19	Comptant, 1ers sept., déc.	Juill. 1523.
1er janv. 31 déc. 1524.	Taille (reste) ...... 13 107 l. 16 s.	1er mars.	Juill. 1523.
	Taille .... 239 328 17 4 d.	1ers mars, juill., avr., oct.	Déc. 1523.
	Crue 59 832 4 4	15 août.	Juin 1524.
	Crue (³/₄) 18 750	1ers juill., oct.	Id.
	Taille (¹/₄) 46 293 14 5	1er nov.	Oct. 1524.
1er janv. 31 déc. 1525.	Crue (¹/₄) .... 62 50 l.	1er janv.	Juin 1524.
	Taille (¹/₂) .... 92 587 8 s.10 d.	1ers avr., juill., oct.	Oct. 1524.
	Crue (³/₄) 44 874 3 3	Id.	Fév. 1525.
	Crue (³/₄) 18 750	Id.	Id.
	Taille (partie) 59 832 4 4	15 déc.	Oct. 1525.
1er janv. 31 déc. 1526.	Taille (¹/₄) .... 46 293 l. 14 s. 5 d.	1er janv.	Oct. 1524.
	Crue (¹/₄) 14 958 1 1	Id.	Fév. 1525.
	Crue (¹/₄) 6 250	Id.	Id.
	Taille (³/₄ du reste) : 130 809 10	1ers avr., juill., oct.	Oct. 1525.
	Crue (³/₄) 44 874 3 3	Id.	Fév. 1526.
	Taille (partie) 59 832 4 4	1er oct.	Oct. 1526.
1er janv. 31 déc. 1527.	Taille (¹/₄ du reste) : 43 603 l. 3 s. 4 d.	1er janv.	Oct. 1525.
	Crue (¹/₄) 14 958 1 1	Id.	Fév. 1526.
	Taille (³/₄ du reste) : 131 266 11 3	1ers avr., juill., oct.	Oct. 1526.
	Crue (³/₄) 44 874 3 3	Id.	Mars 1527.
	Taille (partie) 59 832 4 4	15 août.	Août 1527.
	Crue (¹/₄) .... 14 958 1 d. ob.	Comptant.	21 déc. 1527
1er janv. 31 déc. 1528.	Taille (dernier ¹/₄) . 43 855 l. 10 s. 5 d.	1er janv.	Oct. 1526.
	Crue (dernier ¹/₄).. 14 958 1 1	Id.	Mars 1527.
	Taille (reste) 175 422 12 9	1ers janv., avr., juill., oct.	Août 1527.
	Crue (³/₄ du reste) : 44 874 3 2	1ers avr., juill., oct.	21 déc. 1527
	Crue 59 832 4 3	15 avr., 1er août.	Avr. 1528.

B. *Tableau de la taille et des crues du 1er janvier 1552 au 31 décembre 1558.*

	TAILLES ET CRUES	TERMES DE PAIEMENT	DATES DES ASSEMBLÉES D'ÉTATS ou des LETTRES ROYALES D'IMPOSITION
1er janv. 31 déc. 1552.	Taille.... 317 306 l. 8 s. 10 d. Crue..... 59 832 4 4 Crue..... 119 934 8 8	1ers jan., av., juil., oct. 1ers avr., juill. 1er nov.	États d'oct.-nov. 1551. Id. États d'oct. 1552.
1er janv. 31 déc. 1553.	Taille.... 314 599 l. 8 s. 10 d. Crue..... 79 956 15 3 Crue..... 119 934 8 8	1ers jan., av., juil., oct. 15 avr., juill. 1er oct.	États d'oct. 1552. Lettres du 19 janv. 1553. Lettres du 7 août 1553. — États de nov. 1553.
1er janv. 31 déc. 1554.	Taille.... 314 599 l. 8 s. 10 d. Crue..... 79 956 15 3 Crue..... 119 934 8 8 Taille (¹/₄) 78 649 17 3	1ers jan., av., juil., oct. 1ers avr. et juill. 1er oct. 15 nov.	États de nov. 1553. Lettres du 31 janv. 1554. États de sept. 1554. Id.
1er janv. 31 déc. 1555.	Taille (³/₄) 235 949 l. 11 s. 7 d. Crue..... 79 956 15 3 Crue..... 119 934 8 8 Taille (¹/₄) 75 606 2 2	15 févr., mai, août. ? 1er oct. 15 nov.	États de sept. 1554. Lettres du 31 déc. 1554. États de sept.-oct. 1555. Id.
1er janv. 31 déc. 1556.	Taille (³/₄) 226 818 l. 6 s. 8 d. Crue..... 79 956 15 3 Crue..... 119 934 8 8 Taille (quartier supplémentaire).. 75 600 l. 2 s. 2 d.	15 févr., mai, août. 1ers mai, juillet. 1er oct. 15 nov.	États de sept.-oct. 1555. Id. États de sept. 1556. Id.
1er janv. 31 déc. 1557.	Supplément audit quartier (pour rectification de chiffres).... 24 345 l. Taille.... 302 424 8 s 10 d. Crue..... 59 967 4 4 Crue..... 79 956 15 3 Crue..... 119 934 8 8	Février ? 1ers jan., av., juil., oct. Id. 1ers mai, août. 15 oct.	? États de sept. 1556. Id. Lettres du 25 févr. 1557. États de sept. 1557.
1er janv. 31 déc. 1558.	Taille.... 302 424 l. 8 s. 10 d. Crue..... 59 967 4 4 Crue..... 79 956 15 3 Crue..... 119 934 8 8	1ers jan., av., juil., oct. Id. ? ?	États de sept. 1557. Id. Lettres du 1er avril 1558. Lettres du 4 août 1558.

APPENDICE VII.

ALIÉNATIONS ET EMPRUNTS SOUS FRANÇOIS Ier ET HENRI II.

1er mai 1519. Aliénation du domaine, jusqu'à 278,000 livres. (*Catal. des actes de François Ier*, n° 1005.)

29 mai 1521. Autre, de 187,500 l. (Arch. de la Haute-Garonne, sér. B, *Édits*, t. III, f° 87.)

3 févr. 1522. Autre, de 200,000 l. (*Ibid.*, f° 107.)

13 juin 1522. Autre, de 200,000 l., dont 40,000 en Languedoc. (*Ibid.*, f° 126.)

10 oct. 1536. Autre, de 50,000 l. de rentes. (*Catal. des actes*, etc., n° 8661; cf. n° 8816.)

25 févr. 1537. Autre, de 950,000 l., dont 100,000 en Languedoc. (Arch. de la Haute-Garonne, sér. B, *Édits*, t. IV, f° 77.)

15 sept. 1542. Emprunt de 140,000 écus, réduit ensuite à 150,000 l., sur les « bien aisés » des diocèses du Puy, de Mende, Carcassonne, Albi, Montauban, sur le pays de Quercy et la ville de Toulouse. (*Catal.*, etc., n° 12742. — Arch. d'Albi, AA 46 et CC 419. — Arch. de Toulouse, BB 9, f° 350.)

Août 1543. Aliénation du domaine, etc., jusqu'à 600,000 l. (Arch. de la Haute-Garonne, sér. B, *Édits*, t. V, f° 56.)

Mars 1544. Autre, de 460,000 écus. (*Catal.*, n° 13746.)

11 juin 1544. Emprunt sur les « bien aisés ». (*H. L.*, t. XII, pr. n° 219. — Cf. *Catal.*, n°s 13930-13945.)

Nov. 1547. Aliénation du domaine, jusqu'à 100,000 livres de rentes. (Arch. de la Haute-Garonne, sér. B, *Édits*, t. VI, f° 9.)

Déc. 1551. Autre, de 420,000 liv. de rentes, dont 15,000 sur la recette générale de Toulouse. (*Ibid.*, f° 402. — Arch. de Toulouse, BB 10, f°s 199, 205, 259.)

Avr. 1553. Autre, de 400,000 l. de rentes. (Arch. de la Haute-Garonne, sér. B, *Édits*, t. VI, f° 193.)

Juill. 1553. Autre, de 12,000 l. de rentes en Languedoc. (*Ibid.*, t. VI, f° 221. et cf. Isambert, t. XIII, p. 355.)

Déc. 1553. Autre, de 74,500 l. de rentes, dont 8,000 en Languedoc.

¹ Elle n'était que la suite et le complément de celle de juillet précédent, mal exécutée par les agents du roi. (*Ibid.*, fº 241.)

25 janv. 1557. Emprunt à tant par tête sur les officiers du roi et les « bien aisés » selon la fonction ou la profession. (Arch. de Toulouse, BB 10, fº 445 vº.)

16 janv. 1558 et mois suivants. Emprunts montant d'après les États à 240,000 écus dans le pays seulement, sur les « bien aisés » et les détenteurs du domaine. (*Ibid.*, AA 88, cah. de nov. 1558, art. 21. — Arch. de la Haute-Garonne, sér. B, *Édits*, t. VII, (ºˢ 155, 180 vº.)

Févr. 1559. Aliénation du domaine, jusqu'à 120,000 l. de rentes. (*Ibid.*, fº 204.)

Mars 1559. Emprunt de 100,000 l. sur les « bien aisés » de Languedoc. (*Ibid.*, fºˢ 205, 207.)

FIN.

TABLE DES MATIÈRES

DEUXIÈME PARTIE.

LES INSTITUTIONS POLITIQUES (suite).

TROISIÈME PARTIE.

L'ADMINISTRATION ROYALE DE LOUIS IX A FRANÇOIS Iᵉʳ.

ERRATA ET OMISSA

Page 2, ligne 26 [Il a dans le Midi], lire : Il y a dans le Midi.

Page 22, note 1, ligne 2 [Cf. Arch. Nat., X¹ª], lire : X¹ª.

Page 24, ligne 5 [Ainsi le vicomte de Narbonne pour Narbonne avant 1289], lire : en 1309, et corriger dans le même sens la note 3. J'ai été induit en erreur sur la date du pariage de Narbonne par l'analyse fautive que Mouynès a faite du texte allégué dans cette note.

Page 30, ligne 16 [comtés de Fézenzac... vicomté de Fezenzaguet], lire : Fézensac, Fezensaguet.

Page 42, note 1 [*H. H.*], lire : *H. L.*

Page 115, ligne 5 [Nous savons avec exactitude comment fonctionnaient les cours criminelles de Narbonne, d'Albi, de Limoux], ajouter : d'Agen. Voir à ce sujet Magen et Tholin, *Chartes*, nᵒˢ 61, 87, 125, 146, 151. Ici les consuls font les enquêtes et rendent des jugements en matière criminelle avec les bayles des seigneurs ou le sénéchal, les uns ne devant pas agir sans les autres. Peuvent y prendre part, outre les consuls, des prud'hommes de la ville.

Page 163, note 1 [Magen et Tholin, *Chartes*, nᵒˢ 3, 21], lire : nᵒˢ 3, 42.

Page 233, lignes 35, 36 [le lieutenant n'a-t-il pas des intérêts personnels à ménager des ennemis, contre lesquels], lire : le lieutenant n'a-t-il pas des intérêts personnels à ménager, des ennemis contre lesquels.

Page 253, note 1, ligne 8 [le sire de Murviel], lire : Murviel.

Page 290, lignes 16, 17 [Le droit de nomination du receveur que les consuls de la ville exerçaient d'abord exclusivement], lire : Le droit de nomination du receveur que les consuls de la ville capitale exerçaient d'abord exclusivement.

Page 312, notes 1, 2, 3 [1], lire : 2 [2], lire : 3 [3], lire : 1.

Page 405, ligne 15 [d'Henri IV], lire : de Henri IV.

Page 441, note 3, ligne 9 [1425], lire : 1525.

Page 460, note 1 [Voir plus haut, p. 371], lire : p. 375 *bis*.

Page 506, ligne 4 [d'Henri II], lire : de Henri II.

Nota bene. — La seconde moitié du présent ouvrage ayant été imprimée avant la première, il était presque inévitable qu'il se produisît un mécompte dans la pagination. En effet, l'espace que l'on avait affecté au commencement de l'ouvrage et laissé en blanc n'a pas suffi, à quarante-quatre pages près. Il a donc fallu paginer en *bis* les pages 337 à 380 inclusivement.

Toulouse, Imp. DOULADOURE-PRIVAT, rue St-Rome, 39. — 974

IMPRIMERIE ET LIBRAIRIE ÉDOUARD PRIVAT
45, RUE DES TOURNEURS, 45

Envoi franco dans toute l'Union postale, contre mandat-poste ou valeur sur Toulouse.

BIBLIOTHÈQUE MÉRIDIONALE

PUBLIÉE SOUS LES AUSPICES DE LA FACULTÉ DES LETTRES DE TOULOUSE

La *Bibliothèque méridionale* publie des travaux & des documents de tout genre relatifs à l'histoire, à la langue & à la littérature du Midi de la France & des pays voisins : Italie, Espagne, Portugal. Elle forme deux séries distinctes au point de vue du format: la première série, petit in-8°, est plus spécialement consacrée à l'histoire littéraire; la seconde, grand in-8°, à l'histoire.

EN VENTE :

PREMIÈRE SÉRIE, tome I. *Poésies complètes de Bertran de Born*, publiées dans le texte original, avec une introduction, des notes, un glossaire & des extraits inédits du cartulaire de Dalon, par Antoine THOMAS, professeur à la Faculté des lettres de Toulouse, chargé de cours à la Faculté des lettres de Paris. — Petit in-8°. — Prix : 4 francs.

PREMIÈRE SÉRIE, tome II. *Première partie des Mocedades del Cid de Don Guillén de Castro*, publiée d'après l'édition *princeps*, avec une étude critique sur la vie & les œuvres de l'auteur, un commentaire & des poésies inédites, par Ernest MÉRIMÉE, professeur de langue & de littérature espagnoles à la Faculté des lettres de Toulouse. — Petit in-8°. — Prix : 4 francs.

PREMIÈRE SÉRIE, tome III. *Les Mystères provençaux du quinzième siècle*, publiés pour la première fois, par M. M. JEANROY, professeur à la Faculté des Lettres de Toulouse et H. TEULIÉ. — Volume petit in-8°. — Prix 7 francs.

DEUXIÈME SÉRIE, tome I. *Documents pour l'Histoire de la Domination française dans le Milanais* (1499-1513), publiés par L.-G. PÉLISSIER, professeur à la Faculté des Lettres de Montpellier. — Un volume grand in-8°. — Prix : 7 fr. 50.

DEUXIÈME SÉRIE, tome II. *Inscriptions antiques des Pyrénées*, par Julien SACAZE. 468 inscriptions dont 550 gravées d'après les monuments originaux. — Un fort volume in-8° raisin de 600 pages, imprimé sur beau papier. — Prix : 20 francs.

VIENT DE PARAITRE:

DEUXIÈME SÉRIE, tome III. *Gaston IV, comte de Foix, vicomte souverain de Béarn, prince de Navarre*, 1423-1472, par Henri COURTEAULT, archiviste aux Archives nationales. — Un volume grand in-8°. — Prix : 7 francs.

DEUXIÈME SÉRIE, tome IV. *Les Institutions politiques et administratives du pays de Languedoc du XIIIᵉ siècle aux guerres de Religion*, par Paul DOGNON, ancien élève de l'École normale supérieure, maître de conférences à la Faculté des Lettres de Toulouse. — Un vol. grand in-8°. — Prix : 10 francs.

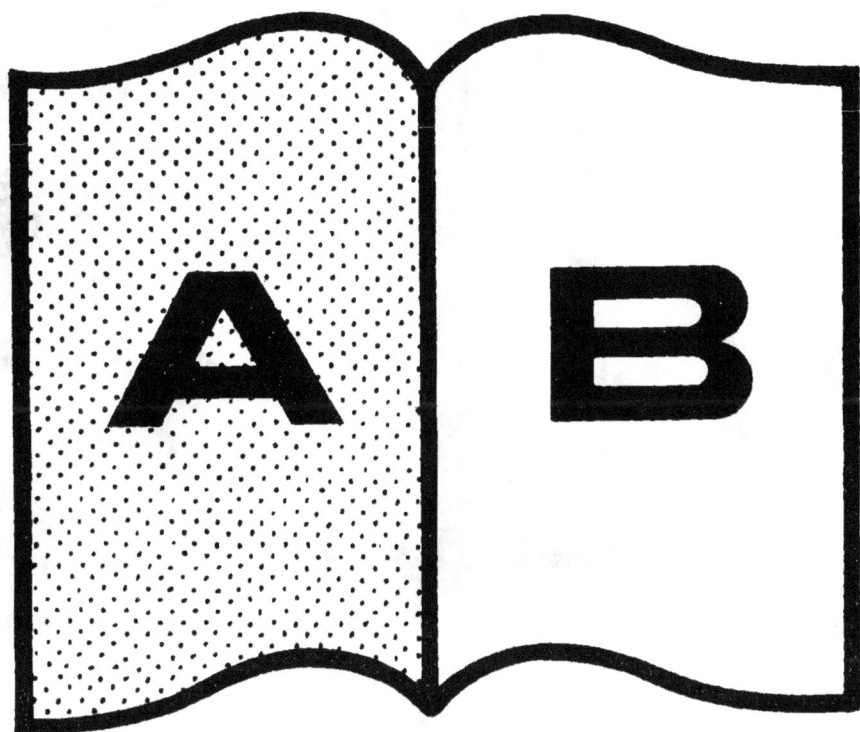

Contraste insuffisant

NF Z 43-120-14

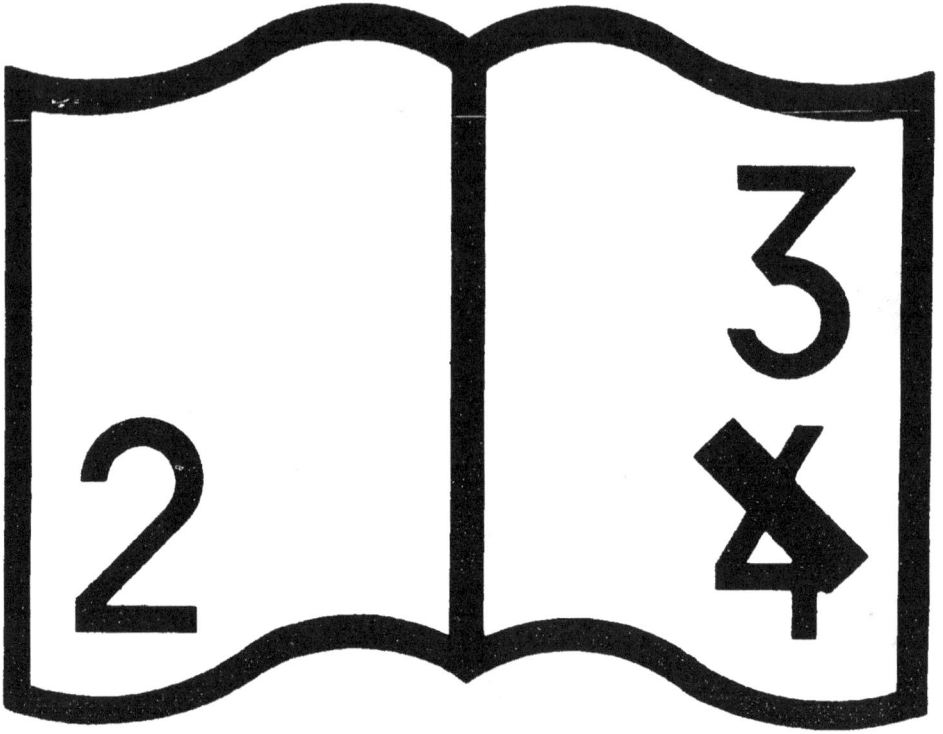

Pagination incorrecte — date incorrecte

NF Z 43-120-12

www.ingramcontent.com/pod-product-compliance
Lightning Source LLC
Chambersburg PA
CBHW071130270326
41929CB00012B/1700